COORDENADORES

EDUARDO NEUBARTH **TRINDADE**

IGOR **MASCARENHAS**

José Abelardo Garcia de Meneses
Lívia A. Callegari
Lucas Macedo Silva
Luciana Dadalto
Maiza Mares de Jesus
Manoel Gustavo Neubarth Trindade
Marcelo Sarsur
Márcia Vaz
Marcos Vinicius Coltri
Maria Alice Scardoelli
Maria Teresa Ribeiro de Andrade Oliveira
Mariana de Arco e Flexa Nogueira
Mário Jorge Lemos de Castro Lôbo
Martin Schulze
Mateus Pereira
Matheus Troccoli
Paulo Antoine Pereira Younes
Pedro Antonacci Maia
Rafael Fonseca Lustosa
Rodrigo Tadeu de Puy e Souza
Sarah Carvalho
Thais Pires de Camargo Rego Monteiro
Vanessa Schmidt Bortolini
Vinicius Calado
Willian Pimentel

Adriano Marteleto Godinho
Alexandre Kataoka
Alexandro de Oliveira
Ana Cláudia Pirajá Bandeira
Ana Luiza Schaefer Sartori
André Luiz B. Canuto
Camila Kitazawa Cortez
Carolina Martins Uscocovich
Cesar Santolim
Chrystian Jeff Ferreira
Clenio Jair Schulze
Cristiano Colombo
Dianna Borges Rodrigues
Eduardo Neubarth Trindade
Érica Baptista Vieira de Meneses
Fernanda Schaefer
Francisco Antônio de Camargo Rodrigues de Souza
Francisco Silveira Benfica
Frederico Ferri de Resende
Humberto Malheiros Gouvêa
Igor de Lucena Mascarenhas
Joaquim Pessoa Guerra Filho

2025

PROCESSO ÉTICO PROFISSIONAL PERANTE O CRM/CFM

UMA REFLEXÃO CRÍTICA

Dados Internacionais de Catalogação na Publicação (CIP) de acordo com ISBD

P963

Processo ético profissional perante o CRM/CFM: uma reflexão crítica / coordenado por Eduardo Neubarth Trindade, Igor Mascarenhas. - Indaiatuba, SP : Editora Foco, 2025.

432 p. ; 17cm x 24cm.

Inclui bibliografia e índice.

ISBN: 978-65-6120-395-1

1. Direito. 2. Direito médico. 3. Processo ético profissional. 4. CRM. 5. CFM. I. Trindade, Eduardo Neubarth. II. Mascarenhas, Igor. III. Título.

2025-1264
CDD 614.1   CDU 340.6

Elaborado por Vagner Rodolfo da Silva - CRB-8/9410
Índices para Catálogo Sistemático:
1. Direito médico 614.1
2. Direito médico 340.6

COORDENADORES

EDUARDO NEUBARTH TRINDADE

IGOR MASCARENHAS

José Abelardo Garcia de Meneses
Lívia A. Callegari
Lucas Macedo Silva
Luciana Dadalto
Maiza Mares de Jesus
Manoel Gustavo Neubarth Trindade
Marcelo Sarsur
Márcia Vaz
Marcos Vinicius Coltri
Maria Alice Scardoelli
Maria Teresa Ribeiro de Andrade Oliveira
Mariana de Arco e Flexa Nogueira
Mário Jorge Lemos de Castro Lôbo
Martin Schulze
Mateus Pereira
Matheus Troccoli
Paulo Antoine Pereira Younes
Pedro Antonacci Maia
Rafael Fonseca Lustosa
Rodrigo Tadeu de Puy e Souza
Sarah Carvalho
Thais Pires de Camargo Rego Monteiro
Vanessa Schmidt Bortolini
Vinicius Calado
Willian Pimentel

Adriano Marteleto Godinho
Alexandre Kataoka
Alexandro de Oliveira
Ana Cláudia Pirajá Bandeira
Ana Luiza Schaefer Sartori
André Luiz B. Canuto
Camila Kitazawa Cortez
Carolina Martins Uscocovich
Cesar Santolim
Chrystian Jeff Ferreira
Clenio Jair Schulze
Cristiano Colombo
Dianna Borges Rodrigues
Eduardo Neubarth Trindade
Érica Baptista Vieira de Meneses
Fernanda Schaefer
Francisco Antônio de Camargo Rodrigues de Souza
Francisco Silveira Benfica
Frederico Ferri de Resende
Humberto Malheiros Gouvêa
Igor de Lucena Mascarenhas
Joaquim Pessoa Guerra Filho

PROCESSO ÉTICO PROFISSIONAL PERANTE O CRM/CFM

UMA REFLEXÃO CRÍTICA

2025 © Editora Foco

Organizadores: Eduardo Neubarth Trindade e Igor Mascarenhas

Autores: Adriano Marteleto Godinho, Alexandre Kataoka, Alexandro de Oliveira, Ana Cláudia Pirajá Bandeira, Ana Luiza Schaefer Sartori, André Luiz B. Canuto, Camila Kitazawa Cortez, Carolina Martins Uscocovich, Cesar Santolim, Chrystian Jeff Ferreira, Clenio Jair Schulze, Cristiano Colombo, Dianna Borges Rodrigues, Eduardo Neubarth Trindade, Érica Baptista Vieira de Meneses, Fernanda Schaefer, Francisco Antônio de Camargo Rodrigues de Souza, Francisco Silveira Benfica, Frederico Ferri de Resende, Humberto Malheiros Gouvêa, Igor de Lucena Mascarenhas, Joaquim Pessoa Guerra Filho, José Abelardo Garcia de Meneses, Lívia A. Callegari, Lucas Macedo Silva, Luciana Dadalto, Maiza Mares de Jesus, Manoel Gustavo Neubarth Trindade, Marcelo Sarsur, Márcia Vaz, Marcos Vinicius Coltri, Maria Alice Scardoelli, Maria Teresa Ribeiro de Andrade Oliveira, Mariana de Arco e Flexa Nogueira, Mário Jorge Lemos de Castro Lôbo, Martin Schulze, Mateus Pereira, Matheus Troccoli, Paulo Antoine Pereira Younes, Pedro Antonacci Maia, Rafael Fonseca Lustosa, Rodrigo Tadeu de Puy e Souza, Sarah Carvalho, Thais Pires de Camargo Rego Monteiro, Vanessa Schmidt Bortolini, Vinicius Calado e Willian Pimentel

Diretor Acadêmico: Leonardo Pereira

Editor: Roberta Densa

Coordenadora Editorial: Paula Morishita

Revisora Sênior: Georgia Renata Dias

Revisora Júnior: Adriana Souza Lima

Capa Criação: Leonardo Hermano

Diagramação: Ladislau Lima e Aparecida Lima

Impressão miolo e capa: FORMA CERTA

DIREITOS AUTORAIS: É proibida a reprodução parcial ou total desta publicação, por qualquer forma ou meio, sem a prévia autorização da Editora FOCO, com exceção do teor das questões de concursos públicos que, por serem atos oficiais, não são protegidas como Direitos Autorais, na forma do Artigo 8º, IV, da Lei 9.610/1998. Referida vedação se estende às características gráficas da obra e sua editoração. A punição para a violação dos Direitos Autorais é crime previsto no Artigo 184 do Código Penal e as sanções civis às violações dos Direitos Autorais estão previstas nos Artigos 101 a 110 da Lei 9.610/1998. Os comentários das questões são de responsabilidade dos autores.

NOTAS DA EDITORA:

Atualizações e erratas: A presente obra é vendida como está, atualizada até a data do seu fechamento, informação que consta na página II do livro. Havendo a publicação de legislação de suma relevância, a editora, de forma discricionária, se empenhará em disponibilizar atualização futura.

Erratas: A Editora se compromete a disponibilizar no site www.editorafoco.com.br, na seção Atualizações, eventuais erratas por razões de erros técnicos ou de conteúdo. Solicitamos, outrossim, que o leitor faça a gentileza de colaborar com a perfeição da obra, comunicando eventual erro encontrado por meio de mensagem para contato@editorafoco.com.br. O acesso será disponibilizado durante a vigência da edição da obra.

Impresso no Brasil (4.2025) – Data de Fechamento (4.2025)

2025

Todos os direitos reservados à

Editora Foco Jurídico Ltda.

Rua Antonio Brunetti, 593 – Jd. Morada do Sol

CEP 13348-533 – Indaiatuba – SP

E-mail: contato@editorafoco.com.br

www.editorafoco.com.br

APRESENTAÇÃO

Debater processo ético profissional no âmbito dos Conselhos de Medicina é algo extremamente desafiador e relativamente novo.

Se antes a atuação dos CRM/CFM era decorrente de processos de ofício, atualmente, a partir de uma maior maturidade da população e de setores da sociedade civil, os CRMs/CFM tem sido acionados pela Polícia Civil, particulares, Ministério Público e Judiciário para solução de possíveis infrações éticas.

O presente livro surgiu a partir da inquietude dos autores na lacuna editorial de existir uma obra que tratasse, com a atenção merecida, o tema "Processo Ético Profissional".

Para tanto, convocamos pesquisadores e operadores do Direito Médico para, em conjunto, construirmos uma obra que tratasse a partir de um aporte teórico e prático dos pontos do CPEP que devem ser exaltados e também aqueles que podem ser melhorados.

Diante de um isolacionismo próprio do sigilo processual que impera no Processo Ético, juristas e médicos não conseguem, por vezes, compreender o entendimento e aplicação de um outro regional, de modo que o aprendizado sobre a temática passa a ser estritamente empírica e endógena.

A junção de autores com visões jurídicas distintas sobre o fenômeno do processo ético profissional é também um instrumento de maior construção democrática de saber. O livro não representa a visão de um único grupo, mas uma construção conjunta de múltiplos atores para um aprimoramento da atuação de médicos, conselheiros, procuradores do CFM/CRM, peritos, juízes, delegados, membros do Ministério Público e advogados espalhados por todo o Brasil.

No atual cenário editorial e acadêmico brasileiro, Direito Administrativo Sancionador aplicado nos Conselhos de Medicina não possui o tratamento relevante que merece, notadamente quando decisões dos CRMs têm sido utilizadas em processos administrativos, criminais e cíveis como fundamento / suporte argumentativo, mas sua fundamentação acadêmico-doutrinária se apresenta como inexistente. A despeito da relevância do processo ético profissional, inclusive subsidiando condenações ou absolvições em outras esferas de responsabilidade, a doutrina pouco se preocupa com o desenvolvimento teórico e dos institutos aplicáveis ao PEP.

Apesar de os principais interessados serem médicos, a Faculdade de Medicina forma, em sua essência, profissionais a partir de um viés técnico-humanista, de modo que disciplinas específicas como Processo Ético Profissional são tratadas de forma *en passant*. Já no curso de Direito, o tratamento do processo ético profissional é impossível, pois, além das disciplinas próprias do curso, inviável que tenhamos disciplinas que tratem de cada um dos processos éticos em espécie dos quase 30 conselhos profissionais.

Discutir processo ético profissional envolve a própria regulamentação do CFM, aplicação de entendimentos judiciais no âmbito administrativo, além de conceitos do Direito Processual Penal, Direito Processual Civil, Direito Administrativo, Direito Constitucional, Direito Penal e Bioética.

Não se trata de tarefa fácil e, ainda por cima, delicada. O médico trabalha com temas sensíveis como intimidade, privacidade e saúde, de modo que suas condutas profissionais podem ser validadas no campo deontológico e, em caso de distanciamento do que se estabelece como adequado, o profissional pode ser condenado.

O problema central é que o devido processo legal precisa ser cumprido. Não se pode praticar justiça atropelando o rito e as regras. Como bem destaca Aury Lopes Júnior, forma é garantia.[1] A fiel observância à ampla defesa e ao contraditório são pressupostos básicos para uma conquista civilizatória. Não há espaço para punitivismo, mas para exercício do poder de polícia dos CRMs/CFM para punir os maus médicos a partir de um rigoroso, porém democrático, processo disciplinar ético.

O presente livro então se apresenta como uma alternativa para todos aqueles que trabalham com o processo ético profissional, para servir como um guia dialógico, democrático e prático.

Primavera de 2024 (com clima de inverno no Rio Grande do Sul e eterno clima de verão na Paraíba).

Eduardo Neubarth Trindade
Igor Mascarenhas

---

1. LOPES JÚNIOR, Aury. *Direito processual penal e sua conformidade constitucional*. Rio de Janeiro: Lumen Juris, 2009. v. 2. p. 389.

SUMÁRIO

APRESENTAÇÃO

Eduardo Neubarth Trindade e Igor Mascarenhas VI

TEORIA GERAL DO PROCESSO ÉTICO

SIGILODOSPROCEDIMENTOSÉTICOSPROFISSIONAISEARESPONSABILIDADE ADVINDA DE SUA VIOLAÇÃO

Igor de Lucena Mascarenhas e Luciana Dadalto 3

SIGILO PROCESSUAL E O DIREITO DE REQUISIÇÃO DO MINISTÉRIO PÚBLICO E POLÍCIA JUDICIÁRIA

Francisco Silveira Benfica e Márcia Vaz 11

PROCESSO ÉTICO PROFISSIONAL NOS CONSELHOS DE MEDICINA E AS GARANTIAS PROCESSUAIS: ANÁLISE DO DEVIDO PROCESSO LEGAL CONSTITUCIONAL E ASPECTOS TÉCNICOS PROCESSUAIS DA TRAMITAÇÃO DOS PROCESSOS ÉTICOS PROFISSIONAIS PERANTE OS CONSELHOS DE MEDICINA

André Luiz B. Canuto 23

A IMPORTÂNCIA DO ADVOGADO PARA GARANTIA DO DEVIDO PROCESSO LEGAL E AMPLA DEFESA MATERIAIS NA DEFESA DO PROFISSIONAL DA MEDICINA PERANTE CONSELHO DE CLASSE.

Ana Cláudia Pirajá Bandeira... 35

A IRRECORRIBILIDADE IMEDIATA DAS DECISÕES INTERLOCUTÓRIAS NA SINDICÂNCIA E PEP

Rafael Fonseca Lustosa 45

TÊMIS E HIPÓCRATES, UMA DICOTOMIA NA VIDA PROFISSIONAL DO MÉDICO?

Joaquim Pessoa Guerra Filho e Mário Jorge Lemos de Castro Lôbo 59

SINDICÂNCIA

LEGITIMIDADE DOS DENUNCIANTES NO PEP

Alexandro de Oliveira 77

A "DENÚNCIA ANÔNIMA" À LUZ DO CPEP E O DEVER DE APURAÇÃO

Francisco Antônio de Camargo Rodrigues de Souza 89

DESAFIOS NA IMPLEMENTAÇÃO DA CONCILIAÇÃO NO CONTEXTO DOS CONSELHOS DE MEDICINA: UMA ANÁLISE DA EFETIVIDADE DO INSTITUTO À LUZ DO NOVO CÓDIGO DE PROCESSO ÉTICO-PROFISSIONAL DE 2022

Vanessa Schmidt Bortolini, Márcia Vaz e Eduardo Neubarth Trindade...................... 105

A CONCILIAÇÃO E A MEDIAÇÃO COMO MECANISMOS DE RESOLUÇÃO DE CONFLITOS ÉTICOS E A ARBITRAGEM COMO MECANISMO DE RESOLUÇÃO DE CONFLITOS ECONÔMICOS

Martin Schulze 117

O DIREITO À NÃO AUTOINCRIMINAÇÃO DO MÉDICO INVESTIGADO E/OU DENUNCIADO DIANTE DO ARTIGO 17 DO CÓDIGO DE ÉTICA MÉDICA

Sarah Carvalho e Willian Pimentel 129

A INTERDIÇÃO CAUTELAR COMO INSTRUMENTO DE PROTEÇÃO SOCIAL

Fernanda Schaefer e Ana Luiza Schaefer Sartori.. 141

DA (IM) POSSIBILIDADE DE MEDIDAS CAUTELARES INOMINADAS NO CPEP: UM ESTUDO TEÓRICO-REFLEXIVO

Lívia A. Callegari 153

O TIPO ÉTICO-DEONTOLÓGICO ABERTO E A DEFICIENTE FUNDAMENTAÇÃO DAS DECISÕES PROFERIDAS NOS CONSELHOS REGIONAIS DE MEDICINA: UM RECORTE TEÓRICO

Paulo Antoine Pereira Younes... 163

PROCESSO ÉTICO-PROFISSIONAL

O PRINCÍPIO DA AMPLA DEFESA NOS PROCESSOS ÉTICO-PROFISSIONAIS NOS CONSELHOS DE MEDICINA: A CONFORMAÇÃO JURÍDICA DO INSTITUTO DA REVELIA E DA NOMEAÇÃO DO DEFENSOR DATIVO

Lucas Macedo Silva.. 177

SUMÁRIO IX

DA PROVA TESTEMUNHAL NO CÓDIGO DE PROCESSO ÉTICO-PROFISSIONAL: IMPEDIDOS, SUSPEITOS E INFORMANTES

Humberto Malheiros Gouvêa e Mariana de Arco e Flexa Nogueira 187

PAPEL DAS CÂMARAS TÉCNICAS DOS CONSELHOS DE MEDICINA

Alexandre Kataoka e Maria Alice Scardoelli 203

A APLICAÇÃO DA *ABOLITIO CRIMINIS* NAS NORMAS ÉTICAS MÉDICAS

Frederico Ferri de Resende e Maiza Mares de Jesus 211

O PAPEL DA FISCALIZAÇÃO NO PROCESSO ÉTICO

Maria Teresa Ribeiro de Andrade Oliveira 221

EFICÁCIA DAS NORMAS SOBRE DOCUMENTAÇÃO MÉDICA DO CONSELHO FEDERAL DE MEDICINA NA COMUNICAÇÃO AOS PACIENTES: UMA ANÁLISE CRÍTICA DA RESOLUÇÃO CFM 2.381/2024

Vanessa Schmidt Bortolini e Cristiano Colombo 235

LIMITES E POSSIBILIDADES DA PROVA EMPRESTADA NO PROCESSO ÉTICO PROFISSIONAL DOS CONSELHOS DE MEDICINA: UMA ANÁLISE DA PRODUÇÃO NACIONAL A PARTIR GOOGLE ACADÊMICO

Vinicius Calado, Mateus Pereira e Matheus Troccoli 247

ANTECEDENTES ÉTICOS: ENTRE O SIGILO E O INTERESSE PÚBLICO

Marcelo Sarsur 265

A GRADAÇÃO DAS PENAS E O DEVER DE MOTIVAÇÃO

Camila Kitazawa Cortez e Dianna Borges Rodrigues 279

SUSTENTAÇÃO ORAL NO CRM: DIREITO OU MERA FACULDADE?

Marcos Vinicius Coltri 291

ASPECTOS PÓS-PROCESSUAIS

A PROVA (PRÉ-CONSTITUÍDA, NOVA E FALSA) NA REVISÃO DE SANÇÃO ÉTICO-DISCIPLINAR MÉDICA

Carolina Martins Uscocovich 307

DESAGRAVO PÚBLICO COMO DIREITO POTESTATIVO DO MÉDICO E INSTRUMENTO DE DEFESA COLETIVA

Igor de Lucena Mascarenhas e Eduardo Neubarth Trindade 323

A RESPONSABILIDADE CIVIL DOS CONSELHOS DE CLASSE POR PRESCRIÇÃO PROCESSUAL

Adriano Marteleto Godinho e Chrystian Jeff Ferreira 331

CONTROLE JUDICIAL DO PROCESSO ÉTICO-PROFISSIONAL

Clenio Jair Schulze 343

O PROCESSO ÉTICO COMO INSTÂNCIA DE REVISÃO DE PROCESSOS JUDICIAIS

Rodrigo Tadeu de Puy e Souza.. 355

A INFLUÊNCIA DA DECISÃO DO PROCESSO ÉTICO-ADMINISTRATIVO NO PROCESSO CRIMINAL

Thais Pires de Camargo Rego Monteiro 373

PROCESSO ÉTICO-PROFISSIONAL SIMULADO ENQUANTO INSTRUMENTO PEDAGÓGICO E FORMATIVO PARA ESTUDANTES E PROFISSIONAIS

José Abelardo Garcia de Meneses e Érica Baptista Vieira de Meneses 383

REGULAÇÃO E ATIVIDADE NORMATIVA *LATO SENSU*

Manoel Gustavo Neubarth Trindade, Pedro Antonacci Maia e Cesar Santolim......... 395

TEORIA GERAL DO PROCESSO ÉTICO

SIGILO DOS PROCEDIMENTOS ÉTICOS PROFISSIONAIS E A RESPONSABILIDADE ADVINDA DE SUA VIOLAÇÃO

Igor de Lucena Mascarenhas

Doutor em Direito pela Universidade Federal do Paraná. Doutorando em Direito pela Universidade Federal da Bahia. Mestre em Ciências Jurídicas pela Universidade Federal da Paraíba. Especialista em Direito da Medicina pelo Centro de Direito Biomédico vinculado à Faculdade de Direito da Universidade de Coimbra. Advogado e professor universitário no curso de Medicina do UNIFIP. Consultor da Comissão Especial de Direito Médico do Conselho Federal da OAB. Sócio do Dadalto & Mascarenhas Sociedade de Advogados. Membro do IBERC, SBB e IMKN. Email: igor@igormascarenhas.com.br.

Luciana Dadalto

Doutora em Ciências da Saúde pela Faculdade de Medicina da UFMG. Mestre em Direito Privado pela PUCMinas. Sócio da Dadalto & Mascarenhas Sociedade de Advogados. Membro do IBERC, IBDFAM, SBB e IMKN. Administradora do portal www.testamentovital.com.br.

Sumário: Introdução – 1. Sigilo do processo ético profissional – Fundamentos legais e normativos – 2. Da violação do dever de sigilo – Conclusões – Referências.

INTRODUÇÃO

O sigilo processual sempre foi um tema caro nas sindicâncias e processos éticos profissionais (PEP) perante o sistema CRM/CFM. O processo ético profissional, aqui tratado de forma ampla, debate condutas médicas e, em sua maioria, analisa a relação médico-paciente.

Desta forma, o sigilo processual protege tanto os pacientes retratados como também evita que os profissionais da Medicina não sejam pré-julgados por aqueles que tiverem acesso aos autos do processo.

Diferentemente do Código de Processo Civil e Código de Processo Penal, a regra – sem exceções – do processo ético é o sigilo, ou seja, não se admite nenhuma flexibilização; já na esfera judicial a regra é da publicidade, podendo, em determinadas situações, ter o sigilo imposto aos autos.

O presente artigo se propõe a debater a violação ao sigilo processual do PEP e as consequências e responsabilidades daqueles que descumpriram uma obrigação do processo.

Para tanto, a discussão será dividida em duas seções: o sigilo no processo ético e a responsabilidade advinda da violação do sigilo.

1. SIGILO DO PROCESSO ÉTICO PROFISSIONAL – FUNDAMENTOS LEGAIS E NORMATIVOS

O art. 1º do Código de Processo Ético Profissional dispõe que o sigilo é a regra absoluta de tramitação:

> Art. 1º A sindicância e o processo ético-profissional (PEP) nos Conselhos Regionais de Medicina (CRMs) e no Conselho Federal de Medicina (CFM) serão regidos por este Código de Processo Ético-Profissional (CPEP) e tramitarão em sigilo processual (Resolução CFM 2.306/2022).

Ocorre que, antes que se debata o fundamento estritamente infralegal desta previsão, é relevante observar que a Lei 3.268/57 e o Decreto 44.045/58 apresentam, implicitamente, o sigilo como regra. Tal afirmação é possível a partir da interpretação das penas previstas na norma:

> Art. 22. As penas disciplinares aplicáveis pelos Conselhos Regionais aos seus membros são as seguintes:
> a) advertência confidencial em aviso reservado;
> b) censura confidencial em aviso reservado;
> c) censura pública em publicação oficial;
> d) suspensão do exercício profissional até 30 (trinta) dias;
> e) cassação do exercício profissional, *ad referendum* do Conselho Federal.

Por questão lógica, se há penas de natureza privada, ou seja, sem que sejam publicizadas a terceiros, o processo ético-profissional deve tramitar em sigilo, sob pena de esvaziar o sentido da norma. Além disso, a Lei 3.268/57 e o Decreto 44.045/58 frisam que a pena é pública, mas nada tratam em relação ao PEP, razão pela qual tais normas não podem ser interpretadas extensivamente para sugerir que o processo tramitará de forma pública.

Significa dizer que o sigilo se impõe não como um direito de uma das partes envolvidas, mas como uma imposição legal e infralegal da qual as partes não podem dispor. Em verdade, o sigilo não é do denunciante ou do denunciado, mas sim do processo, de modo que todos os que terão acesso às informações sigilosas deverão guardar o segredo. Como bem reforça Rodrigo de Puy, ninguém, exceto médico denunciado, o denunciante, advogados constituídos, servidores envolvidos e conselheiros destas autarquias terá conhecimento ou possibilidade de consulta sobre a tramitação processual, seja presencialmente ou de forma eletrônica.[1]

Não se pode olvidar que o fundamento do sigilo é a sensibilidade dos dados ali tratados, pois, reiteradamente, temos prontuários médicos e outros dados pessoais inseridos no PEP. Sendo assim, o CRM, seus prepostos ou denunciado não poderão publicizar as informações ali contidas e, de igual forma, o denunciante não poderá expor o conteúdo do processo para terceiros, notadamente quando este não estiver findo e/ou não for aplicada uma pena pública ao denunciado.

---

1. SOUZA, Rodrigo Tadeu de Puy. *Tratado de Direito Médico Ético*. São Paulo: LUJUR, 2022. p. 87.

Frise-se ainda que, pelo fato de o PEP, rotineiramente, possuir prontuários, o sigilo impede o acesso a ele por parte da autoridade policial e ministerial, salvo por autorização judicial.[2] Sobre o assunto, o TRF6 e STF, respectivamente, assim decidiram:

7. Assim, sendo o prontuário médico ato que se refere à privacidade do paciente, protegido da forma como prevê o art. 5º da Constituição Federal, sua relativização, diante da não autorização do paciente, deve submeter-se à análise judicial prévia, a fim de verificar-se a pertinência das providências investigativas em face da mitigação do direito fundamental (TRF6. Apelação Cìvel 0055245-23.2013.4.01.3800, Relator Des. Álvaro Ricardo de Souzaz Cruz, 3ª Turma, j. 26.06.2023, p. 07.07.2023).

Tal previsão, é cediço, ampara-se no disposto no art. 5º, X, da Lei Maior, inexistente dúvidas quanto a ser o prontuário médico protegido pelo direito fundamental à intimidade, de estreita conexão com a dignidade da pessoa humana. Consabido, ademais, que os direitos fundamentais não ostentam caráter absoluto. Isso não obstante, sua relativização, no caso concreto, com vistas à satisfação do interesse público ínsito às investigações criminais, deve submeter-se à análise judicial prévia, a fim de verificar-se a proporcionalidade das providências investigativas em face da mitigação do direito fundamental em jogo (STF – RE: 1375558 AC, Relator: Rosa Weber, Data de Julgamento: 02.09.2022, Data de Publicação: Processo Eletrônico DJe-179 Divulg 08.09.2022 PUBLIC 09.09.2022).

Nesse sentido, a solução adotada pelo CRMDF aparenta ser a mais adequada de, diante de uma ponderação de interesses, cooperar com a autoridade policial, informar que a disponibilização do PEP ocorrerá em caso de ordem judicial e não violar o mérito do procedimento ético-disciplinar:

Nesta medida, *não sendo caso de ordem judicial*, o pedido de informações protocolado neste CRM-DF não poderá ser atendido, preservando-se, com isto, a inviolabilidade processual de que trata o dispositivo legal acima citado.

Contudo, considerando o Princípio da Cooperação entre as entidades públicas, sem que se configure a violabilidade do sigilo processual, cumpre esclarecer que *a Sindicância XXXXXX foi finalizada, com a decisão pela abertura de Processo Ético Profissional*, que está em trâmite no CRM-DF, e também é processado em sigilo, que só poderá ser quebrado mediante ordem judicial.

Desta forma, nos colocamos à disposição para quaisquer esclarecimentos necessários.

Sobre o dever de sigilo imposto aos processos éticos, Genival Veloso de França, Genival Veloso de França Filho e Roberto Lauro Lana pontuam que:

Toda apuração de infração às normas éticas deve revestir-se da preservação da privacidade do denunciado. Essa é a regra. Isso quer dizer que a tramitação do processo, em virtude da própria natureza dos fatos averiguados, impõe que seja omitido do público o seu conhecimento.[3]

---

2. Em sentido contrário, Antônio Carlos Nunes de Oliveira destaca que em caso de requisição de PEP, o CRM deve retirar os prontuários e fornecer os demais documentos, porém o referido procedimento é contraditório com o próprio sigilo exigido inerente ao procedimento ético. Cf. OLIVEIRA, Antônio Carlos Nunes de. *Comentários ao Código de Processo Ético-Profissional dos Conselhos de Medicina*: aprovado pela Resolução CFM 2.306/2022. Brasília: Conselho Federal de Medicina, 2022. p. 23.

3. FRANÇA, Genival Veloso de; FRANÇA FILHO, Genival Veloso de; LANA, Roberto Lauro. *Comentários ao Código de Processo Ético Profissional dos Conselhos de Medicina do Brasil*. 3. ed. Rio de Janeiro: Forense, 2010. p. 1

Em sentido análogo, Paulo Eduardo Behrens destaca que o direito à intimidade do denunciado e o direito de preservação de outros direitos de personalidade como honra, reputação e bom nome.[4] O entendimento de proteção do denunciado em razão da presunção de inocência, também possui eco dentro do próprio CFM conforme se observa no Processo consulta 516/2002 que dispõe que a publicação de procedimentos inconclusos pode "resultar em arquivamento ou em absolvição, irrecorríveis, podem causar grande dano à imagem e à honra do médico construída ao longo de anos de trabalho árduo".[5]

Todavia, ousando discordar dos autores, entende-se, aqui, que o sigilo não trata apenas de preservar exclusivamente os direitos do médico denunciado, mas também de defender os interesses do denunciante e do próprio sistema do CRM/CFM. Reforçando tal entendimento, Edmilson Barros Júnior destaca que o sigilo imposto ao processo ético não representa uma manifestação corporativista ou protetiva da própria categoria, mas uma regra inerente aos procedimentos administrativos por suposta infração ética ou funcional.[6]

Desta forma, resta claro que o processo ético deve tramitar em sigilo, seja pela perspectiva do denunciante, seja pela perspectiva do denunciado, representando um dever de sigilo que todos aqueles que terão acesso aos autos deverão preservar.

2. DA VIOLAÇÃO DO DEVER DE SIGILO

Uma vez reconhecido o dever de sigilo, deve-se questionar quais as repercussões advindas de sua violação. Para tanto, é preciso questionar a natureza do fato investigado e quem deu causa à violação. Em um exercício hipotético, é possível apontar as seguintes possibilidades de violação em relação à origem:

Quanto a origem da violação do sigilo	Advogados
	Denunciante
	Denunciado
	CRM;
Em relação ao conteúdo vazado	Dados do paciente
	Dados relativos ao médico

---

4. BEHRENS, Paulo Eduardo. *Código de Processo Ético Profissional Médico Comentado*. Belo Horizonte: Fórum, 2010. p. 43-45
5. CFM. Processo Consulta 516/2002. Disponível em: https://sistemas.cfm.org.br/normas/arquivos/pareceres/BR/2005/5_2005.pdf. Acesso em: 19 jul. 2022.
6. BARROS JÚNIOR, E. *Código de Processo Ético Profissional da Medicina*: Comentado e Interpretado – Resolução CFM 1897/2009. São Paulo: Atlas, 2012. p. 52.

Podem violar o sigilo a própria parte (denunciante ou denunciado), seus advogados e as pessoas vinculadas ao CRM. O intuito do vazamento pode ser visando expor o denunciado, expor o denunciante ou mesmo expor o CRM. Nesse sentido, é preciso ter em mente que as partes, ao terem acesso aos autos, assumem o dever de sigilo e, em caso de violação, poderão responder ética, civil e criminalmente por sua conduta. De igual forma, os conselheiros e servidores do CRM estão adstritos ao sigilo, razão pela qual não poderão violar esse compromisso, sob pena de responderem criminal, civil, administrativa e, em caso de conselheiros, eticamente.

Em relação aos legitimados para buscar a defesa do sigilo, o CRM sempre tem o dever de zelar pelo sigilo dos seus procedimentos e processos, havendo o dever de acionar as autoridades competentes na esfera criminal, administrativa e ética. Ante a indisponibilidade do interesse público, não há nem sequer margem discricionária para decidir ou não pelo direito de representação do ofensor, pois é um dever legal. Já na esfera cível, a priori, apenas aqueles indevidamente expostos poderão ser indenizados pelos danos sofridos.

Nesse cenário, em relação à legitimidade para propositura de medidas cíveis intrinsecamente ao conteúdo vazado, podendo, em algumas situações, ser compartilhada por todos os prejudicados (CRM, denunciante e denunciado) por falha de terceiro, como um advogado, por exemplo.

Exemplo recorrente desse tipo de medida é o advogado (do denunciante ou denunciado) que utiliza documentos oriundos de PEP em processo judicial ou procedimento público e/ou sem atribuir sigilo no momento da juntada. Se o procedimento originário, do qual os dados foram extraídos, é sigiloso, não há fundamentação razoável para que esses dados sejam incorporados de forma pública.

O uso de prova emprestada exige a imposição de sigilo aos documentos oriundos do procedimento sigiloso, além, por vezes, do próprio processo judicial, por exemplo. A imposição do sigilo ao processo judicial em razão do uso de prova emprestada de processo ético fundamenta-se na manutenção do sigilo ao processo ético.

O desafio da discussão acerca da responsabilidade pela quebra do sigilo repousa na prova do responsável pela violação, na medida em que precisará ser comprovado quem violou o sigilo.

Nesse sentido, pertinente o entendimento oriundo do processo 0029689-50.2016.4.01.3400, em que os dados de julgamento envolvendo o jogador Neymar no Conselho Administrativo de Recursos Fiscais (CARF) foram vazados à imprensa. No caso em tela, a decisão que condenou a União justificou tal medida diante do fato de que a imprensa ficou sabendo do resultado do julgamento antes mesmo da parte ou seus procuradores serem intimados;[7] assim, uma vez reconhecida a responsabilidade

---

7. CONJUR. *União é condenada a indenizar Neymar por vazamento de informações fiscais.* Disponível em: https://www.conjur.com.br/2016-nov-19/uniao-condenada-indenizar-neymar-vazamento-informacoes-fiscais/. Acesso em: 20 set. 2023.

objetiva do Estado e a demonstração do fato (divulgação de informação sigilosa), dano (violação de dados fiscais) e o nexo de causalidade, a União foi condenada a indenizar o jogador e seus pais em uma condenação total de R$180.000,00 (cento e oitenta mil reais).

A doutrina especializada[8] e o CFM[9] reforçam que a divulgação de fato sigiloso decorrente de PEP sujeitará a parte infratora a reparar os danos extrapatrimoniais e que a responsabilidade não se restringe à esfera cível.

Os CRMs, inclusive, advertem as partes e procuradores sobre a potencial apuração de responsabilidade em diversas esferas de responsabilidade e não restritas à cível:

> Recebi cópias do Conselho Regional de Medicina do Estado da Paraíba, do PEP acima epigrafado, por meio de mídia digital (pen drive), das quais me comprometo a manter absoluto sigilo sobre o seu conteúdo, respondendo civil e criminalmente pelo uso indevido que possa dar às mesmas.

Fonte: PEP[10]

Ressalte-se que a origem do vazamento impactará no tipo de responsabilidade. Se o vazamento for causado por advogado, por exemplo, haverá responsabilidade na OAB, criminal e cível. Se causada pela parte, a responsabilidade será limitada às esferas criminal e cível. Se causada pelo médico (denunciante ou denunciado) poderá responder por violação ao art. 18 do CEM, além de criminal e civilmente. Se for conselheiro, além das previsões contidas para o médico que é parte, ainda pode responder civilmente de forma regressiva, nos termos do tema 940 do STF e ser punido administrativamente por violar os deveres enquanto conselheiro. Já se causada por servidor, a responsabilidade será administrativa (PAD), cível (em sede regressiva) e criminal.

No tocante à imprensa ou a terceiros que não tiveram acesso primário ao PEP, não é possível falar em dever de sigilo enquanto parte processual e a jurisprudência oscila quanto aos efeitos e responsabilidade. Há decisões que reconhecem que terceiros e a imprensa, sobretudo esta, não podem, a princípio, ser condenados por violar o sigilo do processo, pois não pode ser questionada a responsabilidade de alguém que não possui a obrigação de sigilo;[11] nestes casos, entende-se que o sigilo foi violado por alguém com esse compromisso que usou a imprensa ou terceiros para publicizar o fato recebido. Em sentido contrário, algumas vozes destacam que há ilícito também por parte da imprensa,

---

8. BEHRENS, Paulo Eduardo. *Código de Processo Ético Profissional Médico Comentado*. Belo Horizonte: Fórum, 2010. p. 43-45

9. CFM. Processo Consulta 32/1986. Disponível em: https://sistemas.cfm.org.br/normas/arquivos/pareceres/BR/1986/32_1986.pdf. Acesso em: 10 jul. 2023.

10. Imagem extraída de processo ético profissional que os autores são procuradores.

11. Nesse sentido: "A imprensa pode publicar matéria jornalística sobre processo em segredo de justiça, contanto que se limite a informar os fatos de maneira objetiva" (TJDFT. 20140110475295APC, Relator: Josaphá Francisco dos Santos, Relatora Designada: Maria Ivatônia, 5ª Turma Cível, Data de Julgamento: 17.08.2016, Publicado no DJE: 02.09.2016, p. 487-489) e "Matéria jornalística que poderá ser veiculada, desde que não divulgadas informações protegidas por sigilo e por segredo de justiça, sob pena de multa" (TJ-SP – AI: 21064625920148260000 SP 2106462-59.2014.8.26.0000, Relator: José Joaquim dos Santos, Data de Julgamento: 07.10.2014, 2ª Câmara de Direito Privado, Data de Publicação: 08.10.2014).

posto que a intimidade das partes não pode ser sacrificada para satisfazer uma invasão desmedida e garantir uma publicidade externa.[12]

Em qualquer destes entendimentos, não se pode olvidar que a imprensa sempre possui o dever de veracidade e de transmissão da informação de interesse público.[13] Desta forma, tem dever de apurar, conforme tema 995 do STF, e também de veicular apenas as informações adstritas ao interesse público.

CONCLUSÕES

Para fins de conclusão, propõem-se as seguintes premissas:

• O sigilo dos procedimentos éticos-disciplinares tem fundamento legal e infralegal e não pode ser violado.

• Exclusivamente em caso de determinação judicial, o CRM ou as partes poderão compartilhar os dados da sindicância ou processos;

• Em caso de uso de prova emprestada, a sindicância ou PEP deverá ser juntada sob sigilo;

• Eventuais violações ao sigilo impõem o dever de ofício do CRM de adotar todas as medidas administrativas, judiciais (cíveis e criminais) e éticas para penalizar os responsáveis pela violação do sigilo processual;

• Em paralelo à legitimidade do CRM, os demais interessados também têm legitimidade de adotar todas as medidas pertinentes para responsabilização dos autores da violação ao dever de sigilo;

• Em relação aos danos patrimoniais e extrapatrimoniais experimentados, apenas os efetivamente prejudicados poderão pleitear a reparação de danos.

REFERÊNCIAS

BARROS JÚNIOR, E. *Código de Processo Ético Profissional da Medicina*: Comentado e Interpretado – Resolução CFM 1897/2009. São Paulo: Atlas, 2012.

BEHRENS, Paulo Eduardo. *Código de Processo Ético Profissional Médico Comentado*. Belo Horizonte: Fórum, 2010.

---

12. Conjur. *Jornalista que divulga dado sigiloso comete crime, diz Alexandre de Moraes*. Disponível em https://www. conjur.com.br/2017-out-29/jornalista-divulga-dado-sigiloso-comete-crime-moraes/. Acesso em: 04 abr. 2022. e DE CARVALHO, Luis Gustavo Grandinetti Castanho; MENDES, Caio Cesar Tomioto. O sigilo processual como limitação à publicidade externa do processo penal tanto para pessoas públicas como para pessoas anônimas. *Revista da Faculdade de Direito da FMP*, v. 13, n. 2, p. 33-60, 2018.
13. É necessário fazer uma distinção entre interesse público e interesse do público. Interesse público é aquilo que é relevante de ser compartilhado com a comunidade, ao passo que o interesse do público é aquilo que gera interesse, burburinho, curiosidade, mas que, na verdade, não tem nenhum interesse legítimo e genuíno. Como bem alerta Nilson Naves: "interesse do público é desculpa frequentemente invocada pela mídia para exigir informações e até justificar invasões de privacidade". Cf. NAVES, Nilson. Imprensa investigativa: sensacionalismo e criminalidade. *Revista CEJ*, v. 20, p. 6-8, 2003. p. 7

CONJUR. *Jornalista que divulga dado sigiloso comete crime, diz Alexandre de Moraes*. Disponível em: https://www.conjur.com.br/2017-out-29/jornalista-divulga-dado-sigiloso-comete-crime-moraes/. Acesso em: 04 abr. 2022.

CONJUR. *União é condenada a indenizar Neymar por vazamento de informações fiscais*. Disponível em: https://www.conjur.com.br/2016-nov-19/uniao-condenada-indenizar-neymar-vazamento-informacoes-fiscais/. Acesso em: 20 set. 2023.

DE CARVALHO, Luis Gustavo Grandinetti Castanho; MENDES, Caio Cesar Tomioto. O sigilo processual como limitação à publicidade externa do processo penal tanto para pessoas públicas como para pessoas anônimas. *Revista da Faculdade de Direito da FMP*, v. 13, n. 2, p. 33-60, 2018.

FRANÇA, Genival Veloso de; FRANÇA FILHO, Genival Veloso de; LANA, Roberto Lauro. *Comentários ao Código de Processo Ético Profissional dos Conselhos de Medicina do Brasil*. 3. ed. Rio de Janeiro: Forense, 2010.

NAVES, Nilson. Imprensa investigativa: sensacionalismo e criminalidade. *Revista CEJ*, v. 20, p. 6-8, 2003.

OLIVEIRA, Antônio Carlos Nunes de. *Comentários ao Código de Processo Ético-Profissional dos Conselhos de Medicina*: aprovado pela resolução CFM 2.306/2022. Brasília: Conselho Federal de Medicina, 2022.

SOUZA, Rodrigo Tadeu de Puy. *Tratado de Direito Médico Ético*. São Paulo: LUJUR, 2022.

SIGILO PROCESSUAL E O DIREITO DE REQUISIÇÃO DO MINISTÉRIO PÚBLICO E POLÍCIA JUDICIÁRIA

Francisco Silveira Benfica

Mestrado em Medicina (Gastroenterologia) pela Universidade Federal do Rio Grande do Sul (UFRGS). Especialização em Cirurgia Geral pelo Hospital de Clínicas de Porto Alegre (HCPA). Especialização em Administração Hospitalar pela Pontifícia Universidade Católica do Rio Grande do Sul (PUC-RS). Especialização em Medicina Legal pela Academia de Polícia do Estado do Rio Grande do Sul (ACADEPOL-RS) e pela Associação Médica Brasileira (AMB). Professor de Medicina Legal dos cursos de Direito e Medicina da Universidade do Vale do Rio dos Sinos (UNISINOS). Professor de Medicina Legal do curso de Medicina da Universidade FEEVALE. Professor Emérito de Medicina Legal da ACADEPOL-RS. Assessor da Direção Médica do Hospital de Clínicas de Porto Alegre (HCPA). Perito médico-legista aposentado do Departamento Médico Legal de Porto Alegre (DML-RS). Médico pela Universidade Federal do Rio Grande do Sul (UFRGS).

Márcia Vaz

Doutorado em Medicina (Cirurgia) pela Universidade Federal do Rio Grande do Sul (UFRGS). Mestrado em Medicina (Gastroenterologia) pela Universidade Federal do Rio Grande do Sul (UFRGS). Especialização em Cirurgia Geral pelo Hospital de Clínicas de Porto Alegre (HCPA). Especialização em Medicina Legal e Perícia Médica pela Associação Médica Brasileira (AMB). Especialização em Auditoria Médica pela Associação Médica Brasileira (AMB). Professora da disciplina de Medicina Legal e Deontologia Médica da escola de Medicina da Pontifícia Universidade Católica do Rio Grande do Sul (PUCRS). Médica auditora da Secretaria Estadual de Saúde do estado do Rio Grande do Sul (SES/RS) e Perita médica legista aposentada do Departamento Médico Legal de Porto Alegre (DML/RS). Conselheira do Conselho Regional de Medicina do Rio Grande do Sul – CREMERS (2018-2023 e 2023-2028). Médica pela Universidade Federal do Rio Grande do Sul (UFRGS).

Sumário: Introdução – 1. Preservando a confidencialidade: a importância vital do sigilo médico na prática profissional – 2. Explorando limites: considerações sobre a relativização do sigilo médico – 3. Demarcando fronteiras: definições na liberação de informações – Considerações finais – Referências.

INTRODUÇÃO

Os Conselhos Regionais de Medicina (CRM) na sua atribuição legal de apurar, julgar e disciplinar a atividade médica buscam zelar pelo perfeito desempenho ético da Medicina nos respectivos Estados.[1] Para cumprir com tal prerrogativa, as Corregedorias dos regionais realizam a apuração de denúncias, executam diligências e instauram sindicâncias e processos éticos. Desde o recebimento das denúncias, o CRM ainda conta,

---

1. BRASIL. Lei 3.268, de 30 de setembro de 1957. Dispõe sobre os Conselhos de Medicina, e dá outras providências. Brasília, DF: Diário Oficial da União, 1957. Disponível em: https://www.planalto.gov.br/ccivil_03/leis/l3268.htm. Acesso em: 26 fev. 2024.

não raras vezes, com a atuação em conjunto do Poder Judiciário, autoridade policial, Ministério Público e Vigilância Sanitária.

As sindicâncias e os processos ético-profissionais médicos envolvem questões relacionadas à conduta ética dos profissionais da medicina e sua atuação no cuidado com os pacientes. Na apuração das denúncias de possíveis infrações éticas, cometidas por parte de médicos da sua jurisdição, o CRM seguirá as formalidades estabelecidas no Código de Processo Ético Profissional (CPEP)[2] Este, no seu Art. 1º, estabelece que a sindicância e o processo ético-profissional (PEP) nos Conselhos Regionais de Medicina (CRMs) e no Conselho Federal de Medicina (CFM) tramitarão em sigilo processual. Esta regra mantém-se com o procedimento administrativo (PA) na apuração de doença incapacitante, parcial ou total, para o exercício da medicina, conforme a Resolução CFM 2.164/2017.[3]

O sigilo médico é um princípio fundamental, e os médicos são obrigados a manter a confidencialidade das informações obtidas durante a relação médico-paciente, salvo em situações excepcionais permitidas por lei.

Assim, a regra é o sigilo e a exceção é a possibilidade da quebra do sigilo, com consequente revelação. Portanto, é necessário ter motivos fundamentados e devidamente documentados, preferencialmente por escrito, e considerando o interesse de todas as partes envolvidas, incluindo-se a sociedade.[4]

O sigilo processual, por sua vez, refere-se à confidencialidade das informações relacionadas a um processo, sendo um princípio fundamental em diversos contextos, incluindo o médico. Assim, devido ao sigilo processual, apenas as partes e seus procuradores regularmente habilitados e identificados poderão ter acesso aos autos e tomar conhecimento do seu conteúdo.[5]

Consequentemente, os processos administrativos que investigam infrações éticas nos Conselhos de Medicina seguem procedimentos sigilosos devido à natureza das questões abordadas. Trata-se de preservar o sigilo médico, especialmente em relação às informações contidas nos prontuários e outros documentos médicos que são anexados aos registros do processo. Normalmente, informações sobre o paciente constam nestes

---

2. BRASIL. Conselho Federal de Medicina. Resolução CFM 2.306, de 17 de março de 2022. Aprova o Código de Processo Ético-Profissional (CPEP) no âmbito do Conselho Federal de Medicina (CFM) e Conselhos Regionais de Medicina (CRMs). Diário Oficial da União, Brasília, 25 de março de 2022. Disponível em: https://sistemas. cfm.org.br/normas/visualizar/resolucoes/BR/2022/2306. Acesso em: 26 fev. 2024.

3. BRASIL. Conselho Federal de Medicina. Resolução CFM 2.164, de 23 de junho de 2017. Regulamenta o procedimento administrativo para apuração de doença incapacitante, parcial ou total, para o exercício da medicina. Diário Oficial da União, Brasília, 03 de agosto de 2017. Disponível em: https://sistemas.cfm.org.br/ normas/visualizar/resolucoes/BR/2017/2164. Acesso em: 26 fev. 2024.

4. Barros Júnior, Edmilson de Almeida. *Código de ética médica comentado e interpretado*: Resolução CFM 2217/2018 (Portuguese Edition) (Locais do Kindle 11400-11401). Cia do eBook. Edição do Kindle.

5. Oliveira, Antonio Carlos Nunes de. *Comentários ao Código de Processo Ético-Profissional dos Conselhos de Medicina*: aprovado pela resolução CFM 2.306/2022. Brasília: Conselho Federal de Medicina, 2022. Disponível em: https://docs.bvsalud.org/biblioref/2023/06/1436576/issue-e3c9cb08585a40829bc88130b0b8ebdf.pdf. Acesso em: 26 fev. 2024.

processos, inclusive, não raras vezes, os prontuários dos pacientes são anexados. Assim, para a proteção dos dados contidos nesses processos, eles são mantidos sob sigilo dentro das entidades fiscalizadoras. A proteção é de extrema importância, pois a publicidade nesses casos poderia levar ao esvaziamento das denúncias feitas pelos pacientes, que poderiam temer que suas informações pessoais fossem acessíveis ao público em geral.

O sigilo, porém, não impede que as partes legalmente autorizadas no processo, juntamente com seus advogados devidamente designados, tenham acesso aos documentos, inclusive podendo realizar cópias integrais desse conteúdo. O artigo 14 do Decreto 44.045, de 19 de julho de 1958[6] e o artigo 1º da Resolução CFM 2.306, de 17 de março de 2022,[7] regulamentam o acesso aos autos dos processos no âmbito dos Conselhos de Medicina, para as partes legitimadas e aos seus advogados constituídos, resguardando, assim, a ampla defesa e o contraditório. Vale ressaltar que é expressamente vedada a retirada de processos pelas partes ou seus procuradores, sob qualquer pretexto, da Secretaria do Conselho Regional, sendo igualmente vedado lançar notas nos autos ou sublinhá-los de qualquer forma.

No entanto, surge a dúvida sobre se esse sigilo deve ser absoluto e mantido quando se trata de instituições públicas que investigam eventos médicos com implicações em outras áreas, como a esfera criminal, onde as repercussões desta negativa de informação podem afetar a sociedade. Entre essas entidades, incluem-se o Ministério Público e a Polícia Judiciária. A indagação apresentada é se a violação do sigilo processual terá um procedimento distinto quando a requisição provier diretamente do Ministério Público ou da Delegacia de Polícia.

Do ponto de vista ético, a preservação do sigilo médico é crucial para garantir a confiança dos pacientes no sistema de saúde. O Código de Ética Médica, ao estabelecer regras claras sobre a confidencialidade das informações, destaca a importância desse princípio. Contudo, a própria ética médica reconhece exceções, especialmente quando há riscos à vida ou quando a quebra do sigilo é necessária para cumprir obrigações legais.

A legislação brasileira, por sua vez, não impõe explicitamente a obrigatoriedade de fornecer documentos médicos ao Ministério Público. Contudo, é essencial considerar a Lei 8.069/1990 – Estatuto da Criança e do Adolescente,[8] que estabelece a notificação

---

6. BRASIL. Decreto 44.045, de 19 de julho de 1958. Aprova o Regulamento do Conselho Federal e Conselhos regionais de Medicina a que se refere a Lei 3.268, de 30 de setembro de 1957. Brasília, DF: Diário Oficial da União, 12 de agosto de 1958. Disponível em: https://www.planalto.gov.br/ccivil_03/decreto/1950-1969/d44045.htm#:~:text=DECRETO%20No%2044.045%2C%20DE,30%20de%20setembro%20de%201957. Acesso em: 26 fev. 2024.

7. BRASIL. Conselho Federal de Medicina. Resolução CFM 2.306, de 17 de março de 2022. Aprova o Código de Processo Ético-Profissional (CPEP) no âmbito do Conselho Federal de Medicina (CFM) e Conselhos Regionais de Medicina (CRMs). Diário Oficial da União, Brasília, 25 de março de 2022. Disponível em: https://sistemas.cfm.org.br/normas/visualizar/resolucoes/BR/2022/2306. Acesso em: 26 fev. 2024.

8. BRASIL. Lei 8.069, de 13 de julho de 1990. Dispõe sobre o Estatuto da Criança e do Adolescente e dá outras providências. Brasília, DF: Diário Oficial da União, 16 de julho de 1990. Disponível em: https://www.planalto.gov.br/ccivil_03/leis/l8069.htm. Acesso em: 26 fev. 2024.

compulsória de casos de maus-tratos, o que pode demandar a quebra do sigilo médico em situações específicas.

Neste estudo, buscaremos aprofundar a discussão acerca do direito inerente a cada indivíduo de preservar certos aspectos de sua vida em sigilo, ao mesmo tempo em que analisamos se, em circunstâncias específicas, o direito de requisição do Ministério Público e da Polícia Judiciária pode sobrepor-se ao sigilo processual.

1. PRESERVANDO A CONFIDENCIALIDADE: A IMPORTÂNCIA VITAL DO SIGILO MÉDICO NA PRÁTICA PROFISSIONAL

O prontuário médico é um conjunto de registros que contém todas as informações relevantes para a prática médica relacionadas ao estado de saúde, doenças e tratamentos fornecidos ao paciente. Ele se configura como um instrumento de comunicação fundamental para a transmissão e subsequente utilização das informações contidas no plano de assistência ao doente. A correta elaboração e a preservação do prontuário são inclusive obrigações regulamentadas pelos artigos 87-90 do Código de Ética Médica.

Sem desmerecer as autoridades em questão, existem manifestações reforçando que o sigilo processual deve ser mantido em relação ao prontuário e/ou fichas médicas que porventura estejam encartados nos autos. Isso porque esses documentos guardam informações sensíveis de pacientes, que não podem ser entregues diretamente, senão mediante ordem judicial – reserva de jurisdição.[9]

A própria Constituição Brasileira, em seu artigo 5º, inciso X, garante a inviolabilidade da intimidade, vida privada, honra e imagem das pessoas, assegurando o direito à indenização por danos materiais ou morais decorrentes de sua violação. Portanto, na medida em que o acesso ao prontuário médico constitui uma restrição do direito/garantia fundamental à intimidade, impõe-se concluir que somente mediante ordem judicial pode ser disponibilizado o prontuário médico, com o que estará observada a reserva jurisdicional.[10]

Por sua vez, o Código Civil Brasileiro,[11] no artigo 21, estabelece a proteção da vida privada, declarando que "a vida privada da pessoa natural é inviolável, e o juiz, a requerimento do interessado, adotará as providências necessárias para impedir ou fazer cessar ato contrário a essa norma."

---

9. Oliveira, Antonio Carlos Nunes de. *Comentários ao Código de Processo Ético-Profissional dos Conselhos de Medicina*: aprovado pela resolução CFM 2.306/2022. Brasília: Conselho Federal de Medicina, 2022. Disponível em: https://docs.bvsalud.org/biblioref/2023/06/1436576/issue-e3c9cb08585a40829bc88130b0b8ebdf.pdf. Acesso em: 26 fev. 2024.

10. BRASIL. Superior Tribunal de Justiça. Recurso em habeas corpus 150.603-PR (2021/0226361-0). Relator: Olindo Menezes (Des. Convocado do TRF 1ª Região), 14 dez. 2021. Diário da Justiça Eletrônico: Brasília, DF, 17 de dez. 2021.

11. BRASIL. Lei 10.406, de 10 de janeiro de 2002. Institui o Código Civil. Brasília, DF: Diário Oficial da União, 11 jan. 2002. Disponível em: https://www.planalto.gov.br/ccivil_03/leis/2002/l10406compilada.htm. Acesso em: 26 fev. 2024.

Em relação à legislação criminal, o Código Penal Brasileiro[12] dispõe no art. 154 que é crime revelar, sem justa causa, segredo, de que tem ciência em razão de função, ministério, ofício ou profissão, e cuja revelação possa produzir dano a outrem.

Sob o aspecto ético, o Código de Ética Médica,[13] em seu artigo 73, capítulo IX, proíbe expressamente o médico de divulgar informações das quais tenha conhecimento devido ao exercício de sua profissão, a menos que haja motivo justo, dever legal ou consentimento, por escrito, do paciente. O parágrafo único, deste artigo, mantém essa proibição: a) mesmo que o fato seja de conhecimento público ou o paciente tenha falecido; b) quando prestando depoimento como testemunha, ocasião em que o médico deve comparecer diante da autoridade e declarar seu impedimento; c) durante a investigação de suspeita de crime, o médico fica impedido de revelar segredos que possam expor o paciente a processos penais.

Portanto, quanto à solicitação de processo ético-profissional (PEP) por parte do Ministério Público ou autoridades policiais, compreende-se que o segredo médico, como um conceito jurídico, abrange esses documentos, os quais, ficam sujeitos ao regime geral e aos princípios éticos que protegem e preservam o sigilo profissional. Não é incomum que, além de informações sobre pacientes, constem nestes processos os seus próprios prontuários, invariavelmente anexados aos documentos.

Há inclusive decisões judiciais estabelecendo que "o poder de requisitar documentos conferido ao Ministério Público encontra obstáculo no segredo profissional, como é o caso do sigilo médico, instituído pelo Código de Ética Médica, com respaldo constitucional" (TJPR – Ag Instr 0118624-7 – (20644) – Ponta Grossa – 4ª C.Cív. – Rel. Juiz Conv. Miguel Kfouri Neto – DJPR 01.07.2002).

Também o Supremo Tribunal Federal já se manifestou em relação ao poder de requisição do Ministério Público para fins de investigação criminal, através do Ministro Gilmar Mendes, redator designado para o RE 593.727 (Tema 184):

> Em síntese, reafirmo que é legítimo o exercício do poder de investigar por parte do Ministério Público, porém essa atuação *não pode ser exercida de forma ampla e irrestrita, sem qualquer controle*, sob pena de agredir, inevitavelmente, direitos fundamentais. *A atividade de investigação, seja ela exercida pela Polícia ou pelo Ministério Público, merece, por sua própria natureza, vigilância e controle.*

E a Ministra Rosa Weber finaliza:

> Assim, o art. 129, VI, da Constituição não franqueia ao Ministério Público, sem prévia autorização judicial, acesso a documento protegido por sigilo, como são os prontuários médicos, em jogo restrição ao direito fundamental à intimidade (STF – RE 1375558/ Acre – Brasília, Min. Rosa Weber, julgamento 02.09.2022. Disponível em: http://www.stf.jus.br/portal/autenticacao/autenticarDocumento.asp (sob o código D166-A193-C84D-77D1 e senha C2C2-70E4-440C-53A0). Acesso em: 27 fev. 2024).

---

12. BRASIL. Decreto-Lei no 2.848, de 7 de dezembro de 1940. Código Penal. Brasília, DF: Diário Oficial da União, 31 dez. 1940. Disponível em: https://www.planalto.gov.br/ccivil_03/decreto-lei/del2848compilado.htm. Acesso em: 26 fev. 2024.
13. BRASIL. Conselho Federal de Medicina. Resolução 2.217, de 27 de setembro de 2018. Aprova o Código de Ética Médica. Diário Oficial da União, Brasília, 01 de novembro de 2018. Disponível em: https://sistemas.cfm.org.br/normas/visualizar/resolucoes/BR/2018/2217. Acesso em: 28 fev. 2024.

Há, portanto, fundamentações consistentes quanto à preservação do sigilo médico diante de solicitações do Ministério Público ou autoridade policial. A manutenção do sigilo médico não apenas salvaguarda os direitos individuais, mas também fortalece a integridade ética da prática médica, assegurando que a busca por justiça não comprometa a confidencialidade necessária para uma assistência de qualidade.

2. EXPLORANDO LIMITES: CONSIDERAÇÕES SOBRE A RELATIVIZAÇÃO DO SIGILO MÉDICO

Por outro lado, modernamente o conceito de segredo médico absoluto foi substituído pelo segredo médico relativo. Nesse contexto, a sociedade é instada a abrir exceções a essa obrigação profissional do médico nos casos em que ocorra um conflito entre interesses privados e o bem-estar geral, devendo sempre se considerar a relevância deste último aspecto na busca pelo bem comum.

A Resolução CFM 2.184/2018,[14] por exemplo, em seu Art. 1º, estabelece que os Conselhos de Medicina devem atender às solicitações do Ministério Público para fornecer documentos relacionados ao andamento processual, bem como cópias de sindicâncias e processos ético-profissionais. É importante ressaltar que tal fornecimento deve preservar a privacidade e a intimidade das pessoas, especialmente no que diz respeito aos registros presentes nos prontuários médicos obtidos como consequência da relação médico-paciente. Destaca-se que a entrega desses documentos ao Ministério Público não implica violação do sigilo médico-paciente, uma vez que, neste cenário, apenas serão disponibilizados dados que não envolvam a intimidade dos pacientes.

Em linha semelhante, o Despacho SEI-686/2022-CFM/COJUR[15] conclui que, em situações específicas de requisição pelo Ministério Público, realizada através da autoridade policial, é apropriado seguir as diretrizes estabelecidas pelo artigo 1º da Resolução CFM 2184/2018. Dessa forma, é viável atender à solicitação do Ministério Público por intermédio da autoridade policial, mantendo-se a ressalva de excluir documentos relacionados à privacidade e à intimidade das pessoas, o que contempla os registros do prontuário e outras documentações médicas que possam comprometer o sigilo ético.

A Lei 8.625/93[16] (14) estabelece em seu artigo 26, I, alínea "b" que no exercício de suas funções, o Ministério Público poderá: "requisitar informações, exames periciais

---

14. BRASIL. Conselho Federal de Medicina. Resolução CFM 2.184, de 19 de julho de 2018. Aprova normativo de relacionamento institucional qualificado com o Ministério Público. Diário Oficial da União, Brasília, 27 de agosto de 2018. Disponível em: https://sistemas.cfm.org.br/normas/visualizar/resolucoes/BR/2018/2184. Acesso em: 26 fev. 2024.

15. BRASIL. Conselho Federal de Medicina. Despacho SEI-686/2022-CFM/COJUR, de 14 de dezembro de 2022. Liberação de cópia PEP/Sindicância para autoridade policial e Ministério Público. Disponível em: https://sistemas.cfm.org.br/normas/visualizar/despachos/BR/2022/686. Acesso em: 26 fev. 2024.

16. BRASIL. Lei 8.625, de 12 de fevereiro de 1993. Institui a Lei Orgânica Nacional do Ministério Público, dispõe sobre normas gerais para a organização do Ministério Público dos Estados e dá outras providências. Brasília,

e documentos de autoridades federais, estaduais e municipais, bem como dos órgãos e entidades da administração direta, indireta ou fundacional, de qualquer dos Poderes da União, dos Estados, do Distrito Federal e dos Municípios". Prerrogativa semelhante é estabelecida na Lei Complementar 75/93[17] que reza, em seu Art. 8º que, para o exercício de suas atribuições, o Ministério Público da União poderá, nos procedimentos de sua competência, requisitar informações, exames, perícias e documentos de autoridades da Administração Pública direta ou indireta. Assim, não restam dúvidas de que, por esta lei, o Ministério Público Estadual e o Ministério Público da União têm competência legal para requisitar documentos ao CFM.

Da mesma forma, em virtude da responsabilidade constitucional atribuída ao Delegado de Polícia pela Carta Magna, essa autoridade tem competência para promover atos indispensáveis à condução das investigações, incluindo a requisição de documentos, informações e outros dados, desde que não lesem a intimidade e a vida privada do investigado e não violem direitos e garantias fundamentais do ser humano.

Neste sentido, em relação à autoridade policial, manifestou-se o Segundo Grupo de Câmaras Criminais do Tribunal de Justiça do Rio Grande do Sul:

> Ementa: Embargos infringentes. Coação ilegal da autoridade policial. Requisição de prontuários médicos de supostas vítimas de tentativa de homicídio. Investigação criminal. Desnecessidade de autorização judicial. Havendo razão justificada, é possível que o dever de sigilo e de segredo seja flexibilizado. O embargante – médico e Diretor Técnico de Hospital – alegou estar sofrendo coação ilegal, face à advertência do Delegado de Polícia de que caso não fornecesse os prontuários médicos de duas supostas vítimas de tentativa de homicídio, para instruir inquérito policial, incidiria na prática do delito de desobediência. A investigação policial presidida pelo Delegado de Polícia é ato administrativo vinculado à Lei Complementar (Código de Processo Penal) com força vinculante, que serve para instrumentalizar ação estatal oficial, viabilizadora de persecução criminal jurisdicional e, portanto, que a todos alcança, inclusive médicos e nosocômios, independentemente do que disciplina Resolução Profissional quanto ao sigilo profissional. O interesse público do Estado em buscar elementos de formatação da prova para apurar responsabilidades penais se impõe. Embargos infringentes desacolhidos por maioria. (Embargos Infringentes e de Nulidade 70074005281, Segundo Grupo de Câmaras Criminais, Tribunal de Justiça do RS, Relator: Sérgio Miguel Achutti Blattes, Redator: Rogerio Gesta Leal, Julgado em: 14.07.2017).

Percebe-se, portanto, que há uma relativização do sigilo médico em relação às solicitações do Ministério Público e da autoridade policial. Embora a confidencialidade seja um pilar essencial, a avaliação cuidadosa da gravidade do caso e o potencial risco para a sociedade são elementos que permeiam de forma consistente esta discussão, exigindo uma análise ética e legal fundamentada.

DF: Diário Oficial da União, 15 de fevereiro de 1993. Disponível em: https://www.planalto.gov.br/ccivil_03/leis/l8625.htm. Acesso em: 26 fev. 2024.

17. BRASIL. Lei Complementar 75, de 20 de maio de 1993. Dispõe sobre a organização, as atribuições e o estatuto do Ministério Público da União. Brasília, DF: Diário Oficial da União, 21 de maio de 1993. Disponível em: https://www.planalto.gov.br/ccivil_03/leis/lcp/lcp75.htm. Acesso em: 26 fev. 2024.

3. DEMARCANDO FRONTEIRAS: DEFINIÇÕES NA LIBERAÇÃO DE INFORMAÇÕES

No que se refere à conclusão do processo ético, quando alcança a chamada decisão administrativa definitiva ou trânsito em julgado administrativo, essa poderá ser divulgada pelo órgão processante, mediante extração de certidão do seu resultado e conteúdo. Contudo, essa divulgação deve ser realizada sem a exposição de fatos ou detalhes que possam expor ou comprometer a intimidade e a privacidade das partes envolvidas.[18]

A exceção a essa regra diz respeito às penalidades sigilosas (confidenciais) previstas nas letras "a" e "b" do art. 22 da Lei 3.268/1957.[19] Sendo confidenciais por disposição legal, não podem ser publicizadas pelos órgãos de classe, nem mesmo após o trânsito em julgado do processo ético. Desse modo, em uma eventual certidão a ser fornecida para terceiros interessados, quando o médico incidir em alguma sanção prevista nestas alíneas, deverá constar apenas que "Nada Consta" nos seus assentamentos.[20]

Nos cabe aqui questionar a respeito da recepção dessa norma pela Constituição Federal de 1988,[21] que indica em seu art. 5º, incisos XIV e XXXIII, e art. 37 o direito à informação e o dever de publicidade dos atos administrativos como um de seus vetores:

> Art. 5º [...] XIV – é assegurado a todos o acesso à informação e resguardado o sigilo da fonte, quando necessário ao exercício profissional. [...] XXXIII – todos têm direito a receber dos órgãos públicos informações de seu interesse particular, ou de interesse coletivo ou geral, que serão prestadas no prazo da lei, sob pena de responsabilidade, ressalvadas aquelas cujo sigilo seja imprescindível à segurança da sociedade e do Estado. [...] Art. 37. A administração pública direta, indireta ou fundacional, de qualquer dos Poderes da União, dos Estados, do Distrito Federal e dos Municípios obedecerá aos princípios de legalidade, impessoalidade, moralidade, publicidade e eficiência [...].

Assim, quando as solicitações do MP estiverem limitadas apenas à decisão final proferida pelo CFM/CRM nos autos, não há, em tese, a violação de qualquer documento sigiloso, eis que as informações do prontuário médico constante no processo não serão expostas.

Importante destacar que a confidencialidade processual estipulada pela lei não se estende ao âmbito do Poder Judiciário. A jurisprudência do Supremo Tribunal Federal

---

18. Oliveira, Antonio Carlos Nunes de. *Comentários ao Código de Processo Ético-Profissional dos Conselhos de Medicina*: aprovado pela resolução CFM 2.306/2022. Brasília: Conselho Federal de Medicina, 2022. Disponível em: https://docs.bvsalud.org/biblioref/2023/06/1436576/issue-e3c9cb08585a40829bc88130b0b8ebdf.pdf. Acesso em: 26 fev. 2024.

19. BRASIL. Lei 3.268, de 30 de setembro de 1957. Dispõe sobre os Conselhos de Medicina, e dá outras providências. Brasília, DF: Diário Oficial da União, 1957. Disponível em: https://www.planalto.gov.br/ccivil_03/leis/l3268.htm. Acesso em: 26 fev. 2024.

20. Oliveira, Antonio Carlos Nunes de. *Comentários ao Código de Processo Ético-Profissional dos Conselhos de Medicina*: aprovado pela resolução CFM 2.306/2022. Brasília: Conselho Federal de Medicina, 2022. Disponível em: https://docs.bvsalud.org/biblioref/2023/06/1436576/issue-e3c9cb08585a40829bc88130b0b8ebdf.pdf. Acesso em: 26 fev. 2024.

21. BRASIL. [Constituição (1988)]. Constituição da República Federativa do Brasil. Brasília, DF: Presidência da República, [2016]. Disponível em: https://www.planalto.gov.br/ccivil_03/constituicao/constituicao.htm. Acesso em: 26 fev. 2024.

e do Superior Tribunal de Justiça brasileiro já decidiu que sobre requisições judiciais a obrigatoriedade do sigilo profissional do médico não tem caráter absoluto.

Portanto, mediante solicitação judicial, os Conselhos de Medicina devem fornecer a totalidade dos documentos relacionados à sindicância ou ao processo ético-profissional, ou parcialmente conforme requerido, sem restrições, uma vez que não existem direitos absolutos nesse contexto. Em nosso ordenamento jurídico, o juiz deve ter acesso direto às provas sempre que julgar necessário.[22]-[23]

O próprio Código de Ética Médica[24] contempla essa tese em seu Art. 89, § 1º, quando dispõe que é vedado ao médico "Liberar cópias do prontuário sob sua guarda, exceto para atender a ordem judicial..." e que "Quando requisitado judicialmente, o prontuário será encaminhado ao juízo requisitante.

CONSIDERAÇÕES FINAIS

Estabelecido o caráter relativo do sigilo médico, surge a complexidade de definir sob quais condições essa obrigação pode ser excepcionada. O desafio não está na aceitação de uma obrigação genérica de confidencialidade, mas sim em identificar as circunstâncias que justificam a quebra desse dever.

Por sua vez, a sindicância e o processo ético-profissional médicos, os sigilos médico e processual, bem como o direito de requisição do Ministério Público e da Polícia Judiciária estão interligados na busca do bem para a sociedade, sendo fundamental encontrar um equilíbrio entre a ética médica, a confidencialidade e a cooperação com as autoridades legais, sempre respeitando os limites impostos pela lei.

Este equilíbrio torna-se mais necessário especialmente quando ocorre um aparente conflito entre direitos ou garantias fundamentais, impondo-se uma análise adequada, que preserve a máxima eficácia possível das normas intrinsecamente ligadas à dignidade da pessoa humana.

Na realidade, não existe qualquer obrigação legal que estabeleça a obrigatoriedade dos Conselhos Regionais de Medicina (CRMs) e do Conselho Federal de Medicina (CFM) de fornecer, ao Ministério Público ou autoridade policial, cópia de processo ético-profissional (PEP) que, nestas instituições, tramitam em sigilo processual.

As informações requisitadas por estas entidades, a princípio, somente poderão ser atendidas quando não violarem o sigilo médico, devendo ser preservados os dados

---

22. Oliveira, Antonio Carlos Nunes de. *Comentários ao Código de Processo Ético-Profissional dos Conselhos de Medicina*: aprovado pela resolução CFM 2.306/2022. Brasília: Conselho Federal de Medicina, 2022. Disponível em: https://docs.bvsalud.org/biblioref/2023/06/1436576/issue-e3c9cb08585a40829bc88130b0b8ebdf.pdf. Acesso em: 26 fev. 2024.

23. BRASIL. Tribunal Regional Federal da 4ª região. Ação Cível Pública. Apelação 5009152-15.2013.4.04.7200/SC. Relator: Sérgio Renato Tejada Garcia, 18 jul. 2014, Porto Alegre: TRF, 2014.

24. BRASIL. Conselho Federal de Medicina. Resolução 2.217, de 27 de setembro de 2018. Aprova o Código de Ética Médica. Diário Oficial da União, Brasília, 01 de novembro de 2018. Disponível em: https://sistemas.cfm.org.br/normas/visualizar/resolucoes/BR/2018/2217. Acesso em: 28 fev. 2024.

sigilosos quanto à doença, ao tratamento realizado e à intimidade do paciente. Feita esta observação, fundamental para o entendimento da questão, podemos considerar então que todas as demais informações contidas nos processos ético-profissionais (PEPs) não estão ao abrigo do sigilo profissional. Como exemplo, podemos incluir neste rol os dados administrativos de uma internação, as Atas das Sessões da Câmara do Tribunal de Ética Médica referente aos julgamentos de sindicâncias e dos processos éticos profissionais, onde constam a decisão e o enquadramento nos artigos do CEM, bem como os respectivos acórdãos, após o trânsito em julgado. Sempre lembrando que a sindicância é um procedimento preliminar da denúncia, que, concluindo pela existência de indícios de infração ética, resultará na instauração o processo ético, o qual obedece aos princípios processuais constitucionais, com destaque para a ampla defesa e o contraditório.

É fundamental, portanto, que o ente avaliador das solicitações emitidas pelo Ministério Público ou pela autoridade policial, busque um equilíbrio entre a preservação do sigilo médico e a cooperação com as autoridades, considerando a gravidade do caso, o risco para a sociedade e os princípios éticos fundamentais. É recomendável que os Conselhos estejam cientes das nuances éticas e legais envolvidas, buscando proteger os direitos dos pacientes, sem ignorar as suas responsabilidades legais com a coletividade, especificamente se o que está sendo julgado oferecer risco para a sociedade.

Fica claro na leitura das diferentes referências citadas neste artigo que não há uma definição de conduta, que possa ser aplicada como regra, no sentido da livre liberação ou restrição completa dos processos solicitados. Está amplamente justificado que a liberação do prontuário do paciente, anexado a um processo ético-profissional (PEP), não pode ser exercida de forma ampla e irrestrita, sem qualquer controle. Quanto aos demais documentos, existe sim a necessidade de uma avaliação individual de cada caso. Nestas circunstâncias cabe ao CRM demandado relacionar as informações possíveis de serem liberadas, considerando na origem desta análise, a necessidade de garantir a confidencialidade das informações obtidas durante a relação médico-paciente.

REFERÊNCIAS

BARROS JÚNIOR, Edmilson de Almeida. *Código de ética médica comentado e interpretado*: Resolução CFM 2217/2018 (Portuguese Edition) (Locais do Kindle 11400-11401). Cia do eBook. Edição do Kindle.

BRASIL. [Constituição (1988)]. Constituição da República Federativa do Brasil. Brasília, DF: Presidência da República, [2016]. Disponível em: https://www.planalto.gov.br/ccivil_03/constituicao/constituicao.htm. Acesso em: 26 fev. 2024.

BRASIL. Conselho Federal de Medicina. Despacho SEI-686/2022-CFM/COJUR, de 14 de dezembro de 2022. Liberação de cópia PEP/Sindicância para autoridade policial e Ministério Público. Disponível em: https://sistemas.cfm.org.br/normas/visualizar/despachos/BR/2022/686. Acesso em: 26 fev. 2024.

BRASIL. Conselho Federal de Medicina. Resolução 2.217, de 27 de setembro de 2018. Aprova o Código de Ética Médica. Diário Oficial da União, Brasília, 01 de novembro de 2018. Disponível em: https://sistemas.cfm.org.br/normas/visualizar/resolucoes/BR/2018/2217. Acesso em: 28 fev. 2024.

BRASIL. Conselho Federal de Medicina. Resolução CFM 2.164, de 23 de junho de 2017. Regulamenta o procedimento administrativo para apuração de doença incapacitante, parcial ou total, para o exercício da medicina. Diário Oficial da União, Brasília, 03 de agosto de 2017. Disponível em: https://sistemas.cfm.org.br/normas/visualizar/resolucoes/BR/2017/2164. Acesso em: 26 fev. 2024.

BRASIL. Conselho Federal de Medicina. Resolução CFM 2.184, de 19 de julho de 2018. Aprova normativo de relacionamento institucional qualificado com o Ministério Público. Diário Oficial da União, Brasília, 27 de agosto de 2018. Disponível em: https://sistemas.cfm.org.br/normas/visualizar/resolucoes/BR/2018/2184. Acesso em: 26 fev. 2024.

BRASIL. Conselho Federal de Medicina. Resolução CFM 2.306, de 17 de março de 2022. Aprova o Código de Processo Ético-Profissional (CPEP) no âmbito do Conselho Federal de Medicina (CFM) e Conselhos Regionais de Medicina (CRMs). Diário Oficial da União, Brasília, 25 de março de 2022. Disponível em: https://sistemas.cfm.org.br/normas/visualizar/resolucoes/BR/2022/2306. Acesso em: 26 fev. 2024.

BRASIL. Decreto 44.045, de 19 de julho de 1958. Aprova o Regulamento do Conselho Federal e Conselhos regionais de Medicina a que se refere a Lei 3.268, de 30 de setembro de 1957. Brasília, DF: Diário Oficial da União, 12 de agosto de 1958. Disponível em: https://www.planalto.gov.br/ccivil_03/decreto/1950-1969/d44045.htm#:~:text=DECRETO%20No%2044.045%2C%20DE,30%20de%20setembro%20de%201957. Acesso em: 26 fev. 2024.

BRASIL. Decreto-Lei no 2.848, de 7 de dezembro de 1940. Código Penal. Brasília, DF: Diário Oficial da União, 31 dez. 1940. Disponível em: https://www.planalto.gov.br/ccivil_03/decreto-lei/del2848compilado.htm. Acesso em: 26 fev. 2024.

BRASIL. Lei 10.406, de 10 de janeiro de 2002. Institui o Código Civil. Brasília, DF: Diário Oficial da União, 11 jan. 2002. Disponível em: https://www.planalto.gov.br/ccivil_03/leis/2002/l10406compilada.htm. Acesso em: 26 fev. 2024.

BRASIL. Lei 3.268, de 30 de setembro de 1957. Dispõe sobre os Conselhos de Medicina, e dá outras providências. Brasília, DF: Diário Oficial da União, 1957. Disponível em: https://www.planalto.gov.br/ccivil_03/leis/l3268.htm. Acesso em: 26 fev. 2024.

BRASIL. Lei 8.069, de 13 de julho de 1990. Dispõe sobre o Estatuto da Criança e do Adolescente e dá outras providências. Brasília, DF: Diário Oficial da União, 16 de julho de 1990. Disponível em: https://www.planalto.gov.br/ccivil_03/leis/l8069.htm. Acesso em: 26 fev. 2024.

BRASIL. Lei 8.625, de 12 de fevereiro de 1993. Institui a Lei Orgânica Nacional do Ministério Público, dispõe sobre normas gerais para a organização do Ministério Público dos Estados e dá outras providências. Brasília, DF: Diário Oficial da União, 15 de fevereiro de 1993. Disponível em: https://www.planalto.gov.br/ccivil_03/leis/l8625.htm. Acesso em: 26 fev. 2024.

BRASIL. Lei Complementar 75, de 20 de maio de 1993. Dispõe sobre a organização, as atribuições e o estatuto do Ministério Público da União. Brasília, DF: Diário Oficial da União, 21 de maio de 1993. Disponível em: https://www.planalto.gov.br/ccivil_03/leis/lcp/lcp75.htm. Acesso em: 26 fev. 2024.

BRASIL. Superior Tribunal de Justiça. Recurso em habeas corpus 150.603-PR (2021/0226361-0). Relator: Olindo Menezes (Des. Convocado do TRF 1ª Região), 14 dez. 2021. Diário da Justiça Eletrônico: Brasília, DF, 17 de dez. 2021.

BRASIL. Tribunal Regional Federal da 4ª região. Ação Cível Pública. Apelação 5009152-15.2013.4.04.7200/SC. Relator: Sérgio Renato Tejada Garcia, 18 jul. 2014, Porto Alegre: TRF, 2014.

OLIVEIRA, Antonio Carlos Nunes de. *Comentários ao Código de Processo Ético-Profissional dos Conselhos de Medicina*: aprovado pela resolução CFM 2.306/2022. Brasília: Conselho Federal de Medicina, 2022. Disponível em: https://docs.bvsalud.org/biblioref/2023/06/1436576/issue-e3c9cb08585a40829bc88130b0b8ebdf.pdf. Acesso em: 26 fev. 2024.

PROCESSO ÉTICO PROFISSIONAL NOS CONSELHOS DE MEDICINA E AS GARANTIAS PROCESSUAIS: ANÁLISE DO DEVIDO PROCESSO LEGAL CONSTITUCIONAL E ASPECTOS TÉCNICOS PROCESSUAIS DA TRAMITAÇÃO DOS PROCESSOS ÉTICOS PROFISSIONAIS PERANTE OS CONSELHOS DE MEDICINA

André Luiz B. Canuto

Master in Business Administration pela Georgia State University (2000). Mestre em Direito pela Universidade Federal de Pernambuco. Presidente da Comissão de Direito Médico e da Saúde do Instituto dos Advogados de Pernambuco. Membro associado da Associação Brasileira de Advogados Criminalistas (ABRACRIM) e Instituto Brasileiro de Ciências Criminais. Advogado e Administrador de empresas, atuando nas áreas de direito penal geral, direito médico (cível e penal), e sucessões.

Sumário: Introdução – 1. Garantias processuais das partes – 2. Código de processo ético profissional e sua sistemática hermenêutica – 3. Dimensões relevantes do devido processo legal – 4. Dimensões do processo ético profissional nos Conselhos de Medicina em relação as garantias processuais de ampla defesa e contraditório.

INTRODUÇÃO

Não restam dúvidas para operadores de direito que a Carta Magna é o alicerce de nosso sistema legal. Desde logo queremos ressaltar que o princípio do devido processo legal não foi incorporado à nossa doutrina e jurisprudência até o advento da Constituição de 1988, embora tenha sido com esta que o princípio ganhou apoio constitucional. Além disso, é verdade que a garantia ficaria menos precisa se não houvesse um cânone constitucional, mas nem por isso ela era ignorada ou não usada. Em 1961, um dos mais perspicazes processualistas da nossa nação, José Frederico Marques, já escrevia com dúvida: O princípio do juiz natural está intrinsecamente ligado ao princípio do "devido processo legal" no artigo 141, alínea 27 da Constituição de 1946. Assim, as Constituições protegem os órgãos judiciários para que sejam independentes e imparciais em relação ao poder de julgar.[1]

1. GARANTIAS PROCESSUAIS DAS PARTES

Como estabelecido pela doutrina anterior, o *due process of law* não mais é considerado um direito subjetivo. Atualmente, parece que todos concordam no fato de que o

---

1. MARQUES, José Frederico. *Elementos de direito processual penal*. Rio de Janeiro: Forense, 1965, I/209-211.

devido processo legal é uma garantia, e nossa Carta Magna o vê de tal forma: "Ninguém será privado da liberdade ou de seus bens sem o devido processo legal" (art. 5º, LIV – CF). Atualmente, é imperativo estabelecer o que deve ser entendido por um processo legal adequado. Nossa próxima lição é de Humberto Teodoro Júnior, um renomado processualista: os defensores do devido processo legal se dividem em torno de várias noções ou categorias fundamentais, incluindo a garantia do juiz natural, a garantia de contraditório e ampla defesa e a garantia de que os procedimentos sejam adequados.[2] Segundo Ada Pellegrini Grinover, o devido processo legal é uma garantia das partes e do processo, e não um direito subjetivo como alguns pensam. Garantias não são direitos, pois são de natureza assecuratória e não apenas declaratória. Portanto, proteger o exercício de outros direitos mantendo uma relação instrumental com eles é o objetivo. Garantias para a jurisdição, não apenas para as partes, mas também para a jurisdição em geral. Isso se deve ao fato de que os litigantes devem ter a oportunidade de demonstrar suas posições e produzir provas que possam influenciar diretamente a decisão do juiz. Por outro lado, essa verdadeira e completa possibilidade garante a imparcialidade do juiz, a regularidade do processo e a justiça das decisões.[3]

Além disso, a autora aclamada afirma em outro de seus trabalhos: O estado de direito deve combater o delito com ética, sob pena de igualar-se aos delinquentes e perder toda a autoridade e credibilidade. E a Constituição oferece ao acusado garantias de justo processo, garantindo a regularidade do processo e a justiça das decisões, além de proteger seus direitos individuais.[4]

A tutela penal se dirige à sociedade como um todo e a cada indivíduo em particular, pois qualquer um pode se tornar suspeito ou acusado a qualquer momento, ficando sujeito a abusos injustificáveis e injustiças irreparáveis se não for protegido pelas garantias constitucionais que garantem um processo legal justo. A gravidade do crime em investigação ou julgamento não pode permitir o uso de medidas repressivas que desagradam a sociedade democrática, violam a dignidade humana, diminuem o valor da liberdade e da igualdade e levam o Estado a uma competição imoral com os criminosos, na prática de violência, em atos de desumanidade.[5]

Com a sua reconhecida autoridade, Rogério Lauria Tucci diz: de acordo com Tarzia, neste último ponto de vista, não é possível beneficiar exclusivamente uma das partes da iniciativa procedimental sem conceder à outra o poder de reação necessário: O processo legalmente instituído e desenvolvido exige uma conduta pesada e justa do juiz e total contraditório entre as partes, ou seja, "um contraditório não somente formal, mas substancial, no qual as partes são informadas da iniciativa judicial e colocadas em

---

2. "A garantia do devido processo legal e o grave problema do ajuste dos procedimentos aos anseios de efetiva e adequada tutela jurisdicional" (artigo). In: SANTOS, Emane Fidélis dos (Coord.). *Atualidades Jurídicas.* Belo Horizonte: Del Rey, 1992, p. 22.
3. *Novas tendências do direito processual, de acordo com a Constituição de 1988,* Forense Universitária, Rio, 1990, p. 2.
4. O processo constitucional em marcha (série estudos jurídicos). São Paulo: Max Limonad,, 1985, 2/1.
5. Valiante, *Il nuovo processo penale; processo per l'uomo,* Milão, 1975, p. 45.

condições de cumprir as decisões tidas pelo órgão jurisdicional como necessárias". Além disso, quando se trata de processos judiciais, o devido processo legal é apresentado como um conjunto de elementos indispensáveis para que este possa atingir, devidamente, sua já aventada finalidade compositiva de litígios (em âmbito extrapenal) ou resolutória de conflitos de interesses de alta relevância social (no campo penal)".[6]

Feito este rápido introito, didática e estrategicamente escolhido na área do direito penal, que trata de um dos bens da vida mais preciosos e caros ao homem, a liberdade, passamos nesse ponto a tratar da própria vida objeto maior da *lex artis*, o direito do devido processo legal, que é garantido pela Constituição, não pode ser explicado de forma simples com base na imparcialidade, justiça e – para muitos – no princípio do contraditório. Uma visão restrita e imperfeita prejudicaria a igualdade processual entre as partes, que estão em igualdade de condições (audiatur et altera pars). Isso significa que todas as partes têm a oportunidade de intervir no processo, apresentando provas, intervindo em depoimentos, apresentando alegações escritas ou orais, recorrendo a decisões etc.

Joaquim Canuto Mendes de Almeida afirmou há muito tempo com clareza e genialidade que "o contraditório é, em resumo, ciência bilateral dos atos e termos processuais e possibilidade de contrariá-los".[7] Ada Pellegrini Grinover afirmou que este conceito tornou-se clássico "no sentido de constituir a contraditório expressão da ciência bilateral dos atos e termos do processo, com a possibilidade de contrariá-los".[8]

2. CÓDIGO DE PROCESSO ÉTICO PROFISSIONAL E SUA SISTEMÁTICA HERMENÊUTICA

Na dinâmica do direito médico como direito material há uma clara demanda natural por procedimentos que garantam efetividade aos comandos e princípios do Código de Ética Médica, e nesse ponto, de bom alvitre esclarecer não somente no Código de ética Médica, mas para todas as regras deontológicas das profissões de saúde, aqui tomamos a medicina como parâmetro, apenas como elemento didático, mas é claro para quem opera o direito médico a necessidade de procedimentos que confiram efetividade ao mesmo, assim como que se tenha a garantia do devido processo legal em todos os momentos.

É digno de destaque que o princípio do Devido Processo Legal nasceu para assegurar a regularidade processual a ser observada nas várias instâncias judiciais. Sendo certo que esta garantia constitucional era, originalmente, voltada à regularidade do processo penal em que se buscava adequar o *jus libertatis* dos acusados ao *jus puniendi*

---

6. TUCCI, Rogério Lauria. *Direitos e garantias individuais no processo penal brasileiro*. São Paulo: Saraiva, 1993, p. 67-68.
7. *A contrariedade na instrução criminal*. São Paulo: Ed. do autor, 1937, p. 110.
8. *Novas tendências do direito processual, de acordo com a Constituição de 1988*. Rio de Janeiro: Forense Universitária, 1990, p. 4.

do Estado.[9] Na atualidade o Devido Processo Legal é aplicável tanto nas jurisdições civil e penal, como nos procedimentos administrativos etc.

Nesse espectro importantíssimo lembrar que o rito processual é a base do devido processo legal, que permite igualdade de direitos processuais e oportunidade as partes, e assim oferecer uma produção de provas robustas e capaz e elucidar a verdade dos fatos em uma realidade almejada pelo processo ideal, ou ao menos se aproximar o máximo dela, e apontar as evidências de culpa e nexo de causalidade mínimos que permitam uma conclusão justa da análise dos fatos processuais e do caso concreto.

Algo que chama a atenção de todo operador de direito a se deparar com o Código de Processo Ético Profissional é o fato do mesmo ter como baliza.

O princípio do Devido Processo Legal caracteriza-se pelo trinômio: vida-liberda-de-propriedade, que quer dizer que tudo que desrespeitar este trio vai de encontro com a garantia do Devido Processo Legal.

3. DIMENSÕES RELEVANTES DO DEVIDO PROCESSO LEGAL

O Devido Processo Legal deve ser uma realidade no desenvolvimento de qualquer processo, pois ninguém pode ser privado de seus direitos, sem que no procedimento se materialize todas as formalidades e exigências previstas em lei.[10]

O princípio do Devido Processo Legal deverá ser visto, além do aspecto processual, no sentido substantivo, em que a lei deixa de ser um instrumento afirmativo, positivista, modelador da sociedade, para ser encarada pela sua concepção negativa, ou seja, no sentido de que o Estado não pode interferir em determinadas áreas sensíveis do direito, principalmente no que se refere aos Direitos Fundamentais, sem a comprovação prévia, real e concreta da existência de um sobrepujante interesse público, que o compele a agir restringindo direito, mas sem os anular completamente.[11]

Essa nova concepção do *due process of law* tem relação com o respeito que os Poderes de um Estado devem ter no tocante a certos direitos, principalmente, aos Direitos Fundamentais. Portanto, o Devido Processo Legal deve ser um processo justo logo no momento da criação normativa-legislativa. À vista disso, às autoridades legiferantes deve ser vedado o direito de disporem arbitrariamente da vida, da liberdade e da propriedade das pessoas sem razões materialmente fundadas para o fazerem.[12]

Conforme consignado anteriormente, o princípio do Devido Processo Legal está vivendo a sua nova fase com o Poder Judiciário se utilizando desta garantia para proteger

---

9. SIQUEIRA CASTRO, Carlos Roberto. *O devido processo legal e os princípios da razoabilidade e da proporcionalidade*. 5. ed. Rio de Janeiro: Forense, 2010. p. 30.
10. PARIZ, Ângelo Aurélio Gonçalves. *O princípio do Devido Processo Legal* – Direito Fundamental do Cidadão. Coimbra: Ed. Almedina, 2009, p. 129.
11. SILVEIRA, Paulo Fernando. *Devido Processo Legal*. 3. ed. Belo Horizonte: Ed. Del Rey, 2001. p. 24-25.
12. CANOTILHO, J. J. Gomes. *Direito Constitucional e Teoria da Constituição*. 7. ed. Coimbra: Ed. Almedina, 2003. p. 494.

os indivíduos de abusos praticados contra os Direitos Fundamentais, que são direitos humanos que foram reconhecidos expressamente por um texto constitucional.

Não se pode dizer, em hipótese alguma, que a travessia dos direitos humanos, como direitos morais, para o direito positivo, certamente signifique sua pequenez, pelo contrário, adiciona-se à característica de direitos morais um aspecto jurídico-positivo.[13]

Hoje, o princípio do Devido Processo Legal está na sua fase atual, tendo como principal prerrogativa a defesa dos Direitos Fundamentais. Isso se faz necessário para que não se repitam os terríveis episódios ocorridos durante a Segunda Guerra Mundial, quando foram desencadeados crimes alarmantes cometidos contra a humanidade.

Tanto é assim que a Declaração Universal dos Direitos Humanos foi assinada em 1948, apenas três anos do fim da Segunda Grande Guerra, como bem assinala Susana Sbrogio'Galia: "Voltando-se aos efeitos funestos da Segunda Grande Guerra, a consciência mundial orienta-se no sentido de que a proteção dos Direitos Fundamentais não pode mais ficar restrita a uma questão doméstica, ao arbítrio dos Estados. Nesta quadra, evidenciam-se, ao longo do segundo pós-guerra, vários pronunciamentos, declarações e propostas, restando assente que o reconhecimento internacional dos direitos humanos consistia pressuposto para a paz e desenvolvimento Universal dos Direitos Humanos da ONU (1948), seguindo-se outros manifestos no âmbito supranacional.[14]

"O Devido Processo Legal está acolhido em nossa Constituição Federal em seu artigo 5º, inciso LIV, que prescreve que: "[...] ninguém será privado da liberdade ou dos seus bens sem o Devido Processo Legal".

Ao contrário do que aconteceu nos Estados Unidos da América, o Devido Processo Legal, em seu caráter substantivo e para defesa e proteção das liberdades fundamentais em face do Estado, não encontrou igual prestígio no Brasil. Isso se justifica, pois, em nosso Direito Pátrio, este princípio é partidário, especialmente, do princípio da igualdade. Além disso, a nossa Constituição Federal foi abundante em normas de proteção dos cidadãos.[15]

Entretanto, se vê que o dispositivo que trata do Devido Processo Legal substancial vem aos poucos integrando, timidamente, as decisões da Suprema Corte Constitucional Brasileira, para se garantir a justiça das regras de direitos praticadas pelos Poderes Executivos e Legislativo.

---

13. ALEXY, Robert. *Constitucionalismo Discursivo*. 4. ed. Porto Alegre: Ed. Livraria do Advogado, 2015. p. 49.
14. SBROGIO'GALIA, Susana. *Mutações Constitucionais e Direitos Fundamentais*. Porto Alegre: Ed. Livraria do Advogado, 2007. p. 127.
15. DAVID ARAUJO, Luiz Alberto; NUNES JUNIOR, Vidal Serrano. *Curso de Direito Constitucional*. 22. ed. São Paulo: Ed. Verbatim, 2017. p. 266.

4. DIMENSÕES DO PROCESSO ÉTICO PROFISSIONAL NOS CONSELHOS DE MEDICINA EM RELAÇÃO AS GARANTIAS PROCESSUAIS DE AMPLA DEFESA E CONTRADITÓRIO

Não há como começar a falar de processo ético profissional no âmbito dos conselhos de medicina estaduais e no conselho federal de medicina sem apontar para técnica processual, a qual no seu âmbito é ausente, e digo isso não como crítica, mas como constatação. Pois, atuando em conselhos de medicina como advogado defensor de muitos profissionais da medicina das mais variadas especialidades, sinto que não há compromisso com a boa técnica processual.

A sindicância prevista no art. 14 da Resolução CFM 2.306/2022 mais se assemelha a um inquérito, e para isso basta uma rápida leitura do que orienta o art. 16, que indica singelas 4 (quatro) fases. São elas:

I – Identificação das partes, quando possível;

II – Síntese dos fatos e circunstâncias em que ocorreram;

III – indicação da correlação entre os fatos apurados e a eventual infração ao Código de Ética Médica;

IV – Conclusão indicando a existência ou inexistência de indícios de infração ao Código de Ética Médica.

Ou seja, é pior que um inquérito policial, pois nessa apuração não há oitiva de partes, testemunhas, pois não está previsto no rol dos procedimentos o que nos leva ao caminho do arbítrio, pois a notícia de uma infração que chegue até um conselho de medicina, tem o condão de se transformar em um Processo Ético Profissional com todas suas possíveis e nefastas repercussões para carreira de profissionais de saúde. E pior, se houver oitivas de quaisquer naturezas, estas, repito, não estão previstas no rito da sindicância, essas têm um condão de serem causa geradora de nulidade, haja vista sua omissão no rito. Eventualmente pode-se verificar em algumas sindicâncias oitivas de terceiros, mas é algo que foge ao que chamamos no texto da constituição de devido processo legal.

E aqui, como bem se pode verificar, uma falha de respeito à regra processual constitucional. E isso por si só não seria problema, mas chamo a sua atenção para o que diz o art. 4º do Código de Processo Ético Profissional elaborado pelo CFM diz o dispositivo que "*A Sindicância e o PEP terão forma de autos judiciais*, com as peças anexadas e os despachos, pareceres, notas técnicas, petições e decisões ou acórdãos juntados em ordem cronológica, sendo vedada a juntada de qualquer peça, documento ou certificação no verso de folha já constante ou a ser juntada nos autos.". E aqui nosso questionamento, se alguma imprecisão ou erro grave de procedimento for observado, não será corrigido? Por exemplo, certidões sem assinatura (falha de formalidade) e sendo o processo um rito formal de apuração, falhas de formalidade ensejam anulação do ato, e a depender da gravidade da falha, para o contraditório e ampla defesa, pode levar a apuração à ruína, e seu consequente arquivamento. O que para muitos pode parecer uma tecnicalidade é apenas a regra do jogo processual, ponto!

Me permitam um salto para um exemplo rápido que demonstra bem o que aponto, na operação da Polícia Federal conhecida como "Operação Sanguessuga" vários acusados tiveram sua absolvição pela prescrição em razão de não terem sidos citados de forma pessoal conforme previsão nos artigos 351 ao 369 do Código de Processo Penal. Vale aqui dizer que a não observância da regra processual geral nulidade absoluta, que fulminou o processo em relação a esses acusados.

De outra banda, temos que os operadores do direito administrativo sancionador que é o direito aplicado no âmbito dos procedimentos disciplinadores no âmbito dos conselhos de medicina, são leigos no que se refere a hermenêutica processual, compostos muitas vezes de médicos vinculados a chapa eleita, e sem nenhuma habilidade processual, para além, a isso se soma, a questão da assessoria jurídica dos conselhos, não raramente ocupada por um advogado com atuação meramente burocrática e com especialidade em direito civil ou administrativa, mas já identifiquei assessores jurídicos em conselhos que atuam no direito do trabalho, e até no direito empresarial, ou seja, o único critério que há é ser advogado para se ocupar assessoria jurídica nos conselhos de medicina, de um lado isso é bom, pois não há uma reserva de mercado, de outro um desastre, pois os pareceres oriundos dessas assessorias jurídicas nos conselhos são os mais variados, não há segurança jurídica, e em muitos casos percebemos falta de intimidade do assessor com os temas da medicina, do direito médico, e até do direito constitucional no âmbito das garantias processuais e direitos fundamentais que possui todo cidadão, inclusive o profissional médico processado. Todavia, a repercussão é de pequena monta, haja vista que a mais grave consequência de uma sindicância é a abertura de um processo ético profissional. Sendo, portanto, relevante apenas para a admissibilidade da infração ética.

Este cenário fica ainda mais sensível, quando falamos do processo ético profissional haja vista a possibilidade de exclusão do médico dos quadros da medicina, e para que se possa entender exatamente a dimensão do que falo, basta lembrar que no Código de Ética da Medicina estão previstas no capítulo III – Responsabilidade Profissional, vinte uma condutas que justificam abertura de PEP's, no capítulo IV – Direitos Humanos são nove condutas nesse sentido, no capítulo V – Relação com os pacientes e familiares são onze condutas vedadas, VI – Doação e transplantes de órgãos e tecidos temos quatro condutas, no capítulo VII são dez condutas, no capítulo VIII – Remuneração profissional temos quatorze comportamentos proibidos, no capítulo IX – Sigilo profissional são oito condutas, no capítulo X – são onze condutas típicas, no capítulo XI – Auditoria e perícia médica são sete enquadramentos, no capítulo XII – Ensino e pesquisa onze comportamentos proibidos, no capítulo XIII – Publicidade médica são sete as condutas vedadas, e no capítulo XIV – Disposições gerais temos quatro comportamentos proibidos, logo temos o *total de 102 (cento e duas) condutas éticas proibidas aos médicos*. Mas não fica só nisso.

Muitos profissionais da medicina esquecem que existem 26 (vinte seis) condutas típicas previstas no Código Penal com penas que podem chegar, em alguns casos, a 15 anos de reclusão, o que passa ao largo da grande maioria dos profissionais.

E faço esse mapeamento detalhado para que se possa avaliar a importância do devido processo legal no processamento do processo ético profissional no âmbito dos conselhos de medicina, em que pese um profissional da medicina ter a garantia de independência do rito cível e criminal, o que temos como regra taxativa do Código de Processo Ético Profissional no seu artigo 7º "O processo e julgamento das infrações às disposições previstas no Código de Ética Médica (CEM) *são independentes, não estando em regra, vinculado ao processo e julgamento da questão criminal ou cível sobre os mesmos fatos*", assim podemos perceber que não raro um médico pode ser ver processado simultaneamente em três esferas do direito a administrativa, a cível e a criminal em razão de um único fato. Apenas para exaurimos esses aspectos legais, não poderia deixar de lembrar que na esfera cível a repercussão é meramente patrimonial, com fundamento na responsabilidade civil do médico em processos nomeados de "erro médico" os quais precisam de perícia para sua comprovação, mas que se iniciam via de regra com base em mera presunção na sua grande maioria, salvo algumas raríssimas exceções.

Acredito que nesse ponto, já se percebe o grande risco processual que corre um profissional da medicina diuturnamente, o qual é subdimensionado pelos próprios médicos, e pelos conselhos de medicina, que enquanto julgadores administrativos da medicina se permitem julgar sem habilidades claras das regras atinentes ao processo. Pois independentemente da esfera onde se desenvolva o processo, a garantia mor do processo deverá ser respeitada, que diz respeito à ampla defesa e contraditório e é de escopo constitucional. Vejamos:

> Art. 5º Todos são iguais perante a lei, sem distinção de qualquer natureza, garantindo-se aos brasileiros e aos estrangeiros residentes no País a inviolabilidade do direito à vida, à liberdade, à igualdade, à segurança e à propriedade, nos termos seguintes:
>
> (...)
>
> LIV – ninguém será privado da liberdade ou de seus bens sem o devido processo legal;
>
> LV – aos litigantes, em *processo judicial ou administrativo, e aos acusados em geral são assegurados o contraditório e ampla defesa*, com os meios e recursos a ela inerentes.

Algumas vezes, os médicos por pudor ou mesmo para preservar sua reputação faziam sua própria defesa perante o conselho, de uma forma extremamente emocional, renunciando à assistência judicial de um advogado especializado, mas este comportamento vem mudando paulatinamente, e de forma acelerada, desde que o direito médico passou a tomar contornos de área de conhecimento específico, diante da complexidade dos avanços da medicina, nas inúmeras resoluções editadas pelo CFM e CRM's, e das demandas cada vez mais específicas, que demonstram uma regulação forte da profissão médica, tem feito os profissionais da saúde entender que sua defesa depende de expertise técnica em direito médico, e conhecimento aprofundado do procedimento.

Na atualidade vemos que o processo ético profissional demanda uma competência específica e verticalizada nos procedimentos, no direito médico, que não se resume apenas aos ditames do Código de Ética Médica, mas vai além, pois cada dia mais se demonstra multidisciplinar na análise da relação médico-paciente e todas suas repercussões.

Creio que falta ainda ao Código de Processo Ético Profissional muito para atingir um desejado nível constitucional, pois as balizas e garantias processuais constitucionais têm que estar presentes em todas as fases.

Respeitar as garantias das partes em um processo ético profissional, especialmente no caso de médicos, é de suma importância por diversas razões, principalmente em relação às possíveis nulidades que podem ser geradas pela inobservância dessas garantias durante um julgamento no conselho de medicina.

Primeiramente, as garantias processuais asseguram um julgamento justo e imparcial. Isso é fundamental para manter a integridade e a credibilidade do sistema de conselhos de medicina. O respeito aos direitos do médico acusado, como o direito à ampla defesa e ao contraditório, é essencial para que o processo seja conduzido de maneira justa, permitindo que todas as partes envolvidas tenham a oportunidade de apresentar suas argumentações e provas.

Além disso, a inobservância das garantias processuais pode levar à nulidade do processo. Se um médico for condenado sem que tenham sido respeitadas as devidas garantias processuais, a decisão pode ser considerada nula. Isso significa que o processo pode ter que ser reiniciado, se houver tempo, caso não atingido pela prescrição, levando a um desperdício de tempo e recursos, tanto para o profissional quanto para o conselho, e sentimento de impunidade para o paciente vítima e seus familiares.

A nulidade de um processo também pode prejudicar a confiança pública no sistema de conselhos de medicina. Se os profissionais da saúde e o público percebem que os processos não são conduzidos de forma justa, técnica, isso pode diminuir a confiança nas instituições responsáveis por regular a prática médica.

Assim, é importante lembrar que os médicos, como todos os profissionais, têm o direito de ser tratados com justiça e de acordo com a lei. Violações das garantias processuais podem resultar em danos à reputação e à carreira do médico, mesmo que ele seja eventualmente inocentado. Por isso, é vital que os conselhos de medicina observem rigorosamente as garantias processuais, assegurando um julgamento justo e baseado em evidências sólidas. Em resumo, respeitar as garantias das partes em um processo ético profissional no conselho de medicina é crucial para garantir a justiça do processo, manter a integridade e credibilidade do sistema, evitar nulidades processuais e preservar a confiança pública nas instituições reguladoras da prática médica.

As garantias processuais relacionadas à Constituição são de extrema importância para o funcionamento adequado do sistema de justiça e para a proteção dos direitos fundamentais dos indivíduos. Estas garantias asseguram que todos tenham acesso a um julgamento justo e imparcial, respeitando-se os princípios do contraditório e da ampla defesa, pilares do Estado Democrático de Direito. E aqui lembramos que não há regras de impedimento e suspeição dos conselheiros e julgadores do conselho, presentes no Código de Processo Ético Profissional. Temos, assim, o risco de um desafeto julgar um médico processado de forma tendenciosa e vingativa.

No Brasil, a Constituição Federal de 1988 estabelece uma série de direitos e garantias fundamentais que têm impacto direto no âmbito processual. Entre esses, destacam-se o direito à igualdade perante a lei, garantindo que todos sejam tratados sem discriminação; o direito à liberdade, assegurando que ninguém será privado de seus direitos sem o devido processo legal; e o direito à privacidade, protegendo os indivíduos contra invasões indevidas em sua vida privada. E aqui importante destacar o que orienta o art.56 do Código de Processo Ético Profissional do CFM, *verbis*: "São inadmissíveis, devendo ser desentranhadas dos autos do PEP, as provas ilícitas, assim entendidas as obtidas em violação a normas constitucionais ou legais", por exemplo: documentação sigilosa apresentada no curso do processo por terceiro.

Essas garantias constitucionais são essenciais para o respeito aos direitos humanos e para a manutenção de um sistema judiciário que não apenas puna, mas que também proteja os direitos dos cidadãos. Elas evitam abusos de poder e garantem que os processos judiciais ocorram de maneira justa, transparente e eficiente.

Outra faceta das garantias processuais é a análise técnica da acusação, mas especificamente a regra de competência, vejamos o crime do art. 302 do código penal, a falsidade de atestado médico, o código penal brasileiro registra que o responsável por essa infração pode assumir pena de reclusão de um a seis anos, além de multa. O envolvido nesse crime, a depender do caso, pode ainda responder por estelionato ou até mesmo crime contra a ordem tributária, e falsidade documental.

A título de esclarecimento, o atestado médico pode ser considerado falso em três hipóteses. A primeira, de natureza material, é o caso do documento feito por uma pessoa que não é médica, logo, não possui habilitação para emitir. A segunda possibilidade é de natureza ideológica, correspondente ao atestado médico que possui informações inverídicas. E a terceira hipótese refere-se ao atestado que, embora o relato seja verídico, foi adulterado após a sua elaboração para beneficiar o infrator.

Todavia, no âmbito do conselho de medicina, o médico apenas responderá pela infração do art.80 do Código de Ética da Medicina. Artigo 80 do Código de Ética Médica (CEM), além daquelas situações supracitadas no âmbito penal. De acordo com a redação do CEM, é proibido ao médico "Expedir documento médico sem ter praticado ato profissional que o justifique, que seja tendencioso ou que não corresponda à verdade". Em respeito à competência exclusiva do Conselho de Medicina para processar e julgar infrações éticas profissionais. O debate a que me propus nesse tema é longo, mas no meu sentir difícil de exaurir em um texto. Pois, transita para além da disciplina médica e suas regras deontológicas.

A constituição, ao estabelecer essas garantias, reforça a ideia de que o processo judicial não deve ser apenas um meio de aplicar a lei, mas também um instrumento de proteção dos direitos fundamentais. Isso significa que, mesmo na aplicação da lei, o sistema de justiça deve respeitar os direitos básicos dos indivíduos, como a dignidade humana e a liberdade.

Em resumo, as garantias processuais relacionadas à Constituição são fundamentais para assegurar que o Estado exerça seu poder de forma justa e equilibrada, respeitando os direitos e liberdades individuais. Elas são um elemento crucial para a construção de uma sociedade mais justa, democrática e igualitária. No caso dos conselhos de medicina, de igual forma.

A IMPORTÂNCIA DO ADVOGADO PARA GARANTIA DO DEVIDO PROCESSO LEGAL E AMPLA DEFESA MATERIAIS NA DEFESA DO PROFISSIONAL DA MEDICINA PERANTE CONSELHO DE CLASSE.

Ana Cláudia Pirajá Bandeira

Mestre em Direito Civil pela UEM. Pós-Graduada em Direito Civil e Processo Civil pelo Inbrape. Pós-Graduada em Direito de Família e Sucessões pelo EBRADI. Especialista em direito da Saúde. Professora da Graduação e Pós-graduação na Universidade Estadual de Maringá (PR). Membro honorária do Grupo Dr. Miguel Kfouri. Autora do livro Consentimento no Transplante de Órgãos da Editora Juruá, Autora do Comentários às Normas da Advocacia, v. I, Art. 7º-A, coordenadores Marilena Indira Winter, Luiz Fernando Casagrande Pereira, Marion BachOrganizador Ricardo Miner Navarro. Londrina, PR, Ed. Thoth, 2023, Coautora do Artigo Telemedicina e a relação médico-paciente: Análise de caso sob a perspectiva da Responsabilidade Civil. Direito Médico e bioético: Decisões paradigmáticas/ Adriano Merteleto Godinho (et al); coordenado por Miguel Kfouri Neto, Rafaella Nogaroli – Indaiatuba, SP. Editora Foco, 2025. Sócia proprietária do Escritório de Advocacia Bandeira Campos Rossi Advogadas Associadas. Presidente da Subseção de Maringá da OABPR gestão 2019-2021; presidente da Comissão Especial de Direito da Saúde da OAB Nacional; atual Conselheira Federal da OAB. Advogada.

Sumário: Considerações iniciais – 1. Considerações acerca do Código de Ética Médica e Código de Processo Ético Profissional – 2. Princípios que regem os processos administrativos – Conclusão – Referência

CONSIDERAÇÕES INICIAIS

Ao analisar a evolução histórica e as novas tecnologias que vêm surgindo, bem como as modificações das relações interpessoais, verifica-se que, cada dia mais, as pessoas têm tido acesso as informações de todos os campos, seja por meio da internet, seja por meio dos estudos, ou seja, o conhecimento encontra-se disseminado.

Diante disso, a população como um todo passou a ter uma maior consciência quanto aos seus deveres e direitos, sabendo assim quando merecem reparo ou não de acordo com cada situação cotidiana.

Além disso, os indivíduos, através de portais on-line e outros, estão tendo mais acesso à informação sobre saúde, como por exemplo diagnósticos, remédios, inovações em tratamentos e outros, levando a relação entre o médico e o seu paciente de vertical, na qual o profissional era visto como um "deus" dentro da medicina, para uma relação horizontal, ou seja, ambas as partes se encontram em pé de igualdade.

Pessoas mais conscientes quanto a sua saúde e conhecedoras dos seus direitos têm buscado cada vez mais respostas para seus conflitos dentro da justiça, por meio das ações indenizatórias, seja por dano material ou imaterial, para todos os seus problemas ou, ainda, perante o Conselho Regional de Medicina, através de denúncia do profissional com intuito de obter um julgamento ético, podendo utilizar essa decisão como prova nos processos judiciais.

Dessa forma, a importância do advogado na defesa e orientação do profissional da Medicina perante os Conselhos de Classe e não somente na esfera judicial.

A advocacia dada à relevância do seu papel social foi colocada na Constituição entre as funções essenciais da Justiça, para proporcionar ao advogado as condições necessárias ao pleno exercício de sua profissão, com liberdade, independência e sem receio de desagradar a quem quer que seja, a Constituição Federal em seu art. 133[1] lhe assegura inviolabilidade por seus atos e manifestações, nos limites da lei.

O advogado desempenha um papel fundamental na defesa do médico perante Conselho de Classe, uma vez que o propósito do casuístico não é apenas o de aplicar o Direito, interpretar as regras jurídicas, normas éticas, mas, principalmente, o de proteger os interesses de quem solicitou sua ajuda.

José Roberto de Castro Neves,[2] em sua obra "Como os Advogados Salvaram o Mundo", expõe brilhantemente a função do advogado na defesa de seu cliente, buscando encontrar o melhor argumento, a melhor interpretação da Norma, para proteger seu assistido:

> Por vezes, ele, na defesa de seu cliente, desconsidera qualquer conceito jurídico para amparar seus argumentos em outros meios de persuasão, como a lógica, o bom senso, e até mesmo, os apelos emocionais.
>
> ...
>
> A convivência humana é complexa. Os homens têm seus interesses questionados e comumente entram em conflito. Essas disputas, se as partes não conseguirem compor por si mesma, são decididas com base no Direito...
>
> ...
>
> O advogado é o profissional cuja presença se reclama diante da incerteza da disputa.

O processo ético profissional é um procedimento legal que visa apurar possíveis infrações éticas cometidas por médicos. Nesse sentido, o advogado atua como um defensor do médico, assegurando que ele tenha um julgamento justo e imparcial, uma vez que irá desenvolver a melhor forma de apresentar os interesses de seu cliente.[3]

Para defesa médica, tanto na sindicância, quanto no processo ético profissional, os advogados devem estabelecer padrões, como o devido processo legal, a ampla defesa e

---

1. Artigo 133 – O advogado é indispensável à administração da justiça, sendo inviolável por seus atos e manifestações no exercício da profissão, nos limites da lei.
2. NEVES, José Roberto de Castro. *Como os advogados salvaram o mundo*. Rio de Janeiro: Ed. Nova Fronteira, 2018. p. 23-24.
3. OLIVEIRA, Antonio Carlos Nunes. *Comentários ao código de Processo Ético-Profissional dos Conselhos de Medicina*. Aprovado pela Resolução CFM 2.306/2022.

a isonomia de tratamento, que são conquistas sociais que funcionam como verdadeiro alicerce da sociedade, consequentemente, essenciais na assistência do médico (a).

Só se torna possível o cumprimento dos fundamentos constitucionais de defesa da dignidade humana, do amplo direito ao contraditório e à ampla defesa, bem como à obediência do princípio do devido processo legal, se for assegurado ao médico (a), o direito de ter em sua defesa alguém devidamente aparelhado de conhecimentos jurídicos e legais, capaz de buscar uma solução justa em suas demandas, ainda que na esfera administrativa perante os Conselhos de Classe.[4]

O advogado é quem detém o conhecimento jurídico necessário para orientar o médico sobre seus direitos e deveres, encontrar a melhor interpretação da norma, durante o processo ético. Ele pode analisar as evidências apresentadas, investigar a fundo o caso e buscar argumentos jurídicos sólidos para a defesa do (a) profissional.

Por exemplo, com avanço da telemedicina, pluralidade de médicos em Processo Ético Profissional na qualidade de Denunciados, o aumento de profissionais que buscam a rede social para suas publicidades, entre outras situações, poderá surgir a dúvida de qual circunscrição poderá apurar eventual delito médico, matéria ligada a questão processual e que poderá gerar a nulidade do processo. O advogado é quem melhor detém o conhecimento sobre as preliminares que poderão ser invocadas na defesa processual.

Além disso, o advogado é responsável por garantir que todos os procedimentos legais sejam seguidos corretamente. Isso inclui a análise da legalidade das provas apresentadas, a verificação da imparcialidade dos membros do conselho de ética e a garantia de que o médico tenha o direito de se manifestar e apresentar sua defesa de forma adequada.

Assim, o advogado pode auxiliar o médico na elaboração de sua defesa, ajudando a construir argumentos sólidos e coerentes. Ele pode realizar pesquisas jurídicas, consultar jurisprudências e utilizar sua expertise para encontrar precedentes que possam favorecer a defesa do médico.

Importante esclarecer que o advogado também pode atuar na negociação de acordos (TAC – Termo de Ajustamento de Conduta) ou na busca por medidas alternativas ao processo ético. Essas alternativas podem ser vantajosas tanto para o médico quanto para o Conselho responsável pela apuração das infrações éticas, evitando desgastes emocionais e financeiros decorrentes de um processo longo.[5]

Em resumo, a importância do advogado na defesa do médico (a) no processo ético profissional está relacionada à garantia dos direitos e da justiça para o profissional da medicina. O advogado atua como um defensor, orientando o médico, garantindo a

---

4. MACHADO, Rubens Approbato. *Constituição Federal de 1988* – Artigo 133. Disponível em: https://www.oab.org.br/publicacoes/detartigo/22.

5. No âmbito do direito administrativo ético, o próprio médico pode assumir a sua defesa e praticar todos os atos processuais que lhe competir, inclusive fazer, pessoalmente, a sua sustentação oral na sessão de julgamento. A constituição de um advogado(a) para a apresentação de defesa técnica é recomendável, mas não obrigatória. *Comentários ao Código de Processo Ético-Profissional dos Conselhos de Medicina*. p. 38.

legalidade do processo, auxiliando na elaboração da defesa e buscando alternativas que possam ser vantajosas para ambas as partes.

Assim, no presente artigo pretende-se de forma sucinta, trazer a importância do advogado na defesa médica perante os Conselhos de Medicina, bem como dos princípios que norteiam o processo ético.

1. CONSIDERAÇÕES ACERCA DO CÓDIGO DE ÉTICA MÉDICA E CÓDIGO DE PROCESSO ÉTICO PROFISSIONAL

A Ética - derivada do grego "éthikos", é definida como a ciência que estuda o comportamento moral das pessoas na sociedade visando sua valoração, sendo que sua importância, quando se fala da Medicina, está no fato desta atividade não ser somente técnica, mas sim, se relacionar com pessoas, tendo, dessa forma, implicações morais que vão se modificando conforme a tecnologia e as novas técnicas chegam à medicina.

Apesar de ser uma disciplina filosófica, a ética é, antes de tudo, uma disciplina prática, uma vez que reflete na nossa forma de comportamento. Vivemos na sociedade, pois o homem isolado é ficção. O bom comportamento é, pois, essencial sob todos os ângulos.[6]

Por isso a importância das Normas de conduta e de organização que são atributivas de responsabilidades, deveres e direitos, providas de sanções. Constituem critérios de organização, que regulam determinado grupo profissional.

As regras éticas profissionais tendem a assegurar um determinado tipo de comportamento e de trabalho individual ou coletivo do profissional, seja no desempenho de sua atividade, como também nas suas relações com o cliente e demais pessoas com quem possa ter trato no dia a dia do seu exercício laboral.

Sendo que sua importância, quando se fala da medicina, está no fato desta atividade não ser somente técnica, mas sim, se relacionar com pessoas, tendo, dessa forma, implicações morais que vão se modificando conforme a tecnologia e as novas técnicas chegam à medicina. Cumpre ressaltar que por mais impessoal que a técnica seja ainda não se esgota o problema ético, considerando que perpassa a relação entre pelo menos duas pessoas, o médico e o paciente.

Além disso, "O comportamento ético do médico está estabelecido, normatizado, fiscalizado e limitado por leis, juramentos e códigos de conduta profissional. Sob este aspecto, o relacionamento médico-paciente não se esgota em si mesmo, transcendendo para a dimensão social".[7]

Já especificamente quanto aos códigos, explica Monte[8] que:

---

6. Apud: ANDRADE, Darcio Guimarães. *Ética na Perícia Judicial*. Disponível em: http://i3a.org.br/resources/Textos/ROQUE_A%20%C3%89tica%2C%20a%20Per%C3%ADcia%20e%20o%20Mercado%20de%20Arte_i3A.pdf.
7. Ibidem, p. 417.
8. Ibidem, p. 418.

Os códigos de ética médica destinam-se a orientar os médicos em sua atividade concreta, principalmente nos casos e situações em que tomar uma decisão possa parecer muito difícil ou penoso. Eles trazem normas gerais e regras particulares de conduta que permitem prevenir o cometimento de uma falta que poderá redundar em repressão legal ou ética.

É importante ressaltar que este (CEM) não deve ser aplicado apenas nos processos administrativos, ou seja, por meio do Conselho Federal e dos Conselhos Regionais de medicina. Na realidade, deve ser utilizado como subsídio para o julgador examinar a conduta profissional, especialmente utilizando os princípios éticos, a fim de concluir pela ocorrência da responsabilidade civil do médico.[9]

Ademais, segundo preceitua Silvio Venosa,[10] a análise da ética médica deve ser sempre subsidiária à avaliação da responsabilidade civil ou penal do médico, assim como para a conceituação de serviço médico defeituoso que se encontra no já analisado CDC, em seu artigo 14 e parágrafos subsequentes.

Quanto a isto, esclarece Monte[11] que:

O fato de os códigos de ética profissional possuírem caráter orientador e, eventualmente, repressivo traz certa confusão na compreensão da extensão da ética médica e do Direito Médico. Existem pontos de contatos entre eles, porque o médico que infringe uma norma jurídica em sua atividade profissional, o que é objeto do Direito Médico, também costuma ser enquadrado como infrator do seu código ético na mesma ação. O inverso geralmente não é verdadeiro, pois um caso punível pelo código de ética, na maior parte das vezes, não torna seu infrator sujeito a alguma sanção legal. Há sensível diferença de extensão, com a ética sendo um campo mais amplo que o Direito.

Ou seja, um médico pode responder na esfera civil, penal e administrativa, mas nem sempre que for aplicável o CEM, também responderá o médico por responsabilidade civil.[12] Muitas vezes sua conduta será apenas julgada pelo Conselho de Medicina. O processo é uma forma de exercício da democracia e tem por finalidade garantir aos interessados o direito de participar do exercício do poder por meio da acusação ou defesa.

Ressalta-se que das ações praticadas pelo médico poderá gerar uma consequência Ética, penal e/ou civil ao violar os princípios e normas éticas ou legais, tais como: dever de aconselhar, se não instruir o paciente a respeito do diagnóstico, prognóstico, riscos, objetivos do tratamento, pesquisas na área e as precauções e cuidados, podendo, nestes casos, ser julgado nas três esferas, civil, penal e Ética, de forma totalmente independente uma da outra.

---

9. VENOSA, Sílvio de Salvo. *Direito civil*: responsabilidade civil. 9. ed. São Paulo: Atlas, 2009. v. 4. p. 139.
10. Ibidem, p. 141
11. MONTE. Fernando Q. Ética Médica: evolução Histórica e conceitos. *Revista Bioética*. v. 17, n. 3. 2009. p. 422.
12. Art. 7º do CPEP: O processo e julgamento das infrações às disposições previstas no Código de Ética Médica (CEM) são independentes, Conselho Federal de Medicina não estando em regra, vinculados ao processo e julgamento da questão criminal ou cível sobre os mesmos fatos.
    § 1º A responsabilidade ético-profissional é independente das esferas cível e criminal.
    § 2º A sentença penal absolutória somente influirá na apuração da infração ética quando tiver por fundamento o art. 386, incisos I (estar provada a inexistência do fato) e IV (estar provado que o réu não concorreu para a infração penal) do Decreto-Lei 3.689/1941 (CPP).

> Observamos que as regras instrumentais contidas no CPEP fazem parte do Direito Administrativo Ético-Disciplinar e possuem relações com outros ramos do direito, notadamente o direito constitucional, o penal, o processual – civil e penal. Importante destacar, todavia, que a interface com esses outros ramos não autoriza o intérprete a confundi-los, pois o campo da ética e da moral deve ser visto e interpretado considerando-se as características e peculiaridades próprias da atividade médica e sua deontologia.[13]

É fato que a decisão proferida em processos éticos profissionais, embora não vinculem o Juiz num processo judicial, podem influenciar, servindo como prova na instrução processual e convencimento do Magistrado ao proferir uma sentença.

O processo ético profissional pode, mas não é obrigatório, começar por uma ação sindicante que é a função básica da CEM: acolher denúncias que contenham dúvidas sobre atos médicos que possam caracterizar uma possível infração ao Código de Ética Médica e às resoluções dos Conselhos Federal e Regional de Medicina, investigando a situação que gerou essa dúvida, ouvindo todos os envolvidos e emitindo um parecer fundamentado que seja suficiente para as partes e que contenha, inclusive, análise do ponto de vista administrativo, para encaminhar, em seguida, os resultados aos órgãos competentes pelas decisões seguintes.

A sindicância passa a ser parte integrante e fundamental do processo ético-disciplinar, a forma e o conteúdo definem se vai ser aberto ou não um processo disciplinar à semelhança da investigação policial que define se existem ou não indícios e provas que justificam a abertura de um processo criminal. Assim, é importante que a defesa médica comece já nessa primeira fase, sempre que possível, com o acompanhamento do advogado na defesa do interesse de seu cliente.[14]

A sindicância pode encerrar com o pedido de arquivamento ou de abertura do processo ético profissional, por indícios de infração ética que deverá ser definida na peça acusatória, que vincula o órgão julgador e que não poderá condenar o médico por fatos e artigos que não estão na peça acusatória, sob pena de cerceamento de defesa. Porém, a sindicância não tem por objetivo punir falta ético-disciplinar.

Tanto na sindicância, como no Processo Ético Profissional, o médico tem o direito a ampla defesa e para que isso aconteça tem que conhecer qual o artigo do Código de Ética Médica que supostamente tenha infringido para que possa apresentar suas razões.

> O Código de Processo Ético-Profissional (CPEP), instituído pela Resolução CFM 2.306/20226, passa a estabelecer o devido processo legal administrativo, cujas normas têm abrangência em todo o território nacional e incidem sobre todos os CRM, além do próprio CFM, na forma preconizada pelo art. 37 da Lei 3.268/1957.
>
> Assim, o CPEP nada mais é do que um método de atuação do Estado-Administração, contendo um conjunto de regras procedimentais que visa instrumentalizar os Conselhos de Medicina para a conse-

---

13. OLIVEIRA, Antonio Carlos Nunes. *Comentários ao Código de Processo Ético-Profissional dos Conselhos de Medicina aprovado pela resolução CFM 2.306/2022*. Brasília: Conselho Federal de Medicina, 2022. p. 20.
14. Art. 6º CPEP: As partes podem praticar, pessoalmente, todos os atos processuais necessários à sua defesa; sendo facultado fazer-se representar por advogado. Todavia, a ausência de advogado não anula os atos praticados.

cução de um objetivo final: proferir decisões ético-administrativas. Desse modo, no que for pertinente à ética médica "nenhuma decisão estatal deve ser tomada fora de um procedimento, sob pena dessa decisão traduzir-se na imposição autoritária da vontade do agente que a emite.[15]

O Processo Disciplinar tem procedimentos definidos em lei – o Código de Processo Ético Profissional – e segue ritual bem definido de direitos e deveres dos Conselheiros, dos Denunciantes e dos Denunciados, sendo conduzida por um Conselheiro Instrutor, responsável pela correta aplicação da lei, com objetivo final de proferir decisão ético--administrativa que absolverá o médico ou aplicará uma sanção.

Segundo esclarece Paulo Lobo:

Preferiu-se a locução sanção disciplinar, em lugar de pena, porque a infração disciplinar e sua conse-quência são regidas pelos princípios do direito administrativo, como paradigma de direito material, não se lhes aplicando o direito penal, nem mesmo subsidiariamente. Ao processo disciplinar, contudo, o direito processual penal comum é supletivo. Tradicionalmente, a doutrina brasileira considera as sanções disciplinares substancialmente distintas das sanções penais, tendo em conta o conteúdo finalístico de ambas. Com efeito, as sanções disciplinares são "espécies de sanções administrativas, embora possuam suas peculiaridades, porque o regime jurídico advém do direito administrativo em sua vertente sancionadora ou punitiva.[16]

A responsabilidade ética no exercício da profissão do médico é um compromisso de consciência pessoal, adquirido pelo médico com seu paciente e com a sociedade. O médico, como indivíduo contextualizado na sociedade atual, plena de relações com-plexas, tem cada vez mais que considerar as diferentes categorias de normas para poder atuar na direção dos resultados que pretende obter. O médico trabalha com diversas ordens de informação. O conhecimento científico somado à sua experiência permite-lhe projetar o resultado terapêutico desejado.

Contudo, como atua em sociedade, deve conhecer outras categorias de normas que não apenas as da Ciência Médica. Está sujeito, assim como seu paciente, às regras de conduta, indispensáveis à vida coletiva. O sistema jurídico e as normas éticas constituem parâmetros norteadores da ação do médico, em direção à sua finalidade – o bem do paciente.

O profissional médico precisa, então, conhecer essas regras, que deverão estar presentes no seu agir, principalmente, considerando que esse profissional presta contas de sua conduta em ambos os tribunais (ético e jurídico).

A ética profissional médica tem sua legislação específica e sua competente jurisdição especial: os Conselhos de Medicina e o Código de Ética. O Código de Ética Médica bra-sileiro tem como característica uma tradição secular, imbuída de valores humanitários, sem, contudo, fundamentar seus princípios éticos na religião.

Todos os profissionais da medicina estão obrigados a seguir este código de conduta moral no exercício de sua profissão, o qual dispõe, em seus artigos, os deveres morais

---

15. OLIVEIRA, Antonio Carlos Nunes. *Comentários ao Código de Processo Ético-Profissional dos Conselhos de Medicina aprovado pela resolução CFM 2.306/2022.* Brasília: Conselho Federal de Medicina, 2022. p. 19.
16. LÔBO, Paulo. *Comentários ao Estatuto da Advocacia e da OAB.* 10. ed. São Paulo: Saraiva, 2017. p. 203.

dos médicos no exercício de seu ministério. Assim, o médico deve estar consciente dos princípios éticos, para exercer sua profissão:

É importante enfatizar que os novos tempos na área da medicina estão a exigir que os profissionais médicos sejam competentes não somente nas áreas científica e tecnológica, mas também na Ética e pela complexidade dos processos éticos, a defesa do médico por um profissional da advocacia especializado na área do direito médico, será fundamental para o justo deslinde do Processo.

2. PRINCÍPIOS QUE REGEM OS PROCESSOS ADMINISTRATIVOS

Os princípios são normas finalísticas e prospectivas, ou seja, que estabelecem um objetivo a ser atingido e se propõem a atuar como instrumentos para consecução desse fim. Trata-se de um dever de adotar comportamentos necessários à realização de um estado de coisas, que deve ser sopesado frente a outros deveres – ou seja, outros princípios – de acordo com os efeitos decorrentes da conduta havida como necessária.[17]

A atual Constituição Federal do Brasil, reconhecida como "Constituição Cidadã", consagra como Princípio Fundamental do Estado Democrático de Direito, a Dignidade da Pessoa Humana (art. 1º, III). Ou seja, o princípio da dignidade humana, tem seu principal destinatário o homem em todas as suas dimensões e justificativa para a existência de qualquer norma.

Portanto, as Normas que regulam tanto o Processo Ético Profissional como o Código de Ética Médica devem observar esse princípio fundamental, da dignidade humana, garantindo às partes, seja o denunciante ou o denunciado, o direito a ampla defesa. Nesse sentido, ensina Romeu Felipe Bacellar Filho, na obra Comentários ao Estatuto da Advocacia e da OAB:[18]

> O direito ao processo justo garante condições mínimas para a obtenção do escopo fundamental da ação e compreende: (a) o direito de ação paralelo ao direito de defesa (parità delle armi) para iguais chances de sucesso final (no processo administrativo tomará um sentido peculiar porque a Administração tem o dever de agir); (b) a importância do direito à prova uma vez que o direito de provar está compreendido no poder de agir, de usar todos os meios probatórios do sistema relevantes para a demonstração do fato da demanda, (c) inadmissibilidade de barreiras processuais que tornem excessivamente dificultoso ou impossível o concreto exercício dos poderes de agir.
>
> A noção de processo justo pode ser utilizada no direito brasileiro e equivale à ideia do núcleo constitucional comum de processualidade. *A aplicação de qualquer modalidade processual requer a estrita observância de um plexo de direitos fundamentais constitucionalmente assegurados para garantir a dignidade do cidadão no curso do processo. Nesse conjunto de direitos erigidos ao patamar constitucional estão contidos de modo explícito, dentre outros, os seguintes princípios: juiz natural (art. 5º, LIII), devido processo legal (art. 5º, LIV), contraditório e ampla defesa (art. 5º, LV), razoável duração do processo (art. 5º, LXXVIII) e presunção de inocência (art. 5º inciso LVII).* Em cada espécie de processo, a incidência de

---

17. *Constitucionalismo e Estado Democrático de Direito*. Estudos em homenagem a Paulo Bonavides. In: CRUZ, Felipe Santa; SIMONETT, José Alberto (Coord.). Ed OAB Nacional. p. 122.

18. BACELAR FILHO, Romeu Felipe. *Comentários ao Estatuto da Advocacia e da OAB*. 2019. p. 17.

tais princípios assumirá conformação peculiar, adequada às particularidades existentes em cada uma delas. (grifo nosso)

No processo, de um modo geral, o princípio da presunção de inocência tem recebido tratamento ingrato por parte da doutrina e da jurisprudência, cuja relativização de seu conteúdo implica reticência em promover uma interpretação conforme a Constituição, fazendo defluir flagrantes violações ao texto constitucional por parte das decisões administrativas e judiciais, como por exemplo, a desconsideração do princípio quando ocorrente a condenação em duas instâncias, ainda que a sanção não tenha transitado em julgado.

Diante da complexidade das normas éticas e jurídicas, o auxílio do advogado na defesa do médico ou do denunciante nos processos éticos profissionais, garantirá a ampla defesa, o contraditório, entre outros princípios necessários para que seja feita a almejada justiça nos julgamentos perante o CRM e CFM.

Apesar da Sindicância e o PEP permitirem que o médico faça sua própria defesa, nas palavras do advogado Eduardo Dantas, o equivalente jurídico da automedicação,[19] não seria o ideal, pois dispensar o olhar técnico pode ser um erro, uma vez que o médico nem sempre saberá entender as nuances do processo administrativo, as teses legais, que devem ser trazidas para dentro do processo com objetivo na defesa, juntamente com um conjunto de provas que demonstrarão a atuação daquele profissional no caso questionado.

É inerente ao ser humano se envolver emocionalmente quando provocado, ou melhor, questionado sua conduta profissional e isso pode comprometer a sua defesa. Ao contrário, quando o advogado especializado é contratado para acompanhar a sindicância e processo ético, será garantida a ampla defesa.

É preciso distinguir o exercício apaixonado de uma profissão - necessário para a realização pessoal – com o exercício romântico da mesma. Nos dias atuais, não há mais espaço para uma visão despreocupada, e até certo ponto ingênua do que é ser médico. O arcabouço legal a envolver a profissão se tornou bastante complexo nos últimos anos, o que reflete na possibilidade crescente de vir o médico a ser réu em uma demanda judicial.

Esta situação faz com que a orientação legal seja um elemento importante de segurança jurídica. Recomendações aparentemente simples, quando não observadas, tendem a se transformar em um problema em potencial, uma "bomba-relógio" que pode gerar consequências financeiras, e de reputação, quando não cuidadas da maneira devida.[20]

O advogado é quem apresenta o caso para as partes, o fundamento da denúncia ou da defesa, do pedido, conformando a lide, dentro daquilo que foi chamado de racionalidade institucional. O advogado está ao lado do seu cliente. Os desdobramentos de um processo ético falho em sua defesa podem levar à imposição de sanção (condenação) ao médico. E dependendo da decisão do Conselho, pela abertura de processo ético profissional no caso de sindicância ou pela condenação no julgamento do PEP, pode ser levada para a esfera Judicial, uma vez que os processos são totalmente independentes,

---

19. DANTAS, Eduardo. *Direito Médico*. Editora Jus Podivm. 2022. p. 295.
20. Ibidem, p. 297.

conforme já relatado anteriormente. No STJ, a jurisprudência é pacífica em torno da separação das instâncias de apuração.

Em suma, o advogado é o profissional mais habilitado para auxiliar o médico em sua defesa.

CONCLUSÃO

Nota-se que, assim como o Direito, a Medicina não é uma ciência exata. Por tratar diretamente de seres humanos, torna-se delicada. O fim de um processo administrativo, isto é, processo ético-profissional não é tão simples como parece; não se trata apenas de responder à denúncia formulada, é necessário analisar se foram respeitadas as normas éticas, o devido processo legal, a correta circunscrição, a boa-fé processual etc.

O universo jurídico está em constante mutação, acompanhando as mudanças da sociedade. Através do presente trabalho, é possível concluir que a importância do profissional do direito auxiliando o médico perante os Conselhos Regionais e Federal de Medicina. A responsabilidade civil, penal e administrativa, onde podemos incluir a responsabilidade ética, é uma matéria dinâmica, pois seu principal objetivo além da reparação do dano na esfera judicial, é apurar eventual infração ética no exercício da profissão, e, para que um processo seja bem instruído, precisa acompanhar as mudanças, as necessidades sociais, estando atento as questões processuais durante toda instrução do processo.

REFERÊNCIA

BACELAR FILHO, Romeu Felipe. In: PIOVEZAN, Giovani Cássio (Org.). *Comentários ao Estatuto da Advocacia e da OAB*: prerrogativas, seleção e disciplina. Curitiba. Ordem dos Advogados do Brasil, Seção Paraná, 2019.

DANTAS, Eduardo. *Direito Médico*. JusPodivm, 2022.

DANTAS, Eduardo. *Comentários ao Código de Ética Médica*: Resolução CFM 1.931, de 17 de setembro de 2009. 2. ed. Rio de Janeiro: GZ Ed., 2010.

FREITAS, Vladimir Passos de. *Conselhos de Fiscalização Profissional*: doutrina e jurisprudência. São Paulo: RT, 2001.

KFOURI NETO, Miguel. *Responsabilidade civil do médico*. 9 ed. São Paulo: RT, 2018.

KFOURI NETO, Miguel. *Responsabilidade civil dos hospitais*: Código Civil e Código de Defesa do Consumidor. 3 ed. São Paulo: RT, 2018.

LÔBO, Paulo. *Comentários ao Estatuto da Advocacia e da OAB*. 10. ed. São Paulo: Saraiva, 2017

NEVES, José Roberto de Castro. *Como os advogados salvaram o mundo*. Rio de Janeiro, Ed. Nova Fronteira, 2018

OLIVEIRA, Antonio Carlos Nunes. Comentários ao Código de Processo Ético-Profissional dos Conselhos de Medicina aprovado pela resolução CFM 2.306/2022. Brasília: Conselho Federal de Medicina, 2022.

VENOSA, Sílvio de Salvo. *Direito Civil*: responsabilidade civil. 7. ed. São Paulo: Atlas, 2009.

A IRRECORRIBILIDADE IMEDIATA DAS DECISÕES INTERLOCUTÓRIAS NA SINDICÂNCIA E PEP

Rafael Fonseca Lustosa

MBA em Direito Médico e *Compliance* Hospitalar pelo Instituto de Pós-graduação – IPOG. Especialista em Direito Civil e Processo Civil pela Faculdade Verbo Educacional; Advogado. E-mail: fonsecalustosa.rafael@gmail.com.

Sumário: Introdução – 1. Do conceito de decisão interlocutória – 2. Dos recursos no Processo Ético-Profissional – 3. O processo na era do neoconstitucionalismo – 4. Da recorribilidade das decisões interlocutórias nos processos judiciais – 5. Vantagens da recorribilidade imediata de decisões interlocutórias – 6. Da necessidade de adequação no Processo Ético-Profissional – Considerações finais – Referências.

INTRODUÇÃO

A promulgação da Resolução 2.306, do Conselho Federal de Medicina, em 25 de março de 2022, estabeleceu um novo paradigma na regulação das condutas ético-profissionais no âmbito médico, introduzindo o Novo Código de Processo Ético-Profissional Médico (CPEP).[1] Este marco normativo, embora represente um avanço significativo, suscitou debates acerca da ausência de dispositivos que prevejam a recorribilidade imediata das decisões interlocutórias durante as sindicâncias e processos ético-profissionais.

Tal omissão parece desalinhada com os princípios constitucionais vigentes, especialmente à luz do neoconstitucionalismo, que reconhece a Constituição da República Federativa do Brasil de 1988 como a norma suprema do ordenamento jurídico brasileiro, obrigando todas as demais legislações a se conformarem aos seus princípios e garantias fundamentais (Barroso, 2017).[2]

Neste contexto, o artigo 5º, inciso LV, da Constituição, garante o direito à ampla defesa e ao contraditório, que conforme Moraes (2006)[3] são princípios fundamentais que sustentam o devido processo legal e o Estado Democrático de Direito. Assim, esperava-se que o Novo Código de Processo Ético-Profissional Médico, elaborado sob a influência de um Direito Processual Constitucional, incorpore expressamente a possibilidade de recursos contra decisões interlocutórias, garantindo, assim, a proteção dessas garantias constitucionais fundamentais. A falta de tal previsão sugere uma lacuna significativa na proteção dos direitos fundamentais no processo ético-profissional, apontando para

---

1. BRASIL. Resolução CFM 2.306, de 25 de março de 2022. Aprova o Código de Processo Ético-Profissional (CPEP) no âmbito do Conselho Federal de Medicina (CFM) e Conselhos Regionais de Medicina (CRMs). *Diário Oficial da União*, Brasília, DF, 25 mar. 2022, Seção I. p. 27.
2. Cf. BARROSO, Luís Roberto. *O controle de constitucionalidade no direito brasileiro*. Saraiva Educação SA, 2017.
3. Cf. MORAES, Alexandre de. *Constituição do Brasil interpretada e legislação constitucional*. 2006.

a necessidade de revisões normativas que alinhem o Código às exigências da jurisprudência e doutrina contemporâneas.

Para fundamentar essa análise, adotou-se uma metodologia qualitativa e exploratória, baseada em uma revisão detalhada da literatura especializada nas áreas de Direito Constitucional, Direito Processual Civil, Direito Processual Penal e Direito Médico. A investigação também incluiu a análise da legislação pertinente e jurisprudências relevantes, além da interpretação de dados estatísticos fornecidos por órgãos competentes, como o Conselho Nacional de Justiça (CNJ). Esta abordagem metodológica permitiu uma compreensão abrangente sobre a dinâmica da recorribilidade das decisões interlocutórias e seu impacto na eficiência processual, destacando a frequência maior de recursos internos na segunda instância e nos Tribunais Superiores em comparação com a primeira instância.

O cerne desta investigação reside na questão: como a ausência de previsão para a recorribilidade imediata de decisões interlocutórias nos processos ético-profissionais impacta a garantia dos princípios constitucionais de ampla defesa e contraditório, e, ainda, quais adaptações são necessárias para alinhar o rito processual adotado pelos Conselhos Regionais de Medicina às exigências da ordem constitucional vigente?

Dentro desse contexto o objetivo central deste artigo é investigar como o rito processual adotado nas sindicâncias e processos ético-profissionais, conduzidos pelos Conselhos Regionais de Medicina, pode ser aprimorado para assegurar a plena compatibilidade com os princípios e garantias estabelecidos pela Constituição de 1988 e pelo Código de Processo Civil. Especificamente, busca-se avaliar a necessidade de implementar a recorribilidade imediata de decisões interlocutórias como meio de garantir aos litigantes o direito à ampla defesa. Esta análise visa contribuir para o debate sobre a eficácia dos processos ético-profissionais, propondo reflexões sobre reformas potenciais que reforcem os direitos constitucionais no contexto da ética médica.

1. DO CONCEITO DE DECISÃO INTERLOCUTÓRIA

Segundo Câmara (2011),[4] a natureza e a função das decisões interlocutórias são de fundamental importância para o desenvolvimento e a condução do processo judicial, uma compreensão que se estende aos processos ético-profissionais. No ordenamento jurídico brasileiro, a Lei 13.105, de 16 de março de 2015, o Código de Processo Civil (CPC), oferece uma definição clara e precisa do que constitui uma decisão interlocutória. Conforme estabelecido no art. 203, § 2º, do referido Código, entende-se por decisão interlocutória todo pronunciamento judicial de natureza decisória que não se enquadra nas disposições do parágrafo primeiro do mesmo artigo, este último dedicado à caracterização da sentença (Brasil, 2015).

Este conceito, apesar de aparentemente simples, carrega consigo uma profundidade jurídica significativa. Daniel Amorim Assumpção Neves,[5] em sua obra, elabora sobre

---

4. CÂMARA, Alexandre Freitas. *Lições de direito processual civil*. Rio de Janeiro: Lumen Juris, 2011.
5. NEVES, Daniel Amorim Assumpção. *Novo Código de Processo Civil Comentado*. Salvador: JusPodivm, 2016.

o tema, destacando o caráter residual da decisão interlocutória conforme delineado no Novo CPC:

> O art. 203, § 2°, do Novo CPC optou por um conceito residual de decisão interlocutória, prevendo-a como qualquer pronunciamento decisório que não seja sentença. Nesse caso a decisão interlocutória poderá ter como conteúdo questões incidentais ou mérito, como ocorre, por exemplo, no julgamento antecipado parcial de mérito. (Neves, 2016, p. 331)

Transpondo este conceito para o âmbito do processo ético-profissional médico, a decisão interlocutória pode ser entendida, seguindo a mesma lógica, como qualquer decisão que não se enquadre nas disposições especificadas pelo artigo 100 do CPEP. Nesse contexto, decisões interlocutórias podem incluir, por exemplo, o indeferimento de pedido de produção de determinada prova; a decisão que nega o retorno dos autos à Câmara Técnica para obtenção de esclarecimentos adicionais; decisão de não reconhecimento do impedimento ou suspeição de conselheiro sindicante ou instrutor. Tais decisões, embora não finalizem o processo, exercem papel crucial ao possibilitar que o Conselheiro Sindicante ou Conselheiro Instrutor resolva questões periféricas ou incidentais, as quais necessitam de análise antes da resolução da matéria principal.

Essa abordagem enfatiza a importância das decisões interlocutórias como instrumentos processuais dinâmicos que contribuem para a eficácia e celeridade do processo. No contexto dos processos ético-profissionais médicos, essas decisões assumem um papel estratégico na medida em que permitem a solução de questões incidentais, facilitando assim a administração da justiça e a consecução do julgamento final de forma mais eficiente e justa.

2. DOS RECURSOS NO PROCESSO ÉTICO-PROFISSIONAL

O Código de Processo Ético-Profissional (CPEP) estabelece, em seu capítulo IV, seção 1, artigo 100, as diretrizes e normativas relativas ao regime de recursos administrativos aplicáveis às decisões proferidas no âmbito dos processos ético-profissionais médicos. Este dispositivo legal configura um instrumento crucial para a garantia da ampla defesa e do contraditório, assegurando que as partes envolvidas possam contestar decisões que considerem contrárias ao direito ou à justiça. O artigo dispõe:

> Art. 100. Caberá recurso administrativo, no prazo de 30 (trinta) dias, contados a partir da juntada do comprovante de intimação da decisão nos autos:
>
> I – ao pleno do CRM, de ofício ou voluntário, da decisão proferida por sua Câmara que aplicar a sanção de alínea "e" do art. 22, da Lei 3.268/1957;
>
> II – à Câmara do CFM contra a decisão proferida no PEP pelo CRM que absolver ou que aplicar as sanções de alíneas "a", "b", "c" ou "d", do art. 22, da Lei 3.268/1957;
>
> III – ao Pleno do CFM da decisão não unânime de uma de suas Câmaras;
>
> IV – ao Pleno do CFM, de ofício ou voluntário, da decisão proferida no pleno do CRM ou na Câmara do CFM, que aplicar a sanção de alínea "e" do art. 22, da Lei 3.268/1957;
>
> § 1° – Os recursos terão efeito devolutivo e suspensivo.

§ 2º Somente poderá ocorrer o agravamento da sanção imposta no CRM, se houver recurso do denunciante.

§ 3º Havendo pluralidade de médicos no polo passivo do PEP, com sanções diferentes, sendo uma delas de cassação do exercício profissional, eventual recurso será de competência do Pleno do CFM.

§ 4º O pleno do CRM ou do CFM poderá, além dos aspectos pertinentes às razões recursais, analisar toda a matéria discutida no processo.

§ 5º O recurso previsto no inciso III deste artigo, somente será cabível para o denunciado se houver agravamento da sanção imposta no CRM;

§ 6º Para o denunciante recorrer ao pleno na forma do inciso III deste artigo é necessário que também tenha recorrido da decisão imposta pelo CRM;

§ 7º A divergência apenas na imputação de artigos do CEM ou na fundamentação não poderá ser objeto do recurso previsto no inciso III deste artigo;

§ 8º Além dos recursos previstos no *caput* e incisos deste artigo, não caberá qualquer outro de natureza administrativa, salvo o previsto no art. 31 deste CPEP (CFM, 22).

Como se vê a partir da leitura do *caput* do Art. 100, o CPEP estabelece o arcabouço legal relativo aos recursos administrativos disponíveis contra decisões emitidas no decorrer dos processos ético-profissionais. Este artigo, em seus incisos, detalha minuciosamente as categorias de decisões sujeitas a recurso e identifica os órgãos competentes para a revisão dessas decisões, delineando assim o mapa processual para a interposição de recursos dentro do sistema ético-profissional médico.

A partir da análise das hipóteses de cabimento dos recursos, vê-se que somente são cabíveis contra decisões absolutórias ou condenatórias, neste último caso variando o destinatário do recurso conforme a sanção aplicada e o órgão responsável pela decisão. Essa distinção sublinha a importância de se compreender as nuances específicas das decisões que podem ser contestadas através do mecanismo recursal, garantindo que o direito à revisão seja exercido de forma apropriada e fundamentada.

O parágrafo oitavo do artigo em questão amplia o escopo de compreensão ao estabelecer que, para além dos recursos explicitados no texto principal e seus incisos, fica vedada a admissibilidade de quaisquer outros recursos de natureza administrativa, salvo a exceção especificamente prevista no artigo 31 do CPEP. Esta disposição visa a consolidação do regime de recursos dentro de um marco regulatório claro e limitado, assegurando a estabilidade processual e a previsibilidade das vias recursais.

O artigo 31, por sua vez, trata especificamente da situação de médicos submetidos à interdição cautelar do exercício profissional pelo Conselho Regional de Medicina (CRM), oferecendo um mecanismo recursal célere para contestar tais decisões. Este recurso deve ser protocolizado junto ao CRM de origem, com tramitação prioritária e remessa obrigatória ao Conselho Federal de Medicina (CFM) dentro de um prazo restrito, independentemente de contrarrazões ou juízo de admissibilidade. A norma também prevê que a sessão plenária do CFM para julgamento do recurso possa ocorrer em ambiente eletrônico, facilitando assim o acesso à justiça e a celeridade processual:

Art. 31. O médico interditado cautelarmente do exercício da medicina pelo CRM, será notificado da decisão na própria sessão, com registro em ata, se presente, ou na forma do art. 41, incisos e parágrafos, se ausente, tendo o prazo recursal de 5 (cinco) dias.

§ 1º O recurso previsto no caput deste artigo será protocolizado no CRM de origem e receberá tramitação prioritária sobre todos os demais, devendo ser remetido ao CFM, independentemente de contrarrazões ou juízo de admissibilidade, em 5 (cinco) dias úteis.

§ 2º O recurso será instruído com cópias integrais dos autos do Processo Ético instaurado.

§ 3º A sessão plenária do CFM poderá ser realizada em ambiente eletrônico, por meio de videoconferência ou outro recurso tecnológico de transmissão de sons e imagens de forma síncrona (CFM, 2022).

Ao eliminar a possibilidade de outros recursos, o CPEP deixa claro que as possibilidades recursais são dispostas em *numerus clausus*, ou seja, não existem outros recursos possíveis no CPEP ou mesmo na fase de Sindicância, onde o contraditório não é, sequer, obrigatório, por tratar-se de fase inquisitiva, o que resta encartado na parte final do parágrafo primeiro do artigo 15 do CPEP.

3. O PROCESSO NA ERA DO NEOCONSTITUCIONALISMO

Atualmente, testemunhamos a consolidação do constitucionalismo contemporâneo, também conhecido como "neoconstitucionalismo", uma expressão cunhada para descrever a evolução do constitucionalismo subsequente ao término das grandes guerras mundiais. Esta nova fase se caracteriza pela inclusão de novos grupos de direitos fundamentais, tendo como alicerce o princípio da dignidade da pessoa humana, elemento central para a interpretação e aplicação do direito em uma sociedade democrática.[6]

Masson salienta que é nesse período que se reafirma a força normativa da Constituição, consolidando a percepção de que a Constituição transcende a mera compilação de princípios para se afirmar como a Carta Maior, a norma suprema que reflete os valores fundamentais e as aspirações de uma sociedade democrática de direito.[7] A autora prossegue, indicando que, uma vez estabelecido o ideal de superioridade constitucional, decorrem diversas consequências dessa aceitação, como a constitucionalização do direito em sua totalidade.[8]

Esse fenômeno de constitucionalização do direito propaga-se por todas as esferas jurídicas, influenciando também o direito processual. Surge, assim, o "neoprocessualismo", uma doutrina que concebe o processo como um instrumento para a efetivação de valores e propósitos constitucionais. Nesse contexto, o processo adquire uma nova dimensão, alinhada aos princípios e objetivos consagrados pela Constituição.

Pinho igualmente reconhece que:

---

6. BARROSO, Luís Roberto. *O controle de constitucionalidade no direito brasileiro*. Saraiva Educação SA, 2017.
7. MASSON, Nathalia. *Manual de direito constitucional*. 11. ed. rev. ampl. e atual. Salvador: JusPodivm, 2023. p. 29.
8. MASSON, Nathalia. *Manual de direito constitucional*. 11. ed. rev. ampl. e atual. Salvador: JusPodivm, 2023. p. 30

Grandes expoentes do direito processual já sedimentaram a teoria segundo a qual o direito constitucional é o tronco da árvore e o direito processual é um de seus ramos. Ou seja, não é possível conceber uma única regra processual que não tenha sido inspirada na atmosfera constitucional.[9]

Corroborando com essa visão, o Código de Processo Ético-Profissional, já em seu preâmbulo, dispõe que as normas que regem o processo ético-profissional devem submeter-se aos dispositivos constitucionais vigentes. Tal exigência decorre do reconhecimento da Constituição da República como o fundamento de validade para todas as normas que compõem o ordenamento jurídico infraconstitucional.

Diante desse panorama, a ausência de uma previsão expressa no CPEP de recurso específico contra decisões interlocutórias nas Sindicâncias e processos ético-profissionais suscita um importante debate. Este debate deve ser orientado pela Constituição, tendo como referência seus princípios e garantias fundamentais, especialmente no que tange à ampla defesa e ao contraditório. Tal análise é imperativa para assegurar que a aplicação e interpretação do CPEP estejam alinhadas com os valores e direitos fundamentais consagrados pela Constituição, reforçando a integridade e a coerência do sistema jurídico brasileiro em sua totalidade.

4. DA RECORRIBILIDADE DAS DECISÕES INTERLOCUTÓRIAS NOS PROCESSOS JUDICIAIS

A regulamentação contida no Código de Processo Ético-Profissional (CPEP) estipula, como dito, um sistema de recursos caracterizado por sua estrita limitação, em *numerus clausus*. Esta limitação implica que as vias recursais no âmbito do CPEP, assim como na fase de Sindicância, são taxativamente enumeradas, não se admitindo a impetração de recursos outros que não aqueles expressamente previstos na norma. É importante ressaltar que, na fase de Sindicância, o princípio do contraditório não se aplica obrigatoriamente, devido ao caráter inquisitório dessa etapa, conforme estabelecido explicitamente na parte final do parágrafo primeiro do artigo 15 do CPEP.

Ao tratar da recorribilidade das decisões interlocutórias, é necessário se traçar um paralelo em relação à possibilidade de recurso imediato de tais decisões no âmbito dos processos judiciais, a fim de se analisar o cabimento ou descabimento nas diversas esferas processuais, tanto no processo civil, como no trabalhista e no processo penal, aquele que mais se assemelha ao processo ético-profissional, pelo fato de trazer como consequência a possibilidade de imposição de uma sanção, uma pena, ao acusado.

Contrastando com o processo ético-profissional, o direito processual civil brasileiro adota uma postura diferente em relação às decisões interlocutórias. No âmbito civil, tais decisões podem ser objeto de recurso imediato, sendo o agravo de instrumento, disciplinado no artigo 1.015 do Código de Processo Civil (CPC), o recurso específico contra decisões interlocutórias que versarem as matérias ali elencadas. Ademais, os embargos

---

9. PINHO, Humberto Dalla Bernardina de. *Direito processual civil contemporâneo*: teoria geral do processo. 8. ed. São Paulo: Saraiva Educação, 2018.

de declaração, previstos no artigo 1.022 do CPC, constituem outro recurso disponível para a correção de eventuais vícios ou omissões em decisões judiciais, contribuindo para a clareza e a precisão do pronunciamento judicial.

Caroline Bonadiman Esteves (2014),[10] em seu artigo "Recorribilidade diferida de decisões interlocutórias", instiga uma reflexão crítica sobre a potencial ineficiência processual decorrente da morosidade da marcha processual causada pelo emprego de recursos imediatos contra decisões interlocutórias, a ver:

> Apesar de se afirmar que o recurso de agravo por instrumento (por exemplo) tem a vantagem de permitir um rápido julgamento sem interferir no desenvolvimento do processo, tal argumento não tem se aplicado na prática (Wambier, 2006, p. 325). O agravo – ainda que dotado de efeito meramente devolutivo – tem demorado a ser julgado nos tribunais e, por ter preferência sobre outros recursos (como é o caso da apelação), o agravo tem impedido que os magistrados muitas vezes se debrucem sobre o próprio mérito do processo, levado ao tribunal por meio da apelação. (Esteves, 2014, p. 157)

Favorável à irrecorribilidade imediata das decisões interlocutórias, a autora, que prefere utilizar o termo "recorribilidade diferida" em detrimento do primeiro termo utilizado, afirma ainda:

> Além de permitir que as decisões interlocutórias sejam impugnadas ao final por meio do recurso de apelação, a recorribilidade diferida de decisões interlocutórias apresenta a vantagem de simplificar o processo (Dinamarco, 2002, p. 287-295; J. Moreira, 1984, p. 5; Tucci, 1997, p. 146) e permitir que ele se desenvolva sem tumulto e, em última análise, de forma mais célere.
>
> Não se trata, portanto, de irrecorribilidade pura e simplesmente – que aí sim, seria prejudicial ao sistema, mas apenas em recorribilidade diferida de decisões interlocutórias.
>
> Dessa forma, para o alcance do objetivo de se permitir o desenvolvimento do processo em tempo razoável, valeria a pena aplicar a regra da recorribilidade diferida de decisões interlocutórias (mais abrangente que a irrecorribilidade em separado dessas decisões). (Esteves, 2014, p. 158)

Por outro lado, Gustavo Cisneiros, em artigo[11] ressalta a importância de equilibrar a busca pela celeridade processual com a necessidade de preservar o princípio da ampla defesa, uma premissa fundamental consagrada pelo art. 5º, LV, da Constituição da República. Ele alerta para o risco de que a irrecorribilidade imediata das decisões interlocutórias possa, inadvertidamente, comprometer esse direito constitucionalmente garantido.

Apoiadores da recorribilidade diferida sustentam que tal mecanismo não constitui uma violação ao princípio do duplo grau de jurisdição, visto que a revisão judicial das decisões interlocutórias ainda é possível no momento do julgamento do recurso de apelação da decisão final. Essa perspectiva argumenta, portanto, que a economia processual

---

10. ESTEVES, Carolina Bonadiman. Recorribilidade diferida de decisões interlocutórias: um estudo de caso no Tribunal Regional do Trabalho da 17ª Região e no Tribunal de Justiça do Espírito Santo. *Revista de Estudos Empíricos em Direito*. Brazilian Journal of Empirical Legal Studies. v. 1, n. 1, jan. 2014, p. 154-181.

11. Disponível em: https://gustavocisneiros.com.br/p/43/princ-pio-da-irrecorribilidade-imediata-das-decis-es-interlocut-rias-e-suas-exce-es-no-direito-processual-trabalhista. Acesso em: 12 dez. 2023.

alcançada não prejudica os direitos das partes envolvidas, uma vez que a possibilidade de recurso permanece intacta, ainda que em um momento posterior do processo.

Entretanto, é crucial reconhecer que a Constituição Federal, ao elencar a razoável duração do processo como um direito fundamental no inciso LXXVIII do artigo 5º, não estabelece a celeridade processual como um valor absoluto. O direito em questão sublinha a importância de garantir tanto a eficiência na tramitação processual quanto o acesso às vias recursais adequadas para a proteção dos direitos das partes. Em consonância, o Código de Processo Civil (CPC) reflete esse equilíbrio ao priorizar a razoável duração do processo, sem, contudo, sacrificar os mecanismos essenciais para a defesa ampla e o contraditório efetivo.

Assim, o desafio reside em encontrar um meio-termo que preserve a essência do contraditório e da ampla defesa, enquanto também se busca agilizar o andamento processual. Este equilíbrio é fundamental para o desenvolvimento de um sistema jurídico que respeite os direitos fundamentais dos cidadãos, mantendo a integridade e a justiça do processo legal.

No cenário do direito processual penal brasileiro, destaca-se o Recurso em Sentido Estrito (RESE), regulamentado pelo artigo 581 do Código de Processo Penal (CPP), como o meio de impugnação cabível contra decisões interlocutórias específicas. Este recurso possui função crítica no sistema de justiça penal, assegurando o direito de revisão de decisões que, embora não terminativas, possuem relevante impacto no desenvolvimento do processo.

Por outro lado, no âmbito do direito do trabalho, regido pela Consolidação das Leis do Trabalho (CLT), prevalece, como regra geral, a irrecorribilidade imediata de decisões interlocutórias, conforme estabelecido no parágrafo 1º do artigo 893, bem como sob o fundamento preconizado no § 2º do artigo 799 da CLT. Esta característica do processo trabalhista reflete a busca por uma maior agilidade e efetividade na resolução de disputas laborais.

De acordo com Guilherme Galvão de Mattos Souza (2023):[12]

> O que se deve ter em mente é que a recorribilidade ou irrecorribilidade da decisão interlocutória na Justiça do Trabalho não está atrelada à sua espécie, mas, sobretudo, pela sua natureza terminativa ou não terminativa, consoante aponta a Súmula 214, do C. TST, abaixo transcrita:
>
> Súmula 214 – Salvo quando terminativas do feito na Justiça do Trabalho, as decisões interlocutórias não são recorríveis de imediato, podendo ser impugnadas quando da interposição de recurso contra a decisão definitiva.
>
> Entende-se, em linhas gerais, por decisão terminativa aquela que põe fim ao processo. Já a não terminativa seria aquela que finaliza, apenas, uma etapa do procedimento.

Em face da limitação dos recursos contra decisões interlocutórias, a prática jurídica tem recorrido ao Mandado de Segurança como um meio alternativo de proteção de

---

12. Disponível em: https://www.migalhas.com.br/depeso/385820/a-ir-recorribilidade-das-decisoes-interlocutorias-na-jt. Acesso em: 12 dez. 2023.

direitos. Este remédio constitucional, previsto no art. 5º, LXIX, da Constituição Federal e regulamentado pela Lei 12.016/2009, destina-se à proteção de direito líquido e certo não amparado por *habeas corpus* ou *habeas data*, configurando-se como um sucedâneo recursal em diversas esferas do direito, inclusive no Processo Ético-Profissional (PEP), na ausência de recurso específico para questionar decisões interlocutórias.

Luiz Guilherme Marinoni (2020, p. 62)[13] ressalta a responsabilidade do judiciário na proteção dos direitos fundamentais, enfatizando que, na ausência de uma tutela normativa específica, cabe ao juiz estabelecer os meios necessários para a proteção de tais direitos, fundamentando adequadamente sua decisão.

Nesse sentido, pela possibilidade do uso do Mandado de Segurança contra decisões proferidas no bojo de processos ético-profissionais, observe-se decisão proferida em julgamento no âmbito do Tribunal Regional Federal da 4ª Região:

> Mandado de segurança. Processo ético disciplinar. Conselho regional de medicina. Violação ao devido processo legal. Concessão da ordem. 1. O mandado de segurança é o remédio cabível para proteger direito líquido e certo, não amparado por habeas corpus ou habeas data, sempre que, ilegalmente ou com abuso do poder, qualquer pessoa física ou jurídica sofrer violação ou houver justo receio de sofrê-la por parte de autoridade, seja de que categoria for e sejam quais forem as funções que exerça, segundo o art. 1º da Lei 12.016/2009. 2. Fere o devido processo legal a não observância do procedimento previsto na Resolução CFM 2.145/16, impondo-se a concessão da ordem para reconhecer a nulidade do ato praticado em desacordo ao regramento, a partir do despacho que denegou a produção de provas requerida em sede de alegações finais.
>
> (TRF-4 – AC: 50180215420194047200 SC 5018021-54.2019.4.04.7200, Relator: Vânia Hack de Almeida, Data de Julgamento: 22.03.2022, Terceira Turma)[14]

Outro instrumento de irresignação imediata frequentemente utilizado na prática forense é o famigerado "pedido de reconsideração". Embora amplamente adotado, também no âmbito dos processos administrativos, este não possui previsão legal, nem mesmo nas normas de regência dos processos judiciais, tampouco se presta a suspender ou interromper o prazo para a interposição de recursos específicos, limitando-se a ser uma tentativa de persuadir o julgador a rever sua decisão anterior.

5. VANTAGENS DA RECORRIBILIDADE IMEDIATA DE DECISÕES INTERLOCUTÓRIAS

A implementação de um mecanismo que permita o recurso imediato de decisões interlocutórias em sindicâncias e processos ético-profissionais não somente eleva a segurança jurídica para as partes envolvidas, mas também contribui significativamente para a melhoria da qualidade das decisões. Esta faculdade de recorrer imediatamente de uma decisão interlocutória permite uma revisão tempestiva de possíveis equívocos

---

13. MARINONI, Luiz Guilherme; ARENHART, Sérgio Cruz; MITIDIERO, Daniel. *Manual do processo civil* [livro eletrônico]. 5. ed. rev., atual. e ampl. São Paulo: Thomson Reuters Brasil, 2020.

14. Disponível em: https://www.jusbrasil.com.br/jurisprudencia/trf-4/1500398219. Acesso em: 16 jan. 2024.

ou interpretações discutíveis, garantindo, assim, que o desenvolvimento do processo ocorra sob a égide da legalidade e da justiça.

No curso do processo ético-profissional o Conselheiro Instrutor poderá proferir inúmeras decisões interlocutórias. Dessa forma, para garantir segurança às decisões proferidas, poder-se-ia trabalhar a perspectiva de um processo dialógico, que envolve os sujeitos do processo na construção da boa aplicação do direito.

Não se pode perder de vista que o recurso tem como objetivo, para além de proteger interesse subjetivo da parte recorrente, também obter uma preservação do direito objetivo por meio de uma melhor aplicação da lei, sendo essa uma consequência do provimento do recurso, cuja existência se justifica na proteção do direito objetivo da parte.

Além disso, o estudo "Justiça em Números",[15] elaborado pelo Conselho Nacional de Justiça (CNJ), oferece uma perspectiva valiosa sobre a dinâmica da recorribilidade dentro do sistema judiciário brasileiro. De acordo com os dados apresentados, a frequência de recursos internos é notadamente maior na segunda instância e nos Tribunais Superiores em comparação com a primeira instância, indicando que a possibilidade de recurso é um elemento intrínseco ao funcionamento do sistema de justiça. A análise revela que "a recorribilidade interna do segundo grau chega a ser 2,2 vezes mais frequente que a do primeiro grau", refletindo uma prática consolidada de revisão e controle das decisões judiciais.

Este cenário sugere que, contrariamente à percepção de que a possibilidade de recurso imediato de decisões interlocutórias no primeiro grau possa constituir uma fonte de morosidade processual, ela de fato desempenha um papel crucial na promoção da efetividade e na garantia da correção das decisões judiciais. Assim, é possível concluir que a recorribilidade imediata, longe de ser um obstáculo à celeridade processual, constitui um instrumento essencial para a manutenção da integridade e da confiabilidade do sistema de justiça, assegurando que decisões fundamentais sejam submetidas a um escrutínio adequado e oportuno.

6.   DA NECESSIDADE DE ADEQUAÇÃO NO PROCESSO ÉTICO-PROFISSIONAL

Consoante as disposições constitucionais, é imperativo que as normas infraconstitucionais sejam interpretadas e aplicadas em estrita conformidade com os princípios fundamentais delineados pela Constituição da República. Dentre estes princípios, destacam-se o contraditório, a ampla defesa e o devido processo legal, conforme estabelecido nos artigos 5º, LIV e LV, da Carta Magna (Moraes, 2011).

Tais princípios não apenas orientam a condução dos processos judiciais e administrativos, mas também asseguram a estruturação de um sistema processual equitativo

---

15. Disponível em: https://www.cnj.jus.br/wp-content/uploads/2023/08/justica-em-numeros-2023.pdf. Acesso em: 14 jan. 2024.

e justo, garantindo que todas as partes envolvidas tenham oportunidades iguais de participação e defesa. O acesso dos sujeitos processuais às instâncias revisoras é, sem dúvida, um pilar essencial para a efetivação de um processo dialético e justo, propiciando a correta apreciação e resolução de litígios. Esse acesso se mostra ainda mais relevante quando consideramos decisões interlocutórias que, embora não concluam o processo, possuem o potencial de influenciar significativamente seu desfecho e, em certos casos, podem adquirir o *status* de coisa julgada material, com a consequente possibilidade de violação de direitos das partes.

Nesse contexto, é inconteste a necessidade de disponibilização de meios eficazes para a impugnação imediata dessas decisões, como forma de prevenir injustiças e assegurar a plena realização dos direitos e garantias fundamentais. Esta exigência encontra respaldo no princípio do duplo grau de jurisdição, que de acordo com Streck e Morais (2004)[16] postula que todas as decisões judiciais devem ser passíveis de revisão, reforçando os princípios do contraditório e da ampla defesa. O princípio do duplo grau de jurisdição, embora não esteja expressamente previsto na Constituição, é uma consequência lógica e necessária dos princípios do contraditório e da ampla defesa, essenciais para a consolidação de um sistema judiciário democrático, transparente e justo.

Portanto, o reconhecimento e a implementação efetiva dos mecanismos de impugnação de decisões interlocutórias se mostram indispensáveis para a manutenção da integridade do processo judicial e a proteção dos direitos fundamentais das partes envolvidas. Tal abordagem não somente promove a justiça e a equidade processual, mas também contribui para o aperfeiçoamento da qualidade das decisões judiciais e a confiança no sistema de justiça como um todo.

CONSIDERAÇÕES FINAIS

A investigação conduzida sobre a recorribilidade imediata de decisões interlocutórias nas sindicâncias e processos ético-profissionais, especificamente no contexto dos Conselhos Regionais de Medicina, ressalta uma lacuna significativa em conformidade com os princípios constitucionais vigentes, especialmente em relação aos direitos de ampla defesa e contraditório garantidos pela Constituição Federal de 1988. A ausência de previsões explícitas para a impugnação dessas decisões interlocutórias no Novo Código de Processo Ético-Profissional Médico levanta preocupações substantivas sobre a proteção desses direitos fundamentais dentro dos processos ético-profissionais.

A conclusão desta análise revela que a falta de mecanismos de recorribilidade imediata não apenas compromete a segurança jurídica dos sujeitos processuais, mas também contradiz a essência do neoconstitucionalismo, que eleva a Constituição a uma posição de supremacia normativa, exigindo que todas as legislações infraconstitucionais estejam alinhadas com seus princípios e garantias fundamentais. Portanto, confirmou-

---

16. Cf. STRECK, Lenio Luiz; DE MORAIS, José Luis Bolzan. *Ciência política e teoria geral do estado*. Livr. do Advogado, 2004.

-se a hipótese inicial de que a irrecorribilidade imediata de decisões interlocutórias representa uma desconformidade com os princípios de ampla defesa e contraditório, evidenciando a necessidade urgente de revisões normativas que incorporem explicitamente a possibilidade de tais recursos.

Cada objetivo delineado foi alcançado de maneira satisfatória: a análise das bases teóricas e legais sobre o processo ético-profissional elucidou o contexto normativo vigente; a investigação sobre a dinâmica da recorribilidade nas decisões interlocutórias destacou as práticas judiciais atuais e a importância desses mecanismos para a eficácia processual; e, finalmente, a exploração das implicações constitucionais confirmou a discrepância entre as práticas atuais e os requisitos de um processo justo conforme delineado pela Constituição.

A pesquisa enfrentou limitações, particularmente na dificuldade de encontrar literatura jurídica específica que abordasse diretamente a questão da recorribilidade de decisões interlocutórias nos processos ético-profissionais dentro do contexto dos Conselhos de Classe. A maioria dos insights foi derivada de interpretações e aplicações gerais dos princípios do direito processual, exigindo uma análise mais profunda e inferências baseadas em princípios gerais e jurisprudência relacionada.

Este estudo abre caminhos para futuras investigações sobre a implementação prática de reformas normativas no processo ético-profissional, sugerindo uma análise mais detalhada de como tais mudanças poderiam ser efetivamente integradas no quadro legal existente, sem prejudicar a eficiência processual. Além disso, seria proveitoso explorar os impactos específicos dessas reformas na prática médica e na percepção da justiça ético-profissional entre os profissionais de saúde.

REFERÊNCIAS

BARBOSA, Rafael. *Decisão Interlocutória: Sistematização e Recorribilidade*. São Paulo (SP): RT, 2022. Disponível em: https://www.jusbrasil.com.br/doutrina/decisao-interlocutoria-sistematizacao-e-recorribilidade/1481213938. Acesso em: 14 dez. 2023.

BARROSO, Luís Roberto. *O controle de constitucionalidade no direito brasileiro*. Saraiva Educação SA, 2017.

BRASIL. Lei 13.105, de 16 de março de 2015. Código de Processo Civil. Disponível em: https://www.planalto.gov.br/ccivil_03/_ato2015-2018/2015/lei/l13105.htm. Acesso em: 24 abr. 2024.

BRASIL. Resolução CFM 2.306, de 25 de março de 2022. Aprova o Código de Processo Ético-Profissional (CPEP) no âmbito do Conselho Federal de Medicina (CFM) e Conselhos Regionais de Medicina (CRMs). Diário Oficial da União, Brasília, DF, 25 mar. 2022, Seção I. p. 27.

CÂMARA, Alexandre Freitas. *Lições de direito processual civil*. Rio de Janeiro: Lumen Juris, 2011.

CONSELHO FEDERAL DE MEDICINA. Resolução CFM 2.306, de 25 de março de 2022. Código de Processo Ético-Profissional Médico. Diário Oficial da União, 2022.

CONSELHO NACIONAL DE JUSTIÇA (CNJ). Justiça em números 2023 / Conselho Nacional de Justiça – Brasília: CNJ, 2023.

ESTEVES, Carolina Bonadiman. Recorribilidade diferida de decisões interlocutórias: um estudo de caso no Tribunal Regional do Trabalho da 17ª Região e no Tribunal de Justiça do Espírito Santo. *Revista de Estudos Empíricos em Direito*. Brazilian Journal of Empirical Legal Studies. v. 1, n. 1, p. 154-181, jan. 2014.

MARINONI, Luiz Guilherme; ARENHART, Sérgio Cruz; MITIDIERO, Daniel. *Manual do processo civil* [livro eletrônico]. 5. ed. rev., atual. e ampl. São Paulo: Thomson Reuters Brasil, 2020.

MASSON, Nathalia. *Manual de direito constitucional*. 11. ed. rev. ampl. e atual. Salvador: JusPodivm, 2023.

MORAES, Alexandre de. *Constituição do Brasil interpretada e legislação constitucional*. 2006.

NEVES, Daniel Amorim Assumpção. *Novo Código de Processo Civil Comentado*. Salvador: JusPodivm, 2016.

PINHO, Humberto Dalla Bernardina de. *Direito processual civil contemporâneo*: teoria geral do processo. 8. ed. São Paulo: Saraiva Educação, 2018.

STRECK, Lenio Luiz; DE MORAIS, José Luis Bolzan. *Ciência política e teoria geral do estado*. Livr. do Advogado, 2004.

TÊMIS E HIPÓCRATES, UMA DICOTOMIA NA VIDA PROFISSIONAL DO MÉDICO?

Joaquim Pessoa Guerra Filho

Especialista em Direito Civil (UFPE); Direito Público (UPE) e em Direito Médico e Saúde Suplementar (ILMM). Mestrando em Direito (UNICAP) – Bolsista CAPES. Professor do LLM em Direito Médico e da Saúde da Católica *Business School* (UNICAP). Secretário-geral da Comissão de Direito e Saúde da OAB/PE (gestão 2019-2021). Advogado e Coordenador Jurídico do CREMEPE. Membro da Comissão Estadual para Revisão do Código de Ética Médica. Sócio do escritório Joaquim Guerra Advocacia e Consultoria. ORCID: 0000-0002-9184-0421 Lattes: http://lattes.cnpq.br/3817301965966602. E-mail: joaquimguerra.adv@gmail.com.

Mário Jorge Lemos de Castro Lôbo

Especialsita em Ortopedia e Traumatologista (RQE 7.556). Presidente do Conselho Regional de Medicina de Pernambuco – CREMEPE (2023-2026). Presidente do Sindicato dos Médicos de Pernambuco – SIMEPE (Gestão 2012-2016). Vice-presidente do CREMEPE (2021-2022) e Secretário-geral (2018-2021). Médico (CRM 11.085-PE).

Sumário: Introdução – 1. Os Conselhos de Medicina – 2. As normas deontológicas da medicina – 3. O Processo Ético-Profissional no âmbito dos Conselhos de Medicina – 4. Fatos sujeitos ao controle dos Conselhos de Medicina – Considerações finais – Referências.

INTRODUÇÃO

Inspirado em Marcelo Neves, que escreveu, entre outras obras, "Entre Têmis e Leviatã: uma relação difícil"[1] e "Entre Hidra e Hércules",[2] tratando das dificuldades contemporâneas do Estado Democrático de Direito, buscamos nestas linhas lançar luzes para a importância da atuação judicante dos Tribunais de Ética Médica dos Conselhos de Medicina, compartilhando com o leitor a "batalha" que muitas vezes é travada para dissociar um ato praticado pelo médico em sua vida privada, de sua atuação profissional.

O título atribuído, "Têmis e Hipócrates, uma dicotomia na vida profissional do médico?" busca demonstrar a tenuidade que há muitas vezes em distinguir os elementos que compõe determinado fato, cuja ação humana está definida como ilícito pela legislação penal e/ou civil, no âmbito das previsões do Código de Deontologia Médica como um ilícito ético, portanto passível de sanção pelos Conselhos de Medicina.

---

1. NEVES, Marcelo. *Entre Têmis e Leviatã*: uma relação difícil. O Estado Democrático de Direito a partir e além de Luhmann e Habermas. São Paulo: Martins Fontes, 2006.
2. NEVES, Marcelo. *Entre Hidra e Hércules*: princípio e regras constitucionais como diferença paradoxal do sistema jurídico. São Paulo: WMF Martins Fontes, 2013.

A deusa Têmis, que representa a Justiça e as leis,[3] e Hipócrates, considerado o pai de Medicina[4] e das normas de condutas do médico, representam esse paralelo cujo estudo se propõe investigar: se há uma dicotomia nessa relação das ações ilícitas praticadas pelo médico enquanto sujeito de direitos em sentido lato e eventuais reflexos em seu âmbito profissional.

Os Conselhos de Medicina (CFM/CRMs) são autarquias federais e submetem-se as regras de direito público, dentre elas, o princípio da legalidade, por meio do qual só lhe compete agir dentro dos limites estabelecidos pela lei, não sendo-lhe permitido ir além.

Apesar disso, muitas vezes os Conselhos são instados pela sociedade a dar respostas a fatos envolvendo médicos, que, nem sempre estão inseridos no âmbito de sua competência, portanto, importante se identificar com clareza os atos praticados pelos médicos e sujeitos ao controle dos Conselhos de Medicina. O juramento original de Hipócrates retratava normas de conduta pelo médico em sua vida profissional e privada,[5] mas será que os atos praticados pelo médico em sua vida privada, e não relacionados diretamente à Medicina, são passíveis de controle e sanções pelos Tribunais de Ética Médica?

Com isso, este trabalho, por meio de revisão de literatura incorporada à pesquisa legislativa e de jurisprudência, a partir do método dialético, ao fim de observar os argumentos encontrados e sua coerência com a possível resposta à pergunta de pesquisa proposta, convida o leitor a uma reflexão crítica sobre os limites da atuação judicante dos Tribunais de Ética Médica dos Conselhos de Medicina.

1. OS CONSELHOS DE MEDICINA

Os Conselhos de Medicina foram instituídos inicialmente pelo Decreto-lei 7.955/1945,[6] o qual foi posteriormente revogado pela Lei 3.268/57,[7] que passou a dispor a respeito de suas atribuições e competências, quando passaram a constituir-se como autarquias federais, com natureza de direito público,[8] com o objetivo de disciplinar, fiscalizar e julgar o exercício da medicina e dos que a exerçam legalmente.

---

3. "Têmis é uma divindade grega por meio da qual a justiça é definida, no sentido moral, como o sentimento da verdade, da equidade e da humanidade, colocado acima das paixões humanas [....] ela é a deusa da justiça, da lei e da ordem" (BRASIL. Supremo Tribunal Federal. Têmis. STF, Brasília, 14 ago. 2012. Disponível em: https://portal. stf.jus.br/textos/verTexto.asp?servico=bibliotecaConsultaProdutoBibliotecaSimboloJustica&pagina=temis. Acesso em: 13 jan. 2024).

4. CONSELHO REGIONAL DE MEDICINA DO ESTADO DO PARANÁ (CRM-PR). Juramento de Hipócrates. CRM-PR, Curitiba, c2024. Disponível em: https://www.crmpr.org.br/Juramento-de-Hipocrates-1-53.shtml. Acesso em: 13 jul. 2024.

5. Conselho Regional de Medicina Do Estado de São Paulo (CREMESP). Juramento de Hipócrates. CREMESP, São Paulo, c2024. Disponível em: https://www.cremesp.org.br/?siteAcao=Historia&esc=3#:~:text=Aplicarei%20 os%20regimes%20para%20o,minha%20vida%20e%20minha%20arte. Acesso em: 13 jul. 2024.

6. BRASIL. Decreto-Lei 7.955, de 13 de setembro de 1945. Institui Conselhos de Medicina e dá outras providências. Rio de Janeiro: Presidência da República, 1945. Disponível em: https://www.planalto.gov.br/ccivil_03/Decreto-Lei/1937-1946/Del7955.htm. Acesso em: 13 jan. 2024.

7. BRASIL. Lei 3.268, de 30 de setembro de 1957. Dispõe sobre os Conselhos de Medicina, e dá outras providências. Rio de Janeiro: Presidência da República, 1957. Disponível em: https://www.planalto.gov.br/ccivil_03/LEIS/L3268.htm#art36. Acesso em: 24 jan. 2024.

8. A natureza de direito público dos conselhos foi objeto de discursão durante certo lapso temporal, quando o STF, por meio do julgamento da ADI 1717-DF, sedimentou o entendimento de que os Conselhos possuem natureza

O Conselho de Medicina, bem como todos os Conselhos de Fiscalização Profissional, deriva, como destaca Azevedo das "antigas corporações de ofício da Idade Média",[9] as quais existiram no Brasil até 1824, a partir da Constituição Imperial, quando se estabeleceu no país um contexto de liberdade para o exercício das profissões liberais, período que acabou em meados de 1930,[10] quando o país, seguindo o modelo europeu, passou a ter uma maior atenção direcionada a "organização dos profissionais em torno de associações de classe e, neste contexto, foram surgindo movimentos pela criação de formas de controle sobre o exercício dessas profissões".[11]

Essa mudança de perspectiva da liberdade de exercício profissional, consagrada no texto constitucional, trouxe mecanismos de regulação e de controle pelo próprio Estado.[12] A doutrina sobre o tema Conselhos de Fiscalização Profissional, referenciando Francisco Antônio de Camargo, ensina que a criação desse modelo de regulamentação por meio de Conselhos Profissionais surge a partir desse movimento de descentralização do Estado, quando se constata a necessidade de uma fiscalização das profissões.[13] Essa mudança de paradigma seguiu uma evolução do próprio Estado, o qual ampliou significativamente seu campo de intervenção social, quando abandonou o modelo liberal e passou ao modelo social.[14]

As Constituições Federais de 1937,[15] de 1946[16] e de 1967,[17] passaram a instituir no ordenamento jurídico brasileiro uma previsão expressa, a partir do texto cons-

---

de direito público (BRASIL. Supremo Tribunal Federal. Ação Direta de Inconstitucionalidade ADI 1717-DF. Relator: Min. Sydney Sanches, 07 de novembro de 2002. Disponível em: https://portal.stf.jus.br/processos/detalhe.asp?incidente=1689518. Acesso em: 14 jul. 2024.

9. AZEVEDO, Marcel Citro de. *Limitações constitucionais à cobrança de anuidades por Conselhos de Fiscalização Profissional*. 149 f. 2016. Dissertação (Mestrado em Direito) – Programa de Pós-Graduação em Direito, Faculdade de Direito, Universidade Federal do Rio Grande do Sul, Porto Alegre, 2016. Disponível em: https://lume.ufrgs.br/bitstream/handle/10183/148783/001003775.pdf?sequence=1&isAllowed=y. Acesso em: 20 fev. 2024.

10. REOLON, Jaques F. *Conselhos de Fiscalização*: curso completo. Belo Horizonte: Fórum, 2018. p. 37.

11. OLIVEIRA, Antonio Francisco de. *A regulamentação do exercício profissional da arquitetura no Brasil*. 2012. 421 f. Tese (Doutorado em Arquitetura e Urbanismo) – Programa de Pós-Graduação em Arquitetura e Urbanismo, Universidade Federal da Paraíba, João Pessoa, 2012. Disponível em: https://repositorio.ufpb.br/jspui/handle/tede/293. Acesso em: 20 fev. 2024.

12. Ibidem.

13. SOUZA, Francisco Antônio de Camargo Rodrigues de; SOUZA. *O Controle de constitucionalidade e os conselhos de fiscalização profissional*. Belo Horizonte: D'Plácido, 2022. p. 36.

14. DEMARI, Melissa; RANGEL, Carlos Alberto Boechat; GAVA, Daiane. *Conselhos de fiscalização profissional*: à luz da doutrina e da jurisprudência. Curitiba: Juruá, 2020. p. 38.

15. Art. 140. A economia da população será organizada em corporações, e estas, como entidades representativas das forças do trabalho nacional, colocadas sob a assistência e a proteção do Estado, são órgãos destes e exercem funções delegadas de Poder Público (Brasil. [Constituição Federal (1937)]. Constituição dos Estados Unidos do Brasil de 10 de novembro de 1937. Rio de Janeiro: Presidência da República, 1937. Disponível em: https://www.planalto.gov.br/ccivil_03/constituicao/constituicao37.htm. Acesso em: 23 jan. 2024).

16. Art. 159. É livre a associação profissional ou sindical, sendo reguladas por lei a forma de sua constituição, a sua representação legal nas convenções coletivas de trabalho e o exercício de funções delegadas pelo Poder Público (Brasil. [Constituição (1946)]. Constituição dos Estados Unidos do Brasil de 18 de setembro de 1946. Rio de Janeiro: Presidência da República, 1946. Disponível em: https://www.planalto.gov.br/ccivil_03/constituicao/constituicao46.htm. Acesso em: 23 jan. 2024).

17. Art. 159. É livre a associação profissional ou sindical; a sua constituição, a representação legal nas convenções coletivas de trabalho e o exercício de funções delegadas de Poder Público serão reguladas em lei (Brasil.

titucional, acerca da necessidade de regulação das profissões liberais por meio de lei infraconstitucional, o que foi aperfeiçoado com a Constituição Federal de 1988, trazendo no artigo 5º, inciso XIII, de forma expressa a liberdade do exercício profissional, observando eventuais limites necessários as qualificações dessas profissões, estabelecidas em lei.[18]

A esse propósito, Ricardo Alexandre[19] leciona que a norma constitucional traz a possibilidade de a lei, calcada no interesse público,[20] restringir legitimamente a amplitude da liberdade do exercício profissional de atividades regulamentadas.

Nesse contexto, a Lei 3.268/57[21] estabeleceu, entre outras disposições, a competência aos Conselhos de Medicina de supervisionar a ética profissional, cabendo-lhes disciplinar e julgar toda classe médica (art. 2º), sendo sua atribuição, dentro desse escopo, normatizar a deontologia médica, por meio do Código de Ética Médica (art. 5º, "d"), além das instruções necessárias ao bom funcionamento do sistema conselhal (art. 5º, "g"), dentre elas as regras processuais para o sancionamento estabelecidas na Lei 3.268/57, por meio dos artigos 5º, "i", e 15, "c", "d" e "j", 21 e 22, além do Decreto-lei 44.045/58,[22] o qual foi alterado pelo mais recentemente pelo Decreto 10.911/2021.

Cumprindo o princípio de legalidade estrita, ou seja, fazendo o que a lei estabelece que seja feito,[23]-[24] em 1965 é expedido o primeiro Código de Ética Médica pelo Conselho Federal de Medicina, publicado no Diário Oficial da União, em 11 de janeiro daquele

---

[Constituição (1967)]. Constituição da República Federativa do Brasil de 1967. Brasília, DF: Presidência da República, 1967. Disponível em: https://www.planalto.gov.br/ccivil_03/constituicao/Constituicao67EMC69.htm. Acesso em: 23 jan. 2024).

18. Art. 5º [...] XIII – é livre o exercício de qualquer trabalho, ofício ou profissão, atendidas as qualificações profissionais que a lei estabelecer (Brasil. [Constituição (1988)]. Constituição da República Federativa do Brasil de 1988. Brasília, DF: Presidência da República, 1988. Disponível em: https://www.planalto.gov.br/ccivil_03/constituicao/constituicao.htm. Acesso em: 24 fev. 2024).

19. Alexandre, Ricardo. *Direito tributário*. 17. ed. rev., atual. e ampl. Rio de Janeiro: Forense; São Paulo: JusPodivm, 2023. p. 115.

20. DEMARI; RANGEL; GAVA, 2020, p. 40.

21. BRASIL, 1957.

22. BRASIL. Decreto 44.045, de 19 de julho de 1958. Aprova o Regulamento do Conselho Federal e Conselhos regionais de Medicina a que se refere a Lei 3.268, de 30 de setembro de 1957. Rio de Janeiro: Presidência da República, 1958. Disponível em: https://www.planalto.gov.br/ccivil_03/decreto/1950-1969/D44045.htm. Acesso em: 13 jan. 2024.

23. O Conselho Federal de Medicina (CFM), como autarquia federal responsável pela fiscalização técnica e ética da medicina é instituído pela Lei 3.268/57. Está, portanto, adstrito aos princípios constitucionais que orientam toda a Administração Pública na realização de seus atos administrativos, notadamente os princípios da legalidade e da publicidade (Conselho Federal de Medicina (CFM). Resolução CFM 2.306/2022. Aprova o Código de Processo Ético-Profissional (CPEP) no âmbito do Conselho Federal de Medicina (CFM) e Conselhos Regionais de Medicina (CRMs). Brasília, DF: CFM, 2022. Disponível em: https://sistemas.cfm.org.br/normas/visualizar/resolucoes/BR/2022/2306. Acesso em: 13 jul. 2024).

24. Art. 30. Enquanto não for elaborado e aprovado pelo Conselho Federal de Medicina, ouvidos os Conselhos Regionais o Código de Deontologia Médica, vigorará o Código de Ética da Associação Médica Brasileira (Brasil, 1957).

ano.[25] Igualmente o Conselho Federal de Medicina normatizou as regras processuais para aplicação das sanções estabelecidas no art. 22 da Lei 3.268/57 e reproduzidas no art. 17 do Decreto 44.045/58, sendo atualmente regulamentado pelo Código de Processo Ético-profissional, aprovado pela Resolução CFM 2.306/2022.[26]

Lecionava Paulo Eduardo Behrens que a lei delegou aos Conselhos de Medicina tais prerrogativas de normatização estritas à regulamentação das atividades profissionais e, para tanto, para exercer seu mister, foi elaborado o Código de Ética Médica e o Código de Processo ético-profissional pelo Conselho Federal de Medicina,[27] com a participação dos Conselhos Regionais por meio de, por exemplo, conferências em que são ouvidas as propostas das delegações regionais, viabilizando uma maior participação da classe médica de todos os Estados da federação.

2. AS NORMAS DEONTOLÓGICAS DA MEDICINA

Os médicos, ao final de sua formação acadêmica de graduação, prestam o tradicional juramento hipocrático.[28]-[29] Hipócrates, considerado o pai da Medicina ocidental, foi responsável por fundar os alicerces da Medicina tradicional, separando-a da religião e da magia, dando um caráter mais racional e científico, além de estabelecer normas éticas de conduta, tanto no exercício profissional, como fora dele.[30]

O juramento original de Hipócrates, escrito no século V a.C. já passou por algumas mudanças, sendo a mais recente revisão realizada pela 68ª Assembleia da Associação Médica Mundial, ocorrida em Chicago, nos Estados Unidos, em outubro de 2017,[31] cujas versões original e a mais recente foram extraídas do site do Conselho Regional de Medicina do Paraná:[32]

---

25. Conselho Regional de Medicina do Estado de Pernambuco (CREMEPE). CEM 2019 é o nono a estabelecer os princípios éticos para a medicina no Brasil. CREMEPE, Recife, 30 abr. 2019. Disponível em: https://www.cremepe.org.br/2019/04/30/cem-2019-e-o-nono-a-estabelecer-os-principios-eticos-para-a-medicina-no-brasil/. Acesso em: 13 jul. 2024.
26. Conselho Federal De Medicina, 2022.
27. BEHRENS, Paulo Eduardo. *Código de Processo Ético-profissional médico comentado*. 2. ed. rev. atual. e ampl. Belo Horizonte: Fórum, 2016. p. 37.
28. Conselho Regional de Medicina do Estado do Paraná, c2024.
29. BITENCOURT, Almir Galvão Vieira *et al*. Reflexões sobre os juramentos utilizados nas faculdades médicas do Brasil. *Revista Brasileira de Educação Médica*, Brasília, v. 31, n. 1, p. 31-37, 2007. Disponível em: https://doi.org/10.1590/S0100-55022007000100005. Acesso em: 14 jul. 2024.
30. REZENDE, Joffre Marcondes de. O Juramento de Hipócrates. In: REZENDE, Joffre Marcondes de. *À sombra do plátano*: crônicas de história da medicina. São Paulo: Editora Unifesp, 2009. v. 2. p. 31-48. (História da Medicina series). Disponível em: https://doi.org/10.7476/9788561673635.0004. Acesso em: 14 jul. 2024.
31. Conselho Regional de Medicina do Estado do Paraná, c2024.
32. Ibidem.

Quadro 1 – Juramento

Compromisso do médico (*Versão de outubro de 2017, da Associação Médica Mundial*)	O juramento original
Como membro da profissão médica: » Eu Prometo Solenemente consagrar minha vida ao serviço da humanidade; » A Saúde e o Bem-Estar de meu Paciente serão as minhas primeiras preocupações; » Respeitarei a autonomia e a dignidade do meu paciente; » Guardarei o máximo respeito pela vida humana; » Não Permitirei que considerações sobre idade, doença ou deficiência, crença religiosa, origem étnica, sexo, nacionalidade, filiação política, raça, orientação sexual, estatuto social ou qualquer outro fator se interponham entre o meu dever e meu paciente; » Respeitarei os segredos que me forem confiados, mesmo após a morte do paciente; » Exercerei a minha profissão com consciência e dignidade e de acordo com as boas práticas médicas; » Fomentarei a honra e as nobres tradições da profissão médica; » Guardarei respeito e gratidão aos meus mestres, colegas e alunos pelo que lhes é devido; » Partilharei os meus conhecimentos médicos em benefício dos pacientes e da melhoria dos cuidados da saúde; » Cuidarei da minha saúde, bem-estar e capacidades para prestar cuidados da maior qualidade; e » Não Usarei os meus conhecimentos médicos para violar direitos humanos e liberdades civis, mesmo sob ameaça. Faço estas Promessas Solenemente, livremente e sob palavra de honra.	"Eu juro, por Apolo médico, por Esculápio, Hígia e Panacea, e tomo por testemunhas todos os deuses e todas as deusas, cumprir, segundo meu poder e minha razão, a promessa que se segue: Estimar, tanto quanto a meus pais, aquele que me ensinou esta arte; fazer vida comum e, se necessário for, com ele partilhar meus bens; ter seus filhos por meus próprios irmãos; ensinar-lhes esta arte, se eles tiverem necessidade de aprendê-la, sem remuneração e nem compromisso escrito; fazer participar dos preceitos, das lições e de todo o resto do ensino, meus filhos, os de meu mestre e os discípulos inscritos segundo os regulamentos da profissão, porém, só a estes. Aplicarei os regimes para o bem do doente segundo o meu poder e entendimento, nunca para causar dano ou mal a alguém. A ninguém darei por comprazer, nem remédio mortal nem um conselho que induza a perda. Do mesmo modo não darei a nenhuma mulher uma substância abortiva. Conservarei imaculada minha vida e minha arte. Não praticarei a talha, mesmo sobre um calculoso confirmado; deixarei essa operação aos práticos que disso cuidam. Em toda casa, aí entrarei para o bem dos doentes, mantendo-me longe de todo o dano voluntário e de toda a sedução, sobretudo dos prazeres do amor, com as mulheres ou com os homens livres ou escravizados. Àquilo que no exercício ou fora do exercício da profissão e no convívio da sociedade, eu tiver visto ou ouvido, que não seja preciso divulgar, eu conservarei inteiramente secreto. Se eu cumprir este juramento com fidelidade, que me seja dado gozar felizmente da vida e da minha profissão, honrado para sempre entre os homens; se eu dele me afastar ou infringir, o contrário aconteça."

Fonte: Adaptado de CRM-PR[33].

Os princípios estabelecidos por Hipócrates em 460 a.c, permanecem atuais e guiando as regras deontológicas na atualidade,[34] sendo, indiscutivelmente, a mais importante referência da ética médica ocidental.[35]

Apesar da contemporaneidade do Juramento de Hipócrates, nem a sua versão mais recente, atualizada durante a Assembleia da Associação Médica Mundial, ocorrida em Chicago (2017), nem o Código de Ética Médica atual,[36] aprovado pela Resolução CFM

---

33. Conselho Regional de Medicina Do Estado Do Paraná, c2024.
34. MACHADO FILHO, Carlindo. O juramento de Hipócrates e o código de ética médica. *Residência Pediátrica*, [*s. l.*], v. 6, n. 1, p. 45-6, 2016. Disponível em: https://cdn.publisher.gn1.link/residenciapediatrica.com.br/pdf/v6n1a10.pdf. Acesso em: 14 jul. 2024.
35. BRENER, Pedro Zanetta; LICHTENSTEIN, Arnaldo. Juramento de Hipócrates: un análisis crític. *Revista Bioética*, Brasília, v. 30, n. 3, p. 516-524, 2022. Disponível em: https://doi.org/10.1590/1983-80422022303545ES. Acesso em: 14 jul. 2024.
36. A primeira referência no Brasil ao Código de Ética Médica remete ao Boletim do Sindicato Médico Brasileiro, que publicou em 1929 o Código de Moral Médica, aprovado pelo VI Congresso Médico Latino-Americano. Disponível em: https://www.cremepe.org.br/2019/04/30/cem-2019-e-o-nono-a-estabelecer-os-principios-eticos-para-a-medicina-no-brasil/. Acesso em: 13 jul. 2024.

2.217/2018,[37] trazem em suas disposições[38] normas de conduta da vida privada do médico, mas apenas aquelas atinentes ao exercício profissional.

Genival Veloso de França, comentando o Código de Ética Médica, ensina que "a ética médica contemporânea vai se ajustando pouco a pouco às ânsias da sociedade e não responde tanto às imposições da moralidade histórica da Medicina".[39]

Percebe-se, portanto, que a atenção dos Conselhos de Medicina na contemporaneidade, este perfilhado às demais entidades médicas mundiais, distanciando-se neste particular das concepções originárias de Hipócrates, restringindo sua atenção à ética relativa aos atos praticados no exercício profissional, os quais são apreciados pelo Conselho de Medicina seguindo as regras também preestabelecidas.

3. O PROCESSO ÉTICO-PROFISSIONAL NO ÂMBITO DOS CONSELHOS DE MEDICINA

O processo ético-profissional, espécie do gênero processo administrativo,[40] é o meio (e não o fim)[41] para se apurar as infrações éticas que chegam ao conhecimento dos Conselhos de Medicina, são regras de procedimento que disciplinam o rito, a marcha processual, da sua instauração à apuração colegiada que, segundo Paulo Behrens, muito se assemelha ao Código de Processo Penal.[42]

Antônio Carlos Nunes de Oliveira, afirma exatamente que o processo "estabelece todo o regramento procedimental, seja em fase de sindicância ou de processo, para apurar eventuais condutas inadequadas dos médicos inscritos nos quadros do CRM".[43] A Administração Pública, observando o princípio da eficiência do serviço público, precisa de meios hábeis para organizar, controlar e corrigir suas ações, garantindo o bom funcionamento dos conselhos e o disciplinamento ético dos médicos.[44]

Do mesmo modo que o Código de Ética Médica, o Código de Processo Ético-profissional é a norma de regência estabelecida no âmbito dos Conselhos de Medicina,

---

37. Conselho Federal de Medicina (CFM). Resolução CFM 2.217/2018. Aprova o Código de Ética Médica. Brasília, DF: CFM, 2018. Disponível em: https://sistemas.cfm.org.br/normas/visualizar/resolucoes/BR/2018/2217. Acesso em: 13 jul. 2024.

38. O atual Código de ética Médica, aprovado pela Resolução CFM 2.217/2018, possui 26 princípios fundamentais do exercício da medicina, 11 normas diceológicas, 117 normas deontológicas e quatro disposições gerais (Ibidem).

39. França, Genival Veloso. *Comentários ao código de ética médica*. 7. ed. Rio de Janeiro: Guanabara Koogan. 2019. Notas do autor.

40. OLIVEIRA, Antônio Carlos Nunes de. *Comentários ao Código de Processo Ético-profissional dos Conselhos de Medicina*: aprovado pela resolução CFM 2.306/2022. Brasília: Conselho Federal de Medicina, 2022. p. 19.

41. "O processo não é um complexo de formalidades, apartado da realidade social. Trata-se, na verdade, de mero instrumento destinado à concessão da tutela jurisdicional e à realização dos direitos" (HERTEL, Daniel Roberto. O litisconsórcio necessário 'facultativo' na ação de embargos à arrematação à luz do princípio da instrumentalidade substancial das formas. *Revista da EMERJ*, Rio de Janeiro, v. 12, n. 47, p. 245-267, 2009. Disponível em: http://bdjur.stj.jus.br/dspace/handle/2011/55028. Acesso em: 13 jul. 2024).

42. BEHRENS, 2016, p. 37.

43. OLIVEIRA, 2022, p. 18.

44. Ibidem, p. 17-18.

seguindo os ditames da Lei 3.268/57, do seu decreto regulamentador 44.045/58, os quais estipulam as balizas acerca do procedimento para apuração dos ilícitos éticos.

O Decreto Federal 10.911/2021,[45] que atualizou o decreto regulamentador, delegou de forma expressa, por meio do seu art. 11, a competência ao Conselho Federal de Medicina para normatizar suas regras processuais. Essa delegação taxativa acabou com qualquer celeuma acerca da especialidade da norma, apesar de já existir a disposição do art. 5º, "g",[46] da Lei 3.268/57, o qual atribui ao Conselho Federal de Medicina a competência de expedir instruções necessárias ao bom funcionamento dos Conselhos Regionais, além das disposições do próprio de Decreto 44.045/58. A respeito desta atribuição, Eduardo Dantas e Marcos Coltri pontuam que os Conselhos de Medicina exerciam função delegada pelo Estado em defesa da sociedade.[47]

Todavia, não é incomum alegações da aplicação de normas esparsas ao processo ético-profissional dos Conselhos de Medicina, como exemplo a Lei 9.784/1999,[48] a qual regula o processo administrativo no âmbito da Administração Pública Federal, além dos Códigos de Processo Civil e Penal, os quais são aplicados à jurisdição comum.

Outro não é o espírito da norma, o que se encontra na exposição de motivos da Resolução CFM 2.306/2022,[49] a qual aprovou o atual Código de Processo Ético-profissional, quando o conselheiro relator deixa claro que os demais diplomas legais serão aplicados apenas subsidiariamente.[50] Tem-se, assim, a aplicação do método de interpretação de normas jurídicas a partir do princípio da especialidade. Com isso, outras normas somente incidirão sobre os casos concretos nas hipóteses em que a norma especial for omissa.

A mais recente norma processual ética foi aprovada em sessão plenária de 17 de março de 2022 e publicada no Diário Oficial da União no dia 25 do mesmo mês e ano, e prevê as normas aplicadas às sindicâncias e aos processos éticos-profissionais, em trâmite e vindouras, para apuração dos fatos envolvendo ilícitos éticos.

---

45. Art. 11. As normas processuais para o recebimento de denúncia, a sua tramitação e a aplicação de penalidade seguirão as regras constantes das resoluções do Conselho Federal de Medicina, observados os princípios da ampla defesa e do contraditório (BRASIL. Decreto 10.911, de 22 de dezembro de 2021. Altera o Regulamento dos Conselhos Federal e Regionais de Medicina, aprovado pelo Decreto 44.045, de 19 de julho de 1958. Brasília, DF: Presidência da República, 2021. Disponível em: https://www.planalto.gov.br/ccivil_03/_Ato2019-2022/2021/Decreto/D10911.htm#art2. Acesso em: 14 jul. 2024).

46. Art. 5º [...] g) expedir as instruções necessárias ao bom funcionamento dos Conselhos Regionais (BRASIL, 1957).

47. DANTAS, Eduardo Vasconcelos dos Santos; COLTRI, Marcos Vinicius. *Comentários ao código de ética médica*. 3. ed. rev. atual. e ampl. Salvador: Editora JusPodivm, 2020. p. 28.

48. BRASIL. Lei 9.784, de 29 de janeiro de 1999. Regula o processo administrativo no âmbito da Administração Pública Federal. Brasília, DF Presidência da República, 1999. Disponível em: https://www.planalto.gov.br/ccivil_03/leis/l9784.htm. Acesso em: 14 jul. 2024.

49. Conselho Federal de Medicina, 2022.

50. O CFM busca direcionar a elaboração de seu Código de Processo Ético-Profissional (CPEP) dentro dos mandamentos constitucionais e legais. Em especial, para regras já consolidadas nos Códigos de Processo Penal e Processo Civil, que são aplicados subsidiariamente no que couber (Ibidem).

4. FATOS SUJEITOS AO CONTROLE DOS CONSELHOS DE MEDICINA

Não é incomum a instauração de sindicâncias no âmbito dos Conselhos de Medicina para apuração de condutas praticadas por médicos, muitas vezes noticiadas pela imprensa. Antônio Carlos Nunes de Oliveira, já citado anteriormente, leciona que o processo no âmbito dos Conselhos de Medicina existe para apurar eventuais condutas inadequadas dos médicos inscritos em seus quadros.[51] Com isso, tem-se como atribuição das sindicâncias investigar se há indícios de autoria e materialidade mínimas nas denúncias realizadas, não havendo um pré-julgamento ou condenação até o encerramento da marcha processual do processo ético-profissional.

Em palestra no XII Encontro dos CRMs da Região Sul e Sudeste, o desembargador do TJSP José Renato Nalini expôs que a mídia possui uma forte influência nos Conselhos, pois vivemos em uma sociedade denominada como a sociedade espetáculo.[52]

É importante o leitor mantenha em seu radar o que fora exposto em linhas anteriores, que os Conselhos de Medicina são autarquias federais e submetidas às regras de direito público, devendo observar, dentre tantos outros princípios, o da legalidade, expresso na Constituição Federal de 1988, artigo 5º, II, como uma verdadeira garantia, pois "ninguém será obrigado a fazer ou deixar de fazer alguma coisa senão em virtude de lei",[53] isto significa que apenas a lei possui força obrigatória para impor um dever de conduta, conforme ensina Geraldo Ataliba:

> Assim, a Constituição consagra o princípio segundo o qual ninguém é obrigado a fazer ou deixar de fazer, a não ser em virtude da lei. Isto significa que, no Brasil, só a lei obriga e nenhuma norma, a não ser a legal, pode ter força inovadora obrigatória [...]. Entre nós, todos os demais atos normativos, para terem força inovadora obrigatória, devem ser imediatamente infraconstitucionais, como acontece com a lei: só assim podem com ela ser postos em cotejo.[54]

Segundo Ataliba, o princípio da legalidade, ao lado dos princípios da isonomia e da intransigibilidade das liberdades públicas, é um dos pilares do edifício das instituições republicanas no Direito Positivo brasileiro. O princípio da legalidade funciona como verdadeira barreira ao arbítrio dos governantes e gestores, impedindo o cometimento de abusos e arbitrariedades, assegurando o cumprimento das leis e garantindo a liberdade individual.[55]

Mas é todo e qualquer fato no qual o médico está envolvido que os Conselhos de Medicina possuem competência para apurar e julgar? A Lei 3.268/57 é taxativa ao

---

51. OLIVEIRA, 2022, p. 18.
52. NALINI, José Renato. Responsabilidade Ético-Disciplinar do Médico: Suspensão e Cassação do Exercício Profissional. Encontro dos CRMS Da Região Sul e Sudeste, 12, [20--], São Paulo. *Anais* [...]. São Paulo: CREMESP, [20--]. Disponível em: https://www.cremesp.org.br/?siteAcao=Publicacoes&acao=detalhes_capitulos&cod_capitulo=3. Acesso em: 14 jul. 2024.
53. Brasil, 1946.
54. ATALIBA, Geraldo. Princípio da legalidade. *Revista do Tribunal Federal de Recursos*, Brasília, n. 145, p. 65-78, 1987. p. 70. Disponível em: https://www.stj.jus.br/publicacaoinstitucional/index.php/revtfr/author/proofGalleyFile/10037/10172. Acesso em: 14 jul. 2024.
55. Ibidem, p. 67-69.

delegar a competência aos Conselhos Regionais de Medicina, o que pode se observar dos seus artigos 5, "i", 15, "c", "d" e "j" e 21, para *fiscalizar o exercício da profissão*, conhecendo, apreciando e decidindo os assuntos atinentes à ética profissional, impondo as penalidades cabíveis.

É o que se extrai do item I do Preâmbulo do Código de Ética Médica:[56]

I – O presente Código de Ética Médica contém as normas que devem ser seguidas pelos médicos no exercício de sua profissão, inclusive nas atividades relativas a ensino, pesquisa e administração de serviços de saúde, bem como em quaisquer outras que utilizem o conhecimento advindo do estudo da medicina.

Portanto o poder disciplinar dos Conselhos circunscreve-se aos fatos que caracterizam infração disciplinar, ou seja, às normas de conduta ética estabelecidas pelo Conselho Federal de Medicina, com a participação dos Conselhos Regionais (art. 5º, "c"). Nesse espectro vale pontuar que também as penalidades são dispostas em lei, sendo atos não discricionários do julgador,[57] mas vinculados ao que prescreve a referida lei, em seu art. 22: (a) advertência confidencial em aviso reservado; (b) censura confidencial em aviso reservado; (c) censura pública em publicação oficial; (d) suspensão do exercício profissional até 30 (trinta) dias; (e) cassação do exercício profissional, ad referendum do Conselho Federal.

No tocante a aplicação das sanções, vale ressaltar que estas além de serem estabelecidas pelo legislador na lei de regência, também necessita de motivação para sua aplicação, pois, segundo prescreve o parágrafo primeiro do referido artigo 22, com exceção de uma gravidade manifesta, as sanções devem obedecer à gradação previamente estabelecida.[58] Referindo-se às exceções, Igor Mascarenhas, Eduardo Dantas e Ana Paula Correia entendem que no caso de gravidade manifesta, os Conselhos de Medicina vivem uma verdadeira escolha de Sofia, ou cassa ou suspende, não havendo margem discricionária para uma adequação de pena.[59]

Genival Veloso de França comenta que é preciso que os Conselhos de Medicina "tenham em conta que as regras éticas, mesmo situando numa zona fronteiriça com as normas jurídicas, as decisões dos Conselhos não podem exagerar em suas

---

56. Conselho Federal de Medicina (CFM). Código de Ética Médica. Brasília, DF: CFM, 2019. Disponível em: https://portal.cfm.org.br/images/PDF/cem2019.pdf. Acesso em: 14 jul. 2024.

57. "[...] 8. É cediço que o Conselho de Medicina é dotado do poder discricionário de apurar o mérito administrativo no âmbito do processo ético-profissional e impor a penalidade disciplinar cabível, dentre aquelas constantes no rol estabelecido pelo legislador. [...]" (Brasil. Tribunal Regional Federal da 3ª Região (3. Turma). Agravo de Instrumento 50301728220184030000-SP. Relatora: Des. Federal Cecilia Maria Piedra Marcondes, 23 de maio de 2019).

58. "§ 1º Salvo os casos de gravidade manifesta que exijam aplicação imediata da penalidade mais grave a imposição das penas obedecerá à gradação deste artigo" (Brasil, 1957).

59. MASCARENHAS, Igor de Lucena; DANTAS, Eduardo; COSTA, Ana Paula Correia de Albuquerque da. O uso indevido da interdição cautelar médica como mecanismo de antecipação de pena ética em casos de publicidade e sua impropriedade em tempos de pandemia da Covid-19. *Revista de Direito Médico e da Saúde*: doutrina legislação e jurisprudência, Brasília, n. 22. dez. 2020. p. 33-34.

decisões, extrapolando ou inovando o ordenamento jurídico, ferindo o princípio da legalidade".[60]

Interessante pontuar que um mesmo fato pode encontrar uma tipificação no Código Penal e no Código de Ética Médica, o exemplo disso são crimes contra a dignidade e liberdade sexuais previstos no diploma penal entre os artigos 213 e 218, e no Código de Ética Médica encontramos previsão no capítulo IV – que trata dos direitos humanos – o art. 23, que veda ao médico desrespeitar a dignidade do ser humano; o art. 27 que veda ao médico desrespeitar a integridade física e mental do paciente; no art. 30, usar da profissão para corromper costumes, cometer ou favorecer crime; e no capítulo V – o qual disciplina a relação do médico com pacientes e familiares – há a vedação no art. 38 do médico desrespeitar o pudor de qualquer pessoa sob seus cuidados profissionais; no art. 40 de se aproveitar de situações decorrentes da relação médico-paciente para obter vantagem física.

Percebe-se que os tipos penais e éticos são diferentes, mas podem guardar elementos comuns a um mesmo fato jurídico, cuja ação humana está definida como ilícito pela legislação penal e/ou civil, no âmbito das previsões do código de deontologia médica como um ilícito ético, podendo resultar em responsabilidades distintas (criminal, civil e ética), bem como devendo ser apurado em esferas distintas, conforme prevê o parágrafo único do artigo 21, da Lei 3.268/57, já mencionado, o qual distingue as jurisdições éticas-disciplinares da jurisdição comum.

Também o Código de Processo Ético-profissional dispõe em seu artigo 7º sobre a separação da jurisdição ética, da jurisdição comum (criminal ou civil), explicitando em seu parágrafo único as diferenças e independência entre as esferas éticas, criminais e civis, existindo uma única exceção disposta no § 2º, que é quando a sentença penal absolutória provar a inexistência do fato ou que o médico não concorreu para a infração penal. Genival Veloso de França comenta que:

> o Código só pode alcançar o médico infrator no exercício de sua profissão, ou seja, durante ou em face de suas atividades profissionais. Há momentos em que esses limites são muito nebulosos, ficando assim na interpretação dos Tribunais de Ética. Se o fato transcorre fora dessas considerações, o médico responde na Justiça como outro qualquer cidadão, caso tenha infringido a lei.[61]

A distinção estabelecida pela legislação entre as esferas, decorrente da responsabilidade médica, também é sedimentada em nossos Tribunais.[62] Percebe-se, portanto, a responsabilidade médica em três esferas distintas – ética (administrativa – a qual também poderá englobar, de modo independente, outras normas de direito público e

---

60. FRANÇA, Genival Veloso. *Direito médico*. 14. ed. rev. e atual. Rio de Janeiro: Forense, 2017. p. 33.
61. França, 2019, p. 7.
62. "[...] VII – E sólida a jurisprudência desta Corte no sentido de que as esferas cível, administrativa e penal são independentes, de modo que a decisão proferida pelo Conselho Regional de Medicina, favorável à paciente, não determina o resultado da ação penal. Precedentes. Agravo regimental desprovido" (BRASIL. Superior Tribunal de Justiça (5. Turma). Agravo Regimental no Habeas Corpus 470992-SP (2018/0250496-9). Relator: Ministro Felix Fischer, 27 de novembro de 2018).

instâncias de julgamento a depender da vinculação funcional do médico), criminal e civil, podendo um mesmo fato encontrar incidência em todas, em algumas ou apenas em uma das esferas.

Figura 1

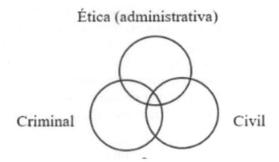

Fonte: Elaborado pelos autores (2024).

Portanto, em que pese a instauração de sindicância, seja por meio de denúncia ou de ofício, o médico somente poderá ser sancionado pelo Conselho de Medicina se o fato for punível por encontrar incidência no Código de Ética Médica do Conselho de Medicina (Lei 3268/57, art. 21,[63] e art. 2º, do CPEP[64]), ou seja, estiver previsto entre as normas deontológicas, que no atual código são 117, existindo ainda 26 princípios fundamentais do exercício da medicina, 11 normas diceológicas e 4 disposições gerais, as quais não são passíveis de sancionamento.[65]

O processo ético-profissional deve se "atentar aos liames com a realidade social externa: a mais grave miopia de que pode padecer o processualista é ver o processo como medida de todas as coisas".[66] Apenas nessa hipótese, havendo a incidência do fato à norma deontológica, competirá aos Conselhos de Medicina exercer sua jurisdição ético-disciplinar e sancionar o médico infrator, lembrando que entre os pilares legais dos Conselhos de Medicina, está também o de disciplinar a classe médica, a qual deve anteceder a punição, devendo as sanções disciplinares possuírem além da função punitiva a pedagógica e, nesse exercício, cabe lembrar o que leciona Miguel Kfouri Neto discorrendo sobre o panorama atual da responsabilidade médica, que "dentre tantos

---

63. "Art. 21. O poder de disciplinar e aplicar penalidades aos médicos compete exclusivamente ao Conselho Regional, em que estavam inscritos ao tempo do fato punível, ou em que ocorreu, nos termos do art. 18, § 1º" (Brasil, 1957).
64. "Art. 2º A competência para julgar infrações éticas é do CRM em que o médico esteja inscrito ao tempo da ocorrência do fato punível" (Conselho Federal de Medicina, 2022).
65. VI – Este Código de Ética Médica é composto de 26 princípios fundamentais do exercício da medicina, 11 normas diceológicas, 117 normas deontológicas e quatro disposições gerais. A transgressão das normas deontológicas sujeitará os infratores às penas disciplinares previstas em lei (Conselho Federal de Medicina, 2018).
66. OLIVEIRA, Carlos Alberto Alvaro de Oliveira. Cappelletti e o Direito Processual Brasileiro. *Revista Páginas de Direito*, Porto Alegre, ano 1, n. 41, 17 ago. 2001. Disponível em: https://www.paginasdedireito.com.br/artigos/todos-os-artigos/cappelletti-e-o-direito-processual-brasileiro.html. Acesso em: 14 jul. 2024.

'Brasis' que por aí existem – o Brasil do Norte e o Brasil do Sul, o Brasil dos carros importados e o das favelas, da telefonia celular e da fome-, também há o Brasil da medicina de primeiro mundo e o Brasil sem medicina".[67]

Com isso, tem-se que a limitação da atuação judicante dos Conselhos de Medicina possuem função de concentrar-se nos fatos decorrentes de atos praticados por médicos em seu exercício profissional justamente pelo imenso valor decorrente da atividade que desempenham. Nesse sentido, Vinicius Calado discorre que "a atividade médica lida com um valor de natureza inestimável que é a saúde e, consequentemente, a vida do ser humano".[68]

CONSIDERAÇÕES FINAIS

A atuação judicante dos Tribunais de Ética Médica dos Conselhos de Medicina deve dissociar um ato exercido pelo sujeito de direitos enquanto médico daqueles praticados em sua vida privada, posto que, na correlação observada entre "Têmis e Hipócrates", não seriam necessariamente uma dicotomia na vida profissional do médico. Ou seja, se os fatos jurídicos tipificados na legislação penal e civil também estiverem previstos nas normas éticas, tem-se que as sanções éticas poderão ser compreendidas como de competência dos tribunais dos Conselhos de Medicina.

As normas jurídicas e ético-profissionais, os estudos observados e os casos pontuados, indicam que um mesmo fato poderá julgado por diferentes instâncias, desde que haja elementos comuns nesse determinado fato, cuja ação humana esteja definida como ilícito pela legislação penal e/ou civil, e como antitética no âmbito das previsões do código de ética médica, havendo a possibilidade do médico ser responsabilizado em uma, duas ou mais esferas.

Portanto, apesar da pressão social e midiática a que muitas vezes os Conselhos estão submetidos, ao apurar fatos com grande relevância e repercussão, apenas estará sob seu controle sancionador os fatos que encontrem incidência na norma deontológica expedida pelo Conselho Federal de Medicina.

REFERÊNCIAS

ALEXANDRE, Ricardo. *Direito tributário*. 17. ed. rev., atual. e ampl. Rio de Janeiro: Forense; São Paulo: JusPodivm, 2023.

ATALIBA, Geraldo. Princípio da legalidade. *Revista do Tribunal Federal de Recursos*, Brasília, n. 145, p. 65-78, 1987. Disponível em: https://www.stj.jus.br/publicacaoinstitucional/index.php/revtfr/author/proofGalleyFile/10037/10172. Acesso em: 14 jul. 2024.

AZEVEDO, Marcel Citro de. *Limitações constitucionais à cobrança de anuidades por Conselhos de Fiscalização Profissional*. 149 f. 2016. Dissertação (Mestrado em Direito) – Programa de Pós-Graduação em Direito, Faculdade de Direito, Universidade Federal do Rio Grande do Sul, Porto Alegre, 2016. Disponível em:

---

67. KFOURI NETO, Miguel. *Responsabilidade civil do médico*. 11. ed. rev. atual. e ampl. São Paulo: Thomson Reuters Brasil, 2021.
68. CALADO, Vinicius de Negreiros. *Responsabilidade civil do médico e consentimento informado*: um estudo interdisciplinar dos julgados do STJ. Curitiba: Juruá, 2014.

https://lume.ufrgs.br/bitstream/handle/10183/148783/001003775.pdf?sequence=1&isAllowed=y. Acesso em: 20 fev. 2024.

BEHRENS, Paulo Eduardo. *Código de Processo Ético-profissional médico comentado*. 2. ed. rev. atual. e ampl. Belo Horizonte: Fórum, 2016.

BITENCOURT, Almir Galvão Vieira; NEVES, Flavia Branco Cerqueira Serra; Kuwano, André Yoichi; REBELO, Guilherme Soares; FRAGA, Anna Milena; NEVES, Nedy Maria Branco Cerqueira. Reflexões sobre os juramentos utilizados nas faculdades médicas do Brasil. *Revista Brasileira de Educação Médica*, Brasília, v. 31, n. 1, p. 31-37, 2007. Disponível em: https://doi.org/10.1590/S0100-55022007000100005. Acesso em: 14 jul. 2024.

BRASIL. [Constituição (1937)]. Constituição dos Estados Unidos do Brasil, de 10 de novembro de 1937. Rio de Janeiro: Presidência da República, 1937. Disponível em: https://www.planalto.gov.br/ccivil_03/constituicao/constituicao37.htm. Acesso em: 23 jan. 2024.

BRASIL. [Constituição (1946)]. Constituição dos Estados Unidos do Brasil (de 18 de setembro de 1946). Rio de Janeiro: Presidência da República, 1946. Disponível em: https://www.planalto.gov.br/ccivil_03/constituicao/constituicao46.htm. Acesso em: 23 jan. 2024.

BRASIL. [Constituição (1967)]. Constituição da República Federativa do Brasil de 1967. Brasília, DF: Presidência da República, 1967. Disponível em: https://www.planalto.gov.br/ccivil_03/constituicao/Constituicao67EMC69.htm. Acesso em: 23 jan. 2024.

BRASIL. [Constituição (1988)]. Constituição da República Federativa do Brasil de 1988. Brasília, DF: Presidência da República, 1988. Disponível em: https://www.planalto.gov.br/ccivil_03/constituicao/constituicao.htm. Acesso em: 24 fev. 2024.

BRASIL. Decreto 10.911, de 22 de dezembro de 2021. Altera o Regulamento dos Conselhos Federal e Regionais de Medicina, aprovado pelo Decreto 44.045, de 19 de julho de 1958. Brasília, DF: Presidência da República, 2021. Disponível em: https://www.planalto.gov.br/ccivil_03/_Ato2019-2022/2021/Decreto/D10911.htm#art2. Acesso em: 14 jul. 2024.

BRASIL. Decreto 44.045, de 19 de julho de 1958. Aprova o Regulamento do Conselho Federal e Conselhos regionais de Medicina a que se refere a Lei 3.268, de 30 de setembro de 1957. Rio de Janeiro: Presidência da República, 1958. Disponível em: https://www.planalto.gov.br/ccivil_03/decreto/1950-1969/D44045.htm. Acesso em: 13 jan. 2024.

BRASIL. Decreto-Lei 7.955, de 13 de setembro de 1945. Institui Conselhos de Medicina e dá outras providências. Rio de Janeiro: Presidência da República, 1945. Disponível em: https://www.planalto.gov.br/ccivil_03/Decreto-Lei/1937-1946/Del7955.htm. Acesso em: 13 jan. 2024.

BRASIL. Lei 3.268, de 30 de setembro de 1957. Dispõe sobre os Conselhos de Medicina, e dá outras providências. Rio de Janeiro: Presidência da República, 1957. Disponível em: https://www.planalto.gov.br/ccivil_03/LEIS/L3268.htm#art36. Acesso em: 14 jan. 2024.

BRASIL. Lei 9.784, de 29 de janeiro de 1999. Regula o processo administrativo no âmbito da Administração Pública Federal. Brasília, DF Presidência da República, 1999. Disponível em: https://www.planalto.gov.br/ccivil_03/leis/l9784.htm. Acesso em: 14 jul. 2024.

BRASIL. Superior Tribunal de Justiça (5. Turma). Agravo Regimental no Habeas Corpus 470992-SP (2018/0250496-9). Relator: Ministro Felix Fischer, 27 de novembro de 2018.

BRASIL. Supremo Tribunal Federal. Ação Direta de Inconstitucionalidade ADI 1717-DF. Relator: Min. Sydney Sanches, 07 de novembro de 2002. Disponível em: https://portal.stf.jus.br/processos/detalhe.asp?incidente=1689518. Acesso em: 14 jul. 2024.

BRASIL. Supremo Tribunal Federal. Têmis. STF, Brasília, 14 ago. 2012. Disponível em: https://portal.stf.jus.br/textos/verTexto.asp?servico=bibliotecaConsultaProdutoBibliotecaSimboloJustica&pagina=temis. Acesso em: 13 jan. 2024.

BRASIL. Tribunal Regional Federal da 3ª Região (3. Turma). Agravo de Instrumento 50301728220184030000-SP. Relatora: Des. Federal Cecilia Maria Piedra Marcondes, 23 de maio de 2019.

BRENER, Pedro Zanetta; LICHTENSTEIN, Arnaldo. Juramento de Hipócrates: un análisis crític. *Revista Bioética*, Brasília, v. 30, n. 3, p. 516-524, 2022. Disponível em: https://doi.org/10.1590/1983-80422022303545ES. Acesso em: 14 jul. 2024.

CALADO, Vinicius de Negreiros. *Responsabilidade civil do médico e consentimento informado*: um estudo interdisciplinar dos julgados do STJ. Curitiba: Juruá, 2014.

CONSELHO FEDERAL DE MEDICINA (CFM). Código de Ética Médica. Brasília, DF: CFM, 2019. Disponível em: https://portal.cfm.org.br/images/PDF/cem2019.pdf. Acesso em: 14 jul. 2024.

CONSELHO FEDERAL DE MEDICINA (CFM). Resolução CFM 2.217/2018. Aprova o Código de Ética Médica. Brasília, DF: CFM, 2018. Disponível em: https://sistemas.cfm.org.br/normas/visualizar/resolucoes/BR/2018/2217. Acesso em: 13 jul. 2024.

CONSELHO FEDERAL DE MEDICINA (CFM). Resolução CFM 2.306/2022. Aprova o Código de Processo Ético-Profissional (CPEP) no âmbito do Conselho Federal de Medicina (CFM) e Conselhos Regionais de Medicina (CRMs). Brasília, DF: CFM, 2022. Disponível em: https://sistemas.cfm.org.br/normas/visualizar/resolucoes/BR/2022/2306. Acesso em: 13 jul. 2024.

CONSELHO REGIONAL DE MEDICINA DO ESTADO DE SÃO PAULO (CREMESP). Juramento de Hipócrates. CREMESP, São Paulo, c2024. Disponível em: https://www.cremesp.org.br/?siteAcao=Historia&esc=3#:~:text=Aplicarei%20os%20regimes%20para%20o,minha%20vida%20e%20minha%20arte. Acesso em: 13 jul. 2024.

CONSELHO REGIONAL DE MEDICINA DO ESTADO DO PARANÁ (CRM-PR). Juramento de Hipócrates. CRM-PR, Curitiba, c2024. Disponível em: https://www.crmpr.org.br/Juramento-de-Hipocrates-1-53.shtml. Acesso em: 13 jul. 2024.

CONSELHO REGIONAL DE MEDICINA DO ESTADO DE PERNAMBUCO (CREMEPE). CEM 2019 é o nono a estabelecer os princípios éticos para a medicina no Brasil. CREMEPE, Recife, 30 abr. 2019. Disponível em: https://www.cremepe.org.br/2019/04/30/cem-2019-e-o-nono-a-estabelecer-os-principios-eticos-para-a-medicina-no-brasil/. Acesso em: 13 jul. 2024.

DANTAS, Eduardo Vasconcelos dos Santos; COLTRI, Marcos Vinicius. *Comentários ao código de ética médica*. 3. ed. rev. atual. e ampl. Salvador: JusPodivm, 2020.

DEMARI, Melissa; RANGEL, Carlos Alberto Boechat; GAVA, Daiane. *Conselhos de fiscalização profissional*: à luz da doutrina e da jurisprudência. Curitiba: Juruá, 2020.

FRANÇA, Genival Veloso. *Comentários ao código de ética médica*. 7. ed. Rio de Janeiro: Guanabara Koogan. 2019.

FRANÇA, Genival Veloso. *Direito médico*. 14. ed. rev. e atual. Rio de Janeiro: Forense, 2017.

HERTEL, Daniel Roberto. O litisconsórcio necessário 'facultativo' na ação de embargos à arrematação à luz do princípio da instrumentalidade substancial das formas. *Revista da EMERJ*, Rio de Janeiro, v. 12, n. 47, p. 245-267, 2009. Disponível em: http://bdjur.stj.jus.br/dspace/handle/2011/55028. Acesso em: 13 jul. 2024.

KFOURI NETO, Miguel. *Responsabilidade civil do médico*. 11. ed. rev. atual. e ampl. São Paulo: Thomson Reuters Brasil, 2021.

MACHADO FILHO, Carlindo; FILHO, Carlindo Machado. O juramento de Hipócrates e o código de ética médica. *Residência Pediátrica*, [s. l.], v. 6, n. 1, p. 45-6, 2016. Disponível em: https://cdn.publisher.gn1.link/residenciapediatrica.com.br/pdf/v6n1a10.pdf. Acesso em: 14 jul. 2024.

MASCARENHAS, Igor de Lucena; DANTAS, Eduardo; COSTA, Ana Paula Correia de Albuquerque da. O uso indevido da interdição cautelar médica como mecanismo de antecipação de pena ética em casos de publicidade e sua impropriedade em tempos de pandemia da Covid-19. *Revista de Direito Médico e da Saúde*: doutrina legislação e jurisprudência, Brasília, n. 22. dez. 2020.

NALINI, José Renato. Responsabilidade Ético-Disciplinar do Médico: Suspensão e Cassação do Exercício Profissional. Encontro dos CRMS da Região Sul e Sudeste, 12, [20--], São Paulo. *Anais* [...]. São Paulo: CREMESP, [20--]. Disponível em: https://www.cremesp.org.br/?siteAcao=Publicacoes&acao=detalhes_capitulos&cod_capitulo=3. Acesso em: 14 jul. 2024.

NEVES, Marcelo. *Entre Hidra e Hércules*: princípio e regras constitucionais como diferença paradoxal do sistema jurídico. São Paulo: Editora WMF Martins Fontes, 2013.

NEVES, Marcelo. *Entre Têmis e Leviatã*: uma relação difícil. O Estado Democrático de Direito a partir e além de Luhmann e Habermas. São Paulo: Martins Fontes, 2006.

OLIVEIRA, Antônio Carlos Nunes de. *Comentários ao Código de Processo Ético-profissional dos Conselhos de Medicina*: aprovado pela resolução CFM 2.306/2022. Brasília: Conselho Federal de Medicina, 2022.

OLIVEIRA, Antonio Francisco de. *A regulamentação do exercício profissional da arquitetura no Brasil*. 2012. 421 f. Tese (Doutorado em Arquitetura e Urbanismo) – Programa de Pós-Graduação em Arquitetura e Urbanismo, Universidade Federal da Paraíba, João Pessoa, 2012. Disponível em: https://repositorio.ufpb.br/jspui/handle/tede/293. Acesso em: 20 fev. 2024.

OLIVEIRA, Carlos Alberto Alvaro de. Cappelletti e o Direito Processual Brasileiro. *Revista Páginas de Direito*, Porto Alegre, ano 1, n. 41, 17 ago. 2001. Disponível em: https://www.paginasdedireito.com.br/artigos/todos-os-artigos/cappelletti-e-o-direito-processual-brasileiro.html. Acesso em: 14 jul. 2024.

REOLON, Jaques F. *Conselhos de Fiscalização*: curso completo. Belo Horizonte: Fórum, 2018.

REZENDE, Joffre Marcondes de. O Juramento de Hipócrates. In: REZENDE, Joffre Marcondes de. *À sombra do plátano*: crônicas de história da medicina. São Paulo: Editora Unifesp, 2009. v. 2. p. 31-48. (História da Medicina série). Disponível em: https://doi.org/10.7476/9788561673635.0004. Acesso em: 14 jul. 2024.

SOUZA, Francisco Antônio de Camargo Rodrigues de; SOUZA. *O Controle de constitucionalidade e os conselhos de fiscalização profissional*. Belo Horizonte: D'Plácido, 2022.

SINDICÂNCIA

LEGITIMIDADE DOS DENUNCIANTES NO PEP

Alexandro de Oliveira

Mestrando em Bioética, Ética Aplicada e Saúde Coletiva – UFRJ. Pós-Graduado em Direito Público pela UERJ. Presidente da Comissão Nacional de Bioética da Associação Brasileira de Advogados (ABA). Membro da Comissão de Direito Médico da ABA/RJ. Membro da Comissão de Bioética da OAB/RJ. Membro da Sociedade Brasileira de Bioética. Advogado.

Sumário: Introdução – 1. Da justiça administrativa e da natureza jurídica do Código de Processo Ético-Profissional – Resolução CFM 2.306/2022 – 2. Da legitimidade processual para oferta da denúncia ética – Considerações Finais – Referências.

INTRODUÇÃO

Busca-se, no presente trabalho, a exploração de tema incipiente na seara deontológica e processual ética no contexto do Código de Processo Ético-Profissional Médico, a Resolução CFM 2.306/2022 (CPEP), tendo como pano de fundo o rol de legitimados para oferta de denúncia junto aos Conselhos Regionais de Medicina.

Para isso, é necessária uma breve abordagem sobre o conceito de Justiça Administrativa e a ocorrência do fenômeno da descentralização do controle exclusivamente judicial que deslocou para os conselhos de classe a organização de suas próprias jurisdições e áreas de concentrações.

O debate ético processual nos cenários de conselho de classe é um grande desafio, carecendo de enfrentamento acadêmico, de decisões, debates sobre a sucessão processual, demonstrando o ineditismo dessa obra e, no presente recorte, sobre rol, dos legitimados para propositura e, no caso de falecimento do paciente, quais seriam os sucessores para continuidade da ação, o que se pretende enfrentar.

1. DA JUSTIÇA ADMINISTRATIVA E DA NATUREZA JURÍDICA DO CÓDIGO DE PROCESSO ÉTICO-PROFISSIONAL – RESOLUÇÃO CFM 2.306/2022

É fundamental a compreensão da natureza jurídica do Código de Processo Ético--Profissional (CPEP) no âmbito do Conselho Federal de Medicina (CFM) e Conselhos Regionais de Medicina (CRM's) e de suas atribuições.

O Código de Ética tem natureza de força sanção para os atos de indisciplina ética e, apesar de o Código de Ética Médica não ter ancoragem jurídica *stricto sensu*, mas deontológica, tem o objetivo de normatizar as condutas profissionais internas de sua categoria. Sua natureza jurídica, portanto, é infralegal, equiparada ao regulamento, de caráter único e específico.[1]

---

1. Disponível em: https://www.oabsp.org.br/tribunal-de-etica-e-disciplina/ementario/2003/E-2.781.03.

Enquanto o Código de Ética Médica (Resolução CFM 2.217/2018) é normativa de ordem deontológica e normas diceológicas sob o prisma de zelo pelos princípios da medicina, o Código de Processo Ético-Profissional (Resolução CFM 2.306/2022), sendo o conjunto de normas processuais que regulamentam as sindicâncias, os processos ético-profissionais e o rito dos julgamentos no Conselho Federal e Regionais de Medicina, e norteiam as partes na condução de um processo de natureza ética administrativa.

Desde sua criação, gestado e parido com a Resolução CFM 413/1969,[2] busca-se a normatização dos procedimentos e implementação de ferramentas processuais na condução dos processos de sindicância e processos.

Não bastasse isso, os conselhos de classe possuem natureza jurídica de "autarquia, sendo cada um deles dotado de personalidade jurídica de direito público, com autonomia administrativa e financeira",[3] atraindo ainda mais sua essência vinculativa para liturgia da Administração Pública. Nessa toda, detém competência de supervisão e julgamento dos membros da classe médica.[4]

Sendo assim, como todo órgão da Administração Pública, estão sujeitos a diversos tipos de controles: político, administrativo, social etc. No que tange ao controle judicial, destacamos as duas espécies mais conhecidas pela doutrina: (i) o sistema de dupla jurisdição, jurisdição administrativa, contencioso administrativo ou modelo francês; e (ii) o sistema de jurisdição una, monopólio da jurisdição, sistema judicial ordinário ou modelo inglês.[5]

Relativo aos conselhos de classe, a doutrina tem assentado posição, de cristalino caso de Jurisdição Especial Administrativa,[6] não se confundindo com a jurisdição judicial. O sistema de dupla jurisdição, também conhecido como sistema da jurisdição administrativa, caracteriza-se pelo fato de que, ao lado da Justiça do Poder Judiciário, o ordenamento contempla uma Justiça Administrativa.[7]

---

2. Disponível em: https://sistemas.cfm.org.br/normas/visualizar/resolucoes/BR/1969/413. Acesso em: 07 fev. 2024.
3. Art. 1º O Conselho Federal e os Conselhos Regionais de Medicina, instituídos pelo Decreto-lei 7.955, de 13 de setembro de 1945, passam a constituir em seu conjunto uma autarquia, sendo cada um deles dotado de personalidade jurídica de direito público, com autonomia administrativa e financeira. Lei 3.268/57. Disponível em: https://www.planalto.gov.br/ccivil_03/leis/l3268.htm. Acesso em: 07 fev. 2024.
4. Art 2º O conselho Federal e os Conselhos Regionais de Medicina são os órgãos supervisores da ética profissional em toda a República e ao mesmo tempo, julgadores e disciplinadores da classe médica, cabendo-lhes zelar e trabalhar por todos os meios ao seu alcance, pelo perfeito desempenho ético da medicina e pelo prestígio e bom conceito da profissão e dos que a exerçam legalmente.
5. SILVA, Vitor Levi Barboza. CARMONA, Paulo Cavichioli. DEZAN, Sandro Lúcio. *Uma justiça administrativa no Brasil*. Disponível em: https://revista.tcu.gov.br/ojs/index.php/RTCU/article/view/1790/1880. Acesso em: 07 fev. 2024.
6. Segundo Vítor Silva e outros, ensina que a "classifica como sistema de Justiça Administrativa eventual estrutura estatal em que as decisões definitivas acerca de questões técnico-jurídicas sejam tomadas por instituições não necessariamente vinculadas ao Poder Judiciário". Idem, p. 146.
7. CARVALHO FILHO, José dos Santos. *Manual de Direito Administrativo*. 33. ed. São Paulo: Atlas, 2019, p. 569-570.

Os conselhos de classe exercem, dentre inúmeras atribuições, a prestação de jurisdição intramuros e são influenciados pela interseção entre as matérias de ordem pública, em especial pelo Direito Administrativo.

Sobre jurisdição, é pertinente a consideração de Humberto Dalla Bernardina de Pinho:

> Palavra que vem do *latim jurisdictio* (que etimologicamente significa dizer o direito), a jurisdição tem como fim último a pacificação social e consiste em um poder e dever do Estado, pois se, por um lado, corresponde a uma manifestação do poder soberano do Estado, impondo suas decisões de forma imperativa aos particulares, por outro, corresponde a um dever que o Estado assume de dirimir qualquer conflito que lhe venha a ser apresentado.[8]

Noutra feita, ensina Hely Lopes Meirelles, tratar-se "o conjunto harmônico de princípios jurídicos que regem os órgãos, os agentes e as atividades públicas tendentes a realizar concreta, direta e imediatamente os fins desejados pelo Estado".[9]

Em linhas gerais, a Justiça Administrativa exercida pelos conselhos de classe pode ser considerada mecanismos ou processos com o intuito de resolução do contencioso administrativo oriundas das relações jurídico-administrativas.[10]

Sendo assim, em decorrência dos debates relativos ao processo e a procedimentos relativos à apuração e a pretensão de questões punitivas, em seara administrativa, não emerge dúvidas na aplicação subsidiária para estabelecer que as normas processuais penais, administrativas e cíveis devem ser aplicadas, ou seja, na falta de norma específica a aplicação das demais normas são, sem dúvidas, efetuadas.

Diante de um suposto cometimento de infração disciplinar, há que se obedecer a liturgia referente ao processo penal e processo administrativo, ao equivalente no processo penal, que é o oferecimento de denúncia ou queixa-crime. As resoluções dos conselhos, apesar de sua autonomia administrativa, devem obedecer a preceitos constitucionais, por obediência hierárquica, inclusive pela topografia normativa constitucional.[11]

Não bastasse isso, a representação contra o médico tem que seguir os critérios de validade e estão sujeitos às condições estabelecidas pelo artigo 41, 395 e 397 do Código de Processo Penal.[12]

---

8. PINHO, Humberto Dalla Bernardina de. *Manual de direito processual civil contemporâneo*. 2. ed. São Paulo: Saraiva Educação, 2020, p. 54.
9. MEIRELLES, Hely Lopes; FILHO, José Emmanuel Burle. *Direito administrativo brasileiro*. 42. ed. São Paulo: Malheiros, 2016, p. 42.
10. CARVALHO FILHO, José dos Santos. *Manual de Direito Administrativo*. 33. ed. São Paulo: Atlas, 2019, p. 569-570.
11. Art. 59. O processo legislativo compreende a elaboração de: I – emendas à Constituição; II – leis complementares; III – leis ordinárias; IV – leis delegadas; V – medidas provisórias; VI – decretos legislativos; VII – resoluções. Parágrafo único. Lei complementar disporá sobre a elaboração, redação, alteração e consolidação das leis. Constituição Federal. Disponível em: https://www.planalto.gov.br/ccivil_03/constituicao/constituicao.htm. Acesso em: 15 fev. 2024.
12. NETO, Antônio Reis Graim. *A influência do Processo Penal no Processo Ético Disciplinar na OAB*. Disponível em:https://www.oabpa.org.br/noticias/a-influencia-do-processo-penal-no-processo-etico-disciplinar-na-oab-antonio-reis-graim-neto#:~:text=Conclui%2Dse%2C%20portanto%2C%20que,um%20estado%20democr%C3%A1tico%20de%20direito. Acesso em: 07 fev. 2024.

Portanto, cristalino que a construção do CPEP sofreu forte influência do processo penal em sua criação, inclusive atraindo referências ao código penal e código de processo penal, ao exemplo dos artigos art. 7º, 2§; art. 14, §6 ambos do CPEP.

Inclusive, em se tratando da seara ética e penal, existem inúmeras trocas, seja legal, seja por posição da jurisprudência sobre o tema[13]-[14] o direito de defesa é o direito de resistir a uma acusação. Nessa voz, inclusive que o artigo 41 do Código de Processo Penal[15] traz a estrutura silogística da peça acusatória, onde não é suficiente a mera descrição fática e, por espelho, no artigo 14 do CPEP.[16]

Por espelhamento, em processo penal, a peça de acusação, em sua formulação, deve conter os elementos da denúncia, provas e dos envolvidos no suposto evento, indicando de forma solar para análise dos Juízos. Em processo ético, no CRM, não destoa em sua essência, atraindo os mesmos princípios e regras do processo penal[17] para que o órgão classista exerça "jus puniendi", de atender a sua pretensão punitiva.

O CPEP sofreu sua última alteração em 2022 e trouxe algumas mudanças relevantes, especialmente principiológicas e que as normas do processo ético-profissional devem submeter-se aos dispositivos constitucionais vigentes. Não é possível a existência de qualquer norma sem que os valores que alicerçam a Constituição estejam devidamente refletidos, em especial nos sobre os alicerces do devido processo legal (contraditório e ampla defesa) e da duração razoável do processo.

Em sua ordem prática, o objetivo de adequação normativa visa garantir a inaplicabilidade de procedimentos não elencados, ampla defesa e, no presente recorte, até mesmo pelo manto protetor do sigilo que dormita nos processos éticos, sobre a legitimidade das partes, seja no polo passivo quanto ativo, o que se passa a debater.

Sendo assim, o Direito Processual é o ramo do Direito Público que reúne princípios e normas que regulamentam os procedimentos administrativos nos processos éticos do Conselhos e, no caso da Resolução CFM 2.306/202, nos Conselho Federal de Medicina

---

13. "*As instâncias administrativa e penal são independentes entre si, salvo quando reconhecida a inexistência do fato ou a negativa de autoria na esfera criminal. Julgados.* "MS 019823/DF, Rel. Ministra Eliana Calmon, Primeira Seção, julgado em 14.08.2013, DJe 23.08.2013. Superior Tribunal de Justiça. Disponível em: https://scon.stj.jus.br/SCON/pesquisar.jsp. Acesso em: 07 fev. 2024.

14. *É possível a utilização de prova emprestada no processo administrativo disciplinar, devidamente autorizada na esfera criminal, desde que produzida com observância do contraditório e do devido processo legal.* MS 016146/DF, Rel. Ministra Eliana Calmon, Primeira Seção, julgado em 22.05.2013, DJe 29.08.2013. Superior Tribunal de Justiça. Disponível em: https://scon.stj.jus.br/SCON/pesquisar.jsp. Acesso em: 07 fev. 2024.

15. Art. 41. A denúncia ou queixa conterá a exposição do fato criminoso, com todas as suas circunstâncias, a qualificação do acusado ou esclarecimentos pelos quais se possa identificá-lo, a classificação do crime e, quando necessário, o rol das testemunhas.

16. Art. 14. A sindicância será instaurada: I – de ofício pelo CRM; II– mediante denúncia escrita ou verbal, na qual conste o relato circunstanciado dos fatos e, quando possível, a qualificação do médico denunciado, com a indicação das provas documentais, além de identificação do denunciante, devendo acompanhar cópias de identidade, CPF, comprovante de endereço, incluindo todos os meios eletrônicos disponíveis para contato.

17. GRAIM NETO, Antônio Reis Graim. *A influência do Processo Penal no Processo Ético Disciplinar na OAB.* Disponível em:https://www.oabpa.org.br/noticias/a-influencia-do-processo-penal-no-processo-etico-disciplinar-na-oab-antonio-reis-graim-neto#:~:text=Conclui%2Dse%2C%20portanto%2C%20que,um%20estado%20democr%C3%A1tico%20de%20direito. Acesso em: 07 fev. 2024.

(CFM) e Conselhos Regionais de Medicina (CRMs), tendo como objetivo administrar as relações e atos processuais em âmbito ético profissional.

Essa relação íntima e vinculativa é cristalina em inúmeras passagens pela CPEP, destacam-se: art. 7º, art. 14, § 6º, art. 22, 23, § 2º, art. 72. Não é apenas isso, a exposição de motivos da Resolução 2.306/22 é expressa nesse sentido.[18]

Logo, por se tratar de normativa relacionada a persecução ética, inebriada por outras normativas da mesma natureza, inclusive, por espalhamento, em sua essência motriz, destacando-se, entre elas, o Código de Processo Penal (Decreto Lei 3.689/41), Código de Processo Administrativo (Lei 9.868/99), Código de Processo Civil (Lei 13.105/15) e outras relativas e, por tanto, merece análise sobre essa ótica e naquilo que for omisso ou dispare, merece ajuste.

2. DA LEGITIMIDADE PROCESSUAL PARA OFERTA DA DENÚNCIA ÉTICA

No processo ético, para o desenvolvimento normal do processo, as partes devem possuir legitimidade em respeito ao princípio da oportunidade, na leitura *do artigo 14, II, § 1º do CPEP, apresenta rol taxativo*.[19]

O CPEP, por ser matéria de ordem administrativa, flerta tanto com o direito processual penal quanto ao direito processual civil por deter uma zona de intersecção entre as duas matérias, obrigando, moral e profissionalmente, a todos os profissionais inscritos nos quadros da CFM.

Importante resgatar o que a doutrina define como legitimidade. No processo penal e no processo civil, para o desenvolvimento normal do processo, as partes devem possuir legitimidade. Essa legitimidade poderá ser de dois tipos: *ad processum* e *ad causam*.

A legitimidade *ad processum* destina-se à capacidade de um sujeito titularizar uma relação jurídica, reconhecida pela norma, para que o sujeito exerça ou pratique os atos processuais. Nesse ponto, cabe dizer que os menores de idade (CC, arts. 3º e 4º do Código Civil[20]), apesar dos seus interesses, deverão ser representados legalmente, conforme determina o artigo 14, § 3º do CPEP.[21]

---

18. Nesse sentido, "O CFM busca direcionar a *elaboração de seu Código de Processo Ético-Profissional (CPEP) dentro dos mandamentos constitucionais e legais. Em especial, para regras já consolidadas nos Códigos de Processo Penal e Processo Civil, que são aplicados subsidiariamente no que couber*". Resolução CFM 2.306/22.

19. § 1º *O paciente tem legitimidade para oferecer denúncia.* Na hipótese de *falecimento do paciente*, o cônjuge ou companheiro(a), pais, filhos ou irmãos, nessa ordem, poderá ser admitido como parte denunciante, assumindo o processo no estado em que se encontra.

20. Art. 3º São absolutamente incapazes de exercer pessoalmente os atos da vida civil os menores de 16 (dezesseis). anos. Art. 4º São incapazes, relativamente a certos atos ou à maneira de os exercer: (Redação dada pela Lei 13.146, de 2015) I – os maiores de dezesseis e menores de dezoito anos; II – os ébrios habituais e os viciados em tóxico; (Redação dada pela Lei 13.146, de 2015) III – aqueles que, por causa transitória ou permanente, não puderem exprimir sua vontade; (Redação dada pela Lei 13.146, de 2015) IV – os pródigos. Parágrafo único. A capacidade dos indígenas será regulada por legislação especial. Código Civil. Disponível emhttps://www.planalto.gov.br/ccivil_03/leis/2002/l10406compilada.htm. Acesso em: 14 fev. 2024.

21. § 3º A denúncia deverá ser dirigida ao Presidente ou à Corregedoria do CRM, devidamente assinada pelo denunciante, seu representante legal ou por procurador devidamente constituído, de forma analógica ou digital.

Já a legitimidade *ad causam* é uma condição da ação que "consiste na titularidade ativa ou passiva de um direito subjetivo que pode ser buscado em juízo. Ou seja, é a detenção do direito material conferido pela lei ou do dever material conferido pela lei".[22] O incapaz pode ter *legitimidade ad causam* para propor ação normalmente, não tendo somente a *legitimidade ad processum.*

Conforme dito alhures, o processo ético tem íntima relação com os espíritos das ações penais privadas, delegando a legitimidade na promoção ao ofendido conforme o art. 30 do código de processo penal,[23] que afirma que "ao ofendido ou a quem tenha qualidade para representá-lo caberá intentar a ação privada." Em matéria de legitimidade relativa aos processos éticos, encontramos a âncora normativa no artigo 14, § 1º, do CPEP o rol de legitimados ativos para proposição de denúncia e estabelecimento de abertura de procedimento disciplinar. Vejamos:

> Art. 14. A sindicância será instaurada:
>
> I – *de ofício* pelo CRM;
>
> II – Mediante denúncia escrita ou verbal, na qual conste o relato circunstanciado dos fatos e, quando possível, a qualificação do médico denunciado, com a indicação das provas documentais, além de identificação do denunciante, devendo acompanhar cópias de identidade, CPF, comprovante de endereço, incluindo todos os meios eletrônicos disponíveis para contato.
>
> § 1º *O paciente tem legitimidade para oferecer denúncia*. Na hipótese de falecimento do paciente, o cônjuge ou companheiro(a), pais, filhos ou irmãos, nessa ordem, poderá ser admitido como parte denunciante, assumindo o processo no estado em que se encontra.
>
> § 3º A denúncia deverá ser dirigida ao Presidente ou a Corregedoria do CRM, devidamente assinada *pelo denunciante, seu representante legal* ou por procurador devidamente constituído, de forma analógica ou digital. (nossos destaques).

Não bastasse isso, o artigo 37 do CPEP, define:

> Art. 37. O PEP não poderá ser extinto por desistência da parte denunciante. Nesta hipótese, ele *seguirá de ofício.*
>
> § 1º Comprovado o falecimento do médico denunciado, mediante a juntada da certidão de óbito nos autos, será extinta a punibilidade em relação a ele, mediante despacho da Corregedoria.
>
> § 3º Havendo requerimento do cônjuge ou companheiro(a), pais, filhos ou irmãos do denunciante falecido, nessa ordem, ele poderá ser admitido como parte denunciante, assumindo o processo no estado em que se encontra.

Nesse ponto, novamente o CPEP atrai a redação e metodologia por espelhamento, ao Código de Processo Penal, conforme redação do art. 31 do Código de Processo Penal: "No caso de morte do ofendido ou quando declarado ausente por decisão judicial, o

---

22. Disponível em: https://trilhante.com.br/curso/direito-processual-do-consumidor/aula/legitimados-a-propor-acao-2#:~:text=Legitimidade%20ad%20processum&text=Consiste%20na%20capacidade%20de%20um,apresente%20defesa%2C%20etc.). Acesso em: 14 fev. 2024.

23. Art. 30. Ao ofendido ou a quem tenha qualidade para representá-lo caberá intentar a ação privada. Decreto Lei 3.689 – Código de Processo Penal. Disponível em: https://www.planalto.gov.br/ccivil_03/decreto-lei/del3689.htm. Acesso em: 06 fev. 2024.

direito de oferecer queixa ou prosseguir na ação passará ao cônjuge, ascendente, descendente ou irmão".

Surge, nesse ponto, o conceito de sucessão processual que, conforme ensina a doutrina, consiste "na substituição da parte ativa ou passiva em razão da mudança na situação do direito, provocada pelo falecimento da parte original. Ou seja, quando o legitimado *ad causam* falece, seus direitos ou responsabilidades são transferidos ao espólio ou sucessores, até o limite da lei".[24] Cabe lembrar, apenas, que comprovado o falecimento do médico denunciado, mediante a juntada da certidão de óbito nos autos, será extinta a punibilidade em relação a ele, mediante despacho da Corregedoria.[25]

Nota-se, portanto, nesse ponto, que CPEP flerta diretamente com o direito processual penal, atraindo a legitimidade ativa pelo próprio ofendido e, no caso de falecimento, apenas nesse caso, aos seus cônjuge ou companheiro(a), pais, filhos ou irmãos, nessa ordem. Cristalino, assim, que no caso de o paciente não efetuar sua manifestação de forma antecedente, não podem cônjuge ou companheiro(a), pais, filhos ou irmãos, subverterem a ordem estabelecida no artigo, sob pena de violação ao pressuposto processual ético.

Noutro ponto, o CPEP é cristalino em definir, ainda, a necessidade de manifestação dos sucessores para sua admissão no feito. Todavia, o artigo 37, § 2º, estabelece continuidade na apuração do feito mesmo com o óbito do denunciante, de ofício, caso nenhum dos seus sucessores efetue sua provocação direta:

> § 2º Comprovado o falecimento do denunciante, mediante a juntada da certidão de óbito nos autos, o PEP seguirá *de ofício*, mediante despacho da Corregedoria. (nossos destaques).

E, nesse ponto, emerge um distanciamento das demais normativas, merecendo uma provocação,[26] da mesma forma que afeta algumas demandas de hipótese de ação penal privada personalíssima, não se admite sucessão processual, isto é, se a vítima falecer, o processo não poderá iniciar ou prosseguir por meio das pessoas mencionadas no art. 31 do CPP, isto é, se a vítima falecer – no *cenário ético o paciente* –, o processo não poderia ser iniciado ou prosseguir por meio das pessoas mencionadas no artigo 14, II do CPEP.

Essa exceção encontra abrigo na interpretação do art. 236, parágrafo único, do Código Penal, que menciona a exigência de "queixa do contraente enganado".

Noutra feita, cabe destacar outra diferença importante entre o Código de Processo e o Código de Processo Ético no que tange a sucessão processual. Conforme determina o artigo 37, § 2º, no caso de comprovação de óbito do denunciante, o PEP seguirá de ofício, mediante despacho da Corregedoria e, nesse ponto, dormita nossa crítica.

---

24. Disponível em: https://trilhante.com.br/curso/direito-processual-do-consumidor/aula/legitimados-a-propor-acao-2#:~:text=Legitimidade%20ad%20processum&text=Consiste%20na%20capacidade%20de%20um,apresente%20defesa%2C%20etc.). Acesso em: 14 fev. 2024.
25. Art. 36,1§ da Resolução CFM 2.306/2022. Disponível em:https://portal.cfm.org.br/etica-medica/codigo-de-processo-etico-profissional-atual/. Acesso em: 14 fev. 2024.
26. Disponível em: https://www.jusbrasil.com.br/artigos/a-morte-da-vitima-na-acao-penal-privada/572644784. Acesso em: 05 fev. 2024.

Já no âmbito penal, nos caso de ação penal privada - com exceção da ação penal privada subsidiária da pública-, em caso de falecimento do ofendido, ocorrerá a *perempção se, no prazo de 60 dias*, não for realizada a habilitação processual de algum dos legitimados do art. 31 do CPP. Veja-se:

> Art. 60. Nos casos em que somente se procede mediante queixa, considerar-se-á perempta a ação penal:
>
> I – quando, iniciada esta, o querelante deixar de promover o andamento do processo durante 30 dias seguidos;
>
> II – quando, falecendo o querelante, ou sobrevindo sua incapacidade, não comparecer em juízo, para prosseguir no processo, dentro do prazo de 60 (sessenta) dias, qualquer das pessoas a quem couber fazê-lo, ressalvado o disposto no *art. 36*;
>
> III – quando o querelante deixar de comparecer, sem motivo justificado, a qualquer ato do processo a que deva estar presente, ou deixar de formular o pedido de condenação nas alegações finais;
>
> IV – quando, sendo o querelante pessoa jurídica, esta se extinguir sem deixar sucessor.

Nota-se, portanto, a ausência do instituto da *perempção* no *CPEP*, o que, ao nosso sentir, afasta importante instituto oriundo do direito penal, mas ausente do *CPEP*, atraindo, sem critérios mínimos, para todas as hipóteses, a incidência do princípio da indisponibilidade.

No caso de ausência dos agentes ali expressamente listados ou na ausência de manifestação dos legitimados, o processo seguirá com manifestação *ex officio* do CRM.

Apenas por amor ao debate, sobre essa substituição processual especial do CRM, ao argumento do dever de apurar da administração, pode, em algumas situações, se dar uma elasticidade indevida à duração do processo. Cabe destacar, inclusive, que denúncias formuladas por terceiros que não elencados no rol do inciso II, do artigo 14 CPEP, são recebidos ao argumento do artigo I e, em nossa leitura, uma subversão, assim, a essência do próprio critério principiológico do código.

O que se percebe, portanto, é que a influência do Código de Processo Penal não foi absorvida com todos os elementos contidos por lá, atraindo uma certa confusão de institutos processuais, atraindo, ao final, a ideia de persecução ao argumento de um suposto dever de apuração, sobrecarregando os Conselhos Regionais de Medicina e, no caso de acusações desprovidas de provas e elementos, penalizam de forma irregular a parte denunciada, por ter que responder a procedimentos éticos sem quaisquer elementos mínimos e sem justa causa e, até mesmo, por uma substituição processual equivocada e não deveria ocorrer.

Não se pretende, claro, a defesa de uma ausência de esclarecimentos da conduta profissional, todavia, inúmeros institutos do CPP e do CPP, não foram absorvidos.

Nesse sentido, cabe o exemplo de outro órgão de classe, dessa vez o Conselho Federal da OAB assentou posição sobre uma necessidade de ponderação, não sendo razoável uma sucessão processual apenas pelo falecimento do denunciante, devendo ser observado a justa causa como elemento basal:

Recurso 2008.08.04025-05/SCA-TTU. Recte.: C.A.M.C. (Adv.: Luiz Augusto Coutinho OAB/BA 14129). Recdos.: Conselho Seccional da OAB/Bahia e Ana Maria de Santana. Relator: Conselheiro Federal Ulisses César Martins de Sousa (MA). Ementa 283/2011/SCA-TTU. A ausência de qualquer subsidio probatório sobre a existência de infração disciplinar impede que submeta advogado a processo disciplinar, por falta de justa causa. Acórdão: Vistos, relatados e discutidos os autos do processo em referência, acordam os membros da Terceira Turma da Segunda Câmara do CFOAB, por unanimidade, em conhecer do recurso e dar-lhe provimento, nos termos do voto do Relator, que integra o presente. Brasília, 14 de junho de 2011. Renato da Costa Figueira, Presidente em exercício. Ulisses César Martins de Sousa, Relator (DOU, S. 1, 21.12.2011 p. 135).

E não é apenas pela aplicação subsidiária do CPP e do CPC, mas da própria Lei 9.784/99,[27] que regula o processo administrativo âmbito da Administração Pública Federal. Veja-se:

(...) A Lei 9.784/1999 estabelece normas básicas sobre o processo administrativo no âmbito da Administração *Federal direta e indireta, visando, em especial, à proteção dos direitos dos administrados e ao melhor cumprimento dos fins da Administração.* Os preceitos traçados na referida normatização também se aplicam aos órgãos dos Poderes Legislativo e Judiciário da União, quando no desempenho da função administrativa.

Percebe-se, portanto, apesar de não expresso no CPEP, a necessidade da aplicação do princípio da Cooperação previsto em outras normativas, atraindo a aplicação de outras normativas correlatas de forma supletiva ou subsidiária.[28]

CONSIDERAÇÕES FINAIS

Primeiramente é importante entender a matriz da criação do Código de Processo Ético Médico e de sua íntima relação com o Direito Processual Penal, Processo Administrativo e Processual Civil, . Sendo assim, as regras gerais do procedimento administrativo comum e da legislação processual civil não podem ser ignoradas tendo em vista delegação e a descentralização concedida pelo conceito de Justiça Administrativa.

Pode-se observar que muitos dos critérios estabelecidos no art. 14, II, da Resolução 2.306/22, estão em sintonia com as normas fundamentais de outras legislações processuais, demonstrando fundamentos incorporadas neste regimento, até mesmo pela topografia constitucional legislativa contida no artigo 59 da Constituição Federal, devendo o processo administrativo ético ser ordenado, disciplinado e interpretado conforme os valores e as normas fundamentais na Constituição, do Processo Penal, Processo Administrativo Federal e no Processo Civil, em especial naquilo que o CPEP não enfrenta ou é dissonante.

---

27. SOUZA, Artur César. Aplicação Subsidiária do Novo CPCP ao Processo Administrativo. *Revista de Processo.* 2016 (junho 2016). Disponível em: https://www.mpsp.mp.br/portal/page/portal/documentacao_e_divulgacao/doc_biblioteca/bibli_servicos_produtos/bibli_boletim/bibli_bol_2006/RPro_n.256.19.PDF. Acesso em: 14 fev. 2024.

28. Art. 67. Aos órgãos do Poder Judiciário, estadual ou federal, especializado ou comum, em todas as instâncias e graus de jurisdição, inclusive aos tribunais superiores, incumbe o dever de recíproca cooperação, por meio de seus magistrados e servidores.

REFERÊNCIAS

BRASIL. Constituição da República Federativa do Brasil de 1988. Disponível em: Acesso em: 2/12/2020.

BRASIL. Conselho Federal de Medicina. Resolução CFM 2.217, de 27 de setembro de 2018, modificada pelas Resoluções CFM 2.222/2018 e 2.226/2019 Disponível em: https://portal.cfm.org.br/images/PDF/cem2019.pdf. Acesso em: 1º jan. 2024.

BRASIL. Conselho Federal de Medicina. Resolução CFM 2.217, de 27 de setembro de 2018, modificada pelas Resoluções CFM 2.222/2018 e 2.226/2019 Disponível em: https://portal.cfm.org.br/images/PDF/cem2019.pdf. Acesso em: 1º jan. 2024.

BRASIL. Conselho Federal de Medicina. Resolução CFM 2.306/2022, publicada no Diário Oficial da União em 25 de março de 2022. Disponível em: https://portal.cfm.org.br/etica-medica/codigo-de-processo-etico-profissional-atual/. Acesso em: 14 fev. 2024.

BRASIL. Lei 13.105, De 16 De Março De 2015. Código de Processo Civil. Disponível em:https://www.planalto.gov.br/ccivil_03/_ato2015-2018/2015/lei/l13105.htm. Acesso em: 14 fev. 2024.

BRASIL. Lei 10.406, de 10 de janeiro de 2002. Código Civil. Disponível em: https://www.planalto.gov.br/ccivil_03/leis/2002/l10406compilada.htm. Acesso em: 14 fev. 2024.

BRASIL. Decreto-lei 3.689, de 3 de outubro de 1941. Código de Processo Penal. Disponível em: https://www.planalto.gov.br/ccivil_03/decreto-lei/del3689.htm Acesso em: 14 fev. 2024.

BRASIL. Lei 9.784, de 29 de janeiro de 1999. Processo administrativo no âmbito da Administração Pública Federal. Disponível em: https://www.planalto.gov.br/ccivil_03/leis/l9784.htm. Acesso em: 14 fev. 2024.

BRASIL. Lei 8.906, de 4 de julho de 1994. Estatuto da Advocacia e a Ordem dos Advogados do Brasil (OAB). Disponível em: https://www.planalto.gov.br/ccivil_03/leis/l8906.htm. Acesso em: 14 fev. 2024.

CARVALHO FILHO, José dos Santos. *Manual de Direito Administrativo*. 33. ed. São Paulo: Atlas, 2019.

CAPEZ, Fernando. *Curso de Processo Penal*. 22. ed. São Paulo: Saraiva, 2015.

DI PIETRO, Maria Sylvia Zanella. *Direito Administrativo*. 32. ed. rev., atual. e ampl. Rio de Janeiro: Forense, 2019.

DIDIER JR., Fredie. *Curso de direito processual* civil: introdução ao direito processual civil, parte geral e processo de conhecimento I. 17. ed. Salvador: JusPodivm, 2015.

GRAIM NETO, Antonio Reis Graim. *A influência do Processo Penal no Processo Ético Disciplinar na OAB*. Disponível em: https://www.oabpa.org.br/noticias/a-influencia-do-processo-penal-no-processo-etico-disciplinar-na-oab-antonio-reis-graim-neto#:~:text=Conclui%2Dse%2C%20portanto%2C%20que,um%20estado%20democr%C3%A1tico%20de%20direito. Acesso em: 07 fev. 2024.

MARINELA, Fernanda. *Direito administrativo*. 4. ed. Niterói: Impetus, 2010.

MEDAUAR, Odete. *O direito administrativo em evolução*. 2. ed. São Paulo: RT, 2003.

MEIRELLES, Hely Lopes; FILHO, José Emmanuel Burle. *Direito administrativo brasileiro*. 42. ed. São Paulo: Malheiros, 2016.

MELLO, Celso Antônio Bandeira de. *Curso de direito administrativo*. 20. ed. São Paulo: Malheiros, 2006.

MORAES, Alexandre de. *Direitos Humanos Fundamentais. Teoria Geral. Comentários aos arts. 1º a 5º da Constituição da República Federativa do Brasil*. Doutrina e Jurisprudência. 2. ed. São Paulo: Atlas S.A., 1998.

PINHO, Humberto Dalla Bernardina de. *Manual de direito processual civil contemporâneo*. 2. ed. São Paulo: Saraiva Educação, 2020.

RÁO, Vicente. *O Direito e a Vida dos Direitos*. São Paulo: RT, 1999. v. I, t. 1.

SILVA, Vitor Levi Barboza. CARMONA, Paulo Cavichioli. DEZAN, Sandro Lúcio. *Uma justiça administrativa no Brasil*. Disponível em: https://revista.tcu.gov.br/ojs/index.php/RTCU/article/view/1790/1880. Acesso em: 07.02.2024.

SILVA, Vitor Levi Barboza; CARMONA, Paulo Afonso Cavichioli. O processo administrativo: aspectos gerais e experiências nacionais e internacionais. *Revista Juris Plenum Direito Administrativo*. Caxias do Sul, RS, ano V, n. 20, p. 119-142, out./dez. 2018.

SOUZA, Artur César. Aplicação Subsidiária do Novo CPCP ao Processo Administrativo. *Revista de Processo*. 2016 (junho 2016). Disponível em: https://www.mpsp.mp.br/portal/page/portal/documentacao_e_divulgacao/doc_biblioteca/bibli_servicos_produtos/bibli_boletim/bibli_bol_2006/RPro_n.256.19. PDF. Acesso em: 14.02.2024.

SOUZA, Carlos Aurélio Mota de. *Poderes Éticos do Juiz*. Porto Alegre: Sérgio Antônio Fabris, 1987.

VIEIRA DE ANDRADE, José Carlos. *A justiça administrativa*. 12. ed. Lisboa: Almedina, 2012.

XAVIER, Bianca Ramos. *O Controle Judicial das Decisões Proferidas pelo Carf favoráveis ao contribuinte*. 2016. 203 f. Tese (Doutorado em Direito) – Faculdade de Direito, Pontifícia Universidade Católica de São Paulo (PUC-SP), São Paulo.

A "DENÚNCIA ANÔNIMA" À LUZ DO CPEP E O DEVER DE APURAÇÃO

Francisco Antônio de Camargo Rodrigues de Souza

MBA pela Fundação Getúlio Vargas – FGV. Pós-Graduado em Direito Público – Faculdade *Fortium*; Direito Constitucional – Faculdade IBMEC; Direito Tributário pela Universidade Anhanguera; e Direito da Economia e da Empresa. Formado em Direito em 1999 pela Associação de Ensino Unificado do Distrito Federal – AEUDF. Advogado do Conselho Federal de Medicina há 23 anos. Advogado sócio fundador do escritório Francisco Camargo Advogados & Associados, atuando desde 1998 junto aos Tribunais Superiores e Tribunais Administrativos.

Sumário: Introdução – 1. Da natureza autárquica dos Conselhos de Medicina. – 2. Da regulamentação do Processo Ético-Profissional – CPEP – 3. Do conceito de "denúncia" perante os conselhos – 4. Da possibilidade ou não de haver "denúncia anônima" perante os conselhos – Conclusão – Referências.

INTRODUÇÃO

O presente estudo tem como objetivo elucidar as inúmeras dúvidas acerca da tramitação dos procedimentos investigativos e processos administrativos disciplinares, que tramitam no âmbito dos Conselhos de Medicina, partindo-se da explicitação da natureza jurídica das entidades de fiscalização profissional, bem como do aprofundamento do entendimento jurisprudencial e legislativo sobre a matéria, em especial da aceitação ou não das "denúncias" anônimas, no âmbito dos aludidos órgãos públicos, bem como diante do Código de Processo Ético-Profissional do CFM.[1]

Nesse diapasão, vale registrar que o marco teórico tem como fundamento a legislação em vigor, obras do campo jurídico-dogmático, bem como a análise de decisões judiciais do Supremo Tribunal Federal – STF e Superior Tribunal de Justiça – STJ. Do ponto de vista metodológico, trata-se de pesquisa documental e bibliográfica.

Todavia, antes de qualquer digressão sobre o assunto, vale ressaltar que o tema é muito complexo e perpassa por diversos ramos do Direito, tais como o Direito Constitucional, o Direito Administrativo e Direito Processual, bem como as diversas manifestações jurisprudenciais quanto à temática.

Com efeito, a presente análise parte do estudo da legislação e do controle abstrato da constitucionalidade para se chegar à definição da situação jurídica acima explicitada, principalmente quanto à possibilidade jurídica de se admitir a existência de "denúncias" anônimas perante os Conselhos, desde que atendidos os ditames normativos específicos.

---

1. Resolução CFM 2306/2022. Disponível em: https://portal.cfm.org.br/etica-medica/codigo-de-processo-etico-profissional-atual/.

1. DA NATUREZA AUTÁRQUICA DOS CONSELHOS DE MEDICINA.

Antes de falar dos processos fiscalizatórios realizados pelos Conselhos de Medicina, é imperioso esclarecer a natureza jurídica dos Conselhos de Fiscalização Profissional – CFP's, especialmente porque desde a criação desses entes sempre houve uma enorme celeuma no ordenamento jurídico, principalmente em razão da modificação introduzida pela Medida Provisória 1546/97, que foi convertida na Lei 9649/98.

Com efeito, o Conselho Federal de Medicina, criado pela Lei 3268/57,[2] é considerado como autarquia nos termos do artigo 1º do referido diploma legal e, por sua vez, o Decreto Lei 200/67, seguindo a linha de descentralização das atividades da Administração Pública, assinalou, nos art. 4º e 19, que as autarquias fazem parte da Administração Indireta e a estão sujeitas a supervisão do Ministro de Estado.

Em seguida, foi editado o Decreto-Lei 968/69[3] prevendo um tratamento diferenciado quanto às autarquias de fiscalização do exercício profissional, notadamente quanto à inexistência de supervisão Ministerial.

Da leitura atenta do referido decreto é possível perceber que as autarquias com atribuições de fiscalização do exercício de profissões liberais gozam de maior autonomia administrativa reconhecida por diploma normativo com força de Lei.

Nesse diapasão, vale também aqui registrar que o conceito de Autarquia é extraído das lições do professor Hely Lopes Meireles[4] que assinala que:

> Autarquias são entes administrativos autônomos, criadas por lei, com personalidade jurídica de direito público interno, patrimônio próprio e atribuições estatais específicas (...). A autarquia é a forma descentralizada administrativa, através da personificação de um serviço retirado da Administração centralizada. Por essa razão à autarquia só deve ser outorgado serviço público típico, e não atividades industriais ou econômicas, ainda de interesse coletivo (...). A doutrina moderna é concorde no assinalar as características das entidades autárquicas, ou seja, a sua criação por lei com personalidade de direito público, patrimônio próprio, capacidade de auto administração sob o controle estatal, e desempenho de atribuições típicas. Sem a conjugação desses elementos não há autarquia. Pode haver ente paraestatal, com maior ou menor delegação do Estado, para a realização de obras, atividades ou serviços de interesse coletivo. Não, porém, autarquia.

Da brilhante lição acima transcrita é possível inferir que as Autarquias são entes de direito público (Administração Indireta), que são criados por Lei e realizam atividade estatal típica, além de possuírem patrimônio próprio.

No que concerne à supervisão Ministerial, vale consignar que, em recente decisão proferida em 02.06.2022, o Tribunal de Contas da União – TCU, no acórdão de n. 1237/2022 – TCU, consignou que:

---

2. Brasil, Lei 3268, de 30 de setembro de 1957, Diário Oficial da União, Poder Legislativo, Brasília, DF, data 01.10.1957. Brasil, Decreto Lei 200, de 25 de fevereiro de 1967, Diário Oficial da União, Poder Legislativo, Brasília, DF, data 22.07.1967.
3. Brasil, Decreto Lei 968, de 13 de outubro de 1969, Diário Oficial da União, Poder Legislativo, Brasília, DF, data 13.10.1969.
4. MEIRELLES, Hely Lopes. *Direito Administrativo Brasileiro*. 12. ed. atual. São Paulo: RT, 1986, p. 28.

com relação à supervisão ministerial dos Conselhos Profissionais, o entendimento foi de que não se aplica a referida supervisão nos moldes do Decreto-lei 200/1967, porém, isto "não retira a obrigatoriedade de que sejam eles supervisionados de alguma outra forma, pelo simples fato de prestarem serviços públicos outorgados pelo Poder Público.

Detenha-se que com a edição da MP acima citada, que foi convertida na Lei 9649/98, foi criada uma enorme celeuma jurídica, pois tais entes passaram a possuir natureza jurídica de entes privados, ou seja, houve uma "privatização" dos serviços e ações fiscalizatórias de tais entidades.

Porém, somente com o julgamento efetivo da ADI 1717, em 28 de março de 2003, é que restou solucionada a dúvida sobre a natureza jurídica de direito público dessas entidades.

Em outras palavras, o Supremo Tribunal Federal – STF no julgamento da ação constitucional acima citada, solucionou a problemática criada pela Lei suprarreferida e deixou assente que os Conselhos possuem natureza jurídica de direito público e são considerados como autarquias *sui generis*.

Ou seja, são Autarquias, com personalidade de direito público, mas com um tratamento diferenciado e com autonomia própria, podendo inclusive se auto-organizar, com a edição de normativos e regramentos voltados à observância do interesse público.

Dessa forma, tem-se que os *Conselhos de Fiscalização Profissional são autarquias descentralizadas do âmbito da Administração Federal Direta*, sendo entidades "*sui generis*", com renda, patrimônio, quadro funcional e autonomia própria, bem como possuindo regulamentação específica com objetivo de fiscalizar o exercício das profissões regulamentadas.

Reforçando esse entendimento, vale destacar no Agravo Regimental em Mandado de Segurança 28469[5] no qual o eminente Ministro Dias Toffoli, do Supremo Tribunal Federal, consignou que: "... (i) os conselhos de fiscalização profissional têm natureza jurídica de autarquias; (ii) estas entidades são criadas por lei, tendo personalidade jurídica de direito público com autonomia administrativa e financeira; (iii) exercem a atividade de fiscalização de exercício profissional que, como decorre do disposto nos artigos 5º, XIII, 21, XXIV, é atividade tipicamente pública; (iii) têm o dever de prestar contas ao Tribunal de Contas da União (art. 71, II, CRFB/88); (iv) a fiscalização das profissões, por se tratar de uma atividade típica de Estado, que abrange o poder de polícia, de tributar e de punir, não pode ser delegada (ADI 1.717), excetuando-se a Ordem dos Advogados do Brasil (ADI 3.026)..."

Na mesma linha, o Douto Ministro Alexandre de Moraes, nos autos da ADI 5637,[6] que tramitou no Supremo Tribunal Federal – STF, afirmou no acórdão que:

---

5. Supremo Tribunal Federal – MS 28469 AgR-segundo, Relator(a): Min. Dias Toffoli, Relator(a) p/ Acórdão: Min. Luiz Fux, Primeira Turma, julgado em 19.02.2013, Acórdão Eletrônico DJe-087 Divulg 09.05.2013 public 10.05.2013.
6. Supremo Tribunal Federal – ADI 5367, Relator(a): Cármen Lúcia, Relator(a) p/ Acórdão: Alexandre De Moraes, Tribunal Pleno, julgado em 08.09.2020, Processo Eletrônico DJe-272 Divulg 13.11.2020 Public 16.11.2020.

... a) Os Conselhos Profissionais, enquanto autarquias corporativas criadas por lei com outorga para o exercício de atividade típica do Estado, tem maior grau de autonomia administrativa e financeira, constituindo espécie sui generis de pessoa jurídica de direito público não estatal, a qual não se aplica a obrigatoriedade do regime jurídico único preconizado pelo artigo 39 do texto constitucional; b) trata-se de natureza peculiar que justifica o afastamento de algumas das regras ordinárias impostas às pessoas jurídicas de direito público. Precedentes: RE 938.837 (Rel. Min. Edson Fachin, redator p/ acórdão Min. Marco Aurélio, Tribunal Pleno, julgado em 19.04.2017, DJe de 25.09.2017; e ADI 3.026 (Rel. Min. Eros Grau, Tribunal Pleno, DJ de 29.09.2006; e, que c) é constitucional a legislação que permite a contratação no âmbito dos Conselhos Profissionais sob o regime celetista, nos termos da ADC 36 julgada procedente, para declarar a constitucionalidade do art. 58, § 3º, da Lei 9.649/1998. ADI 5367 e ADPF 367 julgadas improcedentes...

Portanto, é possível perceber os Conselhos de Medicina, *ex vi* da Lei 3.268/57, possuem o claro objetivo de fiscalização do exercício da Medicina, exercendo não só as funções de prevenir, fiscalizar e tratar eventuais irregularidades da profissão em questão, mas também, buscando garantir uma atuação ética dos profissionais, de acordo com a legislação vigente.

É imperioso registrar, também, que o STF nos julgamentos acima mencionados reconhece de forma cristalina que os Conselhos de Fiscalização Profissional possuem o denominado Poder de Polícia, que devidamente normatizado no artigo 78 do CTN[7] que deixa assente que cabe ao Estado limitar ou disciplinar direitos, bem como regular a prática de atos ou abstenção de fato, em razão do interesse público concernente à segurança, à higiene, à ordem, aos costumes, à disciplina da produção e do mercado, ao exercício de atividades econômicas.

Assim, não há dúvidas de que os Conselhos de Medicina podem editar regulamentos ou normas regulamentares, que devem observar todos os princípios que regem a Administração Pública (art. 37) e, também, às regras relativas à proteção dos direitos fundamentais, tendo em conta a força normativa da Constituição da República.

Nesse sentido, não há como negar que as normas e os princípios constitucionais irradiam para todo o ordenamento jurídico vigente, impondo-se aos Conselhos de Medicina a observância de tais regramentos e diretrizes, trazendo, portanto, a noção de juridicidade (observância do conteúdo axiológico da Constituição da República).

Em outras palavras, os princípios e normas constitucionais têm o condão de fazer com que a sociedade em geral e os Poderes Públicos obedeçam a tais diretrizes, tendo em conta que força normativa da Constituição decorre de uma postura ética dos destinatários, bem como de um sentimento de proteção e preservação da norma fundamental, conforme ensina Korad Hesse.[8]

---

7. Art. 78. Considera-se poder de polícia atividade da administração pública que, limitando ou disciplinando direito, interesse ou liberdade, regula a prática de ato ou abstenção de fato, em razão de interesse público concernente à segurança, à higiene, à ordem, aos costumes, à disciplina da produção e do mercado, ao exercício de atividades econômicas dependentes de concessão ou autorização do Poder Público, à tranquilidade pública ou ao respeito à propriedade e aos direitos individuais ou coletivos.

8. HESSE, Konrad. *Constitución y derecho constitucional.* Manual de derecho constitucional. 2. ed. Madrid: Marcial Pons, 2001, p 6-7.

Portanto, reitere-se que a Constituição da República possui força normativa e tem como pressuposto *assegurar a observância dos direitos fundamentais*, em especial a vida e a saúde, bem como a observância do devido processo legal, no aspecto substancial.

Nesse diapasão, tem-se que os processos administrativos, inclusive as sindicâncias, que são considerados pelo STJ como meios sumários de investigação, não podem ofender os direitos fundamentais e nem deixar de observar os regramentos formais ali estabelecidos, tendo em conta a necessidade de se observar os princípios acima destacados.

2. DA REGULAMENTAÇÃO DO PROCESSO ÉTICO-PROFISSIONAL – CPEP

No que concerne à regulamentação do Processo Ético-Profissional, no âmbito dos Conselhos de Medicina, evidencia-se que o Administrador Público deverá, na gestão dos interesses públicos e na concretização dos postulados Constitucionais, sempre se pautar na observância de tais princípios, sob pena de praticar ato ilegal.

É imperioso, portanto, realizar uma ponderação nos casos concretos de forma a não prejudicar o interesse público primário, que consiste a efetiva fiscalização do exercício da medicina e nem afastar ou "apagar" os direitos fundamentais previstos no artigo 5º da Carta Magna, tais como o respeito a legalidade, o devido processo legal, a ampla defesa, a intimidade e a presunção de não culpabilidade.

Dentre os princípios previstos no artigo 37 da CF/88 que o Administrador Público deve observar destacamos o da Legalidade e o da Moralidade, pois eles servem como parâmetro para todos os outros princípios, bem como diretriz basilar de conduta da Administração e dos seus administradores.

No que tange ao Princípio da Legalidade, destacamos, novamente, as palavras de Hely Lopes Meirelles, no sentido de que "... *o administrador público está, em toda a sua atividade funcional, sujeito aos mandamentos da lei e às exigências do bem comum, e deles não se pode afastar ou desviar, sob pena de praticar ato inválido e expor-se a responsabilidade disciplinar, civil e criminal, conforme o caso...*"

Afirma, ainda, o referido doutrinador que: "... na Administração Pública não há liberdade nem vontade pessoal. Enquanto na administração particular é lícito fazer tudo que a lei não proíbe, na Administração Pública só é permitido fazer o que a lei autoriza..."

Atente-se que a observância dos princípios acima destacados leva indubitavelmente: "... à impessoalidade, uma vez que o ato administrativo não pode ser dirigido com intuito de beneficiar esta ou aquela pessoa, esta ou aquela empresa..."[9]

Com efeito, o princípio da legalidade encontra lastro constitucional, no artigo 5º, II, da CF/88, uma vez que decorre do Estado Democrático de Direito, onde o Estado só poderá fazer algo, em relação aos particulares e, também, para a administração, com base em Leis regularmente aprovadas pelo Parlamento.

---

9. FERREIRA. Wolgran Junqueira. *Comentários à Constituição de 1998.* Campinas-SP: Julex, 1989, v. 1, p. 452.

Ensina Novelino[10] que a legalidade é uma garantia à proteção de direitos fundamentais ligados a valores diversos, em especial, à liberdade, propriedade e segurança jurídica e que o aludido princípio tem como objetivo limitar o poder do Estado impedindo a sua utilização de forma arbitrária.

Ademais, o referido direito fundamental também está plasmado no artigo 4º da Declaração dos Direitos do Homem e do Cidadão, ou seja, trata-se de relevante diploma normativo internacional que reverbera em diversos países.

Assim, não há dúvidas de que o princípio em tela visa assegurar a dignidade da pessoa humana, consagrada em diversos tratados internacionais de Direitos Humanos, em especial a Declaração Universal dos Direitos Humanos.

Do princípio da legalidade se depreende que o Administrador somente poderá realizar algum ato que esteja previsto em Lei, sob pena de praticar ato nulo e ter que responder disciplinar, civil e criminal.

Detenha-se, nesse sentido, que nos moldes do artigo 196 e 197 da Carta Magna, é admissível que o Conselho Federal de Medicina – CFM, por ser uma Autarquia Federal, trate de temas relacionados à defesa da saúde, especialmente no aspecto técnico e moral, por força da Lei 3.268/57.

Neste diapasão, como decorrência do aludido princípio e por força da Lei 3268/57, o CFM editou o Código de Ética Médica – CEM (Resolução CFM 2.217/2018) e o Código de Processo Ético-Profissional – CPEP (Resolução CFM 2306/2022).

Em suma, o CPEP é considerado como o instrumento (processo) no qual serão aplicados os ditames do CEM, notadamente quanto ao descumprimento dos preceitos éticos e à realização da efetiva fiscalização.

Em outras palavras, ao médico que praticar eventual ilícito ético será assegurada a observância do devido processo legal, como inegável aplicação concreta dos princípios e garantias constitucionais acima citadas, tendo como fundamento de validade a Lei 3268/57 e a CF/88.

Ademais, não é demasiado também frisar que a doutrina moderna destaca que os Direitos Humanos e os Direitos Fundamentais decorrem da ideia de dimensões[11] de direitos e não de gerações, ou seja, a utilização daquele termo se justifica pelo fato de que não houve uma sucessão (extinção) de direitos, mas que eles ainda coexistem e permanecem pujantes na atualidade.

Observe-se que a primeira dimensão seria composta por direitos referentes à liberdade (prestações negativas por parte do Estado, tais como respeitar a vida e a propriedade).

Já a segunda geração retrataria os direitos que apontam para a igualdade (prestações positivas pelo Estado, como por exemplo os direitos sociais e o direito à saúde).

---

10. NOVELINO, Marcelo. *Manual de Direito Constitucional*. 9. ed. São Paulo: Método, p. 544.
11. BONAVIDES, Paulo. *Curso de direito constitucional*. São Paulo: Malheiros, 1993.

Finalmente, a terceira geração englobaria direitos atinentes à solidariedade social (fraternidade), tais como o direito à paz e o meio ambiente equilibrado, conforme amplamente consagrado pela Doutrina.

Com efeito, os direitos humanos são conceituados como os direitos inatos e imanentes ao ser humano, ou seja, são aqueles direitos voltados para preservação e conservação da dignidade da pessoa humana, ligados ao livre desenvolvimento da própria personalidade, reconhecidos, inclusive, no plano internacional.[12]

Nessa linha ensina Samuel Sales Fonteles[13] que os "direitos humanos são aqueles previstos em tratados internacionais e considerados indispensáveis para uma existência humana digna, como, por exemplo, a saúde, a liberdade, a igualdade, a moradia, a educação, a intimidade".

Acerca do tema, o eminente Ministro do Supremo Tribunal Federal, Alexandre de Moraes,[14] reconhece que os direitos humanos fundamentais "se colocam como uma das previsões absolutamente necessárias a todas as Constituições, no sentido de consagrar o respeito à dignidade humana, garantir a limitação de poder e visar ao pleno desenvolvimento da personalidade humana".

Já os direitos fundamentais são tidos como os direitos que asseguram a existência digna das pessoas, plasmados na Constituição, ou seja, são direitos e garantias, que limitam o poder do Estado e permitem o livre desenvolvimento do povo em determinado Estado, notadamente quanto à existência digna, liberdade e igualdade.

Nessa linha de raciocínio pontua Ingo Wolfgang Sarlet[15] que:

> em que pese sejam ambos os termos ('direitos humanos' e 'direitos fundamentais') comumente utilizados como sinônimos, a explicação corriqueira e, diga-se de passagem, procedente para a distinção é de que o termo 'direitos fundamentais' se aplica para aqueles direitos do ser humano reconhecidos e positivados na esfera do direito constitucional positivo de determinado Estado, ao passo que a expressão 'direitos humanos' guardaria relação com os documentos de direito internacional, por referir-se àquelas posições jurídicas que se reconhecem ao ser humano como tal, independentemente de sua vinculação com determinada ordem constitucional, e que, portanto, aspiram à validade universal para todos os povos e tempos, de tal sorte que revelam um inequívoco caráter supranacional (internacional).

Assim, os direitos fundamentais são "os direitos relativos a uma existência humana digna, reconhecidos por uma Constituição, que impõem deveres ao Estado, salvaguardando o indivíduo ou a coletividade", conforme ensina Samuel Sales Fonteles.[16]

Em outras palavras, a diferença básica entre direitos humanos e direitos fundamentais reside apenas na localização da norma que tratou do assunto, ou seja, enquanto

---

12. SOUZA, Francisco Antônio de Camargo Rodrigues de Souza. *O Controle de Constitucionalidade e os Conselhos de Fiscalização Profissional*. São Paulo: D´Plácido, 2022. p. 53.
13. FONTELES, Samuel Sales. *Direitos fundamentais para concursos*. Salvador: JusPodivm, 2014. p. 14.
14. MORAES, Alexandre de. *Direitos humanos fundamentais*. 9. ed. São Paulo: Atlas, 2011. p. 2.
15. SARLET, Ingo Wolfgang. *A eficácia dos direitos fundamentais*. 6. ed. Porto Alegre: Livraria do Advogado, 2006. p. 36.
16. FONTELES, Samuel Sales. *Direitos fundamentais para concursos*. Salvador: JusPodivm, 2014. p. 15.

os direitos humanos são positivados no âmbito internacional (tratados internacionais), os direitos fundamentais são tratados e plasmados nas Constituições de cada Estado.[17]

Portanto, conclui-se que as disposições normativas editadas pelo CFM, notadamente quanto ao processo ético-profissional visam assegurar o respeito à dignidade humana, garantindo-se, portanto, os direitos do(s) o(s) investigado(s), do(s) paciente(s) e/ou do(s) cidadão(s), que apresentarem representações e/ou pedido(s) de apuração de ilícitos perante o(s) aludidos órgãos públicos.

3. DO CONCEITO DE "DENÚNCIA" PERANTE OS CONSELHOS

Antes de conceituarmos o que é a "representação" perante os Conselhos de Medicina vale registrar que a doutrina moderna reconhece que os princípios estabelecidos na Lei 9.784/99 além de decorrerem da Constituição da República também irradiam para o ordenamento jurídico vigente.

Assim, vale destacar que vigora tanto na lei supracitada quanto na doutrina o entendimento de que nos processos administrativos em geral vigora o princípio do informalismo ou do formalismo moderado, onde só serão declarados nulos os atos processuais onde houver prejuízo à defesa tanto da defesa quanto para a "acusação", bem como a possibilidade de ratificação ato praticado quanto atingida as finalidades legais.

Nesse sentido, vale destacar os seguintes artigos da Lei acima citada quanto do CPEP, *in verbis*

> Lei 9784/99
>
> Art. 22. Os atos do processo administrativo não dependem de forma determinada senão quando a lei expressamente a exigir.
>
> CPEP
>
> Art. 110. Nenhum ato será declarado nulo, se da nulidade não resultar prejuízo para as partes. (...)
>
> Art. 112. Não será declarada a nulidade de ato processual que não tenha influído na apuração da verdade substancial ou na decisão da causa.

Com efeito, da leitura atenta dos dispositivos normativos acima mencionados é possível depreender que não se exige um apego ao excessivo ao formalismo, no âmbito do processo administrativo, bem como nos processos em trâmite no âmbito dos Conselhos de Medicina.

Registre-se, outrossim, que na mesma linha segue o egrégio Superior Tribunal de Justiça – STJ, *in verbis*:

> Processual civil. Administrativo. Demarcação de terras indígenas. Decreto 1.775/96. Violação do art. 535 do CPC. Não ocorrência. Princípio do informalismo. Aplicação aos processos administrativos. Despacho ministerial que impede a realização de novos estudos em relação a determinadas propriedades particulares. Exorbitância dos poderes atribuídos ao ministro da justiça (...)

---

17. SOUZA, Francisco Antônio de Camargo Rodrigues de Souza. *O Controle de Constitucionalidade e os Conselhos de Fiscalização Profissional*. São Paulo: D'Plácido, 2022. p. 53.

5. Nesse contexto, deve-se assegurar ao suposto proprietário das terras o mais amplo direito de se contrapor à pretensão do Estado, mormente porque a eventual demarcação não gera direito a indenização ou a ações contra a União, salvo, na forma da lei, quanto às benfeitorias derivadas da ocupação de boa-fé (art. 231, § 6º, da CF/88).

6. *Ademais, dentre os princípios que regem o processo administrativo está o do informalismo procedimental. O princípio do informalismo dispensa ritos sacramentais e formas rígidas para o processo administrativo, principalmente para os atos a cargo do particular.*

(...) Garrido Falla lembra, com oportunidade, que este princípio é de ser aplicado com espírito de benignidade e sempre em benefício do administrado, para que por defeito de forma não se rejeitem atos de defesa e recursos mal qualificados" (MEIRELLES, Hely Lopes. "Direito Administrativo Brasileiro", 32. edição, atualizada por Eurico de Andrade Azevedo, Délcio Balestero Aleixo e José Emmanuel Burle Filho – São Paulo: Malheiros, 2006, p. 687). (...)

10. Recurso especial parcialmente provido, apenas para se reconhecer a ilegalidade do Despacho Ministerial 50, de 14 de julho de 1999 (DJ de 15.7.1999), somente na parte em que impediu a elaboração de novos estudos de natureza etno-histórica, antropológica, sociológica, jurídica, cartográfica, ambiental e o levantamento fundiário em relação às terras particulares de propriedade de Rio Vermelho Agropastoril Mercantil S/A, Destilaria Miriri S/A, Luismar Melo, Emílio Celso Cavalcanti de Morais, Paulo Fernando Cavalcanti de Morais e Espólio de Arthur Herman Lundgren.

(REsp 802.412/PB, relatora Ministra Denise Arruda, Primeira Turma, julgado em 07.11.2006, DJ de 20.11.2006, p. 282).

Nesse contexto, é possível concluir que há uma nítida distinção entre o processo administrativo e o processo penal, sendo que não há dúvidas de que ambos possuem funções semelhantes, mas com objetos distintos.

Ou seja, o processo penal é mais rígido, no que concerne à aplicação dos dispositivos protetivos do cidadão, visto que usualmente busca-se a aplicação do Direito Penal, cuja consequência mais drástica é a restrição da liberdade.

Já nos processos administrativos que tramitam perante os Conselhos de Medicina, a "pretensão" punitiva usualmente cinge-se à aplicação das penalidades previstas na Lei 3268/57, cuja pena máxima pode acarretar a cassação do exercício profissional.

Conclui-se, portanto, que no âmbito dos processos administrativos não há um apego extremo às formalidades, sob pena de se inviabilizar o exercício da atividade fiscalizatória da medicina, no caso dos CRM's.

Nesse diapasão, urge esclarecer que a "denúncia" no âmbito do processo penal constitui-se como a peça inaugural do processo penal, ou seja, é a petição inicial da ação penal, que na grande maioria das vezes é exercida pelo Ministério Público, por força do art. 129 da CF/88.[18]

Em outras palavras, a "denúncia" no processo penal constitui-se da manifestação técnica exarada pelo Ministério Público solicitando a entrega da tutela jurisdicional no sentido de "punir" o acusado pela prática de determinado ilícito penal.

---

18. Art. 129. São funções institucionais do Ministério Público: I – promover, *privativamente, a ação penal pública*, na forma da lei.

Com efeito, o Código de Processo Penal – CPP trata da denúncia nos seguintes termos:

Art. 24. Nos crimes de ação pública, esta será promovida por denúncia do Ministério Público, mas dependerá, quando a lei o exigir, de requisição do Ministro da Justiça, ou de representação do ofendido ou de quem tiver qualidade para representá-lo. (...)

Art. 41. A denúncia ou queixa conterá a exposição do fato criminoso, com todas as suas circunstâncias, a qualificação do acusado ou esclarecimentos pelos quais se possa identificá-lo, a classificação do crime e, quando necessário, o rol das testemunhas.

Ocorre que no âmbito dos processos administrativos não há essa formalidade e/ou tecnicidade. Ou seja, a "denúncia" no âmbito dos Conselhos consiste na "mera" petição ou solicitação de apuração de ilícito administrativo.

Em outras palavras, é um simples pedido formulado no âmbito dos Conselhos de Medicina, que devem observar os ditames dos artigos 14 e seguintes do CPEP, *in verbis*:

Art. 14. A sindicância será instaurada:

I – de ofício pelo CRM;

II – mediante denúncia escrita ou verbal, na qual conste o relato circunstanciado dos fatos e, quando possível, a qualificação do médico denunciado, com a indicação das provas documentais, além de identificação do denunciante, devendo acompanhar cópias de identidade, CPF, comprovante de endereço, incluindo todos os meios eletrônicos disponíveis para contato.

§ 1º O paciente tem legitimidade para oferecer denúncia. Na hipótese de falecimento do paciente, o cônjuge ou companheiro(a), pais, filhos ou irmãos, nessa ordem, poderá ser admitido como parte denunciante, assumindo o processo no estado em que se encontra.

§ 2º A denúncia verbal deverá ser tomada a termo por servidor designado.

§ 3º A denúncia deverá ser dirigida ao Presidente ou a Corregedoria do CRM, devidamente assinada pelo denunciante, seu representante legal ou por procurador devidamente constituído, de forma analógica ou digital.

§ 4º Também será aceito o envio de denúncia fotografada ou digitalizada, previamente assinada, de forma analógica ou digital, sendo indispensável o envio anexo de documento de identificação oficial com foto, no qual conste o mesmo padrão de assinatura.

§ 5º Se o denunciante não cumprir o disposto nos parágrafos antecedentes, a Corregedoria levará a denúncia, com despacho fundamentado, para apreciação da Câmara de sindicância, onde poderá ser arquivada ou determinada a instauração de sindicância de ofício, para apurar os fatos nela contidos.

§ 6º A sindicância poderá ser arquivada por desistência da parte denunciante, quando o seu objeto não envolver lesão corporal de natureza grave (art. 129, §§ 1º a 3º do Código Penal), violação à dignidade sexual (Título VI, Capítulos I, I-A, II do Código Penal) ou óbito do paciente.

§ 7º A denúncia anônima não será aceita.

Com efeito, da leitura dos artigos acima transcritos é possível constatar que a representação formulada pelo interessado constitui a peça inaugural da atividade fiscalizatória dos Conselhos de Medicina.

Em outras palavras, a solicitação em questão é semelhante à "notícia do fato" efetuada no âmbito da apuração penal, que normalmente é apresentada nas delegacias de polícia ou no âmbito do Ministério Público.

Em suma, a demanda (petição/representação) é dirigida aos órgãos ligados à segurança pública voltados para persecução penal, ou seja, usualmente a notícia de fato (ou boletim de ocorrência) é formulada perante a autoridade policial visando a apuração da autoria e materialidade de determinado crime, conforme se infere do artigo 5º do CPP, *in verbis*

Art. 5º Nos crimes de ação pública o inquérito policial será iniciado:

I – de ofício;

II – mediante requisição da autoridade judiciária ou do Ministério Público, ou a *requerimento do ofendido* ou de quem tiver qualidade para representá-lo.

§ 1º O requerimento a que se refere o no II conterá sempre que possível:

a) a narração do fato, com todas as circunstâncias;

b) a individualização do indiciado ou seus sinais característicos e as razões de convicção ou de presunção de ser ele o autor da infração, ou os motivos de impossibilidade de o fazer;

c) a nomeação das testemunhas, com indicação de sua profissão e residência.

§ 2º Do despacho que indeferir o requerimento de abertura de inquérito caberá recurso para o chefe de Polícia.

§ 3º Qualquer pessoa do povo que tiver conhecimento da existência de infração penal em que caiba ação pública poderá, *verbalmente ou por escrito, comunicá-la à autoridade policial*, e esta, verificada a procedência das informações, mandará instaurar inquérito.

Ora, não há que se confundir a "denúncia" formulada no âmbito do processo penal com a representação formulada no âmbito dos Conselhos, pois tratam-se de manifestações totalmente distintas e em processos/procedimentos completamente diferentes.

Nesse contexto, é interessante consignar que, usualmente, a denúncia formulada pelo Ministério Público, que é a petição inicial da ação penal, é instruída com os elementos de apuração constantes do inquérito policial.

Observe-se, outrossim, que a sindicância deflagrada no âmbito dos Conselhos é semelhante ao inquérito policial. Porém, eles não se confundem, visto que possuem finalidades distintas.

Ou seja, em ambos os procedimentos as autoridades responsáveis buscam a autoria e materialidade de ilícitos. A distinção se dá no fato de que no inquérito policial busca-se apurar os indícios de práticas criminosas e na sindicância busca-se apurar os indícios de ilícitos éticos.

Para Renato Brasileiro de Lima[19] (2013, p. 71), *o inquérito policial consiste em um conjunto de diligências realizadas pela polícia investigativa objetivando a identificação das fontes de prova e a colheita de elementos de informação quanto à autoria e materialidade da infração penal, a fim de possibilitar que o titular da ação penal possa ingressar em juízo.*

Ou seja, o inquérito policial é um procedimento administrativo simplificado, em que não há o contraditório e nem a ampla defesa, onde a Autoridade Policial (Delegado)

---

19. LIMA, Renato Brasileiro. *Curso de Processo Penal*. Volume único. Niterói: Impetus, 2013.

irá fazer inúmeras diligências para elaborar um relatório conclusivo, que servirá de base para o oferecimento da denúncia pelo MP.

Já no âmbito dos Conselhos a representação formulada pelo interessado possui a função exclusiva de deflagrar a instauração de uma sindicância, que visa apenas obter indícios de autoria e de materialidade da eventual infração ética.

Em outras palavras, a representação formulada pelo interessado tem o condão de deflagrar a investigação que será efetuada pelo CRM, que poderá culminar no arquivamento, quando não verificada a existência dos elementos acima indicados, ou na abertura de processo ético-profissional, quando verificada a existência de indícios de autoria e materialidade do(s) ilícito(s) ético(s).

4. DA POSSIBILIDADE OU NÃO DE HAVER "DENÚNCIA ANÔNIMA" PERANTE OS CONSELHOS

Atualmente, em face da crescente litigiosidade da população e da evolução da sociedade, em relação ao acesso à informação, os Conselhos de Medicina estão sendo questionados acerca da possibilidade ou não de se aceitar "denúncias anônimas".

Antes de entrarmos no tema supracitado, é importante conceituar o termo "denúncia anônima" a qual pode ser entendida como a "notícia crime não qualificada quanto à origem", ou seja, ocorre quanto inexiste a identificação do responsável por aquela informação de suposta prática criminosa.

No Brasil, o direito de "denunciar" ou apresentar pedido de apuração de ilícitos penais é garantido pela Constituição Federal e as denúncias anônimas são excelentes mecanismos para que as autoridades fiquem cientes de atividades ilegais ou prejudiciais à sociedade.

No entanto, é sabido de todos que o uso de "denúncias anônimas" é debatido quanto ao seu valor probatório no sistema judiciário brasileiro, havendo ressalvas quanto à sua credibilidade, bem como também acerca do eventual uso indevido (político, por exemplo) de tal instrumento.

Ocorre que, não obstante a preocupação acima, o STF, nos autos do Mandado de Segurança 24.369 DF, assinalou de forma cristalina que não existe vício na aceitação de denúncias anônimas para a instauração de processos investigatórios pelos poderes e órgãos públicos, desde que haja indícios suficientes de autoria e materialidade das irregularidades.

Em outras palavras, a Suprema Corte Brasileira tem admitido a possibilidade acima suscitada, ou seja, é admissível a aceitação de denúncias anônimas para deflagrar investigações, desde que existam elementos suficientes a amparar a instauração de tais procedimentos investigatórios.

Registre-se, outrossim, que parte da doutrina também segue o referido entendimento. Ou seja, ensina Léo da Silva Alves[20] que *as denúncias anônimas não devem ser*

---

20. ALVES, Léo da Silva. *Prática do processo disciplinar*. Brasília: Brasília Jurídica, 2001.

rechaçadas desde logo pelo administrador público, pois o conhecimento da irregularidade impõe a tomada de providências, seja por meio de um procedimento administrativo de coleta de informações, seja por meio de sindicância inquisitorial ou investigativa, para averiguar indícios suficientes da ocorrência de irregularidade ou mesmo descartá-la.

Na mesma linha, Antônio Carlos Alencar Carvalho[21] defende que *a denúncia ou representação do cidadão, seja anônima ou nominada, é uma das formas de exercício do controle dos atos da Administração, pela sociedade, e que os órgãos de controle, ao assumirem responsabilidades relevantes nesse contexto, não devem desconsiderar a notícia anônima de irregularidades praticadas no âmbito da Administração, em virtude de seu dever de apurar tais ilícitos.*

Ressalte-se, outrossim, que a jurisprudência consolidada do Superior Tribunal de Justiça – STJ, na súmula 611, destaca que *"é permitida a instauração de processo administrativo disciplinar com base em denúncia anônima*, desde que esta se apresente devidamente motivada e ampare subsequente investigação ou sindicância".

Para reforçar o entendimento acima alinhavado vale registrar o disposto no § 2º do artigo 23 do Decreto 9492/2018, que regulamentou a Lei 13.460/2017, que dispõe sobre participação, proteção e defesa dos direitos do usuário dos serviços públicos da administração pública federal, institui o Sistema de Ouvidoria do Poder Executivo federal, *in verbis*:

> Art. 23. As unidades que compõem o Sistema de Ouvidoria do Poder Executivo federal poderão coletar informações junto aos usuários de serviços públicos com a finalidade de avaliar a prestação desses serviços e de auxiliar na detecção e na correção de irregularidades.
>
> § 1º As informações a que se refere o *caput*, quando não contiverem identificação do usuário, não configurarão manifestações nos termos do disposto neste Decreto e não obrigarão resposta conclusiva.
>
> § 2º As informações que constituírem comunicações de irregularidade, *ainda que de origem anônima*, serão enviadas ao órgão ou à entidade da administração pública federal competente para a sua apuração, *observada a existência de indícios mínimos de relevância, autoria e materialidade*.

Em outras palavras, a jurisprudência do STF tem admitido tais expedientes no que concerne à persecução penal, ou seja, a Suprema Corte Brasileira tem aceitado a possibilidade de instauração do processo penal e administrativos, por meio de "denúncia anônima" quando existirem indícios suficientes de autoria e materialidade das irregularidades

Note-se, ainda, que em pesquisa no direito comparado localizamos precedentes da suprema Corte dos Estados Unidos da América que também admitem, no campo penal, a deflagração de investigações.

Ou seja, identificamos julgados, no âmbito penal, nos quais a Suprema Corte do referido país se pronunciou no sentido de admitir as denúncias anônimas, desde que existam elementos que corroborem o conjunto das informações.

---

21. CARVALHO, Antônio Carlos Alencar. A instauração de processos administrativos disciplinares a partir de denúncias anônimas. *Jus Navigandi*, Teresina, a. 4, n. 40, 2000. Disponível em: http://jus2.uol.com.br/doutrina/texto. asp?id=402. Acesso em: 02 ago. 2005.

Com efeito, no caso *McCray vs Illinois*, 386 U.S. 300 (1967), a Corte estabeleceu que a denúncia anônima, por si só, não é suficiente para justificar uma prisão ou busca sem mandado. No entanto, a denúncia anônima pode ser usada como parte de um conjunto de informações que, quando corroboradas de alguma forma, podem justificar uma ação legal.

Ademais, no caso *Alabama vs. White* (1990), ficou decido que uma denúncia anônima de atividade criminosa, quando acompanhada por elementos relevantes e precisos, poderia fornecer uma base razoável para a ação policial.

Vale também destacar no caso *Florida v. J. L.*, 529 U.S. 266 (2000) o aludido Tribunal decidiu que uma simples denúncia anônima sobre o porte de arma de fogo não era suficiente para justificar uma busca e apreensão, se não existirem elementos, informações e indícios suficientes a embasar tais evidências.

Portanto, o posicionamento da Suprema Corte Americana é no sentido de que é admissível a investigação criminal decorrente de denúncias anônimas, desde que existam indícios razoáveis de autoria e materialidade para ação policial.

Desse modo, entendemos que se no processo penal é admissível tal expediente, não há dúvidas de que o aludido mecanismo também poderá ser admitido no âmbito dos Conselhos, principalmente porque nesses casos o interesse público (apuração de ilícitos) é indisponível.

No entanto, o parágrafo 7º do artigo 14 do CPEP *veda expressamente* o referido mecanismo, tendo em conta os riscos acima apontados, ou seja, a possibilidade de se deflagrar um processo sem lastro e inócuo ou que tenha o condão de prejudicar a imagem do investigado, não obstante a existência do artigo 339 do Código Penal.[22]

Assim, atualmente, no âmbito dos Conselhos de Medicina não é admissível a apresentação de "representação" ou "denúncia anônima", ou seja, os Conselhos de Medicina aplicam o disposto na norma acima citada e não recebem tais expedientes.

Ocorre que tal entendimento parece não estar em consonância com o interesse público, pois na nossa visão, é dever do Estado (Autarquias) apurar os fatos que chegam ao seu conhecimento, desde que existam substanciosos elementos.

Ou seja, é muito provável que no futuro os Conselhos de Medicina venham a observar as diretrizes acima mencionadas, em especial a súmula 611 do STJ, e passem a admitir a apresentação de "representações" e/ou pedidos de investigação/apuração de ilícitos de forma não identificada (ou que seja preservado o sigilo do representante), desde que amparados em indícios suficientes.

Assim, podemos concluir que atualmente é perfeitamente aceitável a abertura de procedimentos investigatórios, no âmbito dos Conselhos, não obstante a regulamentação acima citada.

---

22. Art. 339. Dar causa à instauração de inquérito policial, de procedimento investigatório criminal, de processo judicial, de processo administrativo disciplinar, de inquérito civil ou de ação de improbidade administrativa contra alguém, imputando-lhe crime, infração ético-disciplinar ou ato ímprobo de que o sabe inocente:

Em suma, acreditamos que o tema mereça uma certa mitigação e/ou alteração normativa, a fim de que seja admitida a abertura de processos investigativos, desde que existam relevantes indícios de materialidade e autoria, nos termos das manifestações acima.

Ressalte-se, ainda, que recentemente o Conselho Federal de Medicina, editou a Resolução CFM 2336/2023, que ainda não está em vigor (*vacatio*) prevendo no artigo 16, inciso VII,[23] a possibilidade da CODAME receber, *mesmo que de origem anônima*, material de cunho publicitário, para apuração.

Por fim, vale registrar que tais digressões partem da absoluta necessidade de se observar o interesse público, visto que é dever da Autarquia Federal receber as solicitações e petições para apurar a existência de possíveis violações ao Código de Ética Médica.

CONCLUSÃO

Diante disso, no âmbito jurídico, entendemos que é perfeitamente cabível a deflagração do procedimento investigatório, perante os CRM'S, de forma anônima (ou com a identidade do denunciante preservada), desde que observados os pontos acima defendidos, visto que cabe aos Conselhos de Medicina atenderem o interesse público e o princípio da eficiência, ou seja, busca-se também evitar que sejam deflagrados procedimentos sem qualquer fundamento e movendo-se a máquina pública de forma desnecessária.

REFERÊNCIAS

ALVES, Léo da Silva. *Prática do processo disciplinar*. Brasília: Brasília Jurídica, 2001.

BANDEIRA DE MELLO, Celso Antônio. *Direito Administrativo Brasileiro*. 19. ed. São Paulo: Malheiros, 2005.

BONAVIDES, Paulo. *Curso de direito constitucional*. São Paulo: Malheiros, 1993.

CARVALHO, Antônio Carlos Alencar. A instauração de processos administrativos disciplinares a partir de denúncias anônimas. *Jus Navigandi*, Teresina, a. 4, n. 40, 2000. Disponível em: http:// jus2.uol.com.br/ doutrina/texto. asp?id=402. Acesso em: 02 ago. 2005.

FERREIRA. Wolgran Junqueira. Comentários à Constituição de 1998. *Julex*, v. 1, p. 452. 1989.

FONTELES, Samuel Sales. *Direitos fundamentais para concursos*. Salvador: JusPodivm, 2014.

HESSE, Konrad. *Constitución y derecho constitucional*. Manual de derecho constitucional. 2. ed. Madrid: Marcial Pons, 2001.

LIMA, Renato Brasileiro. *Curso de Processo Penal*. Volume único. Niterói: Impetus, 2013.

MEIRELLES, Hely Lopes. *Direito Administrativo Brasileiro*. 12. ed. atual São Paulo: RT, 1986.

MORAES, Alexandre de. *Direitos humanos fundamentais*. 9. ed. São Paulo: Atlas, 2011.

SARLET, Ingo Wolfgang. *A eficácia dos direitos fundamentais*. 6. ed. Porto Alegre: Livraria do Advogado, 2006.

NOVELINO, Marcelo. *Manual de Direito Constitucional*. 9. ed. São Paulo: Método, 2014.

SOUZA, Francisco Antônio de Camargo Rodrigues de Souza. *O Controle de Constitucionalidade e os Conselhos de Fiscalização Profissional*. São Paulo: D'Plácido, 2022.

---

23. VII – receber material publicitário, *mesmo que de origem anônima*, para apuração, podendo ser por canal próprio para esse fim.

DESAFIOS NA IMPLEMENTAÇÃO DA CONCILIAÇÃO NO CONTEXTO DOS CONSELHOS DE MEDICINA: UMA ANÁLISE DA EFETIVIDADE DO INSTITUTO À LUZ DO NOVO CÓDIGO DE PROCESSO ÉTICO-PROFISSIONAL DE 2022

Vanessa Schmidt Bortolini

Doutoranda e Mestra em Direito pela UNISINOS. Especialista em Direito Médico e da Saúde pela PUC/PR. Coordenadora do GT de Saúde Digital: Tecnologia e Inovação da Comissão Especial de Direito à Saúde da OAB/RS. Procuradora do Conselho Regional de Medicina do Estado do Rio Grande do Sul.

Márcia Vaz

Doutora e Mestre em Medicina (UFRGS). Professora de Medicina Legal da PUC/RS. Médica legista aposentada do Departamento Médico Legal de Porto Alegre. Médica Auditora da Secretaria Estadual de Saúde do RS. Corregedora do Conselho Regional de Medicina do Estado do Rio Grande do Sul.

Eduardo Neubarth Trindade

Doutor e Mestre em Medicina (UFRGS). Professor de Clínica Cirúrgica e Técnica Operatória (UNISINOS). Presidente do Conselho Regional de Medicina do Estado do Rio Grande do Sul.

Sumário: Introdução – 1. A conciliação no ordenamento jurídico pátrio e no Código de Processo Ético--Profissional do Conselho Federal de Medicina – 2. Cultura do litígio, frustração normativa e medidas iniciais para uma melhora no cenário – Considerações finais – Referências.

INTRODUÇÃO

Conflito é a "falta de entendimento sério ou oposição intensa entre duas ou mais partes".[1] Os Métodos Alternativos de Resolução de Conflitos (MARCs), conhecidos pela sigla em inglês ADR (*Alternative Dispute Resolution*), referem-se a procedimentos alternativos à intervenção judicial para oferecer soluções para estas situações.[2]

---

1. CONSELHO NACIONAL DE JUSTIÇA. *Relatório Analítico Propositivo Justiça Pesquisa* – Mediação e Conciliação Avaliadas Empiricamente. Brasília, 2019.
2. BARRETT, J. T; BARRETT, J. P. *A history of alternative dispute resolution*: the story of a political, social, and cultural movement. San Francisco: Jossey-Bass, 2004.

A adoção de métodos alternativos para resolver disputas destaca a importância da responsabilidade dos participantes na tomada de decisões, promovendo princípios democráticos, tratamento igualitário, prevenção de futuros litígios, harmonia e transformação social. Isto ocorre porque, ao resolverem suas diferenças de maneira amigável, as partes obtêm lições valiosas que podem representar avanços em relação aos seus ideais.[3]

A existência da mediação é apontada como anterior até mesmo ao advento da escrita.[4] Há registros de que povos fenícios, antigos egípcios e gregos utilizaram esses métodos, de forma que os métodos alternativos de resolução de conflitos têm sido observados de maneira consistente e variada ao longo da história, em diversas culturas, incluindo a judaica, cristã, islâmica, hinduísta, budista, confucionista, indígena, entre outras.[5-6] Atualmente, a busca por acordos amigáveis na resolução de conflitos é cada vez mais incentivada, independentemente da natureza do litígio ou das partes envolvidas, uma tendência que visa promover a resolução pacífica dos conflitos por meio de métodos como a conciliação, a mediação, a arbitragem e a negociação.[7]

Os meios de resolução alternativa de disputas enfatizam a participação democrática, fazendo com que os indivíduos envolvidos assumam a responsabilidade pela solução. Essas abordagens permeiam o sistema judicial, buscando torná-las uma parte contínua da prática, e não apenas um procedimento formal.[8] Os benefícios são diversos, incluindo economia de tempo e custos processuais, participação ativa das partes na resolução do conflito, responsabilidade pelos resultados e oportunidade de desenvolver soluções inovadoras e flexíveis que atendam às necessidades dos envolvidos, resultando em acordos que tendem a ser benéficos e duradouros.

O instituto da conciliação já estava previsto no Código de Processo Ético Profissional (CPEP) do Conselho Federal de Medicina (CFM) de 2010 (Resolução CFM 1.897/2009), que, nos artigos 8 a 10, estabelecia as condições para sua realização. Contudo, sua presença era discreta, dentro da seção dedicada à sindicância. Com a publicação do novo CPEP (Resolução CFM 2.306/2022), a conciliação ganhou uma seção própria, separada daquela relativa à sindicância e ao termo de ajustamento de conduta, o que parece reforçar a importância dada pelo órgão regulador a este meio alternativo de resolução de conflitos.

Em consulta à Corregedoria de um grande Conselho de Medicina do país, obteve-se a informação de que, em 2022, foram propostas apenas três conciliações, enquanto em 2023, até a conclusão desta pesquisa, foram propostas apenas sete conciliações. Nenhuma

---

3. CINTRA, A. C. A.; GRINOVER, A. P.; DINAMARCO, C. R. *Teoria geral do processo*. 29. ed. São Paulo: Malheiros, 2013.
4. KOVACH, Kimberlee K. *Mediation*: Principles and Practice. 3. ed. St. Paul: Thomson West, 2004.
5. VEZZULLA, Juan Carlos. *Mediação*: teoria e prática. Guia para utilizadores e profissionais. Lisboa: Agora Publicações, 2001.
6. MENDONÇA, Angela Hara Buonomo. A reinvenção da tradição do uso da mediação. *Revista de Arbitragem e Mediação*. São Paulo: RT, n. 3, ano 1, set./dez. 2004.
7. *Manual de Negociação Baseado na Teoria de Harvard*. Escola da Advocacia-Geral da União Ministro Victor Nunes Leal. Brasília: EAGU, 2017.
8. SAMPAIO JÚNIOR, J. H. O papel do juiz na tentativa de pacificação social: a importância das técnicas de conciliação e mediação. *Revista Opinião Jurídica*, Fortaleza, v. 9, n. 13, 2011.

IMPLEMENTAÇÃO DA CONCILIAÇÃO NO CONTEXTO DOS CONSELHOS DE MEDICINA

destas propostas teve êxito. Chama a atenção o fato de que não apenas a conciliação é escassa, mas também raramente é proposta às partes.

É relevante destacar que a duração de um processo ético pode chegar a cinco anos, acarretando custos médios de R$ 5.000,00 aos cofres públicos. Assim, a efetiva utilização do instituto já previsto na norma pode proporcionar não apenas um aumento na eficiência e democratização dos processos éticos, mas também economia de recursos públicos.

O problema de pesquisa consiste em investigar o que impede a efetividade do instituto da conciliação do CPEP no âmbito dos Conselhos de Medicina, fornecendo primeiros passos para que o instituto passe a ser mais utilizado, aumentando assim a eficiência das entidades fiscalizadoras da medicina.

A hipótese é que, além de haver um desconhecimento generalizado da previsão normativa de conciliação (insuficiência de informação), também há uma cultura organizacional voltada ao litígio. Através desta pesquisa, busca-se apresentar medidas iniciais que ajudem a impulsionar o uso desse instrumento, melhorando a eficiência das entidades fiscalizadoras da Medicina e estimulando um debate mais aprofundado sobre o assunto. É necessária a ampla divulgação do instituto com esclarecimento aos Conselheiros, profissionais jurídicos, empregados públicos dos Conselhos de Medicina, médicos, e população em geral, visando corrigir a falha de implementação de cultura de autocomposição organizacional. Necessário também treinamento daqueles que atuam nas conciliações. Utilizou-se a metodologia de pesquisa bibliográfica, legislativa e documental, e entrevistas a atores dos processos éticos.

1. A CONCILIAÇÃO NO ORDENAMENTO JURÍDICO PÁTRIO E NO CÓDIGO DE PROCESSO ÉTICO-PROFISSIONAL DO CONSELHO FEDERAL DE MEDICINA

A resolução de conflitos por meio da conciliação representa uma ferramenta baseada na autocomposição, que pode ocorrer tanto dentro quanto fora do sistema judicial. Este procedimento envolve a intervenção de um terceiro imparcial, cujo papel é auxiliar as partes na busca por um acordo, propondo soluções em casos nos quais não há necessariamente um vínculo anterior entre elas. É importante destacar a diferença em relação à mediação, na qual um mediador imparcial auxilia as partes a identificarem interesses comuns, encontrar soluções e restabelecer a comunicação, sendo mais eficaz quando há um vínculo prévio entre as partes em conflito.

Os Métodos Alternativos de Resolução de Conflitos (MARCs), incluindo a conciliação, são valorizados por diversos motivos, como a economia de tempo e recursos, a preservação de relacionamentos, a flexibilidade e o maior controle das partes sobre o resultado, visando soluções mais eficazes e adaptáveis para lidar com disputas e conflitos.

No contexto brasileiro, existiram algumas disposições ao longo da história, especialmente na esfera trabalhista a partir da década de 1990, sendo que a conscientização sobre sua relevância começou a crescer devido às contribuições da doutrina.[9] O Conselho Nacional de Justiça (CNJ) desempenhou um papel crucial ao estimular essa tendência desde 2006, com o Movimento pela Conciliação, e em 2010, com a Resolução CNJ 125/2010.

A normativa do CNJ influenciou a Lei 13.105/2015, o Código de Processo Civil (CPC), que expressamente incentiva a solução consensual de conflitos, apresenta dispositivos sobre audiências de mediação e conciliação, além de prever que o juiz pode tentar conciliar as partes a qualquer momento do processo. Os princípios norteadores da conciliação e mediação, como independência, imparcialidade, autonomia da vontade e confidencialidade, foram, portanto, incorporados ao CPC. A Lei 13.140/2015, conhecida como Lei da Mediação, também contribuiu para promover métodos autocompositivos, incluindo a mediação entre particulares e no âmbito da Administração Pública. Outro exemplo de inclinação legislativa para métodos autocompositivos inclui a Lei de Licitações (Lei 14.133/2021), que incorporou um capítulo sobre meios alternativos de resolução de controvérsias também naqueles procedimentos.

O CPC de 2015 adaptou o sistema processual brasileiro aos princípios e garantias da Constituição Federal de 1988, alinhando-se ao conceito de "Justiça Multiportas". Esse conceito, cunhado por Frank Sander, da Faculdade de Direito de Harvard, propõe uma abordagem que envolve diversos mecanismos para a proteção de direitos, priorizando a resolução de conflitos de maneira adequada e satisfatória para as partes. A expressão "multiportas" é uma metáfora que se assemelha à ideia de ter várias portas no átrio de um fórum: dependendo da natureza do problema apresentado, as partes são encaminhadas para a porta da mediação, conciliação, arbitragem ou mesmo para o sistema de justiça estatal.[10]

No âmbito da justiça multiportas, o CPC destaca a importância da resolução consensual de conflitos, incentivando conciliação, mediação e outros métodos autocompositivos. O Código de Ética e Disciplina da Ordem dos Advogados do Brasil (OAB) reforça o papel do advogado na promoção da conciliação, priorizando a prevenção de processos legais sempre que possível. Esse modelo multiportas, ao assegurar o acesso à justiça, contribui para uma mudança paradigmática fundamental, deixando o sistema judicial de ser apenas um local de julgamento para se tornar um espaço de resolução de conflitos, garantindo uma solução apropriada que satisfaça as partes envolvidas e promova a paz social, justiça e solidariedade, objetivos essenciais da República Federativa do Brasil.

O Conselho Federal de Medicina (CFM), órgão supervisor da ética profissional em todo o país, forma, em conjunto com os Conselhos Regionais de Medicina, uma autarquia única (art. 1º da Lei 3.268/1957[11]), com natureza jurídica de direito públi-

---

9. FALECK, Diego. *Manual de design de sistemas de disputas*: criação de estratégias e processos eficazes para tratar conflitos. Rio de Janeiro: Lumen Juris, 2020.
10. CUNHA, Leonardo Carneiro da. *A Fazenda Pública em Juízo*. 13. ed. Rio de Janeiro: Forense.
11. Art. 1º O Conselho Federal e os Conselhos Regionais de Medicina, instituídos pelo Decreto-lei 7.955, de 13 de setembro de 1945, passam a constituir em seu conjunto uma autarquia, sendo cada um deles dotado de personalidade jurídica de direito público, com autonomia administrativa e financeira.

co e integrante da administração pública indireta. O seu Código de Processo Ético Profissional (CPEP) define as regras procedimentais durante a investigação de condutas eticamente inadequadas por médicos registrados nos Conselhos Regionais de Medicina.[12] Um processo ético pode ter como consequência desde uma advertência confidencial até mesmo a cassação do registro profissional de médico (art. 22, Lei 3.268/1957).

A conciliação já estava prevista no CPEP de 2010 (Res. CFM 1.897/2009), na seção destinada à sindicância. Com a recente publicação do novo CPEP (Res. CFM 2.306/2022), a conciliação ganhou uma seção própria, destacada daquela relativa à sindicância e ao termo de ajustamento de conduta, reforçando a importância dada pelo órgão regulador a esse meio alternativo de resolução de conflito. Esse instituto permite que as partes alcancem um acordo amigável, resultando no encerramento da sindicância, impedindo que o procedimento avance para a fase de processo ético propriamente dito. Isso representa uma economia significativa de tempo e recursos públicos, considerando que o processo ético pode durar até cinco anos, com um custo médio de R$ 5.000,00.

O artigo 22 do CPEP estabelece que a conciliação só será admitida em casos que não envolvam lesões corporais graves, violação à dignidade sexual ou óbito de paciente relacionado à conduta médica em apuração. Além disso, a conciliação é possível apenas até a aprovação do relatório conclusivo da sindicância, não sendo permitido qualquer acordo pecuniário (art. 22, § 4º).

A Exposição de Motivos do CPEP alinha o código aos mandamentos constitucionais e legais, especialmente às normas do CPC, que, supletiva e subsidiariamente (art. 15[13]), estimulam a conciliação, a mediação e outros métodos de solução consensual de conflitos por juízes, advogados, defensores públicos e membros do Ministério Público, inclusive no curso do processo judicial. Essa diretriz é aplicável, portanto, aos processos éticos nos Conselhos Regionais de Medicina.

Em consulta à Corregedoria de um grande Conselho de Medicina do país, observou-se que, no ano de 2022, foram propostas apenas 03 conciliações e, no ano de 2023, até a finalização deste trabalho, apenas 07 conciliações. Nenhuma das propostas foi frutífera. Chama a atenção que não somente não há conciliação, como ela sequer chega a ser proposta às partes (em 2022, foram abertos ao todo 467 procedimentos e apenas 03 propostas de conciliação; já em 2023, foram abertos 1018 procedimentos, e apenas 07 propostas para levar o caso à conciliação – em nenhum caso houve conciliação propriamente dita). Estes números levantam questionamento sobre quais os motivos subjacentes, tema a ser explorado no próximo item.

---

12. OLIVEIRA, Antônio Carlos Nunes de. *Comentários ao Código de Processo Ético-Profissional dos Conselhos de Medicina*. Brasília: Conselho Federal de Medicina, 2022.
13. Art. 15. Na ausência de normas que regulem processos eleitorais, trabalhistas ou administrativos, as disposições deste Código lhes serão aplicadas supletiva e subsidiariamente.

2. CULTURA DO LITÍGIO, FRUSTRAÇÃO NORMATIVA E MEDIDAS INICIAIS PARA UMA MELHORA NO CENÁRIO

A presença destacada da conciliação no novo CPEP contrasta com a sua não utilização na prática, levantando questões sobre o desconhecimento generalizado acerca desse instrumento. A função do direito, intrinsecamente ligada às expectativas, destaca-se quando faz parte da sociedade, relacionando-se à comunicação de expectativas e ao seu reconhecimento na esfera comunicativa. Embora a conciliação, conforme a normativa processual ética, exija uma proposta do Conselheiro Sindicante, sua possível provocação pelos procuradores das partes poderia aumentar sua visibilidade. O aparente desconhecimento da previsão de conciliação no CPEP por aqueles que operam nos processos ético-profissionais levanta questionamentos sobre sua divulgação eficaz.

Sob a perspectiva das instituições formais e informais e da forma como elas afetam o comportamento econômico e a eficiência das transações, a conciliação, quando firmada na fase de sindicância, evita a abertura do processo ético-profissional, resultando na redução dos custos de transação. Isso inclui custos relativos a tempo, salários, insumos, verbas de representação, custos das partes com advogados, deslocamentos, entre outros. Deve ser rememorado que os Conselhos de Fiscalização Profissional são autarquias federais (STJ, REsp 1757798/RJ), mantidas através de tributo pago pelos profissionais fiscalizados e, portanto, o gasto trata-se de dinheiro público. Praticando o raciocínio, é possível inferir que os gastos relacionados a possíveis processos judiciais civis e quiçá criminais podem nem mesmo se materializar, pois o encerramento de uma sindicância junto ao Conselho de Medicina pode por vezes obstar a continuidade da controvérsia em outras esferas, incluindo a judicial.

Apesar de sua potencial eficiência e economia, a conciliação é praticamente inexistente nos Conselhos de Medicina. A análise bibliográfica ajuda a identificar alguns dos desafios à implementação e efetiva utilização da conciliação dos Conselhos de Medicina. Em auxílio a este método, entrevistas com atores que atuam nas sindicâncias e processos éticos reforçam algumas das causas. Foram entrevistados dois Procuradores atuantes em processos éticos, um empregado público de Conselho de Medicina e um denunciante. Através de perguntas abertas sobre o tema, o entrevistado E1 respondeu que entende que os Conselheiros não conhecem o instituto da conciliação; que falta orientação aos Conselheiros por parte dos empregados públicos lotados nos setores de processos e correlatos; e que alguns Conselheiros conhecem a conciliação, mas não sabem com aplicar. O entrevistado E2 respondeu que uma das causas para o não uso da conciliação é que a maioria dos médicos e denunciantes não está assistido por advogado na fase de sindicância – momento em que é permitida a conciliação, e sem orientação do advogado, acabam por perder a oportunidade de ao menos solicitar ao Conselheiro a sua realização. O entrevistado E3 respondeu que os processos nos Conselhos de Medicina têm caráter muito litigioso, o que impede a conciliação e a falta de qualificação daqueles que deveriam conciliar. Por fim, o entrevistado E4 respondeu que um dos fatores que dificulta o uso da conciliação é o limite temporal no tocante a só poder ser realizada na sindicância, de modo que a norma deveria permitir o seu uso também após a abertura do PEP; respondeu que seria útil a criação de núcleo de conciliação com Conselheiros e empregados públicos treinados, e a designação de um Conselheiro específico como responsável pelo núcleo; respondeu também que há um esvaziamento do instituto em virtude do limite temporal de que a conciliação só pode ser utilizada antes da conversão em PEP, e que há uma cultura institucional voltada ao litígio.

Relativamente ao aparente desconhecimento da norma por parte daqueles que atuam nos processos éticos, cumpre destacar que a comunicação desempenha um papel crucial na administração pública, permitindo o alcance de objetivos e a promoção da harmonia social. A comunicação organizacional contribui para a formação da cultura organizacional e pode ser uma ferramenta poderosa na disseminação dos benefícios da conciliação. Portanto, a educação dos envolvidos nos processos ético-profissionais, em parceria com entidades como a Escola Superior da Advocacia da OAB, pode ser uma estratégia eficaz para a disseminação de informações sobre os meios alternativos de resolução de conflitos e o treinamento adequado dos profissionais envolvidos nos procedimentos.

Se parece existir um desconhecimento generalizado acerca do conteúdo da norma por parte de todos os que participam do processo, por outro lado vivemos a era da cultura do litígio. No cenário brasileiro, observa-se uma inclinação à judicialização como meio predominante para a resolução de disputas, visando uma decisão que substitua a vontade das partes envolvidas. A abordagem judicial, caracterizada pela adjudicação de conflitos, tem sido a opção praticamente exclusiva para a solução de controvérsias. Historicamente, essa preferência pela via judicial reflete um enfoque centralizado no poder pelo Estado, influenciada por regimes centralizadores, indicando um consenso de que a eficácia na resolução de conflitos é mais bem proporcionada pelo sistema judicial.[14] Os Conselhos de Medicina assumem o papel de Tribunais Éticos, com seus Conselheiros, que possuem formação médica, desempenhando a função de juízes. Nesse contexto, eles são investidos do poder decisório conferido pela lei, refletindo a busca por uma solução verticalizada, imposta pelo Estado, por meio da figura do Conselho de Medicina.

Essa cultura do litígio pode ser atribuída a diversos motivos, entre eles: tendência em confiar que os problemas dos cidadãos serão solucionados pelo poder público; aumento da complexidade das interações na vida social; falta de uma mentalidade orientada para a resolução direta de conflitos, priorizando terceiros para resolver disputas; exigência dos cidadãos em fazer valer seus direitos e interesses legítimos; utilização do processo como forma de "vingança social".[15]

---

14. ARAGÃO, Nilsiton Rodrigues de Andrade. From access to the judiciary to access to justice: ways to overcome the culture of procedural litigation through self-composition and extrajudicial ways. *Revista Eletrônica de Direito Processual*. Rio de Janeiro. ano 16. v. 23. n. 1. jan./abr. 2022.

15. MARTÍN, Nuria Belloso. A mediação: a melhor resposta ao conflito? In: SPENGLER, Fabiana Marion; LUCAS, Douglas Cesar (Org.). *Justiça restaurativa e mediação*: políticas públicas no tratamento dos conflitos sociais. Ijuí: Unijuí, 2011.

O estudo da maneira como as instituições modelam o comportamento humano e como os indivíduos contribuem para a criação e modificação dessas instituições é uma área de pesquisa consolidada na doutrina. Elementos como racionalidade limitada, assimetria de informações, incerteza e conflitos são considerados fundamentais nesse contexto. As instituições desempenham um papel crucial na influência do comportamento individual, ao passo que os próprios indivíduos exercem impacto na criação e evolução dessas instituições. Esse processo é caracterizado por uma dinâmica cíclica, onde a relação entre instituições e indivíduos é marcada por uma causalidade cumulativa ao longo do tempo.[16]

Uma abordagem institucionalista, fundamentada em conceitos sobre instituições e a evolução dos processos econômicos, sugere que as instituições podem ser caracterizadas como um conjunto de normas formais (como leis), normas informais (como costumes e hábitos) e sua aplicação nas estruturas sociais.[17] Em termos simples, uma instituição é compreendida como a ação coletiva que controla, libera e expande a ação individual,[18] estabelecendo a estrutura de incentivos das sociedades e, em particular, de suas economias.[19] As instituições desempenham um papel crucial como guias e exercem influência sobre o comportamento dos indivíduos. Em contrapartida, os indivíduos, ao agirem, alteram e estabelecem novas instituições.[20]

A previsão da conciliação no novo CPEP destaca a importância desse mecanismo para o CFM. No entanto, a ausência de sua aplicação na prática não apenas contrasta com a relevância atribuída na normativa ética, mas também diverge da orientação geral do sistema processual brasileiro e dos princípios constitucionais. Se os Conselhos de Medicina efetivamente oferecessem e realizassem conciliações, isso demonstraria um compromisso em lidar com as denúncias de maneira mais acessível e justa. Essa abordagem contribuiria para fortalecer a confiança da sociedade na atuação dos órgãos fiscalizadores da medicina. Ao envolver ativamente os membros da sociedade no processo decisório, a aplicação da conciliação ampliaria e consolidaria os princípios da teoria das instituições, promovendo a participação direta das partes na resolução de suas próprias disputas. Isso resultaria no aumento da confiança e na adaptabilidade do sistema processual ético. A conciliação, ao buscar soluções personalizadas para os envolvidos, evidencia a capacidade das normas de se ajustar às necessidades específicas das pessoas, fortalecendo, assim, a legitimidade das instituições.

Enfrentar o desafio da implementação das conciliações neste contexto revela-se complexo, demandando uma abordagem multifacetada para encontrar soluções eficazes.

---

16. PERIN, Clério; FILIPPI, Eduardo Ernesto. Os mercados e a teoria econômica das instituições. *Estud. Soc. e Agric.* Rio de Janeiro, v. 18, n. 2, 2010.
17. PERIN, Clério; FILIPPI, Eduardo Ernesto. Os mercados e a teoria econômica das instituições. *Estud. Soc. e Agric.* Rio de Janeiro, v. 18, n. 2, 2010.
18. COMMONS, John. Institutional economics. *The American Economic Review*, v. 21, n. 4, 1931.
19. NORTH, Douglass Cecil. Economic performance through time. *The American Economic Review*, v. 84, n. 3, 1994.
20. PERIN, Clério; FILIPPI, Eduardo Ernesto. Os mercados e a teoria econômica das instituições. *Estud. Soc. e Agric.* Rio de Janeiro, v. 18, n. 2, 2010.

Dado o amplo desconhecimento dos participantes do processo ético sobre a conciliação, bem como de seus benefícios não apenas para a sociedade e os jurisdicionados, mas também para o próprio ente público, é imperativo implementar meios de divulgação dos métodos alternativos de resolução de conflitos. Essa divulgação deve abranger não apenas os Conselheiros dos Conselhos de Medicina, mas também os profissionais jurídicos envolvidos, os empregados públicos dos Conselhos, os médicos e a população em geral, visando corrigir a deficiência na promoção de uma cultura de autocomposição organizacional.

Além disso, é essencial proporcionar treinamento adequado para aqueles que atuarão nas conciliações, seguindo padrões de capacitação estabelecidos por entidades credenciadas, de forma análoga ao previsto no artigo 167, § 1º do CPC. Esse treinamento visa capacitar essas pessoas a criar um ambiente, seja físico ou relacional, fundamentado nos princípios da imparcialidade, confidencialidade, informalidade, decisão informada e livre autonomia dos interessados, com a possível aplicação de técnicas negociais que facilitem o procedimento.

A capacidade de comunicação da administração pública desempenha um papel crucial na consecução de suas responsabilidades legais, permitindo alcançar os objetivos estabelecidos de acordo com as competências definidas. Os órgãos da administração pública devem ser habilidosos na interação com uma variedade de atores e sistemas afetados, exigindo a capacidade de construir consenso e reconhecer, incorporar e institucionalizar diversas expectativas legais. Isso contribui para promover a harmonia social por meio do Direito. Nesse contexto, a comunicação tem o potencial de proporcionar uma compreensão mais aprofundada da complexidade do problema, resultando na redução da disparidade de informações, no aumento da confiança mútua e na possibilidade de desenvolver novos modelos de resolução de disputas, contribuindo assim para aprimorar a governança no tratamento de conflitos.[21]

A comunicação organizacional é reconhecida como um elemento construtivo que molda a própria estrutura de uma organização. Através da comunicação, os membros de uma organização desenvolvem conjuntamente significados compartilhados, interpretando suas experiências e contribuindo para a formação da cultura. Nesse contexto, a cultura organizacional emerge do compartilhamento de sistemas, valores e crenças resultantes das interações entre as pessoas dentro da mesma organização.[22]

Ao intensificar a comunicação e destacar os benefícios e vantagens da conciliação, os Conselhos de Medicina podem dar um passo significativo em direção à mudança da cultura de litígio. Isso promoveria a busca pela resolução pacífica de conflitos sempre que possível, promovendo uma cultura de autocomposição organizacional.

---

21. SMOLENAARS, Claudine Costa. *O sistema de comunicação organizacional na governança dos conflitos no âmbito da administração pública*. Dissertação Mestrado Profissional em Direito da Empresa e dos Negócios – Unisinos. Porto Alegre, 2022.

22. MARCHIORI, Marlene. *Cultura e comunicação organizacional*: um olhar estratégico sobre a organização. 2. ed. São Caetano: Difusão, 2008.

Para que seja observada a tendência constitucional e processual relativa ao uso da conciliação a qualquer momento do processo, parece irrefutável ser necessária uma alteração do CPEP no tocante ao limite temporal para realização da conciliação, hoje fixado até a fase de sindicância, não podendo ser realizada após a conversão do procedimento em processo ético-profissional propriamente dito. Uma flexibilização desta condição formal à realização da conciliação, para que possa ser realizada também durante o processo ético, geraria um aumento de eficiência e diminuição do número de processos, atrelado a uma maior satisfação das partes envolvidas e harmonia com as demais disposições normativas relativas aos MARCs.

Diante da ausência normativa de um procedimento que regule pormenorizadamente o instituto, os Conselhos podem regulamentar as etapas da conciliação e criar Câmaras ou Núcleos especializados, identificando dentre seus Conselheiros e empregados públicos aqueles que possuem perfil e capacitação adequados para atuar nestes casos. É recomendável também a implementação de medidores de eficiência periódicos e anuais, com demonstração de eficiência e de economia de recursos, com vistas a incentivar, cada vez mais, a utilização da conciliação.

CONSIDERAÇÕES FINAIS

A adoção dos MARCs oferece uma gama de benefícios significativos para os cidadãos, como a resolução eficiente e eficaz de disputas, proporcionando uma alternativa mais rápida e menos onerosa, fortalecendo os laços sociais e comunitários e fomentando uma cultura de respeito e cooperação. Ademais, a promoção da comunicação aberta e do diálogo construtivo durante o processo de resolução de conflitos estimula a construção de soluções duradouras e satisfatórias para todas as partes envolvidas, consolidando uma sociedade mais justa, pacífica e colaborativa.[23]

A previsão do instituto da conciliação no CPEP do CFM e a orientação principiológica do ordenamento jurídico brasileiro, aplicável também aos processos éticos, contrasta com a não utilização deste instrumento na prática nos Conselhos de Medicina que, se fizessem seu uso, poderiam ser beneficiados com eficiência, economia de recursos, e o reforço da sua própria legitimidade de atuação perante a sociedade.

Diante do desconhecimento generalizado acerca da previsão normativa por parte de todos os que atuam nos processos éticos, além da cultura do litígio, mostra-se impositiva a implementação de meios de divulgação dos meios alternativos de resolução do conflito, como a conciliação, com o devido esclarecimento não somente dos Conselheiros dos Conselhos de Medicina, mas também dos profissionais jurídicos que atuam nestas causas, empregados públicos dos Conselhos, médicos, e população em geral, visando corrigir a falha de implementação de cultura de autocomposição organizacional. É necessário

---

23. ARAGÃO, Nilsiton Rodrigues de Andrade. From access to the judiciary to access to justice: ways to overcome the culture of procedural litigation through self-composition and extrajudicial ways. *Revista Eletrônica de Direito Processual*. Rio de Janeiro. ano 16. v. 23. n. 1. jan./abr. 2022.

também o treinamento daqueles que atuarão nas conciliações, através de capacitação mínima, analogicamente ao que prevê o art. 167, § 1º do CPC. Recomenda-se a criação de Câmaras ou Núcleos especializados em conciliação, com a identificação pelo Setor de RH e Diretoria dos Conselhos de Conselheiros e empregados públicos com perfil e formação adequada tanto para a identificação dos casos aptos à conciliação, quanto para a sua condução.

Este trabalho visa trazer à tona a questão sobre a inefetividade atual da conciliação, abrindo espaço para novas discussões sobre o tema. Para além dos Conselhos de Medicina, o que se evidencia como uma necessidade no Brasil é promover uma mudança cultural, passando da cultura da decisão judicial e do litígio para a cultura da paz e a resolução amigável dos conflitos de interesses.[24]

REFERÊNCIAS

ARAGÃO, Nilsiton Rodrigues de Andrade. From access to the judiciary to access to justice: ways to overcome the culture of procedural litigation through self-composition and extrajudicial ways. *Revista Eletrônica de Direito Processual*. Rio de Janeiro. ano 16. v. 23. n. 1. jan./abr. 2022.

BARRETT, J. T; BARRETT, J. P. *A history of alternative dispute resolution*: the story of a political, social, and cultural movement. San Francisco: Jossey-Bass, 2004.

CINTRA, A. C. A.; GRINOVER, A. P.; DINAMARCO, C. R. *Teoria geral do processo*. 29. ed. São Paulo: Malheiros, 2013.

COMMONS, John R. Institutional economics. *The American Economic Review*, v. 21, n. 4, 1931.

CONSELHO NACIONAL DE JUSTIÇA. *Relatório Analítico Propositivo Justiça Pesquisa* – Mediação e Conciliação Avaliadas Empiricamente. Brasília, 2019.

CUNHA, Leonardo Carneiro da. *A Fazenda Pública em Juízo*. 13. ed. Rio de Janeiro: Forense.

FALECK, Diego; TARTUCE, Fernanda. *Introdução histórica e modelos de mediação*. Disponível em https://www.fernandatartuce.com.br/wp-content/uploads/2016/06/Introducao-historica-e-modelos-de-mediacao-Faleck-e-Tartuce.pdf. Acesso em: 26 dez. 2023.

FALECK, Diego. *Manual de design de sistemas de disputas*: criação de estratégias e processos eficazes para tratar conflitos. Rio de Janeiro: Lumen Juris, 2020.

HODGSON, J. *Thinking on your feet in negotiations*. Londres: Pitman, 1996.

KOVACH, Kimberlee K. *Mediation*: Principles and Practice. 3. ed. St. Paul: Thomson West, 2004.

MANUAL DE NEGOCIAÇÃO BASEADO NA TEORIA DE HARVARD. Escola da Advocacia-Geral da União Ministro Victor Nunes Leal. Brasília: EAGU, 2017.

MARCHIORI, Marlene. *Cultura e comunicação organizacional*: um olhar estratégico sobre a organização. 2. ed. São Caetano: Difusão, 2008.

MARTÍN, Nuria Belloso. A mediação: a melhor resposta ao conflito? In: SPENGLER, Fabiana Marion; LUCAS, Douglas Cesar (Org.). *Justiça restaurativa e mediação*: políticas públicas no tratamento dos conflitos sociais. Ijuí: Unijuí, 2011.

MARTINELLI, D. P. *Negociação empresarial*: enfoque sistêmico e visão estratégica. Barueri: Manole, 2002.

---

24. Conselho Nacional de Justiça, *Relatório Analítico Propositivo Justiça Pesquisa* – Mediação e Conciliação Avaliadas Empiricamente. Brasília, 2019.

MENDONÇA, Angela Hara Buonomo. A reinvenção da tradição do uso da mediação. *Revista de Arbitragem e Mediação*. São Paulo: RT, n. 3, ano 1, set./dez. 2004.

NORTH, Douglass Cecil. *Economic performance through time*. The American Economic Review, v. 84, n. 3, 1994.

OLIVEIRA, Antônio Carlos Nunes de. *Comentários ao Código de Processo Ético-Profissional dos Conselhos de Medicina*. Brasília: Conselho Federal de Medicina, 2022.

PERIN, Clério; FILIPPI, Eduardo Ernesto. Os mercados e a teoria econômica das instituições. *Estud. Soc. e Agric*. Rio de Janeiro, v. 18, n. 2, 2010.

ROJOT, J. *Negotiation: from theory to practice*. Hong Kong: Macmillan Academic and Professional, 1991.

SAMPAIO JÚNIOR, J. H. O papel do juiz na tentativa de pacificação social: a importância das técnicas de conciliação e mediação. *Revista Opinião Jurídica*, Fortaleza, v. 9, n. 13, 2011.

SMOLENAARS, Claudine Costa. *O sistema de comunicação organizacional na governança dos conflitos no âmbito da administração pública*. Dissertação Mestrado Profissional em Direito da Empresa e dos Negócios – Unisinos. Porto Alegre, 2022.

VEZZULLA, Juan Carlos. *Mediação*: teoria e prática. Guia para utilizadores e profissionais. Lisboa: Agora Publicações, 2001.

A CONCILIAÇÃO E A MEDIAÇÃO COMO MECANISMOS DE RESOLUÇÃO DE CONFLITOS ÉTICOS E A ARBITRAGEM COMO MECANISMO DE RESOLUÇÃO DE CONFLITOS ECONÔMICOS

Martin Schulze

Consultor Jurídico. Desembargador aposentado do TJRS.

> Quando tocar alguém nunca toque só um corpo. Quer dizer, não esqueça que ao tocar uma pessoa, neste corpo, está toda a memória de sua existência. E, mais profundamente ainda, quando tocar um corpo, lembre-se de que toca um Sopro, que este Sopro é o sopro de uma pessoa com seus entraves e dificuldades e, também, é o grande Sopro do universo. Assim, quando tocar um corpo, lembre-se de que toca um Templo.
>
> Jean-Yves Leloup

Sumário: Introdução – 1. As vivências; 1.1 Armando; 1.2 Claudines; 1.3 Ezequiel – 2. Aspectos jurídicos – Considerações finais – Referências.

INTRODUÇÃO

A medicina é uma ciência com níveis de incerteza e, em geral, não são possíveis prognósticos exatos e previsões sobre o futuro da saúde dos pacientes. Ao longo da história, a relação entre os médicos e seus pacientes tinha por baliza a confiança.

O exercício da medicina não está alienado da sociedade, eis que recebe influência de todos os setores. Historicamente existe responsabilidade médica de acordo com as circunstâncias particulares, as condições do meio e as formas de pensar de cada época. Importante referir que ao médico não se pode exigir resultados, mas espera-se que use os meios científicos disponíveis para tratar o paciente.

Ninguém poderia imaginar, há alguns anos, que para se falar sobre o exercício das profissões relacionadas à saúde seria imprescindível dominar os conceitos de responsabilidade médica, má prática, *lex artis*, consentimento informado, insatisfação do paciente, medicina defensiva, negligência, imperícia e, eventualmente, dolo.

A livre expressão da insatisfação em relação aos serviços médicos ganhou mais espaço em razão das facilidades atuais de divulgação de fatos nas redes sociais. Por outro lado, a complexidade e a sofisticação de alguns procedimentos que enriqueceram a prática médica geraram novos cenários cujas implicações éticas até então não eram contempladas.

O objetivo do presente é examinar a possibilidade e a conveniência de aplicar os procedimentos específicos da mediação e da arbitragem aos conflitos derivados da prestação de serviços de saúde. Variados estes conflitos, abrangendo reclamações de danos de pacientes contra médicos baseados em erro ou em infringência à *lex artis*,[1] reclamações decorrentes da relação médico-prestadores, reclamações de médicos contra outros médicos baseadas em intromissão ou competição desleal, publicidade proibida ou enganosa, reclamações de médicos contra terceiros.

As vivências narradas a seguir demonstram a insatisfação dos próprios pacientes e/ou de seus familiares, com a atuação do profissional médico, bem como com o resultado obtido com esta atuação.

Nestas narrativas, as providências tomadas pelo Conselho da classe médica não satisfizeram os denunciantes. Importante referir que a presente não pretende examinar o mérito das decisões e sim ofertar uma alternativa que visa minimizar os efeitos da medida aplicada, ou da ausência de medida, de modo a pacificar a relação paciente-médico.

A mediação e a arbitragem são alternativas, as quais, em princípio, gozam de indiscutíveis vantagens, tais como, (I) a rapidez, (II) a economia, por sua maior rapidez e agilidade, com intervenção facultativa de advogado, (III) a ausência de publicidade dos conflitos havidos entre as partes evitando a repercussão pública de uma ação judicial, (IV) a confiança entre as partes, pois cabe a elas a escolha deste tipo de procedimento, bem como a escolha dos mediadores ou árbitros.

1.   AS VIVÊNCIAS

1.1   Armando

Num distante rincão, nasce o tão desejado filho – Armando. Aparência saudável, traços bonitos, somando qualidades que só os genitores poderiam projetar. Nasce entre hortaliças, árvores frutíferas e animais que produzem leite, ovos e carne, cultivados e criados por seus pais. A mãe, de poucas letras, reforça a economia familiar, desenvolvendo atividades de auxiliar de serviços gerais em escola pública um tanto distante.

À medida que ele cresce, passam a perceber, com as poucas luzes que têm, que apesar da aparência bonita e saudável dele, diferenciava-se do comportamento de seus irmãos, tornando-se distante da realidade familiar e do sonho de seus pais!

Ao chegar na idade prevista para o maternal, o colocaram na escola da comunidade, onde começa a conviver com crianças da idade dele e, para surpresa dos pais, passou a servir de chacota, logo sentindo-se rejeitado. Imaginaram que enfrentava as diferenças econômicas, criando uma situação diversa daquela que haviam idealizado para o Armando.

---

1. *Lex Artis* é conjunto de normas, atos, decisões e procedimentos consagrados em um dado momento para a boa e diligente prática profissional ou empresarial.

A mãe, sob orientação da professora, é iluminada, orientada a buscar ajuda. Começa o calvário. A esta pobre agricultora, sem conhecimento nem mesmo de seu próprio ser, sobrava-lhe a dor de ser mãe.

Recorreu ao Sistema Único de Saúde – SUS. Diagnóstico? Autismo! O que seria isso? Só sabia que havia medicações disponibilizadas pela política pública.

E o tempo passou! Os medicamentos não surtiram efeito e o comportamento de Armando tornou-se mais agressivo. Na escola, os conflitos dele com os colegas e as professoras tornaram-se agressões físicas. Logo, a diretora da escola chama a mãe e a responsabiliza por não tomar providências. Nesse momento desperta nela – a mãe – a culpa de não poder mais seu filho pertencer à escola.

Novo calvário junto ao SUS, onde concluíram ter havido equívoco no primeiro diagnóstico, revelando não ser Armando portador de *autismo*[2] e sim de *esquizofrenia*,[3] com gradativo agravamento de sua patologia, principalmente por não ter sido adequadamente diagnosticado no início da enfermidade, hipótese em que teria sido medicado de outra forma.

Urge recorrer ao único recurso que um agricultor modesto pode alcançar. Saber o que é ser portador de *autismo*. E mais, *esquizofrenia*. Como palavras tão difíceis poderiam ser traduzidas para um homem que apenas provê a sobrevivência e a educação de seus filhos.

Sob orientação da Diretora da escola, o pai recorreu à Defensoria Pública – DP. Iniciativa. Ação por danos morais junto à Justiça local. Uma denúncia ao Conselho Regional de Medicina – CRM.[4]

Nesse momento de profunda mágoa com o sofrimento de seu filho, ele – o pai – decide enfrentar as autoridades. Ele tinha que defender Armando.

Indignado, quando o médico se negou a dar continuidade ao tratamento do menino, em razão da denúncia junto ao CRM, o pai procurou novamente a DP onde foi orientado a formalizar nova denúncia contra o médico junto ao CRM.

---

2. O transtorno do espectro autista (TEA) é um distúrbio do neurodesenvolvimento caracterizado por desenvolvimento atípico, manifestações comportamentais, déficits na comunicação e na interação social, padrões de comportamentos repetitivos e estereotipados, podendo apresentar um repertório restrito de interesses e atividades.

3. A esquizofrenia é um transtorno mental que pode apresentar uma variedade de sintomas, como: Alucinações, Delírios, Pensamento e comportamento anômalo, Diminuição da motivação, Piora da função mental.

4. Resolução CFM 2.306/2022:

Art. 14 A sindicância será instaurada:

II – mediante denúncia escrita ou verbal, na qual conste o relato circunstanciado dos fatos e, quando possível, a qualificação do médico denunciado, com a indicação das provas documentais, além de identificação do denunciante, devendo acompanhar cópias de identidade, CPF, comprovante de endereço, incluindo todos os meios eletrônicos disponíveis para contato.

§ 1º O paciente tem legitimidade para oferecer denúncia. Na hipótese de falecimento do paciente, o cônjuge ou companheiro(a), pais, filhos ou irmãos, nessa ordem, poderá ser admitido como parte denunciante, assumindo o processo no estado em que se encontra.

Decepcionado, com o andamento das denúncias, decepcionado com a informação tardia, de que o médico não sofreu nenhuma sanção por dar diagnóstico equivocado e, indignado, ao tomar conhecimento do funcionamento de instituições que até então não faziam parte de sua vida – SUS, CRM, DP – concluiu que só lhe sobravam duas coisas: a defesa da vida e a justiça.

Só lhe restou vivenciar o sofrimento do filho, da família e da sociedade que o circundava.

Diagnosticado e tratado corretamente desde os primeiros sintomas apresentados por Armando, poderia não ter se agravado tanto a patologia do filho.

Talvez ele não se tornasse um desajustado social, face às características que lhe foram impostas pela genética.

1.2   Claudines

Uma jovem senhora de 45 anos de idade, atuando na sua bem sucedida atividade profissional, pouca atenção dava a sua saúde, visto que os desafios profissionais sugavam todas as suas energias. Conversando com suas colegas de trabalho, uma delas, desolada, informou estar com câncer de mama em estado inicial, porque costumava fazer seus exames de rotina regularmente. Assustada com a informação, Claudines, que participava de plano de saúde da empresa, resolveu fazer os exames recomendados. Desesperou-se quando teve diagnosticado câncer em uma das mamas, em estado avançado. Sua médica assistente a orientou a procurar determinado hospital que oferece serviço especializado em câncer de mama.

Lá, orientada a fazer a mastectomia e posterior quimioterapia, concordou com o tratamento proposto e, diante do estigma de que a doença leva à morte, transmitiu o mesmo desespero ao marido, aos filhos e às pessoas mais próximas.

Ante a angústia trazida pela notícia, Claudines e próximos não questionaram o tratamento proposto e os procedimentos foram realizados no nosocômio indicado, às custas do plano de saúde.

Após o procedimento ficou apavorada com a aparência da mama e com os efeitos colaterais da quimioterapia.

Ainda traumatizada passou a dialogar com suas colegas de trabalho. As que também tiveram diagnosticado câncer de mama, passaram a questionar o tratamento a que Claudines se submeteu, visto que não teve a mama preenchida com prótese mamária, não teve orientação para realizar o mesmo procedimento na outra mama, de modo preventivo, hipóteses cobertas pelo plano de saúde, bem como não lhe foi ofertada correção estética a ser realizada por cirurgião plástico, concomitante com a mastectomia, procedimento este que Claudines teria condições econômicas para arcar de modo particular, restando o tempo complementar de sala cirúrgica por conta do plano de saúde.

Inconformada com as informações obtidas que lhe teriam proporcionado, em um mesmo evento cirúrgico, uma ação preventiva e uma ação estética, trazendo certa tranquilidade quanto à reincidência do câncer e restaurando, ou conservando, sua feminilidade, buscou o serviço especializado do hospital indicado, para lá relatar suas inconformidades e frustrações.

Ante o comportamento indiferente do médico que realizou o procedimento, o qual afirmou que havia dado as informações sobre as alternativas disponibilizadas pelo plano de saúde e que desconhecia a condição econômica de Claudines, motivo pelo qual não ofereceu as alternativas estéticas possíveis e as alternativas preventivas disponíveis.

Arrasada com a resposta, humilhada com sua aparência e inconformada com as justificativas do médico que efetuou a cirurgia, passou a comentar sua indignação com amigos e familiares, os quais recomendaram buscar orientação jurídica.

Procurou um causídico indicado, o qual a orientou a denunciar o médico junto ao CRM, bem como a ingressar com ação de danos estéticos e morais junto à justiça local.

Decidiu efetuar a denúncia junto ao CRM. Ficou na expectativa de obter uma decisão e, ante a ausência de qualquer informação, procurou seu advogado, o qual fez consulta ao CRM, obtendo resposta no sentido de que não foram detectadas, no agir do médico, nenhuma das hipóteses previstas para reconhecer infração ética ou erro médico.

Indignada com a conclusão do CRM e inconformada com a ausência de punição do médico, decidiu, por orientação de seu advogado, ingressar com a ação judicial, buscando danos morais e restauração do dano estético que sofreu.

1.3   Ezequiel

Uma vida dedicada a sua atividade profissional, com responsabilidade, ante a importância social de sua profissão, o fez descurar dos cuidados com a saúde. Ao contrário, abastado, deliciou-se com os prazeres da culinária e sorveu toda sorte de bebidas. Acabou tornando-se obeso, com diabetes. Não esquecendo que, igualmente, dedicou-se ao tabagismo, em todas suas variedades. Ao gozar todos estes prazeres, nunca lhe passou pela ideia fazer exercícios físicos, muito exaustivos, tornando-se sedentário. Assim envelheceu Ezequiel.

Em razão de sua atitude pessoal e em razão de seu temperamento azedo que passou a demonstrar após aposentadoria, afastou-se a família. Cada filho tomou seu rumo e a esposa, já há muito, buscara outro relacionamento.

Na sua vida solitária e inativa, sem deixar de fruir de seus prazeres, passou a sentir dores na coluna, nos braços, nas pernas, no pescoço, entre outros desconfortos físicos, os quais desprezava, limitando sua mobilidade e o impedindo de ter sua autonomia.

Enfim, buscou ajuda médica, quando as dores nas costas se tornaram insuportáveis. O especialista consultado indicou cirurgia, afirmando ser necessária a colocação de diversos parafusos para estabilizar a coluna, de modo a reduzir as dores.

Sem maiores precauções, concordou em submeter-se ao procedimento indicado. Compareceu ao nosocômio no dia e hora indicados. Submeteu-se a todos os procedimentos preparatórios de praxe e adentrou a sala de cirurgia.

Entrou vivo. Saiu morto.

Surpreso, o filho menos longínquo, ao saber do resultado da cirurgia, procurou obter informação sobre as circunstâncias do evento morte, sendo que as respostas foram evasivas e lhe foi apresentada, pelo nosocômio, as despesas para pagamento, incluindo, além das despesas normais de um procedimento cirúrgico, um conjunto de doze próteses.

Inconformado com o tratamento recebido, procurou melhores esclarecimentos e constatou, surpreso, que alguém do grupo cirúrgico fora seu colega na escola.

Ciente de sua responsabilidade profissional, o colega narrou ao filho de Ezequiel que, ao se iniciar o procedimento de anestesia, este teve um choque anafilático e, apesar de todos os esforços para reverter a situação, não houve êxito, resultando no óbito do paciente.

Sabedor da causa da morte de seu pai, questionou o colega sobre a cobrança das próteses. Constrangido, revelou ter ficado estupefato com o comportamento do cirurgião que, ao ser informado pelo anestesista que Ezequiel havia ido a óbito, não hesitou em continuar com o procedimento, fazendo a colocação das próteses na coluna. Questionado, afirmou que havia sido contratado para colocá-las e não deixaria de fazê-lo, pois não iria abrir mão de receber o valor contratado.

Revoltado com a informação, o filho de Ezequiel foi contrapor o cirurgião e o mesmo negou ter procedido como narrado e afirmou que o óbito ocorrera em decorrência de fatores posteriores ao ato cirúrgico.

Diante das informações controversas, o filho de Ezequiel negou-se a efetuar os pagamentos exigidos pelo cirurgião e pelo nosocômio.

Convencido de ter havido má conduta por parte do cirurgião, apresentou denúncia contra o mesmo junto ao CRM.

2. ASPECTOS JURÍDICOS

Analisando as vivências acima, pode-se afirmar que os familiares de Armando apresentaram denúncia contra o médico assistente junto ao CRM porque se indignaram com o erro no diagnóstico, erro este que submeteu o paciente a anos de tratamento equivocado, bem como com a alteração do comportamento do médico que não quis mais assistir ao seu paciente face terem os familiares o denunciado junto ao CRM.

Na vivência de Claudines destaca-se a afirmativa da falta de informação sobre as alternativas de tratamento o que a levou a se submeter um tratamento mais conservador e mais sofrido, quando poderia ter se submetido a um tratamento mais moderno, menos sofrido e mais preventivo para o futuro, bem como com o resultado de sua aparência física, que poderia ter sido minimizada com uma intervenção de implante de prótese e correção plástica da mama.

Na vivência de Ezequiel ocorreram duas situações. O evento morte, de responsabilidade do anestesista, e o evento implante de próteses, com o paciente já em óbito, do médico assistente, motivo da indignação dos familiares.

Estes os fatos, em suma, denunciados ao CRM, que mereceriam uma resposta, pelo menos satisfatória, aos pacientes e familiares, bem como alguma sanção aos respectivos médicos, na medida em que reconhecida ou não infração ao Código de Ética Médica. Segundo as narrativas, houve tão só o silêncio, modo que se ignora o efetivo resultado das denúncias.

Resta interpretar os fatos narrados à luz dos princípios da Ética Médica, da legislação vigente, *strictu e lato senso*, não no sentido de eventual crítica em relação à decisão tomada, mas sim no de avaliar a forma de solução prevista pelo regramento aplicável e a atuação sugerida pela presente.

A atuação do médico está, universalmente, baseada no Juramento de Hipócrates, escrito há 2.600 anos, o qual continua a conter o cerne das regras éticas para o exercício da nobre profissão da Medicina. Nele se encontram os predicados exigidos para que existam verdadeiros médicos. Preceitos éticos estes que se incorporaram aos Códigos de Ética Médica de diversos países, incluindo o Brasil.

Von Sydenham, no Século XVII, destacava, como um imperativo ético: "trate os doentes como gostarias de ser tratado se estivesses doente". Este conceito perdeu vigência na atualidade, pois hoje a afirmativa seria "trate os doentes como eles querem ser tratados", pois um dos princípios da bioética é o de respeitar a autonomia da vontade do paciente.

A relação médico paciente é um espaço onde a confiança do paciente se encontra com a consciência do médico de onde se conclui que a confiança e a comunicação são elementos fundamentais da relação médico-paciente. As transformações ocorridas nesta relação são universalmente reconhecidas como as causas fundamentais das inconformidades dos usuários e das consequentes demandas judiciais e mediáticas contra os médicos.

Estas inconformidades, quando formalmente expressas, junto aos órgãos competentes, precisam ser analisadas sob a ótica da pacificação social, desprendendo-se das formalidades burocráticas, para buscar, dentro dos parâmetros legais, uma solução para os conflitos decorrentes, principalmente, da relação médico-paciente.

O CFM, na busca de atualizar a forma de atuação em relação às infrações éticas praticadas por médicos, teve o mérito de consolidar os vários procedimentos éticos regulados por diversas Resoluções, observando os termos das Leis 6.838/1980 e 9.784/1999, bem como os princípios constitucionais da administração pública direta ou indireta, tais como a legalidade, a impessoalidade, a moralidade, a publicidade e a eficiência para instituir, pela Resolução CFM 2.306/2022, o novo e atual Código de Processo Ético-Profissional (CPEP).

Dentre os Considerando da suprarreferida resolução merece destaque a referência de que os Conselhos de Medicina são, ao mesmo tempo, julgadores e disciplinadores da classe médica, cabendo-lhes zelar e trabalhar, utilizando todos os meios ao seu alcance, pelo perfeito desempenho ético da medicina e pelo prestígio e bom conceito da profissão e dos que a exerçam legalmente.

O foco da presente análise, como já a tem por objetivo identificar os fatores que levam ao agravamento da judicialização da Medicina, dentro de um contexto maior do fenômeno denominado de "Judicialização da Saúde", fenômeno este que merece um especial acompanhamento pelo Conselho Nacional de Justiça, através de seu Fórum da Saúde.

A judicialização da Medicina tem a ver com as relações Médico-Paciente, Médico--Prestador e Médico-Médico, modo a ser necessária uma imersão nas condicionantes destas relações, identificando-se os focos geradores de conflitos. Ao depois, destacar, destes, os que impliquem em efetiva infração ética do médico, daqueles que pretendam uma vantagem econômica decorrente de uma insatisfação com o resultado destas relações.

O Código de Ética Médica, regulado pela Resolução CFM 2.217/2018, estabelece as infrações éticas dos médicos em seus 117 artigos, sendo essencialmente infrações decorrentes da relação Médico-Paciente, mas muitas da relação Médico-Prestador e outras da relação Médico-Sociedade. Destas, diversas regulam aspectos econômicos da atuação do médico.

O artigo 14 da Resolução CFM 2.306/2022 estabelece que a sindicância será instaurada em duas hipóteses: (I) de ofício pelo CRM ou (II) mediante denúncia escrita ou verbal, na qual conste o relato circunstanciado dos fatos. No parágrafo primeiro do mesmo artigo, está previsto que o paciente tem legitimidade para oferecer denúncia. Este destaque, permite concluir que a denúncia prevista no inciso II pode ser promovida por qualquer pessoa ou entidade. Assim, a previsão do parágrafo primeiro restringe a instauração de sindicância às infrações éticas decorrentes da relação Médico-Paciente. As decorrentes da relação Médico-Prestador e da Médico-Sociedade podem ser denunciadas por qualquer pessoa.

Uma vez recebida a denúncia, esta será processada de acordo com as formalidades previstas nos artigos 15 a 18. No art. 19, quando do relatório conclusivo da sindicância, estão previstas as proposições possíveis, sendo as previstas no inciso I – conciliação, quando pertinente – e no inciso III – arquivamento: se indicar a inexistência de indícios de materialidade e/ou autoria de infração ao Código de Ética Médica – as que interessam à presente análise. Ainda de interesse à presente, a previsão do art. 21, onde possibilita ao denunciante recorrer da decisão de arquivamento da sindicância.

No artigo 22 está previsto o processamento da Conciliação, a qual está limitada às hipóteses que não envolvam lesão corporal de natureza grave (art. 129, §§ 1º a 3º do Código Penal[5]), violação à dignidade sexual ou óbito do paciente. A conciliação, segundo este

---

5. CP – Capítulo II – Das Lesões corporais
   Lesão Corporal
   Art. 129. Ofender a integridade corporal ou a saúde de outrem:

dispositivo, dependerá de proposta fundamentada do sindicante ou de outro membro da Câmara, com aprovação da Câmara de Sindicância.

A condicionante para a realização da conciliação merece reflexão. O dispositivo prevê uma proposta fundamentada e aprovada pela Câmara de Sindicância. Ou seja, numa primeira interpretação, a Câmara de Sindicância define os termos do acordo. Esta hipótese fere de morte os princípios da conciliação, pois esta pressupõe que os sujeitos pratiquem e sofram a ação simultaneamente, ou seja, a conciliação exige a participação ativa dos envolvidos. Conciliar implica participar ativamente da comunicação, colaborar para a identificação dos interesses, ajudar a pensar em soluções criativas e estimular as partes a serem flexíveis, podendo apresentar sugestões para a finalização do conflito. O conciliador atua como terceiro facilitador e deve estimular as partes a falarem sobre o conflito, provocando a escuta recíproca e a identificação das posições e interesses dos envolvidos. Da forma como colocado no dispositivo da Resolução em comento, o conciliador já apresenta os termos do acordo, cabendo aos envolvidos apenas aceitar ou não a proposta. Esta forma de condução não propicia a pacificação dos envolvidos.

Certamente esta foi a forma de agir, nos três casos narrados acima, os quais não se enquadram nas ressalvas do art. 22 da resolução. Importante destacar que no episódio de Ezequiel, apesar de ocorrido o evento morte, esta não se deu em razão do médico que operou a coluna e sim em decorrência do choque anafilático provocado pelo procedimento de anestesia, de responsabilidade do médico anestesista. Como descrito nas narrativas, as duas primeiras hipóteses não foram reconhecidas como infrações éticas, eis que, em tese, não se enquadram nas 117 normas deontológicas. Já a terceira narrativa foge da alçada do presente estudo, eis que extrapola a questão ética, mas foi colocada para evidenciar os limites do ora pretendido. Mesmo assim, as respostas, ou a ausência delas, causaram grande frustração aos pacientes ou familiares.

A presente tem por objetivo sugerir, uma vez recebida a denúncia, instaurada ou não a sindicância, desde que não incidentes as hipóteses previstas no já referido art.22

Lesão Corporal de Natureza Grave

§ 1º Se resulta:

I – incapacidade para as ocupações habituais por mais de 30 (trinta) dias;

II – perigo de vida;

III – debilidade permanente de membro, sentido ou função;

IV – aceleração de parto;

§ 2º Se resulta:

I – incapacidade permanente para o trabalho;

II – enfermidade incurável;

III – perda ou inutilização de membro, sentido ou função;

IV – deformidade permanente;

V – aborto;

Lesão Corporal Seguida de Morte

§3º Se resulta morte e as circunstâncias evidenciam que o agente não quis o resultado e nem assumiu o risco de produzi-lo.

da Resolução 2.306/2022, seja facultada a oportunidade de estabelecer uma mediação entre os interessados.

Importante destacar que a mediação se diferencia da conciliação. Na conciliação, o conciliador tem por missão, uma vez ouvidas as partes, induzir ou propor uma forma de solucionar o conflito entre as partes. Já na mediação a missão do mediador é promover o diálogo entre as partes e, com a habilidade pertinente, fazer com que as partes encontrem uma solução para o conflito estabelecido, sem, entretanto, sugerir ou induzir uma solução ao conflito.

A mediação tem por marco legal a Lei 13.140/2015 onde previstos princípios ou conduta ideal a serem adotados no procedimento, tais como a imparcialidade do mediador, a isonomia entre as partes, a oralidade, a informalidade, a autonomia da vontade das partes, a busca do consenso, a confidencialidade e a boa-fé. Estas peculiaridades permitem uma solução consensual entre os envolvidos e, mesmo que o agir não incida nas hipóteses de infração à ética médica, permite que, principalmente, os pacientes e seus familiares sejam esclarecidos quanto ao proceder do médico assistente, esclarecimento este mediado por um terceiro, preferencialmente por um médico da mesma especialidade ou qualificado para agir como mediador, ou, ainda, por um jurista igualmente qualificado para atuar como mediador.

Nas hipóteses em que não for obtida a pacificação das partes através da mediação, e não estarem as mesmas previstas como infrações éticas, modo a evitar uma demanda judicial, pode ainda ser ofertada a arbitragem. Destaca-se que, cada vez mais, a atividade médica é exercida através de estruturas empresariais, as quais propiciam seja o atendimento médico precedido de um contrato firmado entre as partes, hipótese em que eventuais conflitos a serem solucionados podem ter a previsão de o ser através da arbitragem.

Todas estas alternativas poderiam ser adotadas alternativa e complementarmente à conciliação já prevista no Código de Processo Ético-Profissional, desde que a solução do conflito não envolva compensação financeira.

Implementada a possibilidade de solução de conflitos através da mediação e/ou da arbitragem, desde que não incidentes as hipóteses previstas para a aplicação do Termo de Ajustamento de Conduta – TAC, da Interdição Cautelar do Exercício da Medicina ou do Processo Ético-Profissional, os Conselhos de Medicina estariam possibilitando pacificação social, com os devidos e pertinentes esclarecimentos dos limites da atividade médica, tanto de meio como de resultado, prestigiando assim a atuação dos Conselhos, afastando a imagem de protecionismo ou de corporativismo.

CONSIDERAÇÕES FINAIS

O presente estudo objetivou, a partir das vivências narradas, demonstrar que as denúncias arquivadas pelos Conselhos de Medicina por não caracterizarem atuação médica incidente em infração médica, ou a forma na qual conduzidas as eventuais Conciliações obtidas entre denunciantes e médicos, na maioria das vezes não satisfazem os pacientes ou familiares denunciantes.

Como forma de minimizar a imagem de protecionismo ou de corporativismo, objetivou, ainda, o presente estudo, sugerir a aplicação dos métodos alternativos de solução de conflitos, consistentes na Mediação e na Arbitragem, modo a esclarecer os limites da atividade médica, tanto a de meio como a de resultado, implicando na compreensão dos limites da arte médica e na compreensão das informações prestadas e, consequentemente, pacificando a relação paciente-médico, médico-prestador e médico-médico, destacando-se que tais métodos ofertados pelos Conselhos de Medicina só poderiam alcançar os conflitos que não envolvessem interesses econômicos.

REFERÊNCIAS

ANTILLÓN, J. J. *Historia y Filosofia de la Medicina*. Editorial Universidad de Costa Rica, 2005.

BRAGA NETO, A. Mediação de Conflitos: Conceito e Técnicas. In: C. A. de SALLES, M. A. G. L. LORENCINI e P. E. A. da SILVA (Coord.). *Negociação, Mediação, Conciliação e Arbitragem* – Curso de Métodos Adequados de Solução de Controvérsias. Forense, 2021.

CARRASCO, M. C. G. y LÓPEZ, M. J. M. Es trasladable el arbitragem de consumo a los conflitos sanitários? In: J. T. URBINA y J.C.DE LAS CUEVAS (Dir.). *La Protección Jurídica del Paciente como Consumidor*. Navarra, Espanha: UIMP Universidad Internacional Menéndez Pelayo y Gobierno de Cantabria, Consejería de Sanidad; Thomson Reuters, 2010.

COMISION NACIONAL DE ARBITRAGE MÉDICO. Modelo Mexicano de Arbitrage Médico; CONAMED, 2003.

DOLCI, G.F. El arbitrage sanitario como alternativa: la experiencia mexicana. In: J. T. URBINA y J. C. DE LAS CUEVAS (Dir.). *La Protección Jurídica del Paciente como Consumidor*. Navarra, Espanha: UIMP Universidad Internacional Menéndez Pelayo y Gobierno de Cantabria, Consejería de Sanidad; Thomson Reuters, 2010. https://www.google.com/search?q=lex+artis+medica&oq=lex+artis&gs_lcrp= EgZjaHJvbWUq BwgCEAAYgAQyCQgAEEUYORiABDIHCAEQABiABDIHCAIQABiABD IICAMQABgWGB4yCAgEEAAYFhgeMggIBRAAGBYYHjIICAYQABgWGB4 yCAgHEAAYFhgeMggICBAAGBYYHjIICAkQABgWGB7SAQg5NzM5ajBqN6g CALACAA&sourceid=chrome&ie=UTF-8.

ORDIOZOLA, M. La Conservación de la Salud y el Tratamiento de la Enfermidad em la Historia. In: S. P. CAMPOS y R. G. MARTÍNEZ (Dir.). *Estudios Multidisciplinarios sobre Derecho Medico y Organizaciones de la Salud*. Montevideo, Uruguay: La Ley Uruguay, 2010.

PIERRI, N.C.C. La Relacón Médico-Paciente: La Base de uma Buena Asistencia. In: S. P. CAMPOS y R. G. MARTÍNEZ (Dir.). *Estudios Multidisciplinarios sobre Derecho Medico y Organizaciones de la Salud*. Montevideo, Uruguay: La Ley Uruguay, 2010.

O DIREITO À NÃO AUTOINCRIMINAÇÃO DO MÉDICO INVESTIGADO E/OU DENUNCIADO DIANTE DO ARTIGO 17 DO CÓDIGO DE ÉTICA MÉDICA

Sarah Carvalho

Pós-graduada em Ciências Penais e Interseccionalidade. Membra do Instituto de Ciências Penais e da Sociedade Brasileira de Bioética. Pesquisadora com ênfase em Direito Penal Médico, Bioética e Feminismo. Advogada.

Willian Pimentel

Pós-graduado em Direito Digital pelo Instituto de Tecnologia e Sociedade, em parceria com a Universidade do Estado do Rio de Janeiro (UERJ) e o Centro de Estudos e Pesquisas no Ensino do Direito (CEPED). Membro da Câmara de Legislação e Normas do CONFEF. Encarregado de Dados (DPO) do CONFEF. Advogado.

> **Sumário:** Introdução – 1. O direito ao silêncio no ordenamento jurídico brasileiro; 1.1 O exercício da autodefesa no direito penal; 1.2 O exercício da autodefesa pelo médico em processos éticos; 1.3 Análise da constitucionalidade do art. 17 do Código de Ética Médica (CEM) – Considerações finais – Referências.

INTRODUÇÃO

O direito ao silêncio se trata de um dos pilares do princípio constitucional da não autoincriminação, que prenuncia a participação voluntária e consciente na produção de provas daquele que está sendo investigado ou enfrentando um processo. Nessa perspectiva, prevalece a máxima de que ninguém é obrigado a fornecer qualquer tipo de informação que possa resultar em inculpação direta ou indireta.

Embora se trate de garantia de origem muito antiga, que nasce na era moderna como meio de refutar os horrores gerados pela inquisição na Idade Média, ainda é comum escutar que o seu exercício pode reverberar consequências jurídicas. Tal entendimento foi amplificado nacionalmente durante as audiências da Comissão Parlamentar Mista de Inquérito do Congresso sobre os atos golpistas cometidos em 08 de janeiro de 2023, em que o direito ao silêncio pelos investigados foi deturpado por alguns parlamentares, dentre eles, a Senadora Soraya Thronicke, sob a justificativa de que "quem cala, consente".[1]

---

1. Notícia UOL. Oposição diz achar normal silêncio de Cid; senadora vê admissão de culpa. 11.07.2023. Disponível em https://noticias.uol.com.br/politica/ultimas-noticias/2023/07/11/impressoes-depoimento-mauro-cid.htm. Acesso em: 22 jan. 2025.

Apesar de ser cediço que o direito ao silêncio é consagrado constitucionalmente, observa-se reiteradas distorções interpretativas incompatíveis com o pleno exercício da garantia tutelada, inclusive no âmbito dos Conselhos Regionais e Federal de medicina. Em virtude disso, este artigo se propõe a analisar o Código de Ética Médica (CEM) e o Código de Processo Ético-Profissional (CPEP) no que tange ao resguardo do princípio da não autoincriminação *(nemo tenetur se detegere)* ao médico investigado e/ou denunciado.

Para tanto, especial atenção foi dedicada ao artigo 17, do CEM, que prevê infração ética caso o médico deixe de atender, salvo por motivo justo, às requisições administrativas, intimações ou notificações dos Conselhos no prazo determinado. Além disso, procedeu-se com a análise conjunta do art. 70, do CPEP, que retrata especificamente o direito ao silêncio.

Nesse sentido, a intenção é verificar se os referidos textos legais coadunam com a garantia de resguardo a não autoincriminação ou se é possível verificar inconstitucionalidade em seu bojo.

1. O DIREITO AO SILÊNCIO NO ORDENAMENTO JURÍDICO BRASILEIRO

No ordenamento jurídico brasileiro, o direito ao silêncio está insculpido no art. 5º, inciso LXIII, da Constituição Federal: "o preso será informado de seus direitos, entre os quais o de permanecer calado, sendo-lhe assegurada a assistência da família e de advogado".[2] Muito embora o texto legal se refira ao réu encarcerado, por extensão, é aplicável ao sujeito passivo em liberdade.

Tal entendimento ainda está consagrado na Convenção Americana sobre Direitos Humanos (Pacto de San José da Costa Rica), em seu artigo 8º, item 2, alínea g, a qual prevê que toda pessoa acusada de um delito tem, durante o processo, a garantia de "não ser obrigada a depor contra si mesma, nem a confessar-se culpada".[3]

Compreende-se, portanto, que tal preceito possui status constitucional e internacional, devendo ser amplamente respeitado. Segundo o STF, o direito de silenciar quanto a fatos em tese criminosos existe não apenas em juízo, durante o interrogatório do réu, mas em qualquer órgão ou instância estatal de apuração, esteja o acusado preso ou solto, posto que o inciso LXIII do art. 5º, da Constituição Federal, deve receber interpretação extensiva.[4]

1.1 O exercício da autodefesa no Direito Penal

O direito de defesa está estruturado no binômio defesa técnica e autodefesa. O primeiro pressupõe a assistência de um profissional do Direito, que detém os conheci-

---

2. Brasil. Constituição da República Federativa do Brasil de 1988. Brasília, DF: Senado Federal, 1988. Disponível em: https://www.planalto.gov.br/ccivil_03/constituicao/constituicao.htm. Acesso em: 21 jan. 2025.
3. Organização dos Estados Americanos, Convenção Americana de Direitos Humanos ("Pacto de San José de Costa Rica"), 1969. Disponível em: https://www.oas.org/juridico/portuguese/treaties/b-32.htm Acesso em: 21 jan. 2025.
4. STF. HC 99.289, Rel. Min. Celso de Mello. Disponível em: https://www.stf.jus.br/arquivo/cms/noticiaNoticiaStf/anexo/HC99289CM.pdf. Acesso em: 21 jan. 2025.

mentos adequados para resistir à pretensão estatal, em igualdade de armas técnicas com o acusador. Nesse aspecto, possui por característica a indisponibilidade, haja vista que, para além de ser uma garantia constitucional do sujeito passivo, sobressalta o interesse coletivo na correta apuração dos fatos.[5]

A autodefesa, por sua vez, se trata das atuações do sujeito passivo para defender a si mesmo enquanto indivíduo singular, pelo que se estrutura como uma atividade positiva ou negativa. A postura comissiva denota uma atuação efetiva, em que o acusado expressa seus motivos ou sua negativa diante das acusações que lhes são imputadas. Já a postura omissiva reflete o direito do sujeito passivo em se negar a declarar e/ou a dar a mínima contribuição para a atividade probatória realizada pelos órgãos estatais de investigação.

Assim, a autodefesa, ao contrário da defesa técnica, pode ser renunciada pelo imputado, mas é indispensável para o magistrado, de modo que o órgão jurisdicional deve conceder a oportunidade para que aquela seja exercida. Caberá, portanto, ao sujeito passivo decidir se aproveita a oportunidade para exercer seu direito de forma ativa ou comissiva.

Entretanto, convém esclarecer que o direito ao silêncio é apenas uma manifestação de uma garantia muito maior, exarado no princípio *nemo tenetur se detegere* (não incriminação), na qual o imputado não pode sofrer nenhum prejuízo jurídico por omitir-se de colaborar em uma atividade probatória da acusação ou por exercer seu direito de silêncio quando questionado.[6]

Em verdade, o princípio da não autoincriminação define que o acusado tem o direito de se calar diante de perguntas que podem levá-lo à confissão, mas, sobretudo, de não participar da formação de sua própria culpa em outras espécies de provas.[7] Nesse sentido, não pode ser compelido a participar de acareações, reconstituições, fornecer material para realização de exames periciais, dentre outros procedimentos.

No direito penal brasileiro, a garantia ao silêncio é expressamente prevista no art. 186 do CPP, que assim dispõe: "depois de devidamente qualificado e cientificado do inteiro teor da acusação, o acusado será informado pelo juiz, antes de iniciar o interrogatório, do seu direito de permanecer calado e de não responder perguntas que lhe forem formuladas".[8]

Do exercício desse direito não pode nascer nenhuma presunção de culpabilidade ou prejuízo ao imputado, tal qual a configuração de crime de desobediência, pois no Brasil adota-se o sistema de silêncio protegido, em contraposição ao sistema de silêncio tolerado.[9]

---

5. LOPES JR, Aury. *Direito processual penal*. 18. ed. São Paulo: Saraiva Educação, 2021.
6. Idem.
7. STJ, HC 57.420/BA, 6ª T., rel. Min. Hamilton Carvalhido, DJ 15.05.2006. Disponível em: https://www.stf.jus.br/arquivo/informativo/documento/informativo549.htm. Acesso em: 21 jan. 2025.
8. Brasil. Código Penal. Decreto-Lei 2.848, de 7 de dezembro de 1940. Disponível em: https://www.planalto.gov.br/ccivil_03/_ato2015-2018/2015/lei/l13105.htm. Acesso em: 21 jan. 2025.
9. SILVA, Sandra Oliveira. *O Arguido como Meio de Prova contra si mesmo*: considerações em torno do princípio *nemo tenetur se ipsum accusare*. Coimbra: Almedina, 2018.

Sobre o assunto explica Sandra Oliveira Silva:

...para que se apresente como uma opção defensiva válida é necessário que o silêncio seja visto como uma faculdade juridicamente 'protegida' e já não como uma mera liberdade fática que o ordenamento 'tolera', mas a que não deixa de associar consequências desfavoráveis.[10]

Além desse exercício não ser equiparado à presunção de culpa, não poderá servir de fundamentação para recebimento da denúncia, decretação de prisão preventiva ou condenação do réu. Nesse mesmo sentido, a falta de informação ao acusado sobre essa garantia tornará ilícita eventual prova produzida.[11]

Apesar disso, Aury Lopes Júnior e Alexandre Morais da Rosa alertam que o processo se trata de um jogo de informação, assim sendo, a atitude do réu em adotar o silêncio ainda encontra forte resistência dos agentes processuais por considerarem o seu exercício como uma forma de desrespeito e contrário à postura de uma pessoa inocente. Em suas palavras:

Muitos magistrados e membros do Ministério Público tomam o exercício do direito como uma forma de depreciação com suas funções, uma forma "indolente" ou "inatural" de comportamento, quando não invocam, ainda, o não recepcionado artigo 186 do Código de Processo Penal.[12]

E continuam:

O silêncio articula um convite ao vazio a ser preenchido. Ao mesmo tempo em que preenche a narrativa, autoriza seu preenchimento, dada a confusão entre o vazio e o nada. Daí o paradoxo e os riscos de seu exercício. Com o silêncio as coordenadas do sentido migram, sendo necessário compreender autenticamente a noção de sentido para que não se corra o risco de ser engolfado pela postura paranoica (Franco Cordero e Jacinto Nelson de Miranda Coutinho), de se saber o que o silêncio diz. Deixar que o silêncio opere no processo penal, especialmente no lugar do acusado, precisa, assim, ser problematizado. Não é uma simples tática processual.[13]

Os autores asseveram que a possibilidade de haver consequências negativas ao uso do silêncio não é em razão do direito em si, mas da persistência dos agentes processuais em se guiarem pela máxima não dita de que "quem cala consente." Dessa forma, pensando em estratégia jurídica, a defesa técnica e/ou o próprio sujeito passivo precisam ponderar sobre a "assunção do risco" pela perda de uma chance de obter a captura psíquica dos julgadores.

1.2 O exercício da autodefesa pelo médico em processos éticos

No Código de Processo Ético-Profissional (CPEP), o direito ao silêncio está disposto no art. 70, § 1º, como se extrai:

---

10. SILVA, Sandra Oliveira. *O Arguido como Meio de Prova contra si mesmo*: considerações em torno do princípio *nemo tenetur se ipsum accusare*. Coimbra: Almedina, 2018, p. 392.
11. STF. HC 628224/MG. Disponível em: https://shre.ink/bjn7. Acesso em: 21 jan. 2025.
12. LOPES JÚNIOR, Aury; ROSA, Alexandre Morais da. Máxima do "quem cala consente" é o perigo do silêncio do acusado. *Conjur*, 24 de abril de 2015, s/p. Disponível em https://www.conjur.com.br/2015-abr-24/limite-penal-maxima-quem-cala-consente-perigo-silencio-acusado/. Acesso em: 21 jan. 2025.
13. Idem.

Art. 70. O denunciado será devidamente qualificado e, depois de cientificado do relatório conclusivo da sindicância, será informado pelo instrutor, antes de iniciar o depoimento, de seu direito de permanecer calado e de não responder perguntas que lhe forem formuladas.

§ 1º O silêncio do denunciado, que não importará em confissão, não poderá ser interpretado em prejuízo de sua defesa.[14]

Da leitura deste artigo, observa-se que o médico denunciado não é obrigado a responder aos questionamentos que lhe forem feitos. Assim, poderá permanecer calado, visto que seu silêncio não corresponde à confissão dos fatos narrados na denúncia. Não obstante a isso, a norma ainda é clara ao estabelecer que o Conselheiro-instrutor deverá comunicá-lo sobre tal direito, de modo que, caso decida pela autodefesa negativa, quando devidamente intimado, não haverá causa de nulidade processual.

Constata-se, portanto, que assim como no Direito Penal, nos processos éticos, o depoimento daquele, que se dispõe pela autodefesa positiva, se constitui como meio de prova, mas também se revela como meio de defesa, isto é, o imputado dá a sua versão dos fatos e, em um segundo momento, os julgadores poderão considerar o que foi dito ao elaborarem o voto.[15]

Antônio Carlos Nunes de Oliveira estabelece que "... em face ao silêncio do denunciado, o voto do relator jamais poderá mencionar a circunstância como argumento para justificar a condenação... O aforismo "quem cala consente" não tem aplicação nessa hipótese, diante do ônus da prova que recai sobre a acusação".[16]

Embora esse silêncio não possa ser usado em desfavor do denunciado, há que se considerar na estratégia jurídica, que o não cumprimento do prazo de defesa prévia, por exemplo, acarretará em revelia e consequente nomeação de defensor dativo, conforme preceitua o CPEP:

Art. 48. Considera-se revel o médico denunciado que, regularmente citado, deixar de apresentar defesa prévia no prazo legal, nem constituir defensor. Parágrafo único. Caso o denunciado ou seu defensor manifeste nos autos que não deseja fazer sua defesa prévia, não será considerado revel.[17]

Acerca do assunto, Antônio Carlos Nunes de Oliveira continua:

Se o revel deixar de apresentar defesa prévia, mas constituir defensor nos autos, esse comportamento será entendido como livre opção de não praticar o ato no prazo que lhe foi destinado. Assim, o processo seguirá o seu trâmite normal, visto que o denunciado representado por um profissional do direito pode muito bem ter optado pela estratégia do silêncio. Consequentemente, por se tratar de

---

14. Conselho Federal de Medicina. Código de Processo Ético-Profissional: Resolução CFM 2.306, de 17 de março de 2022. / Conselho Federal de Medicina. Brasília, DF: Conselho Federal de Medicina, 2022. Disponível em: https://cbr.org.br/wp-content/uploads/2023/08/Codigo-de-Processo-Etico_Profissional.pdf. Acesso em: 21 jan. 2025.

15. OLIVEIRA, Antonio Carlos Nunes de. *Comentários ao Código de Processo Ético-Profissional dos Conselhos de Medicina*: aprovado pela resolução CFM 2.306/2022. Brasília: Conselho Federal de Medicina, 2022.

16. Idem.

17. Conselho Federal de Medicina. Código de Processo Ético-Profissional: Resolução CFM 2.306, de 17 de março de 2022. Brasília, DF: Conselho Federal de Medicina, 2022. Disponível em https://cbr.org.br/wp-content/uploads/2023/08/Codigo-de-Processo-Etico_Profissional.pdf. Acesso em: 21 jan. 2025.

livre e espontânea manifestação de vontade, o CRM não nomeará defensor dativo, no entendimento de que o denunciado abdicou desse ato processual, assumindo todas as possíveis consequências e ônus processuais.[18]

Nesse aspecto, como se trata de um processo administrativo sancionador, a revelia não possui as consequências jurídicas do processo civil, pelo que a sua decretação não caracteriza a presunção de verdade dos fatos não impugnados. Aliás, os princípios basilares da presunção de inocência e do contraditório orientam a nomeação de defensor dativo quando o denunciado não constituir defensor nos autos, tampouco fizer sua defesa diretamente.[19]

Caso a revelia seja decretada e, desde que um advogado particular não seja constituído nos autos, o Conselho deverá nomear um defensor dativo para elaborar a defesa prévia e atuar no PEP em todas as fases que se seguirem, até que haja constituição de defensor privado pela liberalidade do denunciado ou decisão final.[20]

1.3 Análise da constitucionalidade do art. 17 do Código de ética médica (CEM)

O artigo 17 do CEM estabelece como infração ética "Deixar de cumprir salvo por motivo justo, as normas emanadas dos Conselhos Federal e Regionais de Medicina e de atender às suas requisições administrativas, intimações ou notificações no prazo determinado".[21]

Pela leitura do artigo, depreende-se que não é aconselhável que o denunciado desconsidere os chamados dos Conselhos, sob pena de incorrer em infração ética. Em um primeiro momento, caberia indagar se a conduta omissiva pode ser sugerida à luz do direito ao silêncio, vez que ninguém é obrigado a fazer prova contra si mesmo. Todavia, o CFM por meio da Nota Técnica de expediente 058/2011, do SEJUR, ainda em vigor, já se manifestou sobre o assunto e firmou a seguinte ementa:

> Ementa. I. É possível a imputação do artigo 17 do CEM ao médico sindicado, quando inequivocamente intimado, não presta esclarecimentos ao CRM; II – será também cabível sua penalização no PEP, quando imputado na sindicância sua desídia em atender aos chamados no CRM, desde que não haja justo motivo e que tenha sido inequivocamente intimado; III – ao revel não pode ser imputado o artigo 17 do CEM; IV – mesmo não sendo parte na Sindicância ou PEP, o médico deverá SEMPRE atender aos chamados dos Conselhos de Medicina, pois tem o dever legal de auxiliar essas Autarquias Federais na busca de uma profissão melhor e mais ética.[22]

---

18. OLIVEIRA, Antonio Carlos Nunes de. *Comentários ao Código de Processo Ético-Profissional dos Conselhos de Medicina*: aprovado pela resolução CFM 2.306/2022. Brasília: Conselho Federal de Medicina, 2022, p. 161.
19. Idem.
20. Idem.
21. Conselho Federal de Medicina. Código de Ética Médica: Resolução CFM 2.217, de 27 de setembro de 2018, modificada pelas Resoluções CFM 2.222/2018 e 2.226/2019. Brasília: Conselho Federal de Medicina, 2019. Disponível em: https://portal.cfm.org.br/images/PDF/cem2019.pdf. Acesso em: 21 jan. 2025.
22. CFM. Nota Técnica de expediente 058/2011, do SEJUR. Disponível em: https://sistemas.cfm.org.br/normas/arquivos/notas/BR/2011/58_2011.pdf. Acesso em: 21 jan. 2025.

Sobre isso convém acrescentar que o SEJUR foi compelido pela Corregedoria do CFM a responder as seguintes dúvidas.[23]

1 – O médico que deixa de atender as requisições administrativas dos conselhos de medicina podem ter processos abertos por possível infração ao artigo 17? Por exemplo: chega uma denúncia ao Conselho e o médico é instado a prestar esclarecimentos e não o faz. No momento de elaborar o relatório o sindicante pode pedir a abertura de PEP por possível infração ao artigo 17? 2 – Caso o processo possa ser aberto e na fase processual o médico comparece ao conselho e responde regularmente ao mesmo, no final pode ser imputada infração ao artigo 17 por não ter atendido à requisição do conselho na fase de sindicância? 3 – Caso ele não compareça na fase processual, seja declarado revel e nomeado defensor dativo, ele pode legalmente sofrer imputação ética no artigo 17? 4 – Finalmente, o médico que é convocado para prestar depoimento no conselho como testemunha de processo está obrigado a comparecer ou a justificar o seu não comparecimento? Caso ele não dê nenhuma satisfação ao Conselho pode ter um processo ético aberto por possível infração ao artigo 17?

Em momento anterior, o SEJUR manifestou entendimento através da NTE 53/2011 – aprovada em 10.11.2011 acerca da obrigatoriedade de o médico denunciado comparecer ao CRM para prestar informações, atendendo às requisições administrativas, intimações e citação. Assim ficou ementado:

I – Os artigos 26 do Código de Processo Ético-Profissional e 17 do Código de Ética Médica não negam vigência aos postulados constitucionais e legais do princípio do nemo tenetur se detegere (Direito ao Silêncio); apenas reafirmam a obrigatoriedade do médico como denunciado, denunciante ou testemunha prestar a necessária informação para auxiliar o CRM no deslinde do delito ético, quando inequivocamente intimados.[24]

Na mesma manifestação jurídica, apontou como ressalva a situação em que o médico denunciado, regularmente intimado, comparece ao CRM e se recusa a prestar qualquer informação sobre os fatos. Neste caso, o SEJUR entendeu que não poderá ser imputado ao profissional qualquer delito ético, pois seu silêncio estará garantido pelo art. 5º, LXIII, da Constituição Federal e pelo artigo 186, parágrafo único, do Código de Processo Penal.

Nessa perspectiva, Dantas e Coltri explicam que:

Há que se ter em mente o fato de que os Conselhos de Medicina exercem função pública delegada pelo Estado, para regulamentação e fiscalização das normas ético-profissionais a serem obedecidas por todos os médicos legalmente habilitados ao exercício da profissão, e que o descumprimento de suas determinações enseja consequências não apenas de ordem deontológica, mas também de caráter penal, uma vez que os conselheiros, no exercício de suas funções, são legalmente equiparados a funcionários públicos, por força do art. 327 do Código Penal brasileiro.[25]

---

23. CFM. Nota Técnica de expediente 058/2011, do SEJUR. Disponível em: https://sistemas.cfm.org.br/normas/visualizar/notas/BR/2011/58 . Acesso em: 21 jan. 2025.
24. Idem.
25. DANTAS, Eduardo; COLTRI, Marcos. *Comentários ao Código de Ética Médica*. 3. ed. Salvador: JusPodivm, 2020, pag. 158.

Os autores aclaram que, nos processos éticos, o artigo 17 do CEM é rotineiramente aplicado ao médico que recebeu as notificações para se manifestar na sindicância, mas que decidiu ignorá-las. Nesse contexto, para que seja configurada a conduta antiética do médico é imprescindível que tenham ocorrido efetivamente as comunicações e que ele não tenha respondido absolutamente nada, de forma que uma mera negativa geral já seria suficiente para afastar a aplicação da referida infração.[26]

Cabe ressaltar que o médico ao não atender às notificações no prazo determinado também incorre em infração ética:

Recurso CFM 002482.

Órgão julgador: Câmara Especial 04 do Tribunal Superior de Ética Médica do Conselho Federal de Medicina

Relatora: Annelise Mota de Alencar Meneguesso – PB

Ementa: Processo ético-profissional. Recurso de apelação. Infração ao artigo 17 do cem (Resolução CFM 1.931/09). É vedado ao médico: deixar de cumprir, salvo por motivo justo, as normas emanadas dos conselhos federal e regionais de medicina e de atender às suas requisições administrativas, intimações ou notificações no prazo determinado. Descaracterizada infração aos artigos 32, 58 e 68 do cem (Resolução CFM 1.931 /09). Reforma da sanção de "censura pública em publicação oficial" para "advertência confidencial em aviso reservado". I – Comete ilicitude ética o médico que não responde tempestivamente às solicitações dos Conselhos de Medicina. II – Recurso de apelação conhecido e dado provimento parcial. Publicado no DOU em 23.04.2021, Seção 1, Página 205.

Nessa perspectiva, conforme precedentes do CFM que decidiram pela absolvição do profissional frente à acusação de infração do art. 17 do CEM, é possível ao médico comparecer posteriormente comprovando que não houve dolo de sua parte em permanecer inerte às notificações do Conselho. Como se lê:

Recurso CFM 004265.

Órgão julgador: Câmara Especial 04 do Tribunal Superior de Ética Médica do Conselho Federal de Medicina

Relator: Nazareno Bertino Vasconcelos Barreto – RR

Ementa: Processo ético-profissional. Recurso de apelação. Descaracterizada infração ao artigo 17 do cem de 2009 (Resolução CFM 1.931/09). Reforma da sanção de "advertência confidencial em aviso reservado" para absolvição. I – Não come ilícito ético o médico que não foi devidamente notificado a apresentar defesa. II – Recurso de apelação conhecido e dado provimento. Publicado no DOU em 31.08.2021, Seção 1, página 267.

Recurso CFM 006879/2017

Órgão Julgador: 2ª Câmara do Tribunal Superior de Ética Médica do CFM.

Relator: Wirlande Santos da Luz

Ementa: Processo ético-profissional. Recurso de apelação. Descaracterizada infração ao artigo 17 do CEM (Resolução CFM 1.931/09). Reformada a pena de "advertência confidencial em aviso reservado" para absolvição. I – Não comete infração ética o médico que não age dolosamente em desobediên-

---

26. DANTAS, Eduardo; COLTRI, Marcos. *Comentários ao Código de Ética Médica*. 3. ed. Salvador: JusPodivm, 2020, p. 158.

cia do Código de Ética Médica. II – Recurso de apelação conhecido e dado provimento. Publicação: Publicado no D.O.U. no dia 30.05.2018, seção 1, página 157.

Recurso CFM 007717/2017

Órgão Julgador: 1ª Câmara Extraordinária do Tribunal Superior de Ética Médica do CFM

Relator: Henrique Batista E Silva

Ementa: Processo ético-profissional. Recurso de apelação. Descaracterizada infração ao artigo 17 do CEM (Resolução CFM 1.931/09). Reformada a pena de "advertência confidencial em aviso reservado" para absolvição. I – Não comete infração ética o médico que, na fase de instrução do PEP, comparece e se defende da acusação e informa que em nenhum momento desconsiderou as notificações ou tratou com desprezo a instituição. II – Recurso de apelação conhecido e dado provimento. Publicação: Publicado no D.O.U. no dia 30.05.2018, seção 1, página 159.

Dantas e Coltri, no entanto, salientam que é viável questionar, se na fase da sindicância, o médico estaria obrigado a responder à notificação para apresentação de manifestação escrita, uma vez que, de acordo com reiteradas decisões dos Conselhos Regionais e Federal de Medicina, nesse momento a manifestação do médico não é obrigatória.[27]

De forma contrária, o CFM esclareceu na Nota Técnica 058/2011 que o princípio da não autoincriminação não é passível de ser aplicado em fase pré-processual:

O artigo 17 do Código de Ética Médica estabelece uma obrigatoriedade de todos os médicos (denunciante, denunciado, testemunha e até quem não é parte) de atender às requisições administrativas dos Conselhos de Medicina... No caso específico da fase de Sindicância, o médico inequivocamente intimado a prestar informação sequer poderá alegar o princípio do *nemo tenetur se detegere* (Direito ao Silêncio), pois ainda não é parte denunciada (réu), mas tão-somente mero Sindicado, não se lhe aplicando a impossibilidade de produção de provas em seu desfavor.[28]

Ato contínuo, a nota esclarece que o médico efetivamente denunciado pode ser punido por não ter comparecido à sindicância, mesmo tendo se manifestado na fase processual (PEP). Esse cenário só poderá ser mudado se for provado justo motivo pelo não comparecimento.

Barros Júnior, por sua vez, defende, em sentido contrário, que a ausência do denunciado perante as notificações do Conselho não acarretaria prejuízos, pois independentemente disso, o procedimento tramitará normalmente, devendo ocorrer a nomeação de um advogado dativo para cuidar da defesa técnica. Se, porventura, o profissional decidir aparecer em atos futuros, passará a se manifestar na fase em que se encontra, de modo que o procedimento não retroagirá para repetir atos já realizados.[29]

O autor pontua que, embora seja uma tática possível, seu exercício provavelmente será acompanhado de consequências, vez que na ausência de repasse de informações ao advogado dativo, a defesa elaborada poderá não abarcar todos os aspectos necessários ao

---

27. DANTAS, Eduardo; COLTRI, Marcos. *Comentários ao Código de Ética Médica*. 3. ed. Salvador: JusPodivm, 2020.

28. CFM. Nota Técnica de expediente 058/2011, do SEJUR. Disponível em: https://sistemas.cfm.org.br/normas/arquivos/notas/BR/2011/58_2011.pdf. Acesso em: 21 jan. 2025.

29. BARROS JÚNIOR, Edmilson de Almeida. *Código de ética médica*: comentado e interpretado. Timburi, SP: Editora Cia do Ebook, 2019.

deslinde positivo da demanda. No entanto, a seu ver, se condenado, não poderá incorrer na infração contida do art. 17.[30]

Apesar de adotar este posicionamento, Barros Júnior alerta que alguns Conselhos regionais sustentam que o médico denunciado detém a obrigatoriedade de comparecer em qualquer de seus chamados, mesmo que seja para, tão somente, afirmar diante do Conselheiro instrutor que exercerá seu direito ao silêncio.[31]

Não obstante aos entendimentos elencados, afere-se que as citadas notas técnicas do SEJUR reconhecem o princípio da não autoincriminação de forma reduzida, esvaziando parte significativa de seu pressuposto. Ao se afirmar que o art. 17 do Código de Ética Médica não nega vigência ao princípio do *nemo tenetur se detegere* e ao direito ao silêncio, sob a justificativa da obrigatoriedade de o médico prestar a necessária informação para auxiliar o CRM no deslinde do delito ético, o CFM nega diretamente os postulados constitucionais e legais.

Pelo princípio ora discutido, é cediço que investigado/denunciado tem o direito de permanecer em silêncio durante os questionamentos que lhes são dirigidos, em razão do direito de autodefesa, que engloba não apenas manifestações escritas, mas o direito de audiência e o de presença.[32]

O que se nota é que há uma tendência equivocada de se equiparar o princípio do *nemo tenetur se detegere* ao direito ao silêncio, o que desemboca na ideia de que ao investigado/denunciado só cabe a possibilidade de não responder perguntas ou afirmar a intenção de não apresentar manifestações em momentos pré e processuais oportunos.

Considerando agora o real significado da não autoincriminação, tanto a doutrina quanto a jurisprudência têm expressado que não se pode exigir um comportamento ativo do réu ou investigado, caso tal atitude possa resultar em seu prejuízo, o que inclui estar presente em interrogatório/audiência ou a obrigação de apresentar defesa.[33]

Outro equívoco comum é sustentar que a garantia é destinada exclusivamente a quem está encarcerado pelo fato de que o texto constitucional contém a expressão "preso". Os doutrinadores preconizam que a Constituição protege todo aquele que esteja sendo imputado algum delito, pouco importando se o indivíduo é indiciado, suspeito, acusado ou condenado e, como dito, se está preso ou se está solto.[34]

Além disso, há que se considerar que o STF já se manifestou pela interpretação extensiva desse princípio, afirmando que o direito de silenciar existe não apenas em juízo,

---

30. Idem.
31. Idem.
32. OLIVEIRA, Antonio Carlos Nunes. de *Comentários ao Código de Processo Ético-Profissional dos Conselhos de Medicina*: aprovado pela resolução CFM 2.306/2022. Brasília: Conselho Federal de Medicina, 2022.
33. STJ, HC 57.420/BA, 6.ª T., rel. Min. Hamilton Carvalhido, DJ 15.05.2006. Disponível em: https://www.stf.jus.br/arquivo/informativo/documento/informativo549.htm. Acesso em: 21 jan. 2025.
34. Idem.

mas em qualquer órgão ou instância estatal de apuração,[35] o que abarcaria as apurações em processos éticos.

Por esse entendimento, até mesmo na sindicância não é passível a exclusão ao princípio da não autoincriminação. É errônea a afirmação do CFM, em sua nota técnica 058/2011, de que o princípio do *nemo tenetur se detegere*, não se aplica nessa fase, pois o médico ainda não é parte denunciada.

O intento da sindicância, de fato, é apontar indícios de autoria e materialidade, sem a necessária ampla defesa e o contraditório, contudo isso não confunde com inexistência de defesa pessoal.

CONSIDERAÇÕES FINAIS

Afere-se que no processo penal há o reconhecimento mais amplo do princípio da não autoincriminação, ainda que haja o alerta sobre a postura pessoal e (antijurídica) dos operadores do direito que são contrários ao seu exercício. Entretanto, no processo ético é difícil combater tal posicionamento quando há uma norma explícita no CEM que mitiga a importância da garantia e uma nota técnica – ainda em vigor – que é contundente nesse sentido. Em conclusão, tal observação se revela absurda, pois o princípio da não autoincriminação não é exclusivo do direito penal.

Dentro desta máxima, não é admissível que em processos profissionais éticos se admitam medidas coercitivas, na forma de infração ética, contra o investigado/denunciado visando obrigá-lo a cooperar na produção de quaisquer provas que requisitem uma ação ativa. Se mostra inconstitucional, portanto, sobrepor o senso de obrigatoriedade de o médico prestar a necessária informação para auxiliar o CRM no deslinde do delito ético a uma garantia decorrente do direito à defesa pessoal.

REFERÊNCIAS

BARROS JÚNIOR, Edmilson de Almeida. *Código de ética médica*: comentado e interpretado. Timburi, SP: Editora Cia do Ebook, 2019.

BRASIL. Código Penal. Decreto-Lei 2.848, de 7 de dezembro de 1940. Disponível em: https://www.planalto. gov.br/ccivil_03/_ato2015-2018/2015/lei/l13105.htm. Acesso em: 21 jan. 2025.

BRASIL. Constituição da República Federativa do Brasil de 1988. Brasília, DF: Senado Federal, 1988. Disponível em: https://www.planalto.gov.br/ccivil_03/Constituicao/Constituicao.htm. Acesso em: 21 jan. 2025.

CFM. Nota Técnica de expediente 058/2011, do SEJUR. Disponível em: https://sistemas.cfm.org.br/normas/ visualizar/notas/BR/2011/58. Acesso em: 21 jan. 2025.

CONSELHO FEDERAL DE MEDICINA. Código de Ética Médica: Resolução CFM 2.217, de 27 de setembro de 2018, modificada pelas Resoluções CFM 2.222/2018 e 2.226/2019 / Conselho Federal de Medicina –

---

35. STF. HC 99.289, Rel. Min. Celso de Mello. Disponível em: https://www.stf.jus.br/arquivo/cms/noticiaNoticiaStf/ anexo/HC99289CM.pdf. Acesso em: 21 jan. 2025.

Brasília: Conselho Federal de Medicina, 2019. Disponível em: https://portal.cfm.org.br/images/PDF/cem2019.pdf. Acesso em: 21 jan. 2025.

CONSELHO FEDERAL DE MEDICINA. Código de Processo Ético-Profissional: Resolução CFM 2.306, de 17 de março de 2022. / Conselho Federal de Medicina. Brasília, DF: Conselho Federal de Medicina, 2022. Disponível em: https://cbr.org.br/wp-content/uploads/2023/08/Codigo-de-Processo-Etico_Profissional.pdf. Acesso em: 21 jan. 2025.

DANTAS, Eduardo; COLTRI, Marcos. *Comentários ao Código de Ética Médica*. 3. ed. Salvador: JusPodivm, 2020.

LOPES JÚNIOR, Aury; ROSA, Alexandre Morais da. *Máxima do "quem cala consente" é o perigo do silêncio do acusado*. Disponível em: https://www.conjur.com.br/2015-abr-24/limite-penal-maxima-quem-cala-consente-perigo-silencio-acusado/. Acesso em: 21 jan. 2025.

LOPES JR, Aury. *Direito processual penal*. 18. ed. São Paulo: Saraiva Educação, 2021.

NOTÍCIA UOL. *Oposição diz achar normal silêncio de Cid;* senadora vê admissão de culpa. 11.07.2023. Disponível em: https://noticias.uol.com.br/politica/ultimas-noticias/2023/07/11/impressoes-depoimento-mauro-cid.htm. Acesso em: 21 jan. 2025.

OLIVEIRA, Antonio Carlos Nunes de. *Comentários ao Código de Processo Ético-Profissional dos Conselhos de Medicina*: aprovado pela resolução CFM 2.306/2022. Brasília: Conselho Federal de Medicina, 2022.

ORGANIZAÇÃO DOS ESTADOS AMERICANOS, Convenção Americana de Direitos Humanos (*"Pacto de San José de Costa Rica"*), 1969. Disponível em: https://www.oas.org/juridico/portuguese/treaties/b-32.htm. Acesso em: 21 jan. 2025.

SILVA, Sandra Oliveira. *O Arguido como Meio de Prova contra si mesmo*: considerações em torno do princípio nemo tenetur se ipsum accusare. Coimbra: Almedina, 2018, p. 392.

STJ, HC 57.420/BA, 6.ª T., rel. Min. Hamilton Carvalhido, DJ 15.05.2006. Disponível em: https://www.planalto.gov.br/ccivil_03/_ato2015-2018/2015/lei/l13105.htm. Acesso em: 21 jan. 2025.

STF. HC 628224/MG. Disponível em: https://shre.ink/bjn7. Acesso em: 21 jan. 2025.

STF. HC 99.289, Rel. Min. Celso de Mello. Disponível em: https://www.stf.jus.br/arquivo/cms/noticiaNoticiaStf/anexo/HC99289CM.pdf. Acesso em: 21 jan. 2025.

A INTERDIÇÃO CAUTELAR COMO INSTRUMENTO DE PROTEÇÃO SOCIAL

Fernanda Schaefer

Pós-Doutorado no Programa de Pós-Graduação *Stricto Sensu* em Bioética da PUC-PR, bolsista CAPES. Doutorado em Direito das Relações Sociais na Universidade Federal do Paraná, curso em que realizou Doutorado Sanduíche nas Universidades do País Basco e Universidade de Deusto (Espanha) como bolsista CAPES. Coordenadora do Curso de Pós-Graduação em Direito Médico e da Saúde da PUC-PR. Assessora Jurídica CAOP Saúde MPPR.

Ana Luiza Schaefer Sartori

Estudante do quarto ano curso de Medicina do Centro Universitário de Brusque (UNIFEBE).

Sumário: Introdução – 1. A ampla defesa e o contraditório como garantias constitucionais – 2. Interdição cautelar no Código de Processo Ético-Profissional do Conselho Federal de Medicina – 3. A interdição cautelar como instrumento de proteção social – Considerações finais – Referências.

INTRODUÇÃO

No Brasil, o exercício da Medicina é disciplinado pela Lei n. 12.842, de 10 de julho de 2013, conhecida como Lei do Ato Médico, que restringe a denominação 'médico' ao graduado em curso superior de Medicina reconhecido pelo Ministério da Educação (MEC) (art. 6°) ou ao aprovado no Exame Nacional de Revalidação de Diplomas Médicos Expedidos por Instituições de Educação Superior Estrangeira (Revalida, Lei 13.959/19).

Dispõe a norma que o objeto da atuação do médico é a saúde do ser humano e das coletividades humanas, devendo agir com zelo e responsabilidade, visando a promoção, proteção e recuperação da saúde; prevenção, diagnóstico e tratamento de doenças; reabilitação de enfermos e pessoas com deficiência (art. 1°).

A profissão é regulamentada pelo Conselho Federal de Medicina (CFM), criado pela Lei 3.268/57 (anteriormente instituído pelo Decreto-Lei 7.955/45), autarquia que exerce função delegada[1] pelo Poder Público,[2] normatizando e supervisionando técnica e

---

1. "A União passou a delegar progressivamente a sua função de fiscalizar o exercício profissional, criando por meio de leis específicas os denominados Conselhos de Fiscalização Profissional: pessoas jurídicas de direito público, detentoras de autonomia administrativa e financeira e sujeitas ao controle do Estado para exercer a fiscalização do exercício profissional. Note-se que a competência privativa para legislar sobre a organização do sistema nacional de emprego e as condições para o exercício das profissões continua vinculada à União, ao passo que aos denominados Conselhos de Fiscalização Profissional foi delegada a competência para aplicação da legislação nacional relacionada ao exercício da profissão. Em outros termos, em razão do processo de descentralização administrativa, os Conselhos de Fiscalização Profissional aplicam a legislação nacional relacionada ao exercício da profissão que venha a ser desenvolvida e organizada pela União. Não poderia ser diferente, uma vez que o referido

eticamente a profissão, julgando e disciplinando a classe médica, realizando verdadeira atividade de autorregulação[3] profissional que determina comportamentos considerados adequados para aqueles que pretendem exercer a Medicina.

Aos Conselhos se impõe o dever de zelar e trabalhar pelo adequado desempenho ético da Medicina, resguardando-se o "prestígio e bom conceito da profissão". É do exercício de suas atribuições que nasceu o Código de Ética Médica[4] (CEM, vigente atualmente a Resolução 2.217, CFM, de 27 de setembro de 2018), norma de natureza deontológica cujo único destinatário é o médico.[5-6]

Em razão dos poderes regulamentar e de polícia[7] conferidos pela lei, compete aos Conselhos, na esfera da responsabilidade ético-profissional, receber, apurar e julgar as

---

processo de descentralização administrativa não possui o condão de alterar um dispositivo constitucional. Os conselhos possuem a finalidade de zelar pela integridade e pela disciplina das diversas profissões, disciplinando e fiscalizando, não só sob o aspecto normativo, mas também punitivo, o exercício das profissões regulamentadas, zelando pela ética no exercício destas. Cabe a estas entidades, além de defender a sociedade, impedir que ocorra o exercício ilegal da profissão, tanto por aquele que possua habilitação, mas não segue a conduta estabelecida, tanto para o leigo que exerce alguma profissão cujo exercício dependa de habilitação" (Parecer TCU, 2014, p. 28-29, vide: Orientações para os Conselhos de Fiscalização das Atividades Profissionais, TCU, 2014, disponível em: https://www.cressrs.org.br/arquivos/n_noticias/Orienta%C3%A7%C3%B5es%20para%20os%20Conselhos%20de%20Fiscaliza%C3%A7%C3%A3o%20das%20Atividades%20Profissionais.pdf).

2. "De fato, embora os Conselhos Profissionais inegavelmente exerçam atribuições associadas a uma natureza pública (como o manejo de exações fiscais e o exercício de poder de império), que atraem a aplicação de um regime jurídico tipicamente público, isso não significa que esses entes precisem, necessária e exclusivamente, adotar o regime de direito público. A opção pela atribuição de uma maior liberdade para os Conselhos Profissionais pode justificar-se por razões pragmáticas e democráticas, que facilitem a ordenação da categoria e a promoção de interesses públicos, com respeito aos direitos fundamentais" (BINENBOJM, Gustavo. *Uma teoria do direito administrativo*. Rio de Janeiro: Renovar, 2014).

3. "Entre as razões para a existência autorregulação profissional, estariam os seguintes motivadores: a) a obrigatoriedade da exigência de um certo padrão de qualidade na aquisição de conhecimentos específicos da profissão, atrelados à assimetria de informações do mercado; b) a necessidade de controle da qualidade que este serviço é prestado; c) algumas profissões, como as de cunho liberal, necessitam da existência de certa liberdade para o seu exercício de suas funções" (PINHO, Clóvis Alberto Bertolini. Os conselhos profissionais e a Lei de Improbidade Administrativa – Limites da liberdade profissional e da autorregulação. *Revista Jurídica da Procuradoria-Geral do Estado do Paraná, Direito do Estado em Debate*, Curitiba, n. 6, 2015, p. 175-206. p. 188).

4. Vale lembrar que o CEM não faz correlação entre conduta e pena, o que significa afirmar que a violação de qualquer uma das 117 condutas previstas no Código pode gerar a aplicação de qualquer uma das seis penas previstas no art. 22. Não, também, hierarquia formal entre os deveres médicos, embora se possa extrair do CEM tipos que são axiologicamente mais graves do que outros.

5. Lembre-se que os Conselhos profissionais possuem poder normativo, destinado a regular tudo aquilo que se refere a uma determinada profissão, dentro de limites legais, regularmente estabelecidos. Sobre o poder normativo do Conselho Federal de Medicina, recomenda-se a leitura: PITELLI, Sergio Domingos. O poder normativo do Conselho Federal de Medicina e o direito constitucional à saúde. *Revista de Direito Sanitário*, USP, v. 3, n. 1, março de 2002, p. 38-59.

6. Embora o novo Código tenha apresentado alguns avanços, "quando da normatização da responsabilidade profissional, afastou-se do viés de maior proteção do paciente, já que a Resolução 2.217/2018 delimitou a responsabilidade do médico como pessoal, eminentemente subjetiva, impedindo a aplicação da culpa presumida quando de transgressões àquele Código; normativa essa vigente desde seu antecessor, o Código de Ética Médica de 2009 (Resolução CFM 1.931/2009)" (VIEIRA, Patrícia Ribeiro Serra; SÁ, Ana Clara Oliveira. A culpa presumida contra a legalidade e o Código de Ética Médica. *Direito em Movimento*, Rio de Janeiro, v. 21, n. 2, p. 65-82, 2º. Sem. 2023, p. 65-82. p. 67).

7. Poder de polícia é a "competência para disciplinar o exercício da autonomia privada para a realização de direitos fundamentais e da democracia, segundo os princípios da legalidade e da proporcionalidade" (JUSTEN FILHO, Marçal. *Curso de direito administrativo*. São Paulo: Saraiva, 2010. p. 561).

denúncias de violação ético-profissional.[8] Sendo dessas entidades o dever de fiscalizar a atividade profissional e a correta obediência ao CEM (e outros atos normativos aplicáveis), foi necessário regulamentar o trâmite das sindicâncias e processos ético-profissionais, que atualmente submetem-se ao disposto na Resolução 2.306/2022, CFM (Código de Processo Ético-Profissional – CPEP).

Sabe-se que as limitações para a atuação dos Conselhos profissionais decorrem de leis publicadas pelos entes federativos. Os atos normativos exarados pelos Conselhos possuem força impositiva aos profissionais que devem guiar sua atuação em conformidade com as normas da profissão e os atos legais. Assim, quando circunstâncias concretas indicam desrespeito às normativas éticas, chegando os fatos ao conhecimento do Conselho, deve ele agir, dentro dos limites autorizados em lei.

E é justamente dessa atuação administrativa que se discute a (in)constitucionalidade da interdição cautelar, medida adotada pelo Conselho Federal de Medicina, que diante da gravidade do fato determina a suspensão (total ou parcial) do exercício profissional, por tempo determinado, até que a apuração da violação se encerre com o julgamento do processo ético-profissional, a fim de resguardar a saúde de pacientes e da coletividade. O presente artigo, a partir de estudo normativo e bibliográfico, analisa a questão contrapondo o princípio constitucional do devido processo legal e a proteção social buscada por tal medida, buscando, ao final, determinar a (i)legalidade da medida.

1. A AMPLA DEFESA E O CONTRADITÓRIO COMO GARANTIAS CONSTITUCIONAIS

A Constituição Federal, no art. 5º, LV,[9] estabelece que "aos litigantes, em processo judicial ou administrativo, e aos acusados em geral são assegurados o contraditório e a ampla defesa, com meios e recursos a ela inerentes". Está aí estabelecida a garantia da ampla defesa e do contraditório também em procedimentos administrativos.

Tradicionalmente, o contraditório está intimamente ligado ao princípio constitucional da isonomia (art. 5º, I, CF), o que impossibilita um juiz de decidir apenas tendo ouvido uma das partes,[10] sem dar à outra a oportunidade de se manifestar. Mais recentemente, a doutrina tem afirmado que "somente se considera atendido o princípio se propiciada às partes a participação real e efetiva na realização dos atos preparatórios da decisão".[11] Trata-se, portanto, de verdadeiro pilar de atos processuais ou procedimentais que garante a participação das partes ou do acusado na realização do provimento.[12] Estabelece, portanto, que não pode a decisão pegar de surpresa as partes.

---

8. A conduta ético-profissional não é regulada por dispositivos isolados, o que significa afirmar que cada caso deve ser analisado a partir de todo o sistema normativo, incluindo-se e impondo-se as normas do Poder Legislativo.
9. Vale destacar a Súmula Vinculante n. 5, STF, que estabelece que "a falta de defesa técnica por advogado no processo administrativo disciplinar não ofende a Constituição".
10. Exceção às liminares concedidas *inaudita altera pars*.
11. MEDINA, José Miguel Garcia. *Constituição Federal comentada*. São Paulo: RT, 2022. p. 226.
12. O contraditório formal pressupõe a oitiva de ambas as partes. O contraditório material assegura a possibilidade de influenciar na decisão (ampla defesa).

Ao lado do contraditório, deve também ser garantida a ampla defesa. "O direito de ação, constitucionalmente garantido, também se estende ao direito ao processo, assegurando às partes – e não apenas ao autor, que movimentou o mecanismo jurisdicional – o direito de fazer valer suas razões em juízo, o direito ao contraditório, o direito de defesa (dialeticamente oposto ao direito de ação), o direito, em suma, de usar os meios necessários para poder influir sobre a razão do pedido".[13] Apresenta-se, dessa forma, não apenas de direito conferido ao réu, mas também ao autor, uma vez que ambos têm o direito a se manifestar, demonstrar sua versão dos fatos e exigir o pronunciamento do decisor.[14] Assim,

> O contraditório, portanto, tem a finalidade de impedir a parte de ser surpreendida por um ato estatal que afete sua esfera jurídica, sem que lhe tenha sido dada a possibilidade de colaborar para a formação deste ato. A finalidade da ampla defesa, por outro lado, encontra-se no postulado segundo o qual a ninguém pode ser imposta qualquer sanção sem lhe dar a oportunidade de demonstrar, por todos os meios juridicamente possíveis, que a acusação é total ou parcialmente infundada.[15]

Caracterizando-se como direitos fundamentais, a ampla defesa e o contraditório são indisponíveis e irrenunciáveis, devendo também serem garantidos em processos administrativos (como os que tramitam junto aos Conselhos profissionais), independente de previsão regimental, em razão da garantia constitucional do *due process of law* (devido processo legal, art. 5º, LIV, CF). Por isso,

> O fato de o Poder Público [incluindo-se as autarquias] considerar suficientes os elementos de informação produzidos no procedimento administrativo, não legitima nem autoriza a adoção, pelo órgão estatal competente, de medidas que tomadas em detrimento daquele que sofre a persecução administrativa, culminem por frustrar a possibilidade de o próprio interessado produzir as provas que repute indispensáveis à demonstração de suas alegações e que entende essenciais à condução de sua defesa.[16]

Tal qual na esfera judicial, o que se exige é consonância substancial entre o procedimento e a norma que lhe serve de base, afinal, devem os Conselhos profissionais buscar os fins estabelecidos em seus Códigos de Ética e atos complementares e tais fins só podem ser alcançados se observados os requisitos, direitos e garantias estabelecidos para tanto.

---

13. GRINOVER, Ada Pellegrini. *As garantias constitucionais do direito de ação*. São Paulo: RT, 1973. p. 24.
14. "Apenas através de uma visão excessivamente estática do processo e das posições processuais se poderia vincular o direito à ampla defesa apenas ao réu. É certo que o réu se defende em relação ao pedido formulado pelo autor. Mas também o réu exerce pretensão em juízo, não apenas quando apresenta novo pedido (p. ex., através de reconvenção) mas, também, ao atuar a fim de que o pedido formulado pelo autor seja julgado improcedente ou não seja analisado no mérito. Nesses casos, o réu atua de modo a obter, em seu proveito, reconhecimento de situação jurídica material e processualmente favorável. De outro lado, também o autor tem direito à ampla defesa, valendo-se dos meios colocados pela lei à sua disposição (assim como à disposição do réu), para se manifestar, demonstrar que sua versão dos fatos é verdadeira, exigir manifestação do órgão jurisdicional a respeito dessas manifestações etc." (MEDINA, op. cit., p. 227).
15. MONTEIRO, Vitor José de Mello. O princípio constitucional do contraditório e a concessão de liminares *inaudita altera parte*. In: MOREIRA, Alberto Camiña; ALVAREZ, Anselmo Prieto; BRUSCHI, Gilberto Gomes. *Panorama atual das tutelas individual e coletiva*. Estudos em homenagem ao professor Sérgio Shimura. São Paulo: Saraiva, 2011, p. 728-743. p. 732.
16. MEDINA, op. cit., p. 228.

O devido processo legal engloba a proteção judiciária (direito ao processo) e o direito à completa proteção jurídica.[17] E, "é no *modus procedendi*, é, em suma, na escrupulosa adscrição do *due process of law*, que residem as garantias dos indivíduos e grupos sociais".[18] Se assim não fosse, no caso dos procedimentos administrativos disciplinares do CFM/CRMs estariam os médicos à mercê da conduta e dos procedimentos conduzidos e decididos unilateralmente pelos conselheiros e pelos Conselhos. As garantias, portanto, assentam-se na "prefixação de meios, condições e formas a que se tem de cingir para alcançá-los".[19]

Certo é que para cada finalidade administrativa há medidas e procedimentos próprios, autorizados ou não proibidos pela lei e que podem ser alcançados por meios previamente conhecidos e publicizados. E é aqui que a interdição cautelar ingressa, exigindo maior cautela e impondo um ônus argumentativo mais acentuado, porque refere-se a uma limitação da liberdade de exercer uma profissão, ainda que por tempo curto e determinado.

2. INTERDIÇÃO CAUTELAR NO CÓDIGO DE PROCESSO ÉTICO-PROFISSIONAL DO CONSELHO FEDERAL DE MEDICINA

A interdição cautelar pode ser definida como a proibição motivada, excepcional e temporária, imposta ao profissional de realizar, total ou parcialmente, atos médicos. A instauração do Procedimento Ético-Profissional[20] (PEP), conforme dispõe o art. 19, CPEP, será realizada quando demonstrada a existência de indícios de materialidade e autoria de infração ao Código de Ética Médica, podendo ou não ser cumulada com proposta de interdição cautelar.[21] Havendo requerimento de imposição da medida, será do Pleno do Conselho Regional de Medicina (CRM) de origem sobre ela deliberar em sessão imediata ao seu recebimento. A sessão plenária poderá ser realizada em ambiente eletrônico (de forma síncrona) ou presencial. Nos autos do PEP, deverá constar cópia da ata da sessão ou seu extrato.

Segundo o art. 28, do CPEP, o Pleno do CRM, por maioria simples de votos e respeitando o quórum mínimo de 11 (onze) e o quórum máximo de 21 (vinte e um) conselheiros (aqui incluído o representante da Associação Brasileira de Médicos), poderá interditar cautelarmente o exercício profissional do médico. A medida pode ser aplicada quando o PEP é instaurado ou no curso de sua instrução, quando verificados novos fatos

---

17. HENRIQUES FILHO, Ruy Alves. *Direitos fundamentais e processo*. Rio de Janeiro: Renovar, 2008, p. 113.
18. BANDEIRA DE MELLO, Celso Antônio. *Curso de direito administrativo*. São Paulo: Malheiros, 2012. p. 498.
19. BANDEIRA DE MELLO, ibidem, p. 498.
20. Vale lembrar que a instauração de PEP é caracterizado como um ato vinculado (dentro da classificação dos atos administrativos), portanto, passível de controle jurisdicional.
21. A interdição cautelar foi pela primeira vez utilizada pelo Conselho Regional de Medicina do Estado de São Paulo (CREMESP). Àquela época não havia previsão expressa nos regulamentos do CFM, mas o caso exigia uma atuação rápida do Conselho a fim de evitar a perpetuação de danos à população. A decisão acabou sendo apreciada pela Justiça Federal que entendeu ser lícita a medida, sendo dos Conselhos profissionais a atribuição de aplicá-las, sem necessidade de medidas judiciais em razão do *periculim in mora*. Apenas em 2006 o Conselho Federal de Medicina normatizou a medida, passando a prevê-la na Resolução 1.789.

que preencham os seus requisitos. A interdição cautelar não poderá ser determinada na mesma sessão de julgamento do PEP.

O médico interditando deve ser notificado da sessão de análise da medida com 72 horas de antecedência, sendo-lhe facultada a presença ou a de seu representante. Ao interditando (ou seu representante) será concedido o tempo de 10 (dez) minutos para sustentação oral.

A interdição cautelar "ocorrerá" desde que existam nos autos elementos probatórios suficientes que confirmem a autoria e a materialidade dos fatos, além de haver fundado receio de dano irreparável ou de difícil reparação ao paciente ou à população e ao bom conceito da profissão[22] (art. 30, CPEP). Há necessidade, então, de estarem presentes: a) probabilidade da autoria; b) materialidade da prática de procedimento danoso (verossimilhança); c) receio de dano irreparável ou de difícil reparação ao paciente ou à população; d) receio de dano irreparável ou de difícil reparação ao prestígio e bom conceito da profissão. O uso da conjunção aditiva "e" na enumeração dos requisitos parece indicar serem eles cumulativos. A relação de adição estabelecida pelo CPEP permite a perfeita delimitação da conduta, alinhada à gravidade da falta, justificadora da medida.

Por fim, segundo o Dicionário Houaiss,[23] o verbo ocorrer significa: "1. (prep. a, cm) ser ou tornar-se realidade; acontecer, suceder; 2. (prep. a) aparecer à memória ou ao pensamento; 3. revelar-se de repente; sobrevir". Portanto, embora impreciso o verbo escolhido, parece que a conclusão lógica é de ser a expressão impositiva, ou seja, verificados os requisitos, a gravidade e a atualidade dos fatos, deve ser determinada a interdição cautelar. Por isso, a medida não deve ser tratada como uma faculdade porque existe um dever jurídico de proteger pacientes e coletividade contra condutas médicas capazes de gerar grave dano.

Discricionariedade na aplicação da medida pode haver apenas quanto à extensão do provimento, mas não quanto à sua imposição quando preenchidos os pressupostos. O poder jurisdicional conferido aos Conselhos representa o poder de formular soluções para a situação concreta, afinal, caracterizado o fenômeno "de colisão entre segurança jurídica e efetividade da jurisdição, tornar-se-á inafastável a necessidade de formular solução harmonizadora",[24] capaz de garantir efetividade à decisão que se legitima em razão de sua função de proteção social.

---

22. "Todavia, causa estranheza a possibilidade de interdição quando o médico, simplesmente, esteja acarretando prejuízo 'ao prestígio e bom conceito da profissão', na medida em que tal suposto dano abstrato não possui natureza de extraordinariedade. [...]. Deve-se reconhecer que a interdição cautelar ética tem a função precípua de se antecipar aos possíveis novos danos que venham a ser experimentados e quando se apresentam de forma irreversível" (MASCARENHAS, Igor; DANTAS, Eduardo; COSTA, Ana Paula Correia de Albuquerque. O uso indevido da interdição cautelar como mecanismo de antecipação da pena ética em casos de publicidade e sua impropriedade em tempos de pandemia da Covid-19. *Revista dos Tribunais*, v. 1029, ano 110, p. 161-175. p. 166).

23. HOUAISS, Antônio; VILLAR, Mauro de Salles. *Minidicionário Houaiss da língua portuguesa*. 3. ed. rev. e aum. Rio de Janeiro: Objetiva, 2008. p. 536.

24. ZAVASCKI, Teori Albino. *Antecipação da tutela*. São Paulo: Saraiva, 1997. p. 68.

A medida implica no impedimento total ou parcial do exercício da Medicina, em todo território nacional, até o julgamento final do PEP, que deverá ser obrigatoriamente instaurado nessas situações. Uma vez aprovada pelo Pleno do CRM, a medida deverá ainda ser referendada pelo CFM. Da decisão do Pleno, assegura-se ao médico interditando o direito ao recurso no prazo de 5 (cinco) dias, contados do momento de sua ciência. O recurso deve ser protocolado no CRM de origem e encaminhado em até 5 (cinco) dias úteis ao CFM, que realizará a apreciação em sessão plenária virtual ou presencial (arts. 31 e 33, CPEP).

Recebido e autuado o recurso, a Corregedoria do CFM encaminhará os autos para a Coordenação Jurídica, que fará o exame de admissibilidade. Havendo alguma preliminar processual, expedirá Nota Técnica no prazo de 5 (cinco dias úteis). Após, ao recurso será atribuído um Relator, sendo pautado para julgamento na sessão plenária seguinte (art. 32, CPEP).

Referendada pelo CFM, deve ser dada publicidade à medida no *site* do CFM e no Diário Oficial da União (art. 33, CPEP) e comunicados (pelo CRM) (em até 5 dias úteis, contados da comunicação ao CRM) os estabelecimentos nos quais o médico interditado exerce suas atividades e à Vigilância Sanitária, procedendo-se à apreensão da carteira profissional e da cédula de identidade profissional (art. 34, CPEP).

O PEP, no qual consta medida de interdição cautelar, terá tramitação prioritária, devendo ser julgado no prazo de 6 (seis) meses, prorrogáveis, excepcionalmente e uma única vez, por igual período. A medida cautelar vigorará pelo mesmo prazo, sendo seu termo inicial a data da sessão do CFM que a referendou (art. 35, CPEP). A medida ficará anotada na ficha de antecedentes (art. 82, § 2º, II, CPEP) Vencidos os prazos, e não finalizado o PEP, automaticamente a interdição cautelar perderá seus efeitos (art. 35, CPEP).

Nota-se que o procedimento está bem estabelecido pelo Conselho Federal de Medicina e é em razão do caráter funcional deste, por meio de um percurso bem definido, que se buscam as finalidades estabelecidas nos atos normativos, assegurando-se nessa trilha o exercício do direito ao contraditório e à ampla defesa ao médico acusado de violações éticas. É o *iter*, portanto, que autoriza a chegar à decisão tomada.[25]

3. A INTERDIÇÃO CAUTELAR COMO INSTRUMENTO DE PROTEÇÃO SOCIAL

A previsão da interdição cautelar no CPEP gera discussões sobre a sua natureza jurídica (pena ou proteção social) e, ainda, sobre eventual violação do direito fundamental ao contraditório e à ampla defesa (art. 5º, CF).

Fruto do poder de polícia dos Conselhos profissionais, a interdição cautelar não se confunde com as medidas cautelares que seriam uma exclusividade do Poder Judi-

---

25. BANDEIRA DE MELLO, op. cit., p. 499.

ciário. Também não se pode afirmar terem natureza de pena, afinal, sequer há decisão transitada em julgado.

De fato, a natureza jurídica da interdição cautelar não se confunde com a natureza jurídica das cautelares em geral. A interdição cautelar há muito é utilizada por órgãos com poder de polícia como forma de prevenção de danos e, não é outra, a função da interdição médica que, diante da gravidade dos fatos e verossimilhança das alegações, impede o exercício profissional até que a situação seja definitivamente julgada (sob o aspecto ético), buscando evitar a produção de novos danos e a proteção de pacientes e da sociedade. Não serve, portanto, como pena, nem tão pouco como forma de antecipação da pena. Serve como instrumento prevenção e precaução,[26]-[27] ou seja, para além de evitar danos conhecidos e esperados (prevenção), deve-se impedir ou limitar comportamentos (precaução) que, em razão da conduta, representam mais uma possibilidade de dano, do que uma certeza benéfica.

A função punitiva é, sem dúvida, importante. Mas em determinadas situações não se pode olvidar que a função preventiva e precaucional da atuação do Conselho é mais útil e necessária. O simples perigo de dano ao paciente ou à coletividade é suficiente para ativar o remédio: interdição cautelar, desde que a decisão esteja bem fundamentada. Se é possível afirmar que a interdição erroneamente imposta pode causar sérios danos ao profissional,[28] também é possível afirmar que a falta de medidas preventivas e precaucionais para evitar novos danos pode colocar em risco pacientes e coletividade.

Trata-se de compreender que a interdição cautelar é importante instrumento de controle social e difuso no confronto de atividades potencialmente lesivas, sendo papel do Conselho impor tais medidas sempre que o perigo se apresentar, não podendo manter uma neutralidade quando valores juridicamente relevantes se encontram ameaçados. Nesse sentido, "a interdição cautelar ética surge, então, como um mecanismo de prevenção do dano futuro enquanto se apura suposto delito já ocorrido, de modo que o Estado, ante o suposto risco de dano iminente, utiliza de mecanismos de natureza preventiva para evitar que direitos sejam ameaçados. Efetiva-se, assim, o texto constitucional de proteção não apenas de direitos lesados, mas, sobretudo, ameaçados".[29]

---

26. "Daí se pode inferior que a precaução e a responsabilidade percorrem caminhos diferentes rumo ao mesmo fim. Ambas preocupam-se em minimizar os malefícios que as intervenções na saúde e no meio ambiente podem ocasionar, mas a precaução impede a atividade que possui a potencialidade de dano, enquanto o princípio da responsabilidade age *a posteriori*, quando a lesão já se concretizou" (SÁ, Maria de Fátima Freire; NAVES, Bruno Torquato de Oliveira. *Manual de biodireito*. 3. ed. Belo Horizonte: Del Rey, 2015. p. 43).

27. "De maneira geral, o escopo da precaução é ultrapassar a prevenção. Não seria mais preciso que um dano se produzisse, ou se mostrasse iminente, para que um gesto, visando a evitar a produção ou a repetição desse dano, fosse legítimo. Invertendo essa lógica, a precaução baseia-se na experiência em matéria técnica e científica: as vantagens que surgem a curto prazo são, com frequência, seguidas de desvantagens a médio e longo prazo. Logo, é preciso dotar-se dos meios de prever o surgimento de eventuais danos, antes mesmo da certeza da existência de um risco (DALLARI, Sueli Gandolfi; VENTURA, Deisy de Freitas Lima. O princípio da precaução: dever do Estado ou protecionismo disfarçado? *São Paulo em perspectiva*, v. 16, p. 53-63, 2002).

28. BARROS JÚNIOR, Edmilson de Almeida: *Código de Ética*: comentado e interpretado. Timburi: Editora Cia do Ebook, 2019. p. 762-763.

29. MASCARENHAS; DANTAS; COSTA, op. cit., p. 167.

Edmilson Barros Júnior[30] afirma haver subjetividade na imposição da medida cautelar vez que ela não teria uma base de aplicação concreta, ou seja, qualquer violação a um dos 117 artigos do Código de Ética Médica estaria a justificá-la. Analisada a afirmação do ponto de vista meramente formal, parece se sustentar. Ocorre que o CPEP deixa claro, não apenas a excepcionalidade da medida, como os requisitos para sua imposição, entre eles, a gravidade e a possibilidade de novos danos caso o profissional continue a atuar.

Poder-se-ia questionar a falta de base objetiva para decretação da medida e possível desvio de finalidade quando aplicada como forma de antecipação da pena ou como forma de ampliar o prazo da pena de suspensão. Não basta para sua imposição a repercussão ou clamor social do caso. A argumentação de gravidade deve ser concreta e bem fundamentada, a fim de justificar a suspensão do exercício profissional. Não se trata, dessa forma, de "loteria decisional", mas sim de se compreender os riscos da conduta, a proporcionalidade e a razoabilidade da medida e a função preventiva da medida e parece ser esse o entendimento dos tribunais ao analisar a legalidade de medida.

Como procedimento administrativo que é, a sua condução deve observar os princípios: da audiência do interessado; da acessibilidade aos elementos do expediente; da ampla instrução probatória; da motivação; da revisibilidade; da representação e assessoramento; da lealdade e boa-fé; da verdade material; da celeridade processual; da oficialidade; da gratuidade e do informalismo (a ser considerado em favor do requerido/acusado)[31] (cfe. art. 5º, II XXXIII; XXXIV, 'b'; LV; LXXII; art. 37; art. 93, IX e X, CF). Da análise do *iter* do procedimento previsto no CPEP, parecem respeitados os princípios do procedimento. O que se indaga é se o percurso estaria a garantir o contraditório e a ampla defesa quando viabiliza a interdição cautelar.

O que se está a sustentar é que, embora a interdição cautelar seja temporária e imponha uma proibição do direito de exercer uma profissão por certo lapso de tempo, está a representar uma legítima proteção à coletividade, evitando que o médico acusado de grave falta disciplinar, capaz de causar danos a (grupos de) indivíduos, continue a exercer o ofício enquanto se defende. A ponderação de interesses a serem protegidos aqui é clara. O devido processo legal e a ampla defesa estão garantidos, ao mesmo passo em que se garante, cautelarmente, que o profissional não continue a realizar condutas nocivas que colocam em risco pacientes ou a coletividade.

Embora se possa afirmar genericamente que a interdição cautelar estaria a limitar diretamente o contraditório em sua essência (mas não a violá-lo) porque o acusado não participaria da elaboração deste provimento, a excepcionalidade e provisoriedade da medida não viola o princípio da ampla defesa, que será exercido em sua plenitude nos atos subsequentes.

A limitação do exercício do direito de defesa (restringindo-o à prévia sustentação oral), antes da decisão que determina a interdição cautelar, atende à proteção de outros

---

30. BARROS JÚNIOR, op. cit., p. 762-763.
31. BANDEIRA DE MELLO, op. cit., p. 509-510.

valores constitucionais (p. ex. vida e saúde) que merecem prevalecer diante da gravidade da situação. Há preponderância de importante interesse social, sem se afastar do acusado direitos e garantias fundamentais decorrentes do devido processo legal.

A interdição cautelar não é pena, mas instrumento necessário para a proteção social. A prevenção de danos, importante princípio de defesa da saúde, deve ser privilegiada, sendo impossível admitir que um médico acusado de grave infração ética continue a exercer o ofício enquanto realiza sua defesa. Presente, portanto, a proporcionalidade e a razoabilidade da excepcional medida[32] que concedida antecipadamente possibilita aos Conselhos Profissionais realizar efetivamente uma de suas importantes atribuições, visando cessar o dano ou impedir que a conduta profissional continue a colocar em risco terceiros ou a coletividade.

É a observância rígida dos requisitos para a concessão da medida e, principalmente, a sua provisoriedade que asseguram a sua constitucionalidade e legalidade, uma vez que não há efetiva privação dos direitos de defesa do acusado.[33] A antinomia é, portanto, meramente aparentemente e perfeitamente resolvida com o princípio da proporcionalidade que impõe o uso da medida para proteção social.

CONSIDERAÇÕES FINAIS

Deve-se ter em conta que os atos normativos do Conselho Federal de Medicina e dos Conselhos Regionais, são orientadores da boa prática médica e, daí, a necessidade de zelar pela sua correta aplicação. No entanto, os Conselhos não têm como missão apenas tutelar a dignidade da profissão, há algo maior que se apresenta em um claro elemento público: o dever de proteção da coletividade contra maus profissionais.

E é esse pilar que sustenta a legalidade das medidas de interdição cautelar: a proteção social por elas oferecida. Se há um evidente elemento preventivo nessas medidas, a consequência lógica é de que a pena concreta estabelecida no PEP deve estar adequada aos fatos geradores daquelas.[34]

Assim, por exemplo, não é possível admitir que uma situação que tenha justificado a medida, tenha como resultado a pena de censura pública ou advertência, porque absolutamente dissonantes. Se a verossimilhança dos fatos e a respectiva autoria estão presentes, é evidente que a pena resultante da conduta deve ser determinada em razão da gravidade do ato e eventuais antecedentes. Outra conclusão não pode haver.

---

32. "Tal revelação se dá pela interpretação, 'conforme', que busca na realidade não apenas óbvia do dispositivo aplicável ao caso, mas seu núcleo de fundamentalidade, indicando adequação e compatibilidade da medida judicial com os princípios que norteiam a causa" (HENRIQUES FILHO, op. cit., p. 114-115).

33. Embora analisando as liminares *inaudita altera pars*, a conclusão apontada por Vitor Monteiro, *mutatis mutantis*, também serve ao tema ora em análise: "a provisoriedade da medida, aliada à necessidade de prestação adequada da tutela jurisdicional, nessa senda, permite limitar o âmbito de aplicação do princípio do contraditório como forma de se garantir uma prestação jurisdicional coadunada com os ditames da dignidade da pessoa humana (art. 1º, III, da Constituição Federal) que, em última análise, é o valor maior que deve ser buscado" (MONTEIRO, op. cit., p. 743).

34. Vale lembrar que a omissão dos conselheiros quanto às suas obrigações judicantes pode caracterizar o crime de prevaricação, previsto no art. 319, do Código Penal.

O devido processo legal, importante garantia constitucional, não pode ser utilizado como escudo à má prática profissional. Parece ser inegável que a interdição cautelar representa o estrito cumprimento do dever imposto ao Conselho Federal de Medicina de zelar pela boa prática profissional, protegendo a saúde do paciente e da coletividade, manifestando, por isso, evidente caráter inibitório, geral (elevado valor percebido pela sociedade) e especial (intimidação individual).

Representa, portanto, a garantia do valor efetividade das atribuições do Conselho em razão da gravidade das condutas que justificam a imposição da medida. Assegura-se, dessa forma, a tutela de direitos fundamentais de pacientes e bens difusos em um cenário que autorizar que o profissional continue atuando até final julgamento seria permitir a continuidade de condutas de intolerável risco.

REFERÊNCIAS

BANDEIRA DE MELLO, Celso Antônio. *Curso de direito administrativo*. São Paulo: Malheiros, 2012.

BARROS JÚNIOR, Edmilson de Almeida: *Código de Ética*: comentado e interpretado. Timburi: Editora Cia do Ebook, 2019.

BINENBOJM, Gustavo. *Uma teoria do direito administrativo*. Rio de Janeiro: Renovar, 2014.

DALLARI, Sueli Gandolfi; VENTURA, Deisy de Freitas Lima. O princípio da precaução: dever do Estado ou protecionismo disfarçado?. *In: São Paulo em perspectiva*, v. 16, p. 53-63, 2002.

GRINOVER, Ada Pellegrini. *As garantias constitucionais do direito de ação*. São Paulo: RT, 1973.

HENRIQUES FILHO, Ruy Alves. *Direitos fundamentais e processo*. Rio de Janeiro: Renovar, 2008.

HOUAISS, Antônio; VILLAR, Mauro de Salles. *Minidicionário Houaiss da língua portuguesa*. 3. ed. rev. e aum. Rio de Janeiro: Objetiva, 2008.

JUSTEN FILHO, Marçal. *Curso de direito administrativo*. São Paulo: Saraiva, 2010.

MASCARENHAS, Igor; DANTAS, Eduardo; COSTA, Ana Paula Correia de Albuquerque. O uso indevido da interdição cautelar como mecanismo de antecipação da pena ética em casos de publicidade e sua impropriedade em tempos de pandemia da Covid-19. *Revista dos Tribunais*, v. 1029, ano 110, p. 161-175.

MEDINA, José Miguel Garcia. *Constituição Federal comentada*. São Paulo: RT, 2022.

MONTEIRO, Vitor José de Mello. O princípio constitucional do contraditório e a concessão de liminares *inaudita altera parte*. *In*: MOREIRA, Alberto Camiña; ALVAREZ, Anselmo Prieto; BRUSCHI, Gilberto Gomes. *Panorama atual das tutelas individual e coletiva*. Estudos em homenagem ao professor Sérgio Shimura. São Paulo: Saraiva, 2011.

PINHO, Clóvis Alberto Bertolini. Os conselhos profissionais e a Lei de Improbidade Administrativa - Limites da liberdade profissional e da autorregulação. *Revista Jurídica da Procuradoria-Geral do Estado do Paraná, Direito do Estado em Debate*, Curitiba, n. 6, p. 175-206. 2015.

PITELLI, Sergio Domingos. O poder normativo do Conselho Federal de Medicina e o direito constitucional à saúde. *Revista de Direito Sanitário*, USP, v. 3, n. 1, p. 38-59, mar. 2002.

SÁ, Maria de Fátima Freire; NAVES, Bruno Torquato de Oliveira. *Manual de biodireito*. 3. ed. Belo Horizonte: Del Rey, 2015.

VIEIRA, Patrícia Ribeiro Serra; SÁ, Ana Clara Oliveira. A culpa presumida contra a legalidade e o Código de Ética Médica. *Direito em Movimento*. Rio de Janeiro, v. 21, n. 2, p. 65-82, 2º sem. 2023.

ZAVASCKI, Teori Albino. *Antecipação da tutela*. São Paulo: Saraiva, 1997.

DA (IM) POSSIBILIDADE DE MEDIDAS CAUTELARES INOMINADAS NO CPEP: UM ESTUDO TEÓRICO-REFLEXIVO

Lívia A. Callegari

Especialista em Direito da Medicina e Direito da Farmácia e Novas Tecnologias, pela Faculdade de Direito da Universidade de Coimbra – Portugal. Especialista em Bioética pela Faculdade de Medicina da Universidade de São Paulo, e em Advocacia Pública pelo Instituto Exord. Pós-graduada em Segurança do Paciente pela Faculdade de Saúde Pública da Universidade de São Paulo e em Direito à Saúde Baseado em Evidências pelo Instituto Sírio Libanês. Professora convidada da Escola Paulista de Medicina – UNIFESP. Membro do Comitê de Ética em Pesquisa da Escola da Enfermagem da USP. Membro colaboradora do Movimento Slow Medicine Brasil. Membro da Diretoria da Sociedade de Bioética de São Paulo. Advogada inscrita na Ordem dos Advogados do Brasil e em Portugal.

Sumário: Introdução – 1. Natureza jurídica e função do Conselho Federal de Medicina. – 2. Da limitação do poder de polícia do Conselho de Classe e das regras inerentes à fiscalização. – 3. Do procedimento administrativo em espécie no Conselho de Medicina – 4. Das cautelares administrativas inominadas e sua limitação de uso em Conselhos de Classe – Conclusão – Referências.

INTRODUÇÃO

As medidas cautelares são ferramentas que têm natureza temporária e emergencial, e visam assegurar a preservação dos elementos do processo (pessoas, coisas e provas) a fim de evitar prejuízos irreparáveis que a demora de um processo possa acarretar. Por isso, é necessário robustez dos elementos de prova a demonstrar, de forma irretorquível e inequívoca, o *"fumus boni juris"* e o *"pericullum in mora"*. Apesar de não denominada e ser considerada medida natureza excepcional, dada a limitação do poder de polícia do Conselho Federal de Medicina e de qualquer Conselho Regional da Federação, ainda assim, quando da sua aplicabilidade dentro de critério de circunscrito de exceção, deve existir prévia regulamentação que estabeleça balizas de cenários possíveis, rigores e ritos a serem seguidos, para que a sua consecução não seja oriunda de atos de mera arbitrariedade.

1. NATUREZA JURÍDICA E FUNÇÃO DO CONSELHO FEDERAL DE MEDICINA.

A Constituição Federal estabelece no inciso XIX, do artigo 37,[1] dentre outras faculdades, que o governo federal – aqui designadamente tratado nesse recorte de estudo

---

1. Estabelece literalmente o inciso XIX, do artigo 37, da Constituição Federal: art. 37. A administração pública direta e indireta de qualquer dos Poderes da União, dos Estados, do Distrito Federal e dos Municípios obedecerá aos princípios de legalidade, impessoalidade, moralidade, publicidade e eficiência e, também, ao seguinte: (Redação dada pela Emenda Constitucional 19, de 1998) (...) XIX – somente por lei específica poderá ser criada autarquia

– por meio de lei específica, poderá criar autarquia que passará a integrar os quadros da administração pública indireta, de acordo com o seu rol de atribuições.

Caracteriza-se como autarquia a pessoa jurídica de direito público não autônoma, derivada de descentralização administrativa[2] do Estado, com a função de órgão auxiliar de serviços.[3] Embora fiscalizada e tutelada pelo Estado, tem autonomia administrativa e possui independência econômica, técnica e disciplinar.[4]

Das modalidades existentes, colocam-se em voga as autarquias especiais corporativas ou profissionais, segundo as quais oferecem serviço de interesse público atrelados apenas para os próprios inscritos. Carregam, portanto, privilégios específicos estabelecidos em lei, que traçam diferenciação intrínseca em comparação às autarquias comuns, justamente para o atingimento da consecução das finalidades precípuas, sem que, para tanto, haja extrapolamento ou vulneração dos preceitos constitucionais.

O Decreto-Lei 7955/45[5] instituiu o Conselho de Medicina no território nacional, sendo que a sua efetiva implantação ocorreu em 1951. Nessa toada, por meio da Lei 3.268, de 30 de setembro de 1957[6] foi criado o Conselho Federal de Medicina, regulamentado pelo Decreto 44.045/1958.[7]

Além das funções cartoriais destinadas a médicos, o Conselho Federal e os Conselhos Regionais de Medicina são, nos termos da lei, órgãos supervisores da ética profissional, com poderes de julgar e disciplinar a classe médica, a fim que de zelar e trabalhar, por todos os meios previamente estabelecidos ao seu alcance, para o perfeito desempenho ético da Medicina, pelo prestígio e bom conceito da profissão e dos que a exerçam legalmente, conforme estabelecido na redação do artigo 3º, da Lei 3.268/57.[8]

Apesar de não ter poder para legislar pela citada finalidade de administração pública indireta, desde que não contrariem a lei, ou imponham obrigações, proibições e penalidades que não seja relativa à matéria para qual foi criada, pode exercer poder normativo, de cuja natureza deve ter por foco regras gerais de alcance limitado – fri-

---

e autorizada a instituição de empresa pública, de sociedade de economia mista e de fundação, cabendo à lei complementar, neste último caso, definir as áreas de sua atuação; (Redação dada pela Emenda Constitucional 19, de 1998) Brasil Constituição da República Federativa do Brasil de 1988. Disponível em: https://www.planalto.gov.br/ccivil_03/constituicao/constituicao.htm.

2. De acordo com Meirelles, descentralização administrativa é atribuir a outrem poderes da Administração. MEIRELLES, H. L. *Direito Administrativo Brasileiro*. São Paulo: Malheiros Editores, 1990.

3. Para Celso Ribeiro Bastos a autarquia por não figurar na administração desconcentrada, rompe com os vínculos de hierarquia, passando a exercer prerrogativas indispensáveis para o atingimento das suas finalidades BASTOS, C. R. *Curso de Direito Administrativo*. São Paulo: Saraiva 1994.

4. MELLO, C. A. B. *Natureza e Regime Jurídico das Autarquias*. São Paulo: RT, 1968.

5. Decreto-Lei 7955/45, foi revogado posteriormente pela Lei 3.268/57 Brasil Decreto-Lei 7.955/45 Disponível em: https://www.cremeb.org.br/wp-content/uploads/2016/01/DEC-lei-7955-1945.pdf.

6. Lei 3.268, de 30 de setembro de 1957. Dispõe sobre os Conselhos de Medicina, e dá outras providências. Disponível em: https://www.planalto.gov.br/ccivil_03/leis/l3268.htm.

7. Decreto 44.045/1958 Aprova o Regulamento do Conselho Federal e Conselhos Regionais de Medicina a que se refere a Lei 3.268, de 30 de setembro de 195. Disponível em: https://www.planalto.gov.br/ccivil_03/decreto/1950-1969/d44045.htm.

8. Lei 3.268, de 30 de setembro de 1957. Dispõe sobre os Conselhos de Medicina, e dá outras providências. Disponível em: https://www.planalto.gov.br/ccivil_03/leis/l3268.htm.

DA (IM) POSSIBILIDADE DE MEDIDAS CAUTELARES INOMINADAS NO CPEP

se-se – dentro o escopo a ela atribuído[9]-[10] Logo, são entidades vinculadas estritamente ao acato dos princípios concernentes à administração pública, quais sejam: legalidade, impessoalidade, moralidade, publicidade e eficiência.[11]

Logo, dessa inerente delegação[12] do Estado por meio de administração indireta, encontram-se os atos normativos,[13] consubstanciados nas Resoluções, que têm por característica a finalidade pública, estabelecendo normas gerais de conduta para os profissionais que estão sujeitos à sua jurisdição.

Não se pode olvidar que, as resoluções por serem atos administrativos, devem ser emanadas de autoridade competente. Produzem efeito jurídico imediato no seu cumprimento a partir de sua publicação, por ser imposta à obediência daqueles que a ela se subordinam,[14] salvo se manifestamente ilegal, quando declarado pelo Poder Judiciário.[15]

Dessa feita, é de se asseverar, uma vez mais, que as Resoluções Normativas oriundas do Conselho Federal de Medicina são manifestações do poder normativo afeito às autarquias[16] e, por esse motivo, como devidamente ressaltado, as funções normativas consideradas infralegais são limitadas e não podem contrariar, sob nenhuma condição, os dispositivos legais existentes no ordenamento jurídico.[17]

---

9. PIETRO, M. S. Z. Di. *Direito Administrativo*. São Paulo: Atlas, 1996.
10. Conforme o Decreto-lei 200, de 25.02.1967, que dispõe sobre a organização da Administração Federal, estabelece diretrizes para a Reforma Administrativa e dá outras providências, define-se autarquia como um "serviço autônomo, criado por lei, com personalidade jurídica, patrimônio e receita própria, para executar atividades típicas da Administração Pública, que requeiram, para seu melhor funcionamento, gestão administrativa e financeira descentralizada" (Brasil, 2011-h). Disponível em: https://www.planalto.gov.br/ccivil_03/decreto-lei/del0200.htm.
11. Em linhas sumárias a administração pública é regida pelos seguintes princípios: legalidade (é valorização da lei acima dos interesses privados); impessoalidade (impõe a igualdade de tratamento que a administração deve dispensar aos administrados que se encontrem na mesma situação jurídica.); moralidade (obriga os agentes públicos a atuarem em conformidade com princípios éticos); publicidade (garante a transparência na administração pública); eficiência (prioriza a execução de serviços com ótima qualidade, respeitando os princípios administrativos e fazendo uso correto do orçamento público, evitando desperdícios).
12. Delegação é uma modalidade de descentralização administrativa que transfere a execução de um serviço público a uma pessoa jurídica preexistente. Para Duarte é a transferência de atribuições materialmente administrativas de autoridade superior cara a inferior. Delegação de competência. *R. Serv. Público*, Brasília 108(1): jan./abr. 1973.
13. São atributos dos atos administrativos a presunção de legitimidade (ato veraz, válido, legal e eficaz), a imperatividade (contém força coercitiva para o seu cumprimento ou execução), e autoexecutoriedade (é executado pela própria administração, sem necessidade de intervenção do judiciário). MEIRELLES, H. L. *Direito Administrativo Brasileiro São Paulo*. Malheiros Editores, 1990.
14. Como prerrogativa do Poder Público, os atos administrativos dessa natureza têm imperatividade, na medida que se impõem a terceiros independentemente de sua concordância, o que confere ao destinatário, a obrigatoriedade de cumpri-los. PIETRO, M. S. Z. Di. *Direito Administrativo*. São Paulo: Atlas, 1996.
15. CFM. Parecer 258. Disponível em: https://sistemas.cfm.org.br/normas/arquivos/despachos/BR/1996/258_1996.pdf.
16. PITELLI, S. D. O poder normativo do conselho federal de medicina e o direito constitucional à saúde. *Revista de direito sanitário*, v. 3, n. 1, p. 38-59. mar. 2002.
17. Aith traz o conceito da princípio da conformidade dos atos do Estado com a Constituição Federal segundo o qual determina que A superioridade normativa da Constituição implica o princípio da conformidade de todos os atos do poder político com as normas e princípios constitucionais. Significa dizer que sempre haverá uma hierarquia na aplicação das normas, sendo certo que, nenhuma norma inferior pode contrariar a Constituição Federal. AITH, Fernando Mussa Abujamra. *Teoria Geral do Direito Sanitário Brasileiro*. Universidade de São Paulo. Faculdade de Saúde Pública (Tese de Doutorado), 2006. Disponível em: http://www.teses.usp.br/teses/disponiveis/6/6135/tde-23102006-144712/pt-br.php.

Por consequência, todo ato administrativo deve ser justificado e atrelado ao ordenamento existente, a fim de que não se constitua em ato atentatório à sua incolumidade. Nesse contexto, as regras, uma vez estabelecidas, devem ser aplicadas para atingir os objetivos para os quais foram criadas, e não alteradas sem a motivação que fundamente a excepcionalidade da sua aplicação.

2. DA LIMITAÇÃO DO PODER DE POLÍCIA DO CONSELHO DE CLASSE E DAS REGRAS INERENTES À FISCALIZAÇÃO.

Considera-se, em termos gerais, *poder de polícia* a atividade do Estado que consiste em limitar o exercício dos direitos individuais em benefício do interesse público.

Para exercer tal poder, a autoridade que executa o ato administrativo deve dispor de competência e legitimidade à matéria que deseja intervir. Portanto, é preciso subordinar-se ao ordenamento jurídico que rege as demais atividades da administração.[18] Esse ordenamento, por ter força de lei, estabelece que os atos emanados da autoridade devem ter pleno estreitamento com os princípios da administração pública.[19]

Especificamente quanto à estruturação, o Conselho Regional de Medicina é o órgão que representa o Conselho Federal de Medicina no âmbito estadual. Ambos podem atuar tanto em conjunto quanto de forma autônoma, desde que os casos julgados estejam dentro das suas competências. Assim, mesmo que existam peculiaridades de contornos locais na disposição de atos normativos ou qualquer ato emanado da autoridade administrativa, não podem extrapolar as balizas previamente existentes.

Para critério de estabelecer a essência fundamental do Conselho Federal de Medicina e aos Conselhos Regionais de Medicina, determina do artigo 15, da Lei 3.268/57,[20] dentre outras funções, que caberá ao fiscalizar o exercício da profissão de médico e promover, por todos os meios ao seu alcance,[21] o perfeito desempenho técnico e moral da medicina e o prestígio e bom conceito da medicina, da profissão e dos que a exerçam legalmente.

---

18. O poder de polícia administrativo, é a faculdade de que dispõe a administração pública para condicionar e restringir uso e gozo de bens, atividades e direitos individuais em benefício da coletividade ou do próprio Estado. Distingue o poder de polícia administrativo da polícia judiciária e da polícia de manutenção da ordem pública por estas duas últimas atuam sobre as pessoas individualmente.

19. Conforme esclarecido, são princípios da administração pública a legalidade, impessoalidade, moralidade, publicidade e eficiência.

20. Lei 3.268/57 que dispõe sobre os Conselhos de Medicina, e dá outras providências, determina no artigo 15 como atribuições dos Conselhos Regionais, a fiscalização do exercício da profissão de médico; conhecer, apreciar e decidir os assuntos atinentes à ética profissional, impondo as penalidades que couberem, sendo que desde estas devem estar previstas nas normas estabelecidas pelo próprio Conselho Federal; bem como velar pela conservação e livre exercício legal dos direitos dos médicos, além de exercer os atos de jurisdição que por lei lhes sejam conferidos. Disponível em: https://www.planalto.gov.br/ccivil_03/leis/l3268.htm.

21. Obviamente, para evitar falhas de interpretação, quando o legislador utiliza-se o vernáculo a expressão promover *por todos os meios de seu alcance*, não abre margem para falta de limitação absoluta da autoridade, mas sim, que use todos os instrumentos de sua competência e literalmente previstos no seu espectro de competências e atuação.

DA (IM) POSSIBILIDADE DE MEDIDAS CAUTELARES INOMINADAS NO CPEP

Em critérios práticos, a fiscalização é realizada por departamento destinado pela execução de vistorias[22] em estabelecimentos de saúde, públicos ou privados, a fim de contribuir na real constatação do seguimento das normas de saúde e segurança, e da auxiliar na formação do juízo de convencimento da apuração das denúncias, no âmbito ético, da atuação do profissional da medicina. Dessa feita, objetiva garantir a integridade dos profissionais e dos pacientes, sendo que, quando houver risco é possível determinar a interdição do estabelecimento, executada em plano concreto fechamento concreto por determinação da vigilância sanitária.

Significa dizer que, nenhum ato emanado do Conselho de Medicina pode ocorrer de forma apócrifa, isolada e monocrática, devendo seguir um rito apropriado previamente estabelecido e dentro das limitações de competência que lhe são expressamente atribuídas. Por isso, não se permite adoção de instrumentos tanto na forma, como na aplicação, que extrapolem as funções do Conselho, e que mais parecem fruto do espírito inventivo sob o pretexto de estar estribado a bem do serviço público e da coletividade.

Nesse sentido, é de clareza solar que em situações de afronta às normativas emanadas do Conselho Federal de Medicina (CFM), pela limitação técnica imposta, cabe apenas a análise aos casos que ferem a ética médica, mediante trâmite a propiciar o devido processo legal e exercício da ampla defesa, conforme estabelecido na forma substantiva no Código de Ética Medica e na forma procedimental pelo Código de Processo Ético-Profissional, sob pena de extrapolamento de função. Nomeadamente, ao aspecto criminal, tão somente caberá às autoridades competentes resolverem a apuração dos fatos e adoção de medidas cabíveis de acordo com as suas atribuições, quando o caso for,[23]-[24] sob pena de desvio de finalidade, prevaricação ou improbidade administrativa.

---

22. A ADIN 1.717-6, julgada em 2002, declarou a inconstitucionalidade dos §§ 1º ao 8º, do artigo 58, da Lei 9.649/98 que dispõe sobre a organização da Presidência da República e dos Ministérios, e dá outras providências, por possibilitar que os serviços de fiscalização de profissões regulamentadas poderiam ser exercidos em caráter privado, por delegação do poder público. Sendo assim, a caráter fiscalizatório deve ser realizado diretamente pelo Conselho Medicina, seja no âmbito Federal, ou, mais apropriadamente, no âmbito estadual de acordo com a sua jurisdição. Disponível em: https://redir.stf.jus.br/paginadorpub/paginador.jsp?docTP=AC&docID=266741.

23. A Lei 3.268/57, no artigo 21 aponta para o poder de disciplinar e de aplicar penalidades aos médicos ser de competência exclusiva do Conselho Regional, em que o profissional da medicina estiver inscrito ao tempo do fato punível, ou em que ocorreu. Ressalta, porém, que a jurisdição disciplinar estabelecida neste artigo não derroga a jurisdição comum quando o fato constitua crime punido em lei. Disponível em: https://www.planalto.gov.br/ccivil_03/leis/l3268.htm.

24. Nesse diapasão, não é demasiado rememorar os conceitos fundamentais estabelecidos em Direito Administrativo, notadamente, relacionados ao ato vinculado e discricionário, segundo os quais: "Atos administrativos ou regrados são aqueles para os quais a lei estabelece requisitos e condições de sua realização. Nessa categoria de atos, as imposições legais absorvem, quase que por completo, a liberdade do administrador, uma vez que a sua ação é adstrita aos pressupostos estabelecidos pela norma legal para a validade da atividade administrativa. Desatendido qualquer requisito, compromete-se a eficácia do ato praticado, tornando-se possível a anulação pela própria Administração, ou pelo Judiciário se assim requerer o interessado. (...) Atos discricionários são aqueles que a Administração pode praticar com liberdade de escolha do seu conteúdo, de seu destinatário e de sua conveniência, de sua oportunidade e do modo de sua realização. (...) ato discricionário não se confunde com ato arbitrário. Discrição e arbítrio são conceitos inteiramente diversos. Discrição é a liberdade de ação dentro dos limites legais; arbítrio é a ação contrária ou excedente da lei. Ato discricionário, portanto, quando permitido pelo Direito, é legal e válido, é sempre e sempre, ilegítimo e inválido". (sic) Meirelles HL. *Direito Administrativo Brasileiro*. São Paulo: Malheiros Editores, 1996.

3. DO PROCEDIMENTO ADMINISTRATIVO EM ESPÉCIE NO CONSELHO DE MEDICINA

O processo administrativo no âmbito da Administração Pública Federal é regulado, genericamente, pela Lei 9.784/99.[25]

Excluídas as exceções derivadas de filigranas que possam ocorrer em procedimentos de apuração administrativa de matéria com direcionamento concernente ao Conselho de Medicina, em linhas gerais, de acordo com a Resolução CFM 2.306/2022,[26] como ato inaugural de investigação sumária, é determinada a instauração de Sindicância, que pode ser iniciada de ofício pelo Conselho Regional, ou por meio de denúncia ofertada na forma oral ou escrita. Em qualquer caso, por critério de racionalidade dos atos e economia processual, haverá conferência sobre a duplicidade da denúncia.

Na competência de cada Conselho Regional, a depender do que estiver traçado no Regimento Interno e demais Resoluções de organização administrativa local, em ato de delegação administrativa, poderá o Presidente do Conselho Regional, designar à Corregedoria a atribuição de designação do conselheiro sindicante, que deve direcionar a distribuição da apuração para Delegacia da área da ocorrência dos fatos. Nesse sentido, pode a Corregedoria determinar, em faculdade prévia, a requisição do prontuário médico, parecer da Comissão de Ética Médica da instituição de saúde que se concretizaram os fatos, indicar fiscalização, além da manifestação escrita dos profissionais envolvidos na apuração acerca da ocorrência.

A partir desse desdobramento, é realizada a verificação preliminar do atendimento de todos os elementos constituintes da cadência procedimental a possibilitar a emissão do parecer final, por meio de um Relatório Circunstanciado a ser encaminhado às Câmaras de Sindicância para apreciação, aprovação e homologação em reunião plenária. Nesse sentido, não há desate de investigação dos fatos por meio de um procedimento administrativo cadenciado, de cuja verificação ética será apurada por um colegiado, que pode determinar pelo arquivamento do procedimento, caso se constate pelo desate de infração ao Código de Ética Médica, ou pela continuidade do esclarecimento dos fatos, por meio de Processo Ético-Profissional, na hipótese de haver indícios de infração às normas deontologicamente estabelecidas.

Nesse sentido, após transcorridas todas as fases que o rito é delineado, como corolários do devido processo legal deve ser adotado o princípio do contraditório e exercício da ampla defesa, por serem caracterizados pela possibilidade de ampla resposta e a utilização de todos os meios de prova em Direito admitidos. A partir disso, haverá nova fase de julgamento por colegiado, sendo que, caso haja demonstração de vulneração ética, uma vez decisão transitada em julgado, pode haver aplicação das penalidades elenca-

---

25. Lei 9.784/99. Disponível em: https://www.planalto.gov.br/ccivil_03/leis/l9784.htm#:~:text=Regula%20o%20 processo%20administrativo%20no%20%C3%A2mbito%20da%20Administra%C3%A7%C3%A3o%20P%C3%BAblica%20Federal.&text=Art.,cumprimento%20dos%20fins%20da%20Administra%C3%A7%C3%A3o.

26. Resolução CFM 2.306/2022 que estabelece o Código de Processo Ético Profissional. Disponível em: https:// portal.cfm.org.br/wp-content/uploads/2022/03/2306_2022.pdf.

DA (IM) POSSIBILIDADE DE MEDIDAS CAUTELARES INOMINADAS NO CPEP **159**

das em legislação,[27] quais sejam: advertência confidencial em aviso reservado; censura confidencial em aviso reservado; censura pública em publicação oficial; suspensão do exercício profissional por até 30 (trinta) dias; cassação do exercício profissional, *ad referendum*, pelo Conselho Federal.

Observe-se que, mesmo na nova figura trazida pelo Código de Processo Ético- Profissional que possibilita a Interdição Cautelar, conforme previsto no artigo 29 e seguintes, a esta não se exclui e nem se criam figuras analógicas, pois toda ritualística imposta na sequência de atos processuais é delimitada, sob pena de nulidade.[28]

Apesar de existir no artigo 45 da Lei 9.784/99 a previsão da possibilidade de utilização pela Administração Pública do instrumento de medida cautelar inominada, que é determinada, em primeiro momento, sem a prévia manifestação do interessado, sua aplicabilidade ocorre em estreitos casos de risco de prejuízo iminente à administração e do interesse coletivo. Com isso, demonstra-se que dentro da abrangência das funções de um Conselho de Classe, a motivação da utilização das providências acauteladoras é insubsistente e, em virtude disso, deve ser rechaçada, por não contemplar os meios próprios de uso.

4. DAS CAUTELARES ADMINISTRATIVAS INOMINADAS E SUA LIMITAÇÃO DE USO EM CONSELHOS DE CLASSE

A existência de uma cautelaridade administrativa não se estriba em um único princípio, teoria jurídica ou singelamente em única norma, mas calca-se em robusto conjunto teórico-normativo, que, analisado conjuntamente, confere sustentáculo para dirimir dúvidas sobre a possibilidade de utilização por alguns entes que integram a administração pública, em virtude da finalidade da instituição e respectiva limitação de escopo. Além disso, a sua natureza constitui âmago diferenciado em relação às tutelas individuais, por tão somente visar o interesse público.

Por sua vez, do traçado contido no artigo 45 da Lei 9.784/1999, que carrega a base ampla da existência de um poder geral cautelar administrativo, é de se verificar que os procedimentos acautelatórios devem estar previstos nos regramentos específicos de cada ente da administração pública. Portanto, a ausência da sua previsão torna a sua aplicabilidade totalmente temerária, eis que, de acordo com as suas finalidades, o ente público deve cumprir e executar o que lhe é disciplinado. Com efeito, caso os elaboradores das normas tivessem o objetivo técnico para estabelecê-lo, sustentariam a sua existência no conjunto de regras.

---

27. O artigo 22 da Lei 3.268/57 prevê a aplicação das sanções disciplinares pelos Conselhos Regionais na forma prevista no § 1º do Código de Processo Ético Profissional (CPEP).

28. Decisão liminar deve seguir roteiro e não ser monocrática artigo 29 é exceção e tem rigor e traços próprios, pois determina que a interdição cautelar apenas pode ser aplicada por meio de determinação em plenária por maioria simples, respeitando o quórum mínimo de 11 (onze) e máximo de 21 conselheiros, fazendo-se constar um representante da AMB e a possibilidade de sustentação oral do médico interditando ou se representante legal. Caso haja a decisão de interdição cautelar pelo Conselho Regional, esta somente poderá ser executada após referenciada pelo CFM, sendo que seus efeitos serão de abrangência nacional.

As medidas cautelares, em sentido estrito, têm por finalidade assegurar a eficácia de um processo administrativo instaurado. Seu objetivo seria, portanto, de aplicabilidade imediata para garantir o resultado útil a um processo administrativo, ainda que atinja o bem jurídico tutelado por aquele mesmo processo. Por outro lado, há certos provimentos preventivos invocados pelo Estado que servem para impedir o efeito nocivo decorrente da prática de ilegalidades. Busca-se, então, tutelar o objeto jurídico protegido pela legislação, dificultando que o descumprimento do Direito gere danos à sociedade como um todo.[29]

Mesmo presentes o *fumus boni iuris* e *periculim in mora*[30] deve haver, além da prova concreta, a possibilidade de reversibilidade da medida, o que impede ser calcada em atitudes açodadas e atabalhoadas de uma única autoridade, sem o crivo de análise de um colegiado. Logo, para que haja a possibilidade de utilização de ferramenta cautelar, para que a autoridade seja considerada legítima, deve ter competência para tal ato, previsto em rol de responsabilidades estabelecido em normativa específica.

O que se verifica, smj, é que em nenhuma normativa emanada pelo Conselho Federal de Medicina (CFM) ou pelas Regionais contém previsão de utilização da via cautelar, e que essa medida, assim como qualquer outro ato de repercussão, antes de tornar-se concreto no mundo real, deve passar pelo crivo de um colegiado. Com essa linha de desdobramento lógico, cautelares inominadas não podem ser adotadas pelo Conselho de Medicina.

Por fim, nessa mesma linha de intelecção, para Cabral[31] em face do necessário alinhamento ao princípio do respeito à presunção de inocência e ao devido processo legal, a modalidade cautelar mostra-se incompatível com procedimentos de natureza sancionatória, sob pena de haver uma antecipação sumária da punição. Portanto, essa justificativa robustece e arremata a tese de inaplicabilidade da medida cautelar inominada no âmbito dos Conselhos de Classe, incluindo-se o de Medicina.

CONCLUSÃO

Todo ato da administração pública deve ser fundamentado em lei e nas normativas da entidade a qual pertence, de acordo com os seus limites de atribuição e seguir todos os princípios que regem o Direito Administrativo.

---

29. CABRAL, F. G. *Medidas cautelares administrativas*. Tomo Direito Administrativo e Constitucional, Edição 2, Abril de 2022. Disponível em: https://enciclopediajuridica.pucsp.br/verbete/543/edicao-2/medidas-cautelares-administrativas-.

30. O *fumus boni iuris* representa a confiabilidade na presunção de existência do direito alegado. O *periculum in mora* se refere ao risco de irreversibilidade do dano caso a medida não seja concedida. DIDIER JR., Fredie. *Curso de direito processual civil*: teoria da prova, direito probatório, ações probatórias, decisão, precedente, coisa julgada e antecipação dos efeitos da tutela Salvador: JusPodivm, 2015. v. 2.

31. CABRAL, F. G. *Medidas cautelares administrativas*. Tomo Direito Administrativo e Constitucional, Edição 2, Abril de 2022. Disponível em: https://enciclopediajuridica.pucsp.br/verbete/543/edicao-2/medidas-cautelares-administrativas-.

Medidas de natureza excepcional do Conselho Federal de Medicina e de qualquer Conselho Regional devem ser reguladas de forma atenta para justificar a possibilidade da sua utilização, além conter o desenho dos rigores a serem seguidos, para a sua consecução seja oriundo de atos de mera arbitrariedade.

Em todas as situações, ainda mais quando se tratar investigação de ato médico, em face do necessário alinhamento ao princípio do respeito à presunção de inocência e ao devido processo legal, por serem incompatíveis com procedimentos de natureza sancionatória, as medidas cautelares não podem ser adotadas por extrapolarem suas finalidades, trazerem desenganos, e gerarem efeitos concretos de antecipação sumária da punição, algo que destoa de toda estruturação concebida e com os mais comezinhos Direitos estabelecidos.

REFERÊNCIAS

AITH, Fernando Mussa Abujamra. *Teoria Geral do Direito Sanitário Brasileiro*. Universidade de São Paulo. Faculdade de Saúde Pública (Tese de Doutorado), 2006. Disponível em: http://www.teses.usp.br/teses/disponiveis/6/6135/tde-23102006-144712/pt-br.php.

BASTOS, CR. *Curso de Direito Administrativo*. São Paulo: Saraiva, 1994.

BRASIL. Constituição da República Federativa do Brasil de 1988. Disponível em: https://www.planalto.gov.br/ccivil_03/constituicao/constituicao.htm.

BRASIL. Decreto-Lei 7955/45 Disponível em: https://www.cremeb.org.br/wp-content/uploads/2016/01/DEC-lei-7955-1945.pdf.

BRASIL. Decreto 44.045/1958 Aprova o Regulamento do Conselho Federal e Conselhos regionais de Medicina a que se refere a Lei 3.268, de 30 de setembro de 1957. Disponível em: https://www.planalto.gov.br/ccivil_03/decreto/1950-1969/d44045.htm.

BRASIL. Decreto-lei 200, de 25.02.1967. Dispõe sobre a organização da Administração Federal, estabelece diretrizes para a Reforma Administrativa e dá outras providências. Disponível em: https://www.planalto.gov.br/ccivil_03/decreto-lei/del0200.htm.

BRASIL. Lei 3.268/57. Dispõe sobre os Conselhos de Medicina, e dá outras providências. Disponível em: https://www.planalto.gov.br/ccivil_03/leis/l3268.htm.

BRASIL Lei 9.784/99. Regula o processo administrativo no âmbito da Administração Pública Federal. Disponível em: https://www.planalto.gov.br/ccivil_03/leis/l9784.htm#:~:text=Regula%20o%20processo%20administrativo%20no%20%C3%A2mbito%20da%20Administra%C3%A7%C3%A3o%20P%C3%BAblica%20Federal.&text=Art.,cumprimento%20dos%20fins%20da%20Administra%C3%A7%C3%A3o.

CABRAL, F G. *Medidas cautelares administrativas*. Tomo Direito Administrativo e Constitucional, Edição 2, Abril de 2022. Disponível em: https://enciclopediajuridica.pucsp.br/verbete/543/edicao-2/medidas-cautelares-administrativas-.

CONSELHO FEDERAL DE MEDICINA. Parecer 258. Disponível em: https://sistemas.cfm.org.br/normas/arquivos/despachos/BR/1996/258_1996.pdf.

CONSELHO FEDERAL DE MEDICINA. Resolução CFM 2.306/2022 que estabelece o Código de Processo Ético Profissional. Disponível em: https://portal.cfm.org.br/wp-content/uploads/2022/03/2306_2022.pdf.

DIDIER JR., F. *Curso de direito processual civil*: teoria da prova, direito probatório, ações probatórias, decisão, precedente, coisa julgada e antecipação dos efeitos da tutela. Salvador: JusPodivm, 2015. v. 2.

DUARTE C. S. Delegação de competência. *R. Serv. Público*, Brasília, 108(1): jan./abr. 1973 Disponível em: https://revista.enap.gov.br/index.php/RSP/article/download/2417/1308/6906.

MEIRELLES, HL. *Direito Administrativo Brasileiro*. São Paulo: Malheiros, 1990.

MELLO, C. A. B. *Natureza e Regime Jurídico das Autarquias*. São Paulo, 1968.

PIETRO, M. S. Z. Di. *Direito Administrativo*. São Paulo: Atlas, 1996.

PITELLI, S. D. O poder normativo do conselho federal de medicina e o direito constitucional à saúde. *Revista de direito sanitário*. v. 3, n. 1, p. 38-59, mar. 2002.

STF. ADIN 1.717-6, Disponível em: https://redir.stf.jus.br/paginadorpub/paginador.jsp?docTP=AC&docID=266741.

O TIPO ÉTICO-DEONTOLÓGICO ABERTO E A DEFICIENTE FUNDAMENTAÇÃO DAS DECISÕES PROFERIDAS NOS CONSELHOS REGIONAIS DE MEDICINA: UM RECORTE TEÓRICO

Paulo Antoine Pereira Younes

Mestre em Direito das Relações Sociais, subárea de direito penal, pela Pontifícia Universidade Católica de São Paulo (2002). Especialista em direito Constitucional e Eleitoral pela Faculdade de Direito de Ribeirão Preto da Universidade de São Paulo (2019). Especialista em direito da medicina pela Faculdade de Direito de Coimbra/Portugal (2020). Bacharel em direito pela universidade Metodista de Piracicaba (1996). Autor do Livro *Direito penal médico*: ensaios sobre a culpa (editora boreal, 2016). Advogado e professor universitário. e-mail: younes@aya.adv.br.

Sumário: Considerações preliminares: da dinâmica subsidiária do CPEP à origem do problema – 1. O comportamento proibido, o tipo ético-deontológico aberto e a principiologia aplicável – 2. A tipicidade formal e a deficiência na fundamentação das decisões proferidas nos conselhos regionais de medicina – Considerações finais – Referências.

CONSIDERAÇÕES PRELIMINARES: DA DINÂMICA SUBSIDIÁRIA DO CPEP À ORIGEM DO PROBLEMA

A exposição de motivos da Resolução CFM 2.306/2022 (CPEP) enfatiza a natureza autárquica fiscalizadora do Conselho Federal de Medicina, no apego aos princípios orientadores da Administração Pública, notadamente a reserva legal e a publicidade. À toda evidência, mandamentos constitucionais e legais orientam o texto normativo, em especial, as regras processuais já consolidadas nos Códigos de Processo Penal e Processo Civil.

O novel CPEP, a exemplo do art. 68 do Estatuto da Advocacia e a Ordem dos Advogados do Brasil[1] (Lei 8.906/1994), consolida a aplicação subsidiária daqueles diplomas legais imprimindo maior segurança jurídica às atividades processuais no curso das demandas ético-profissionais em trâmite nos Conselhos de Medicina.

A afirmação deste preceito, ainda que não expresso no corpo daquela resolução, como fez o Estatuto da Advocacia, exprime feição principiológica já consolidada pela legislação infraconstitucional, incorporando ao processo ético-profissional a complementariedade diante de suas lacunas normativas. Isto quer dizer que, na ausência de regulação específica a legislação processual penal, preferencialmente, será

---

1. Art. 68. Salvo disposição em contrário, aplicam-se subsidiariamente ao processo disciplinar as regras da legislação processual penal comum e, aos demais processos, as regras gerais do procedimento administrativo comum e da legislação processual civil, nessa ordem (EAOAB – Lei 8.906/1994).

invocada e utilizada para preenchimento da lacuna, mormente por se afeiçoarem ambas as legislações (CPEP e CPP) à imposição de sanção e consequente punição de seus destinatários.[2]

Importa-nos, no presente estudo, avaliar, com foco nesta subsidiariedade, notória deficiência de fundamentação nas decisões colegiadas exaradas nos CRMs, nos casos concretos que envolvam o reconhecimento de infrações tipificadas de forma aberta, valendo-se de uma dinâmica interpretativa em que a tipicidade formal se desvirtua em razão da precipitada exigência em se alcançar a tipicidade material.

Não é de hoje que a demasiada abertura na descrição da conduta incriminadora prevista na legislação penal provoca reação da comunidade jurídica, levando, no mais das vezes, a uma insegurança jurídica motivada pelo regionalismo na interpretação dos fatos frente à abertura do tipo penal. Exemplo clássico é do delito de ato obsceno,[3] em que a discricionariedade do julgador na definição do que seja ato obsceno, permeada por sua vivência, valores, dogmas religiosos, ideologias e, por que não, usos e costumes locais, influencia despropositadamente na interpretação dos fatos, distanciando-se, por vezes, da realidade social, acabando por esvaziar a tipicidade em sua materialidade e provocando, com isso, uma insegurança jurídica aos jurisdicionados e profissionais do direito.

Vale destacar que o tema está sendo analisado pelo STF[4] (repercussão geral quanto à constitucionalidade do art. 233 do Código Penal – "Praticar ato obsceno em local público, ou aberto ou exposto ao público") por suposta afronta ao princípio da reserva legal – art. 5º, inc. XXXIX, da Constituição Federal, no tocante à taxatividade do tipo penal descrito.

Elegemos, num primeiro momento, como tema central de análise o pinçamento de algumas condutas antiéticas (normas deontológicas) considerando sua demasiada abertura na construção típica, colocando em risco a reserva legal principiológica (princípio da legalidade), gerando deficiência na fundamentação decisória ao apego à tipicidade formal, o que contraria, subsidiariamente ao CPP, mormente a fundamentação exigida em todas as decisões emanadas pelo órgão de classe.

Essa dinâmica final (consequência) é o ponto de vista desenvolvido num segundo momento de nosso trabalho, experimentando aqueles que vivenciam a responsabilização ético-profissional na medicina, uma insegurança normativa latente, que afeta sobremaneira a individualização da conduta dos "denunciados", médicos(as) representados(as) na aplicação da sanção correspondente.

---

2. Exposição de Motivos da Resolução CFM 2.306/2022: (...) Nesse sentido, O CFM busca direcionar a elaboração de seu Código de Processo Ético-Profissional (CPEP) dentro dos mandamentos constitucionais e legais. Em especial, para regras já consolidadas nos Códigos de Processo Penal e Processo Civil, que são aplicados subsidiariamente no que couber.
3. Art. 233. Praticar ato obsceno em lugar público, ou aberto ou exposto ao público: Pena: detenção, de três meses a um ano, ou multa (CP).
4. RE 1093553 RG/RS, Rel. Min. Luiz Fux, j. 29.03.2018. Tema 989.

O TIPO ÉTICO-DEONTOLÓGICO ABERTO **165**

1. O COMPORTAMENTO PROIBIDO, O TIPO ÉTICO-DEONTOLÓGICO ABERTO E A PRINCIPIOLOGIA APLICÁVEL

O penalista mais atento poderia nos advertir sobre a existência e consequente anuência em se legislar via tipos penais abertos, o que de fato acontece excepcionalmente com algumas poucas normas penais incriminadoras, levando-nos a crer pela absoluta constitucionalidade daqueles dispositivos legais. A justificativa principal centra-se na impossibilidade de se esgotar a norma, o que engessaria seu alcance, atribuindo ao intérprete da lei (julgador) a tarefa de conceituar e individualizar o comportamento criminoso, o que chamamos de tipicidade.

É preciso lembrar que diferentemente da norma penal em branco – possuidora, esta, de uma definição no bojo do mesmo diploma normativo, como por exemplo a definição de "casa" para os efeitos penais no delito de violação de domicílio[5] ou, ainda, no caso em que a complementação se dá por outra norma prevista em outro diploma legal, a exemplo da definição de "drogas" nos delitos contidos na Lei 11.343/2006 –, o tipo penal aberto, por sua vez, caracteriza-se pela integração da norma como trabalho do aplicador do direito, diante do caso concreto que se apresenta. Veja que há uma insuficiência em ambas as figuras (tipo penal aberto e norma penal em branco), sendo que a competência para supri-las é que as distinguem, ficando a cargo do legislador a complementação das norma penais em branco e, para o julgador, a complementação dos tipos penais abertos.

Mas afinal há tipos deontológicos abertos previstos no Código de Ética Médica? Por incrível que pareça o art. 1º, do capítulo III, daquela Resolução (CFM 2217/2018)[6] é um exemplo da amplitude típica que falamos, ao não definir cada uma das modalidades de culpa em seu bojo (imprudência, negligência e imperícia), ficando a cargo do relator designado, a integração da norma.

Obviamente que não se trataria de uma tipicidade demasiadamente aberta fosse essa apenas a dita abertura existente, mas, em nosso entendimento, a ausência de significado do que seja considerado "dano" para os efeitos éticos, imprimi a ideia de uma interpretação demasiadamente ampla, o que nos parece infringir a principiologia ati-

---

5. Art. 150. Entrar ou permanecer, clandestina ou astuciosamente, ou contra a vontade expressa ou tácita de quem de direito, em casa alheia ou em suas dependências: Pena - detenção, de um a três meses, ou multa. § 1º Se o crime é cometido durante a noite, ou em lugar ermo, ou com o emprego de violência ou de arma, ou por duas ou mais pessoas: Pena - detenção, de seis meses a dois anos, além da pena correspondente à violência. § 2º (Revogado pela Lei 13.869, de 2019) § 3º Não constitui crime a entrada ou permanência em casa alheia ou em suas dependências: I – durante o dia, com observância das formalidades legais, para efetuar prisão ou outra diligência; II – a qualquer hora do dia ou da noite, quando algum crime está sendo ali praticado ou na iminência de o ser. § 4º A expressão "casa" compreende: I – qualquer compartimento habitado; II – aposento ocupado de habitação coletiva; III – compartimento não aberto ao público, onde alguém exerce profissão ou atividade. § 5º Não se compreendem na expressão "casa": I – hospedaria, estalagem ou qualquer outra habitação coletiva, enquanto aberta, salvo a restrição do n. II do parágrafo anterior; II – taverna, casa de jogo e outras do mesmo gênero. (CP)
6. Art. 1º Causar dano ao paciente, por ação ou omissão, caracterizável como imperícia, imprudência ou negligência. Parágrafo único. A responsabilidade médica é sempre pessoal e não pode ser presumida. (CEM)

nente ao tema, visto que para a configuração do chamado erro médico, a comprovação do resultado (dano) é imprescindível.

Analogicamente, o legislador penal tomou o cuidado de prever a culpa como elemento subjetivo do crime na parte geral do Código Penal, alimentando às construções típicas dolosas previstas na parte especial e na legislação extravagante algumas previsões culposas. Como exemplo podemos citar o próprio homicídio, que em seu § 3º prevê a figura culposa daquele que mata alguém.

Ainda que se possa sustentar lá na esfera penal uma certa determinação dos tipos culposos, a nosso sentir, isso se dá em razão exatamente da previsão genérica contida na parte geral daquele Código (art. 18, inc. II do CP),[7] essa não é a mesma conclusão em relação aos tipos éticos-disciplinares. Digo isso, pois não há figuras específicas descrevendo a conduta antiética culposa a que possa se subsumir o profissional de medicina. Apenas um comando de ordem genérica previsto naquele artigo 1º do CEM, gerando toda uma ordem interpretativa, diga-se, de espectro incalculável, de condutas ativas ou omissivas que poderiam se encaixar naquela previsão legal.

A afronta à reserva legal é notória, vislumbrada na imprecisão e amplitude da norma, fomentando as mais variadas e equivocadas interpretações do que seja considerado "dano" aos padrões morais do momento, fugindo, por vezes, completamente da ética médica que se quer tutelar. Tal amplitude interpretativa fica à mercê do momento, dos valores sociais locais, à arbitrariedade (e não discricionariedade) dos julgadores, enfim, a uma sorte de fatores não-científicos e ilógicos que nada favorecem à razão exigida na construção de uma decisão voltada à análise de feição ética que se deve buscar naquela esfera de avaliação.

Não menos importantes e seguindo a mesma sistemática construtiva, podemos citar as figuras contidas nos artigos 18, 21, 30, 32, 58 e 112 daquele mesmo diploma disciplinador (CEM/2018), ao sugerirem uma abertura interpretativa demasiada, denotando uma certa imprecisão típica, o que afrontaria em primeiro plano o princípio da legalidade.

A redação do artigo 18 do CEM,[8] por exemplo, veda a desobediência aos acórdãos e às resoluções dos Conselhos Federal e Regionais de Medicina ou, ainda, o desrespeito àquelas instituições. Ora caros leitores, a amplitude de condutas desrespeitosas que até poderia ser utilizada como justificativa para não se engessar a norma, a nosso sentir merece uma simples mas importante observação: a carga moral que recai no julgamento do caso concreto sobre a interpretação da conduta do profissional de medicina, se encontrará à toda sorte interpretativa dos conselheiros relatores.

---

7. Art. 18. Diz-se o crime: I – doloso, quando o agente quis o resultado ou assumiu o risco de produzi-lo; II – culposo, quando o agente deu causa ao resultado por imprudência, negligência ou imperícia. Parágrafo único. Salvo os casos expressos em lei, ninguém pode ser punido por fato previsto como crime, senão quando o pratica dolosamente. (CP)

8. Art. 18. Desobedecer aos acórdãos e às resoluções dos Conselhos Federal e Regionais de Medicina ou desrespeitá-los. (CEM)

Até aí não há muito o que se questionar, mesmo porque outra não seria a composição das Câmaras ou Conselhos Regionais de Medicina. O que se questiona e efetivamente se critica é a dissonância permitida pela má construção da norma na abertura interpretativa dos elementos lá contidos, dando margem à moralidade momentânea em detrimento da ética secular (Quais acórdãos? Quais resoluções? Quais normas inseridas naquelas resoluções a serem desobedecidas?).

Marcos Coltri e Eduardo Dantas, precisamente, ainda observam a possibilidade de se questionar se o médico estaria obrigado a responder à notificação para apresentação de manifestação escrita, uma vez que, de acordo com reiteradas decisões dos Conselhos Regionais e Federal de Medicina, a fase de sindicância e a manifestação do médico nesta fase não são obrigatórias.[9]

Enfim, o princípio da reserva legal,[10] conquista iluminista fundamental para a segurança jurídica de nosso ordenamento, impiedosamente vem sendo mitigado ante à imprecisão dos mandamentos supracitados.

O alargamento demasiado do tipo também se verifica na norma contida no art. 21 do CEM,[11] ao deixar de definir quem seriam as "autoridades sanitárias" e qual seria a "legislação pertinente", construção imprecisa da norma, geradora de inúmeras interpretações equivocadas.

No mesmo sentido, a norma do art. 30 daquele mesmo diploma classista classifica como infração deontológica a conduta daquele que "usa da profissão para corromper costumes, cometer ou favorecer crimes". Corromper costumes? Nem mesmo o atual Código Penal brasileiro se utiliza mais desta expressão junto aos crimes contra a dignidade sexual. Aliás, expressão de época munida de tamanha caga moral, substituída naquele diploma repressivo, a fim de adequá-lo à Constituição Federal de 1988.

Inimaginável que ainda hoje se utilizem de uma expressão tão inexata e imprecisa, geradora de interpretações completamente equivocadas, permeadas por fatores de ordem religiosa, ideológica, distanciando-se de uma análise ética que deveria elevar a dignidade humana ao pilar principiológico hoje considerado pela doutrina e jurisprudência nacional.

A abertura típica se vislumbra ainda nas expressões "cometer ou favorecer crimes", exigindo do intérprete um conhecimento que vai além de sua formação e, principalmente, imprimindo uma abertura interpretativa que alcançaria toda e qualquer tipificação penal incriminadora, o que, a nosso ver, parece infringir o corolário da precisão técnica exigida por uma norma repressora.

Mas não paramos por aí, o art. 58 do CEM exige esforço interpretativo quase que fictício do julgador, ao vedar o "exercício mercantilista da medicina", não definindo ade-

---

9. COLTRI, Marcus Vinicius. DANTAS, Eduardo Vasconcelos dos Santos. *Comentários ao Código de Ética Médica*. 3. ed. Salvador: JusPodivm, 2020, p. 159.
10. Art. 5º, inc. XXXIX – não há crime sem lei anterior que o defina, nem pena sem prévia cominação legal. (CF)
11. Art. 21. Deixar de colaborar com as autoridades sanitárias ou infringir a legislação pertinente. (CEM)

quadamente o que englobaria aquela expressão. Melhor seria revogá-lo, considerando que nos artigos seguintes fórmulas casuísticas definem com maior rigor as condutas proibidas, o que não acarretaria qualquer prejuízo ao capítulo proposto. Mas não nos empolguemos tanto, pois o art. 71 nos remonta à imprecisão típica, novamente, ao deixar de precisar o que seria considerado "prêmio" para os efeitos éticos contidos na norma. Vejamos o conteúdo normativo: "Art. 71. Oferecer seus serviços profissionais como prêmio, qualquer que seja sua natureza".

O art. 81 do CEM, por sua vez, vale-se também de indefinida expressão ao vedar a conduta de atestar ao médico que tenha a finalidade de obter alguma vantagem com isso. Perguntamos: o que se considera vantagem para os efeitos éticos? Seria qualquer tipo de vantagem (financeira, sexual etc.)?

Enfim, a terminologia deve ser cuidadosamente empregada buscando atribuir limites ao alcance das expressões contidas nos tipos éticos deontológicos, respeitan-do-se, assim, a almejada reserva legal, evitando-se o uso de uma indesejada analogia proporcionada pela larga margem interpretativa, impulsionadora de tendenciosas e arbitrárias decisões.

Por fim chamo a atenção para o artigo 112 do CEM,[12] advertindo a impossibilidade de divulgação de informação de conteúdo médico de forma "sensacionalista", expressão que dispensa comentários, depois de tudo que analisamos em relação à imprecisão dos termos anteriormente analisados, exemplo de mais uma falta de clareza na construção típica, exigindo esforço hercúleo do intérprete, dando margem a toda e qualquer forma de integração da norma.

2. A TIPICIDADE FORMAL E A DEFICIÊNCIA NA FUNDAMENTAÇÃO DAS DECISÕES PROFERIDAS NOS CONSELHOS REGIONAIS DE MEDICINA

Como vimos, a existência de tipos abertos é uma realidade na legislação ético-de-ontológica médica. A impossibilidade de previsão de todas as situações, a inconteste complexidade na relação médico-paciente, a tutela ético-disciplinar cada vez mais ampla diante de uma tecnologia incidental crescente, tudo colaborando até mesmo para a proliferação de figuras deontológicas de textura aberta.

Em âmbito penal, afirma Alamiro Velludo Salvador Netto[13] que, "a sociedade ficou grande e dinâmica demais para os limites do tipo penal fechado", o que podemos estender para o âmbito da ética médica em análise.

No entanto, no estrito campo deontológico proposto, o aceite indiscriminado às figuras típicas abertas pode e vem gerando as mais variadas distorções interpretativas. A simples menção aos "costumes", por exemplo, sem que se defina o comportamento dito

---

12. Art. 112. Divulgar informação sobre assunto médico de forma sensacionalista, promocional ou de conteúdo inverídico. (CEM)
13. SALVADOR NETTO, Alamiro Velludo. *Tipicidade Penal e Sociedade do Risco*. São Paulo: Quartier Latin, 2006, p. 37.

O TIPO ÉTICO-DEONTOLÓGICO ABERTO | 169

corrompível que se encaixaria à conduta proibida, deixa ao sabor da capacidade intuitiva daquele que exerce o ofício de julgar o alcance da norma, a conclusão sobre a prática, ou não, da conduta antiética a qual o contexto sancionatório impõe consequências das mais gravosas, podendo levar ao profissional a cassação de seu diploma. A insegurança grassará e o julgamento das representações correrá à conta da formação do julgador.

A parametrização penal por nós até aqui utilizada, permiti-nos agregar recorte conceitual dos tipos abertos (deontológicos), buscando insuflar o raciocínio e inteligir mais claramente a respeito do tema proposto.

Portanto, seguindo tal premissa, proponho uma análise analógica ao tema da tipicidade aberta e fechada, com foco em outra dualidade: a tipicidade formal e a tipicidade material. Vamos aos conceitos e às explicações.

Recorde-se que a tipicidade elenca uma relação de correspondência da conduta humana analisada ao tipo normatizado. Para nós o tipo formal é a descrição da conduta prevista na norma. Ao passo que podemos entender por tipo material, a verdadeira lesão ao que se quis proteger com a feitura e antecedente previsão normativa.

No exemplo do art. 1º do CEM, que trata da conduta culposa praticada pelo médico, ocasionando um dano ao paciente, para que se adeque ao tipo material há a necessidade de que tal comportamento tenha se dado de maneira reprovável pela sociedade. Logo, a tipicidade material exige uma tarefa a mais que se acrescenta à subsunção formal. Primeiro se examina a correspondência formal à descrição legal, depois se realiza o juízo de lesividade. O objetivo é o afastamento do plano típico das ações que, embora pareçam tuteladas pela norma em razão de sua forma, na verdade encontram-se fora do âmbito proibido.

Ao que nos importa, a tipicidade formal toma como base o tipo enquanto composto por elementos descritivos, permitindo-nos a subsunção formal. Contudo, nos tipos abertos, a incompletude da norma leva-nos à impossibilidade de uma subsunção formal, pois a aferição do significado dos termos que exigem uma completude (valoração e significação, por exemplo, do que sejam considerados "costumes", "mercantilização", "dano", "sensacionalista", "prêmio" etc.) é imprescindível para se chegar a uma conclusão, exigindo uma mescla na verificação do tipo abstrato e averiguação do sentido material da conduta. Em resumo, podemos afirmar que na atividade de aplicação do tipo aberto o aspecto formal só pode ser pensado com o auxílio de elementos materiais.

Tomemos como base o art. 30 do CEM,[14] o qual tipifica a conduta do médico que usa a profissão para corromper costumes, cometer ou favorecer crime. Ora, saber o que podemos entender por costumes e definir quais os crimes que se almeja, enfim, encontrar o tipo formal, necessariamente implica considerar o fato social, considerações e circunstâncias em que o comportamento do profissional se desenvolve. O juízo de valoração (axiológico) migra também para a aferição do tipo tomado formalmente, ou seja, a abertura provoca certa instabilidade da distinção entre o que é formal ou material.

---

14. Art. 30. Usar da profissão para corromper costumes, cometer ou favorecer crime. (CEM)

Tal instabilidade torna mais evidente o problema da abertura, mostrando-se mais e mais complicado na medida em que vai arregimentando pontos de tensão.

Sem pretender criar um exame pormenorizado de interpretação das normas propostas, procuramos levantar pontos de tensão teóricos a respeito da abertura típica e sua real implicação prática. Nesse título vamos demonstrar a consequência processual por nós vislumbrada no enfrentamento do tema, ao verificar uma deficiência de fundamentação na análise colegiada decisória frente aos casos concretos que chegam aos CRMs.

Parece-nos um tanto quanto óbvia a necessidade de que as decisões proferidas ao nível de Conselho de Classe, a exemplo das decisões judiciais, envolvendo uma infração ético-disciplinar, colocando termo ao processo, portanto, sejam devidamente motivadas e fundamentadas. Assim, é prudente que o voto do relator designado se socorra à subsidiariedade processual penal, em obediência ao mandamento contido na exposição de motivos do CPEP.

Não que o art. 91 do diploma classista tenha aberto uma lacuna legal, digamos estridente, em relação à desnecessidade de motivação na construção daquela decisão. Mas como não há uma clara e expressa menção ao termo (motivação), sempre prudente que se busque a integração da norma no diploma processual complementar, principalmente por se tratar de ordem constitucional, a fim de se respaldar adequadamente a decisão final.

Antonio Carlos Nunes de Oliveira, em seus Comentários ao Código de Processo Ético-Profissional dos Conselhos de Medicina, entende que o voto deverá enfrentar a análise do mérito e estabelecer de forma clara e objetiva a culpabilidade do denunciado ou a sua inocência. Na hipótese de culpa, o voto deverá estabelecer, com clareza e objetividade, qual capitulação prevista no CEM foi violada no caso concreto. Ou seja, é necessário que o voto aponte qual ou quais artigos do CEM foram violados pelo médico denunciado e o porquê – declinar os fatos. Essa parte é de suma importância, pois permitirá às partes exercer o seu legítimo direito de recorrer tendo por base os fatos e artigos supostamente violados ou não. Na linha do que determina a norma constitucional e a lei, a decisão que orientar pela condenação deve ser razoavelmente fundamentada, de modo que o denunciado possa saber os reais motivos que a fundamentaram. Deve ter uma parte introdutória, que podemos chamar de relatório, uma parte de desenvolvimento, que podemos chamar de fundamentação, e conclusão, na qual será consignada a culpabilidade, com a indicação dos artigos violados e a sanção aplicada.[15]

O chamado desenvolvimento do voto, consiste na motivação apurada pelo raciocínio lógico-ético realizada pelo conselheiro, a partir do contexto probatório inserido ao processo. Assim como no processo penal, a convicção se formará pela livre apreciação da prova produzida sob o crivo do contraditório e demais princípios incidentes. Isto não significa que o julgador esteja dispensado de justificar suas posições. Tem ele liberdade para decidir, explicitando, contudo, os respectivos motivos de sua decisão.

---

15. OLIVEIRA, Antonio Carlos Nunes de. *Comentários ao Código de Processo Ético-Profissional dos Conselhos de Medicina*: aprovado pela resolução CFM 2.306/2022. Brasília: Conselho Federal de Medicina, 2022, p. 228.

O TIPO ÉTICO-DEONTOLÓGICO ABERTO **171**

Imaginemos, portanto, um voto vencedor de um conselheiro, que decide por condenar um médico (clínico geral) pela prática da conduta disposta no art. 30 do CEM, entendendo ter ele se utilizado de sua profissão para corromper costumes, ao atender em consulta médica no seu consultório particular uma jovem de 18 anos de idade, mentalmente saudável e que, finalizada a consulta, mantém com ela relações sexuais consentidas nas dependências de sua clínica. A paciente não o representa, até porque anuiu ao ato sexual, realizando tudo de livre e espontânea vontade, tendo o médico sido representado por uma de suas secretárias, que teria clandestinamente presenciado e filmado o episódio.

Ao que nos interessa, a abertura típica exige uma integração em busca da definição do que se deve compreender por "corromper costumes" para os efeitos éticos, à medida em que não há um conceito delimitando a infortunada expressão, exigindo do intérprete da norma uma valoração que transcende à lógica e ao tempo, critérios costumeiramente utilizados para a solução das demandas infracionais.

Chega-se assim a um delicado impasse interpretativo, em que a abertura normativa provoca alguma instabilidade da distinção entre o que é formal e o que é material, ao exigir do intérprete uma definição daquela imprecisa expressão, gerando uma instabilidade na subsunção do fato à norma, tensionando ainda mais a tênue fronteira existente entre o ilícito jurídico e o ilícito ético.

Essa dinâmica a ser enfrentada pelo conselheiro julgador influirá diretamente na motivação de seu voto, lembrando que a motivação deverá abranger tanto as matérias de fato – relativas à autoria e à materialidade –, bem como as matérias éticas que constituem as teses descritas nos documentos acusatórios e defensivos.

Junto a isso, devem ser indicados os dispositivos do CEM incidentes no caso concreto. A ausência ou deficiência da motivação implica, a nosso ver, em nulidade absoluta da decisão, pela afronta aos princípios do devido processo legal, do contraditório, da ampla defesa e demais incidentes à matéria, em razão claro do prejuízo causado à defesa.

Voltando ao caso hipotético, a subsunção do fato à norma reclama do conselheiro sentenciante uma valoração do que sejam atos de corrupção dos costumes, terminologia demasiadamente aberta inserida no tipo ético-deontológico. Ainda que se possa desavisadamente compreender pela formalidade dos contornos típicos, a incompletude da norma leva à impossibilidade de uma subsunção formal, pois a aferição do significado dos termos que exigem uma completude (valoração e significação do que se possa definir como "costumes"), diga-se, análise imprescindível para se chegar a uma conclusão, é exigida uma mescla na verificação do tipo abstrato e na averiguação do sentido material da conduta.

Podemos, portanto, entender que na atividade de valoração e aplicação do tipo aberto ao caso concreto, o aspecto formal só pode ser pensado com o auxílio de elementos materiais, dificultando sobremaneira e, por que não tornando deficiente, pela afronta à principiologia exigida, a motivação desprovida de elementos técnicos diante do grau de subjetividade valorativa conceitualmente empregado na análise integrativa da norma.

Para se alcançar a tipicidade formal, enfim, o intérprete-julgador acaba por adentrar à tipicidade material ao conceituar a expressão "corromper costumes" (demasiadamente aberta), influindo diretamente na subsunção do fato à norma, provocando uma deficiente e despropositada motivação, afinal de contas, teria o médico efetivamente corrompido costumes naquele caso hipotético?

CONSIDERAÇÕES FINAIS

Perceber que a atmosfera ético-disciplinar perpassa dimensões que vão além de uma lógica interpretativa limitada aos conceitos, princípios e regras construídos institucionalmente, leva à constatação de que o direito, no caso o direito processual penal, subsidiariamente encontra campo fértil na orientação e reconhecimento da violação e consequente imposição de uma sanção de ordem classista.

O desalinho entre as duas esferas de punição confere prática desastrosa e injusta, que se inicia no pinçamento e construção da norma ético-deontológica, passando pela análise decisória apoiada em valoração míope, infringindo a principiologia garantista existente.

A demasiada abertura típica de algumas construções éticas previstas no CEM encontra no intérprete as mais variadas conclusões, ultrapassando todos os limites discricionários e afetando excessivamente a integridade típica no alcance da norma. Isso se dá em razão da necessidade de se buscar o encaixe dos contornos típicos na valoração e formalização dos conceitos, acreditando-se alcançar a tão almejada tipicidade material.

A mitigação proporcionada pelas decisões exaradas nos Conselhos Regionais de Medicina ultrapassa os limites principiológicos subsidiados pelo CPEP e pelo CPP, diante da deficiência motivacional das decisões colegiadas, eivando de nulidade os acórdãos condenatórios.

Eduardo Dantas e Maria Teresa Ribeiro de Andrade Oliveira esclarecem que o processo disciplinar português possui características que mostram potencial eficácia – diminuindo a discricionariedade do julgador e aumentando a segurança jurídica do processo –, como: penas pecuniárias; ausência de sanções confidenciais; previsão expressa de atenuantes, agravantes e circunstâncias dirimentes; previsão de aplicabilidade de sanções, com casos concretos para interpretação analógica.[16]

Cabe ao próprio Conselho, respeitada sua estrutura organizacional, rever, reavaliar, refletir e discutir sobre a abertura típica encontrada em algumas normas contidas em sua legislação, propondo uma maior precisão na descrição típica, nos moldes aferidos pela principiologia existente. No que tange aos processos em andamento, a atuação dos defensores, notadamente advogados que atuem naquela esfera de atividade é fundamental, não só focando a principiologia garantista existente, mas a subsidiariedade real do ordenamento jurídico brasileiro.

---

16. OLIVEIRA, Maria Teresa Ribeiro de Andrade; DANTAS, Eduardo. Processos Ético-Profissionais dos Médicos: Aspectos Gerais e Influência nas Decisões Judiciais. In: KFOURI NETO, Miguel; NOGAROLI, Rafaella (Coord.). *Debates Contemporâneos em Direito Médico e da Saúde*. São Paulo: Thomson Reuters. Brasil, 2020, p. 330.

REFERÊNCIAS

BADARÓ, Gustavo Henrique. *Processo penal*. 3. ed., rev., atual. e ampl. São Paulo: RT, 2015.

BARROSO, Luis Roberto. *Interpretação e aplicação da Constituição*. 3. ed. São Paulo: Saraiva, 1999.

BONAVIDES, Paulo. *Curso de Direito Constitucional*. 10. ed. São Paulo: Malheiros, 2003.

BRASIL. Código de Processo Penal (CPP). Decreto-lei 3.689 de 3 de outubro de 1941. Disponível em: https://www.planalto.gov.br/ccivil_03/decreto-lei/del3689.htm. Acesso em: 19 dez. 2023.

BRASIL. Código Penal (CP). Decreto-lei 2.848 de 7 de dezembro de 1940. Disponível em: https://www.planalto.gov.br/ccivil_03/decreto-lei/del2848compilado.htm. Acesso em: 21 dez. 2023.

BRASIL. Constituição da República federativa do Brasil de 1988 (CF). Disponível em: https://www.planalto.gov.br/ccivil_03/constituicao/constituicao.htm. Acesso em: 21 dez. 2023.

BRASIL. Conselho Federal de Medicina (CFM). Código de Ética Médica (CEM). Resolução 2217 de 27.09.2018. Disponível em: https://portal.cfm.org.br/images/PDF/cem2019.pdf. Acesso em: 06 jan. 2024.

BRASIL. Conselho Federal de Medicina (CFM). Código de Processo Ético-Profissional (CPEP). Resolução 2.306 de 25/03/2022. Disponível em: https://portal.cfm.org.br/images/PDF/cem2019.pdf. Acesso em: 05 jan. 2024.

BRASIL. Estatuto da Advocacia e a Ordem dos Advogados do Brasil (EAOAB). Lei 8906 de 04 de julho de 1994. Disponível em https://www.planalto.gov.br/ccivil_03/leis/l8906.htm. Acesso em: 20 dez. 2023.

CAMARGO, Antônio Luís Chaves. *Tipo Penal e Linguagem*. Rio de Janeiro: Forense, 1982.

COLTRI, Marcus Vinicius. DANTAS, Eduardo Vasconcelos dos Santos. *Comentários ao Código de Ética Médica*. 3. ed. Salvador: Editora JusPodivm, 2020.

ESTEFAM, André. *Direito Penal*: parte geral (arts. 1º a 120). 5. ed. São Paulo: Saraiva, 2016. v. 1.

FRANCO, Alberto Silva et al. *Código penal e sua interpretação jurisprudencial*. 5. ed. São Paulo: RT, 1995.

GARCIA, Maria. *Limites da ciência*: a dignidade da pessoa humana: a ética da responsabilidade. São Paulo: RT, 2004.

LÔBO, Paulo. *Comentários ao estatuto da advocacia e da OAB*. 10. ed. São Paulo: Saraiva, 2017.

MASCARENHAS, Igor de Lucena. *O mito da independência de esferas na responsabilidade médica*: o impacto da decisão ética na responsabilidade civil e criminal. Disponível em: https://www.editoraforum.com.br/noticias/coluna-direito-civil/o-mito-da-independencia-de-esferas-na-responsabilidade-medica/. Acesso em: 22 dez. 2023.

NICOLITT, André. *Manual de Processo Penal*. 10. ed. Belo Horizonte, São Paulo: D'Plácido, 2020.

OLIVEIRA, Antonio Carlos Nunes de. *Comentários ao Código de Processo Ético-Profissional dos Conselhos de Medicina*: aprovado pela resolução CFM 2.306/2022. Brasília: Conselho Federal de Medicina, 2022.

OLIVEIRA, Maria Teresa Ribeiro de Andrade; DANTAS, Eduardo. Processos Ético-Profissionais dos Médicos: Aspectos Gerais e Influência nas Decisões Judiciais. In: KFOURI NETO, Miguel; NOGAROLI, Rafaella (Coord.). *Debates Contemporâneos em Direito Médico e da Saúde*. São Paulo: Thomson Reuters. Brasil, 2020.

PRADO, Luiz Regis. *Curso de direito penal brasileiro*: parte geral. São Paulo: RT, 2001.

PERELMAN, Chaim. *Ética e Direito, trad. de Maria Ermantina Galvão*. São Paulo: Martins Fontes, 1996.

SALVADOR NETTO, Alamiro Velludo. *Tipicidade Penal e Sociedade do Risco*. São Paulo: Quartier Latin, 2006.

SEBASTIÃO, Jurandir. *Responsabilidade médica: civil, criminal e ética*. 2. ed. Belo Horizonte: Del Rey, 2001.

SIMONELLI, Osvaldo. *Direito Médico*. Rio de Janeiro: Forense, 2023.

YOUNES, Paulo. *Direito Penal Médico*: ensaios sobre a culpa. Birigui, São Paulo: Boreal Editora, 2016.

PROCESSO ÉTICO-PROFISSIONAL

O PRINCÍPIO DA AMPLA DEFESA NOS PROCESSOS ÉTICO-PROFISSIONAIS NOS CONSELHOS DE MEDICINA: A CONFORMAÇÃO JURÍDICA DO INSTITUTO DA REVELIA E DA NOMEAÇÃO DO DEFENSOR DATIVO

Lucas Macedo Silva

Pós-graduado em Direito Público pela Faculdade Baiana de Direito. Bacharel em Direito pela Universidade Salvador. Organizador e coautor das obras "Advocacia Consensual em Direito Médico" e "Estudos de Casos em Direito Médico e da Saúde". Autor de artigos científicos e capítulos de livros na área de Direito Médico e da Saúde. Conselheiro Seccional da Ordem dos Advogados do Brasil – Seccional Bahia (2022-2024). Foi Secretário-Geral (2016-2018) da Comissão Especial de Direito Médico e da Saúde da Ordem dos Advogados do Brasil – Seccional Bahia (2022-2024). Defensor dativo do Conselho Regional de Medicina do Estado da Bahia – CREMEB (2020-2024). Assessor jurídico do Conselho Regional de Medicina do Estado da Bahia – CREMEB (2024-). Sócio do Athayde, Macedo e Sady Advogados. E-mail: contato@lucasmacedo.adv.br.

Sumário: 1. O direito fundamental à ampla defesa e os Processos Ético-Profissionais nos Conselhos de Medicina – 2. As repercussões da revelia nos Processos Ético-Profissionais – 3. A figura do defensor dativo e a ampla defesa material. – Conclusões – Referências.

1. O DIREITO FUNDAMENTAL À AMPLA DEFESA E OS PROCESSOS ÉTICO-PROFISSIONAIS NOS CONSELHOS DE MEDICINA

Na esfera da responsabilização administrativa, o exercício da Medicina está sujeito ao controle de classe promovido pelos Conselhos Regionais e Federal de Medicina, que, nos termos da Lei Federal 3.268/57, possuem competência para fiscalizar a atuação médica, para conhecer, processar e julgar assuntos associados à ética profissional e para aplicar as sanções decorrentes de eventuais infrações. A apuração de condutas potencialmente violadoras de normas do Código de Ética Médica ou de outras normas deontológicas é feita por meio da instauração de sindicância e do processo ético-profissional (PEP). Apesar de possuir regulamentação própria, a condução desses processos deve observar as garantias constitucionais do devido processo legal, do contraditório e da ampla defesa, com vistas a evitar a aplicação de penalidades administrativas ao médico sem que seja oportunizado o seu direito à defesa.

Isto porque o art. 5º, LV, Constituição Federal de 1988 determina que, em todo e qualquer processo de natureza judicial ou administrativa, devem ser assegurados o contraditório e a ampla defesa, sendo estes compreendidos como os mais diversos meios de defender os próprios interesses. Daí, depreende-se que o direito à ampla defesa se constitui como direito fundamental, norma-princípio que deve espraiar os seus efeitos para todo o ordenamento jurídico brasileiro. Com efeito, para se falar em ampla defesa em uma perspectiva material, é preciso que se oportunize às partes, de maneira concreta, a possibilidade de apresentar a sua versão dos fatos, produzir as provas que compreenda necessárias e de se manifestar sobre todos os aspectos que envolvem as denúncias que lhes são imputadas.

No contexto dos processos ético-profissionais perante os Conselhos de Medicina, na condição de processos administrativos, a ampla defesa ganha um papel de ainda maior relevância, considerando que se intenta encontrar a verdade real ou material. Em outras palavras, o objetivo do processo é de se tentar compreender os fatos da forma como realmente ocorreram para, diante disso, apresentar a decisão compatível com a justiça e a equidade:

> No âmbito do Direito Administrativo sancionador, vigora o princípio da verdade real93, o que legitima o Estado-Administração (CRMs) a ter iniciativa acusatória e probatória sempre que parecer conveniente, a fim de formar seu juízo de valor. Isso significa que as suas decisões devem estar consubstanciadas no livre convencimento, motivado nas provas constantes dos autos do PEP em cotejo com os fatos apresentados na denúncia.[1]

A tramitação dos processos ético-profissionais nos Conselhos Federal e Regionais de Medicina está disciplinada pela Resolução CFM 2.306/2022, também chamada de "Código de Processo Ético-Profissional" (CPEP). Nos termos do referido diploma normativo, institutos processuais clássicos como revelia e defesa dativa ganham uma feição que se aproxima muito mais do processo penal do que do processo civil, justamente em decorrência do princípio da ampla defesa. No entanto, é possível se questionar se a atual conformação normativa da revelia e da defesa dativa consagram efetivamente o princípio da ampla defesa material.

Sendo assim, este artigo tem por objetivo analisar criticamente a revelia e a nomeação de defensor dativo nos processos ético-profissionais conduzidos pelos Conselhos de Medicina, à luz do princípio constitucional da ampla defesa. Ao longo do trabalho, serão discutidos os efeitos da revelia do PEP, os limites da atuação do defensor dativo e os obstáculos enfrentados para a concretização da ampla defesa material.

2. AS REPERCUSSÕES DA REVELIA NOS PROCESSOS ÉTICO-PROFISSIONAIS

O conceito de revelia é um ato-fato processual que se caracteriza pela ausência do exercício do direito de defesa quando a parte à qual se imputa alguma ofensa é regularmente notificada para apresentar a sua defesa e não exerce o seu direito.[2] Apesar de ser um instituto que integra as três instâncias de responsabilização, a revelia produz efeitos

---

1. OLIVEIRA, Antônio Carlos Nunes de. *Comentários ao Código de Processo Ético-Profissional dos Conselhos de Medicina*: aprovado pela resolução CFM 2.306/2022. Brasília: Conselho Federal de Medicina, 2022.
2. DIDIER JR., Fredie. *Curso de direito processual civil*: introdução ao direito processual civil, parte geral e processo de conhecimento. 21. ed. Salvador: JusPodivm, 2019.

distintos no processo civil, no processo penal e nos processos ético-profissionais. Compreender suas particularidades e efeitos em cada um desses âmbitos é essencial para a garantia do direito fundamental à ampla defesa.

No âmbito do processo civil, o principal efeito da revelia é a confissão ficta, com a presunção de veracidade das alegações feitas pelo autor da demanda, nos termos do art. 344 do Código de Processo Civil (CPC). Ou seja, se o réu for devidamente citado e não contestar a ação, ele será considerado revel e os fatos narrados pelo autor serão tidos como incontroversos. Merece lembrança o fato de que, no processo civil, não se busca a verdade material dos fatos, mas sim a verdade formal, que é a que se baseia nas alegações e nas provas produzidas no bojo do processo.

Com a decretação da revelia, o processo segue o seu rito regularmente, mesmo sem a participação do réu. No entanto, cabe ressaltar que o entendimento sedimentado pelo Superior Tribunal de Justiça é que a presunção de veracidade dos fatos não é absoluta, de modo que a revelia não ensejará necessariamente a procedência dos pedidos, podendo o juízo analisar as alegações em cotejo com as provas apresentadas. É possível, inclusive, que, mesmo com a decretação da revelia, o juízo julgue improcedentes os pleitos nos casos que envolvem matéria de ordem pública ou quando as alegações forem inverossímeis ou contraditórias em relação às provas dos autos.[3]

Diferentemente do processo civil, a revelia no âmbito penal não gera a presunção de veracidade das alegações da acusação, uma vez que o Código de Processo Penal (CPP) não prevê a confissão ficta como efeito da revelia. O art. 367 do CPP dispõe que "o processo seguirá sem a presença do acusado que, citado ou intimado pessoalmente para qualquer ato, deixar de comparecer sem motivo justificado".

No caso do processo penal, mesmo sem a apresentação de defesa por parte do acusado, em nome do princípio da presunção de inocência, o ônus de provar a culpabilidade do réu continuaria a ser da acusação, costumeiramente capitaneada pelo Ministério Público. No processo penal, não se deve aplicar o efeito material da revelia, notadamente, a presunção de veracidade dos fatos alegados, pois o bem jurídico protegido é o *jus libertatis*, que é indisponível.[4]

Quando se está a falar dos processos ético-profissionais, sendo estes espécies de processos administrativos, deve-se ter em mente que o objetivo precípuo é o de se alcançar a verdade real dos fatos. Nesse ponto, é preciso que se reconheça que os PEPs se aproximam muito mais do processo penal do que do processo civil, sendo certo que se deve tentar consagrar o direito à defesa no mais amplo grau possível.

No que diz respeito especificamente à revelia, o CPEP reserva uma subseção específica para conceituá-la e disciplinar os efeitos que dela se desencadearão. Nos ditames

---

3. DIDIER JR., Fredie. *Curso de direito processual civil*: introdução ao direito processual civil, parte geral e processo de conhecimento. 21. ed. Salvador: JusPodivm, 2019.
4. TÁVORA, Nestor; ROQUE, Fábio. *Código de processo penal para concursos*. 6 ed. rev. ampl. atual. Salvador: JusPodivm, 2015.

do art. 48 do CPEP, "considera-se revel o médico denunciado que, regularmente citado, deixar de apresentar defesa prévia no prazo legal, nem constituir defensor". Ou seja, nos processos ético-profissionais conduzidos pelos Conselhos de Medicina, a revelia ocorre quando o profissional médico denunciado por supostamente ter cometido alguma infração ética, mesmo tendo sido devidamente citado, não apresenta defesa no prazo estipulado e não constitui advogado para representá-lo.

Por uma decorrência lógica, para a decretação da revelia, faz-se necessário que o profissional demandado tenha sido regularmente citado. A citação deve ser pessoal e prioritariamente deve conferir a garantia da ciência inequívoca do denunciado acerca do processo ético-profissional e das consequências da sua abstenção em integrar a relação processual. O CPEP permite diferentes formas de se tentar citar o denunciado, devendo preferencialmente ser por aplicativos de mensagens ou por e-mail. No insucesso dessa tentativa, deve-se tentar a citação por correios com aviso de recebimento, diretamente por servidor do conselho regional correspondente ou por carta precatória. Somente em último caso, sendo fracassadas todas as tentativas anteriormente apresentadas, é que se permite a citação por edital, que é uma hipótese de citação ficta, presumida.

Com efeito, é bastante comum que o profissional médico, quando da sua inscrição primária, cadastre determinados dados, como e-mail, telefone e endereço, e, ao longo dos anos, faça mudanças sem que promova a atualização perante o Conselho. Nesse aspecto, a Resolução CFM 2.300/2021 disciplina que é dever do médico manter atualizados os dados do seu cadastro. Por tal razão, caso as modalidades preferíveis de citação sejam infrutíferas em decorrência de cadastro desatualizado, será realizada a citação por edital e não assistirá razão ao denunciado que posteriormente suscitar nulidade, uma vez que ele não poderia se beneficiar da sua própria desídia. De igual forma, caso haja alteração nos dados cadastrais do denunciado ou do seu representante legal no curso do processo ético-profissional, constitui-se dever das partes informar o Conselho para recebimento das intimações processuais, em nome dos princípios da cooperação e da boa-fé objetiva.

Por outro lado, a partir de uma interpretação sistemática do ordenamento jurídico brasileiro que refletiu diretamente na redação do atual CPEP, deve-se ter em mente que a citação por edital deve ser utilizada apenas como último e excepcional artifício. É preciso que os Conselhos de Medicina empreendam todos os esforços possíveis para a promoção das modalidades de citação pessoal, justamente por ser a que garante a certeza de que o denunciado tomou conhecimento da existência do processo e das consequências que dele podem advir.

Ainda sobre o tema, vale nota o disposto no art. 41, § 5º, que preleciona que "nas clínicas, nos consultórios e nos hospitais será válida a entrega do mandado de citação à secretária ou outro funcionário da recepção ou da portaria responsável pelo recebimento de correspondências". Esse dispositivo merece bastante cautela a ser aplicado, devendo haver um juízo de razoabilidade do conselheiro instrutor acerca da probabilidade real de entrega do mandado ao denunciado.

Por óbvio, em consultórios ou clínicas de pequeno ou médio porte, é possível se presumir que um mandado de citação recebido pelo funcionário da recepção ou preposto equivalente será efetivamente entregue ao médico denunciado. No entanto, não se pode presumir que a mesma situação ocorre dentro de um hospital de grande porte nos quais não se conhece o vínculo jurídico entre o médico e a instituição nem a dinâmica interna acerca das correspondências recebidas. Nesses cenários, para se evitar qualquer alegação de nulidade processual por cerceamento do direito de defesa, revela-se prudente realizar outras tentativas de citação até que se possa, ao menos, presumir o efetivo recebimento por parte do denunciado.

Essa deve ser uma preocupação efetiva dos Tribunais de Ética dos Conselhos de Medicina, na medida em que, restando comprovada violação ao direito fundamental à ampla defesa, o processo padecerá de nulidade absoluta.[5] O vício decorrente da ausência de citação válida não é sanável e enseja necessariamente a nulidade de todos os atos processuais praticados posteriormente, não havendo como se convalidar os atos já praticados.[6]

Além disso, no mandado de citação, deve constar expressamente a informação de que a ausência de apresentação de defesa prévia ou da constituição de advogado implicará na revelia.[7] Nesse ponto, vale ressaltar que a constituição de advogado não é obrigatória nos processos ético-profissionais, o médico podendo, pessoalmente, apresentar a sua defesa prévia e praticar todos os atos processuais sem estar acompanhado de advogado.

Esse entendimento é objeto da Súmula Vinculante 5 do Supremo Tribunal Federal (STF), que diz que "não ofende a Constituição a ausência de defesa técnica no âmbito administrativo". Sendo assim, cabe ao próprio médico demandado decidir se irá exercer a sua defesa ou contratar um advogado para esse múnus, não sendo permitido, no entanto, que o denunciado constitua um outro colega médico ou um terceiro qualquer para agir em seu nome.

Tal como ocorre no processo penal, a revelia nos PEPs não acarreta a presunção de veracidade dos fatos narrados na denúncia. O efeito imediato da revelia, previsto pelo art. 49 do CPEP, é a nomeação de um defensor dativo que irá apresentar defesa prévia e praticar os demais atos processuais em nome do denunciado. O defensor dativo, então, passa a ocupar a posição de representante do médico revel, atuando durante todo o processo na defesa dos seus interesses.

Outro importante aspecto da revelia na seara dos processos ético-profissionais, é o de que a produção dos seus efeitos não será necessariamente definitiva. Isto porque, na

---

5. POLICASTRO, Décio. *Código de processo ético-profissional médico e sua aplicação*. 3 ed. Belo Horizonte: Del Rey, 2018.
6. FRANÇA, Genival Veloso de; FRANÇA FILHO, Genival Veloso de; LANA, Roberto Lauro. *Comentários ao Código de Processo Ético-Profissional dos conselhos de Medicina no Brasil*. 2. ed. Rio de Janeiro: Lumen Juris, 2003.
7. OLIVEIRA, Antônio Carlos Nunes de. *Comentários ao Código de Processo Ético-Profissional dos Conselhos de Medicina*: aprovado pela resolução CFM 2.306/2022. Brasília: Conselho Federal de Medicina, 2022.

hipótese de o denunciado comparecer espontaneamente aos autos em qualquer fase do processo, a revelia cessará imediatamente, ensejando a destituição imediata do defensor dativo e fazendo com que o denunciado assuma o processo dali em diante no estado em que o processo se encontra.[8]

Dada a natureza de autarquia dos conselhos de fiscalização profissional, os Conselhos de Medicina integram a administração pública indireta e, como tal, não estão dispensados de comprovar os fatos constitutivos de sua pretensão, mesmo nos casos em que se decreta a revelia do administrado.[9] É importante salientar que, mesmo diante da revelia, o Conselho de Medicina deve proceder à análise minuciosa das provas apresentadas, não podendo fundamentar o seu julgamento unicamente na ausência de defesa.

Nesse ponto, é preciso que se diferencie a revelia do direito de não apresentar defesa. Como visto, a revelia se materializa quando o profissional, mesmo devidamente citado, sequer aparece nos autos, não constituindo representante legal. Situação diversa ocorre quando o profissional médico constitui defensor particular nos autos, mas, de forma intencional, não apresenta defesa no prazo ou não comparece a um ato designado para o qual foi intimado.

Nessa hipótese, verifica-se que o denunciado optou por não praticar os atos processuais, podendo o silêncio, inclusive, fazer parte da sua estratégia processual. Por tal razão, conforme previsão do art. 48, parágrafo único, do CPEP, quando a ausência do exercício do direito à defesa ocorre por livre escolha, não há que se falar em revelia, sendo certo que o denunciado assumirá todas as consequências processuais decorrentes da sua abdicação.

Pela conformação normativa, a única possibilidade de um profissional médico não ter a sua defesa exercida, ainda que de modo formal, em um processo ético-profissional no âmbito dos Conselhos de Medicina é quando há a abstenção voluntária do direito de exercer a sua defesa, notadamente por meio da omissão intencional de praticar determinado ato processual. Não sendo essa a hipótese, será nomeado um defensor dativo que exercerá o direito à defesa na preservação dos interesses do denunciado.

3. A FIGURA DO DEFENSOR DATIVO E A AMPLA DEFESA MATERIAL.

Como visto no tópico anterior, o art. 49, *caput*, da Resolução CFM 2.306/2022 – Código de Processo Ético-Profissional, estabelece que "ao médico denunciado declarado revel será nomeado um defensor dativo para apresentação de defesa prévia no prazo do art. 43, § 1º e a prática dos demais atos processuais que visem a sua defesa, incluindo eventual recurso". Antes de se apresentar propriamente os moldes em que se constrói a figura do defensor dativo nos processos éticos-profissionais nos Conselhos de Medicina,

---

8. § 3º O comparecimento espontâneo do denunciado aos autos, pessoalmente ou por procurador, em qualquer fase do processo, cessa a revelia e o concurso do defensor dativo, assumindo o processo no estado em que se encontra.
9. DI PIETRO, Maria Sylvia Zanella. *Direito Administrativo*. 36. ed. Rio de Janeiro: Forense, 2023.

revela-se importante uma breve contextualização acerca do histórico da defesa dativa no ordenamento jurídico brasileiro.

O prenúncio da advocacia dativa está fortemente associado à assistência judiciária aos necessitados no Brasil remonta ao período colonial, quando a defesa dos economicamente necessitados era realizada por advogados nomeados pelas autoridades locais, imbuídos do senso ético da profissão e sem que houvesse qualquer garantia de remuneração. A advocacia dativa nasceu para desempenhar uma função social de exercer a defesa em favor de quem não conseguia fazê-lo pelos seus próprios meios. A criação da Ordem dos Advogados do Brasil (OAB), em 1930, também desempenhou papel relevante na estruturação da defesa dativa. O Decreto 20.784/1931, que, à época, aprovou o regulamento da OAB, estabeleceu como dever dos advogados "aceitar e exercer, com desvelo, os encargos cometidos pela Ordem, pela Assistência Judiciária, ou pelos juízes competentes" (art. 26, IV), constituindo falta ética a recusa injustificada desses encargos.

No âmbito dos Conselhos Regionais e Federal de Medicina, a figura do defensor dativo está prevista desde a gênese dos normativos que regulamentavam os processos ético-profissionais. Até o Código de Processo Ético-Profissional de 2009, eram nomeados defensores dativos também em favor dos médicos que não eram encontrados, sendo certo que, somente a partir do CPEP de 2013, a defesa dativa passou a ser exclusivamente para a defesa de médicos decretados revéis. Ademais, revogando a Resolução CFM 1.961/2011 que permitia que o defensor dativo nomeado fosse médico, o CPEP atual passou a permitir que apenas advogados exerçam esse múnus.

Com efeito, o panorama normativo contemporâneo sedimenta que o Conselho de Medicina deverá nomear um advogado como defensor dativo do médico, que, na ausência do denunciado, acompanhará todos os atos e fases processuais, com vistas a garantir, ainda que de modo formal, o direito fundamental à ampla defesa e ao contraditório. Essa prerrogativa constitucional é tão inegociável que o CPEP prevê que, se o defensor dativo inicialmente nomeado, deixar de cumprir as suas obrigações, deverá haver a nomeação de um novo dativo, não sendo admitida a possibilidade de o denunciado ficar sem defesa técnica.

A obrigação de um defensor dativo ultrapassa a mera apresentação da defesa prévia e a participação nos atos processuais. O defensor dativo deve atuar com dedicação, zelo, tentando efetivamente apresentar a melhor defesa possível para o denunciado. É certo que, pela ausência de contato com o demandado, a condução da defesa é bastante desafiadora, sobretudo quando a apuração da infração ética perpassa sobre aspectos fáticos que dependeriam de um relato pessoal ou técnicos da Medicina. No entanto, o defensor dativo deve se empenhar em estudar os aspectos atinentes ao caso e elaborar uma defesa competente, não sendo admitidas peças inócuas ou genéricas, que não demonstrem o efetivo enfrentamento das questões.[10]

---

10. OLIVEIRA, Antônio Carlos Nunes de. *Comentários ao Código de Processo Ético-Profissional dos Conselhos de Medicina*: aprovado pela resolução CFM 2.306/2022. Brasília: Conselho Federal de Medicina, 2022.

Justamente em decorrência do princípio da ampla defesa, o art. 50 do CPEP sedimenta que o defensor dativo terá formalmente todas as possibilidades de manifestação que o próprio denunciado teria se exercesse a sua defesa pessoalmente, podendo fazer os requerimentos e pugnar pela produção de todas as provas que considerar pertinentes. Do ponto de vista processual, não há limitação ao exercício da defesa por parte do defensor dativo.[11]

Pela grande responsabilidade do múnus assumido e para que se possa alcançar a ampla defesa na perspectiva material, o defensor dativo deve ser alguém com domínio da área de atuação, conhecendo a doutrina jurídica atinente ao Direito Médico, bem como o Código de Ética Médica (CEM), os trâmites previstos no CPEP e as demais resoluções do Conselho Federal de Medicina. Por conta disso, a escolha do defensor dativo deve ser feita criteriosamente, sob pena de se subverter a ampla defesa ao mero cumprimento formal de apresentar uma defesa para o médico revel. Atualmente, não há uniformidade nacional acerca dos critérios para a nomeação dos defensores dativos nos Conselhos de Medicina, de modo que cada regional, com a sua autonomia e independência, decide sobre a forma e os critérios de contratação.

Nesse aspecto, merece destaque a iniciativa do Conselho Regional de Medicina do Estado da Bahia (CREMEB), que promoveu um chamamento público por meio do Edital 01/2020, para o credenciamento de advogados que intentavam ser defensores dativos. No aludido instrumento editalício, previu-se, como um dos requisitos, o exercício de, no mínimo, 05 (cinco) anos de advocacia, o que demonstra uma preocupação em buscar profissionais com certa experiência.[12]

Pelo desafio de construir uma estratégia sem ter nenhum contato com o denunciado, o defensor dativo precisa ter domínio e experiência na área para que consiga, dentro do possível, cobrir as lacunas da ausência do médico e elaborar uma defesa técnica sólida, especialmente quando há necessidade de produção de provas técnicas ou apresentação de argumentos específicos que exigiriam a participação ativa do denunciado. Esses aspectos devem ser levados em conta, sob pena de ofensa direta à garantia constitucional da ampla defesa e potencialmente a nulidade do processo ético-profissional.

CONCLUSÕES

O direito fundamental à ampla defesa e ao contraditório constitui uma das bases estruturantes do devido processo legal, sendo assegurado tanto em processos judiciais quanto administrativos, incluindo os processos ético-profissionais conduzidos pelos Conselhos de Medicina. Nesse contexto, a revelia e a atuação do defensor dativo emer-

---

11. OLIVEIRA, Antônio Carlos Nunes de. *Comentários ao Código de Processo Ético-Profissional dos Conselhos de Medicina*: aprovado pela resolução CFM 2.306/2022. Brasília: Conselho Federal de Medicina, 2022.
12. CONSELHO REGIONAL DE MEDICINA DO ESTADO DE BAHIA. Edital 01/2020 – Defensoria Dativa. Processo Administrativo CREMEB PCS-030/2020. Disponível em: https://www.cremeb.org.br/wp-content/uploads/2020/11/lsp_a5ee82098ea45448ecbae6f49fd2a54a_061120-055200.pdf. Acesso em: 6 fev. 2025.

gem como elementos essenciais na condução dos processos ético-profissionais, com impactos diretos na efetividade da defesa dos médicos denunciados.

A revelia, instituto processual clássico, assume contornos diferenciados nos âmbitos civil, penal e administrativo. No processo civil, a sua principal consequência é a presunção de veracidade dos fatos alegados pelo autor, o que pode conduzir a uma decisão favorável sem a necessidade de uma instrução probatória exaustiva. Já no processo penal, a revelia não gera presunção de culpa, pois se mantém a exigência da produção de provas pela acusação, em respeito ao princípio da presunção de inocência. Nos processos ético-profissionais, apesar de a revelia não importar na presunção absoluta dos fatos narrados na denúncia, sua decretação pode gerar dificuldades na construção da defesa, razão pela qual o ordenamento jurídico exige a nomeação de defensor dativo para atuar em favor do médico revel.

A Resolução CFM 2.306/2022, que aprovou o Código de Processo Ético-Profissional (CPEP) disciplina a citação dos médicos denunciados e estabelece os efeitos da revelia. Embora a citação deva ser prioritariamente pessoal, o normativo prevê alternativas, como citação eletrônica, postal, por servidor do Conselho ou, em último caso, por edital. A garantia da ciência inequívoca do denunciado sobre o processo em andamento é essencial para evitar nulidades e assegurar que a ampla defesa não seja meramente formal, mas concretamente exercida.

A nomeação de defensor dativo para médicos revéis representa uma providência normativa para evitar que a ausência do profissional prejudique o desenrolar do processo e impeça a construção de uma defesa mínima. No entanto, a mera indicação de um defensor não é suficiente para garantir a ampla defesa material. O defensor dativo deve atuar com diligência e competência, sendo imprescindível que possua conhecimento especializado na área do Direito Médico, garantindo que a defesa técnica apresentada seja substancial e não apenas um cumprimento formal de um requisito processual.

Apesar da regulamentação que exige a presença de um defensor dativo, há desafios práticos que comprometem a efetividade desse mecanismo. A ausência de contato direto com o denunciado dificulta a construção de uma defesa robusta, sobretudo quando há necessidade de produção de provas que dependeriam da participação ativa do médico. Além disso, a inexistência de critérios uniformes para a nomeação de defensores dativos nos Conselhos Regionais pode resultar na designação de profissionais sem domínio ou experiência na matéria, o que comprometeria potencialmente a qualidade da defesa e, consequentemente, a justiça da decisão final.

Diante do exposto, ainda há desafios a serem superados. A forma como a revelia e a defesa dativa são tratadas nos Conselhos de Medicina sugere um alinhamento maior com o processo penal do que com o processo civil, o que é adequado diante da necessidade de apuração da verdade material. No entanto, para que o princípio da ampla defesa seja plenamente concretizado, é essencial que os Conselhos aprimorem suas práticas na escolha de defensores dativos qualificados, além de reforçar mecanismos que garantam a citação pessoal dos médicos denunciados, minimizando riscos de nulidade processual.

Assim, a rigorosa observância das garantias constitucionais dos denunciados é essencial para garantir a legitimidade das decisões proferidas pelos Conselhos de Medicina, compatibilizando o seu dever de fiscalização ética da profissão com o direito fundamental à ampla defesa e ao devido processo legal.

REFERÊNCIAS

CONSELHO FEDERAL DE MEDICINA. Resolução CFM 2.306/2022. Disponível em: https://portal.cfm.org.br/wp-content/uploads/2022/03/2306_2022.pdf. Acesso em: 5 fev. 2025.

CONSELHO REGIONAL DE MEDICINA DO ESTADO DE BAHIA. Edital 01/2020 – Defensoria Dativa. Processo Administrativo CREMEB PCS-030/2020. Disponível em: https://www.cremeb.org.br/wp-content/uploads/2020/11/lsp_a5ee82098ea45448ecbae6f49fd2a54a_061120-055200.pdf. Acesso em: 6 fev. 2025.

DI PIETRO, Maria Sylvia Zanella. *Direito Administrativo*. 36. ed. Rio de Janeiro: Forense, 2023.

DIDIER JR., Fredie. *Curso de direito processual civil*: introdução ao direito processual civil, parte geral e processo de conhecimento. 21. ed. Salvador: JusPodivm, 2019.

FRANÇA, Genival Veloso de; FRANÇA FILHO, Genival Veloso de; LANA, Roberto Lauro. *Comentários ao Código de Processo Ético-Profissional dos conselhos de Medicina no Brasil*. 2. ed. Rio de Janeiro: Lumen Juris, 2003.

OLIVEIRA, Antônio Carlos Nunes de. *Comentários ao Código de Processo Ético-Profissional dos Conselhos de Medicina*: aprovado pela resolução CFM 2.306/2022. Brasília: Conselho Federal de Medicina, 2022.

POLICASTRO, Décio. *Código de processo ético-profissional médico e sua aplicação*. 3. ed. Belo Horizonte: Del Rey, 2018.

TÁVORA, Nestor; ROQUE, Fábio. *Código de processo penal para concursos*. 6 ed. rev. ampl. atual. Salvador: JusPodivm, 2015.

DA PROVA TESTEMUNHAL NO CÓDIGO DE PROCESSO ÉTICO-PROFISSIONAL: IMPEDIDOS, SUSPEITOS E INFORMANTES

Humberto Malheiros Gouvêa

Pós-graduado em Direito Médico e Saúde Suplementar pelo Instituto Luiz Mario Moutinho Recife/PE. Pesquisador em Direito Médico. Advogado, inscrito na OAB/PB 11.545. E-mail: humbertomalheiros@hotmail.com.

Mariana de Arco e Flexa Nogueira

Doutoranda e Mestra em Direito pela UNESP. Especialista em Direito Penal e Processual Penal pela EBRADI. Professora de Direito Criminal. Pesquisadora em Direito Penal Médico. Advogada, inscrita na OAB/SP 442.072. E-mail: flexa.nogueira@unesp.br.

Sumário: Introdução – 1. Da instrução probatória no âmbito do processo ético-profissional – 2. Impedimento, suspeição, parcialidade e efeitos práticos – 3. (A)tipicidade do crime de falso testemunho a depender da qualificação como testemunha ou informante – 4. Forma como garantia: dignidade humana, direitos fundamentais, contraditório e ampla defesa – Conclusão – Referências.

INTRODUÇÃO

O ato médico supostamente equivocado pode ser apurado em esferas jurídicas distintas, a saber, searas administrativa, ético-profissional, cível e criminal. Em relação ao processo ético-profissional e à apuração de responsabilidade do médico junto ao Conselho Regional de Medicina (CRM), aplica-se a Resolução 2.306/2022 do Conselho Federal de Medicina (CFM), que traz normas sobre o procedimento relacionado à apuração de infração ética.

Assim, caso determinado ato médico seja denunciado e eventualmente investigado em sindicância junto ao CRM, pode ser que, ao final da apuração relacionada à visualização de indícios de autoria e materialidade da prática de infração ética, haja a instauração de processo ético-profissional após relatório conclusivo fundamentado.

Sendo assim, após regular procedimento administrativo, em que devem ser observados os direitos fundamentais referentes ao devido processo legal, ao contraditório (que engloba o tripé conhecer, participar e influir) e à ampla defesa (referente à autodefesa e à defesa técnica), se constatada a prática de infração ética, o médico poderá sofrer alguma penalidade prevista no art. 22 da Lei 3.268/57, quais sejam, advertência confidencial, censura confidencial, censura pública, suspensão do exercício profissional até 30 (trinta) dias e cassação do exercício profissional. Isto é, há penas privadas e públicas que podem ser aplicadas ao médico.

Situa-se, inclusive, no ambiente do Direito Administrativo Sancionador, de modo que, como o que está em jogo é o próprio registro profissional do médico e o exercício de sua profissão, é indispensável que direitos fundamentais e garantias processuais do profissional sejam resguardados, o que possui relação, também, com a forma de produção das provas no momento da instrução do processo ético-profissional.

Com efeito, no tramitar do processo, devem ser seguidas normas sobre a *forma* de produção de provas, que se revelam como uma garantia do médico denunciado contra injustiças e arbitrariedades. Sendo assim, no presente artigo, busca-se analisar a relevância da prova testemunhal no âmbito do processo ético-profissional junto aos Conselhos Regionais de Medicina, sobretudo no que tange à natureza jurídica da prova testemunhal, aos deveres das testemunhas, às causas de impedimento e suspeição, ao momento da contradita, ao papel dos informantes e ao tratamento, em tese, diferenciado dado às testemunhas arroladas pelo conselheiro instrutor em contraposição às testemunhas das partes.

Esta análise referente à prova testemunhal no âmbito do CPEP tomará como base o disposto na Resolução do CFM, bem como normas processuais cíveis e criminais, aplicadas de forma subsidiária ao procedimento de apuração de responsabilidade médica junto ao órgão de classe, dando-se ênfase à necessidade de adequação de tais dispositivos infralegais aos direitos e garantias fundamentais do médico cuja conduta está sendo apurada no CRM respectivo.

Isso porque, caso haja um vício na produção de prova testemunhal no âmbito do PEP, tal quadro pode causar prejuízos ao médico não só naquele processo em si, mas também em outros ambientes jurídicos, caso o profissional esteja sendo processado em outras esferas, v.g., cível e criminal, ainda mais porque o depoimento de uma testemunha pode ser usado a título de prova emprestada, por exemplo, em outra seara jurídica.

Para tanto, a partir do método dedutivo e do procedimento metodológico da revisão bibliográfica, trataremos de aspectos gerais envolvendo o processo ético-profissional, dando-se ênfase à produção da prova testemunhal e sua relevância para fins de apuração de responsabilidade médica frente ao conselho de classe. Depois disso, abordaremos as causas de impedimento e suspeição das testemunhas, seu compromisso de dizer a verdade, o papel dos informantes e o momento da contradita.

Ademais, trataremos da necessidade de valoração do depoimento da testemunha em cotejo com outras provas elencadas nos autos e, ainda, sobre a produção de prova de modo alinhado com o devido processo legal e com as garantias processuais do médico denunciado. Por fim, abordaremos a (im)possibilidade de caracterização do delito de falso testemunho a depender do papel do depoente como testemunha ou como informante, o que tem relação com o dever – ou não – de dizer a verdade.

1. DA INSTRUÇÃO PROBATÓRIA NO ÂMBITO DO PROCESSO ÉTICO-PROFISSIONAL

Ultrapassada a fase investigatória de sindicância, caso sejam visualizados indícios de autoria e materialidade da prática de infração ao Código de Ética Médica (CEM) ou a Resoluções do Conselho Federal de Medicina (CFM), proceder-se-á à instauração de processo ético-profissional, de modo que seja possível, na instrução, atestar se o médico violou normas éticas às quais estava sujeito e devia obediência ou não.

Assim, de acordo com o art. 36 e seguintes do CPEP, o médico denunciado será citado para integrar a relação processual. Neste momento, será dada a oportunidade para o profissional da saúde se defender da infração ética imputada à sua pessoa. O profissional da Medicina pode estar acompanhado de advogado ou não, sendo que, caso opte pelo patrocínio de um advogado, deve juntar aos autos procuração específica para aquela finalidade, a fim de que o patrono tenha acesso ao processo, que é sigiloso.

Ademais, de acordo com o art. 43 do CPEP, na defesa prévia, o médico denunciado poderá arguir preliminares processuais e alegar tudo o que interesse à sua defesa, bem como oferecer documentos e justificações, especificar as provas pretendidas e indicar até 3 (três) testemunhas, que deverão ser qualificadas com nome, profissão, telefone, endereços eletrônico e residencial completos. O prazo para apresentação da defesa prévia será de 30 (trinta) dias corridos, contados a partir da juntada aos autos do comprovante da efetivação da citação ou do comparecimento espontâneo do denunciado certificado nos autos.

Ressalte-se que o antigo CPEP (Resolução 2.145/2016 do CFM) estabelecia o número de 5 (cinco) testemunhas neste momento, porém, a Resolução 2.306/2022 do CFM reduziu este número, sobretudo para conferir mais celeridade ao procedimento administrativo e evitar que fossem arroladas testemunhas de "ouvi dizer" e que nada sabiam sobre a conduta médica que estava sendo apurada.

Neste sentido, Oliveira[1] explica que "a oportunidade de arrolar testemunhas na defesa prévia é um ônus processual, porque o momento para fazê-lo é esse, e não outro, sob pena de preclusão", daí porque a defesa prévia é um dos momentos mais importantes do PEP.

Do mesmo modo, caso o PEP não tenha sido instaurado de ofício, o denunciante, v.g., paciente prejudicado ou familiares, poderá, quando da ciência acerca da instauração de PEP, oferecer documentos e justificações, especificar as provas pretendidas e indicar também até 3 (três) testemunhas, que deverão ser devidamente qualificadas.

Ou seja, denunciado e denunciante podem apresentar testemunhas para comprovar o fato constitutivo de seu direito – seja em termos da existência de potencial infração ética ou não –, e, além disso, também existem as testemunhas que podem ser arroladas pelo conselheiro instrutor, conforme art. 54, I, do CPEP.

Assim, conforme art. 52 do CPEP, as partes têm o direito de empregar todos os meios legais para provar a verdade dos fatos e influir eficazmente na *convicção* dos conselheiros julgadores, que são médicos (e não juristas), devendo justificar a pertinência da prova, o que nos remete aos artigos 155 do Código de Processo Penal e 370 do Código de Processo

---

1. OLIVEIRA, Antonio Carlos Nunes de Comentários ao Código de Processo Ético-Profissional dos Conselhos de Medicina: aprovado pela resolução CFM 2.306/. Brasília: Conselho Federal de Medicina, 2022, p. 152-153.

Civil, sobretudo no que tange ao dever de motivação das decisões judiciais e de as partes explicarem como aquela prova é relevante para o deslinde da apuração de infração ética

Nesta linha, o relator formará sua convicção pela livre apreciação das provas produzidas nos autos, de modo que os elementos informativos documentais anexados à sindicância integrarão o PEP para fins probatórios. Vale ressaltar, ainda, que são inadmissíveis, devendo ser desentranhadas dos autos, as provas ilícitas, obtidas em violação a normas constitucionais ou legais, ainda mais devido à possibilidade de tais provas prejudicarem o médico.

Ato contínuo, apresentada a defesa prévia, serão intimadas as testemunhas eventualmente arroladas e, depois, será determinada data para a audiência de instrução e julgamento, em que haverá a produção de prova oral, no sentido de que as partes são obrigadas a apresentarem as testemunhas outrora indicadas para serem ouvidas. Se eventualmente a testemunha não puder comparecer, pode haver a redesignação de julgamento, vide arts. 58 e 60 do CPEP, mas desde que de forma justificada, o que, ao fim e ao cabo, dependerá das circunstâncias de cada caso concreto e do motivo pelo qual a testemunha não conseguiu comparecer para ser ouvida.

Além disso, em relação à ordem de oitiva dos sujeitos processuais na audiência, o primeiro a ser ouvido é o denunciante, se houver. Depois disso, as testemunhas indicadas pelo denunciante, pelo instrutor e, por fim, as indicadas pelo denunciado. Como último ato da instrução, será ouvido o médico denunciado, o que possui relação com o contraditório e a ampla defesa, mormente para que o profissional da saúde tenha extensa visão do conjunto probatório existente contra sua pessoa e do que os depoentes falaram sobre sua conduta que, em tese, violou boas práticas médicas e padrões de conduta esperados do profissional da saúde.

Regra geral, as oitivas devem ser realizadas numa só audiência, no entanto, as testemunhas indicadas pelo conselheiro instrutor poderão ser ouvidas em qualquer fase processual, garantindo-se o contraditório, sendo que, como dito, a regra é que o médico denunciado sempre fale por último. Existe, portanto, um tratamento diferenciado dado às testemunhas indicadas pelo instrutor, que, inclusive, quando julgar necessário, pode ouvir outras testemunhas, além das indicadas pelas partes, como as testemunhas referidas, por exemplo, que vieram à tona ou se tornaram conhecidas no momento do depoimento de uma outra testemunha.

A título de exemplo, imaginemos que, em um PEP, discuta-se a conduta imprudente e antiética do médico x durante uma cirurgia plástica, de modo que havia o anestesista y na sala cirúrgica, bem como 3 (três) enfermeiros. No entanto, o denunciado não menciona, no tramitar do processo, a presença deste terceiro enfermeiro, pois pensou que seu depoimento poderia prejudicá-lo. Não obstante, caso alguma das testemunhas faça menção a este enfermeiro, pode ser que o instrutor queira escutar sua versão dos fatos, chamando-a aos autos do PEP.

Ademais, em relação à produção de prova testemunhal, nos mesmos moldes da legislação processual penal e cível, o art. 64 do CPEP aduz que, após a qualificação e antes de iniciado o depoimento, as partes poderão *contraditar* a testemunha ou arguir circunstâncias ou defeitos que a tornem suspeita de parcialidade. O instrutor fará consignar a contradita ou arguição e a resposta da testemunha. Com isso, a testemunha impedida ou suspeita, nos termos dos artigos 106 e 107 do CPEP, somente poderá ser ouvida como informante.

Sendo assim, as causas de impedimento e suspeição aplicáveis ao conselheiro também são cabíveis às testemunhas, havendo diferenças práticas caso um conselheiro seja considerado impedido ou suspeito e, também, se uma testemunha for considerada como tal. Isso porque aquele não poderá julgar o médico; por sua vez, a testemunha pode ser ouvida como informante e seu depoimento poderá, certo modo, influenciar no desfecho da análise da conduta médica, mesmo que a "roupagem" seja modificada..

Em relação à inquirição, as perguntas serão formuladas pelas partes diretamente à testemunha, não admitindo o instrutor aquelas que puderem induzir a resposta, não tiverem relação com a causa ou importarem na repetição de outra já respondida. Sobre os pontos não esclarecidos, o instrutor poderá complementar a inquirição, de modo que os depoimentos serão levados a termo. No mais, a parte poderá desistir da inquirição de qualquer das testemunhas indicadas, ressalvado o direito de o instrutor ouvi-las se entender pertinente.

É importante dizer que, segundo o art. 72 do CPEP, a testemunha fará a promessa de dizer a verdade do que souber e for perguntado, devendo declarar seu nome, idade, estado civil e residência, profissão, lugar onde exerce sua atividade, se é parente, e em que grau, de alguma das partes, ou quais suas relações com qualquer delas e relatar o que souber, explicando sempre as razões de sua ciência ou as circunstâncias pelas quais seja possível avaliar sua credibilidade.

Isso porque, somente assim, será possível determinar se a pessoa será ouvida como testemunha ou somente como informante e se possui algum interesse, por exemplo, na condenação ou absolvição do médico devido ao fato de ser amiga do profissional.

Compreender quem é a testemunha, ao fim e ao cabo, auxilia a compreensão sobre sua imparcialidade ou não.

Ademais, consta do CPEP, de forma similar ao disposto na legislação processual penal, que as testemunhas serão inquiridas separadamente, de modo que umas não saibam nem ouçam os depoimentos das outras, devendo o instrutor adverti-las das penas cominadas ao falso testemunho, crime previsto no art. 342 do Código Penal Brasileiro (Decreto-Lei 2.848/1940), que se trata de delito contra a administração da justiça. Portanto, se a testemunha fizer afirmação falsa, ou negar ou calar a verdade em processo administrativo, poderá ser punida no âmbito criminal, sendo que a pena é reclusão de dois a quatro anos e multa. Trata-se de crime de elevado potencial ofensivo.

Ademais, incide uma causa de aumento de pena de 1/6 a 1/3 se o crime é praticado mediante suborno ou com o fim de obter prova destinada a produzir efeito em processo penal em que for parte entidade da administração pública direta ou indireta. Não obstante, o fato deixa de ser punível se, antes da sentença no processo em que ocorreu o ilícito, o agente se retrata ou declara a verdade.

Fato é que as normas que tratam sobre o papel das testemunhas refletem uma garantia do médico denunciado e devem ser seguidas, sobretudo porque a forma de produção desta prova é crucial para que os direitos do médico sejam assegurados, sobretudo no que tange ao devido processo legal e para que seja viável uma compreensão global do contexto fático referente à discussão da irregularidade na conduta médica. Há consequências, portanto, caso normas referentes à oitiva de testemunhas não sejam seguidas.

Neste sentido, Di Pietro[2] estabelece que, às vezes, a lei impõe determinadas formalidades ou estabelece um procedimento mais rígido, prescrevendo a nulidade para o caso de sua inobservância. Isso ocorre como garantia para o particular de que as pretensões confiadas aos órgãos administrativos serão solucionadas nos termos da lei e, além disso, constituem o instrumento adequado para permitir o controle administrativo pelos Poderes Legislativo e Judicial. A autora explica que a necessidade de maior formalismo existe nos processos que envolvem interesses dos particulares, como é o caso do processo disciplinar, pois, nestes casos, confrontam-se, de um lado, o interesse público, a exigir formas mais simples e rápidas para a solução dos processos, e, de outro, o interesse particular, que requer formas mais rígidas, para evitar o arbítrio e a ofensa a seus direitos individuais.

Portanto, como estamos falando de apuração de conduta médica em contexto de processo ético-profissional, mister compreendermos a natureza jurídica da prova testemunhal, bem como os casos de impedimento e suspeição que podem estar presentes, o que pode minar, eventualmente, a própria credibilidade quanto ao depoimento.

2. IMPEDIMENTO, SUSPEIÇÃO, PARCIALIDADE E EFEITOS PRÁTICOS

Segundo Daniel Amorim Assumpção Neves (2021, p. 789),[3] a prova testemunhal é meio de prova consubstanciado na declaração em juízo de um terceiro que, de alguma forma, tenha presenciado os fatos discutidos na demanda. As testemunhas que presenciaram o fato são chamadas de presenciais ou oculares; as de referência são aquelas que não presenciaram o fato, mas tomaram conhecimento por informações que alguém fez, valendo o testemunho como indício. Ademais, tem-se a testemunha referida, da qual se tem conhecimento por meio do conhecimento de outra testemunha. Trata-se, na realidade, do mais antigo meio de prova.

Neste sentido, Aury Lopes Jr.[4] de forma cirúrgica, aduz que a prova testemunhal deve ser acreditada ou desacreditada com base na sua qualidade epistêmica, no seu conteúdo,

---

2. DI PIETRO, Maria Sylvia Zanella. *Direito administrativo*. 32. ed. Rio de Janeiro: Forense, 2019, p. 1.425.
3. NEVES, Daniel Amorim Assumpção. *Manual de direito processual civil* – volume único. 14 ed. São Paulo: JusPodivm, 2022, p. 789.
4. LOPES JR., AURY. *Direito processual penal*. 19. ed. São Paulo: SaraivaJur, 2022, p. 544.

nas circunstâncias nas quais se deu a cognição, na sua coerência e verossimilhança, não de forma apriorística.

Demais disso, o professor gaúcho diz que toda pessoa poderá ser testemunha, sendo que esta regra surge como recusa a discriminações historicamente existentes em relação a escravos, mulheres e crianças, ou ainda às chamadas pessoas de má-reputação, tais como prostitutas, drogados, travestis, condenados etc., que, pelo menos no processo penal, sofreram restrições em termos probatórios. Há pessoas que podem se recusar a depor (para evitar depoimentos despidos de credibilidade) e pessoas proibidas de depor (em razão de sigilo profissional).

No mesmo sentido, segundo Renato Brasileiro de Lima[5], a testemunha tem natureza jurídica de meio de prova, ou seja, é a pessoa desinteressada e capaz de depor que, perante a autoridade, declara o que sabe acerca de fatos percebidos por seus sentidos que interessam à decisão da causa. A prova testemunhal tem como objetivo trazer ao processo dados de conhecimento que derivam da percepção sensorial daquele que é chamado a depor no processo.

Esclarece Brasileiro[6] que, em regra, a testemunha assume o compromisso de dizer a verdade, nos termos do art. 203 do Código de Processo Penal (CPP). Isso significa dizer que a testemunha deve dizer o que sabe, não pode se calar sobre o que sabe, nem pode negar a verdade ou declarar fato inverídico. Inclusive, aduz que o compromisso legal de dizer a verdade não decorre do ato de a testemunha prestar compromisso legal, previsto no art. 203 do CPP, cuja natureza é meramente processual e o valor jurídico é o de mera exortação, mas decorre do tipo penal do falso testemunho (art. 342 CP).

Em relação à terminologia, *depoentes* são as testemunhas que prestam compromisso legal, enquanto declarantes ou *informantes* são as pessoas que não prestam o compromisso legal de dizer a verdade. Sendo assim, tais normas processuais no âmbito penal se aplicam de forma subsidiária no âmbito do PEP, sendo que, neste ambiente, testemunhas que tenham sob si causas de impedimento e suspeição prestam depoimento como informantes.

Segundo o art. 106 do CPEP, que trata das causas de impedimento do conselheiro instrutor, que também se aplicam à testemunha no que couber, não é possível depor a pessoa que interveio como advogada de uma das partes, atuou como participante em parecer de Câmara técnica, de relatório de fiscalização, como perito, assistente técnico em perícia, médico assistente de uma das partes ou prestou depoimento como testemunha.

Demais disso, não é possível depor a testemunha que tenha cônjuge, companheira, qualquer parente, consanguíneo ou afim, em linha reta ou colateral, até o terceiro grau, que esteja postulando como defensor público, dativo ou advogado.

Neste caso, o impedimento só se verifica quando o defensor público, dativo ou o advogado já atuavam na sindicância ou no processo antes do início das funções da

---

5. LIMA, Renato Brasileiro de. *Manual de processo penal*: volume único. 8. ed. rev., atual e ampl. Salvador: JusPodivm, p. 763.
6. LIMA, 2020, p. 769.

pessoa como testemunha. Também não é possível depor em processo em que seja parte seu cônjuge, companheira ou parente, consanguíneo ou afim, em linha reta ou colateral, até o terceiro grau.

Do mesmo modo, não pode depor a pessoa que seja membro de direção da pessoa jurídica que tiver interesse direto na sindicância ou no PEP, tais como: cooperativa, plano de saúde, hospital ou clínica e outros; for empregador, empregado ou sócio de uma das partes. Ademais, não pode ser testemunha quem esteja litigando, judicial ou administrativamente contra os interesses de uma das partes ou respectivo cônjuge ou companheira; ou parente, consanguíneo ou afim, em linha reta ou colateral, até o terceiro grau, inclusive.

Tais causas de impedimento, de ordem objetiva, visam a assegurar a credibilidade e a idoneidade da produção de prova testemunhal. Além disso, caso haja impedimento de testemunha, ela deve dizer se conhece a parte, por exemplo, quando for perguntada sobre sua qualificação, sendo que é neste momento, também, que deve ser feita a contradita.

Ademais, o art. 108 do CPEP aduz que o impedimento poderá ser alegado a qualquer tempo antes do trânsito em julgado da decisão, em petição específica da parte, que indicará, com clareza, o fundamento da recusa, podendo instruir o pleito com documentos em que se fundar a alegação e com rol de testemunhas para provar o alegado, se for o caso. Assim, o CPEP é claro ao dizer que se aplicam no que couber as previsões do conselheiro à testemunha impedida.

Do mesmo modo, o art. 107 do CPEP traz as causas de suspeição, enquanto o artigo 109, do mesmo regramento, estabelece o prazo para sua arguição. Assim, a suspeição poderá ser alegada, no prazo de 15 (quinze) dias, a contar do conhecimento do fato em petição específica, a qual indicará, com clareza, o fundamento da recusa. A parte pode instrui-la com documentos em que se fundar a alegação e com rol de testemunhas, se for o caso.

No caso de haver testemunha suspeita, ela pode ser ouvida como informante. No entanto, na hipótese do não reconhecimento do impedimento ou da suspeição, a sindicância ou o PEP tramitarão regularmente. Ressalte-se que, se a suspeição e/ou impedimento forem arguidos no recurso ou de forma oral na sessão de julgamento, serão apreciados como matéria preliminar antes da análise do mérito.

Assim, de acordo com o art. 107 do CPEP, há suspeição quando a testemunha for amiga íntima ou inimiga de qualquer das partes ou de seus advogados, bem como quando qualquer das partes for sua credora ou devedora, de seu cônjuge ou companheiro ou de parentes destes, em linha reta até o terceiro grau, ou quando interessado no julgamento do PEP em favor de qualquer das partes. Será ilegítima a alegação de suspeição quando, porém, houver sido provocada por quem a alega e quando a parte que a alega houver praticado ato que signifique manifesta aceitação do arguido.

Assim sendo, a testemunha impedida e suspeita será, a critério do instrutor, ouvida como informante, não tendo o dever de falar a verdade, sobretudo porque não estará em lugar de imparcialidade. Para evitar prejuízos, a parte deve contraditar a testemunha alegando impedimento ou suspeição eventual interesse no julgamento do feito, até para que seja possível deixar claro que o depoimento deve ser valorado com parcimônia, em cotejo com outras provas dos autos, tais como prontuário médico e documentação em geral.

Assim, segundo Brasileiro,[7] em relação à contradita, após a qualificação da testemunha, tem-se que, na arguição de parcialidade, a parte pode alegar circunstâncias ou defeitos que tornem a testemunha suspeita de parcialidade ou indigna de fé. Nessa hipótese, o objetivo não é o de excluir a testemunha. Na verdade, o objetivo da arguição de parcialidade é o de fazer constar do ato que a testemunha é tendenciosa, o que será sopesado pelo magistrado quando da valoração de seu depoimento.

No mesmo sentido, segundo Aury Lopes Jr.,[8] a contradita é um instrumento de controle da eficácia, pelas partes, das causas que geram a proibição ou impedem que a testemunha preste compromisso. Com efeito, é preciso que as partes fiquem atentas e compreendam quem é aquela testemunha, eventual parcialidade quando de seu depoimento e como contraditar a tempo para realmente o depoimento da pessoa ser valorado de forma relativa.

Logo, a testemunha deve ser equidistante das partes, pois caso tenha algum tipo de vínculo, isto macula a própria produção da prova em si, sendo que os prejuízos ao médico denunciado são de grande monta nos campos pessoal, profissional, financeiro e psicológico caso alguma testemunha profira depoimento parcial e que, de alguma forma, impute determinada infração ética ao médico.

Demais disso, é importante dizer que há diferença nos casos de impedimento e suspeição envolvendo conselheiro e testemunha. Isso porque, no primeiro caso, o conselheiro relator deve se afastar do julgamento do processo, sobretudo porque, segundo Oliveira[9] "para bem exercer as suas funções judicantes em um determinado PEP, o médico-conselheiro deve desempenhar as suas atividades de forma livre e imparcial, a fim de que o resultado do julgamento goze de legitimidade e tenha autoridade necessária perante os demais médicos e a sociedade em geral".

Por outro lado, a testemunha parcial pode ser ouvida como informante. A partir daí, caberá a análise de seu depoimento em cotejo com os outros elementos probatórios elencados no PEP. Sendo assim, faz-se mister compreender se é possível que a potencial testemunha, na qualidade de informante, pode responder pelo crime de falso testemunho, o que demanda valoração de sua conduta e eventual subsunção de seus atos à norma jurídico-criminal proibitiva, conforme abaixo explicado.

3. (A)TIPICIDADE DO CRIME DE FALSO TESTEMUNHO A DEPENDER DA QUALIFICAÇÃO COMO TESTEMUNHA OU INFORMANTE

Como mencionado, a testemunha, regra geral, tem o dever de falar a verdade nos autos e colaborar com a descoberta da verdade. Porém, há pessoas que, por possuírem

---

7. LIMA, 2020, p. 778.
8. LOPES JR., 2022, p. 548.
9. OLIVEIRA, 2022, p. 262.

determinado vínculo com alguma das partes, são proibidas, impedidas ou suspeitas de depor. Por isso, no momento anterior ao depoimento, é importante que seja indagado se a testemunha possui vínculo com alguma das partes, sobre sua qualificação e o que sabe sobre os fatos. Isso porque, a depender da situação, a testemunha pode ser contraditada, o que demonstrará, provavelmente, sua parcialidade e a necessidade de valoração de seu depoimento com parcimônia. Demais disso, deve ser alertado à testemunha que ela tem o dever de falar a verdade, sob pena de caracterização do crime de falso testemunho.

O crime de falso testemunho é um crime contra a Administração da Justiça, que se encontra previsto no art. 342 do Código Penal, cujo verbete típico é "fazer afirmação falsa, ou negar ou calar a verdade como testemunha, perito, contador, tradutor ou intérprete em processo judicial, ou administrativo, inquérito policial, ou em juízo arbitral".

Explica Bitencourt[10] que delito atenta contra a instituição da Justiça e sua função, atingindo-a no seu prestígio e eficácia, atributos que lhe são absolutamente indispensáveis. O autor reitera que o falso testemunho fragiliza a segurança, idoneidade e eficácia da relevante função estatal de distribuição de justiça, atingindo a pureza, limpidez, imparcialidade e probidade da instrução probatória, cuja finalidade é propiciar uma decisão final justa.

A pena é reclusão, de 2 (dois) a 4 (quatro) anos, e multa. Aplica-se, então, de forma cumulativa pena privativa de liberdade e multa. Trata-se de crime de elevado ofensivo, sendo que não cabe transação penal, tampouco suspensão condicional do processo, institutos despenalizadores previstos no art. 76 e 89 da Lei 9.099/95 que, respectivamente, exigem pena máxima de dois anos e pena mínima de um ano. Por outro lado, é cabível o acordo de não persecução penal (ANPP), caso os requisitos do art. 28-A do CPP sejam preenchidos, tais como a testemunha confessar que cometeu o delito, sobretudo porque a pena mínima é inferior a quatro anos e o delito não engloba violência ou grave ameaça.

No mesmo sentido, conforme parágrafo primeiro do artigo 342, as penas aumentam-se de um sexto a um terço se o crime é praticado mediante suborno ou se cometido com o fim de obter prova destinada a produzir efeito em processo penal, ou em processo civil em que for parte entidade da administração pública direta ou indireta.

No entanto, o fato deixa de ser punível se, antes da sentença no processo em que ocorreu o ilícito, o agente – que falseou com a verdade ou omitiu algo – se retrata ou declara a verdade.

Segundo Cleber Masson,[11] trata-se de crime de elevado potencial ofensivo, formal, de dano, que pode ser cometido de forma comissiva ou omissiva, e que é instantâneo. O objeto material do crime é o depoimento prestado perante a autoridade competente, de modo que a falsidade deve recair sobre fato juridicamente *relevante*.

---

10. BITENCOURT, Cezar Roberto. *Código Penal comentado*. 10 ed. São Paulo: Saraiva, 2019, p. 2.578.
11. MASSON, Cleber. *Direito penal: parte especial*. 13. ed. Rio de Janeiro: Forense; São Paulo: Método, 2019, v. 3, p. 874.

O delito somente pode ser cometido na modalidade dolosa, não havendo previsão na modalidade culposa. Assim, tendo em vista o princípio da culpabilidade, a regra referente à excepcionalidade do crime culposo e a vedação da responsabilidade penal objetiva, ou o agente comete o crime de forma dolosa, com consciência e vontade de falsear com a verdade e não colaborar com a descoberta dos fatos, ou então não será punido, pois o fato será considerado atípico, vide art. 18, parágrafo único, do códex criminal pátrio.

Em relação à tentativa, elencada no art. 14, II, do Código Penal, que reflete a não consumação do crime devido a circunstâncias alheias à vontade do agente, a doutrina entende que, no falso testemunho, não há como fracionar o *iter criminis* quando se fala em "calar a verdade", sendo que, nas outras condutas ativas, há divergência, o que depende da valoração do caso concreto e da forma como a potencial testemunha se comportou, bem como da compreensão do Ministério Público (MP) enquanto titular da ação penal quando do oferecimento da denúncia se o caso

É evidente que o falso testemunho é um delito nocivo à seriedade e à coleta da prova, ainda mais quando se trata da atuação de uma testemunha no âmbito do CPEP, em que se apura a responsabilidade do médico, que pode estar sujeito a penas graves envolvendo seu próprio trabalho, tais como a cassação de seu registro profissional junto ao CRM. Por isso, há punição quanto à conduta da pessoa que, por exemplo, falseia com a verdade e prejudica a própria compreensão dos fatos por parte dos conselheiros responsáveis pela apuração de suposta infração funcional por parte do médico.

Em relação ao *modus operandi* do crime de falso testemunho, pode ocorrer de forma ativa ou omissiva. Nesta linha, Masson[12] explica que "fazer afirmação falsa" significa mentir, narrar um fato inverídico. Já "negar a verdade" significa recusar-se a confirmar a veracidade de um fato ou não o reconhecer como verdadeiro. No mesmo sentido, "calar a verdade" é a postura da testemunha que fica em silêncio sobre a veracidade de determinado fato.

Assim, há três formas de conduta, de modo que Bitencourt[13] elenca que o crime pode ser praticado na modalidade positiva, negativa e omissiva. Ressalte-se que, segundo este autor, a falsidade coibida pelo tipo penal não é a contradição entre o depoimento da testemunha e a realidade fática, mas entre o depoimento e o conhecimento que a testemunha tem dos fatos, ou seja, é o contraste entre o depoimento e a verdade subjetiva da testemunha em relação aos fatos. Isto é, falso é o depoimento que não corresponde qualitativa ou quantitativamente ao que a testemunha viu, sabe, conhece, percebeu ou ouviu.

Trata-se de tipo misto alternativo, de ação múltipla ou conteúdo variado. Isso porque haverá crime único quando a testemunha, por exemplo, praticar mais de uma conduta típica no tocante ao mesmo objeto material e no mesmo contexto. Ou seja, se a testemunha, numa audiência de instrução e julgamento, no CRM, concomitantemente, fizer afirmação falsa, bem como negar ou calar a verdade, cometerá crime único.

---

12. MASSON, 2019, p. 876.
13. BITENCOURT, 2019, p.

Em casos de apuração de responsabilidade médica junto ao CRM, normalmente figuram como testemunhas outros médicos, enfermeiros, secretários, equipe multidisciplinar e profissionais da saúde no geral, logo, é importante que seja compreendido, a um, eventual parcialidade de tais pessoas e, a dois, como podem influir na compreensão da conduta médica.

Trata-se de crime formal, consumando-se no momento da conduta revestida de potencialidade lesiva, que é por si só idônea a ofender a administração da justiça. A consumação do crime se dá no momento da finalização do depoimento da testemunha, independentemente do desfecho do processo e se eventual depoimento foi relevante para ou absolver ou condenar o médico, por exemplo. O depoimento da testemunha ter influído é mero exaurimento do crime.

Dito isso, o ponto fulcral de nossa análise é compreender se somente as testemunhas que prestaram compromisso podem responder por falso testemunho ou se ao informante também pode ser imputado tal crime. Sobre o assunto, há divergência na doutrina, pois toda pessoa tem obrigação de falar a verdade, não podendo prejudicar a administração pública, no entanto, é fato que o compromisso de dizer a verdade não é pressuposto do crime de falso testemunho. Por isso, há duas correntes doutrinárias sobre a temática.

Segundo Bitencourt,[14] a corrente majoritária tem sustentado que, como o juramento ou compromisso não é pressuposto do crime, resulta indiferente tratar-se de testemunha numerária ou testemunha informante. A corrente minoritária, por sua vez, sustenta a impossibilidade de as testemunhas não compromissadas (meros informantes) praticarem falso testemunho, ante a inexistência do compromisso legal de dizer a verdade, em razão do vínculo que as prende a uma das partes e que as torna desmerecedoras da mesma credibilidade das demais, isto é, das testemunhas numerárias.

Assim, há os que entendem que informante também pode responder pelo falso testemunho. Neste sentido, o Supremo Tribunal Federal (STF) entende que não ter o compromisso de dizer a verdade não ilide, ou seja, afasta, a caracterização do crime. Logo, quem mentir no bojo de processo administrativo – ou seja, no âmbito PEP no CRM – responde por falso testemunho, seja testemunha, que tem o dever de dizer a verdade, seja na qualidade de informante, ainda mais porque, se houver omissão de informação, por exemplo, sobre fato juridicamente relevante e que tenha potencialidade lesiva, tal conduta pode levar o conselheiro a decidir em prejuízo do médico com base em um depoimento inverídico.

De todo modo, Brasileiro[15] aduz que, malgrado não represente uma garantia absoluta de veracidade, a prestação do compromisso desestimula depoimentos falsos, sobretudo diante da advertência geralmente feita pelo juiz quanto à sanção penal cominada ao crime de falso testemunho.

---

14. BITENCOURT, 2019, p. 2.612.
15. LIMA, 2020, p. 782.

No mais, contra a caracterização do crime ao informante, tem-se a posição de Aury Lopes Jr., que entende que, no âmbito penal, perdura a necessidade do compromisso para a configuração do crime. Informantes são as pessoas que não prestam compromisso de dizer a verdade e não podem responder pelo delito de falso testemunho, no sentido de que não entram no limite numérico das testemunhas, não sendo computadas; seu depoimento deve ser valorado com reservas, conforme motivos variáveis, a depender do caso concreto, que lhes impeçam de ser compromissadas. Assim, nos filiamos ao entendimento de parte da doutrina que compreende que, independentemente de fazer o juramento ou não, a pessoa responde pelo falso testemunho, sobretudo devido à possibilidade lesiva de prejudicar a administração pública e a seriedade dos processos e da produção da prova de modo geral, ainda mais porque não se sabe como e se o seu depoimento será valorado, independentemente da "roupagem" dada, isto é, se a pessoa é testemunha ou informante.

4. FORMA COMO GARANTIA: DIGNIDADE HUMANA, DIREITOS FUNDAMENTAIS, CONTRADITÓRIO E AMPLA DEFESA

Tem-se que as normas referentes à produção de prova, no geral, refletem uma garantia para o médico que está sendo investigado e que fora denunciado junto ao CRM. A condenação da pessoa com base em um depoimento falso pode trazer prejuízos enormes à vida do médico, mormente quando falamos de Direito Administrativo sancionador. O art. 1º, inciso III, da Constituição Federal de 1988, traz como princípio fundamental a dignidade da pessoa humana, que é um vetor axiológico que deve ser interpretado em sua mais ampla faceta e possui amplitude internacional.

Segundo Daniel Sarmento,[16] a dignidade humana representa o epicentro axiológico da ordem constitucional, irradiando efeitos sobre todo ordenamento jurídico e balizando não apenas os atos estatais, mas toda a miríade de relações privadas que se desenvolvem no seio da sociedade. No mesmo sentido, conforme precisa lição de Fernando Andrade Fernandes,[17] a noção a respeito da dignidade da pessoa humana liga-se, mas não só, à ideia de ser a pessoa, pela sua condição de ser humano, um centro de convergência de direitos na sua maior amplitude possível, impondo-se não somente sua previsão, como também a viabilização de mecanismos voltados para assegurar sua efetividade.

Ademais, o art. 5º da CF/88 traz o direito ao contraditório e à ampla defesa, bem como o direito ao devido processo legal. Tais direitos são considerados cláusulas pétreas, conforme art. 60, § 4º, da CF/88, vez que fazem parte do núcleo intangível e imutável da Constituição Federal e não podem ter seu alcance reduzido. Ademais, sua eficácia deve se dar em âmbito prático, não somente em termos formais. Logo, há diversas normas,

---

16. SARMENTO, Daniel. *Dignidade da pessoa humana*: conteúdo, trajetórias e metodologia. Belo Horizonte: Fórum, 2016, p. 44.

17. FERNANDES, Fernando Andrade. *Sobre uma opção jurídico-política e jurídico-metodológica de compreensão das ciências jurídico-criminais*. Liber Discipolurum, para Jorge de Figueiredo Dias, Coimbra Editora: 2003, p. 53-83.

tanto de cunho constitucional quanto infralegal, que visam a assegurar as garantias constitucionais de quem está sendo acusado da prática de uma infração ética e que pode dar ensejo a punições graves. Assim, o desrespeito à forma de produção de provas viola garantias processuais da pessoa, ainda mais quando se trata da produção de prova oral, como a testemunhal, que tem o potencial de influir no desfecho do processo ético no geral.

Sendo assim, conforme explica Dantas,[18] uma das razões da existência do devido processo legal é a necessidade do estabelecimento de regras imparciais, claras e prévias, para a análise e julgamento de situações e conflitos. São garantias criadas de modo a fornecer previsibilidade, segurança jurídica e garantia de que as partes terão tratamento equânime e justo ao longo de um processo. Segundo o autor, um processo ético é também um processo penal – busca suas fontes subsidiárias neste último – posto que as penalidades são estabelecidas na hipótese do descumprimento do CEM e demais resoluções do CFM, e é justamente em razão desse caráter subsidiário do direito processual penal que se deve harmonizar o entendimento, em obediência aos princípios e regras gerais do direito. Logo, a forma adequada da produção da prova testemunhal tem relação, ao fim e ao cabo, com os direitos fundamentais da pessoa e com a própria dignidade humana, de modo que o devido processo legal substantivo, sobretudo no contexto do processo ético-profissional, deve ser observado com rigor.

CONCLUSÃO

As possibilidades de impedimento e suspeição de testemunhas, quando arroladas a participar de julgamentos éticos, a despeito de sua vulnerabilidade, deve ser tratada como de suma importância, considerando tratar-se de pessoas que, em tese, participaram de alguma forma dos fatos que estão sendo avaliados, podendo e devendo ser atribuído a elas determinado protagonismo, mesmo que parcial, durante o curso do processo.

A produção da prova testemunhal em processo ético disciplinar nos domínios dos Conselhos de Medicina ainda é uma forma de consagrar, absolutamente, o princípio do contraditório, garantia fundamental, prevista no artigo 5º, LV da Constituição Federal, conferindo e possibilitando um tratamento igualitário aos envolvidos, referente à apuração e elucidação dos fatos postos em julgamento.

Afirma-se, portanto, a possibilidade de cada litigante não apenas se pronunciar nos autos, mas de produzir prova em contrário aos argumentos lançados, assegurando assim a outra garantia fundamental, a *ampla defesa*, prevista no mesmo dispositivo constitucional, assegurando à parte, em especial àquela que está sendo acusada, de que seus argumentos de defesa e suas provas produzidas, serão conhecidos e valorizados pelo julgador na oportunidade da prolação da decisão.

O que de fato pretendeu o legislador foi evitar prejuízos oriundos de uma prova testemunhal imprestável ou contaminada por elementos subjetivos. Cuidou de resguardar,

---

18. DANTAS, Eduardo. *Direito Médico*. 8 ed., rev., atual. e ampl. São Paulo: JusPodivm, 2024, p. 489-490.

portanto, não apenas a sociedade, mas própria integridade profissional do médico, já que, dentre as medidas punitivas presentes no artigo 22 da Lei 3.268/57, estão a suspensão do exercício profissional e a pena máxima de cassação, que significam ao médico graves prejuízos no campo profissional, pessoal e financeiro.

Assim, ainda que os depoimentos das testemunhas sejam tomados sem o devido compromisso, esses não deixam de ser colhidos, pois a regra prevista no artigo 64, já citado, é que, se constatado o impedimento ou a suspeição, a testemunha será ouvida como informante, mas seu depoimento, reduzido a termo, será devidamente apreciado no momento do julgamento do processo ético por parte dos conselheiros, mantendo-se a obrigação de falar a verdade, o que é de vital importância para o deslinde das causas em julgamento, devendo o conteúdo dos depoimentos ser devidamente aquilatado no momento do julgamento.

Dessa forma, podemos verificar e concluir que o tratamento a ser conferido à prova testemunhal, nas cercanias do procedimento ético disciplinar, transcende claramente os meros limites do processo administrativo, envolvendo matérias de considerável complexidade, como as garantias fundamentais supracitadas e outros princípios, como o da dignidade da pessoa humana e do devido processo legal.

Ademais, também deve ser levado em consideração que a produção da prova oral em instrução administrativa pode levar os julgadores a concluir por aplicação de sanção ou absolvição, que, certamente, terão impacto preciso e severo na vida profissional do médico, na hipótese de condenação ou mesmo na própria sociedade, o que confia extrema responsabilidade à decisão a ser proferida, que deve se basear em provas robustas e seu melhor modo de produção, para, assim, evitar distorções e injustiças, sobretudo devido à independência relativa entre as esferas ético-disciplinar, cível e criminal.

REFERÊNCIAS

ANDRADE, Landolfo; ANDRADE, Adriano; MASSON, Cleber. *Interesses difusos e coletivos*. 11. ed. Rio de Janeiro: Forense. Método, 2021. v. 1.

BARROSO, Luís Roberto. *Curso de direito constitucional contemporâneo*: os conceitos fundamentais e a construção do novo modelo. 7. ed. São Paulo: Saraiva Educação, 2018.

BITENCOURT, Cezar Roberto. *Código Penal comentado*. 10 ed. São Paulo: Saraiva, 2019.

DANTAS, Eduardo. *Direito médico*. 8 ed. rev., atual e ampl. São Paulo: JusPodivm, 2024.

DI PIETRO, Maria Sylvia Zanella. *Direito administrativo*. 32. ed. Rio de Janeiro: Forense, 2019.

FERNANDES, Fernando Andrade. *Sobre uma opção jurídico-política e jurídico-metodológica de compreensão das ciências jurídico-criminais*. Liber Discipolurum, para Jorge de Figueiredo Dias, Coimbra Editora: 2003.

FRANÇA, Genival Veloso de. *Direito Médico*. 12. ed. rev., atual. e ampl. Rio de Janeiro: Forense, 2014.

KFOURI NETO, Miguel. *Responsabilidade civil do médico*. 11. ed. rev., atual. e ampl. São Paulo: Thomson Reuters Brasil, 2021.

LIMA, Renato Brasileiro de. *Manual de processo penal*: volume único. 8. ed. rev., atual e ampl. Salvador: JusPodivm, 2020.

LOPES JR., Aury. *Direito Processual Penal*. 19 ed. São Paulo: SaraivaJur, 2022

MASCARENHAS, Igor. *O mito da independência de esferas na responsabilidade médica*. Disponível em: https://editoraforum.com.br/noticias/coluna-direito-civil/o-mito-da-independencia-de-esferas-na-responsabilidade-medica/. Acesso em: 23 jan. 2024.

MASSON, Cleber. *Direito penal*: parte especial: arts. 121 a 212. 11. ed. rev., atual. e ampl. Rio de Janeiro: Forense, São Paulo: Método, 2018.

OLIVEIRA, Antônio Carlos Nunes de. *Primeiros comentários ao Código de Processo Ético-Profissional dos Conselhos de Medicina*: aprovado pela Resolução CFM 2.145/2016. Brasília: Conselho Federal de Medicina, 2019.

PRADO, Luiz Regis. *Comentários ao Código Penal [livro eletrônico]*. 3. ed. São Paulo: RT, 2017.

SARMENTO, Daniel. *Dignidade da pessoa humana*: conteúdo, trajetórias e metodologia. Belo Horizonte: Fórum, 2016.

SARMENTO, Daniel. *Direitos fundamentais e relações privadas*. 2. ed. Rio de Janeiro: Lúmen Juris, 2010.

SIQUEIRA, Flávia. *Autonomia, consentimento e direito penal da medicina*. São Paulo: Marcial Pons, 2019. Coleção Direito Penal e Criminologia.

PAPEL DAS CÂMARAS TÉCNICAS DOS CONSELHOS DE MEDICINA

Alexandre Kataoka

CREMESP 112.497, RQE 38.349. Cirurgião plástico formado pela Faculdade Estadual de Medicina de Marília (FAMEMA). Residência de Cirurgia Geral no HC FAMEMA. Residência de Cirurgia Plástica na Santa Casa de Santos. Titular da SBCP. Diretor da SBCP (DEPRO). Perito concursado do Instituto de Medicina Social e Criminologia do Estado de São Paulo. Conselheiro eleito na gestão 2023/2028 do CREMESP. Coordenador da Assessoria de Comunicação CREMESP. Conselheiro responsável da Câmaras Técnica de Cirurgia Plástica CREMESP e membro efetivo da Câmaras Técnica de Cirurgia Plástica CFM.

Maria Alice Scardoelli

CRMSP 62580, RQE 60533. Médica pela UFPEL. Residência Médica pela SES/CHJuqueri. Especialista ABP/AMP. Atuante no Complexo Hospitalar Juquery até o ano de 2021. Integrante do Instituto de Psiquiatria do Hospital das Clínicas da USP. Conselheira eleita na gestão 2023/2028 e vice-presidente do CREMESP.

Sumário: Introdução – 1. A regulação das câmaras técnicas de medicina; 1.1 Funções das câmaras técnicas; 1.2 Importância das câmaras técnicas nos CRMS – Conclusão – Referências.

INTRODUÇÃO

As Câmaras Técnicas (CTs) dos Conselhos de Medicina (CRMs) desempenham um papel crucial na regulação e na promoção da qualidade da prática médica. Elas são compostas por médicos especializados em diferentes áreas da Medicina e têm diversas responsabilidades e funções.

As CTs são órgãos consultivos e de assessoramento ao respectivo CRM, em âmbitos específicos da Medicina, e estão reguladas pelos CRMs pela Resolução 1.599/2000 do Conselho Federal de Medicina (CFM). Suas atribuições são regidas por esta norma de forma abrangente e especificamente atribuídas pelo CRM de cada região.

Diante do exposto, o presente trabalho pretende discutir a importância e a função das Câmaras Técnicas dos Conselhos de Medicina. Como objetivos específicos, pretende-se: apresentar a regulamentação das Câmaras, com base na referida normativa do CFM; verificar as funções das CTs; e refletir acerca de sua importância em relação aos CRMs.

Neste sentido, cabe ressaltar que as Câmaras Técnicas dos CRMs são essenciais para os procedimentos regulatórios, administrativos e em processos envolvendo a ética e a prática da profissão médica, nos quais são emitidos pareceres específicos, de acordo com as necessidades de cada caso. O tema em questão se torna relevante pela divulgação de conhecimentos importantes e necessários aos profissionais e estudantes de Medicina, no que diz respeito às funções e importância destes órgãos.

Para a realização da pesquisa foi utilizado o procedimento metodológico da revisão bibliográfica e documental, com abordagem qualitativa. Os artigos científicos utilizados para a construção da pesquisa foram encontrados em repositórios digitais como *Scielo* e *Google Scholar*. Na parte documental, buscou-se analisar a importância e funções das Câmaras Técnicas nas Resoluções, Recomendações e Normas do CFM e dos CRMs.

1. A REGULAÇÃO DAS CÂMARAS TÉCNICAS DE MEDICINA

As Câmaras Técnicas foram aprovadas pela Resolução CFM 1.599/2000, que alterou o Regimento Interno da instituição, incluindo estes órgãos. As Câmaras são organizadas e atuam permanentemente. A referida normativa define o corpo diretivo das Câmaras, sendo compostas por um coordenador, indicado pela coordenação das Comissões Transitórias, com a aprovação da diretoria e do plenário do CFM (CFM, 2000).

As Câmaras devem ser compostas por três membros consultores e membros adicionais são selecionados de acordo com a necessidade. A participação nas Câmaras possui caráter meramente honorífico, sendo considerada um relevante serviço público. A Resolução 1.599/2000 também define os procedimentos para o desligamento de membros, que deve ocorrer por expressa manifestação ou por constantes ausências:

> O desligamento de membro das Câmaras Técnicas dar-se-á por manifestação escrita ou ausência sem justificativa, a três reuniões consecutivas ou cinco reuniões do ano, quando mensais. Parágrafo Único: O desligamento do membro da Câmaras Técnica deve ser comunicado à diretoria e à Plenária (CFM, 2000, anexo II; art. 6º).

No mais, as regulamentações, funções específicas, cronogramas e poderes das Câmaras são definidos em foro estadual, pelos respectivos CRMs.

No Conselho Regional de Medicina do Estado de São Paulo (Cremesp), as 32 Câmaras Técnicas de Especialidades, cinco Câmaras Técnicas Interdisciplinares e nove Câmaras de Assuntos Temáticos prestam assessoria técnica em questões que envolvam temas pertinentes a cada especialidade médica e área de atuação, que sejam de relevância em Saúde e Medicina. São integradas por até 20 membros, de modo que cada conselheiro pode atuar como coordenador e/ou responsável de, no máximo, até quatro Câmaras.

Em função do novo Código de Processo Ético-Profissional (CPEP), as Câmaras Técnicas do Cremesp passaram a emitir pareceres sobre os temas, para que possam ajudar os conselheiros a formar juízo de valor na condução de processos, não sendo mais utilizadas em sindicâncias — sendo este um tema que ainda carece de maiores discussões no âmbito do CFM, pois os pareceres eram de grande valia para arquivamento ou não das sindicâncias. Estes pareceres são submetidos à aprovação em reunião de diretoria, para homologação em sessão plenária.

No Cremesp, as Câmaras Técnicas têm a função de auxiliar na resposta aos questionamentos da Procuradoria Jurídica em assuntos técnicos que devam ser levados ao Judiciário, elaborando pareceres robustos e com elementos que auxiliam em processos que envolvam a justiça cível ou criminal. Ainda neste Conselho, as Câmaras têm uma função educativa, ajudando na elaboração de materiais didáticos e de orientação para médicos e população, com produção de manuais e livros.

Já o Conselho Regional de Medicina do Estado da Bahia (CREMEB), por força da Resolução 262/2003, definiu que as Câmaras serão específicas para cada especialidade médica. E também para toda área de relevância reconhecida, ainda que não componha uma especialidade médica. Elas são integradas por, no mínimo, cinco médicos especialistas. O conselheiro de cada Câmaras é designado em sessão plenária (CREMEB, 2003).

No âmbito do CREMEB, as Câmaras devem promover assessoria interna, conselho em consultas, processos éticos-profissionais e sindicâncias. As solicitações às Câmaras devem ser apenas de iniciativa do conselheiro (CREMEB, 2012, art. 2º).

Para que o médico possa integrar a Câmaras Técnica, no âmbito do CREMEB, é necessário que:

I – esteja em situação regular com as obrigações do Conselho; II – esteja registrado no cadastro de especialistas do CREMEB na respectiva área da Câmaras Técnica que irá compor [...] (CREMEB, 2012, art. 5º).

Em casos especiais, é possível que médicos sem o título de especialista ou área de atuação específica possam atuar no quadro das Câmaras, desde que reconhecido seu notório saber e idoneidade. A posse do cargo ocorre em sessão plenária, na qual o futuro membro deverá prestar juramento e assinar em livro próprio o Termo de Posse (CREMEB, 2012, art. 6º).

Exercendo seu poder diretivo de adicionar ou remover funções e características do cargo, o CREMEB inclui no art. 9º da Resolução 321/12 a hipótese de desligamento de membro, caso não cumpra com suas obrigações, hipótese inexistente no 1.599/2000 do CFM.

Por fim, verifica-se que as características, funções, quantidade de membros e a composição das Câmaras Técnicas ficam a cargo da administração regional, variando de acordo com os interesses e demandas da região. A quantidade de Câmaras também varia de acordo com as necessidades específicas da região. No âmbito do CREMEB, há 35 Câmaras Técnicas de diversas especialidades e áreas relevantes na Medicina (CREMEB, *online*).

1.1   Funções das Câmaras Técnicas

A Resolução 1.599/2000 do CFM determina que a Câmaras Técnica possui natureza consultiva e de assessoramento aos procedimentos dos respectivos CRMs, em matérias desejadas, como processos éticos e procedimentos administrativos. No Conselho Regional de Medicina do Estado de Minas Gerais [CRM-MG (2022)], as Câmaras Técnicas auxiliam na elaboração de trabalhos, protocolos e documentos embasados em critérios científicos, que orientam os profissionais de Medicina no exercício ético da profissão.

As CTs fornecem assessoria técnica aos CRMs em questões relacionadas à prática médica, auxiliando-os na tomada de decisões sobre licenciamento, registros e regulamentações. Além disso, as Câmaras Técnicas podem ser responsáveis por analisar casos de má conduta médica ou denúncias de pacientes. Elas investigam as alegações, revisam os registros médicos e, se necessário, recomendam medidas disciplinares (CREMEMG, 2023).

Conforme já abordado, as Câmaras possuem funções distintas nas diversas regiões dos CRMs. Em São Paulo, há a atuação de Câmaras Interdisciplinares, que atuam abrangendo uma multiplicidade de temas que não constituem especialidades ou áreas de atuação reconhecidas pelo CFM (CREMESP, *online*).

O debate acerca da ética da Medicina é amplamente vasto, abrangendo múltiplas questões, como o *doping* de atletas, o dever do médico com o paciente, a veracidade das informações passadas, o compromisso de fazer o bem sem causar mal (e demais elementos do Juramento de Hipócrates), entre outros. Motriz, Rachel Duarte (2011) discute as implicações éticas da Medicina no que tange à vida e morte, envolvendo o direito à eutanásia, vida com dignidade e os conflitos que suscitam deste debate. D'Ávila; Ribeiro (2011, p. 187), acerca deste debate, afirma:

> Se no passado recente evitava-se falar da morte, ainda que por meio de metáforas, é certo que nunca se falou tanto do morrer como nas últimas décadas. Não que a vida tenha perdido a sua primazia para a medicina, o direito, a filosofia e a religião, mas porque depois de estabelecermos padrões de respeito à dignidade da pessoa humana em decorrência das reflexões viabilizadas pela II Guerra Mundial, a partir das quais se introduziu o conceito de direitos humanos no ideário universal das garantias individuais, a pós-modernidade trazida pela bioética permitiu-nos refletir seriamente sobre a morte e o morrer.

São diversas as discussões envolvendo a ética da profissão, por sua própria natureza e pela vulnerabilidade do paciente a ser tratado, e a reflexão acerca de assuntos complexos, tal qual o Código de Conduta dos profissionais de Medicina, nas Câmaras Técnicas, conforme o CRM-MG (2021).

Além destes, as Câmaras Técnicas possuem funções distintas nos CRMs, visto que suas atribuições são definidas em âmbito estadual. No CREMEB, é função das Câmaras Técnicas de cada especialidade emitir pronunciamento, mediante solicitação da Corregedoria, acerca de assuntos específicos, em até 60 dias após a solicitação (CREMEB, 2012, art. 8º).

Conforme informa o Conselho Regional de Medicina do Estado do Rio Grande do Sul [CREMERS (2023)], há debates regionais acerca de maior participação das Câmaras na Medicina e nos processos administrativos envolvidos. No evento realizado entre o CREMERS e a Sociedade Brasileira de Dermatologia – Secção RS, foi abordado que as funções das Câmaras consistem em emitir pareceres em situações específicas, hipotéticas e em caráter opinativo, não tendo, portanto, poder de julgar, abrir sindicâncias ou abranger outras funções em processos éticos.

1.2 IMPORTÂNCIA DAS CÂMARAS TÉCNICAS NOS CRMS

Todavia, a participação das Câmaras Técnicas é restrita à função administrativa e de assessoramento, quando solicitado. A exemplo disso, a Resolução CFM 2.306/2022 determina que as Câmaras não deverão emitir parecer sem solicitação nos procedimentos administrativos (CFM, 2022, art. 5º).

1.2 IMPORTÂNCIA DAS CÂMARAS TÉCNICAS NOS CRMS

Conforme abordado nas seções anteriores, as Câmaras Técnicas dos CRMs são órgãos consultivos e de assessoramento em que os membros são meramente honoríficos, portanto, mantêm sua ocupação enquanto médicos e participam das reuniões e procedimentos de acordo com a necessidade.

Em que pese o fato de as Câmaras não atuarem como órgãos de orientação política, que auxiliam predominantemente na construção das políticas necessárias para a plena atuação médica, são relevantes diante da infraestrutura existente no país para a profissão:

> Recentemente, o CFM mostrou ao País dados estarrecedores. Os CRMs fiscalizaram 506 hospitais em 2018 e constataram, por exemplo, que em 102 salas cirúrgicas visitadas, um índice de 33% não tinha foco cirúrgico com bateria; 22% não possuíam negatoscópio para a leitura de imagens; 16% também não contavam com carro para anestesia ou monitor de pressão não invasivo; e 12% não dispunham de equipamentos básicos como fio-guia e pinça condutora, entre outros problemas (CFM, 2020, *online*).

Portanto, ainda que de forma indireta, na maior parte dos Estados, as Câmaras atuam na proteção da saúde pública, promovendo a qualidade dos serviços e auxiliando na regulação acerca da conduta e ética da profissão. Trata-se de uma função burocrático-administrativa, sujeita à idoneidade, ausência de nepotismo e regulações específicas acerca da ausência de conflito de interesses, conforme demonstra o art. 106 da Resolução CFM 2.306/22 (CFM, 2022).

Cabe ressaltar, conforme define o art. 57; Parágrafo Único, que nos pareceres da Câmaras Técnica da referida especialidade, objeto da sindicância ou procedimento ético-administrativo, a atuação deste órgão está na matéria da complexidade científica, servindo como elemento de esclarecimento para questões controversas, não possuindo, portanto, caráter pericial ou decisório (CFM, 2022, art. 57). A função decisória fica a cargo do Plenário do CFM, e deixamos um adendo que, de acordo com o novo CPEP, os pareceres das Câmaras Técnicas em sede de sindicância não são mais elegíveis.

Por fim, as Câmaras Técnicas estão adstritas aos princípios da administração pública, visto que o CFM e os CRMs são membros partícipes como autarquias, estando subordinado mormente aos princípios da legalidade e publicidade, o que demonstra sua responsabilidade pela fiscalização técnica e ética da profissão, no bojo da Lei 3.268/57, que regula os Conselhos de Medicina no Brasil (Brasil, 1957). Por fim, todos os pareceres das Câmaras devem ser orientados de forma técnico-científica, desprovida de razões pessoais, visando ao desenvolvimento da Medicina e ao aprimoramento da ética profissional, bem como ao auxílio do desenvolvimento de protocolos e práxis para a profissão.

CONCLUSÃO

A presente pesquisa buscou discutir a importância e função das Câmaras Técnicas dos Conselhos de Medicina. As Câmaras Técnicas foram estabelecidas pela Resolução CFM 1.599/2000 e são órgãos permanentes compostos por médicos especialistas em diversas áreas da Medicina. A composição inclui um coordenador indicado pelo coordenador das Comissões Transitórias, consultores e membros adicionais, conforme demanda.

As principais funções das Câmaras Técnicas incluem oferecer assessoria técnica aos Conselhos Regionais de Medicina (CRM) em questões relacionadas à prática médica, elaborar normas e diretrizes, revisar protocolos médicos, avaliar tecnologias em saúde, analisar casos de má conduta médica e promover a ética na Medicina. Suas funções podem variar entre os diferentes CRMs.

As Câmaras Técnicas desempenham um papel importante na regulação e promoção da qualidade da prática médica. Elas ajudam a garantir que os médicos sigam as melhores práticas baseadas em evidências em suas especialidades, protegendo a saúde pública e auxiliando na tomada de decisões informadas sobre licenciamento, registros e regulamentações médicas.

Por fim, recomenda-se que sejam realizadas maiores pesquisas e discussões acerca do papel e importância das Câmaras Técnicas no âmbito dos CRMs, buscando compreender seu impacto na prática médica e sua regulação e a volta de seus pareceres em sede de sindicâncias.

REFERÊNCIAS

BRASIL. Lei 3.268, de 30 setembro de 1957. Dispõe sobre os Conselhos de Medicina, e dá outras providências. Rio de Janeiro: *Diário Oficial da União*, 1957.

CFM – CONSELHO FEDERAL DE MEDICINA. *Resolução 1.599/2000*. Altera a Resolução CFM 1533/1998, que aprova o Regimento Interno do Conselho Federal de Medicina, incluindo no Título II, da Organização, Comissões e Câmaras Técnicas. CFM, 2000.

CFM – CONSELHO FEDERAL DE MEDICINA. *A importância das fiscalizações realizadas pelos Conselhos de Medicina*. Portal CFM, 30.09.2020. Disponível em: https://portal.cfm.org.br/artigos/a-importancia-das-fiscalizacoes-realizadas-pelos-conselhos-de-medicina/. Acesso em: 02 jan. 2024.

CFM – CONSELHO FEDERAL DE MEDICINA. *Resolução 2.306, de 17 de março de 2022*. Aprova o Código de Processo Ético-Profissional (CPEP) no âmbito do Conselho Federal de Medicina (CFM) e Conselhos Regionais de Medicina (CRMs). Brasília: Diário Oficial da União, 2022.

CREMEB – Conselho Regional de Medicina do Estado da Bahia. *Resolução CREMEB 321/12*. Revoga as Resoluções CREMEB 262/03 e 294/08 que dispõem acerca da constituição e atribuições das Câmaras Técnicas. Disponível em: https://www.cremeb.org.br/wp-content/uploads/2015/11/RES-CREMEB-321-2012.pdf. Acesso em: 02 jan. 2024.

CREMEB – Conselho Regional de Medicina do Estado da Bahia. *Câmaras Técnicas*. Portal do CREMEB, *online*. Disponível em: https://www.cremeb.org.br/index.php/institucional/camaras-tecnicas/. Acesso em: 02 jan. 2024.

CREMEB – Conselho Regional de Medicina do Estado da Bahia. *Resolução CREMEB 321/12*. Revoga as Resoluções CREMEB 262/03 e 294/08 que dispõem acerca da constituição e atribuições das Câmaras Técnicas. Salvador: Diário Oficial da União, 2012.

CREMG – Conselho Regional de Medicina de Minas Gerais. *Câmaras Técnicas*. Disponível em: https://www.crmmg.org.br/institucional/camaras-tecnicas/. Acesso em: 02 jan. 2024.

CREMERS – Conselho Regional de Medicina do Estado do Rio Grande do Sul. *Câmaras Técnicas do CREMERS terão novo formato*. Portal do CREMERS, 2023. Disponível em: https://cremers.org.br/camaras-tecnicas-do-cremers-terao-novo-formato/ Acesso em: 02 jan. 2024.

CREMESP – Conselho Regional de Medicina do Estado de São Paulo. *Câmaras Técnicas*. CREMESP, *online*. Disponível em: https://www.cremesp.org.br/?siteAcao=CamaraTecnica&tipo=E. Acesso em: 02 jan. 2024.

D'ÁVILA, Roberto Luiz. RIBEIRO. Diaulas Costa. A terminalidade da vida: uma análise contextualizada da Resolução CFM 1.805/06. In: MOTRIZ, Rachel Duarte (Org.). *Conflitos bioéticos do viver ao morrer*. Brasília: Conselho Federal de Medicina, 2011.

MOTRIZ, Rachel Duarte (Org.). *Conflitos bioéticos do viver ao morrer*. Brasília: Conselho Federal de Medicina, 2011.

A APLICAÇÃO DA *ABOLITIO CRIMINIS* NAS NORMAS ÉTICAS MÉDICAS

Frederico Ferri de Resende

Mestre em Direito Privado pela PUC Minas. Professor Convidado na Pós-Graduação da PUC Minas e na Fundação Dom Cabral. Professor Adjunto da Faculdade de Medicina da FAMINAS-BH. Diretor de Relações Institucionais da Comissão Estadual de Direito Médico da OAB/MG. Mediador Extrajudicial. Sócio do escritório de advocacia "Rocha Ferri Gontijo & Barbosa – Direito Médico". Procurador do CRMMG. Assessor Jurídico da AMMG.

Maiza Mares de Jesus

Pós-graduada em Direito Médico e da Saúde. Especialista em Treinamento Avançado em Direito Médico e Documentos Médicos. Advogada atuante em Direito Médico e da Saúde. Técnica em Enfermagem COREN/MG. Presidente da Comissão de Direito Médico e da Saúde da OAB/MG Betim. Membro Titular da Confraria Nacional de Direito Médico e da Saúde. Assessora Jurídica da Procuradoria Municipal de Betim/MG.

Sumário: Introdução – 1. Conceito e princípios norteadores da *abolitio criminis* – 2. Aplicação da *abolitio criminis* durante a *vacatio legis* – 3. A diferença entre a *abolitio criminis* e a *novatio legis in mellius* – 4. A aplicação da *abolitio criminis* e da *novatio legis in mellius* nas normas de ética médica – 5. Aplicação prática da *abolitio criminis* no caso do cartão desconto – 6. *Abolitio criminis* e a nova resolução de publicidade e propaganda – Considerações finais – Referências.

INTRODUÇÃO

O legislador pátrio, ao verificar que determinada conduta passou a ser considerada reprovável pela sociedade, criminaliza aquela ação ou omissão, fixando penas proporcionais à gravidade do delito.

Na mesma medida, por vezes, o próprio Poder Legislativo, também, revê certas condutas tipificadas como crime, que são abrandadas, ou até extintas, mais uma vez, para atender ao afã da coletividade, que passa a não considerar punível determinadas práticas delituosas.

Nesse particular, aqueles réus que são processados ou condenados criminalmente com base na lei penal modificada ou revogada, podem ser beneficiados pelo direito constitucionalmente garantido da retroatividade benéfica da lei, por meio da aplicação do instituto da *abolitio criminis*.

Na mesma linha de raciocínio, os Conselhos de Medicina, autarquias responsáveis, nos termos da Lei 3.267, de 1957, por processar e julgar a conduta ética do médico, produzem resoluções que fixam condutas consideradas eticamente apropriadas para o exercício da profissão, tendo o Código de Ética Médica como sua principal normativa.

A violação de norma ética, com fulcro na citada lei, pode resultar ao médico denunciado a aplicação de penalidades, sendo a mais grave a de cassação do registro do profissional.

Por outro lado, do mesmo modo, o Conselho Federal de Medicina – CFM, legislador ético, pode rever as condutas que até então entendia como eticamente contrárias, afastando sua reprovabilidade do ordenamento deontológico.

Nesse sentido, os médicos que respondem a processos éticos ou já foram condenados por infração a normas éticas posteriormente extintas não deveriam ser beneficiados pela *abolitio criminis*?

É esta a construção que se pretende fazer no presente artigo, perpassando por breve abordagem sobre o conceito e princípios norteadores da *abolitio criminis*. Em seguida, será delimitado o papel dos Conselhos de Medicina, notadamente sua atuação punitiva para, por fim, analisar a aplicabilidade da *abolitio criminis* no que diz respeito às normas deontológicas, trabalhando caso já enfrentado pelo CFM, os "cartões de desconto", bem como realizar considerações preliminares sobre a repercussão do referido instituto sobre a nova normativa ética sobre publicidade e propaganda na Medicina, a Resolução CFM 2336, de 2023.

1. CONCEITO E PRINCÍPIOS NORTEADORES DA *ABOLITIO CRIMINIS*

A *abolitio Criminis* é um termo proveniente do latim que significa a abolição do crime.[1] Ocorre quando há a publicação de uma nova lei que extingue o crime e respectiva pena que anteriormente eram previstos no ordenamento jurídico.

O art. 1º do Código Penal Brasileiro[2] dispõe que: "Não há crime sem lei anterior que o defina. Não há pena sem prévia cominação legal". Ainda nesse sentido, seu art. 2º estabelece que "Ninguém pode ser punido por fato que lei posterior deixa de considerar crime, cessando em virtude dela a execução e os efeitos penais da sentença condenatória".

Conforme se depreende dos dispositivos legais referidos, não se pode punir alguém por atos que uma lei posterior deixa de tipificar como crime. Nesse contexto, torna-se necessário cessar a execução penal e os efeitos de eventual sentença condenatória.

Percebe-se, desse modo, que a *abolitio criminis* possui a peculiaridade de ser dotada de extra atividade,[3] significa dizer que a lei se movimentará no tempo a fim de regular situações ocorridas e praticadas no passado, e tal movimento provocará um efeito

---

1. BITENCOURT, Cezar Roberto. *Coleção Tratado de Direito Penal*. São Paulo: Saraiva Educação, 2020. v. 1, p. 225
2. BRASIL. Código Penal. Decreto-Lei 2.848, de 7 de dezembro de 1940. Diário Oficial da União, Brasília, DF, 31 dez. 1940. Disponível em: https://www.planalto.gov.br/ccivil_03/decreto-lei/del2848compilado.htm. Acesso em: 19 jan. 2024.
3. PRADO, Luiz Regis. *Direito Penal Constitucional* – A (Des)construção do Sistema Penal. Rio de Janeiro: Forense, 2020. p. 77.

retroativo, amparado pelo Princípio da Retroatividade da lei mais benéfica, garantido pelo art. 5º, inciso XL da Constituição Federal que diz que "a lei não retroagirá, salvo para beneficiar o réu".

No Brasil, o exemplo histórico mais conhecido de *abolitio criminis* foi a prática do adultério[4] que anteriormente era capitulado como sendo crime contra a família, com previsão no art. 240 do Código Penal, sendo extinto com o advento da Lei 11.106/05.

Outro princípio basilar da *abolitio criminis* é o da legalidade ou princípio da reserva legal. Tal princípio ressurgiu como reação ao regime ditatorial da década de 1960, a partir da constituição do Estado Democrático de Direito, opondo-se ao poder autoritário, pretendo salvaguardar os direitos do povo, direitos políticos, direito à democracia, a liberdade individual, e ao acesso à informação, que à época de exceção eram violados.

Referido princípio detém *status* constitucional, nos termos dos incisos II e XXXIX do art. 5º da Constituição Federal, que preceituam: "Todos são iguais perante a lei, sem distinção de qualquer natureza, garantindo-se aos brasileiros e aos estrangeiros residentes no País a inviolabilidade do direito à vida, à liberdade, à igualdade, à segurança e à propriedade, nos termos seguintes: (...) II – ninguém será obrigado a fazer ou deixar de fazer alguma coisa senão em virtude de lei. (...) XXXIX – não há crime sem lei anterior que o defina, nem pena sem prévia cominação legal".

Desse modo, tanto o princípio da retroatividade quanto o princípio da legalidade[5] possuem a função de proteger o cidadão, garantindo-se que ocorrendo mudanças na percepção do legislador que cause a extinção de um crime, tornar-se-á admissível a aplicação da lei mais benéfica, evitando-se, por meio da *Abolitio Criminis,* a violação da Justiça e das garantias fundamentais.

2. APLICAÇÃO DA *ABOLITIO CRIMINIS* DURANTE A *VACATIO LEGIS*

O decurso de tempo entre a publicação e a entrada em vigência da lei recebe o nome de *Vacatio Legis,* período de vacância, importante para permitir que a lei seja melhor conhecida, para que os seus destinatários se preparem para a aplicação.

Em se tratando de *abolitio Criminis* no período da *Vacatio Legis,* encontramos duas posições[6] acerca do assunto, debatendo a respeito da aplicação da lei posterior benigna, se imediata ou não.

---

4. ICIZUKA, Atilio de Castro; ABDALLAH, Rhamice Ibrahim Ali Ahmad. A trajetória da descriminalização do adultério no direito brasileiro: uma análise à luz das transformações sociais e da política jurídica. *Revista Eletrônica Direito e Política*, Itajaí, v. 2, n. 3, 3º quadrimestre de 2007. Disponível em: www.univali.br/direitoepolitica - ISSN 1980-7791. Acesso em: 18 jan. 2024.

5. LIMA, Renato Brasileiro de. *Manual de Execução Penal* – Volume único. 2. ed. rev., atual, e ampl. São Paulo: JusPodivm, 2023.

6. CURSO POPULAR DEFENSORIA, Aplicação *Abolítio Criminis* no período de *Vacatio Legis.* Disponível em: https://env1.cursopopulardefensoria.com.br/pluginfile.php/3562/mod_resource/content/1/Curso%20 popular%20-%20Penal%20Geral%20%20-%20conflito%20aparente%20de%20normas%20-%2015.09.2017. pdf . Acesso em: 16 fev. 2024. p. 11.

A primeira posição, defendida por Guilherme Souza Nucci, estabelece que a eficácia da norma será a partir da sua entrada em vigor, assim, enquanto não ocorrer a vigência, a lei, mesmo que beneficie o réu, não retroagirá, visto que no período de *Vacatio Legis* a lei não tem eficácia jurídica.

A segunda posição, defendida por Alberto Silva Franco, utiliza como fundamento os direitos fundamentais do ser humano, defendendo que o Estado não tem o poder de prolongar a violação das garantias fundamentais, portanto, lei nova que beneficie deve ser aplicada de forma imediata, respeitando assim, o art. 5º, § 1º da Constituição Federal que prevê que as *normas definidoras dos direitos e garantias fundamentais têm aplicação imediata.*

> O mesmo entendimento é encontrado na decisão proferida pela primeira Turma Criminal do Tribunal de Justiça do Distrito Federal e Territórios, em grau de Recurso de Apelação, que diz: "Trata-se de reformatio legis in mellius, que deve ser aplicada retroativamente, por força do que determinam o art. 5º, inciso XL, da Constituição Federal, e o art. 2º, parágrafo único, do Código Penal":
>
> Penal – tráfico de entorpecentes – prova – depoimento dos policiais – validade – desclassificação para o crime do art. 16 da Lei 6.368/76 – impossibilidade – advento da Lei 11.343/06 – disposições mais benéficas – aplicação retroativa – progressão de regime – vedação – inconstitucionalidade do art. 2º, § 1º, da Lei 8.072/90 – progressão de regime. Apelação Criminal 2000.01.1.059151-0.

Inúmeros e divergentes são os posicionamentos sobre a aplicação da *Abolitio Criminis* no período de *Vacatio Legis*, todavia, o que prevalece, como posição dominante, é a espera da vigência da norma,[7] portanto, é o entendimento majoritário que enquanto a lei não estiver em vigor, não retroagirá, ainda que beneficie o réu.

3.   A DIFERENÇA ENTRE A *ABOLITIO CRIMINIS* E A *NOVATIO LEGIS IN MELLIUNS*

Outro instituto penal que merece atenção especial e que pode gerar confusão quanto à aplicação da *abolitio criminis* é a *novatio legis in melliuns.*[8]

A *novatio legis in melliuns* é também um fenômeno legislativo e ocorre quando há a alteração de apenas alguns dispositivos do texto legal.

O tipo penal não é revogado, ou seja, o crime não é excluído, apenas sofre modificações, trazendo aplicações mais brandas e atenuando a pena, aplica-se, nesse fenômeno, também, o efeito retroativo para beneficiar o réu.

Já na *abolitio criminis*, conforme dito alhures, o tipo penal é revogado, exclui-se o crime e extingue-se a pena, não havendo nenhum outro crime a ser tipificado no lugar, também retroagindo para beneficiar o réu.

---

7.   LEITE, Ravênia Márcia de Oliveira. "Não aplica lei penal *vacatio legis*, mesmo benéfica". *Conjur*, 11 de agosto de 2009. Disponível em: https://www.conjur.com.br/2009-ago-11/nao-aplica-lei-penal-vacatio-legis-mesmo-benefica/. Acesso em: 19 jan. 2024.

8.   BITENCOURT, Cezar Roberto. *Coleção Tratado de Direito Penal*. São Paulo: Saraiva Educação, 2020. v. 1, p. 226.

Essa diferença entre os citados institutos, por certo, repercute na análise de cada caso concreto.

4. A APLICAÇÃO DA *ABOLITIO CRIMINIS* E DA *NOVATIO LEGIS IN MELLIUNS* NAS NORMAS DE ÉTICA MÉDICA

Na Medicina, há os Conselhos Regionais e Federal que são autarquias, criadas pela Lei 3.268/57, com a titularidade delegada pelo Estado para exercer as atividades relacionadas a ética médica, sendo que a essas autarquias foi transferida a autonomia de regular a profissão, criando normas por meio do seu poder regulamentar.

Nesse sentido, a violação das obrigações impostas pelas normas deontológicas pode provocar, perante o conselho de classe, a instauração de sindicância e, caso não seja arquivada, poderá prosseguir para um processo ético-profissional, podendo os conselhos de medicina, por meio do poder punitivo, aplicar penalidades aos médicos que infrinjam a ética médica.

As penalidades por violação às normas deontológicas estão previstas no art. 22 da Lei 3.268/57,[9] sendo separadas em sanções privativas e sanções públicas.

As sanções privativas são a advertência confidencial em aviso reservado e a censura confidencial em aviso reservado. Já as sanções públicas são censura pública, a suspensão do exercício da profissão por até 30 (trinta) dias e cassação do registro profissional, essas últimas, por serem públicas, são publicizadas pelos Conselhos Regionais.

Assim, diante do poder regulamentar dos Conselhos de Medicina, as normas deontológicas deverão ser respeitadas por todos os médicos, sem exceção, garantindo a correção no exercício da profissão e, por consequência, uma melhor relação médico-paciente.

Nesse sentido, tendo como ponto de partida para a formação do entendimento, o respeito à autonomia dos Conselhos de Medicina, a soberania da Constituição Federal, a importância dos princípios basilares norteadores dos institutos ora debatidos e as garantias fundamentais do indivíduo pode-se concluir que a delegação aos conselhos profissionais do poder de criar suas próprias regras, não os isenta de observar a hierarquia das normas, devendo aqueles limitar sua autonomia ao respeito às normas constitucionais e supralegais.

Desse modo, considerando que os institutos penais aqui debatidos possuem respaldo na Constituição Federal, não se pode chegar a outra conclusão senão a da possibilidade de se aplicar a *abolitio criminis* e a *novatio legis in mellius*, às normas éticas médicas.

---

9. Brasil. Lei 3.268, de 30 de setembro de 1957. Dispõe sobre os Conselhos de Medicina, e dá outras providências. Diário Oficial da União, Brasília, DF, 1º out. 1957. Disponível em: https://www.planalto.gov.br/ccivil_03/leis/l3268.htm. Acesso em: 20 fev. 2024.

Partindo desse entendimento, havendo por parte dos Conselhos de Medicina, no exercício do poder de regulamentar, a criação de novas normas éticas, que tragam em seu dispositivo a aplicação de regras mais brandas, que atenuem os efeitos da conduta (*novatio legis in mellinius*), ou que, revoguem normativa anterior (*abolitio criminis*), deverão tais institutos ser aplicados.

Assim, em respeito às normas constitucionais e infraconstitucionais, aos princípios gerais do Direito e aos tratados internacionais, as novas normas éticas provocarão o efeito retroativo, para beneficiar os médicos denunciados.

5. APLICAÇÃO PRÁTICA DA *ABOLITIO CRIMINIS* NO CASO DO CARTÃO DESCONTO

O Código de Ética Médica, Resolução CFM 2.217/2018, tem como um de seus princípios fundamentais a premissa de que "a medicina não pode, em nenhuma circunstância ou forma, ser exercida como comércio"[10] (item IX).

Por óbvio que o dispositivo em comento não proíbe ao médico, no exercício de sua atividade profissional, que obtenha vantagens de natureza econômica, ou mesmo "exercer atividade em empresa na área de saúde",[11] na condição de sócio, por exemplo, porque é sua profissão e, por consequência, sua fonte de renda.

Nesse sentido, o Código de Ética Médica de 2018, em sua redação original, previa, escorado na premissa da proibição do exercício mercantilista da Medicina, a proibição ao médico, no seu art. 72, de "estabelecer vínculo de qualquer natureza com empresas que anunciam ou comercializam planos de financiamento, *cartões de descontos* ou consórcios para procedimentos médicos".[12] (grifou-se)

Todavia, posteriormente, a Resolução CFM 2.226, de 2019,[13] houve por bem modificar a redação do citado seu art. 72, que passou a ter a seguinte redação: "estabelecer vínculo de qualquer natureza com empresas que anunciam ou comercializam planos de financiamento ou consórcios para procedimentos médicos".

A citada norma ética foi modificada pelo Conselho Federal de Medicina – CFM para excluir a figura dos suprarreferidos "cartões de desconto", motivada por processo administrativo de iniciativa do Conselho Administrativo de Defesa Econômica – CADE

---

10. BRASIL. Conselho Federal de Medicina. Resolução CFM 2.217/2018. Aprova o Código de Ética Médica. Diário Oficial da União, Brasília, 1º nov. 2018. Disponível em: https://sistemas.cfm.org.br/normas/visualizar/resolucoes/BR/2018/2217. Acesso em: 20 fev. 2024.

11. Brasil. Conselho Federal de Medicina. Parecer CFM 13/2021: https://sistemas.cfm.org.br/normas/visualizar/pareceres/BR/2021/13. Acesso em: 20 fev. 2024.

12. Brasil. Conselho Federal de Medicina. Resolução CFM 2.217/2018. Aprova o Código de Ética Médica. Diário Oficial da União, Brasília, 1º nov. 2018. Disponível em: https://sistemas.cfm.org.br/normas/visualizar/resolucoes/BR/2018/2217. Acesso em: 20 fev. 2024.

13. Brasil. Conselho Federal de Medicina. Resolução CFM 2.226/2019. Diário Oficial da União, Brasília, 05 abr. 2019. Disponível em: https://sistemas.cfm.org.br/normas/visualizar/resolucoes/BR/2019/2226. Acesso em: 20 fev. 2024.

A APLICAÇÃO DA *ABOLITIO CRIMINIS* NAS NORMAS ÉTICAS MÉDICAS **217**

contra o Conselho Federal de Medicina e o Conselho Regional de Medicina do Estado de São Paulo, no processo 08700.005969/2018-29.[14]

Desse modo, passou a não ser mais permitido aos Conselhos Regionais de Medicina instaurar procedimentos ético-profissionais para apurar a responsabilidade de médicos pela interação com empresas que se utilizem de cartão de desconto ou o uso direto desse benefício pelo profissional.

Mas, e as sindicâncias e os processos ético-profissionais em tramitação ou já concluídos, inclusive com aplicação de penalidades que avaliaram a conduta ética de médico incurso no art. 72 em sua redação original, que reprovava o uso do "cartão de desconto"? Seria o caso da aplicação da *abolitio criminis*? Sem dúvida, a resposta é sim, e assim se fez, nos Conselhos de Medicina, nesse particular.

Para tanto, o Jurídico do Conselho Federal de Medicina, por meio do Despacho COJUR 179/2019, aprovado em Reunião de Diretoria em 22/05/2019, orientou, com base no instituto do *abolitio criminis*, o que deveria ser feito nesses casos:

> Para tanto, é recomendável que os Conselhos Regionais, a partir da data da publicação da citada resolução, admitam a hipótese de "abolitio criminis". Quer dizer, o que era considerado infração ética não é mais. Com isso, a sindicância ou processo ético perde a sua razão de ser devendo ser arquivado. Aliás, se essa hipótese ocorrer os Conselhos Regionais deverão, inclusive, observar o que determina o art. 2º, última parte, e § único do Código Penal em relação à execução e aos efeitos da decisão administrativa condenatória.[15]

E arremata, em seguida:

> Isto posto, a COJUR/CFM recomenda que, diante da revogação expressa de condutas consideradas antiéticas pelo art. 72 do CEM/09 ou nas resoluções CFM 1.649/2002 e 2.170/2017, os Conselhos Regionais devem atentar para esse fato e promover, a requerimento ou de ofício, o arquivamento da sindicância ou processo ético que tenha por objeto a apuração das condutas que agora não são mais vedadas. As sanções já aplicadas poderão/deverão ser desconsideradas ou riscadas as suas anotações do prontuário ou ficha cadastral do médico interessado para todos os efeitos legais.[16]

Ora, trata-se de exemplo de aplicação ética da *abolitio criminis* nos Conselhos de Medicina, precedente que confirma que o CFM reconhece a aplicabilidade do referido

---

14. Brasil. Conselho Administrativo de Defesa Econômica. Processo Administrativo 08700.005969/2018-29. "Processo administrativo sancionatório. Conduta unilateral. Serviços médicos. Cartões de desconto. Resoluções do conselho federal de medicina que proibiam a aceitação de cartões de desconto na remuneração da prestação de serviços médicos. Procedimentos éticos e disciplinares instaurados por conselho regional. Prejuízos para a concorrência e livre iniciativa. Parecer da superintendência-geral pela condenação. Parecer da procuradoria federal especializada pela condenação. Parecer do Ministério Público Federal pela condenação. Condenação. Infração à ordem econômica capitulada no art. 36, I e IV, da Lei 12.529/2011. Multa e penas não pecuniárias". Disponível em: https://sei.cade.gov.br/sei/modulos/pesquisa/md_pesq_documento_consulta_externa. php?DZ2uWeaYicbuRZEFhBt-n3BfPLlu9u7akQAh8mpB9yOwlgE8lKCkzVZ7YAuWJzDQubs5vikbzDQb mMoYf5znXr3jZRRw7BHhH6q8vzhpkzr5CWDJs-8Ftj32CVEZODSs. Acesso em: 20 fev. 2024.
15. Brasil. Conselho Federal de Medicina. Despacho COJUR 179/2019. Disponível em: https://sistemas.cfm.org. br/normas/visualizar/despachos/BR/2019/179. Acesso em: 20 fev. 2024.
16. Brasil. Conselho Federal de Medicina. Despacho COJUR 179/2019. Disponível em: https://sistemas.cfm.org. br/normas/visualizar/despachos/BR/2019/179. Acesso em: 20 fev. 2024.

instituto, o que poderá ser invocado em outras situações semelhantes, diante da revogação ou modificação de suas normas deontológicas.

6. *ABOLITIO CRIMINIS* E A NOVA RESOLUÇÃO DE PUBLICIDADE E PROPAGANDA

O Conselho Federal de Medicina – CFM, no dia 13 de setembro de 2023, publicou a tão aguardada nova resolução sobre publicidade e propaganda médicas, a Resolução 2.336 cujas normas só passaram a valer a partir do dia 11 de março de 2024.

Lendo-se a resolução de 2023, não há dúvidas de que essas novas diretivas éticas repercutirão, principalmente, no uso das mídias sociais, ferramenta largamente utilizada, atualmente, por todos os profissionais, inclusive, os médicos, sem se afastar, por outro lado, do já citado princípio deontológico de que a Medicina não pode ser exercida como comércio (item IX dos princípios fundamentais do Código de Ética Médica).

Um dos diversos questionamentos que vem sendo feitos acerca dessa nova resolução diz respeito aos procedimentos éticos em tramitação ou já concluídos, inclusive aqueles em que houve aplicação de penas aos médicos, sobre infrações éticas que tenham sido modificadas ou revogadas a partir da comparação entre as regras da Resolução 1974 e a que entrou em vigor, a 2336.

De início, vale destacar que o presente artigo não se presta para avaliar um a um, os dispositivos de publicidade e propaganda médicas que se submeteriam à eventual aplicação seja da *abolitio criminis*, seja da *novatio legis in melliuns*, mas sinalizar que os conselhos devem estar atentos a essa situação. Vale dizer, também, que a análise casuística, diante das peculiaridades de cada fato apurado, é que concluirá se a aplicação daqueles institutos penais se dará nos casos éticos de publicidade e propaganda, não se pretendendo aqui determinar a possível interpretação a ser praticada pelos Conselhos de Medicina.

Exemplificaremos, dado que o presente artigo não objetivou tratar da nova resolução citada, de três situações que servirão de base para o leitor entender a aplicação prática do instituto da *abolitio criminis*: o uso do antes e depois, anunciar curso de pós-graduação *lato sensu* e informar sobre valores de consultas, meios e formas de pagamento.

A Resolução CFM 1974 era taxativa em proibir, em qualquer hipótese, o uso do "antes e depois", nos termos do art. 3º, "g". Em contrapartida, a atual resolução 2336, no seu art. 14, II, "b", "permitiu demonstrações de antes e depois devem ser apresentadas em um conjunto de imagens contendo indicações, evoluções satisfatórias, insatisfatórias e complicações decorrentes da intervenção, sendo vedada a demonstração e ensino de técnicas que devem limitar-se ao ambiente médico",[17] sem a revelação da imagem do paciente e mediante sua expressa autorização.

---

17. Brasil. Conselho Federal de Medicina. Resolução CFM 2.336/2023. Dispõe sobre publicidade e propaganda médicas. Diário Oficial da União, Brasília, 13 set. 2023. Disponível em: https://sistemas.cfm.org.br/normas/visualizar/resolucoes/BR/2023/2336. Acesso em: 20 fev. 2024.

A APLICAÇÃO DA *ABOLITIO CRIMINIS* NAS NORMAS ÉTICAS MÉDICAS

Nesse particular, em tese, se em um caso concreto, sob avaliação por Conselho de Medicina, em que o médico tenha se utilizado do "antes e depois" em condições semelhantes às prescritas pela nova resolução de publicidade e propaganda poder-se-ia invocar o *novatio legis in melliuns* com o escopo de se abrandar eventual pena aplicada.

Já em relação ao anúncio de curso de pós-graduação lato sensu, a resolução anterior vedava sua divulgação, enquanto a atual, permite, desde que devidamente cadastrado no CRM, como os seguintes dizeres: MÉDICO(A) com pós-graduação em (área da pós-graduação), seguido de NÃO ESPECIALISTA, em caixa alta.

Nesse particular, não houve abrandamento da infração em comento, mas a imposição de exigências, notadamente o cadastro no CRM, a partir da entrada em vigor da nova resolução, para que o médico possa anunciar referida titulação, não havendo que se falar, portanto, em princípio, seja em *novatio legis in melliuns*, seja *abolitio criminis*.

Por fim, a Resolução CFM 1974, de 2011, no Anexo I, nas "Proibições Gerais", no item XIV, dispõe que é proibido ao médico "divulgar preços de procedimentos, modalidades aceitas de pagamento/parcelamento ou eventuais concessões de descontos como forma de estabelecer diferencial na qualidade dos serviços".[18] Em contrapartida, a nova Resolução 2336 permitiu ao médico, nos termos do inciso VI do seu art. 9º, informar valores de consultas, meios e formas de pagamento, hipótese, portanto, de possível aplicação da *abolitio criminis*.

CONSIDERAÇÕES FINAIS

A *abolitio criminis* e a *novatio legis in melliuns* são institutos consagrados aplicáveis pelo Direito Penal que beneficiam o réu, diante, respectivamente, da extinção do crime e de sua respectiva pena ou, no segundo caso, do abrandamento da pena, mesmo com a manutenção do tipo penal.

Não há dúvidas, diante da atuação punitiva dos Conselhos de Medicina, que referidos institutos também são aplicáveis nos processos éticos que tramitam nesses conselhos profissionais.

Já há precedentes do próprio Conselho Federal de Medicina em que tais figuras penais foram aplicadas, haja vista o caso dos "cartões de desconto" aqui relatado.

Do mesmo modo, é possível a aplicação em relação à nova resolução de publicidade e propaganda na Medicina, repise-se, a partir de análise casuística, diante das peculiaridades de cada fato apurado, é que se concluirá se a aplicação daqueles institutos penais se dará nos casos éticos de publicidade e propaganda.

---

18. Brasil. Conselho Federal de Medicina. Resolução CFM 1.974/2011. Estabelece os critérios norteadores da propaganda em Medicina, conceituando os anúncios, a divulgação de assuntos médicos, o sensacionalismo, a autopromoção e as proibições referentes à matéria. Diário Oficial da União, Brasília, 19 ago. 2011. Disponível em: https://sistemas.cfm.org.br/normas/visualizar/resolucoes/BR/2011/1974. Acesso em: 20 fev. 2024.

REFERÊNCIAS

BITENCOURT, Cezar Roberto. *Coleção Tratado de Direito Penal*. São Paulo: Saraiva Educação, 2020. v. 1.

BRASIL. Código Penal. Decreto-Lei 2.848, de 7 de dezembro de 1940. Diário Oficial da União, Brasília, DF, 31 dez. 1940. Disponível em: https://www.planalto.gov.br/ccivil_03/decreto-lei/del2848compilado. htm. Acesso em: 19 jan. 2024.

BRASIL. Conselho Federal de Medicina. Parecer CFM 13/2021. Disponível em: https://sistemas.cfm.org. br/normas/visualizar/pareceres/BR/2021/13. Acesso em: 20 fev. 2024.

BRASIL. Conselho Federal de Medicina. Resolução CFM 2.226/2019. Diário Oficial da União, Brasília, 05 abr. 2019. Disponível em: https://sistemas.cfm.org.br/normas/visualizar/resolucoes/BR/2019/2226. Acesso em: 20 fev. 2024.

BRASIL. Conselho Federal de Medicina. Despacho COJUR 179/2019. Disponível em: https://sistemas.cfm. org.br/normas/visualizar/despachos/BR/2019/179. Acesso em: 20 fev. 2024.

BRASIL. Conselho Federal de Medicina. Código de Ética Médica: Resolução CFM 2.217, de 27 de setembro de 2018, modificada pelas Resoluções CFM 2.222/2018 e 2.226/2019. Brasília: Conselho Federal de Medicina, 2019.

BRASIL. Conselho Federal de Medicina. Manual de Publicidade Médica: Resolução CFM 1.974/11. Comissão Nacional de Divulgação de Assuntos Médicos. Brasília: CFM, 2011.

BRASIL. Conselho Federal de Medicina. Resolução CFM 2.336/2023. Brasília: CFM, 2023. Publicado em: 13.09.2023.

BRASIL. Lei 3.268, de 30 de setembro de 1957. Dispõe sobre os Conselhos de Medicina, e dá outras providências. Diário Oficial da União, Brasília, DF, 1º out. 1957. Disponível em: https://www.planalto. gov.br/ccivil_03/leis/l3268.htm. Acesso em: 20 fev. 2024.

CURSO POPULAR DEFENSORIA. Aplicação *Abolítio Criminis* no período de *Vacatio Legis*. Disponível em: https://env1.cursopopulardefensoria.com.br/pluginfile.php/3562/mod_resource/content/1/ Curso%20popular%20-%20Penal%20Geral%20%20-%20conflito%20aparente%20de%20normas%20 -%2015.09.2017.pdf. Acesso em: 16 fev. 2024.

ICIZUKA, Atilio de Castro; ABDALLAH, Rhamice Ibrahim Ali Ahmad. A trajetória da descriminalização do adultério no direito brasileiro: uma análise à luz das transformações sociais e da política jurídica. *Revista Eletrônica Direito e Política*, Itajaí, v. 2, n. 3, 3º quadrimestre de 2007. Disponível em: www.univali. br/direitoepolitica - ISSN 1980-7791. Acesso em: 18 jan. 2024.

LEITE, Ravênia Márcia de Oliveira. "Não aplica lei penal vacatio legis, mesmo benéfica". *Conjur*, 11 de agosto de 2009. Disponível em: https://www.conjur.com.br/2009-ago-11/nao-aplica-lei-penal-vacatio-legis-mesmo-benefica/. Acesso em: 19 jan. 2024.

LIMA, Renato Brasileiro de. *Manual de Execução Penal* – Volume único. 2. ed. rev., atual, e ampl. São Paulo: JusPodivm, 2023.

PRADO, Luiz Regis. *Direito Penal Constitucional* – A (Des)construção do Sistema Penal. Rio de Janeiro: Forense, 2020.

O PAPEL DA FISCALIZAÇÃO NO PROCESSO ÉTICO

Maria Teresa Ribeiro de Andrade Oliveira

Pós-graduada em Perícias Médicas pela Universidade Federal do Paraná (UFPR). Com especialização em Direito da Saúde e Proteção de Dados em Saúde pela Universidade de Coimbra, Portugal. Graduada em Medicina pela UFPR. Graduada em Direito pelo Centro Universitário Curitiba (UNICURITIBA). Membro fundadora e integrante da Diretoria, como Conselheira Fiscal, do Instituto Miguel Kfouri Neto – Direito Médico e da Saúde. Médica Fiscal do Departamento de Fiscalização no Conselho Regional de Medicina do Estado do Paraná (CRM-PR). Contato: mariateresaoliveiraadv@gmail.com.

Sumário: Notas introdutórias – 1. Histórico do arcabouço normativo da fiscalização – 2. Diagnóstico da fiscalização no Brasil e sua relevância nos PEPS; 2.1 O papel da fiscalização no CRO – Considerações finais – Referências.

NOTAS INTRODUTÓRIAS

A fiscalização constitui a verificação da adequação a determinada estrutura normativa. No âmbito dos Conselhos Profissionais é uma função essencial, tanto que estes também são denominados Conselhos de Fiscalização – entidades responsáveis por aplicar o poder de polícia para zelar pelas profissões regulamentadas. Estas autarquias também possuem outra atividade básica, a judicante – objetivando analisar possíveis infrações em processo administrativo sancionatório.

Estudar como estes dois pilares se relacionam nos Conselhos de Medicina é o objetivo da presente análise. Em especial, qual a influência que a atividade fiscalizatória tem – ou possui potencial de ter – na judicante.

Para tanto, iremos rever o histórico normativo que rege a fiscalização nestes órgãos para compreender melhor seu funcionamento e potencialidades. Importante também verificar como a atividade tem se desenvolvido em nosso país. Com tal objetivo, foi realizado questionário virtual e consultada literatura pertinente.

1. HISTÓRICO DO ARCABOUÇO NORMATIVO DA FISCALIZAÇÃO

A Lei 3268 de 1957, em seu artigo primeiro, instituiu o conjunto formado pelos Conselhos Federal e Regionais de Medicina em uma autarquia, "sendo cada um deles dotado de personalidade jurídica de direito público, com autonomia administrativa e financeira". Definiu a estrutura no artigo terceiro, indicando que haveria "Capital da República um *Conselho Federal*, com jurisdição em todo o Território Nacional, *ao qual ficam subordinados os Conselhos Regionais*", sendo um em cada capital de Estado e no Distrito Federal, "denominado segundo sua jurisdição"[1] (grifos nossos).

---

1. BRASIL. Lei 3.268, de 30 de setembro de 1957. Dispõe sobre os conselhos de medicina e dá outras providências. Disponível em: http://www.planalto.gov.br/ccivil_03/LEIS/L3268.htm#art36.

Assim, fica clara a relação entre CFM e os 27 CRMs, ou seja, há autonomia administrativa e financeira destes, mas com subordinação perante as "instruções necessárias ao bom funcionamento dos Conselhos Regionais" emitidas pelo Conselho Federal (artigo 5º, g).

Seguindo esta incumbência legal, num contexto de "necessidade de uniformização e harmonia nas decisões",[2] em 1972 o CFM recomenda aos Regionais que "procedam a investigações capazes de determinar quais as Organizações de Assistência Médica que atuam em desacordo com a lei e os princípios éticos".[3] Mas a regulamentação federal da fiscalização tem marco inicial em 1973, ao determinar "aos Conselhos Regionais de Medicina que organizem órgãos de fiscalização da profissão de médico".[4] Tal orientação foi reforçada em 1975, exortando aos CRMs que "procedam à fiscalização do exercício da profissão de médico de maneira permanente, efetiva e direta".[5]

Entretanto, é somente em 1982 que CFM apresenta normas "sobre fiscalização do exercício do médico e organismos de prestação de serviços médicos pelos CRM",[6] trazendo regulamentação acerca das competências do órgão, do procedimento fiscalizatório e da composição – médicos fiscais e chefia de fiscalização. A norma expressa, ainda, de modo inédito, a *possibilidade de instauração de Processo Ético-Profissional por denúncia ao Presidente do Conselho pela Chefia do Órgão de Fiscalização*, instruída com cópia do respectivo Processo de Fiscalização e, sempre que possível, com as "instruções relativas aos antecedentes do profissional, do estabelecimento ou da organização denunciados, constantes do arquivo do órgão". Esta previsão já anuncia a relevância das fiscalizações nos processos ético-profissionais (PEPs).[7]

Apesar desta estrutura hierarquizada, historicamente cada CRM se organizou de modo diverso para o cumprimento de atribuição legal de "fiscalizar o exercício da profissão de médico" (Lei 3268, artigo 15, alínea c). Por exemplo, tento a fiscalização como uma de suas atividades basilares, o CRMPR instituiu a COFEP (Comissão de Fiscalização do Exercício Profissional), então formada por Conselheiros.[8] Esta Comissão

---

2. Resolução CFM 422/1970 – "Dispõe sobre a obediência à Lei 3.268 de 30 de setembro de 1957, a todos os Conselhos Regionais de Medicina, a fim da unificação dos sistemas". Disponível em: https://sistemas.cfm.org.br/normas/visualizar/resolucoes/BR/1970/422.

3. Resolução CFM 476/1972. Disponível em: https://sistemas.cfm.org.br/normas/visualizar/resolucoes/BR/1972/476.

4. Resolução CFM 565/1973. Disponível em: https://sistemas.cfm.org.br/normas/visualizar/resolucoes/BR/1973/565.

5. Resolução CFM 687/1975. Disponível em: https://sistemas.cfm.org.br/normas/visualizar/resolucoes/BR/1975/687.

6. Resolução CFM 1089/1982. Disponível em: https://sistemas.cfm.org.br/normas/visualizar/resolucoes/BR/1982/1089.

7. Os CRMs ao receberem denúncias, ou atuando de ofício, instauram sindicância para verificar, de modo sumário, indícios de autoria e materialidade. Está é fase pré-processual que pode ou não dar origem ao processo *stricto sensu* (instrução, julgamento etc.). Ambas as fases, formam o PEP – Processo Ético-Profissional em sentido amplo. As fiscalizações podem ser solicitadas em a qualquer momento, usualmente até instrução processual.

8. Esta teve sua primeira reunião registrada em ata de 25/10/1993, sendo somente formalizada pela Resolução CRMPR nº 73 de 1998.

O PAPEL DA FISCALIZAÇÃO NO PROCESSO ÉTICO **223**

se transformou em Departamento de Fiscalização do Exercício Profissional (DEFEP),[9] em observância à Resolução CFM 1613/2001 que determinou a criação destes *departamentos* nos regionais e previu os *primeiros roteiros de vistoria*, além de um *manual de fiscalização*. A norma também deixa claro que o cargo de médico fiscal não pode ser exercido por Conselheiros, devendo ser preenchido por seleção pública.

Já no CREMESP o Departamento de Fiscalização (DEF), foi criado em 1993,[10] para operacionalizar a ação fiscalizadora do exercício da profissão, respondendo "às solicitações da atividade judicante do Conselho e também às provenientes de autoridades judiciárias, policiais e do Ministério Público". Em dados divulgados pelo CREMESP, de 2008, quase 60% das fiscalizações haviam sido realizadas por solicitações internas, demostrando que o departamento atuava com foco na instrução processual – a importância das fiscalizações para este procedimento também fica clara no texto a seguir:

> Toda denúncia, reclamação ou consulta que chega ao Conselho é identificada quanto a sua autoria, protocolada e avaliada pela diretoria do Conselho. Uma vez acolhida, é nomeado um *sindicante responsável*, que julga a necessidade, ou não, de *acionar o DEF*. Nesse caso, por solicitação de um conselheiro ou delegado, o departamento *designa um médico fiscal*, agenda e *realiza a vistoria*, emitindo um *relatório com informações técnicas para a formulação de parecer sobre sindicância ou processo ético-profissional*. O agente executor da ação fiscalizadora do DEF é o médico fiscal – reconhecido formalmente como autoridade pública, com prerrogativas e deveres estabelecidos –, que tem a competência de avaliar, acompanhar, emitir relatórios e pareceres técnicos sobre o serviço ou profissional objeto da fiscalização.[11]

Em 2013 o Conselho Federal instituiu um importante marco, a Resolução CFM 2056 que, conforme explica o 3º vice-presidente da entidade, Dr. Emmanuel Fortes, relator da norma, "muda substancialmente o trabalho de fiscalização realizado pelos Conselhos Regionais. É um esforço do CFM para uniformizar as práticas do controle da medicina", visando "dar mais segurança ao ato médico e, consequentemente, ao paciente".[12] O novo texto traz um *detalhado Manual de Vistoria e Fiscalização da Medicina no Brasil, que estabelece a infraestrutura mínima a ser exigida nos estabelecimentos médicos, de acordo com sua atividade fim e/ou especialidade.*

Interessante observar que esta Resolução visa, ainda, instigar a realização de uma anamnese completa, já que o texto também estabelece um roteiro para tal procedimento. Segundo relator, as anamneses muito sucintas, prejudicam o raciocínio clínico, em especial "para quem não teve contato com o paciente, *como nos casos de processos éticos quando precisamos das informações corretas para avaliar se o médico agiu de modo correto diante do paciente*" (grifo nosso). Ou seja, o Conselheiro expõe a relevância deste papel da fiscalização na atividade judicante, garantindo que as anamneses sejam realizadas e

---

9. Pela Resolução CRMPR 109/2002.
10. Pela Resolução CREMESP 43.
11. Cremesp realiza quase mil vistorias em 2008. https://www.cremesp.org.br/?siteAcao=Jornal&id=1121.
12. Fiscalização: CFM estabelece regras mínimas para serviços de assistência médica. Disponível em: https://www.crmpr.org.br/Fiscalizacao-CFM-estabelece-regras-minimas-para-servicos-de-assistencia-medica-11-14653.shtml.

registradas de modo adequado, não somente visando a qualidade do atendimento médico, *mas a viabilidade de uma adequada análise da atuação profissional em sede processual.*

Com base na Resolução CFM 2056, em 2014 foi determinada a adoção de processo de fiscalização centralizado em programa computacional fornecido e gerido pelo Conselho Federal.[13] Este garante pleno controle pelo órgão acerca de como a atividade fiscalizatória é realizada e, permite, ainda, a obtenção de diagnósticos sobre a situação dos serviços de saúde, de modo saber se há "equipamentos e insumos mínimos para segurança do ato médico".

Novamente, em 2018, pela Resolução 2214, o CFM determina aos CRMs a "criação do Departamento de Fiscalização, que deve dispor de estrutura física, equipamentos e pessoal com *capacitação específica para as ações fiscalizatórias* realizadas pelo próprio departamento" (grifo nosso). Tal norma é de essencial relevância, pois especifica ser competência de médicos fiscais "fiscalizar com exclusividade os serviços e estabelecimentos onde houver exercício da medicina". Expressa, ainda, que a atuação de agentes fiscais, que eventualmente integrem o departamento, fica restrita a ações não relacionadas ao ato médico. A Resolução também indica a composição mínima do departamento (conselheiro coordenador; médico fiscal; e assistente administrativo), sem excluir a eventual presença de "conselheiros, delegados, médicos fiscais *ad hoc*" – estes são "nomeados por notório saber por portaria do Conselho Regional de Medicina para atividades fiscalizatórias, com duração restrita àquela ação específica".

Esta é a norma mais recente que trata de fiscalização emitida pelo Conselho Federal e altera, ainda, o texto original do artigo 3º da Resolução CFM 2056 – de "os conselheiros, delegados e representantes regionais *são considerados fiscais natos*" para "conselheiros e delegados *podem desempenhar as funções de fiscalização*" (grifo nosso). Cabe ressaltar que, diferentemente de Portugal, onde há norma expressa referindo que "o exercício das funções executivas, disciplinares e de fiscalização"[14] são incompatíveis, não possuímos qualquer vedação explícita à concomitante realização das diversas atividades conselhais. Há, portanto, maior risco de comprometimento da necessária isenção, por exemplo, quando um Conselheiro que participou ativamente em uma fiscalização - ou mesmo o que coordena o departamento responsável por estas – exerce atividade judicante no mesmo caso.[15]

As normas analisadas, criaram um arcabouço normativo para que se estruturasse departamentos de fiscalização formados por equipes com competência técnica e legal, capazes de cumprir as determinações da Lei 3268, e, de fato, fiscalizar o exercício da

---

13. "Durante o ano de 2014, o Setor de Tecnologia da Informação do CFM participou do treinamento de 220 usuários, entre médicos fiscais, conselheiros, funcionários e agentes administrativos dos CRM. Até o momento, os estados que mais usaram o novo sistema foram Paraná, Tocantins, Minas Gerais, Alagoas, Espírito Santo, Amapá, Goiás, Pará, Paraíba e Mato Grosso do Sul". Disponível em: https://www.cremeb.org.br/index.php/fiscalizacoes/fiscalizacao-em-cerca-de-mil-unidades-comprova-sucateamento-na-atencao-basica/.

14. PASSINHAS, Sandra. *Responsabilidade Disciplinar Médica*. Coimbra – Pt. Almedina, 2022. p. 13.

15. Merece, ainda, destaque que, o Estatuto da Ordem dos Médicos de *Portugal*, em seu artigo 17, também prevê a *incompatibilidade entre os titulares do órgão e "quais quer funções dirigentes públicas ou privadas*", situação que comumente se observa em nossa realidade, Conselheiros como responsáveis técnicos, diretores clínicos e outras atuações que podem gerar conflitos de interesse.

Medicina em todo o país – um dos quatro pilares da atividade conselhal, em conjunto com a judicante, a cartorial e a regulamentadora.

2. DIAGNÓSTICO DA FISCALIZAÇÃO NO BRASIL E SUA RELEVÂNCIA NOS PEPS

Apesar das supracitadas tentativas de estímulo ao cumprimento da função fiscalizatória e de uniformização desta atuação, atualmente, ainda há realidades muito diversas nos diferentes CRMs. Exemplo disto é que muitos Regionais não contam com a atuação de médicos fiscais – CREMEPA;[16] CRMTO; CRMRR; CREMERO; CRMAC; CREMAM; CRMAP –, apesar de realizarem fiscalizações pela atuação de Conselheiros, conforme noticiado em seus sítios eletrônicos.[17]

Assim, visto a disparidade entre os CRMs de nosso país, é de se esperar que a fiscalização no contexto dos PEPs também possua relevância diversa, a depender de qual Regional se analisa. Deste modo, abordaremos com maiores detalhes a realidade do CRMPR.

Em uma tentativa de realizar um diagnóstico da atuação fiscalizatória nos demais Regionais, foi realizado um questionário,[18] distribuído a médicos fiscais, Conselheiros e funcionários da quase todos os CRMs que possuem um Departamento de Fiscalização estruturado conforme as normativas atuais.[19]

Segundo as respostas, foi possível confirmar que, mesmo nos Conselhos nos quais atuam médicos fiscais, inexiste uniformidade das ações, o CREMEGO, por exemplo, somente costuma realizar fiscalizações por provocação externa (de outros órgãos como Vigilância Sanitária e Ministério Público – MP, etc.) ou interna (dos demais departamentos do CRM).

Já os Conselhos de MG; MS; MT; PB; PE; PI; PR; RJ; RS; SC;[20] SE; e SP, conforme dados obtidos, possuem atividade fiscalizatória de ofício – ou seja, preventiva, "aleatória

---

16. Links para dados, na ordem apresentada: https://transparencia.cremepa.org.br/index.php/servidores/quadro; https://transparencia.crmto.org.br/index.php/servidores/quadro; https://transparencia.crmrr.org.br/#; https://transparencia.cremero.org.br/index.php/servidores/quadro; https://transparencia.crmac.org.br/index.php/servidores/quadro; https://transparencia.cremam.org.br/index.php/servidores/estrutura; https://transparencia.crmap.org.br/index.php/servidores/quadro.

17. Link para notícia mais recente, localizada buscando pelo termo 'fiscalização' no *site* de cada Regional: https://cremepa.org.br/noticias/crm-pa-realiza-visita-tecnica-em-parauapebas/ (2022); https://crmto.org.br/noticias/equipe-de-fiscalizacao-do-crm-to-e-vacinada-contra-covid-19/ (2021); https://crmrr.org.br/noticias/crm-rr-realizou-fiscalizacao-no-hgr/ (2017); https://cremero.org.br/noticias/cremero-realiza-fiscalizacao-em-hospital-de-cujubim/ (2023); https://crmac.org.br/noticias/equipe-de-fiscalizacao-do-crm-ac-faz-vistoria-na-unidade-mista-de-manoel-urbano-no-interior-do-estado/ (2022); https://cremam.org.br/noticias/crm-am-realiza-fiscalizacao-em-hospital-publico-de-maues/ (2022); https://www.crmap.org.br/noticias/crm-ap-acompanha-mp-ap-em-fiscalizacao-na-ubs-marabaixo/ (2022).

18. Link para perguntas realizadas e para respostas obtidas: https://docs.google.com/spreadsheets/d/1AAAdtYon Jtgu38WgAxNI09CJ2Jz8CJmprRHLO8pobYA/edit?usp=sharing.

19. Dos 27 Regionais 07 não possuem médicos fiscais e não foi possível contato com 04 Regionais.

20. No CRMSC obtivemos respostas nos dois sentidos. A resposta de que somente se realiza fiscalizações por provocação, muito provavelmente, se refere a vistorias *in loco* e não fiscalizações eletrônicas ("para implementação

ou em periodicidade determinada pela disciplina normativa, independentemente da verificação ou de prévia notícia de alguma infração à disciplina normativa aplicável ao agente fiscalizado".[21]

Dos 13 Estados dos quais se obteve resposta, somente no CRMPB não são realizadas solicitações de fiscalização por outros departamentos (mas enviadas diretamente pela Presidência do Conselho).[22] Seguido pelo de Departamento Inscrição de Pessoas Jurídicas[23] e pelo Departamento Financeiro,[24] o Departamento de Processos e Sindicâncias – DEPROSIN ou Corregedoria – é o maior indicado como demandante de vistorias.[25] Usualmente, as solicitações da Corregedoria visam analisar a viabilidade de instaurar a sindicâncias[26] ("averiguação de verossimilhança da denúncia"), instruir sindicâncias e processos éticos ("avaliar se houve modificação em relação ao fato da sindicância ou vistoria anterior") ou fiscalizar cumprimento de TAC (Termo de Ajustamento de Conduta). As solicitações mais frequentemente citadas foram: verificar publicidade irregular; avaliar regularidade de inscrição de pessoas jurídicas e físicas; notificar visto ausência de responsável técnico; analisar condições de funcionamento, recursos humanos e prontuários.

Dentre os Departamentos de Fiscalização que recebem solicitações do DEPROSIN, o volume é bastante variável, representando de 0,75% a 16% do total de vistorias realizadas pelo órgão. Se considerarmos o quantitativo de fiscalizações realizadas por médicos, provavelmente, tal número será mais impactante. Por exemplo, no CRMPR, conforme dados disponíveis,[27] as solicitações da Corregedoria representaram somente 6% do total da atuação do DEFEP, entretanto são 27% das vistorias realizadas por médicos fiscais. Visto que na realidade paranaense, usualmente as fiscalizações são solicitadas para instruir sindicâncias, é possível indicar que quase 30% destas foi instruída

---

da Resolução CFM 2147" – que trata do cadastro no CRM de UBS, CAPs etc.), já que o valor é coincidente com o de fiscalizações 'espontâneas' (477), conforme relatório de gestão de 2022. Disponível em: https://transparencia. crmsc.org.br/index.php/atividades-conselho/fiscalizacao.

21. BINENBOJM, Gustavo. *Poder de polícia, ordenação, regulação*: transformações político-jurídicas, econômicas e institucionais do direito administrativo ordenador. 3. ed. Belo Horizonte: Fórum, 2020. p. 109.

22. A Presidência também solicita fiscalizações, segundo colaborador do CRMSC e CREMERS.

23. Foi citado como *maior solicitante* por colaborador do CREMEGO; CRMPI e CREMESE. Por previsão normativa no Manual de Procedimentos administrativos, o Dep. De Fiscalização deve participar ativamente dos procedimentos de inscrição. Disponível em: https://portal.cfm.org.br/manual-de-procedimentos-administrativos-pf-pj/.

24. Citado como *um dos solicitantes* por colaborador do CRMPR; CRMPI e CRMSC. Muito provavelmente para viabilizar a adequada notificação exigida pelos Tribunais. Disponível em: https://www.jusbrasil.com.br/jurisprudencia/busca?q=execu%C3%A7%C3%A3o+fiscal+anuidades+de+conselho+de+fiscaliza%C3%A7%C3%A3o+profissional.

25. Foi o mais citado e indicado como *maior solicitante* por colaborador do CRMMG; CREMERJ; CREMERS; CRMSC; CREMEPE; CRMPR; CREMESP.

26. Foi citado por colaborador do CRMMG; CREMERJ; CREMERS; CRMSC; CREMEPE; CRMPR; CREMESP; CRMMT; e CREMESE.

27. Vide: https://www.crmpr.org.br/numeros/indicadores.php (verificado em dezembro de 2023 e janeiro de 2024) e https://transparencia.crmpr.org.br/index.php/2021-12-14-13-28-58/relatorio-de-gestao-anual.

O PAPEL DA FISCALIZAÇÃO NO PROCESSO ÉTICO

por relatório de fiscalização.[28] Entretanto, quando se trata de publicidade, quase todas a sindicâncias possuem atuação fiscalizatória. Em outro exemplo, o CRMMG possui volume de solicitações de fiscalização pelo Departamento de Processos e Sindicâncias que representa 7% do total das vistorias realizadas e equivale a quase um quinto do número de sindicâncias instauradas, conforme dados fornecidos.

A maioria dos médicos fiscais e Conselheiros, que forneceram opinião, considera o volume destas demandas relevante e papel da fiscalização essencial para "verificar se há condições para o exercício ético da medicina". Pois "quando há a necessidade é imprescindível para um julgamento adequado", sendo "importante para definição da plausibilidade do conteúdo denunciado". E "constitui oportunidade quase única do CRM, identificar as condições de funcionamento e os processos da Unidade fiscalizada, e quanto ao profissional médico, em que condições trabalha e a forma de atuação".[29]

É inegável que as condições do ambiente de trabalho, a organização e o quantitativo dos recursos humanos,[30] além da disponibilidade de equipamentos e insumos, irão influenciar a atividade médica – passíveis de funcionar como agravante ou atenuante da responsabilidade ética em um julgamento. Em uma situação precária, sem vagas para encaminhar a local mais adequado, com disponibilidade somente de exames diagnósticos básicos, com médicos em número inferior ao preconizado e atuando longas jornadas, é de se esperar que ocorram mais resultados adversos. Sendo esta realidade previamente notificada ao Conselho, não seria razoável julgar o médico com mesmo rigor cabível a um atendimento realizado em situação mais próxima ao ideal. Dosar a exigibilidade de conduta, de acordo com a realidade vivida pelo médico, é uma possibilidade propiciada pelos *roteiros de vistoria padronizados* anteriormente citados, já que os relatórios produzidos são capazes de dar ao julgador um *panorama objetivo das condições em que o ato médico foi executado*.

Na pesquisa realizada, a percepção subjetiva de que não há relevância no papel da fiscalização para os PEPs ocorreu somente uma resposta. O entendimento deste fiscal pode estar associado à sensação de que 'poucas vezes'[31] as irregularidades apontadas nos relatórios de vistoria são valorizadas durante os julgamentos no respectivo CRM – conforme indicou tal médico ao responder ao questionário. Quanto aos Conselheiros, a opinião foi unânime no sentido oposto e as respostas descritivas destacam a relevância e a idoneidade dos dados obtidos pelos fiscais.

Destacamos um comentário que entende tais vistorias a pedido da Corregedoria como "importante meio de prova, mas a atuação da fiscalização não deve ser desvirtuada". De fato, preocupação relevante, pois outra resposta aponta que "a fiscalização tem

---

28. Inclui as solicitações de relatórios de fiscalização à CODAME – Comissão de Divulgação de Assuntos Médicos, que no CRMPR faz parte do mesmo departamento.
29. Textos extraídos das respostas dos médicos e Conselheiros que colaboraram com a pesquisa.
30. BERNARDINO, Mário. *Determinantes do trabalho médico*: estudo de avaliação em saúde. Coimbra – Portugal: Almedina, 2022. p. 20 e 24.
31. Diferentemente da maioria das respostas obtidas de que as irregularidades apontadas nos relatórios de vistoria 'sempre' ou 'muitas vezes' são levadas em conta durante os julgamentos no respectivo CRM.

sido utilizada para 'dar oportunidade' de adequação e não prosseguir com o processo ou não aplicar penalidade em virtude da regularização realizada" – provavelmente, pelo fato de que, em tal Regional, são solicitados procedimentos fiscalizatórios para avaliar a viabilidade de instauração de sindicâncias ou instruí-las. Assim, entendemos que estes colaboradores relatam situações em que, quando atuação de ofício, poderia ser cogitada[32] a utilização de um TAC para garantir um andamento processual mais adequado às normativas vigentes. Este dispositivo propicia beneficiar o sindicado disposto a adequar-se, mas garante instauração imediata de processo no caso de descumprimento das condições contidas no Termo. O médico fica, ainda, impedido de firmar novo acordo, sobre qualquer assunto, pelo período de 05 anos – garantindo razoabilidade à medida que afasta a provável punição pela infração ética assumida.

A fiscalização no contexto dos TACs também merece menção, visto que, ao se firmar "o compromisso de eliminar a ofensa ou o risco, por meio da adequação de seu comportamento às exigências éticas", surge a necessidade de fiscalização do TAC, ou seja, "como deverá o médico compromissário demonstrar o cumprimento das metas e obrigações assumidas". Usualmente, em nossa experiência, tal comprovação, em especial em casos de publicidade médica, se concretiza pela realização de uma nova verificação, findo o prazo determinado para suspensão da sindicância. No CRMMG a fiscalização de TACs é citada como o principal motivo de solicitação de vistorias pela Corregedoria.

Outra influência da atividade fiscalizatória na judicante é dar início ao PEP, através das fiscalizações, em especial as *ex offcio*. Pois, quando verificadas irregularidades graves (p. ex. "médicos anestesiologistas em quantidade inferior ao número de salas de cirurgia em atividade") ou insanáveis (p. ex. "diretor técnico não responde termo ou omisso"), o relatório deve ser encaminhado à Corregedoria, provocando a instauração de uma sindicância de ofício. No CRMPR, o volume de denúncias recebidas equivale a 19% das sindicâncias, portanto, a maioria da atuação judicante se dá de ofício, conforme dados de 2023. Naturalmente, a fiscalização possui um papel educativo[33] e quando sanadas as falhas, o procedimento fiscalizatório poderá ser arquivado.

Segundo dados obtidos no questionário aplicado, a maioria dos Regionais encaminha 'sempre' ou 'muitas vezes' os relatórios em que se verifica indícios de infrações éticas. As irregularidades mais frequentemente citadas, em ordem decrescente, foram: publicidade irregular; ausência de resposta da direção técnica aos Termos de Notificação; inadequação de serviços às mínimas condições de atendimento; médico com habilitação irregular; Certificado de Regularidade de Inscrição vencido; plantonista cumprindo funções incompatíveis concomitantes; escalas de plantão com previsão de menos profissionais que o preconizado.

---

32. O TAC será admitido nos casos em que não envolvam lesão corporal de natureza grave (art. 129, §§ 1º a 3º do Código Penal), violação à dignidade sexual ou óbito do paciente relacionados à conduta médica objeto da apuração. Resolução CFM 2.306/2022, Art. 23, § 2º. Disponível em: https://portal.cfm.org.br/etica-medica/codigo-de-processo-etico-profissional-atual/.

33. E, ainda, preventivo em relação ao erro médico. GOMES Júlio Cesar Meirelles; DRUMOND Jose Geraldo Freitas; FRANÇA Genival Veloso. *Erro médico*. 3. ed. Montes Claros: Unimontes; 2001. p. 185

A esmagadora maioria das respostas refere que tais sindicâncias de ofício, provocadas pelo Departamento de Fiscalização, usualmente, geram TACs. Ou seja, se cumprido, não haverá processo ético *stricto sensu*. Entretanto, quando este ocorre, a percepção dos que colaboraram com a pesquisa, é de que as irregularidades apontadas nos relatórios de vistoria 'sempre' ou 'muitas vezes' são levadas em conta durante os julgamentos no respectivo CRM.

Interessante observar que, conforme respostas obtidas, em muitos CRMs, os relatórios de fiscalização são base para instruir a viabilidade de instaurar sindicâncias. Importante destacar que, conforme Antônio Carlos Nunes de Oliveira,[34] assessor jurídico do CFM, este ato poderia ser entendido como uma violação ao artigo 14 do CPEP (Código de Processo Ético Profissional), pois este dispõe que a sindicância "será instaurada: I – de ofício; II – mediante denúncia escrita ou verbal [...]", assim, "a norma não deixou margem para a sindicância ser instaurada ou não".[35] Entretanto, muito provavelmente, tal análise solicitada aos Departamentos de Fiscalização ocorre em casos nos quais não é possível a instauração de sindicâncias de pronto, por denúncias não corretamente identificadas ou de teor incompleto – sem correta identificação do médico ou estabelecimento, por exemplo. Casos em que o CRM tem o poder-dever de verificar a possível infração ética, pois "constitui imperativo inescusável, não comportando discricionariedade; logo, ao deparar com elementos que denotem a ocorrência de conduta supostamente antiética, fica a autoridade competente obrigada a promover sua apuração imediata".[36] Deste modo, a fiscalização teria mais um papel, nos casos previstos no artigo 14, §5º CPEP,[37] instruir a Câmara de Sindicância com dados contidos em seus relatórios, viabilizando a instauração de sindicância *ex officio* para investigação de situações que chegam ao Conselho sem o cumprimento dos requisitos expressos no CPEP (art. 14, II).

No mesmo sentido, outra relevante atribuição dos Departamentos de Fiscalização dos Conselhos seria viabilizar a investigação de denúncias anônimas, melhorando a receptividade às queixas da sociedade sem descuidar de preceitos legais[38] ou propiciar denunciação caluniosa. Visto que tais denúncias não são aceitas para instauração de sindicância (14, §7º CPEP), as informações deveriam – pelo Princípio da Oficialidade – ser alvo de fiscalização e, verificados indícios de infração ética, seria cabível a instauração de sindicância de ofício. Entendemos ser situação similar a prevista na nova norma de publicidade médica, Resolução CFM 2336, artigo 16, II, V e VII, pois cabe a CODAME:

---

34. OLIVEIRA, Antônio Carlos Nunes de. *Comentários ao Código de Processo Ético-Profissional dos Conselhos de Medicina*: aprovado pela Resolução CFM 2.306/2022. Brasília: CFM, 2022. p. 56.
35. A possibilidade de se analisar a viabilidade de sindicâncias foi alvo da Resolução CFM 2.340/2023, revogando atos de CRM que visava regulamentar o assunto.
36. Ibidem, p. 54.
37. "Se o denunciante não cumprir o disposto nos parágrafos antecedentes, a Corregedoria levará a denúncia, com despacho fundamentado, para apreciação da Câmara de sindicância, *onde poderá ser arquivada ou determinada a instauração de sindicância de ofício, para apurar os fatos nela contidos*". (grifos nossos)
38. No CRMPR tal praxe foi adotada em 2021, quando do recebimento de informações por telefone, e-mail ou redes sociais. Sempre informando ao remetente que "As informações serão repassadas ao nosso Gestor que irá definir as providências a serem tomadas. Caso tenha interesse em acompanhar o andamento de uma denúncia é necessário identificar-se e registrá-la pelo seguinte formulário (...)".

"receber material publicitário, mesmo que de origem anônima", orientando o responsável e "encaminhar à Corregedoria do Conselho Regional de Medicina matérias com potencial de infração ao Código de Ética Médica para a instauração de sindicância". Cabe ressaltar, que esta atuação em denúncias anônimas, por ser intermediada por fiscalização, não fere o CPEP ou é afastada pela vedação constitucional ao anonimato. Visto que, é possível aos detentores de poder de polícia verificarem indícios da veracidade destas (a exemplo de disque denúncias, denúncias anônimas em MP, MPT etc.), conforme doutrina[39] e entendimento do Superior Tribunal de Justiça – expresso na Súmula 611: "Desde que *devidamente motivada e com amparo em investigação* ou sindicância, é permitida a instauração de processo administrativo disciplinar com base em denúncia anônima, em face de poder dever de autotutela imposto à administração" (grifo nosso).

Mais uma importante interseção entre as atividades fiscalizatória e judicante é a verificação do cumprimento da sanção de suspensão aplicada aos médicos. Este tipo de atuação se justifica, pois, apesar do caráter pedagógico do processo, a aplicação de penalidades mais severas a médicos é, muitas vezes necessária para cumprir a função basilar do Conselho – proteger a sociedade da atuação dos maus profissionais e a imagem da Medicina. Entretanto, a concretização deste papel é dificultada por uma legislação que já não se adequa a realidade atual, pela ausência de penas pecuniárias e excesso de sanções confidenciais que devem ser aplicadas numa ordem gradativa de severidade conforme reincidência[40] – exceto casos em que, pela gravidade, já se recomende a aplicação de uma pena mais grave inicialmente. Mas, apesar desta exceção legalmente prevista, há dificuldade na aplicação inicial de penas mais graves pela ausência de agravantes expressas. Deste modo, a alegação de "nulidade por desobediência a gradação estabelecida"[41] é frequente nos processos éticos. Assim como, a arguição judicial de nulidade por inobservância do princípio da proporcionalidade na aplicação de penas éticas[42] – o que, por vezes, leva decisões judiciais que ultrapassam o controle de legalidade e beiram a invasão do mérito administrativo.[43]

---

39. "Diante de uma denúncia anônima, deve a autoridade policial, antes de instaurar o inquérito policial, verificar a procedência e veracidade das informações por ela veiculadas. Recomenda-se, pois, que a autoridade policial, antes de proceder à instauração formal do inquérito policial, realize uma investigação preliminar a fim de constatar a plausibilidade da denúncia anônima" – LIMA. Renato Brasileiro de. *Manual de Processo Penal*. 2. ed. Salvador: JusPodivm, 2014. p. 126.

40. CARVALHO, Patrícia Carneiro de Andrade (Coord.). *Direito Médico*: temas atuais: atualizado de acordo com o Código de Ética Médica – 2018. Curitiba: Juruá, 2019. p. 58.

41. BRASIL. Conselho Federal de Medicina. *Manual do Conselheiro*. Brasília: CFM, 2002. p. 49-50.

42. CORTEZ, Camila Kitazawa. *Penas éticas aplicadas pelo Conselho Regional de Medicina de São Paulo* – um estudo das decisões judiciais que reconhecem a nulidade. 2023. Dissertação (Mestrado) – Universidade Federal de São Paulo, Escola Paulista de Medicina. Disponível em: https://repositorio.unifesp.br/bitstream/handle/11600/69526/Dissertacao%20Mestrado-CamilaKCortez.vers%c3%a3o%20final%20pdf%20A.nov23.pdf?sequence=1.

43. Em um possível exemplo, visto que decisão ética fundamentada, após sucessivas condenações por comportamento que afeta a credibilidade da Medicina com um todo – indícios de mercantilização pela venda de produtos e cursos sobre métodos alegadamente inovadores, capazes de extinguir doenças incuráveis. Segue trecho da ementa: "No caso do profissional médico, *creio que a pena de cassação do exercício profissional deve ser reservada para as faltas mais graves (...)*". Processo 0800388-37.2020.4.05.8100 – Apelação Cível – 2ª Turma – TRF 5ª Região. Com a recente súmula do STJ, possivelmente será mais difícil questionar a ingerência na competência dos

Neste contexto de insegurança jurídica, importante, ainda, observar que "18% das sindicâncias levam à instauração de processos, e, destes instaurados, 42% levam a condenações, usualmente com penas confidenciais (64,4%)"[44] – ou seja, a maior parte da atuação judicante dos Conselhos é silenciosa e invisível à sociedade. Portanto, as penas acabam não exercendo seu papel preventivo junto à classe médica. Na realidade paranaense, a suspensão representa pouco mais de 10% das condenações, sendo o resultado de menos de 5% do total de processos julgados.[45] Assim, se revela a importância de fiscalizar se as raras suspensões estão sendo de fato cumpridas.

Cabe ainda destacar que, verificado em fiscalização o descumprimento da sanção de suspensão por 30 dias aplicada ao médico, o relatório emitido deveria ser encaminhado à Corregedoria para que as medidas éticas sejam tomadas. Mas o caso também deve ser encaminhado para verificação do descumprimento do artigo 205 do Código Penal que prevê pena de detenção – de três meses a dois anos, ou multa – para aquele que "exercer atividade, de que está impedido por decisão administrativa". O crime é consumado pelo "simples exercício da atividade, ainda que disso não resulte dano a qualquer pessoa" e tem como elemento subjetivo o dolo de "exercer a atividade de que foi proibido o sujeito ativo".[46]

2.1 O papel da fiscalização no CRO

Nos CRMs historicamente há departamentos independentes responsáveis pela fiscalização e pelo andamento processual (Corregedoria). Apesar desta ser a estrutura mais frequente,[47] parece não ocorrer em todos os Conselhos de Fiscalização Profissional. É o que se supõe, por exemplo, a julgar pelo observado no Regimento Interno do CRO-PR (Conselho regional de Odontologia do Paraná), que possui um Setor de Ética e Fiscalização, cujas competências indicadas são mistas.[48] Entretanto, segundo informações obtidas,[49] apesar de estarem regimentalmente no mesmo departamento e ocuparem o mesmo espaço físico, são setores que atuam de modo independente.

Conselhos de determinar o que de fato é prejudicial à Medicina: "Súmula 665 – O controle jurisdicional do processo administrativo disciplinar restringe-se ao exame da regularidade do procedimento e da legalidade do ato, à luz dos princípios do contraditório, da ampla defesa e do devido processo legal, não sendo possível incursão no mérito administrativo, *ressalvadas as hipóteses de* flagrante ilegalidade, teratologia ou *manifesta desproporcionalidade da sanção aplicada*". (grifos nossos)

44. OLIVEIRA, Maria; DANTAS, Eduardo. Capítulo 11. Processos Ético-Profissionais dos Médicos: Aspectos Gerais e Influência nas Decisões Judiciais. In: NETO, Miguel; NOGAROLI, Rafaella. *Debates Contemporâneos em Direito Médico e da Saúde*. 2. ed. São Paulo: RT, 2022. p. 397.

45. Dados de 2022. Disponível em: https://transparencia.crmpr.org.br/index.php/2021-12-14-13-28-58/relatorio-de-gestao-anual.

46. PAMPLONA, Otávio Roberto. Aspectos Penais. In: FREITAS, Vladimir Passos (Org.). *Conselhos de fiscalização profissional*: doutrina e jurisprudência. 2. ed. São Paulo: RT; 2008. p. 294-295.

47. Verificados regimentos internos dos Conselhos no PR de psicologia; enfermagem; engenharia e agronomia.

48. "Art. 72 Cabe ao Setor de Ética e Fiscalização [...] II – Formar, instruir e instrumentalizar os processos administrativos éticos disciplinares [...] IV – Fiscalização do exercício, da intermediação e da divulgação da Odontologia; [...] VI – Proceder a apuração de infrações éticas dos inscritos, nos limites estabelecidos das finalidades institucionais do CRO-PR". Disponível em: https://www.cropr.org.br/index.php/conteudo/regimento-interno/36.

49. Em entrevista com procurador do órgão.

Foi referido ainda que 90% dos processos éticos têm origem em fiscalizações espontâneas ou estimuladas por denúncia anônima – o maior volume de irregularidades verificada é referente à publicidade, seguida por ausência de registro ou de inscrição de especialidade.

As denúncias formais, usualmente por insatisfação com o atendimento ou os resultados obtidos, são encaminhadas diretamente ao Setor de Ética que realiza o trâmite processual – nestes casos é raríssima uma solicitação de fiscalizações.

Interessante observar que, no CRO-PR, há separação entre os Conselheiros responsáveis pela instrução (Comissão de Ética) e os julgadores de fato. Aparentemente, em uma tentativa de evitar comprometimento da isenção destes – como nos CRMs, visto a vedação no CPEP de que o sindicante e autor de voto divergente sejam instrutores do processo.

Neste Conselho de Odontologia o TAC pode ser realizado em qualquer das fases – fiscalizatória ou processual de fato. Não ocorre sindicância, entretanto, o papel desta parece caber ao processo fiscalizatório realizado, visto que busca obter indícios de autoria e materialidade. Analisando regimentos internos de Conselhos Regionais de Odontologia de outros Estados foi possível verificar que não há grande uniformidade normativa entre estes.

CONSIDERAÇÕES FINAIS

As normas editadas pelo CFM desde a década de 70, criaram um arcabouço normativo para se estruturar departamentos de fiscalização, formados por equipes com competência técnica e legal, capazes de cumprir as determinações da Lei 3268. Estas devem atuar seguindo um detalhado Manual de Vistoria e Fiscalização da Medicina que propicia ação fiscalizatória uniforme em todo o país.

Com base nestes roteiros pré-definidos, prevendo a infraestrutura mínima a ser exigida nos serviços de saúde, de acordo com sua atividade fim, os médicos fiscais emitem relatórios objetivos. Estes são capazes de auxiliar a atividade judicante, fornecendo ao julgador uma visão imparcial e técnica das condições em que o ato médico foi executado, de modo a poder dosar a exigibilidade de conduta, de acordo com a realidade vivida pelo profissional.

A fiscalização rotineira dos serviços de saúde também visa garantir que prontuários sejam adequadamente preenchidos e as anamneses sejam realizadas e registradas de modo adequado, não somente objetivando a qualidade do atendimento médico, mas a viabilidade de uma adequada análise da atuação profissional em sede processual.

Importante ressaltar que somente médicos podem realizar tais fiscalizações, mas, como verificamos, alguns Regionais não possuem estes fiscais em seus quadros, dependendo da atuação direta de Conselheiros, o que, como aventado, pode comprometer a isenção na atuação concomitante com a atividade judicante.

As fiscalizações que verificam indícios de infração ética também têm potencial de provocar a instauração de sindicâncias de ofício, influenciando no volume e teor dos procedimentos que tramitam na Corregedoria dos Conselhos. Nestes casos, na maioria das vezes são firmados TACs, sendo que os motivos mais frequentes são: publicidade irregular; ausência de resposta da direção técnica aos Termos de Notificação; inadequação de serviços às condições de atendimento; entre outras. Os Departamentos de Fiscalização também são acionados para realizar a verificação do cumprimento dos TACs, ocorrência comum nos casos de publicidade.

As solicitações dos Departamentos Processos e Sindicâncias ocorrem em quase todos os CRMs consultados e representam de 0,75% a 16% do total de vistorias realizadas pelos órgãos fiscalizatórios, a depender do Regional. Mas, se considerarmos o quantitativo de fiscalizações realizadas por médicos, provavelmente, tal número será mais impactante. Visto que, nos exemplos paranaenses, as solicitações da Corregedoria representaram somente 6% do total da atuação do DEFEP, entretanto são 27% das vistorias realizadas por médicos fiscais. E, ainda, é possível indicar que quase 30% das sindicâncias no CRMPR foram instruídas por relatório de fiscalização. Entretanto, quando se trata de publicidade, quase todas as sindicâncias possuem atuação fiscalizatória.

Visto que a maior parte da atuação judicante dos Conselhos resulta em arquivamentos e penas confidencias, estas acabam não exercendo seu papel educativo e preventivo junto a classe médica. Assim, uma importante atividade fiscalizatória é a verificação do cumprimento da sanção de suspensão, pois usualmente esta é aplicada em casos graves ou reincidentes. Tal verificação é essencial, ainda, pelas repercussões éticas e penais do descumprimento.

Outro relevante papel da fiscalização, não somente nos Conselhos de Medicina, visto o observado no CRO-PR, é realizar a análise de denúncias anônimas ou de teor incompleto, de modo que o Conselho possa dar plena resposta a sociedade sem causar prejuízos aos denunciados.

Na opinião da esmagadora maioria dos Conselheiros, médicos, fiscais e funcionários consultados, a fiscalização tem relevante papel na atividade judicante dos Conselhos Regionais de Medicina.

A ação fiscalizatória permanente, efetiva e direta, tem potencial de afetar positivamente a Medicina, instigando a melhoria dos serviços, promovendo adequadas condições de trabalho aos médicos e de atendimento à população. Assim, ao desempenhar seu papel educativo e preventivo, contribui para evitar resultados adversos. Neste sentido, além da influência direta discutida ao longo do texto, a fiscalização também impactará indiretamente na outra atividade primordial dos Conselhos, a judicante.

REFERÊNCIAS

BERNARDINO, Mário. *Determinantes do trabalho médico*: estudo de avaliação em saúde. Coimbra – Portugal: Ed. Almedina, 2022.

BINENBOJM, Gustavo. *Poder de polícia, ordenação, regulação*: transformações político-jurídicas, econômicas e institucionais do direito administrativo ordenador. 3. ed. Belo Horizonte: Fórum, 2020.

BRASIL. Conselho Federal de Medicina. Manual do Conselheiro. Brasília: CFM, 2002.

CORTEZ, Camila Kitazawa. *Penas éticas aplicadas pelo Conselho Regional de Medicina de São Paulo* – um estudo das decisões judiciais que reconhecem a nulidade. 2023. Dissertação (Mestrado) – Universidade Federal de São Paulo, Escola Paulista de Medicina. Consultado em 10 de dezembro de 2024. Disponível em: https://repositorio.unifesp.br/bitstream/handle/11600/69526/Dissertacao%20Mestrado-CamilaKCortez.vers%c3%a3o%20final%20pdf%20A.nov23.pdf?sequence=1.

CARVALHO, Patrícia Carneiro de Andrade (Coord.). *Direito Médico*: temas atuais – atualizado de acordo com o Código de Ética Médica – 2018. Curitiba: Juruá, 2019.

GOMES Júlio Cesar Meirelles; DRUMOND Jose Geraldo Freitas; FRANÇA Genival Veloso. *Erro médico*. 3. edição. Montes Claros: Unimontes; 2001.

LIMA. Renato Brasileiro de. *Manual de Processo Penal*. 2. ed. Salvador: JusPodivm, 2014.

OLIVEIRA, Maria Teresa Ribeiro de Andrade; DANTAS, Eduardo. Capítulo 11. Processos Ético-Profissionais dos Médicos: Aspectos Gerais e Influência nas Decisões Judiciais. In: NETO, Miguel; NOGAROLI, Rafaella. *Debates Contemporâneos em Direito Médico e da Saúde*. 2. ed. São Paulo: RT, 2022.

PAMPLONA, Otávio Roberto. Aspectos Penais. In: FREITAS, Vladimir Passos, organizador. *Conselhos de Fiscalização Profissional*: doutrina e jurisprudência. 2. ed. São Paulo: RT, 2008.

REOLON, Jaques F. *Conselhos de Fiscalização*. 2. ed. Belo Horizonte: Foco, 2020.

EFICÁCIA DAS NORMAS SOBRE DOCUMENTAÇÃO MÉDICA DO CONSELHO FEDERAL DE MEDICINA NA COMUNICAÇÃO AOS PACIENTES: UMA ANÁLISE CRÍTICA DA RESOLUÇÃO CFM 2.381/2024

Vanessa Schmidt Bortolini

Doutoranda e Mestra em Direito pela UNISINOS. Especialista em Direito Médico e da Saúde pela PUC/PR. Coordenadora do GT de Saúde Digital: Tecnologia e Inovação da Comissão Especial de Direito à Saúde da OAB/RS. Procuradora do Conselho Regional de Medicina do Estado do Rio Grande do Sul – CREMERS E-mail: vsbortolini@gmail.com

Cristiano Colombo

Pós-Doutor em Direito pela Pontifícia Universidade Católica do Rio Grande do Sul (PUCRS). Doutor e Mestre em Direito pelo Programa de Pós-Graduação em Direito da Universidade Federal do Rio Grande do Sul (UFRGS). *Visiting Researcher* junto à Università degli Studi di Perugia, Itália. Professor Permanente do Mestrado Profissional em Direito da Empresa e dos Negócios da UNISINOS. Pesquisador FAPERGS em Projeto (2021-2023): "Inteligência Artificial e Proteção de Dados Pessoais: Diálogos entre princípios da Centralidade do ser Humano e Eticidade rumo à concretização no ordenamento jurídico brasileiro." A presente pesquisa é resultado parcial das pesquisas no âmbito do projeto "Direitos Humanos e Inteligência Artificial: da violação dos direitos da personalidade à necessidade de regulação das novas tecnologias" aprovado pelo Conselho Nacional de Desenvolvimento Científico e Tecnológico (CNPq). Vice-Presidente da Red Iberoamericana de Universidades e Institutos coninvestigación em Derecho e Informática (RED CIIDDI). E-mail: cristianocolombo@unisinos.br.

Sumário: Introdução – 1. O dever de informação na relação médico-paciente – 2. Regulamentações do Conselho Federal de Medicina – Considerações finais – Referências.

INTRODUÇÃO

A clareza na comunicação entre médicos e pacientes é fundamental para uma prática médica eficaz e para a construção de uma relação de confiança. Documentos médicos, como atestados, relatórios e receitas, desempenham um papel crucial nesse processo de comunicação, pois são os meios pelos quais informações importantes sobre diagnósticos, tratamentos e prognósticos são transmitidas. A informação, um dos pilares da relação médico-paciente, é essencial para que o assistido exerça plenamente a autonomia sobre o seu corpo e sua saúde. Entretanto, na maioria das vezes o paciente é hipossuficiente informacional, em especial, no Brasil, em que parte da população é carente e analfabeta funcional.[1] A elaboração de documentos médicos claros e compreensíveis é essencial para garantir que os pacientes possam entender plenamente suas condições de saúde e seguir as recomendações médicas de forma adequada. O desafio cresce com a utilização, na confecção de documentos médicos, das novas tecnologias, como a Inteligência Artificial (IA), que tem colaborado na construção de diagnósticos e na predição de tratamentos, com base em dados.

Historicamente, o Conselho Federal de Medicina (CFM) tem emitido resoluções para normatizar a prática médica e garantir que os documentos emitidos pelos profissionais de saúde atendam a padrões mínimos de qualidade e ética. A Resolução CFM n. 1.658/2002 estabeleceu diretrizes para a emissão de atestados médicos, enfatizando a necessidade de veracidade e responsabilidade na elaboração desses documentos. No entanto, a crescente complexidade do sistema de saúde e as demandas por maior transparência e compreensão por parte dos pacientes levaram à necessidade de atualizar essas diretrizes.

A Resolução CFM 2.381/2024 veio para substituir a normativa anterior e introduzir melhorias na normatização dos documentos médicos. Este estudo tem como objetivo investigar a eficácia das diretrizes da Resolução CFM n. 2.381/2024 em promover a clareza dos documentos médicos, e se as mudanças introduzidas na nova resolução são suficientes e contribuem para que os documentos médicos sejam mais compreensíveis para os pacientes, em comparação com as disposições da Resolução CFM 1.658/2002. O problema de pesquisa, portanto, traz o seguinte questionamento: Como os documentos médicos devem comunicar adequadamente aos pacientes, atendendo a preceitos éticos-jurídicos, inclusive, diante deste novo contexto tecnológico?

Embora a presente pesquisa não trate diretamente das normas específicas do Código de Processo Ético Profissional (CPEP), relaciona-se com a normativa processual pelo fato de que a clareza na comunicação médica é intrinsecamente ligada à deontologia médica. A elaboração de documentos médicos compreensíveis não é apenas uma exigência técnica, mas também um imperativo ético que visa proteger a dignidade e a autonomia dos pacientes.

Ademais, o CPEP não se trata de um instrumento isolado, sendo parte de um conjunto mais amplo de normas e diretrizes que regulam a prática médica no Brasil. A evolução dessas normas, como exemplificado pela transição da Resolução CFM 1.658/2002 para a Resolução CFM 2.381/2024, reflete a constante busca por melhorias na conduta profissional e na prestação de serviços médicos de qualidade. Assim, a análise da clareza dos documentos médicos, proposta neste estudo, complementa a compreensão do CPEP ao evidenciar a importância da comunicação eficaz como um componente ético essencial na prática médica, alinhando-se aos princípios de transparência, responsabilidade e respeito à autonomia do paciente. A metodologia utilizada consistiu na análise das normativas e atos recomendatórios do CFM sobre o tema, estabelecendo um diálogo coerente entre os diplomas, além de análise bibliográfica.

---

1. BRASIL. Indicador de Alfabetismo Funcional. Disponível em: https://alfabetismofuncional.org.br/\. Acesso em: 02 set. 2024.

1. O DEVER DE INFORMAÇÃO NA RELAÇÃO MÉDICO-PACIENTE

O dever de informação é fundamental na relação médico-paciente. O médico tem a obrigação de fornecer ao seu paciente todas as informações para que ele possa, de maneira esclarecida, exercer de forma ampla sua autonomia.[2] A natureza ímpar da relação entre médico e seu assistido se baseia fortemente no dever de informar. Isso significa que o médico tem a obrigação de fornecer ao paciente, ou a seu representante, todas as informações necessárias para que o paciente possa exercer seu direito de decidir. Esse direito está fundamentado em um dos princípios mais importantes da bioética: o princípio da autonomia. Em outras palavras, o paciente deve ter a capacidade de decidir sobre o próprio destino, escolhendo quais tratamentos permitirá, com base em informações claras e precisas sobre os riscos e benefícios potenciais de sua decisão.[3] Neste particular, a utilização de IA para auxílio no método de diagnósticos e prognósticos deve ser também comunicada ao paciente, para que saiba em que nível a decisão teve como contribuição a ferramenta. É o que pode ocorrer tanto em resultados com descrições mais diretas, como em atestados, ou, ainda, nos documentos denominados de "relatório médico especializado", no "parecer técnico" e, no "laudo médico pericial", que são vocacionados para registros mais minudentes, com maior extensão para a descrição de reflexões e fundamentações técnicas sobre o diagnóstico ou tratamento a ser empreendido.

A clareza na comunicação entre médicos e pacientes é fundamental para uma prática médica eficaz e para a construção de uma relação de confiança. Documentos médicos, como atestados, relatórios e receitas, desempenham um papel crucial nesse processo de comunicação, pois são os meios pelos quais informações importantes sobre diagnósticos, tratamentos e prognósticos são transmitidas. Esta clareza é o que possibilita um exercício pleno da autonomia pelo assistido, consistindo diretriz do Sistema Único de Saúde (SUS) a preservação da autonomia das pessoas na defesa de sua integridade física e moral (parágrafo 3º, do art. 7º da Lei Federal 8.080/90).

Assim, para além de um princípio bioético, a autonomia é um princípio jurídico fundamental resguardado por todo o ordenamento e em especial pela própria Constituição Federal, como decorrência do princípio da dignidade da pessoa humana e outros que garantem o respeito à liberdade individual.[4] No campo da bioética, há princípios que devem ser obrigatoriamente observados tanto para a realização de pesquisas quanto para a atuação clínica, são eles: beneficência, não maleficência e justiça. A autonomia

---

2. BORTOLINI, Vanessa Schmidt; GARCIA, Alexandre de Souza; FALEIROS JUNIOR, José Luiz de Moura. Legal Design como instrumento para redução da assimetria informacional na relação médico-paciente. In: GIOLO JÚNIOR, Cildo; GOMES, Flávio Cantizani; OLIVEIRA, Maria Cláudia Santana de (Org.). *Tecnologias disruptivas, direito e proteção de dados*, 2023, Franca – SP. Anais do I Congresso Internacional de Direito, Políticas Públicas, Tecnologia e Internet [recurso eletrônico]. Franca: Faculdade de Direito de Franca, 2023. v. 9. p. 96-103.

3. DANTAS, Eduardo. *Direito médico*. São Paulo: JusPodivm, 2022, p. 133.

4. CASTRO, Carolina Fernandes de et al. Termo de consentimento livre e esclarecido na assistência à saúde. *Revista Bioética*. Brasília, v. 28, n. 3. jul./set. 2020.

se consolidou como um dos quatro princípios de observância obrigatória para que um procedimento ou intervenção médica se considere moralmente aceitável.[5]

O paciente possui, portanto, o direito de ser esclarecido sobre o seu estado de saúde e de tomar as decisões, no exercício da sua autonomia, de acordo justamente com aquilo que lhe foi informado. Como decorrência lógica, toda decisão, para ser autônoma, precisa ser consciente, e o ato de consentir só será considerado válido se o paciente dispuser de todas as informações necessárias, e se estas tiverem lhe sido transmitidas de maneira clara e objetiva, identificando os riscos e benefícios de determinado procedimento.[6]

Quanto ao conceito de assimetria informacional, Trindade refere que a informação assimétrica se refere aos problemas que surgem em situações de interação onde uma das partes possui mais informações sobre ou interesses que desejam transacionar ou sobre os comportamentos que cada um dos envolvidos irá realmente demonstrar. Isso torna inviável ou muito caro verificar a qualidade real dos bens ou interesses da outra parte, ou até mesmo monitorar seu desempenho. Como resultado, uma das partes pode tirar proveito dessa situação para obter vantagens à custa da outra.[7]

Ainda de acordo com Trindade, no sentido de que os problemas de assimetria informacional podem ser encontrados em grande parte dos temas jurídicos, é crucial destacar que os efeitos negativos da assimetria informacional podem impactar quase todos os fenômenos sociais, e ele se aplica à esfera jurídica, já que esses problemas são encontrados em muitos dos temas abordados pelo Direito. Nessa perspectiva, as questões decorrentes da informação assimétrica são frequentemente observadas tanto nas relações de direito privado quanto nas de direito público. Isso resulta em diversos efeitos prejudiciais para as partes direta e indiretamente envolvidas, com diferentes níveis de gravidade.[8]

Assim, em especial nas interações médico-paciente, têm-se que as partes, na maioria das vezes, revelam diferentes níveis de poder informacional. O paciente quase sempre é hipossuficiente informacional quanto à matéria médica, o que pode vulnerar o princípio fundamental à sua autonomia, em especial nestas situações em que se está diante de processo de escolha que envolve conhecimentos técnicos. Tal circunstância, ao invés de propiciar livre arbítrio quanto às decisões relativas à saúde do enfermo, pode acabar por resultar em imposições unilaterais ou mesmo em adesões involuntárias a determinados tratamentos ou procedimentos cirúrgicos.

Em um estudo que analisou empiricamente quais seriam os principais problemas nas relações médico-paciente no Programa de Saúde da Família do Estado do Ceará,

---

5. CARVALHO, Carla. A utilidade das ferramentas de legal design para o consentimento efetivamente esclarecido. In: FALEIROS, José Luiz de Moura. *Legal Design*: Visual Law, Design Thinking, Metodologias Ágeis, Experiências Práticas, entre outros. Indaiatuba: Foco, 2021.
6. CASTRO, Carolina Fernandes de et al. Termo de consentimento livre e esclarecido na assistência à saúde. *Revista Bioética*. Brasília, v. 28 n. 3, jul./set. 2020.
7. TRINDADE, Manoel Gustavo Neubarth. *Análise econômica do direito dos contratos*. Londrina: Editora Thoth, 2021, p. 96.
8. TRINDADE, Manoel Gustavo Neubarth. *Análise econômica do direito dos contratos*. Londrina: Editora Thoth, 2021, p. 94.

os pesquisadores Andrea Caprara e Josiane Rodrigues averiguaram que 39,1% dos médicos não explicam de forma clara e compreensiva o problema de saúde ao paciente, e em 58% das consultas o médico não verifica o grau de entendimento do paciente sobre o diagnóstico:

> Pelo que se refere à comunicação entre médicos e pacientes, a pesquisa mostra que no começo da consulta quase todos os médicos tentam estabelecer uma relação empática com o paciente. Apesar disso uma série de problemas surge de forma evidente: 39,1% dos médicos não explicam de forma clara e compreensiva o problema, bem como em 58% das consultas, o médico não verifica o grau de entendimento do paciente sobre o diagnóstico dado. Os médicos, em 53% das consultas, não verificam a compreensão do paciente sobre as indicações terapêuticas.[9]

Ou seja, na prática da rotina dos atendimentos médicos, a informação do paciente não ocorre de maneira efetiva, evidenciando-se a assimetria informacional. Os pesquisadores concluem seu trabalho ressaltando sobre uma "necessidade crescente em desenvolver uma comunicação mais aberta entre médicos e pacientes que possibilite uma maior qualidade na relação".[10]

É, portanto, um grande desafio das práticas de saúde o desenvolvimento de instrumentos que garantam que o paciente seja substancialmente esclarecido no exercício de suas faculdades de autodeterminação, que efetivamente proporcione uma adequada compreensão acerca da sua saúde, de eventual procedimento ou tratamento que lhe está sendo oferecido, quais os riscos e benefícios e quais as recomendações pré e pós--tratamento.[11]

A Lei 14.129/2021, que estabelece princípios e diretrizes para o Governo Digital e a eficiência pública, reforça a importância do uso de uma linguagem clara e compreensível a qualquer cidadão, conforme previsto em seu art. 3º, inciso VII. Esse princípio se alinha diretamente com a necessidade de clareza na comunicação médica, abordada neste estudo. Assim como a administração pública deve garantir que suas informações sejam acessíveis a todos os cidadãos, é fundamental que os documentos médicos sejam elaborados de maneira que todos os pacientes, independentemente de seu nível de instrução, possam compreendê-los.

A comunicação eficaz entre médico e paciente é fundamental para a qualidade do atendimento e a satisfação do paciente, e estabelecer uma relação de confiança é um dos principais benefícios dessa comunicação, pois permite que o paciente se sinta confortável

---

9. CAPRARA, Andrea et al. A relação assimétrica médico-paciente: repensando o vínculo terapêutico. *Revista Ciência e Saúde Coletiva*, 2003. Disponível em: https://www.scielo.br/j/csc/a/rXYfSjZY6H3cz7WMghp89dk/?lang=pt&format=pdf. Acesso em: 12 out. 2022.
10. CAPRARA, Andrea et al. A relação assimétrica médico-paciente: repensando o vínculo terapêutico. *Revista Ciência e Saúde Coletiva*, 2003. Disponível em: https://www.scielo.br/j/csc/a/rXYfSjZY6H3cz7WMghp89dk/?lang=pt&format=pdf. Acesso em: 12 out. 2022.
11. BORTOLINI, Vanessa Schmidt; GARCIA, Alexandre de Souza; FALEIROS JUNIOR, José Luiz de Moura. Legal Design como instrumento para redução da assimetria informacional na relação médico-paciente. In: GIOLO JÚNIOR, Cildo; GOMES, Flávio Cantizani; OLIVEIRA, Maria Cláudia Santana de (Org.). *Tecnologias disruptivas, direito e proteção de dados*, 2023, Franca – SP. Anais do I Congresso Internacional de Direito, Políticas Públicas, Tecnologia e Internet [recurso eletrônico]. Franca: Faculdade de Direito de Franca, 2023. v. 9. p. 96-103.

para expressar suas preocupações e fazer perguntas. Quando o médico se comunica de maneira clara e compreensível, o paciente está mais propenso a seguir as orientações médicas e colaborar ativamente no tratamento.

Uma comunicação eficiente também permite que o paciente compreenda plenamente seu diagnóstico, as opções de tratamento e o prognóstico, o que é crucial para que o paciente possa tomar decisões informadas sobre seu cuidado, incluindo a compreensão dos riscos e benefícios dos tratamentos propostos. Além disso, a adesão ao tratamento é frequentemente melhorada quando as instruções são transmitidas de forma clara e compreendidas corretamente, pois pacientes que entendem as recomendações médicas têm maior probabilidade de seguir os regimes de medicação e outras orientações.

Os documentos médicos desempenham um papel vital nesta comunicação entre médico e paciente, e uma documentação clara e compreensível é essencial para garantir que os assistidos entendam as informações apresentadas, reforçando a eficácia da comunicação verbal.

Verificada a assimetria informacional e os prejuízos decorrentes de um não entendimento adequado pelo paciente dos documentos médicos que, em última instância, obsta o exercício pleno da sua autonomia, analisa-se a seguir algumas das normativas publicadas pelo CFM sobre o tema.

2. REGULAMENTAÇÕES DO CONSELHO FEDERAL DE MEDICINA

A Resolução CFM 1.658/2002[12] foi publicada com o objetivo de "normatizar a emissão de atestados médicos". Conceituou o atestado médico como "parte integrante do ato médico, sendo seu fornecimento direito inalienável do paciente, não podendo importar em qualquer majoração de honorários".

A previsão do artigo 3º de que os dados deverão ser registrados "de maneira legível" é a única em toda a normativa a tratar sobre a inteligibilidade do documento. Além disso, a resolução trata somente dos atestados médicos, restringindo seu âmbito de aplicação, e fornece diretivas sobre, por exemplo, a competência para emitir atestados (somente médicos e odontólogos, estes restritamente à sua área de atuação), necessidade de conferência da identidade do paciente, dentre outras exigências, mas nenhuma relativa à clareza e inteligibilidade do documento.

A Resolução CFM 2.381/2024,[13] publicada em 02 de julho de 2024, é mais abrangente, normatizando a "emissão de documentos médicos", alargando, portanto, o campo de incidência para além dos atestados médicos, estabelecendo "normas éticas para a emissão de documentos médicos pelos profissionais inscritos nos Conselhos Regionais de Medicina".

---

12. CONSELHO FEDERAL DE MEDICINA. Resolução CFM 1.658/2002. Normatiza a emissão de atestados médicos e dá outras providências. Brasília, DF. Diário Oficial da União: 2002.
13. CONSELHO FEDERAL DE MEDICINA. Resolução CFM 2.381/2024. Normatiza a emissão de documentos médicos e dá outras providências. Brasília, DF. Diário Oficial da União: 2024.

A nova resolução, no art. 4º, conceitua os seguintes documentos médicos: atestado médico por afastamento, atestado de acompanhamento, declaração de comparecimento, atestado de saúde, atestado de saúde ocupacional (ASO), relatório médico circunstanciado, relatório médico especializado, parecer técnico, laudo médico-pericial, laudo médico, solicitação de exames, resumo ou sumário de alta, e demais documentos médicos.

A nova resolução mantém a regra de que é vedada a majoração de honorários para fornecimento de atestado e a disposição de que a CID somente poderá ser informada por justa causa, em exercício de dever legal ou por solicitação do próprio paciente ou de seu representante legal e, nesta última hipótese, com a concordância expressa no atestado e registrada no prontuário.

A previsão sobre a legibilidade do documento não foi repetida na nova resolução, muito embora possa ser extraída da norma proibitiva do art. 11 do Código de Ética Médica (Resolução CFM 2.217/2018[14]), que veda receitar, atestar ou emitir laudos ilegíveis. De qualquer forma, destaca-se que apenas a legibilidade não garante a inteligibilidade do conteúdo do documento.

Assim, a nova normativa careceu de um detalhamento explícito acerca de métodos ou práticas específicas para garantir que os documentos médicos sejam compreensíveis para os pacientes. Poderia ter aproveitado a oportunidade para fornecer informações sobre como os médicos devem comunicar informações complexas de forma acessível aos seus assistidos. Outrossim, entre as providências que se entende como necessária, está a determinação que haja a comunicação ao paciente da utilização de Inteligência Artificial, no processo de diagnóstico ou de prognóstico,[15] bem como nominando o software e seu desenvolvedor. Outrossim, recomendável a explicação de como foi a contribuição humana e da IA para se alcançar o resultado, atentado ao princípio da centralidade da pessoa humana.[16]

A doutrina vem apontando a necessidade de informação ao paciente do uso de IA, na Medicina, como dever jurídico. Na França, Patrice Jourdain ensina que a culpa do

---

14. CONSELHO FEDERAL DE MEDICINA. Resolução CFM 2.217/2018. Aprova o Código de Ética Médica. Brasília, DF. Diário Oficial da União: 2018.

15. TURNER, Jacob. *Robot rules*: regulating artificial intelligence. Londres: Fountain Court Chambers, 2019, p. 287. O autor descreve inúmeros documentos internacionais, com recomendações ao dever de explicação. O CERNA Éthique de la recherche en robotique, releva a necessidade da integração de ferramentas de rastreamento disponíveis aos operadores e usuários da tecnologia. Sobre os princípios de ASILOMAR, a questão da transparência nas falhas, uma vez que com a identificação da ferramenta utilizada, poderá ser melhor verificadas eventuais falhas dos desenvolvedores.

16. COLOMBO, Cristiano; GOULART, Guilherme Damásio. Inteligência artificial em softwares que emulam perfis dos falecidos e dados pessoais de mortos. In: SARLET, Gabrielle Bezerra Sales; TRINDADE, Manoel Gustavo Neubarth; MELGARÉ, Plínio (Org.). *Proteção de Dados*: temas controvertidos. Indaiatuba: Foco, 2021, v. 1, p. 95-114. O ser humano está no centro, aqui estão médicos e pacientes, destinatários da tecnologia, e, em favor destes atores deve ser conduzida. Pensando, especificamente, sobre a descrição da contribuição humana e da IA, o próprio desenvolvedor deveria fornecer a explicação, assim como, hoje, a bula do fabricante do fármaco, sendo legível por pessoas humanas, sem expertise, na área. É um desafio: com descrição dos *inputs,* dos dados utilizados, de direções ao que foi considerado, nas instruções algorítmicas, bem como dos *outputs*, respeitadas questões de segredo industrial.

médico pode ser caracterizada pela própria "falta de informação" sobre os "riscos que resultam ao recorrer à Inteligência Artificial"[17] ou, se importa em "aumento de riscos de danos", em comparação ao método tradicional.[18] Neste mesmo sentido, Oliver Berg leciona que, na Alemanha, "novos métodos" resultam indispensáveis para o "progresso médico", mas o próprio paciente deve entender se deseja ser submetido por método clássico, com riscos conhecidos", ou, ainda, por novos métodos, cujos danos ainda não são bem conhecidos. E, ainda, refere expressamente que "estes mesmos princípios devem ser aplicados aos sistemas de Inteligência Artificial".[19]

Veja-se que a Recomendação CFM 01/2016,[20] que trata especificamente sobre o processo de obtenção de consentimento livre e esclarecido na assistência médica, traz importantes disposições acerca da necessidade de um esclarecimento claro do paciente, recomendando linguagem clara e que "permita ao paciente entender o procedimento e suas consequências, na medida de sua compreensão". Prevê ainda que "os termos científicos, quando necessários, precisam ser acompanhados de seu significado, em linguagem acessível". A recomendação do CFM prevê até mesmo tamanho de letra/ fonte da redação, tudo a fim de garantir uma transmissão adequada da informação do médico ao paciente. Neste sentido, de igual forma, a comunicação acerca da aplicação de IA em seu diagnóstico ou tratamento.

Se o termo de consentimento livre e esclarecido (TCLE), parte integrante do prontuário, deve preferencialmente seguir aquelas recomendações práticas do CFM, o mesmo deveria se entender quanto aos demais documentos médicos que informem ao paciente seus dados médicos e de saúde, pois todos integram o prontuário do paciente.

Assim, integrar as disposições da recomendação à Resolução CFM 2.381/2024 poderia ajudar a aprimorar a prática médica. Por exemplo, a Recomendação CFM 01/2016 enfatiza a importância da linguagem clara e acessível para facilitar a compreensão dos pacientes, sugerindo o uso de linguagem simples, evitando jargões técnicos sempre que possível e proporcionando explicações claras. A nova Resolução CFM 2.381/2024, ao integrar essas diretrizes, poderia melhorar a eficácia da comunicação médica, especialmente em um contexto digital, garantido que também a informação transmitida através de plataformas digitais, como telemedicina, seja compreendida facilmente pelos pacientes.

---

17. JOURDAIN, Patrice. Intelligence artificielle et médecine: rapport de synthèse. In: GOUT, Olivier (Org.). *Responsabilité civile et intelligence artificielle*: recueil des travaux du Groupe de Recherche Européen sur la Responsabilité civile et l'Assurance (GRERCA). Bruxelas: Bruylant, 2022. p. 23-24.
18. JOURDAIN, Patrice. Intelligence artificielle et médecine: rapport de synthèse. In: GOUT, Olivier (Org.). *Responsabilité civile et intelligence artificielle*: recueil des travaux du Groupe de Recherche Européen sur la Responsabilité civile et l'Assurance (GRERCA). Bruxelas: Bruylant, 2022. p. 23-24.
19. BERG, Olivier. Intelligence artificielle et médecine: rapport allemand. In: GOUT, Olivier (Org.). *Responsabilité civile et intelligence artificielle*: recueil des travaux du Groupe de Recherche Européen sur la Responsabilité civile et l'Assurance (GRERCA). Bruxelas: Bruylant, 2022, p. 35.
20. CONSELHO FEDERAL DE MEDICINA. Recomendação CFM 1/2016. Dispõe sobre o processo de obtenção de consentimento livre e esclarecido na assistência médica. Disponível em: https://portal.cfm.org.br/images/Recomendacoes/1_2016.pdf.

Tratando-se a Recomendação CFM 01/2016 de um texto com recomendações, sem a força cogente de uma resolução, seria benéfico trazer tais disposições para a nova Resolução CFM 2.381/2024, que poderia enriquecer-se de uma ênfase mais forte acerca de incorporar as melhores práticas para garantir a correta compreensão dos pacientes.

CONSIDERAÇÕES FINAIS

A clareza na comunicação médica é um pilar fundamental para assegurar que os pacientes compreendam plenamente suas condições de saúde e sigam corretamente as orientações médicas. Este estudo analisou a Resolução CFM 2.381/2024, comparando-a com a Resolução CFM 1.658/2002, com o objetivo de avaliar se as novas diretrizes promovem uma maior clareza nos documentos médicos.

Embora a Resolução CFM 2.381/2024 tenha sido desenvolvida com a intenção de atualizar e aprimorar as normas de emissão de documentos médicos, os resultados sugerem que ainda há espaço para melhorias no que diz respeito à clareza da comunicação. Muitas das diretrizes continuam vagas, sem fornecer orientações específicas e práticas para os profissionais de saúde.

A nova Resolução também não incorporou integralmente as diretrizes da Recomendação CFM 01/2016, que enfatiza a importância do uso de uma linguagem simples e acessível nos documentos médicos. A Recomendação de 2016 oferece orientações mais detalhadas e práticas para garantir a compreensão dos documentos pelos pacientes, um aspecto que poderia ter sido aproveitado na nova resolução.

A ausência de previsões mais específicas na Resolução CFM 2.381/2024 no sentido de promover a clareza nos documentos médicos representa uma oportunidade de avanço, especialmente em um contexto onde a transparência e a compreensão são cruciais para a adesão ao tratamento e para a confiança na relação médico-paciente. Para aprimorar a clareza dos documentos médicos, seria importante que o CFM e outras entidades regulamentadoras considerassem revisões e atualizações que incorporassem recomendações mais detalhadas neste sentido, a exemplo de algumas constantes da Recomendação CFM 01/2016.

Em um contexto de novas tecnologias, também comunicar a utilização de IA e como foi aplicada no processo decisório de diagnóstico e tratamento é comando que urge ser aplicado, com consequências deontológicas e jurídicas.

Em conclusão, a Resolução CFM 2.381/2024 oferece um importante passo na atualização das normas de emissão de documentos médicos, mas ainda pode se beneficiar da incorporação de orientações mais detalhadas e práticas sobre a inteligibilidade dos documentos pelos pacientes e na transmissão da informação pelos médicos. A clareza nos documentos médicos é fundamental para uma prática médica eficaz e para fortalecer a confiança entre médicos e pacientes, e esforços contínuos são necessários para garantir que as diretrizes sejam aplicadas de forma eficaz, atendendo plenamente às necessidades dos pacientes. Além disso, a nova Resolução pode se beneficiar de previsões que reforcem a importância de programas de educação e treinamento focados na comunicação clara e no uso eficaz de ferramentas digitais e letramento em saúde. Esta discussão no contexto do CPEP é pertinente, pois destaca a necessidade contínua de aprimoramento das normas e práticas que sustentam a ética e a deontologia médica, assegurando que a comunicação eficaz seja uma prioridade, inclusive, no contexto das novas tecnologias, como é a IA.

REFERÊNCIAS

BERG, Olivier. Intelligence artificielle et médecine: rapport allemand. In: GOUT, Olivier (Org.). *Responsabilité civile et intelligence artificielle*: recueil des travaux du Groupe de Recherche Européen sur la Responsabilité civile et l'Assurance (GRERCA). Bruxelas: Bruylant, 2022.

BORTOLINI, Vanessa Schmidt; GARCIA, Alexandre de Souza; FALEIROS JUNIOR, José Luiz de Moura. Legal Design como instrumento para redução da assimetria informacional na relação médico-paciente. In: GIOLO JÚNIOR, Cildo; GOMES, Flávio Cantizani; OLIVEIRA, Maria Cláudia Santana de (Org.). *Tecnologias disruptivas, direito e proteção de dados*, 2023, Franca – SP. Anais do I Congresso Internacional de Direito, Políticas Públicas, Tecnologia e Internet [recurso eletrônico]. Franca: Faculdade de Direito de Franca, v. 9. p. 96-103. 2023.

BRASIL. Indicador de Alfabetismo Funcional. Disponível em: https://alfabetismofuncional.org.br/\. Acesso em: 02 set. 2024.

CAPRARA, Andrea et al. A relação assimétrica médico-paciente: repensando o vínculo terapêutico. *Revista Ciência e Saúde Coletiva*, 2003. Disponível em: https://www.scielo.br/j/csc/a/rXYfSjZY6H3cz7WMghp89dk/?lang=pt&format=pdf. Acesso em: 12 out. 2022.

CARVALHO, Carla. A utilidade das ferramentas de legal design para o consentimento efetivamente esclarecido. In: FALEIROS, José Luiz de Moura. *Legal Design*: Visual Law, Design Thinking, Metodologias Ágeis, Experiências Práticas, entre outros. Indaiatuba: Foco. 2021.

CASTRO, Carolina Fernandes de et al. Termo de consentimento livre e esclarecido na assistência à saúde. *Revista Bioética. Brasília*. v. 28, n. 3. jul./set. 2020.

COLOMBO, Cristiano; GOULART, Guilherme Damásio. Inteligência artificial em softwares que emulam perfis dos falecidos e dados pessoais de mortos. In: SARLET, Gabrielle Bezerra Sales; TRINDADE, Manoel Gustavo Neubarth; MELGARÉ, Plínio (Org.). *Proteção de Dados*: temas controvertidos. Indaiatuba: Foco, 2021. v. 1.

CONSELHO FEDERAL DE MEDICINA. Resolução CFM 2.217/2018. Aprova o Código de Ética Médica. Brasília, DF. Diário Oficial da União: 2018.

CONSELHO FEDERAL DE MEDICINA. Recomendação CFM 1/2016. Dispõe sobre o processo de obtenção de consentimento livre e esclarecido na assistência médica. Disponível em: https://portal.cfm.org.br/images/Recomendacoes/1_2016.pdf.

CONSELHO FEDERAL DE MEDICINA. Resolução CFM 1.658/2002. Normatiza a emissão de atestados médicos e dá outras providências. Brasília, DF. Diário Oficial da União: 2002.

CONSELHO FEDERAL DE MEDICINA. Resolução CFM 2.381/2024. Normatiza a emissão de documentos médicos e dá outras providências. Brasília, DF. Diário Oficial da União: 2024.

DANTAS, Eduardo. *Direito médico*. São Paulo: JusPodivm, 2022.

JOURDAIN, Patrice. Intelligence artificielle et médecine: rapport de synthèse. In: GOUT, Olivier (Org.). *Responsabilité civile et intelligence artificielle*: recueil des travaux du Groupe de Recherche Européen sur la Responsabilité civile et l'Assurance (GRERCA). Bruxelas: Bruylant, 2022.

NYBO, Erik Fontenele. Legal design: a aplicação de recursos de design na elaboração de documentos jurídicos. In: FALEIROS, José Luiz de Moura. *Legal Design*: Visual Law, Design Thinking, Metodologias Ágeis, Experiências Práticas, entre outros. Indaiatuba: Foco. 2021.

PASSERA, Stefania et al. *Innovating contract practices*: merging contract design with information design. Proceedings of the 2013 Academic Forum on Integrating Law and Contract Management: Proactive, Preventive And Strategic Approaches, 2013.

TRINDADE, Manoel Gustavo Neubarth. *Análise econômica do direito dos contratos*. Londrina: Editora Thoth, 2021.

TURNER, Jacob. *Robot rules: regulating artificial intelligence*. Londres: Fountain Court Chambers, 2019.

LIMITES E POSSIBILIDADES DA PROVA EMPRESTADA NO PROCESSO ÉTICO PROFISSIONAL DOS CONSELHOS DE MEDICINA: UMA ANÁLISE DA PRODUÇÃO NACIONAL A PARTIR GOOGLE ACADÊMICO

Vinicius Calado

Doutor em Direito. Professor do Mestrado Profissional em Direito e Inovação da Universidade Católica de Pernambuco. Advogado.

Mateus Pereira

Doutor em Direito. Professor de Processo Civil. Vice-Presidente da Associação Brasileira de Direito Processual (ABDPro). Sócio do Da Fonte Advogados.

Matheus Troccoli

Mestrando do Programa de Pós-Graduação Profissional em Direito e Inovação (PPGDI) pela Universidade Católica de Pernambuco (UNICAP). Especialista em Direito Médico e da Saúde pela UNICAP. Advogado.

Sumário: Introdução – 1. Lineamentos da prova emprestada e exercício do contraditório – 2. Prova emprestada e o Código de Processo Ético Profissional – 3. Metodologia – Considerações finais – Referências.

INTRODUÇÃO

Ainda que não exista conexão entre duas ou mais demandas, é possível que afirmações de fato corroboradas por meios de prova em uma delas também integrem o objeto litigioso de outros procedimentos. Nesse cenário, há muito que doutrina e jurisprudência reconhecem a possibilidade de aproveitamento das provas coletadas em um desses procedimentos (procedimento de origem) para outro (procedimento de destino), no que foi convencionado como "prova emprestada".

A prova emprestada está disciplinada no art. 372 do Código de Processo Civil de 2015, cujo texto pareceu ter inspirado disciplina similar no âmbito do Processo Ético-Profissional Médico, ponto que será examinado neste trabalho. A despeito de sua brevíssima história no direito positivo, há uma sólida construção doutrinária e jurisprudencial acerca do instituto, o qual já era largamente explorado na vigência do CPC/73.

No presente estudo, capitaneado por um breve histórico acerca da importância e da constante evolução da sistemática probatória do direito processual brasileiro, o enfoque principal é a definição e o desenvolvimento do instituto da prova emprestada no Brasil, analisando o viés legislativo e jurisprudencial sobre o tema, sobretudo no tocante às possibilidades e às limitações de sua aplicabilidade no processo administrativo disciplinar desenvolvido por Conselhos de Medicina do país, sob a regência do Código de Processo Ético-Profissional (Resolução CFM 2.306/2022).

A justificativa para realização desta pesquisa está diretamente relacionada à pertinência jurídica e social do tema escolhido para o presente estudo, o qual se mostra evidente em face das questões técnicas pertinentes ao direito processual em sentido *lato sensu*, que muitas vezes são extraídas da prática dos processos judiciais, e reproduzidas nos processos administrativos, servindo esse estudo, também, como fonte de pesquisa acadêmica, social e jurídica.

Em relação aos aspectos metodológicos, realiza-se a revisão de literatura jurídica sobre o tema, além da revisão qualitativa e integrativa da legislação vigente, a partir dos elementos evidenciados nas decisões analisadas, cujo *corpus* foi construído conforme descrição pormenorizada contida em subitem próprio (adiante).

Evidencia-se, ainda, que, para a aplicabilidade plena do instituto da prova emprestada, a legislação e o entendimento pacificado dos Tribunais Superiores acabam convergindo no mesmo sentido, haja vista que exigem a observância as garantias constitucionais e processuais da ampla defesa e do contraditório, por exemplo, como requisito primordial a ser observado tanto no procedimento de origem (em que a prova foi produzida) quanto no procedimento de destino (para o qual será trasladada), para que seja considerado válido o empréstimo.

Entretanto, a partir da aplicabilidade do referido instituto, o Poder Judiciário foi além, ao ter pacificado a possibilidade de utilização da prova emprestada no âmbito dos processos administrativos disciplinares, bem como ao ter desenvolvido limitações complementares ao disposto na legislação vigente, a exemplo da (im)possibilidade da utilização da prova emprestada em processos em que não ocorra identidade entre as partes, conforme será explorado com maior afinco nos subitens adiante.

1. LINEAMENTOS DA PROVA EMPRESTADA E EXERCÍCIO DO CONTRADITÓRIO

A prova emprestada foi tratada como um meio atípico até o advento do Código de Processo Civil de 2015; entrementes, coube à doutrina explorar a definição e a aplicabilidade do instituto na dogmática processual brasileira. Sobre a definição do empréstimo probatório, tomemos a lição de Moacyr Amaral Santos:

> Muito comum é o oferecimento em um processo de provas produzidas em outro. São depoimentos de testemunhas, de litigantes, são exames, trasladados, por certidão, de uns autos para outros, com o fim de fazer prova. Tais são as chamadas *provas emprestadas*, denominação consagrada entre escritores e pelos tribunais do país.[1]

---

1. SANTOS, Moacyr Amaral. *Prova judiciária no cível e comercial*. 2. ed. São Paulo: Max Limonad, 1952, v. I, p. 293.

Também sobre o tema, Nelson Nery Jr. leciona:

[...] aquela que, embora produzida em outro processo, se pretende produza efeitos no processo em questão. Sua validade como documento e meio de prova, desde que reconhecida sua existência por sentença transitada em julgado, é admitida pelo sistema brasileiro.[2]

Corroborando, Fredie Didier Jr. destaca que:

[...] É a prova de um fato, produzida em um processo, seja por documentos, testemunhas, confissão, depoimento pessoal ou exame pericial, que é trasladada para outro processo, por meio de certidão extraída daquele.[3]

Como elemento comum a todas essas definições está a ausência de restrição quanto ao meio probatório que será objeto do empréstimo.

Em que pese a ausência de disciplina sobre o instituto na vigência do CPC/73, doutrina e jurisprudência já admitiam o empréstimo de provas, sob a justificativa de que a lei permitia o emprego de 'todos os meios legais, bem como os moralmente legítimos' para se provar a verdade dos fatos em que se funda a ação ou a defesa (art. 332, CPC/1973), assim como por força dos princípios da economia processual e da celeridade dos julgamentos.

Nessa senda, Theodoro Jr. destaca:

Ora, a produção repetida de uma prova que já existe em outro processo posterga, de forma desnecessária, a entrega da prestação jurisdicional. Assim, 'a prova emprestada evita o desperdício de tempo e de despesas processuais, sendo extremamente útil quando as fontes de prova não estiverem mais disponíveis como, por exemplo, o falecimento de testemunha, o perecimento de um bem, objeto de prova pericial.[4]

À míngua de previsão no CPC, outro setor da doutrina entendia que o instituto tinha respaldo no art. 136, II, do Código Civil de 1916.[5] Da falta de uma disciplina sobre o tema, a doutrina externava preocupação quanto aos seguintes pontos em matéria de prova emprestada: (i) respeito ao contraditório; (ii) potencial vulneração da imediatidade do órgão jurisdicional; (iii) natureza do procedimento em que a prova foi produzida. A depender do autor, também era possível verificar alguma dose de preocupação quanto ao (iv) caráter sigiloso do procedimento em que a prova foi produzida.

Rigorosamente, dentre os pontos suscitados em âmbito doutrinário, o único que merece relevo é o contraditório,[6] observando que ele também está presente em "(iii)", já que a

---

2. NERY JR., Nelson. *Princípios do processo civil na Constituição Federal*. 8. ed. São Paulo: RT, 2004, p. 190.
3. DIDIER JR. Fredie. *Curso de Direito Processual Civil*: Teoria geral do processo e processo de conhecimento. 6. ed. Salvador: JusPodivm, 2006, p. 523.
4. THEODORO JR., Humberto. *Curso de Direito Processual Civil*. Rio de Janeiro: Grupo GEN, 2020. v. I. 9788530989750. Disponível em: https://integrada.minhabiblioteca.com.br/#/books/9788530989750/. Acesso em: 04 jan. 2024.
5. Nesse sentido: MARQUES, José Frederico. *Instituições de Direito Processual Civil*. 3. ed. Rio de Janeiro: Forense, v. III, p. 305.
6. De seu tempo, Frederico Marques já apontava que a possível vulneração da imediatidade e da oralidade eram falsos problemas, ilustrando com a produção de provas por precatória. MARQUES, José Frederico. *Instituições de Direito Processual Civil*. 3. ed. Rio de Janeiro: Forense, v. III, p. 305.

dialética é inerente à formação de provas casuais. O ponto "(ii)" é um falso problema, pois além da preocupação com a imediatidade estar fundada em premissas artificiais – aliás, não apenas a imediatidade, mas a preocupação com a oralidade e todos os seus subprincípios é fundada em palpites doutrinários[7] –, porque a prova também será objeto de valoração no procedimento de destino, o que não deve ser objeto de questionamento,[8] a atuação do órgão jurisdicional não fica comprometida. Quanto ao ponto "(iv)" pode ser facilmente equacionado pela determinação do sigilo interno da prova, eventualmente, por meio da ordem de sigilo interno ao próprio procedimento de destino. Insista-se que o cerne do tema recai no contraditório, o que nem sempre mereceu relevo doutrinário, conforme revela a seguinte passagem de Moacyr Amaral Santos ao refletir a possibilidade do empréstimo para procedimento que não envolva as mesmas partes, ou seja, em que os sujeitos parciais tenham a condição de terceiros em relação à prova transplantada:

> Mas, nesse sistema, "no processo concebido como instrumento público de distribuição da justiça", "em que as testemunhas e os peritos passam a ser testemunhas e peritos do juízo", as razões excludentes do valor das provas produzidas entre terceiros devem ser acolhidas com certa reserva. Porque, presume-se, se a prova é do juízo, pelo juízo formada, é de entender-se ter sido feita com as necessárias garantias à descoberta da verdade.
>
> Se o fato é o mesmo, ali e aqui, e foi judicialmente reconhecido como provado no primeiro processo, por que motivo não se atribuir à prova emprestada ao segundo uma certa eficácia? A verdade é que todo elemento probatório, trazido a um processo, deverá ser estimado e avaliado. Cumpre ao juiz pesá-lo não só isoladamente, nas suas condições objetivas e subjetivas, como no conjunto, com as demais provas, atendendo ao fato probando, às alegações das partes, ao direito violado, à norma jurídica invocada, enfim às circunstâncias que influem na formação do convencimento. Merecerá, às vezes, a espécie de prova em apreço ser tida em valor secundário, quase nenhum, quase nulo, como merecerá, outras vezes, a mais distinguida atenção, dependendo a sua maior ou menor eficácia do poder de convencer, que possuir, à vista dos fatos e circunstância dos autos.[9]

Desse excerto afere-se que, segundo Amaral Santos, o ponto crítico não estaria na garantia das partes (contraditório), senão na formação do convencimento do julgador.

Atualmente, o instituto da prova emprestada está disciplinado no Art. 372, do CPC/15, cujo texto ressalta a observância do contraditório: "Art. 372. O juiz poderá admitir a utilização de prova produzida em outro processo, atribuindo-lhe o valor que considerar adequado, observado o contraditório".[10]

Tirante a positivação do instituto, o dispositivo não trouxe novidade, pois tanto doutrina quanto a jurisprudência já admitiam o traslado de prova de um procedimento

---

7. Sobre o tema, ver: PEREIRA, Mateus Costa. *Introdução ao estudo do processo*: fundamentos do garantismo processual brasileiro. Belo Horizonte: Casa do Direito, 2020.
8. Posição há muito defendida por Amaral Santos: *Prova judiciária no cível e comercial*. 2. ed. São Paulo: Max Limonad, 1952, v. I, p. 294-295.
9. SANTOS, Moacyr Amaral. *Prova Judiciária no Cível e Comercial*. 2. ed. São Paulo: Max Limonad, 1952, v. I, p. 298-299.
10. BRASIL. Lei Federal 13105, de 16 de março de 2015. Código de Processo Civil. Diário Oficial da União, Brasília, DF, 16 mar. 2015. Disponível em: https://www.planalto.gov.br/ccivil_03/_ato2015-2018/2015/lei/l13105.htm. Acesso em: 19 dez 2023.

para outro (ver passagens colacionadas acima), mediante certidão, quando: (a) não for possível sua reprodução, haja vista o perecimento da fonte da prova (*v.g.*, falecimento da testemunha); (b) excessiva onerosidade da prova; (c) economia processual;[11] ou, (d) por força de convenção processual.

Logo após a sanção do CPC/2015, durante a realização do V Encontro do Fórum Permanente de Processualistas Civis – FPPC,[12] foi aprovado o Enunciado 52, *soft law* que também destacou a importância do respeito ao contraditório, elucidando seu alcance tanto no procedimento de destino quanto no de origem.

> Enunciado 52. Para a utilização da prova emprestada, faz-se necessária a observância do contraditório no processo de origem, assim como no processo de destino, considerando-se que, neste último, a prova mantenha a sua natureza originária.

Ou seja, deve haver um exame inicial no tocante à observância do contraditório quanto à prova que se pretende emprestar. Em sucessivo, operado o traslado da prova ao procedimento de destino, o julgador deverá conceder vista às partes, para que possam exercer quaisquer situações jurídicas ativas decorrentes do contraditório.

Ainda em matéria de contraditório, é importante registrar o entendimento firmado pela Corte Especial do Superior Tribunal de Justiça ao apreciar os Embargos de Divergência em Recurso Especial 617.428. Naquela ocasião, na esteira do voto da Ministra Nancy Andrighi, o colegiado estabeleceu que o uso da prova emprestada não pressupõe a identidade de partes nos procedimentos de origem e de destino. A decisão foi unânime.[13]

Desde então, restou assentada a desnecessidade de coincidência dos sujeitos parciais nos procedimentos de origem e de destino, observadas as situações jurídicas possíveis que decorrem do contraditório, é dizer, "o direito de se insurgir contra a prova e de refutá-la

---

11. De nossa parte, somente admitimos o fundamento da "economia processual" quando se tratar de procedimento envolvendo as mesmas partes, pois um argumento de índole utilitarista não poderia se sobrepor à garantia do contraditório.

12. FPPC. Fórum Permanente de Processualistas Civis. Enunciado 52. Carta de Florianópolis. Florianópolis, SC. Disponível em: https://institutodc.com.br/wp-content/uploads/2017/06/FPPC-Carta-de-Florianopolis.pdf. Acesso em: 30 jan. 2024.

13. Civil. Embargos de divergência em recurso especial. Ação discriminatória. Terras devolutas. Competência interna. 1ª Seção. Natureza devoluta das terras. Critério de exclusão. Ônus da prova. prova emprestada. Identidade de partes. Ausência. Contraditório. Requisito essencial. Admissibilidade da prova.

    [...]

    9. Em vista das reconhecidas vantagens da prova emprestada no processo civil, é recomendável que essa seja utilizada sempre que possível, desde que se mantenha hígida a garantia do contraditório.

    No entanto, a prova emprestada não pode se restringir a processos em que figurem partes idênticas, sob pena de se reduzir excessivamente sua aplicabilidade, sem justificativa razoável para tanto.

    10. Independentemente de haver identidade de partes, o contraditório é o requisito primordial para o aproveitamento da prova emprestada, de maneira que, assegurado às partes o contraditório sobre a prova, isto é, o direito de se insurgir contra a prova e de refutá-la adequadamente, afigura-se válido o empréstimo.

    [...]

    (Excertos do EREsp 617.428/SP, relatora Ministra Nancy Andrighi, Corte Especial, julgado em 04.06.2014, DJe de 17.06.2014).

adequadamente, afigura-se válido o empréstimo".[14] Em casos tais, o empréstimo precisa ser avaliado com cuidado, porque uma ou ambas as partes do procedimento de destino não concorreram à formação do meio probatório, ou seja, não puderam exercer o contraditório no procedimento em que ele se originou. A título ilustrativo, imaginemos que tanto A quanto B estejam demandando C ("A x C"; "B x C"); e que a prova do primeiro desses procedimentos seja aproveitada no outro. Ora, se a prova do procedimento de "A x C" for favorável a B, a ausência de prejuízo afastará o debate sobre o contraditório. Contudo, se a prova em questão for desfavorável a B, sujeito que não integrou o contraditório no primeiro procedimento, admitido o empréstimo, é dizer, supondo a impossibilidade de renovação da prova, deverá haver um cuidado redobrado em sua valoração. Explica-se.

A prova emprestada não perde sua natureza quando do traslado ao procedimento de destino. Conquanto seja possível afirmar que ela é levada a outro procedimento mediante certidão – alguns autores falam em documento –, nem por isso será alterada sua natureza. Longe de ser uma sutileza, cuida-se de questão essencial ao exercício do contraditório.

No que respeita aos meios de prova casuais ou constituendas, meios que pressupõem um procedimento em contraditório à sua formação (testemunhal, pericial, depoimento pessoal etc.), a prova é o resultado do debate travado entre as partes. É suficiente pensar na prova testemunhal e na prova pericial para que se compreenda a afirmação, observando que o exercício da contradição inicia na possibilidade de qualquer das partes em se contrapor à admissão de prova proposta pelo adversário.[15]

A prova testemunhal é produzida mediante a oitiva da(s) testemunha(s) em contraditório, quando então haverá a possibilidade de: (a) formulação de perguntas por ambos os lados; (b) impugnação das perguntas formuladas; (c) reperguntas; (d) provocar a acareação. Adicionalmente, sem ignorar que, antes de iniciado o depoimento, quando a testemunha estiver sendo qualificada, abre-se a possibilidade de a parte adversa (que não a arrolou) apresentar sua contradita (e).

Tirante a prova técnica simplificada, a prova pericial é consubstanciada em um laudo, o qual documenta todas as etapas do trabalho desenvolvido pelo experto e suas conclusões. Quando o perito responsável pelo laudo não é escolhido consensualmente pelas partes, será designado pelo órgão jurisdicional. Tenham ou não escolhido o perito, as partes têm a (i) faculdade de indicar assistentes técnicos, (ii) apresentar quesitos, (iii) acompanhar integralmente o labor do profissional, (iv) apresentar quesitos suplementares ou impugnar o laudo e, eventualmente, (v) requerer a presença do perito em audiência para novos esclarecimentos. O laudo é fruto da atuação do experto em contraditório.

Nos dois exemplos anteriores (prova testemunhal e pericial), o contraditório é pressuposto à formação da prova; a possibilidade de dialética é inerente à sua formação.

---

14. Brasil. Superior Tribunal de Justiça (Corte Especial). Embargos de Divergência em Recurso Especial 617.428/SP (2011/0288293-9). Embargante: Ponte Branca Agropecuária S/A e outros. Embargado: Fazenda do Estado de São Paulo. Relator: Min. Nancy Andrighi, Diário de Justiça Eletrônico, Brasília, DF, 17 jun. 2014. Disponível em: https://scon.stj.jus.br/SCON/pesquisar.jsp. Acesso em: 09 jan. 2024.

15. ASSIS, Araken de. *Processo civil brasileiro*. São Paulo: RT, 2015. v. II, t. II, p. 252.

Antes da oitiva, existe testemunha (*fonte*), mas ainda não há *prova testemunhal*. Antes da preparação e confecção do laudo, fala-se em vestígios dos fatos etc. (*fonte*), mas não em *prova pericial*. Algo diverso acontece em matéria de documentos.

A prova documental preexiste ao procedimento em contraditório. Documentos não são exemplos de provas casuais, senão de provas pré-constituídas, ou seja, prova que já está pronta quando é aportada aos autos.[16] Em se tratando de documentos,[17] o contraditório é oportunizado quando de seu ingresso nos autos, mais especificamente, quando uma parte é intimada a se manifestar sobre a documentação juntada pela contraparte. Nessa ocasião, poderá: (a) questionar-lhe a veracidade (documental ou ideológica) ou (b) a autenticidade; apontar (c) a imprestabilidade do documento ao esclarecimento dos fatos ou (d) a impossibilidade de seu uso (ex. ilicitude na obtenção da prova); (e) determinar sua correta interpretação, alcance etc.[18] Sem embargo, em qualquer dos cenários anteriores, o documento já era documento antes mesmo do exercício contraditório; já existia enquanto meio probatório. Como o contraditório não acompanha o documento desde a sua formação, o exercício da contradição sobre ele não é tão amplo ou intenso como ocorre nos meios de prova casuais. Sobre o tema, vale o que dizia Ovídio Baptista da Silva, no sentido de que a *proposição* da prova documental se funde à sua *produção*,[19] sem que, necessariamente, ocorra a *bilateralidade da participação*.

Em conclusão, pela identificação da prova (casual ou pré-constituída) antevê-se as possibilidades de participação/contraditório das partes. Daí a importância de se compreender a natureza da prova e, especialmente, assumir que ela não é alterada com a sua documentação (prova documental ≠ prova documentada). Se a natureza da prova não é alterada por qualquer modalidade de documentação, o mesmo raciocínio vale para a prova emprestada e, de conseguinte, sobre as possibilidades do contraditório.

2. PROVA EMPRESTADA E O CÓDIGO DE PROCESSO ÉTICO PROFISSIONAL

Sabido é que no processo administrativo a prova não se reveste, geralmente, das mesmas cautelas, nem se produzem com as mesmas formalidades indispensáveis à sua vitalidade no feito judiciário. Ali, geralmente, não existe a figura equidistante entre as partes, representada na pessoa do juiz, órgão, encarregado pelo Estado, da aplicação do direito e da distribuição da justiça; ali, a própria administração, que dirige o processo, prova e julga; a administração sempre é, ao menos, interessada no processo. Geralmente, os princípios que asseguram idoneidade da prova judiciária não têm guarida no processo administrativo.

Por isso, não se deve atribuir à prova emprestada de processo administrativo o valor inicial, a eficácia nele reconhecida.[20]

---

16. ASSIS, Araken de. *Processo civil brasileiro*. São Paulo: RT, 2015. v. II, t. II, p. 228.
17. É importante consignar que há diferentes possibilidades de documentos, desde aqueles produzidos unilateralmente, assim como documentos que são fruto da conjunção de vontades (ex. contratos). Para os fins deste trabalho, estamos a considerar documentos em que apenas uma das partes concorreu à sua formação.
18. Para outras considerações sobre o contraditório na prova documental, ver: MARINONI, Luiz Guilherme; ARENHART, Sérgio Cruz. *Prova*. São Paulo, RT, 2009, p. 709-711.
19. SILVA, Ovídio A. Baptista da. *Curso de processo civil*. 8. ed. Rio de Janeiro: Forense, v. I, t. I, p. 300.
20. SANTOS, Moacyr Amaral. *Prova Judiciária no Cível e Comercial*. 2 ed. São Paulo: Max Limonad, 1952, v. I. p. 307.

Em que pese o instituto da prova emprestada ter sido positivado somente no Código de Processo Civil de 2015, não se pode olvidar que o instituto em exame também é aplicado a outros ramos procedimentais do direito, a exemplo do Direito Procedimental Penal e do Direito Procedimental Trabalhista.

No âmbito penal, destaca-se o entendimento firmado pela 6ª Turma do Superior Tribunal de Justiça ao apreciar o Recurso Especial 1.561.021-RJ, cujo debate girava em torno da legitimidade da prova emprestada, registrando que a parte recorrente buscava se utilizar das declarações de uma testemunha em interrogatório produzido em outro processo-crime em que havia figurado na qualidade de ré.[21]

Naquela ocasião, o Ministro Nefi Cordeiro (Relator) entendeu que o empréstimo probatório seria válido, porque admitida a prova emprestada no procedimento penal, "ainda que proveniente de ação penal com partes distintas, desde que assegurado o exercício do contraditório". No mesmo passo, aduziu a impossibilidade de se falar em nulidade de condenação baseada em depoimento de testemunha colhido em outro procedimento criminal, desde que observados os princípios da ampla defesa, do contraditório e do devido processo legal, o que ocorreu no caso em liça ao ser oportunizada a manifestação das partes acerca do conteúdo da prova juntada.[22]

Na seara trabalhista, figure-se o exemplo do Recurso de Revista 111908720155030110, de relatoria do Ministro Jose Roberto Freire Pimenta, no qual a 3ª Turma do Tribunal Superior do Trabalho entendeu que o emprego da prova emprestada dispensaria a concordância das partes, sendo admissível quando houver identidade de afirmações de fato discutidas nos procedimentos de origem e de destino e coincidência em ao menos uma das partes. Censurando o acórdão do tribunal de origem, o Ministro Relator consignou que "a mera alegação da reclamada de que não concordou com o uso da prova emprestada não é suficiente para inviabilizar a sua utilização nestes autos".[23]

---

21. BRASIL. Superior Tribunal de Justiça (6ª Turma). Recurso Especial 1.561.021/RJ (2013/0314705-4). Recorrente: H.A.J. Recorrido: Ministério Público Federal. Relator: Min. Sebastião Reis Júnior. Relator para Acórdão: Min. Nefi Cordeiro, Diário de Justiça Eletrônico, Brasília, DF, 25 abr. 2016. Disponível em: https://scon.stj.jus.br/SCON/pesquisar.jsp?i=1&b=ACOR&livre=((%27RESP%27.clas.+e+@num=%271561021%27)+ou+(%27REsp%27+adj+%271561021%27).suce.)&thesaurus=JURIDICO&fr=veja. Acesso em: 08 jan. 2024.

22. Processual penal. Recurso especial. Crime contra o sistema financeiro nacional. Prova emprestada. Depoimento de testemunha colhido em ação penal diversa. Nulidade. Inexistência. Manifestação da defesa. Observância do contraditório. Juntada de documentos em língua estrangeira. Nulidade ausência de demonstração do prejuízo. Recurso improvido.

    1. No processo penal, admite-se a prova emprestada, ainda que proveniente de ação penal com partes distintas, desde que assegurado o exercício do contraditório.

    2. Inexiste nulidade na condenação baseada em depoimento de testemunha colhido em outro processo criminal, uma vez oportunizada a manifestação das partes sobre o conteúdo da prova juntada, resguardando-se o direito de interferir na formação do convencimento judicial.

    [...]

    5. Recurso especial improvido.

    (Excertos do REsp 1.561.021/RJ, relator Ministro Sebastião Reis Júnior, relator para acórdão Ministro Nefi Cordeiro, Sexta Turma, julgado em 03.12.2015, DJe de 25.04.2016).

23. Cerceamento do direito de defesa. Utilização de prova emprestada. Depoimento de testemunhas em processos diversos contra a reclamada. Identidade de parte e de objeto. Possibilidade. Desnecessidade de anuência das

Nos dois julgados examinados acima, a divergência não recaiu sobre o instituto da prova emprestada, senão nas circunstâncias em que ele poderia ser empregado legitimamente, denotando que o empréstimo não está restrito a qualquer ramo procedimental. Dito isso, resta analisar as possibilidades do instituto no âmbito administrativo disciplinar, observando que o art. 15, CPC, prevê a aplicação supletiva e subsidiária de suas normas aos "processos eleitorais, trabalhistas ou administrativos".

Prontamente, consigne-se a orientação consolidada do Superior Tribunal de Justiça pelo cabimento da prova emprestada no procedimento administrativo disciplinar,[24] consoante verbete sumular 591.

> Súmula 591, STJ. É permitida a "prova emprestada" no processo administrativo disciplinar, desde que devidamente autorizada pelo juízo competente e respeitados o contraditório e a ampla defesa.

Diante desse cenário, o Conselho Federal de Medicina (CFM), por meio da Resolução CFM 2.145/2016, mais especificamente do art. 77, disciplinou a utilização de prova emprestada na fase de instrução do processo ético-profissional, desde que preservada a garantia constitucional do contraditório.[25]

> Art. 77. É lícita a utilização de prova emprestada para instrução do PEP, desde que submetida ao contraditório.
>
> Parágrafo único. A prova emprestada ingressará nos autos como prova documental e deverá ser analisada como tal.

Posteriormente, o CFM atualizou o Código de Processo Ético-Profissional (CPEP) por meio da Resolução CFM 2.306/2022, mas preservando o texto normativo anterior em matéria de prova emprestada,[26] ora incorporado ao art. 80.

---

partes. Nulidade não configurada. A controvérsia cinge em saber acerca da possibilidade de utilização de prova emprestada, independentemente da anuência da parte contrária. Ressalta-se que prevalece na jurisprudência desta Corte o entendimento de que a utilização de prova emprestada não está condicionada à prévia anuência e à concordância das partes, sendo aceita quando verificada a identidade de pelo menos uma das partes e dos fatos discutidos, como ocorreu no caso dos autos. Precedentes. Desse modo, a conclusão regional quanto à imprestabilidade da prova emprestada, fundada tão somente da discordância da parte reclamada quanto à sua utilização, está em desacordo com a jurisprudência prevalecente nesta Corte superior. Recurso de revista conhecido e provido. Prejudicado o exame dos temas remanescentes.
(TST – RR: 111908720155030110, Relator: Jose Roberto Freire Pimenta, Data de Julgamento: 29/06/2022, 3ª Turma, Data de Publicação: 1º.07.2022).

24. Brasil. Superior Tribunal de Justiça. *Súmula 591. É permitida a prova emprestada no processo administrativo disciplinar, desde que devidamente autorizada pelo juízo competente e respeitados o contraditório e a ampla defesa.* Brasília, DF: Superior Tribunal de Justiça, [2017]. Disponível em: https://scon.stj.jus.br/SCON/pesquisar.jsp. Acesso em: 08 jan. 2024.

25. Brasil. Resolução CFM 2145, de 17 de maio de 2016. Aprova o Código de Processo Ético-Profissional (CPEP) no âmbito do Conselho Federal de Medicina (CFM) e Conselhos Regionais de Medicina (CRMs). Diário Oficial da União, Brasília, DF, 27 out. 2016. Disponível em: https://portal.cfm.org.br/wp-content/uploads/2020/09/2145_2016.pdf. Acesso em: 27 dez. 2023.

26. Brasil. Resolução CFM 2306, de 17 de março de 2022. Aprova o Código de Processo Ético-Profissional (CPEP) no âmbito do Conselho Federal de Medicina (CFM) e Conselhos Regionais de Medicina (CRMs). Diário Oficial da União, Brasília, DF, 25 mar. 2022. Disponível em: https://portal.cfm.org.br/etica-medica/codigo-de-processo-etico-profissional-atual/. Acesso em: 27 dez. 2023.

> Art. 80. É lícita a utilização de prova emprestada para instrução do PEP, desde que submetida ao contraditório.
>
> Parágrafo único. A prova emprestada ingressará nos autos como prova documental e deverá ser analisada como tal.

Na redação do parágrafo único do art. 80 do CPEP, a prova emprestada ingressará nos autos do Processo Ético-Profissional na forma de "prova documental" e, como tal, deverá ser avaliada. Ou seja, a teor desse dispositivo, escritos como prontuários, e-mails, CDs, fitas cassetes, fotografias, filmes ou demais arquivos em mídia digital, quando utilizadas na forma de prova emprestada, serão transportadas do processo de origem e recepcionados no processo de destino na forma de prova documental.[27]

O parágrafo único do art. 80 do CPEP estabelece que a prova emprestada ingressa no procedimento de destino como documento, algo que, em nome da garantia constitucional do contraditório – aliás, ressoada na cabeça do artigo 80 –, por forças considerações no item precedente (diferença entre prova constituenda e prova pré-constituída), deve ser interpretado/aplicado com temperamentos.

3. METODOLOGIA

No presente estudo busca-se compreender um problema situado na vida prática, no campo social, objetivando contribuir para sua solução,[28] daí porque ele parte dos estudos já realizados, buscando compreendê-los a partir de suas próprias abordagens, apontando seus destaques, potenciais lacunas e sugerindo direcionamento para novas pesquisas. Afinal, o que está sendo pesquisado e publicado sobre o tema? Quais os sub-temas mais recorrentes? Quais os problemas centrais apontados?

No desenvolvimento da pesquisa busca-se uma integração entre a análise quali-tativa e quantitativa, tendo em mente que "é o conjunto de diferentes pontos de vista, e diferentes maneiras de coletar e analisar os dados (qualitativa e quantitativamente), que permite uma ideia mais ampla e inteligível da complexidade de um problema",[29] sendo certo que o "objeto das Ciências Sociais é essencialmente qualitativo"[30] e que "[...] o foco nos estudos qualitativos traz uma diferença em relação aos trabalhos quantitativos que não é de hierarquia e sim de natureza".[31]

---

27. OLIVEIRA, Antônio Carlos Nunes de. *Comentários ao Código de Processo Ético-Profissional dos Conselhos de Medicina*: aprovado pela resolução CFM 2.306/2022. Brasília, DF. Conselho Federal de Medicina, 2022. Disponível em: https://fi-admin.bvsalud.org/document/view/28g6u. Acesso em: 05 jan. 2024.

28. LAVILLE, Christian; DIONNE, Jean. *A construção do saber*: manual de metodologia da pesquisa em ciências humanas. Porto Alegre: ARTMED; Belo Horizonte: Ed. UFMG, 1999, p. 41.

29. GOLDENBERG, Mirian. *A arte de pesquisar*: como fazer pesquisa qualitativa em Ciências Sociais; Rio de Janeiro: Record, 2015, p. 67-68.

30. MINAYO, Maria Cecília de Souza. *Pesquisa social*: teoria, método e criatividade. Petrópolis/RJ: Vozes, 2016, p. 14.

31. MINAYO, Maria Cecília de Souza. *Pesquisa social*: teoria, método e criatividade. Petrópolis/RJ: Vozes, 2016, p. 21.

Para criar o conjunto de dados bibliográficos (*corpus* da pesquisa), utilizou-se o programa de computador *Publish or Perish*.[32] Este aplicativo permite que pesquisadores possam realizar pesquisas as diversas bases de dados acadêmicas, inclusive em múltiplas bases, de modo que os resultados sejam exportados em uma planilha para posterior análise.

O uso de uma ferramenta informatizada visa minimizar eventual enviesamento da pesquisa, bem como seguir as indicações de Bauer e Gaskell[33] para quem é "[...] necessário um programa de computador que possa fazer buscas inteligentes. O tipo mais simples de busca é para se encontrar um item léxico, digamos, a palavra "prova".

Outrossim, se "toda pesquisa implica em uma seleção arbitrária e fragmentada de informações. O que equivale a dizer que nenhum tema pode ser esgotado",[34] ao menos – com o uso de uma ferramenta informatizada e critérios objetivos – controla-se a seleção inicial dos dados que compõem o *corpus* já que para esse tipo de pesquisa é preciso que o pesquisador se engaje na construção dele.[35]

Para o presente estudo utilizou-se apenas a base de dados do Google Acadêmico (*Google Scholar*) na construção do *corpus*, considerando o objetivo proposto.

Neste sentido, a execução da pesquisa manifestar-se-á segundo o que Marconi e Lakatos[36] denominam documentação indireta, o que diz respeito à pesquisa documental, uma vez que se direciona sobre textos científicos publicados que encontram gratuitamente disponíveis para consulta.

Quanto a sua natureza, a pesquisa empreendida busca gerar novos conhecimentos para aplicação prática, caracterizando-se como uma pesquisa aplicada, abordando seu objeto de modo quantitativo (construção do *corpus* com apoio de programa de computador) e qualitativo.

O caminho percorrido foi o seguinte: (1) inicialmente foi selecionada a procura na base de dados do Google Acadêmico (Google Scholar); (2) no título foi selecionado o critério de busca prova emprestada; (3) nas palavras-chave restringiu-se apenas a palavra contraditório; (4) o recorte temporal foi limitado aos últimos 8 (oito) anos, de 2016 até 2023.

A opção pela busca na base de dados do Google Acadêmico (Google Scholar) se deu em virtude de ser a maior base gratuitamente acessível (do ponto de vista quantitativo) em português, tendo a presente pesquisa foco na literatura nacional sobre o tema.

---

32. HARZING, Anne-Wil. *Publish or perish*. 2007. Disponível em: https://www.harzing.com/pop.htm. Acesso em: 24 jan. 2024.
33. BAUER, Martin W.; GASKELL, George. *Pesquisa qualitativa com texto, imagem e som*: um manual prático. Petrópolis: Vozes, 2002, p. 48.
34. WARAT, Luis Alberto. *O Direito e sua linguagem*. Porto Alegre: SAFE, 1984, p. 7.
35. BAUER, Martin W.; GASKELL, George. *Pesquisa qualitativa com texto, imagem e som*: um manual prático. Petrópolis: Vozes, 2002, p. 57.
36. MARCONI, Marina de Andrade; LAKATOS, Eva Maria. *Técnicas de pesquisa*: planejamento e execução de pesquisas, amostragens e técnicas de pesquisa, elaboração, análise e interpretação de dados. São Paulo: Atlas, 2013, p. 48-56.

O segundo critério restringiu as buscas à locução adjetiva prova emprestada no título do texto, considerando que este é o grande tema da pesquisa e, por isso, descartou-se de plano qualquer texto que não fizesse referência expressa a este tipo de prova em seu título.

O terceiro critério de busca focou nas palavras-chave, restringiu-se apenas, à palavra contraditório. Ou seja, objetivou-se com este critério fisgar textos que contivessem contraditório como uma de suas palavras-chave, restringindo a base de dados a ser construída.

O quarto e último critério foi relativo ao recorte temporal. Optou-se por limitar temporalmente a pesquisa, evidenciando-se textos dos últimos 8 (oito) anos, de 2016 até 2023, justificando-se pelo início da vigência do Código de Processo Civil (CPC) atual.

Assim, como resultado da pesquisa inicial foram fisgados 33 (trinta e três) textos, tendo sido a consulta realizada por meio do programa *Publish or Perish*,[37] inicialmente, em dezembro de 2023 e, depois, em 24 de janeiro de 2024 para a conferência e totalização do ano de 2023.

Figura 1 – Tela do Aplicativo PoP

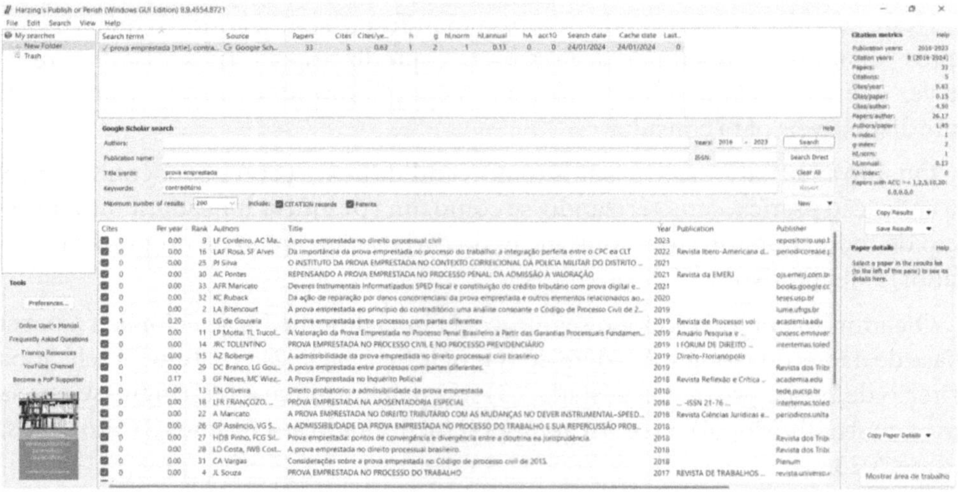

Fonte: Elaboração dos autores

Os resultados obtidos pelo programa foram exportados para uma planilha, contendo em suas colunas os seguintes dados categorizados: citações, autor, título, ano, fonte, publicação, *url* do artigo, *url* da citação, GSRank, data da pesquisa e tipo.

Em seguida, partindo da planilha exportada, os pesquisadores analisaram cada um dos títulos dos textos fisgados na pesquisa para verificar se havia ou não o enquadramento no objeto de pesquisa.

---

37. HARZING, Anne-Wil. *Publish or perish*. 2007. Disponível em: https://www.harzing.com/pop.htm. Acesso em: 24 jan. 2024.

Então, com os resultados encontrados, os pesquisadores construíram uma nova planilha, descartando as informações desnecessárias ao estudo, mas mantendo os 33 (trinta e três) textos, pois não foram descartados quaisquer deles, na medida em que todos tinham pertinência temática específica.

A nova planilha elaborada passou a conter os seguintes elementos em suas colunas de dados categorizados: numeração de referência para o estudo e título do texto.

Em seguida foi aplicado filtro qualitativo objetivando descartar textos que não estejam disponíveis na íntegra (ou que estejam inacessíveis), tenham sido elaborados com a participação de acadêmicos de direito ou que sejam publicações em anais (apenas resumo, sem texto integral).

Após a aplicação do filtro qualitativo, elaborou-se nova planilha que passou a conter 12 (doze) textos, com os seguintes elementos em suas colunas de dados categorizados: numeração de referência para o estudo, título do texto e palavras-chave e resumo.

O *corpus* passou a ter 8 (oito) artigos, 3 (três) dissertações e uma tese, sendo distribuídos quantitativamente da seguinte forma: nos anos de 2023, 2022, 2020 e 2016 apenas um texto por ano, já nos demais anos, quais sejam, 2021, 2019, 2018 e 2017 foram 2 textos encontrados por ano.

Quadro 1 - Textos selecionados

N. de referência	Título	Ano	Tipo do texto
Texto 1	A prova emprestada no direito processual civil	2023	Dissertação
Texto 2	Da importância da prova emprestada no processo do trabalho: a integração perfeita entre o CPC e a CLT	2022	Artigo
Texto 4	Repensando a prova emprestada no processo penal: da admissão à valoração	2021	Artigo
Texto 6	Da ação de reparação por danos concorrenciais: da prova emprestada e outros elementos relacionados aos processos administrativos do CADE	2020	Tese
Texto 8	A prova emprestada entre processos com partes diferentes	2019	Artigo
Texto 9	A Valoração da Prova Emprestada no Processo Penal Brasileiro a Partir das Garantias Processuais Fundamentais	2019	Artigo
Texto 13	A Prova Emprestada no Inquérito Policial	2018	Artigo
Texto 16	A prova emprestada no direito tributário com as mudanças no dever instrumental – SPED Fiscal	2018	Artigo
Texto 22	A prova emprestada e o risco de ficar eternamente vinculado a uma inadequada instrução probatória	2017	Artigo
Texto 26	A verificação de admissibilidade da prova emprestada no direito processual penal brasileiro	2016	Dissertação
Texto 32	Prova Emprestada no Processo do Trabalho. Prova Testemunhal	2021	Artigo
Texto 33	Uma proposta de redefinição científica do conceito de "Prova Emprestada"	2017	Dissertação

Fonte: Elaborado pelos autores

Os resumos e palavras-chave foram levantados pelos pesquisadores a partir do acesso manual à íntegra dos textos e, posteriormente, foram analisados os resumos dos textos selecionados para evidenciar os temas recorrentes e a preocupação central de cada estudo.

Por fim, os 12 (doze) textos resultantes foram analisados de forma descritiva visando sintetizar o conhecimento produzido, classificando-se quanto à: recorrência e preocupação central.

Como não poderia deixar de ser, o tema "Prova Emprestada" está presente em todos os textos, explorando sua natureza, aplicação, requisitos, admissibilidade e valoração em diversos ramos do direito. O segundo tema mais recorrente, aparecendo em 50% (cinquenta por cento) dos textos versa a "Prova no Processo Penal", presente nos seguintes textos: Texto 4, Texto 9, Texto 13, Texto 16, Texto 26 e Texto 33.

O Código de Processo Civil (CPC) aparece expressamente nos resumos da terça parte (33,33%) dos textos, quais sejam, Texto 1, Texto 26, Texto 32 e Texto 33.

Em 25% (vinte e cinco por cento) dos textos encontramos reflexões sobre Relações de Emprego e Processo do Trabalho (Texto 2, Texto 22 e Texto 32) e sobre o Contraditório (Texto 8, Texto 13 e Texto 22).

De modo isolado, com apenas um texto explorando o tema, aparecem o Direito concorrencial (Texto 6) e o Direito Tributário (Texto 16), correspondendo a 8,33% (oito vírgula trinta e três por cento) da amostra.

Gráfico 1 – Recorrências

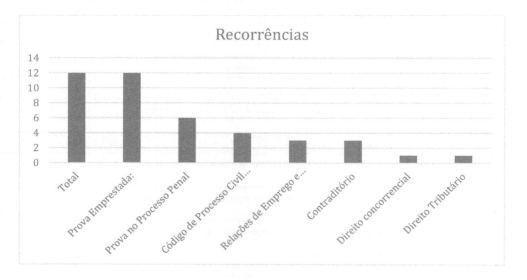

Fonte: Elaboração dos autores

A preocupação central dos textos estudados concentra-se primordialmente no tratamento expresso dado ao tema da prova emprestada pelo CPC vigente, bem como na sua valoração. Isto é, debruçam-se os estudos sobre a nova regra do CPC e sua repercussão prática, tanto no próprio processo civil, onde o estudo da prova emprestada em processos com partes diferentes se destaca, como também estudos na seara penal e trabalhista.

Nos estudos envolvendo o direito processual penal os autores correlacionam a regra vigente no CPC com a doutrina e a jurisprudência em matéria penal, destacando sua admissão e valoração judicial, além do estudo de projeto de Lei que visa alterar o Código de Processo Penal, tendo o contraditório como um norte.

Nos estudos em matéria trabalhista destaca-se o tema da aplicação supletiva e subsidiária do CPC ao processo do trabalho, aduzindo que a prova emprestada, uma vez admitida, daria maior celeridade ao processo trabalhista.

CONSIDERAÇÕES FINAIS

Após traçar os contornos da prova emprestada com base na doutrina, a pesquisa foi orientada a investigar a principal limitação imposta por lei e pela jurisprudência à aplicação do instituto, qual seja, o respeito ao contraditório, requisito primordial a ser observado tanto no procedimento de origem (em que a prova foi produzida) quanto no procedimento de destino (para o qual será trasladada).

A despeito da preocupação com o contraditório, os Tribunais Superiores reconhecem a possibilidade de utilização da prova emprestada mesmo que não exista coincidência entre as partes nos procedimentos de origem e de destino (STJ – RESP 1.561.021-RJ), dispensando-se sua concordância para a transplantação da prova, desde que exista identidade de afirmações de fato discutidas nos procedimentos de origem e de destino e coincidência em ao menos uma das partes (TST – RR 111908720155030110). Os julgados não consideram as nuances do instituto diante de provas casuais ou constituendas, negligenciando que em casos de transplante de prova casual (ex. testemunhal), as possibilidades do contraditório no procedimento de destino (situações jurídicas ativas decorrentes do contraditório) não serão as mesmas do procedimento em que a prova foi constituída. Essa situação é particularmente sensível quando não houver coincidência entre as partes de ambos os procedimentos, e a prova a ser emprestada puder prejudicar o sujeito que não integrou (terceiro) o procedimento de origem.

O presente estudo também foi desenvolvido a partir da busca de produções científicas revisadas por pares sobre prova emprestada, objetivando apresentar um panorama da pesquisa científica nacional, com apoio de programa de computador para evitar enviesamentos. Nesse sentido, evidenciou-se a existência de poucos textos publicados sobre o tema, o que denota que a produção nacional ainda é incipiente, na medida em que apenas 12 (doze) textos foram selecionados de acordo com os critérios adotados.

A principal recorrência recaiu sobre o tema "Prova Emprestada" que esteve presente em todos os textos selecionados. Além disso, observou-se que o tema "Prova no Processo Penal" se fez presente em 50% (cinquenta por cento) dos textos fisgados. Já o Código de Processo Civil (CPC) apareceu expressamente nos resumos da terça parte (33,33%) dos textos, enquanto 25% (vinte e cinco por cento) deles possuem reflexões sobre Relações de Emprego e Processo do Trabalho e sobre o Contraditório. De modo isolado com apenas um texto explorando os temas, situam-se o Direito concorrencial e o Direito Tributário, correspondendo a 8,33% (oito vírgula trinta e três por cento) da amostra.

A preocupação central dos textos estudados concentra-se primordialmente no tratamento expresso dado ao tema da prova emprestada pelo CPC vigente, bem como na sua valoração.

Nos estudos envolvendo o direito processual penal os autores correlacionam a regra vigente no CPC com a doutrina e a jurisprudência em matéria penal, destacando sua admissão e valoração judicial, além do estudo de projeto de Lei que visa alterar o Código de Processo Penal, tendo o contraditório como um norte.

Nos estudos em matéria trabalhista destaca-se o tema da aplicação supletiva e subsidiária do CPC ao processo do trabalho, aduzindo que a prova emprestada, uma vez admitida, daria maior celeridade ao processo trabalhista.

Com suporte na revisão de literatura realizada e no entendimento consolidado no STJ (Súmula 591) observou-se que se encontra pacificado o entendimento de que é permitida a prova emprestada no processo administrativo disciplinar, desde que respeitado o contraditório, sendo certo que esta leitura encontra consonância com o CPC vigente (art. 372).

A regra do CPEP (art. 80) que permite a utilização de prova emprestada para instrução do processo ético profissional estabelece a garantia do contraditório, na mesma linha do CPC, devendo a valoração da prova ser aquilatada dentro do contexto de sua produção, bem como segundo as orientações doutrinárias referidas no estudo para que se atinja o sentido e alcance normativo previsto no CPC.

Por fim, espera-se que as evidências apresentadas no presente estudo estimulem a produção nacional sobre o tema, na medida em que é crescente o interesse e necessário o seu aprofundamento, sobretudo na dimensão da garantia processual do contraditório.

REFERÊNCIAS

ASSIS, Araken de. *Processo civil brasileiro*. São Paulo: RT, 2015. v. II, t. II.

BAUER, Martin W.; GASKELL, George. *Pesquisa qualitativa com texto, imagem e som*: um manual prático. Petrópolis: Vozes, 2002.

BRASIL. Lei Federal 13.105, de 16 de março de 2015. Código de Processo Civil. Diário Oficial da União, Brasília, DF, 16 mar. 2015. Disponível em: https://www.planalto.gov.br/ccivil_03/_ato2015-2018/2015/lei/l13105.htm. Acesso em: 19 dez. 2023.

BRASIL. Resolução CFM 2145, de 17 de maio de 2016. Aprova o Código de Processo Ético-Profissional (CPEP) no âmbito do Conselho Federal de Medicina (CFM) e Conselhos Regionais de Medicina (CRMs). Diário Oficial da União, Brasília, DF, 27 out. 2016. Disponível em: https://portal.cfm.org.br/wp-content/uploads/2020/09/2145_2016.pdf. Acesso em: 27 dez. 2023.

BRASIL. Resolução CFM 2306, de 17 de março de 2022. Aprova o Código de Processo Ético-Profissional (CPEP) no âmbito do Conselho Federal de Medicina (CFM) e Conselhos Regionais de Medicina (CRMs). Diário Oficial da União, Brasília, DF, 25 mar. 2022. Disponível em: https://portal.cfm.org.br/etica-medica/codigo-de-processo-etico-profissional-atual/. Acesso em: 27 dez. 2023.

BRASIL. Superior Tribunal de Justiça (Corte Especial). Embargos de Divergência em Recurso Especial 617.428/SP (2011/0288293-9). Embargante: Ponte Branca Agropecuária S/A e OUTROS. Embargado: Fazenda do Estado de São Paulo. Relator: Min. Nancy Andrighi, Diário de Justiça Eletrônico, Brasília, DF, 17 jun. 2014. Disponível em: https://scon.stj.jus.br/SCON/pesquisar.jsp. Acesso em: 09 jan. 2024.

BRASIL. Superior Tribunal de Justiça (6ª Turma). Recurso Especial 1.561.021/RJ (2013/0314705-4). Recorrente: H.A.J. Recorrido: Ministério Público Federal. Relator: Min. Sebastião Reis Júnior. Relator para Acordão: Min. Nefi Cordeiro, Diário de Justiça Eletrônico, Brasília, DF, 25 abr. 2016. Disponível em: https://scon.stj.jus.br/SCON/pesquisar.jsp?i=1&b=ACOR&livre=((%27RESP%27. clas.+e+@num=%271561021%27)+ou+(%27REsp%27+adj+%271561021%27). suce.)&thesaurus=JURIDICO&fr=veja. Acesso em: 08 jan. 2024.

BRASIL. Superior Tribunal de Justiça. Súmula 591. É permitida a prova emprestada no processo administrativo disciplinar, desde que devidamente autorizada pelo juízo competente e respeitados o contraditório e a ampla defesa. Brasília, DF: Superior Tribunal de Justiça, [2017]. Disponível em: https://scon.stj.jus.br/SCON/pesquisar.jsp. Acesso em: 08 jan. 2024.

BRASIL, Tribunal Superior do Trabalho. (3ª turma). Recurso Revista 111908720155030110. Recorrente: Antonio Silva Aguiar. Recorrido: Via Varejo S.A. Relator: Min. Jose Roberto Freire Pimenta. Diário de Justiça Eletrônico, Brasília, DF, 1º jul. 2023. Disponível em: https://consultaprocessual.tst.jus.br/consultaProcessual/consultaTstNumUnica.do;jsessionid=xoR0JRWJS604uWQ9C8BjKa9dBO0jVxbVod7A-f3q.consultaprocessual-32-lb4rb?conscsjt=&numeroTst=11190&digitoTst=87&anoTst=2015&orgaoTst=5&tribunalTst=03&varaTst=0110&consulta=Consultar. Acesso em: 30 jan. 2024.

DIDIER JR. Fredie. *Curso de Direito Processual Civil*: Teoria geral do processo e processo de conhecimento. 6. ed. Salvador: JusPodivm, 2006.

GOLDENBERG, Mirian. *A arte de pesquisar*: como fazer pesquisa qualitativa em Ciências Sociais; Rio de Janeiro: Record, 2015.

HARZING, Anne-Wil. *Publish or perish*. 2007. Disponível em: https://www.harzing.com/pop.htm. Acesso em: 24 jan. 2024.

LAVILLE, Christian; DIONNE, Jean. *A construção do saber*: manual de metodologia da pesquisa em ciências humanas. Porto Alegre: ARTMED; Belo Horizonte: Ed. UFMG, 1999.

MARCONI, Marina de Andrade; LAKATOS, Eva Maria. *Técnicas de pesquisa*: planejamento e execução de pesquisas, amostragens e técnicas de pesquisa, elaboração, análise e interpretação de dados. São Paulo: Atlas, 2013.

MARINONI, Luiz Guilherme; ARENHART, Sérgio Cruz. *Prova*. São Paulo: RT, 2009.

MARQUES, José Frederico. *Instituições de Direito Processual Civil*. 3. ed. Rio de Janeiro: Forense, 1966. v. III.

MINAYO, Maria Cecília de Souza. *Pesquisa social*: teoria, método e criatividade. Petrópolis/RJ: Vozes, 2016.

NERY JR., Nelson. *Princípios do processo civil na constituição federal*. 8. ed. São Paulo: RT, 2004.

OLIVEIRA, Antônio Carlos Nunes de. *Comentários ao Código de Processo Ético-Profissional dos Conselhos de Medicina*: aprovado pela resolução CFM 2.306/2022. Brasília, DF. Conselho Federal de Medicina, 2022. Disponível em: https://fi-admin.bvsalud.org/document/view/28g6u. Acesso em: 05 jan. 2024.

PEREIRA, Mateus Costa. *Introdução ao estudo do processo*: fundamentos do garantismo processual brasileiro. Belo Horizonte: Casa do Direito, 2020.

SANTOS, Moacyr Amaral. *Prova Judiciária no Cível e Comercial*. 2. ed. São Paulo: Max Limonad, 1952. v. I.

SILVA, Ovídio A. Baptista da. *Curso de processo civil*. 8. ed. Rio de Janeiro: Forense, 2008. v. I, t. I.

THEODORO JR., Humberto. *Curso de Direito Processual Civil*. Rio de Janeiro: Grupo GEN, 2020. 9788530989750. v. I. Disponível em: https://integrada.minhabiblioteca.com.br/#/books/9788530989750/. Acesso em: 04 jan. 2024.

WARAT, Luis Alberto. *O Direito e sua linguagem*. Porto Alegre: SAFE, 1984.

ANTECEDENTES ÉTICOS: ENTRE O SIGILO E O INTERESSE PÚBLICO

Marcelo Sarsur

Doutor e Mestre em Direito pela Universidade Federal de Minas Gerais. Professor dos cursos de Pós-Graduação *lato sensu* do CEDIN – Centro de Estudos em Direito e Negócios. 2º Vice-Presidente da Sociedade Brasileira de Bioética – Regional Minas Gerais, para o biênio 2023/2025. Advogado criminalista.

Sumário: Introdução – 1. Antecedentes éticos e as sanções disciplinares – 2. Os antecedentes Éticos no Processo Ético-Disciplinar – 3. Os antecedentes éticos na investigação criminal – Considerações finais – Referências.

INTRODUÇÃO

Ao longo de sua carreira, um profissional pode amealhar diversos patrimônios, de caráter material ou imaterial. Os bens materiais, embora importantes para o bem viver, não compõem a totalidade do patrimônio de uma pessoa; o patrimônio imaterial constituído por um profissional – seu renome entre os pares, sua reputação perante a clientela, os títulos e honrarias recebidos, a qualificação acadêmica e técnica – possui *tanta*, ou às vezes, até *maior relevância*, do que o patrimônio econômico. Os *antecedentes éticos*, enquanto registro de boa conduta em face das normas deontológicas da profissão, são elementos integrantes do *patrimônio imaterial* de um profissional.

Se o acusado de uma infração ético-profissional dispõe de *bons antecedentes*, essa circunstância é tomada em seu favor, quando da eleição da sanção cabível. Por outro lado, se ostenta *maus antecedentes éticos*, isso é sopesado na majoração da sanção posterior.

O tratamento normativo dos antecedentes representa um ponto de inflexão em qualquer sistema punitivo: se, por um lado, assume-se que um sistema punitivo racional visa a julgar *condutas* (ações ou omissões) que violem preceitos da vida comum, a valoração dos (bons ou maus) antecedentes faz com que o juízo de reprovação recaia sobre a *pessoa do infrator*, seu modo de vida ou suas escolhas pretéritas – dito de outro modo, migrando-se do *objetivo* para o *subjetivo*. Isso afronta as pretensões de *racionalidade* e de *imparcialidade* dos sistemas punitivos contemporâneos, que se fundam na premissa de que "ninguém pode ser punido por aquilo que é, mas tão-somente por aquilo que fez".[1]

---

1. YAROCHEWSKY, Leonardo Isaac. *Da reincidência criminal*. Belo Horizonte: Mandamentos, 2005. p. 49.

Os antecedentes, sejam eles positivos ou negativos, não representam, em absoluto, o único parâmetro preditivo do comportamento futuro de uma pessoa humana, ou de um profissional da medicina. Por um lado, pessoas sem anotações negativas, do ponto de vista dos antecedentes, podem praticar infrações tão gravosas a ponto de se justificar a imposição de sanções severas, como a inabilitação profissional definitiva; por outro lado, um profissional que ostenta maus antecedentes, em razão de infração cometida em seu início de carreira, pode jamais voltar a praticar qualquer conduta antiética até encerrar seu exercício profissional. Quando o tema são os antecedentes éticos, ou os antecedentes criminais, é preciso se precaver contra um juízo de reprovação e de estigmatização individual, como se o infrator estivesse sempre propenso a novos erros apenas por ter errado uma primeira vez. Um sistema punitivo que segrega e rotula, ao invés de emendar e ressocializar, está destinado ao fracasso, servindo apenas como profecia autorrealizável: primeiro seleciona aqueles que rotula como delinquentes e, em seguida, encontra os pretextos para puni-los de acordo com aquela preconcepção.[2]

Nas próximas páginas, será apresentada uma investigação acerca do tratamento dos antecedentes éticos nos processos ético-profissionais perante os Conselhos Federal e Regionais de Medicina, conforme a ordem jurídica brasileira vigente e a Resolução do Conselho Federal de Medicina 2.306, de 17 de março de 2022, que contém o Código de Processo Ético-Profissional (CPEP/2022). Num primeiro momento, impõe-se reconhecer a função dos antecedentes éticos como critério de escolha das sanções disciplinares, sob o marco da Lei Federal 3.268/1957; em seguida, será analisado o uso dos antecedentes éticos no curso do processo ético-profissional, pelo exame crítico da jurisprudência do Conselho Federal de Medicina (CFM); por último, busca-se promover um diálogo entre as ferramentas da investigação criminal e o processo ético-profissional, versando sobre a questão da requisição, por parte da Autoridade Policial ou do órgão do Ministério Público, dos antecedentes éticos do investigado, junto aos Conselhos Regionais de Medicina (CRM) ou ao Conselho Federal de Medicina. Busca-se, enfim, oferecer balizas para a prática decisória no âmbito dos processos ético-profissionais, bem como dirimir dúvidas acerca dos poderes de instrução investigatória na seara criminal e de eventuais riscos de quebra do sigilo aplicável ao processo ético-profissional.

1. ANTECEDENTES ÉTICOS E AS SANÇÕES DISCIPLINARES

A autoridade disciplinar dos Conselhos Regionais de Medicina e do Conselho Federal de Medicina decorre da Lei Federal 3.268/1957, que estabeleceu a autarquia federal e lhe conferiu seus contornos institucionais. Os artigos 21 e 22 da Lei Federal 3.268/1957, respectivamente, estabelecem o poder administrativo disciplinar dos Conselhos Regionais de Medicina, conforme sua base territorial, e enunciam as sanções disciplinares

---

2. A crítica ao sistema penal, a partir do marco da abordagem do etiquetamento (*labelling approach* no original em inglês), foge ao escopo da presente pesquisa. Para mais sobre o tema, cf. BARATTA, Alessandro. *Criminologia crítica e crítica do direito penal*. Introdução à sociologia do direito penal. 3. ed. Trad. Juarez Cirino dos Santos. Rio de Janeiro: Revan e Instituto Carioca de Criminologia, 2002.

aplicáveis aos infratores, desde a advertência confidencial em aviso reservado, mais suave das reprimendas, à cassação do exercício profissional em caráter definitivo, sob referendo da análise pelo Conselho Federal de Medicina, a mais grave punição.

O papel dos antecedentes éticos na determinação da sanção disciplinar aplicável pode ser depreendido do teor do artigo 22, § 1º, da Lei Federal 3.268/1957, assim redigido: "salvo os casos de gravidade manifesta que exijam aplicação imediata da penalidade mais grave a imposição das penas obedecerá à gradação deste artigo". Dito de outro modo, a imposição de uma pena disciplinar está condicionada a *dois parâmetros*: um critério *ordinário*, o da *imposição gradativa* das penas disciplinares, partindo da mais suave até a mais gravosa; e um critério *extraordinário*, o da *gravidade* da infração ética, que pode indicar a imposição de pena mais elevada sem o esgotamento das sanções prévias. Resulta claro que a existência de antecedentes éticos, sejam eles negativos ou positivos,[3] constitui elemento condicionante para a determinação da pena disciplinar a ser imposta, cabendo ao Conselheiro Relator o exame dos registros ético-profissionais do médico acusado antes de formular a proposta de pena disciplinar a ser aplicada.

As duas primeiras penas disciplinares são impostas em caráter privado, de conhecimento apenas do Conselho Regional de Medicina que a impôs e do sancionado: a advertência confidencial em aviso reservado, e a censura confidencial em aviso reservado (artigo 22, alíneas "a" e "b", Lei Federal 3.268/1957). As demais sanções são impostas em caráter público: a censura pública em publicação oficial, a suspensão do exercício profissional por até trinta dias, e a cassação do registro profissional (artigo 22, alíneas "c", "d" e "e", Lei Federal 3.268/1957). As duas últimas sanções disciplinares produzem efeitos perante terceiros, e como tal devem ser divulgadas para conhecimento público.

As penas disciplinares previstas no artigo 22 da Lei Federal 3.268/1957 só podem ser aplicadas mediante o *devido processo ético-profissional*, promovido pelo CRM competente, sendo o acusado assistido por defensor técnico caso assim o deseje.[4]

---

3. "Deve o CFM tratar os processos e condenações anteriores do médico recorrente como maus antecedentes, podendo, inclusive, serem utilizados tais antecedentes como circunstâncias agravantes em caso de nova condenação." (Brasil. Conselho Federal de Medicina. Quarta Câmara do Tribunal Superior de Ética Médica. Recurso ao PEP. Processo CFM 110/2017, CRM/MG. Relator José Fernando Maia Vinagre. Publ. 12 mar. 2018. Disponível em: https://sistemas.cfm.org.br/jurisprudencia/. Acesso em: 16 jan. 2024). Anote-se, por oportuno, que os processos ético-profissionais em curso ou que não resultaram em condenação só podem ser valorados enquanto *circunstância positiva* ao acusado, e não como maus antecedentes éticos, porque entendimento contrário faria valer, em desfavor do médico, presunção de culpa e não situação jurídica de inocência, tal como prevalece no processo criminal ou no processo ético-profissional, de caráter administrativo.

4. Apesar dos imensos poderes atribuídos às autoridades administrativas no âmbito dos Conselhos Regionais de Medicina e do Conselho Federal de Medicina, perdura a visão de que o processo ético-profissional possui menor rigor formal. Nesse sentido, lê-se da ementa do Recurso ao PEP no Processo CFM 10.969/2017, originário do CRM/AM, Relator Sidnei Ferreira: "O PEP não segue o rigor atribuído ao processo penal de caráter garantista. Ao contrário, o PEP é pautado pelo princípio da simplicidade e da informalidade". Ora, o processo ético-profissional pode culminar, em casos extremos, na cassação do registro profissional, e consequentemente da habilitação para exercer a profissão médica, sanção que afeta não apenas a subsistência do apenado, mas um direito fundamental por excelência (artigo 5º, inciso XIII, Constituição da República). O rigor do processo criminal, que aspira a ser garantista, deve-se justamente à dignidade do direito por ele afetado, a saber, a liberdade de locomoção. Se o processo ético-profissional afeta igualmente um direito fundamental, não é desnecessário que ele se revista

O Código de Processo Ético-Profissional de 2022, inspirado por tendências contemporâneas de composição de litígios por vias extraprocessuais, contempla duas formas de resolução da sindicância sem lançar mão da via do processo ético-disciplinar: a *composição* e o *termo de ajustamento de conduta* (TAC). Quando do relatório de encerramento da sindicância, caso o sindicante entenda fundamentadamente pela existência de elementos suficientes da ocorrência da infração ética – ou seja, em não sendo cabível o *arquivamento* da sindicância por inexistência de indícios de materialidade ou de autoria –, e não sendo a infração ética revestida de intensa gravidade,[5] poderá o relator indicar o cabimento da composição ou do termo de ajustamento de conduta, ou de ambos (artigo 19, incisos I e II, CPEP/2022).

A *conciliação* é cabível mediante proposta do sindicante, sendo realizada em audiência especialmente designada para tal finalidade. Ouvidas as partes e expressa a sua concordância com a medida compensatória, *vedado qualquer acerto pecuniário*,[6] a proposta será inserida na sindicância, determinando-se seu arquivamento após a homologação da medida (artigo 22, §§ 2º e 4º, CPEP/2022). A decisão da Câmara de sindicância que homologa a conciliação é *irrecorrível*, até porque traduz a vontade de todos os envolvidos (artigo 22, § 5º, CPEP/2022).

O *Termo de Ajustamento de Conduta*, diretamente inspirado e informado pela Lei Federal 7.347/1985 (Lei da Ação Civil Pública), pode ser celebrado entre a pessoa investigada, natural ou jurídica, como compromissário, mediante *admissão da conduta ilícita*, e o CRM, como comprometente. O termo será firmado sigilosamente, entre o membro da sindicância que o aprovou ou o corregedor do CRM e o médico interessado (artigo 24, CPEP/2022). Nos casos em que o ilícito ético-profissional foi reportado por um denunciante (artigo 14, II, CPEP/2022), não é cabível o TAC (artigo 26, CPEP/2022), sendo indicada, nesses casos, a composição, se admitida por todas as partes. Se verificado o cumprimento das cláusulas de comportamento pelo compromissário, a sindicância

---

de igual zelo e rigor, não para tomar a forma pela forma, mas para assegurar que a privação do direito seja antecedida de exame prudente e minucioso de todas as circunstâncias do caso.

5. É vedada a concessão dos benefícios se a infração ético-profissional produziu lesão corporal grave ou óbito do paciente, ou consistiu em crime contra a dignidade sexual do paciente, nos termos do artigo 22, *caput*, e do artigo 23, § 2º, ambos do CPEP/2022.

6. O intuito do CPEP/2022, embora louvável – evitar que infrações ético-profissionais pudessem se transformar em mecanismos de constrangimento do profissional da Medicina, que firmariam acordos pecuniários desvantajosos apenas para se livrar do espectro do processo ético-profissional –, resulta em maiores complicações para os envolvidos. Como a conciliação não pode versar, em hipótese alguma, sobre acertos pecuniários, tais arranjos deverão ser perseguidos fora da sindicância ou do processo ético-disciplinar, acarretando o risco de judicialização da matéria, ou de outras desavenças entre as partes. Cumpre relembrar que a composição dos danos civis é admitida pela legislação criminal como medida despenalizadora no curso da conciliação entre as partes (cf. artigos 73 e 74, Lei Federal 9.099/1995), sem que isso gere qualquer risco considerável de amesquinhamento da jurisdição penal. A título de sugestão de reforma do CPEP/2022, a proibição do artigo 22, § 4º poderia ser reformulada, de modo a permitir que o sindicante rejeite propostas de conciliação que sejam reputadas como lesivas ao patrimônio do médico investigado, em razão da desproporção entre o valor pleiteado e a gravidade da infração ético-profissional, estendendo-se ao sindicante ou ao corregedor do CRM poderes semelhantes ao do Juiz quando da homologação do acordo de não persecução penal (artigo 28-A, § 5º, Código de Processo Penal).

será arquivada em definitivo; se descumpridas as condições, o processo ético-profissional será instaurado prontamente (artigo 27, *caput* e parágrafo único, CPEP/2022).

Por não se tratar propriamente de penas disciplinares, a aceitação de composição ou de TAC por parte do investigado *não gera antecedente ético negativo*. Apenas as *condenações* em caráter definitivo podem ser consideradas como maus antecedentes,[7] e, no caso das formas extraprocessuais de resolução de litígios, não há nem processo ético-profissional, nem tampouco condenação. Quanto ao TAC, o registro da medida deve ser efetuado apenas para prevenir a adesão a outro termo em prazo inferior a cinco anos desde a celebração do benefício anterior, nos termos do artigo 28 do CPEP/2022.

2. OS ANTECEDENTES ÉTICOS NO PROCESSO ÉTICO-DISCIPLINAR

O artigo 82 do CPEP/2022 disciplina o tratamento dos antecedentes éticos na instrução do processo ético-profissional. Segundo o dispositivo, antes das alegações finais ocorrerá a juntada da ficha de antecedentes éticos do denunciado, que pode vir a ser renovada quando do recurso ao CFM. O artigo 82, § 2º, CPEP/2022 enuncia que da ficha de antecedentes hão de constar as sindicâncias em tramitação e as já arquivadas; as interdições cautelares; os PEPs em tramitação, os já transitados e a capitulação e sanção aplicada em cada um. O § 3º do artigo 82 do CPEP/2022, com acerto, *impede a valoração negativa* de sindicâncias ou PEPs em andamento, em homenagem ao princípio da *situação jurídica de inocência* (artigo 5º, inciso LVII, Constituição da República – CR/1988).[8] Por outro lado, não constará da ficha de antecedentes éticos a sanção alcançada pela *reabilitação profissional*, nos termos do artigo 126, § 3º, CPEP/2022.

Se a juntada dos antecedentes éticos ao PEP é *diligência padrão*, a ser realizada antes das alegações finais das partes, não se pode afirmar que o contato dos conselheiros com tais informações macule sua capacidade de julgar de modo imparcial[9] e conforme os fatos e a disciplina do Código de Ética Médica (Resolução CFM 2.217/2018 – CEM/2018).

---

7. "Somente devem ser juntados aos autos e considerados na aplicação (dosimetria) da sanção, os antecedentes éticos do médico que já estiverem transitado em julgado na esfera administrativa" (Brasil. Conselho Federal de Medicina. Quarta Câmara do Tribunal Superior de Ética Médica. Recurso ao PEP. Processo CFM 7.844/2017, CRM/AL. Relator José Fernando Maia Vinagre. Publ. 03 nov. 2017. Disponível em: https://sistemas.cfm.org.br/jurisprudencia/. Acesso em: 16 jan. 2024).

8. Destaque-se o entendimento do CFM no Recurso ao PEP no Processo 5.851/2021, originário do CRM/ES, de relatoria do Conselheiro Cleiton Cassio Bach, com a seguinte redação: "Não restou comprovado o prejuízo ao ora recorrente a juntada de sua ficha de antecedentes éticos, pois não há nos votos vencedores do CRM-ES sequer menção ao referido documento, existindo apenas no Voto da Conselheira Relatora referências expressas às sindicâncias que foram arquivadas em seu desfavor, as quais não puderam servir de base para sua condenação". Extrai-se do precedente que ocorreria vício de fundamentação caso as sindicâncias arquivadas sem condenação tivessem sido usadas como fator para elevar a pena disciplinar imposta; não tendo decorrido a consequência gravosa ao apenado, não existe motivo para a anulação do processo ético-profissional. A previsão expressa do artigo 82, § 3º, CPEP/2022 representa ganho substancial no processo ético-profissional, ressaltando o fato de que sindicâncias ou PEPs que não culminaram com a condenação do investigado não podem constituir maus antecedentes éticos.

9. "Nada mais natural do que o conhecimento por parte dos Conselheiros, que tem atribuição legal para julgar as infrações ao Código de Ética Médica, de outras faltas éticas que já tenham sido apuradas ou que estejam em apuração para que possam bem aquilatar, se concluírem pela culpabilidade, qual sanção aplicar ao médico faltoso

O artigo 82, § 4º, CPEP/2022 parece, numa leitura precipitada, violar o preceito da situação jurídica de inocência, ao permitir o emprego de sindicâncias ou de PEPs em tramitação, ou arquivados, para a formação do juízo de valor acerca do cabimento da interdição cautelar. Contudo, a alusão a tais expedientes não se faz para a formação da culpa ou para a seleção de pena disciplinar, mas sim para a demonstração do *periculum in mora*, elemento central para a imposição da medida cautelar. De certo modo, o instituto da interdição cautelar se assemelha, do ponto de vista do processo criminal, com a *interdição temporária de direitos*, imposta como medida alternativa à prisão cautelar, nos termos do artigo 319, inciso V, do Código de Processo Penal (Decreto-Lei 3.689/1941 – CPP) – logo, não implica julgamento antecipado do mérito, mas sim medida temporária que assegura a utilidade da decisão administrativa e previne novas ocorrências de violações ético-profissionais. Não há oposição, portanto, entre o princípio constitucional da situação de inocência e o teor do artigo 82, § 4º, CPEP/2022.

A juntada da ficha de antecedentes éticos ao PEP é medida essencial para a determinação da pena disciplinar a ser aplicada. Se o sujeito não possui condenações anteriores em PEPs, é indicada a imposição da sanção de menor gravidade, a advertência confidencial em aviso reservado; conforme a punição anterior sofrida pelo acusado, a pena disciplinar cabível passa a ser a subsequente, até atingir a pena de maior gravidade, que é a cassação do exercício profissional (artigo 22, alínea "e", Lei Federal 3.268/1957). Ressalte-se, por outro lado, que a imposição de pena disciplinar mais gravosa pode ser feita pelos conselheiros, desde que pautada na *gravidade excepcional* do fato – o que demanda lastro probatório compatível com a imputação e fundamentação idônea para a necessidade da reprimenda nos termos fixados.

Não existe, no âmbito do processo ético-disciplinar, um conceito análogo ao da *reincidência* em matéria penal,[10] que empresta peso sancionatório mais elevado aos antecedentes ocorridos a *menos de cinco anos* da data da nova infração penal.[11] Entretanto, uma reflexão mais aprofundada deve ser feita acerca dos antecedentes já alcançados pelo prazo de *oito anos*, previsto no artigo 126 do CPEP/2022 como suficiente para a *reabilitação profissional*.

Alguns estudiosos do Direito Penal brasileiro propuseram, após a vigência da Nova Parte Geral do Código Penal, em 1984, e especialmente, após o advento da Constituição da República de 1988 – por força do artigo 5º, inciso XLVII, alínea "b", que proibiu as penas "de caráter perpétuo" – que os *antecedentes criminais* deveriam ser expurgados

---

dentre aquelas previstas em Lei" (Brasil. Conselho Federal de Medicina. Quarta Câmara do Tribunal Superior de Ética Médica. Recurso ao PEP. Processo CFM 1.846/2017, CRM/SP. Relator José Fernando Maia Vinagre. Publ. 19 nov. 2018. Disponível em: https://sistemas.cfm.org.br/jurisprudencia/. Acesso em: 16 jan. 2024).

10. "Depreende-se que a conselheira não se valeu das condenações anteriores do recorrente como uma específica reincidência no sentido técnico do direito penal e sim, como maus antecedentes pela prática de faltas éticas da mesma natureza" (Brasil. Conselho Federal de Medicina. Pleno do Tribunal Superior de Ética Médica. Recurso ao PEP. Processo CFM 4.902/2017, CRM/MS. Relator Celso Murad. Publ. 21 jun. 2018. Disponível em: https://sistemas.cfm.org.br/jurisprudencia/. Acesso em: 16 jan. 2024).

11. Artigo 63, Código Penal brasileiro: "Verifica-se a reincidência quando o agente comete novo crime, depois de transitar em julgado a sentença que, no País ou no estrangeiro, o tenha condenado por crime anterior".

após o decurso de *cinco anos*, em aplicação analógica ao preceito temporal que limita o alcance da reincidência.[12] Nesse sentido, entre todos, destacam-se Salo de Carvalho e Amilton Bueno de Carvalho:

> (...) os antecedentes, além de fornecer uma graduação à pena decorrente do histórico de vida do acusado, representam um gravame penalógico eternizado, em total afronta aos princípios constitucionais referidos (princípio da racionalidade e da humanidade das penas).
>
> Assim, cremos urgente instituir sua temporalidade, fixando um prazo determinado para a produção dos efeitos impostos pela lei penal. O recurso à analogia permite-nos limitar o prazo da incidência dos antecedentes no marco dos cinco anos – delimitação temporal da reincidência – visto ser a única orientação permitida pela sistemática do Código Penal. Aliás, tal posição tem sido respaldada pela doutrina e jurisprudência.[13]

O Supremo Tribunal Federal, no entanto, rejeitou a tese do limite temporal dos antecedentes criminais, quando do julgamento, pelo Plenário da Corte, do Recurso Extraordinário 593.818/SC, de relatoria do Ministro Luís Roberto Barroso. Prevaleceu o entendimento, fixado em tese de repercussão geral, de que "não se aplica ao reconhecimento dos maus antecedentes o prazo quinquenal da prescrição da reincidência, previsto no art. 64, I, do Código Penal".[14] Por outro lado, permanece possível a *desconsideração dos maus antecedentes*, quando não guardam relação com a nova infração penal.[15] A rejeição do limite temporal de cinco anos levou a um quadro em que a *subjetividade do julgador* serve como critério para diferenciar entre os maus antecedentes que devem ser considerados em prejuízo do acusado, em matéria criminal, e aqueles que, pelo decurso do tempo, hão de ser desconsiderados. O parâmetro maleável e flexível pode levar à *insegurança jurídica* e a tratamentos *desiguais* entre apenados.

Segundo a disciplina da reabilitação profissional, extraída do artigo 126 do CPEP/2022, o reconhecimento da reabilitação pode ser efetuado a pedido do interessado ou *de ofício*, passados *oito anos* desde o cumprimento da pena disciplinar, e não tendo o apenado respondido a outro PEP, ou sofrido a imposição de outra sanção profissional no âmbito do respectivo CRM (artigo 126, § 2º, CPEP/2022). Deste modo, *nada impede* que se adote o prazo de oito anos para o expurgo dos maus antecedentes éticos, mesmo que o sujeito não tenha efetuado pedido expresso de reabilitação profissional.

---

12. Artigo 64, inciso I, Código Penal brasileiro: "Para efeito de reincidência: não prevalece a condenação anterior, se entre a data do cumprimento ou extinção da pena e a infração posterior tiver decorrido período de tempo superior a 5 (cinco) anos, computado o período de prova da suspensão ou do livramento condicional, se não houver revogação".

13. CARVALHO, Amilton Bueno de; CARVALHO, Salo de. *Aplicação da pena e garantismo*. 2. ed. Rio de Janeiro: Lumen Juris, 2002. p. 52.

14. Brasil. Supremo Tribunal Federal. Plenário. Recurso Extraordinário 593.818/SC. Rel. Min. Luís Roberto Barroso. Julg. 17 ago. 2020. Disponível em: https://portal.stf.jus.br/jurisprudencia/. Acesso em: 17 jan. 2024.

15. Nesse sentido, entre todos: "a avaliação dos antecedentes deve ser feita com observância aos princípios da proporcionalidade e da razoabilidade, levando-se em consideração o lapso temporal transcorrido entre as práticas criminosas". Brasil. Superior Tribunal de Justiça. Sexta Turma. Agravo Regimental no *Habeas Corpus* 604.771/MS. Rel. Min. Laurita Vaz. Julg. 23 nov. 2021. Publ. 30 nov. 2021. Disponível em: https://scon.stj.jus.br/SCON/. Acesso em: 17 jan. 2024.

Caso venha a jurisprudência dos CRMs e do CFM a consagrar, como *causa de desconsideração dos maus antecedentes éticos*, o prazo de oito anos desde o cumprimento da pena, aplicando de ofício a reabilitação profissional do artigo 126 do CPEP/2022, escolherá critério mais uniforme, objetivo e apropriado do que o hoje vigente no âmbito do direito penal. Ao fazê-lo, respeita não apenas as balizas de um sistema punitivo racional, mas evita a responsabilização por fatos que já deveriam ter sido esquecidos.

3. OS ANTECEDENTES ÉTICOS NA INVESTIGAÇÃO CRIMINAL

Na sistemática original do Código de Processo Penal, ao inquérito policial era atribuída a função de apurar a ocorrência de suposto fato criminoso, antes de sua apresentação ao Juízo criminal e ao órgão do Ministério Público, este último responsável pelo oferecimento da *denúncia*, petição que dá início à ação penal. O inquérito, procedimento administrativo pré-processual, é instaurado por ato da Autoridade Policial, de ofício ou mediante provocação da Autoridade Pública ou de qualquer cidadão, ou em decorrência da prisão em flagrante (artigo 5º, incisos I e II, e § 3º, CPP, e artigo 8º, CPP), e se desenvolve até o término das investigações, quando é relatado e entregue ao Judiciário (artigo 10, *caput* e § 1º, CPP).

Após o advento da Constituição da República de 1988 (CR/1988), buscou o Ministério Público assumir, a par do poder-dever de oferecer a ação penal de iniciativa pública (artigo 129, inciso I, CR/1988), o poder de promover, *diretamente*, as investigações criminais. Os defensores desta corrente de pensamento arguiram a *teoria dos poderes implícitos*, para aduzir que ao órgão que se confere o poder de denunciar não se poderia negar seu antecedente, que é o poder de investigar ("quem pode o mais, pode o menos"). Esta leitura, apesar de errônea,[16] acabou se tornando a prevalecente, inclusive perante o Supremo Tribunal Federal, e hoje é questão pacificada que o órgão do Ministério Público, por intermédio do procedimento investigatório criminal,[17] pode colher diretamente as provas e indícios da ocorrência de fato pretensamente criminoso.

Em resumo, as investigações criminais podem ser conduzidas, hoje, segundo o ordenamento jurídico brasileiro, por dois mecanismos, igualmente válidos: o *Inquérito Policial* (IP), conduzido pela Polícia Judiciária sob a presidência do Delegado de Polícia, ou o *Procedimento Investigatório Criminal* (PIC), conduzido pelo Ministério Público sob a presidência do Promotor de Justiça ou do Procurador da República.

---

16. A *teoria dos poderes implícitos* é construção própria de ordenamentos jurídicos onde a Constituição é sintética, caso, *e.g.*, dos Estados Unidos da América. A Constituição brasileira, analítica e minudente, não comporta a leitura por meio da teoria dos poderes implícitos. Ademais, o artigo 129, inciso VII, CR/1988 enuncia que ao Ministério Público compete "*requisitar* diligências investigatórias e a *instauração de inquérito policial*" (destaques nossos), o que *não faria sentido* caso o órgão do Ministério Público pudesse realizar *diretamente* a investigação criminal. Quem *requisita* evidentemente *não promove*, mas requer a promoção por parte de terceiros. Essa discussão, contudo, foi esvaziada ante o triunfo da tese jurídica hoje prevalecente, que estendeu poderes que o Ministério Público *não possui*, ao arrepio da letra e do sentido da Lei Fundamental de 1988.

17. O procedimento investigatório criminal é regido por meio de Resolução do Conselho Nacional do Ministério Público, a Resolução CNMP 181, de 07 de agosto de 2017.

Por definição, tanto o IP quanto o PIC se desenvolvem *publicamente*, sendo acessíveis por *qualquer pessoa*, e não só pelos interessados diretos (o formulador da comunicação do crime, o ofendido ou vítima, e o acusado ou investigado). A publicidade das investigações é importante não somente pela perspectiva da *sociedade*, que precisa saber que as infrações penais são apuradas com zelo e presteza, mas também, e especialmente, pela perspectiva do *acusado* – investigações desenvolvidas em sigilo podem se prestar a abusos de autoridade e a contrafações fáticas. Investigações sigilosas são próprias de *sistemas punitivos inquisitoriais*, e não de sistemas pautados por normas, *acusatórios*, em que se enuncia clara distinção entre as funções de investigação, acusação e julgamento. Ainda persiste a possibilidade de decretação do sigilo das investigações, em situações específicas,[18] mas a regra geral das investigações criminais é a sua condução sob o marco da publicidade dos atos de apuração.

Os processos ético-profissionais ainda são conduzidos sob o parâmetro de um *sistema inquisitorial* – como, aliás, é o caso de quase todos os processos administrativos sancionatórios. Acumulam-se, na figura de uma ou mais pessoas, as funções de apuração dos fatos, de acusação após a coleta das provas, e de julgamento das infrações éticas imputadas. A título de exemplo, confira-se o CPEP/2022: a sindicância pode ser instaurada *ex officio* (artigo 14, I, CPEP/2022); pode ser conduzida *"sem a necessidade de garantia da ampla defesa e do contraditório"* (artigo 15, § 1º, CPEP/2022); o instrutor, responsável pela coleta das provas, também poderá promover o *aditamento* do relatório conclusivo da sindicância, adicionando novos fatos, novas imputações de infrações éticas e até mesmo outros acusados (artigo 38, CPEP/2022). Ocorre, inequivocamente, a concentração das funções de *acusação* e de *instrução* na figura do instrutor do processo ético-profissional.

Uma das condições de existência de um procedimento inquisitorial é o *sigilo das apurações*, que são acessíveis apenas ao condutor da investigação e às partes interessadas, por meio da demonstração de seu interesse em conhecer os termos da investigação. Nesse sentido, é expresso o artigo 1º do CPEP/2022, que afirma que a sindicância e o processo ético-profissional tramitarão em *sigilo processual*, entendimento este também sustentado pela jurisprudência do CFM.[19]

---

18. O artigo 20 do CPP enuncia que "a autoridade assegurará no inquérito o sigilo necessário à elucidação do fato ou exigido pelo interesse da sociedade". Por sua vez, o artigo 16 da Resolução CNMP 181/2017 possui a seguinte redação: "o presidente do procedimento investigatório criminal poderá decretar o sigilo das investigações, no todo ou em parte, por decisão fundamentada, quando a elucidação do fato ou interesse público exigir, garantindo o acesso ao investigado e ao seu desfavor, desde que munido de procuração ou de meios que comprovem atuar na defesa do investigado, cabendo a ambos preservar o sigilo sob pena de responsabilização". O sigilo das investigações se funda, em resumo, em dois pilares: o *interesse público*, como a necessidade de coleta de informações que dependem do sigilo para serem efetivas – a interceptação de conversas telefônicas, ou a inserção de agentes infiltrados no âmbito de organizações criminosas –, ou a *privacidade* do ofendido ou do investigado, como nos casos de crimes sexuais (artigo 234-B, Código Penal: "os processos em que se apuram crimes definidos neste Título [Dos crimes contra a dignidade sexual] correrão em segredo de justiça"), ou no manuseio de informações sensíveis, como dados fiscais ou bancários do acusado (artigo 1º, § 4º, Lei Complementar 105/2001: "a quebra de sigilo [bancário] poderá ser decretada, quando necessária para apuração de ocorrência de qualquer ilícito, em qualquer fase do inquérito ou do processo judicial, e especialmente nos seguintes crimes").

19. "Somente as partes e seus procuradores regularmente habilitados e identificados poderão ter acesso aos autos da Sindicância e PEPs no âmbito dos Conselhos de Medicina" (Brasil. Conselho Federal de Medicina. Quarta

Embora distintas, as instâncias criminal e administrativa apuram, por vezes, *idêntico fato*, cujo enquadramento implica responsabilidade ético-profissional e responsabilidade criminal. Digam-se, a título de exemplo, de condutas imperitas ou negligentes das quais decorram lesões corporais ao paciente, ou mesmo o óbito;[20] ou condutas atentatórias à liberdade sexual do paciente;[21] ou, ainda, condutas que afrontam a intimidade do paciente, por meio da violação do sigilo profissional.[22] Em todos os casos supracitados, pode vir a ser necessária a troca de informações entre os Conselhos profissionais e as autoridades responsáveis pela investigação criminal, consistente no aporte de cópias do processo ético-profissional ao inquérito policial ou ao procedimento investigatório criminal. Mas, então, como proceder nestes casos, sabendo que a regra da investigação criminal é a da *publicidade*, e a do PEP, o *sigilo*?

O pedido de remessa dos dados do PEP pode ser formulado, de ofício, pela autoridade responsável pela apuração dos fatos (Delegado de Polícia ou órgão do Ministério Público), ou mediante requerimento da parte interessada (o ofendido ou o investigado), mas, de qualquer modo, deve ser submetido ao juiz das garantias e por ele deferido,[23] antes de ser encaminhado ao Conselho Regional de Medicina ou ao Conselho Federal de Medicina, revestido da força de *requisição judicial* a uma autarquia federal. Por se tratar de informações sigilosas, a obtenção dos dados do PEP não pode ser feita pela requisição direta ao CRM ou ao CFM, mesmo que proveniente do Ministério Público ou da Polícia Civil, mas sim por *ordem judicial*, direcionada ao Conselho profissional responsável, pelo Juízo competente pela tramitação das investigações. A requisição dirigida ao CRM pode ter por objeto as cópias de um PEP em curso, mas também os *antecedentes éticos* de um profissional, mesmo que protegidos por anotação sigilosa.

Não é novidade a requisição de *dados sigilosos ou confidenciais* para fins de instrução das investigações criminais. Os dados de comunicações privadas, inclusive o conteúdo de comunicações telefônicas (artigo 5º, inciso XII, CR/1988); os dados bancários; os dados fiscais; e até mesmo os *antecedentes criminais*[24] podem ser acessados no curso da investigação criminal. Não se pode emprestar aos antecedentes éticos, mesmo aqueles impostos em caráter confidencial, uma qualidade superior, em termos de proteção de sigilo, daquela que se confere a outros dados sigilosos. A ordem judicial, desde que

---

Câmara do Tribunal Superior de Ética Médica. Recurso ao PEP. Processo CFM 7.844/2017, CRM/AL. Relator José Fernando Maia Vinagre. Publ. 03 nov. 2017. Disponível em: https://sistemas.cfm.org.br/jurisprudencia/. Acesso em 16 jan. 2024).

20. Artigo 129, § 6º, Código Penal brasileiro (CPB), ou artigo 121, § 3º, CPB; artigo 1º, CEM/2018.
21. Artigo 215, CPB, ou artigo 217-A, § 1º, CPB; artigo 38, CEM/2018.
22. Artigo 154, CPB; artigo 73, CEM/2018.
23. Compete ao juiz das garantias, nos termos do artigo 3º-B, inciso XI, alínea "d", CPP: "O juiz das garantias é responsável pelo controle da legalidade da investigação criminal e pela salvaguarda dos direitos individuais cuja franquia tenha sido reservada à autorização prévia do Poder Judiciário, competindo-lhe especialmente: decidir sobre os requerimentos de acesso a informações sigilosas".
24. Artigo 202, Lei Federal 7.210/1984 (Lei de Execução Penal – LEP): "Cumprida ou extinta a pena, não constarão da folha corrida, atestados ou certidões fornecidos por autoridade policial ou por auxiliares da Justiça, qualquer notícia ou referência à condenação, salvo para instruir processo pela prática de nova infração penal ou outros casos expressos em lei".

fundamentada, é elemento suficiente para compelir os CRMs ou o CFM a apresentar o rol de antecedentes éticos do profissional sob investigação criminal.

No caso de juntada, ao inquérito policial ou ao procedimento investigatório criminal, dos documentos por uma das partes no processo ético-profissional (o investigado ou o denunciante, suposto ofendido), com vistas a favorecer seu ponto de vista na investigação criminal, há vício procedimental na obtenção da prova, por falta da ordem judicial, a ponto de justificar sua exclusão em razão da ilegalidade? A resposta há de ser negativa.

É entendimento corrente do CFM que as partes no PEP, inclusive o denunciante, podem ter pleno acesso ao feito.[25] Afinal de contas, o segredo profissional que recai sobre o PEP não pode excluir até mesmo os interessados diretos no deslinde do processo. A prova, embora trazida *sem formalidade*, não se ressente de origem *ilícita*. Igualmente, o Tribunal Regional Federal da Quinta Região, ao analisar pedido de exibição de documentos em face do Conselho Regional de Medicina do Ceará, proposto por mãe de paciente que veio a óbito e com o intuito de obter cópias do processo ético-profissional instaurado para investigar as circunstâncias do caso, assim decidiu:

> Conquanto a petição inicial seja bastante sintética, dela e dos documentos que a instruem se pode extrair que a autora quer ter acesso ao processo administrativo instaurado contra médico em razão de óbito da filha, para poder ter subsídios para promover ação indenizatória contra ele. (...) o CREMEC se agarrou ao segredo médico, para justificar que, "no caso em tela, referente ao paciente falecido, nem mesmo os entes familiares podem autorizar o acesso ao processo/prontuário, pois não se trata de direitos hereditários transmitidos após o óbito [...] em hipótese alguma deve ser disponibilizado o processo/prontuário do paciente falecido a quem quer que seja pelo só fato de ser o requerente um parente do *de cujus*". (...) É inequívoco que a autora tem o direito de saber o que aconteceu em relação ao comportamento médico que supostamente redundou na morte da sua filha, colhendo a documentação necessária para buscar a responsabilização dos envolvidos, se for o caso, descabendo inviabilizar-se esse acesso sob a justificativa de proteger a intimidade da filha falecida. (Tribunal Regional Federal da Quinta Região. Primeira Turma. Apelação Cível 0009791-10.2013.4.05.8100. Rel. Des. Federal Élio Wanderley de Siqueira Filho. Julg. 18 ago. 2016. Publ. 22 ago. 2016. Disponível em https://juliapesquisa.trf5.jus.br/julia-pesquisa/pesquisa#consulta. Acesso em: 11 jan. 2024).

As cópias do PEP, desde que obtidas por uma das partes legítimas a extraí-las, podem ser juntadas à investigação criminal, mesmo que prescindida de ordem judicial prévia. Inexiste qualquer vício procedimental, devendo-se, a partir da juntada das peças do feito administrativo, ser decretado o *sigilo da investigação*, com vistas a prevenir exposição indevida de seu conteúdo.

---

25. "As partes envolvidas em procedimento ético podem ter acesso aos autos, extraindo as cópias de seu interesse, zelando pelo teor das informações recebidas, sob pena de responder civil e criminalmente pela quebra de sigilo" (Brasil. Conselho Federal de Medicina. Quarta Câmara do Tribunal Superior de Ética Médica. Recurso em Sindicância. Processo CFM 4.899/2002, CRM/PE. Relator Rodrigo Orlando Nabuco Teixeira. Publ. 17 jun. 2004. Disponível em: https://sistemas.cfm.org.br/jurisprudencia/. Acesso em: 16 jan. 2024).

CONSIDERAÇÕES FINAIS

Não se pode contestar a autonomia entre as instâncias criminal e administrativa, expressamente prevista no artigo 7º do CPEP/2022. Entretanto, é claro que o fato apurado como infração ética pode também ter implicações criminais, a serem apuradas pelas autoridades em âmbito de inquérito policial ou de procedimento investigatório criminal. Nesse sentido, o intercâmbio de informações entre os CRMs ou o CFM e as autoridades envolvidas na persecução penal (Polícia Civil ou Ministério Público) contribui para a efetiva persecução penal e para o delineamento de questões referentes à ética médica, pertinentes aos contornos típicos da figura punível.

Assim, o aporte de documentos do processo ético-disciplinar para as investigações criminais pode ser realizado sem obstáculos, por iniciativa da autoridade, do suposto ofendido ou até mesmo do investigado e de sua defesa técnica, desde que antecedido por *ordem judicial*, e observado o *sigilo das investigações*, na totalidade do expediente investigatório, ou ao menos sobre os documentos advindos do PEP. Deste modo, restam preservados a *imagem* e a *reputação profissional* do investigado, sem que os dados advindos dos Conselhos profissionais tenham indevida publicização, bem como o *interesse público* na apuração de pretenso fato criminoso, que pode se enriquecer a partir dos julgamentos provenientes dos especialistas em ética médica. Uma vez solicitados, os dados do PEP devem ser enviados à Autoridade competente, por meio de remessa física ou digital, cercando-se de cuidados para atestar a idoneidade da procedência e a autenticidade das cópias, bem como o caráter restrito em seu emprego na apuração fática.

Por outro lado, impõe-se que as autoridades efetuem criteriosamente a leitura dos elementos advindos do processo ético-disciplinar, para que não se confunda manifestação preliminar, como, por exemplo, o *relatório da sindicância* (artigo 19, CPEP/2022) ou a deliberação pela *interdição cautelar do exercício profissional* (artigos 29, 30 e 33, CPEP/2022), mesmo quando aprovados pela Câmara ou pelo Pleno por maioria de votos, com um *juízo peremptório* de responsabilidade ético-profissional. Apenas o julgamento definitivo do processo ético-profissional pode ser compreendido, pelos órgãos da persecução penal, como manifestação final do Conselho profissional em questão, para fins de capitulação das figuras criminais, em especial daquelas que dispõem de elementos normativos do tipo.

REFERÊNCIAS

BARATTA, Alessandro. *Criminologia crítica e crítica do direito penal*. Introdução à sociologia do direito penal. 3. ed. Trad. Juarez Cirino dos Santos. Rio de Janeiro: Revan e Instituto Carioca de Criminologia, 2002.

BRASIL. Conselho Federal de Medicina. Quarta Câmara do Tribunal Superior de Ética Médica. Recurso em Sindicância. Processo CFM 4.899/2002, CRM/PE. Relator Rodrigo Orlando Nabuco Teixeira. Publ. 17 jun. 2004. Disponível em: https://sistemas.cfm.org.br/jurisprudencia/. Acesso em: 16 jan. 2024.

BRASIL. Conselho Federal de Medicina. Quarta Câmara do Tribunal Superior de Ética Médica. Recurso ao PEP. Processo CFM 7.844/2017, CRM/AL. Relator José Fernando Maia Vinagre. Publ. 03 nov. 2017. Disponível em: https://sistemas.cfm.org.br/jurisprudencia/. Acesso em: 16 jan. 2024.

BRASIL. CONSELHO FEDERAL DE MEDICINA. Quarta Câmara do Tribunal Superior de Ética Médica. Recurso ao PEP. Processo CFM 110/2017, CRM/MG. Relator José Fernando Maia Vinagre. Publ. 12 mar. 2018. Disponível em: https://sistemas.cfm.org.br/jurisprudencia/. Acesso em: 16 jan. 2024.

BRASIL. Conselho Federal de Medicina. Sexta Câmara Extraordinária do Tribunal Superior de Ética Médica. Recurso ao PEP. Processo CFM 10.969/2017, CRM/AM. Relator Sidnei Ferreira. Publ. 03 out. 2018. Disponível em: https://sistemas.cfm.org.br/jurisprudencia/. Acesso em: 16 jan. 2024.

BRASIL. Conselho Federal de Medicina. Quarta Câmara do Tribunal Superior de Ética Médica. Recurso ao PEP. Processo CFM 1.846/2017, CRM/SP. Relator José Fernando Maia Vinagre. Publ. 19 nov. 2018. Disponível em: https://sistemas.cfm.org.br/jurisprudencia/. Acesso em: 16 jan. 2024.

BRASIL. Conselho Federal de Medicina. Pleno do Tribunal Superior de Ética Médica. Recurso ao PEP. Processo CFM 5.851/2021, CRM/ES. Relator Cleiton Cassio Bach. Publ. 21 jul. 2022. Disponível em: https://sistemas.cfm.org.br/jurisprudencia/. Acesso em: 16 jan. 2024.

BRASIL. Superior Tribunal de Justiça. Sexta Turma. Agravo Regimental no *Habeas Corpus* 604.771/MS. Rel. Min. Laurita Vaz. Julg. 23 nov. 2021. Publ. 30 nov. 2021. Disponível em: https://scon.stj.jus.br/SCON/. Acesso em: 17 jan. 2024.

BRASIL. Supremo Tribunal Federal. Plenário. Recurso Extraordinário 593.818/SC. Rel. Min. Luís Roberto Barroso. Julg. 17 ago. 2020. Disponível em: https://portal.stf.jus.br/jurisprudencia/. Acesso em: 17 jan. 2024.

CARVALHO, Amilton Bueno de; CARVALHO, Salo de. *Aplicação da pena e garantismo.* 2. ed. Rio de Janeiro: Lumen Juris, 2002.

TRIBUNAL REGIONAL FEDERAL DA QUINTA REGIÃO. Primeira Turma. Apelação Cível 0009791-10.2013.4.05.8100. Rel. Des. Federal Élio Wanderley de Siqueira Filho. Julg. 18 ago. 2016. Publ. 22 ago. 2016. Disponível em: https://juliapesquisa.trf5.jus.br/julia-pesquisa/pesquisa#consulta. Acesso em: 11 jan. 2024.

YAROCHEWSKY, Leonardo Isaac. *Da reincidência criminal.* Belo Horizonte: Mandamentos, 2005.

A GRADAÇÃO DAS PENAS E O DEVER DE MOTIVAÇÃO

Camila Kitazawa Cortez

Mestra em Ciências da Saúde pela Escola Paulista de Medicina – UNIFESP. Certificação em Healthcare Compliance pelo Colégio Brasileiro de Executivos da Saúde (CBEXS). Diretora e Professora do Instituto BIOMEDS. Advogada. Ex-Procuradora do CREMESP. Fundadora da KCortez Consultoria e Assessoria em Direito Médico, Bioética e Healthcare Compliance.

Dianna Borges Rodrigues

Especialista em Direito da Saúde. Mestranda em Direito Processual pela Universidade Federal do Espírito Santo. Advogada. Procuradora do Conselho Regional de Medicina do Espírito Santo.

Sumário: Introdução – 1. A responsabilidade profissional perante os Conselhos de Medicina – 2. As sanções disciplinares aplicadas pelos Conselhos de Medicina – 3. A relação do direito administrativo sancionador com os princípios constitucionais – 4. A motivação e a proporcionalidade como fatores de legalidade das sanções impostas – Considerações finais – Referências.

INTRODUÇÃO

Os Conselhos de Medicina foram instituídos pelo Decreto-Lei 7.955/1945[1] e re-organizados pela Lei 3.268/1957[2] – quando adquiriram natureza jurídica de autarquia –, com o objetivo de supervisionar o exercício ético da profissão e disciplinar a classe médica. Compete-lhes, portanto, zelar pelo aprimoramento da Medicina, sobretudo em seu aspecto ético, ganhando relevo nessa seara a responsabilidade disciplinar decorrente da violação às normas deontológicas previstas no Código de Ética Médica.

Diante da existência de indícios de infração ética, instaura-se o competente processo ético-profissional com a finalidade de apurar a responsabilidade do médico denunciado, o que deve ocorrer com observância às regras estabelecidas pelo Código de Processo Ético-Profissional,[3] atentando-se especialmente para as garantias constitucionais do contraditório e da ampla defesa.

---

1. Brasil. Decreto-Lei 7.955 de 13 de setembro de 1945. Institui Conselhos de Medicina e dá outras providências. Disponível em: https://www.planalto.gov.br/ccivil_03/decreto-lei/1937-1946/del7955.htm. Acesso em: 15 jan. 2024.
2. Brasil. Lei Federal 3.268 de 30 de setembro de 1957. Dispõe sobre os Conselhos de Medicina, e dá outras providências. Disponível em: http://www.planalto.gov.br/ccivil_03/LEIS/L3268.htm. Acesso em: 15 jan. 2024.
3. Brasil. Conselho Federal de Medicina. Resolução 2.306, de 25 de março de 2022. Aprova o Código de Processo Ético-Profissional (CPEP) no âmbito do Conselho Federal de Medicina (CFM) e Conselhos Regionais de Medicina (CRMs) [on-line]. Disponível em: https://sistemas.cfm.org.br/normas/visualizar/resolucoes/BR/2022/2306. Acesso em: 15 jan. 2024.

Ao final do processo, o médico pode ser absolvido ou condenado e, nesse caso, são cinco as penalidades previstas na Lei 3.268/1957 – duas de natureza privada e três de natureza pública: advertência confidencial em aviso reservado, censura confidencial em aviso reservado, censura pública em publicação oficial, suspensão do exercício profissional por até 30 dias e cassação do exercício profissional.

Ao contrário do que se verifica na esfera penal, não há vinculação entre infrações éticas e sanções no regime disciplinar dos profissionais médicos, pois o Código de Ética Médica prevê os ilícitos sem os correlacionar às respectivas penas, e a lei elenca as penalidades que podem ser aplicadas, mas não indica as infrações correlatas.

Em que pese a ausência atual de relevante divergência jurisprudencial sobre o regime disciplinar dos Conselhos de Medicina, a doutrina se divide sobre a sua legalidade. Defende-se, de um lado, que a ausência de determinação prévia da sanção a ser aplicada para cada infração ética fere o princípio da tipicidade, o que gera um cenário de insegurança jurídica e arbitrariedade.[4] Em outra linha de raciocínio, parte da doutrina assevera que a lei deixou de estabelecer a correlação entre infração ética e sanção para que o conselheiro possa proferir a sua decisão com base nas circunstâncias do caso concreto.[5]

Com efeito, interessa ao presente estudo analisar como a ausência de correlação entre ilícito ético e sanção repercute no dever de motivação das decisões proferidas pelos Conselhos de Medicina.

1. A RESPONSABILIDADE PROFISSIONAL PERANTE OS CONSELHOS DE MEDICINA

O Código de Ética Médica é o diploma normativo que reúne as regras de conduta para nortear a boa prática médica e é dividido em três partes; o primeiro capítulo traz os princípios fundamentais da profissão, o segundo trata dos direitos dos médicos, também chamados de normas diceológicas, e do terceiro capítulo em diante são enumeradas as normas deontológicas, ou seja, as vedações impostas ao médico em seu exercício profissional.

Constatada a violação a qualquer uma das normas deontológicas insculpidas no Código de Ética Médica, poderá o médico vir a ser responsabilizado, sujeitando-se às sanções listadas no art. 22 da Lei 3.268/1957, quais sejam, advertência confidencial em aviso reservado, censura confidencial em aviso reservado, censura pública em publicação oficial, suspensão do exercício profissional por até 30 dias e cassação do exercício profissional.

Eventual infração ética deverá ser apurada no âmbito do processo ético-profissional, atualmente regulamentado pela Resolução CFM 2.306/2022, assegurando-se ao médico

---

4. BARROS JÚNIOR, E. A. *Código de ética médica comentado e interpretado*. São Paulo: Editora Cia do eBook, 2019, p. 792-793.
5. BEHRENS, P. E. *Código de processo ético-profissional médico comentado*. 2. ed. Belo Horizonte: Fórum, 2016, p. 187.

denunciado as garantias do contraditório e da ampla defesa, que se aplicam ao processo administrativo por determinação da Constituição Federal.

Nesse sentido, o processo ético-profissional configura um direito do médico denunciado de ter a sua conduta apurada segundo regras previamente estabelecidas, em procedimento que lhe permita produzir as provas pertinentes para que possa influir de forma eficaz na convicção do corpo de conselheiros.

Por outro viés, o processo disciplinar se presta ainda para concretizar o princípio da busca da verdade material, pois o conselheiro instrutor deverá adotar postura ativa na apuração dos fatos tais como ocorreram na realidade, não se contentando com os elementos carreados aos autos pelas partes.[6]

Importante notar que, ao contrário do que se observa no Código Penal, não existe correlação entre infração ética e pena no âmbito do processo ético-profissional. A Lei 3.268/1957 cuidou de enumerar as sanções disciplinares passíveis de serem aplicadas, sem, no entanto, correlacioná-las às condutas típicas. O Código de Ética Médica, por sua vez, elenca as condutas infracionais, também sem vinculá-las às suas respectivas sanções.

Trata-se de situação peculiar em que a construção completa do tipo sancionador depende do enlace de duas normas; do Código de Ética Médica, que traz o preceito primário, ou seja, os comportamentos vedados ao médico e, de outro lado, da Lei 3.268/1957, que traz o preceito secundário ao prever as penalidades aplicáveis.

A vinculação do preceito primário contido no código ao preceito secundário previsto na lei é apresentada em julgamento, pelo conselheiro relator, o qual, embora possua certo grau de discricionariedade em sua atividade, está vinculado ao critério de gradação das penas estabelecido no art. 22, § 1º, da lei e, ainda, aos fatos apurados na instrução probatória.

2. AS SANÇÕES DISCIPLINARES APLICADAS PELOS CONSELHOS DE MEDICINA

Os Conselhos de Medicina, instituídos pela Lei Federal 3.268/1957, têm como atividade-fim a fiscalização da ética profissional, cuja principal norma de referência é o Código de Ética Médica, hoje representado na Resolução CFM 2.217/2018.[7]

Oselka[8] ensina que os Códigos de Ética Médica adotados no Brasil se caracterizam por representar uma mescla de código de moral com código administrativo, apresentado a definição da doutrina hipocrática e regulando com precisão aspectos éticos da profissão.

O Código de Ética Médica, tradicionalmente, é reformulado quando há mudanças notáveis no modo de pensar da categoria profissional, o que pode fazer com que

---

6. CARVALHO FILHO, J. S. *Manual de Direito Administrativo*. 33. ed. São Paulo: Atlas, 2019, p. 1.362-1.363.
7. Brasil. Conselho Federal de Medicina. Resolução 2.217, de 01 de novembro de 2018. Aprova o Código de Ética Médica. [on-line]. Disponível em: https://sistemas.cfm.org.br/normas/visualizar/resolucoes/BR/2018/2217. Acesso em: 21 jan. 2024.
8. OSELKA, G. O código de ética médica. In: SEGRE M., COHEN C. (Org.). *Bioética*. São Paulo: Edusp, 1995.

as normas vigentes se tornem empecilhos para o exercício da profissão. Do Código de 1984 para o de 1988, por exemplo, houve profundas mudanças, já que o Brasil passou a ser um Estado Democrático de Direito. Buscou-se o encontro da realidade social com a prática médica, contexto em que o paciente foi alçado ao centro da Medicina, com o reconhecimento, inclusive, de sua autonomia.[9]

A prerrogativa disciplinar dos Conselhos de Medicina é exercida por um instrumento denominado processo ético-profissional, por meio do qual se realiza a apuração de conduta médica que apresente indícios de ser antiética e infrinja, a rigor, o Código de Ética Médica ou as resoluções do Conselho Federal de Medicina.

Ao final desse procedimento, obedecidas todas as fases e asseguradas ao médico denunciado as garantias inerentes ao contraditório e à ampla defesa, o corpo de conselheiros concluirá pela existência, ou não, de uma conduta antiética. Em caso positivo, o médico infrator ficará sujeito a uma das penas previstas na Lei 3.268/1957, quais sejam: a) advertência confidencial em aviso reservado; b) censura confidencial em aviso reservado; c) censura pública em publicação oficial; d) suspensão do exercício profissional até 30 (trinta) dias; e) cassação do exercício profissional, *ad referendum* do Conselho Federal.

É possível separar as penas em duas categorias: penas privadas (a e b) e penas públicas (c, d e e). As penas referentes à primeira categoria são confidenciais e, por isso, divulgadas apenas ao médico e ao seu advogado, se for o caso, sem que haja qualquer tipo de publicidade e nem tampouco apontamento na certidão de antecedentes éticos. Em relação às demais penalidades, por serem públicas, a regra é a publicidade tanto em jornais de grande circulação como no Diário Oficial,[10] razão pela qual possuem alcance perante toda a sociedade.

O art. 22 da Lei 3.268/1957, além de estabelecer as penas aplicáveis aos médicos, também disciplina a maneira pela qual devem ser impostas. Em regra, deverá ser observada a gradação das penas, exceto para os casos de gravidade manifesta que justifiquem a aplicação direta de penalidade mais grave. Não se trata, portanto, de uma faculdade do conselheiro, mas de critério vinculado trazido por lei com o objetivo de que a pena aplicada seja razoável e proporcional à infração cometida.

Apenas a título exemplificativo, no ano de 2022, 798 médicos foram julgados pelo Conselho Regional de Medicina de São Paulo (CREMESP), no bojo de 587 processos. Desse total de médicos julgados, 492 (61,65%) foram condenados por alguma infração ético-profissional com a consequente aplicação de penalidade, da seguinte maneira:[11]

---

9. MARQUES FILHO, J. *A pena máxima*: cassação do exercício profissional médico. Análise, sob o olhar da Bioética, dos processos de cassação do Conselho Regional de Medicina do Estado de São Paulo [Tese de Mestrado em Bioética]. São Paulo: Centro Universitário São Camilo; 2006.

10. CORTEZ, C. K. A responsabilidade civil, penal e ética do médico no Brasil. In: CARVALHO P. C. A.; Lopes A. L. J.; CORTEZ C. K., PEREIRA G. M.; BRANDÃO L. C. B. *Direito Médico*: Temas atuais. Curitiba, PR: Ed. Juruá; 2019.

11. Brasil. Conselho Regional de Medicina de São Paulo. [on-line]. Disponível em: https://transparencia.cremesp.org.br/?siteAcao=processos_etico_profissionais. Acesso em: 21 jan. 2024.

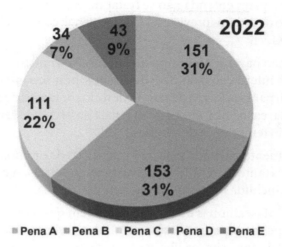

Como se vê, mais da metade das penalidades aplicadas pelo CREMESP aos médicos no ano de 2022 anos é privada, ou seja, sem qualquer divulgação para a sociedade.

Há quem defenda que o modelo de sigilosidade do procedimento e das penas não se coaduna com o modelo democrático, tampouco com a Lei de Acesso à Informação,[12] que trata o sigilo como exceção à regra de que as informações tratadas pela Administração Pública devem ser públicas.

O atual momento, que preza pela transparência e acesso a informações, talvez seja um incentivo para a revisão desse modelo, que poderia ser relativizado com a divulgação de informações estatísticas mais transparentes e robustas, além de repositório de decisões com anonimização das partes.

É preciso considerar ainda, com relação à dosimetria das penas aplicadas pelos Conselhos de Medicina, que há uma distância considerável entre a penalidade de suspensão do exercício profissional até 30 dias e a de cassação. Uma pena intermediária com prazos maiores de suspensão, como 1, 2, 5 ou até 10 anos, poderia oferecer alternativas mais justas, evitando a aplicação de pena leve para um caso grave (suspensão por 30 dias) ou pena extremamente gravosa para um caso não tão extremo (cassação).

Por fim, vale trazer à discussão a questão sobre a perpetuidade da pena de cassação, que é a única que impede a reabilitação do médico, não podendo ser retirada dos apontamentos constantes do Conselho Regional de Medicina.[13]

---

12. Brasil. Lei Federal 12.527 de 18 de novembro de 2011. Regula o acesso a informações. [on-line]. Disponível em: https://www.planalto.gov.br/ccivil_03/_ato2011-2014/2011/lei/l12527.htm. Acesso em: 21 jan. 2024.
13. Resolução CFM 2.306/22, art. 126 – Decorridos 8 (oito) anos após o cumprimento da sanção, o médico será reabilitado, de ofício ou a requerimento, no CRM onde está inscrito, com a retirada dos apontamentos referentes aquela sanção.
    § 1º Não será reabilitado o médico que sofrer a sanção de cassação do exercício profissional, prevista na alínea "e", do art. 22 da Lei 3.268/1957.

De um lado, há quem entenda não se tratar de pena perpétua por constituir uma espécie de interdição de direitos prevista no Código Penal, constitucionalmente admitida pelo art. 5º, inciso XLVI.[14]

Nessa toada, não haveria no campo do Direito Administrativo regra que impeça a adoção da pena de interdição definitiva de direitos, pois se a intenção do constituinte fosse realmente extirpar essa forma de sanção de todos os ramos do Direito, tê-lo-ia feito de maneira expressa, especificando entre as penas possíveis de serem adotadas por lei somente a interdição temporária de direitos.[15]

O termo atualmente utilizado pela lei é interdição de direitos, o que permite concluir serem possíveis tanto as definitivas como as temporárias. A cassação do exercício profissional estaria incluída na categoria das definitivas.

Noutra ponta, Mascarenhas e Pereira[16] defendem que a utilização do argumento de que a vedação à pena perpétua é restrita ao âmbito criminal não merece prosperar, pois se o sistema mais agressivo às liberdades individuais e coletivas, que é o Direito Penal, não admite penas perpétuas, não se mostra razoável a argumentação de que penas administrativas ou cíveis poderiam admiti-la.

O Poder Judiciário, majoritariamente, segue adotando o posicionamento de que a cassação do exercício profissional não configura pena perpétua, sob o argumento de que o preceito constante do art. 5º, XLVII, alínea "b" se aplica somente ao âmbito do Direito Penal.

3. A RELAÇÃO DO DIREITO ADMINISTRATIVO SANCIONADOR COM OS PRINCÍPIOS CONSTITUCIONAIS

Nas palavras do Ministro Benedito Gonçalves e de Renato César Guedes Grilo,[17] o Direito Administrativo Sancionador é a expressão do efetivo poder de punir estatal,

---

14. Brasil. Constituição da República Federativa do Brasil de 1988. Disponível em: http://www.planalto.gov.br/ccivil_03/constituicao/constituicao.htm. Acesso em: 17 abr. 2022.

Art. 5º Todos são iguais perante a lei, sem distinção de qualquer natureza, garantindo-se aos brasileiros e aos estrangeiros residentes no País a inviolabilidade do direito à vida, à liberdade, à igualdade, à segurança e à propriedade, nos termos seguintes: XLVI – a lei regulará a individualização da pena e adotará, entre outras, as seguintes:

a) privação ou restrição da liberdade;

b) perda de bens;

c) multa;

d) prestação social alternativa;

e) suspensão ou interdição de direitos;

15. KRIGER FILHO, D. A. A cassação do exercício profissional no âmbito das profissões regulamentadas: considerações à luz do ordenamento jurídico brasileiro. *Revista de Direito do Trabalho*. v. 143, p. 225-240, jul./set. 2011 DTR\2011\2724.

16. MASCARENHAS I. L.; PEREIRA A. G. D. Pena de cassação médica: análise da potencial perpetuidade da pena dispensada aos profissionais atuantes no Brasil. *Revista dos Tribunais*.

17. GONÇALVES, B.; GRILO, R. C. G. *Os princípios constitucionais do direito administrativo sancionador no regime democrático da Constituição de 1988.* Estudos Institucionais, 2021, p. 468. Disponível em: https://www.estudosinstitucionais.com/REI/article/download/636/699. Acesso em: 15 jan. 2024.

A GRADAÇÃO DAS PENAS E O DEVER DE MOTIVAÇÃO **285**

que se direciona a movimentar a prerrogativa punitiva do Estado, efetivada por meio da Administração Pública em face do particular ou administrado.

Diversamente do *ius puniendi* decorrente do Direito Penal, cuja aplicabilidade ocorre em um processo judicial, o Direito Administrativo Sancionador se manifesta na esfera administrativa com o objetivo de assegurar a supremacia do interesse público, sendo esse um dos pilares do regime-jurídico administrativo.

No âmbito dos Conselhos de Medicina, o processo ético-profissional representa, portanto, uma expressão do Direito Administrativo Sancionador, voltado especificamente à tutela do desempenho ético da medicina e do bom conceito da profissão.

Independentemente da natureza da sanção aplicada pelo Estado – penal ou administrativa –, é certo que o exercício do poder punitivo impõe restrições a direitos e liberdades individuais, do que decorre a necessária salvaguarda das garantias constitucionais ao sujeito passivo da relação jurídica instaurada.

Por conseguinte, princípios constitucionais tradicionalmente associados ao Direito Penal devem ser aplicados também na seara do Direito Administrativo Sancionador, com destaque para o princípio da legalidade, que se desdobra nos princípios da tipicidade, do devido processo legal, do contraditório e da ampla defesa e, ainda, da individualização da pena.

Sem embargo, a transposição de princípios da esfera penal para a administrativa deve observar as peculiaridades dessa última, de modo que "tal operação não haverá de ser realizada de forma automática, mas tão-só à medida que ditas garantias guardem compatibilidade com a natureza do procedimento administrativo".[18]

No caso específico dos Conselhos de Medicina, adotou-se técnica mais flexível na determinação da tipicidade dos ilícitos éticos; a lei prevê as penalidades passíveis de aplicação e o Código de Ética Médica prevê as infrações éticas, sem se estabelecer a correlação entre ambas.

Paulo Eduardo Behrens pondera que a Lei 3.268/1957 "deixa espaço para que a aplicação da pena obedeça a um primeiro princípio de sua individualização, ou seja, a adequação da pena ao fato julgado".[19] Em contraposição à ideia de atipicidade da infração administrativa, Edmilson Barros Júnior defende a inconstitucionalidade das penalidades aplicadas pelos Conselhos de Medicina, ao argumento de que a sistemática sancionatória vigente "ultrapassa o âmbito da discricionariedade, já que não há limite legal, sendo, portanto, arbitrária".[20]

Trata-se de crítica pertinente, pois por mais relevante que seja o bem jurídico tutelado pelos Conselhos de Medicina – o desempenho ético da profissão médica, a qual, por sua vez, busca salvaguardar o direito à vida –, não se pode pretender fazê-lo

---

18. NOBRE JÚNIOR, E. P. Sanções administrativas e princípios de direito penal. *Revista do Instituto de Pesquisa e Estudos*: Divisão Jurídica. Bauru, abril a julho de 2001. ISSN 1413-7100, p. 105.

19. BEHRENS, op. cit., p. 187 e 189.

20. BARROS JÚNIOR, op. cit., p. 786.

ao arrepio de garantias constitucionais como a legalidade e a segurança jurídica, que, em última análise, conferem sustentação ao Estado Democrático de Direito e dele são indissociáveis.

Por conseguinte, quanto maior o grau de flexibilidade na tipificação dos ilícitos e na previsão das penalidades correlatas, maior será a responsabilidade do julgador na proposição da pena a ser aplicada, a qual deverá guardar a devida proporção com o delito praticado e as circunstâncias do caso concreto.

4. A MOTIVAÇÃO E A PROPORCIONALIDADE COMO FATORES DE LEGALIDADE DAS SANÇÕES IMPOSTAS

O art. 22, § 1º, da Lei 3.268/1957 prevê como regra geral o dever de gradação das penalidades em caso de condenação do médico denunciado, que poderá ser excepcionado nas situações em que a gravidade da conduta justificar a imposição de pena mais grave.

A Lei 9.784/1999,[21] que também deve ser utilizada como parâmetro por disciplinar o processo administrativo no âmbito da Administração Pública Federal, da qual os Conselhos Profissionais, como autarquias federais, fazem parte, prevê que os atos administrativos devem obedecer aos princípios da legalidade, finalidade, motivação, razoabilidade, proporcionalidade, moralidade, ampla defesa, contraditório, segurança jurídica, interesse público e eficiência.

Trata-se de exigências que possuem assento constitucional no art. 5º, incisos LIV e LV,[22] e que buscam resguardar o devido processo legal, o qual, por sua vez, apresenta peculiaridades quando se trata do regime disciplinar dos profissionais médicos. Isso porque a sistemática sancionatória vigente no âmbito dos Conselhos de Medicina confere aos julgadores maior liberdade para a definição da penalidade cabível diante das peculiaridades do caso concreto.

Em valiosa lição jurisprudencial citada na obra de Romeu Felipe Bacellar Filho,[23] o Tribunal de Justiça do Paraná proferiu decisão que, embora datada de 1995, ainda se mostra atual e assertiva para traçar a linha que separa a discricionariedade da arbitrariedade:

> Embora a graduação das sanções disciplinares seja discricionária, não pode ser arbitrária, devendo guardar correspondência e proporcionalidade com a infração apurada no respectivo procedimento administrativo, além de estar a pena aplicada expressamente prevista na norma, para que a sua

---

21. Brasil. Lei Federal 9.784 de 29 de setembro de 1999. Regula o processo administrativo no âmbito da Administração Pública Federal. [on-line]. Disponível em: http://www.planalto.gov.br/ccivil_03/leis/l9784.htm. Acesso em: 06 fev. 2022.
22. Brasil. Constituição da República Federativa do Brasil de 1988. [Disponível em: http://www.planalto.gov.br/ccivil_03/constituicao/constituicao.htm. Acesso em: 17 abr. 2022.
    Art. 5º (...)
    LIV – ninguém será privado da liberdade ou de seus bens sem o devido processo legal;
    LV – aos litigantes, em processo judicial ou administrativo, e aos acusados em geral são assegurados o contraditório e ampla defesa, com os meios e recursos a ela inerentes.
23. BACELLAR FILHO, R. F. *Processo administrativo disciplinar*. 4. ed. São Paulo: Saraiva, 2013, p. 185.

A GRADAÇÃO DAS PENAS E O DEVER DE MOTIVAÇÃO **287**

imposição seja viável e legítima, mister se faz que tal sanção aflore na conclusão do devido processo legal, que se erige em garantia individual de nível constitucional (art. 5º, LV, da Carta Magna). Tribunal de Justiça do Paraná. Processo n. 39548000. Mandado de Segurança. Órgão Especial. Rel. Des. Oto Sponholz. J. 15.09.1995. Acórdão 2466.

Observa-se que a ausência de vinculação entre ilícito ético e pena não deve ser, por si só, motivo para invalidar a penalidade disciplinar imposta. É certo, no entanto, que essa característica demanda cautela por parte da Administração, sendo imperioso não somente que a pena esteja prevista em lei, mas que ela guarde proporcionalidade com o ilícito perpetrado.

O dever de motivação, nesse contexto, funciona como um limitador da discricionariedade do conselheiro – para que não se transforme em arbitrariedade – e, portanto, erige como critério de validação da punição administrativa aplicada, "pois é por essa forma que ficará demonstrado o correto enquadramento da falta e a dosagem adequada da pena".[24]

Sobre o tema, Binenbojm[25] afirma que, ao lado da teoria do desvio de poder e da teoria dos motivos determinantes, a teoria de excesso de poder e a exigência de motivação são técnicas de controle dos atos discricionários, as quais se justificam, com muito mais razão, em um processo administrativo disciplinar – como o é o processo ético-profissional – que pode resultar na perda do direito do médico de exercer a profissão.

Não basta, porém, que haja motivação; os motivos apresentados pelo julgador em sua decisão precisam estar em conformidade com os fatos em análise e, sobretudo, com as provas produzidas, o que configura uma garantia do Estado Democrático de Direito na defesa da impessoalidade e da isonomia.

É garantia do médico denunciado, portanto, que o conselheiro relator do processo ético-profissional, ao decidir pela condenação, fundamente a decisão que será submetida à votação da Câmara ou do Plenário, apresentando motivação idônea para a penalidade imposta, inclusive no tocante à dosimetria. A mesma regra vale para o conselheiro que apresentar voto divergente, cuja fundamentação deve ser devidamente registrada nos autos a fim de possibilitar o controle de sua legitimidade.

Esse dever é corroborado pelo Código de Processo Ético-Profissional – norma que disciplina o trâmite dos processos ético-profissionais e a dinâmica dos julgamentos –, ao estabelecer expressamente a necessidade de fundamentação adequada tanto na parte do mérito quanto em relação à dosimetria da pena.[26]

---

24. DI PIETRO, MSZ. *Direito Administrativo*. 33. ed. Rio de Janeiro: Forense, 2020, p. 1.466.

25. BINENBOJM G. *Uma teoria do Direito Administrativo*. 3. ed. rev. e atual. Rio de Janeiro: Renovar; 2014.

26. Resolução CFM 2.306/22, art. 91 – Superada a fase de diligências, o Presidente dará a palavra ao relator para proferir o seu voto, que deverá ser de forma escrita e integral (preliminares, culpabilidade, sanção).

§ 1º O voto apresentado deverá conter:

I – preliminares, se houver;

II – mérito: não culpabilidade ou culpabilidade com artigos imputados, com fundamentação adequada;

III – sanção a ser aplicada, se for o caso, com fundamentação adequada para dosimetria, de acordo com o artigo 22 da Lei 3268/57.

Constata-se, nesse ponto, evolução da técnica legislativa adotada pelo Conselho Federal de Medicina, pois é a primeira vez que o seu código processual traz o dever de motivação de forma expressa, evidenciando alinhamento com a Lei 9.784/1999, segundo a qual o motivo é um dos requisitos de validade do ato administrativo.

Por conseguinte, o ponto de partida para o controle judicial da decisão condenatória será a motivação apresentada para a imposição da sanção disciplinar, que levará em consideração a regra inserta no art. 22, § 1º, da Lei 3.268/1957 por se tratar de baliza concreta prevista pelo legislador, a partir da qual se poderá aferir a adequação da penalidade imposta.

Sob essa perspectiva, percebe-se que a norma é destinada tanto aos Conselhos de Medicina para o exercício do poder disciplinar em face da classe médica, quanto ao Judiciário para o controle de legalidade dos atos administrativos. Inobservados o dever de motivação da decisão e a proporcionalidade da punição, caberá ao Judiciário declarar a nulidade do ato, sem que se possa falar em violação ao princípio da separação de poderes.

CONSIDERAÇÕES FINAIS

A competência atribuída aos Conselhos de Medicina para disciplinar e julgar a classe médica encontra fundamento na Lei 3.268/1957 e representa um desdobramento do poder punitivo estatal. Por essa razão, a apuração da responsabilidade médica no processo ético-profissional deve salvaguardar os direitos e garantias fundamentais previstos na Constituição Federal.

Destaca-se, nesse contexto, a opção do legislador de adotar técnica mais flexível na tipificação das condutas antijurídicas; a lei previu apenas as penalidades passíveis de aplicação pelos Conselhos de Medicina, sem estabelecer as infrações éticas correlatas.

O Conselho Federal de Medicina, por outro lado, definiu no Código de Ética Médica os comportamentos que são vedados ao médico em seu exercício profissional, também sem correlacioná-los às sanções respectivas e sem prever elementos objetivos para nortear a atividade judicante. Já no Código de Processo Ético-Profissional foi inserida regra destinada ao conselheiro relator para que, ao definir a sanção a ser aplicada, apresente fundamentação adequada para a culpabilidade e a dosimetria.

A expressão "fundamentação adequada" configura conceito jurídico indeterminado que, aliado à ausência de correlação entre infração ética e pena e da previsão de critérios objetivos para a sua imposição, evidencia a opção feita pelo Conselho Federal de Medicina de conferir ao conselheiro julgador maior discricionariedade para apreciar o mérito do ilícito cometido e definir a penalidade cabível.

Essa discricionariedade, no entanto, se não encontra limites objetivos nas normas emanadas do próprio Conselho Federal de Medicina, encontra-os no § 1º do art. 22 da lei, que impõe a observância da gradação das penas ali elencadas, salvo em casos de gravidade manifesta, a qual deverá ser devidamente demonstrada na decisão condenatória.

A GRADAÇÃO DAS PENAS E O DEVER DE MOTIVAÇÃO **289**

O que se observa, então, é que o legislador delimitou a margem de discricionariedade dos conselheiros ao dispor que a sanção eleita deve guardar proporcionalidade com a infração cometida, o que ficará evidenciado na fundamentação apresentada na decisão. Caso contrário, o exercício do poder punitivo terá sido arbitrário e a condenação poderá ser invalidada judicialmente.

Sem embargo, é certo que o Código de Ética Médica poderia conter elementos objetivos que conduzissem a uma maior previsibilidade acerca das sanções cominadas aos delitos ali relacionados. Trata-se de balizas que seriam úteis ao aprimoramento da atividade judicante exercida, sobretudo se considerado que os conselheiros são profissionais da saúde, e não do direito.

Eventual reforma nesse sentido conferiria maior segurança jurídica ao processo ético-profissional e aproximaria a sistemática sancionatória dos Conselhos de Medicina do modelo garantista que deve nortear não apenas o processo penal, mas também o processo administrativo disciplinar, por ser, em última análise, uma expressão do poder punitivo estatal.

REFERÊNCIAS

BACELLAR FILHO, RF. *Processo administrativo disciplinar*. 4. ed. São Paulo: Saraiva, 2013.

BARROS JÚNIOR, EA. *Código de ética médica comentado e interpretado*. São Paulo: Cia do eBook, 2019.

BEHRENS, PE. *Código de processo ético-profissional médico comentado*. 2. ed. Belo Horizonte: Fórum, 2016.

BINENBOJM, G. *Uma teoria do Direito Administrativo*. 3. ed. rev. e atual. Rio de Janeiro: Renovar; 2014.

BRASIL. Conselho Regional de Medicina de São Paulo. [on-line]. Disponível em: https://transparencia. cremesp.org.br/?siteAcao=processos_etico_profissionais. Acesso em: 21 jan. 2024.

BRASIL. Conselho Federal de Medicina. Resolução 2.217, de 01 de novembro de 2018. Aprova o Código de Ética Médica. [on-line]. Disponível em: https://sistemas.cfm.org.br/normas/visualizar/resolucoes/ BR/2018/2217. Acesso em: 21 jan. 2024.

BRASIL. Conselho Federal de Medicina. Resolução 2.306, de 25 de março de 2022. Aprova o Código de Processo Ético-Profissional (CPEP) no âmbito do Conselho Federal de Medicina (CFM) e Conselhos Regionais de Medicina (CRMs) [on-line]. Disponível em: https://sistemas.cfm.org.br/normas/visualizar/ resolucoes/BR/2022/2306. Acesso em: 15 jan. 2024.

BRASIL. Constituição da República Federativa do Brasil de 1988. Disponível em: http://www.planalto.gov. br/ccivil_03/constituicao/constituicao.htm. Acesso em: 17 abr. 2022.

BRASIL. Decreto-Lei 7.955 de 13 de setembro de 1945. Institui Conselhos de Medicina e dá outras providências. Disponível em: https://www.planalto.gov.br/ccivil_03/decreto-lei/1937-1946/del7955.htm. Acesso em: 15 jan. 2024.

BRASIL. Lei Federal 3.268 de 30 de setembro de 1957. Dispõe sobre os Conselhos de Medicina, e dá outras providências. Disponível em: http://www.planalto.gov.br/ccivil_03/LEIS/L3268.htm. Acesso em: 15 jan. 2024.

BRASIL. Lei Federal 9.784 de 29 de setembro de 1999. Regula o processo administrativo no âmbito da Administração Pública Federal. [on-line]. Disponível em: http://www.planalto.gov.br/ccivil_03/leis/ l9784.htm. Acesso em: 06 fev. 2022.

BRASIL. Lei Federal 12.527 de 18 de novembro de 2011. Regula o acesso a informações. [on-line]. [Disponível em: https://www.planalto.gov.br/ccivil_03/_ato2011-2014/2011/lei/l12527.htm. Acesso em: 21 jan. 2024.

CARVALHO FILHO, JS. *Manual de Direito Administrativo*. 33. ed. São Paulo: Atlas, 2019.

CORTEZ, CK. A responsabilidade civil, penal e ética do médico no Brasil. In: CARVALHO P. C. A., LOPES A. L. J., CORTEZ C. K., PEREIRA G. M., BRANDÃO L. C. B. *Direito Médico*: Temas atuais. Curitiba, PR: Juruá; 2019.

DI PIETRO, MSZ. *Direito Administrativo*. 33. ed. Rio de Janeiro: Forense, 2020.

GONÇALVES, B.; GRILO, R. C. G. *Os princípios constitucionais do direito administrativo sancionador no regime democrático da Constituição de 1988*. Estudos Institucionais, 2021, p. 468. [on-line]. Disponível em: https://www.estudosinstitucionais.com/REI/article/download/636/699. Acesso em: 15 jan. 2024.

KRIGER FILHO, DA. A cassação do exercício profissional no âmbito das profissões regulamentadas: considerações à luz do ordenamento jurídico brasileiro. *Revista de Direito do Trabalho*. v. 143, p. 225-240. jul./ set. 2011 DTR\2011\2724.

MARQUES FILHO, J. *A pena máxima*: cassação do exercício profissional médico. Análise, sob o olhar da Bioética, dos processos de cassação do Conselho Regional de Medicina do Estado de São Paulo [Tese de Mestrado em Bioética]. São Paulo: Centro Universitário São Camilo; 2006.

MASCARENHAS I. L.; PEREIRA A. G. D. Pena de cassação médica: análise da potencial perpetuidade da pena dispensada aos profissionais atuantes no Brasil. *Revista dos Tribunais*. V. 111, n. 1039, p. 237-253, maio 2022.

NOBRE JÚNIOR, EP. Sanções administrativas e princípios de direito penal. *Revista do Instituto de Pesquisa e Estudos*: Divisão Jurídica. Bauru, abr./jul. 2001. ISSN 1413-7100.

OSELKA, G. O código de ética médica. In: SEGRE M.; COHEN C. (Org.). *Bioética*. São Paulo: Edusp, 1995.

SUSTENTAÇÃO ORAL NO CRM: DIREITO OU MERA FACULDADE?

Marcos Vinicius Coltri

Especialista em Direito Médico e Odontológico. Coordenador de cursos de Especialização e Mestrado em Direito Médico. Diretor da ABRADIMED (Academia Brasileira de Direito Médico). Advogado.

Sumário: Introdução – 1. Da denúncia ao julgamento: breves considerações sobre o Processo Ético nos Conselhos de Medicina; 1.1 Sindicância; 1.2 Processo Ético-Profissional (PEP) – 2. A importância da sustentação oral no julgamento do processo ético – 3. Sustentação oral no CRM: direito ou mera faculdade? – Conclusão – Referências.

INTRODUÇÃO

Uma das etapas mais decisivas da apuração ética no âmbito do Conselho de Medicina é a sustentação oral durante a sessão de julgamento (seja no Conselho Regional de Medicina, seja no Conselho Federal de Medicina). Após a fase inicial de apuração (Sindicância) e a fase processual (Processo Ético-Profissional), o julgamento perante a Câmara (onde houver) e o Pleno do Conselho Regional de Medicina representa a última oportunidade, no âmbito do CRM, para influenciar diretamente a decisão dos Conselheiros.

A sustentação oral permite que a parte (denunciante e denunciada) esclareça os pontos fundamentais do caso. No que tange à defesa, é nesse momento que pode haver o destaque de eventuais inconsistências na denúncia, bem como sejam refutadas eventuais interpretações equivocadas e reforçada a ausência de infração ética por parte do médico denunciado. Além disso, oferece a possibilidade de contextualizar os fatos, abordando aspectos técnicos, éticos e jurídicos que podem ser determinantes para a absolvição do profissional denunciado ou, se o caso, para a aplicação de uma penalidade mais branda.

Ao compreender a estrutura e a dinâmica da apuração ética, torna-se evidente que cada fase contribui para a formação da convicção do Conselho no momento do julgamento. No entanto, a sessão de julgamento é o momento em que os argumentos são consolidados e avaliados de maneira mais abrangente pelo colegiado de conselheiros. Por isso, uma sustentação oral bem fundamentada pode ser decisiva para o desfecho do caso, garantindo que a parte seja não apenas ouvida, mas plenamente considerada pelos Conselheiros julgadores.

Assim, a análise e o conhecimento das fases da sindicância e do processo ético não é apenas um exercício acadêmico, mas um recurso estratégico que reforça a necessidade de uma defesa técnica qualificada dos interesses da parte, especialmente no momento crucial da sustentação oral durante a sessão de julgamento no Conselho Regional ou Federal de Medicina.

1. DA DENÚNCIA AO JULGAMENTO: BREVES CONSIDERAÇÕES SOBRE O PROCESSO ÉTICO NOS CONSELHOS DE MEDICINA

A tramitação de uma apuração ética nos Conselhos de Medicina segue um rito detalhado, estruturado para garantir a ampla defesa e o contraditório. A compreensão de suas fases, desde a sindicância até o julgamento do processo ético-profissional, é essencial para que as partes (denunciante e denunciado) e seus defensores adotem a melhor estratégia para apresentar sua versão dos fatos no momento do julgamento.

A Resolução 2.306/2022[1] do Conselho Federal de Medicina contém o Código de Processo Ético-Profissional (CPEP), que é a norma processual que regulamenta e disciplina a apuração ética no âmbito dos Conselhos de Medicina.

1.1 Sindicância

A apuração ética se inicia com a fase de Sindicância. A Sindicância é uma apuração preliminar para verificar se há indícios suficientes para a instauração de um processo ético ou não.

A Sindicância tem início com uma denúncia formal apresentada a um Conselho Regional de Medicina (CRM). A denúncia pode ser apresentada por qualquer pessoa física (paciente, familiar, outro médico, etc.) ou jurídica (sociedade de especialidade, sindicato, empresas em geral, hospitais, operadoras de planos de saúde, etc.). A denúncia (representação) também pode ser encaminhada ao CRM por alguma autoridade (delegado de polícia, juiz, promotor, etc.). Por fim, a denúncia pode ser fruto de alguma apuração de ofício pelo próprio Conselho Regional de Medicina (fiscalização do CRM, conhecimento do fato por Conselheiro, Comissão de Ética Médica hospitalar, divulgação do fato em meio digital de grande visualização, por exemplo).

A denúncia não pode ser anônima e deve contar, minimamente, a exposição dos fatos que, em tese, configurariam infração ética, elementos de prova do que consta na denúncia, a identificação do(s) médico(s) que cometeu(ram) a suposta infração ética e, quando não for o caso de denúncia de ofício, a identificação do denunciante (cópia de documento de identificação, endereço, contato eletrônico etc.).

No caso de denúncia anônima, caso haja elementos de prova suficientes para justificar o início da apuração, a Sindicância será aberta tendo o próprio Conselho Regional de Medicina como denunciante (denúncia de ofício). Caso não haja elementos

---

1. BRASIL. Conselho Federal de Medicina. Resolução 2.306, de 25 de março de 2022. Aprova o Código de Processo Ético-Profissional (CPEP) no âmbito do Conselho Federal de Medicina (CFM) e Conselhos Regionais de Medicina (CRMs). Brasília. 2022. Disponível em: https://sistemas.cfm.org.br/normas/visualizar/resolucoes/BR/2022/2306. Acesso em: 1º fev. 2025.

suficientes para a abertura da apuração ética, a denúncia anônima não é capaz de gerar a abertura da Sindicância.

Se a denúncia preencher os requisitos de admissibilidade, é aberta a sindicância, e um Conselheiro Sindicante é designado para conduzir essa fase inicial de apuração ética. O(s) médico(s) envolvido(s) nos fatos narrados na denúncia é notificado para que apresente manifestação preliminar escrita.

O prazo para apresentação da manifestação preliminar escrita não está previsto no CPEP, de forma que cabe ao Conselheiro Sindicante a indicação do prazo concedido ao médico para a apresentação da manifestação preliminar escrita (alguns Conselhos Regionais concedem 10 dias de prazo, outros 15 dias, por exemplo).

Na manifestação preliminar escrita o médico pode apresentar uma petição assemelhada à defesa propriamente dita, com completa narrativa dos acontecimentos e todos os esclarecimentos possíveis. Também pode ser apresentada uma espécie de "negativa geral", na qual o médico diz que não cometeu a infração ética, mas não traz muito detalhamento dos seus argumentos de defesa (e das provas que possui). À manifestação preliminar escrita podem ser anexados documentos em geral, declarações, doutrina, prontuário, etc. Em resumo, não há forma e nem o que exatamente deve ser mencionado na manifestação preliminar escrita, cabendo ao denunciado definir qual a melhor estratégia a ser adotada no caso concreto. Por isso, embora não seja obrigatório, é fortemente recomendado que haja a contração de advogado por parte do médico desde a fase de Sindicância.

A manifestação preliminar escrita é, em última análise, a oportunidade que o médico tem de falar ao Conselheiro Sindicante e buscar, com isso, a compreensão de que não houve infração ética e, consequentemente, obter o arquivamento da sindicância.

Na fase de Sindicância, em razão de expressa determinação do CPEP (art. 15, § 3º), não são admitidos atos investigatórios mais complexos, elaboração de Parecer de Câmara Técnica de Especialidade e nem oitiva de pessoas (logo, se o médico desejar apresentar "testemunho" de outra pessoa, o aconselhável é que isso seja feito por meio de declaração assinada por esta terceira pessoa).

Importante destacar que a intimação do médico para apresentar manifestação preliminar escrita não é obrigatória, isto é, não há a obrigatoriedade de o médico denunciado ser intimado para apresentar manifestação preliminar escrita. Nos termos do art. 15, *caput*, do CPEP, se a denúncia já contiver elementos fáticos e documentais suficientes, o Conselheiro Sindicante pode dispensar todas as demais medidas preliminares e já encaminhar a Sindicância para julgamento.

Não se deve confundir a possibilidade de julgamento da Sindicância sem a apresentação de manifestação preliminar escrita do médico com a ausência de Sindicância. A fase de sindicância é obrigatória, não existindo a possibilidade de Processo Ético-Profissional (PEP) sem prévia sindicância. Isso porque, conforme será visto, a peça acusatória do PEP é o Relatório Conclusivo da Sindicância. Assim, se não houver Sindicância, não há julgamento da sindicância e, sem o julgamento, não haveria Relatório Conclusivo da Sindicância. Portanto, para que haja PEP é imprescindível que haja Sindicância. Apesar disso, como dito, a fase de sindicância pode ser com mais ou menos atos procedimentais.

Ao final da sindicância, a Câmara de Julgamento da Sindicância do Conselho Regional de Medicina poderá decidir pela inexistência ou pela existência de indícios de infração ética. Se a conclusão for pela inexistência de indícios de infração ética (materialidade e/ou autoria) ou pela extinção da punibilidade (prescrição da pretensão punitiva), o Relatório Conclusivo da Sindicância indicará o arquivamento do caso.

Contra a decisão de arquivamento da sindicância, se houver denunciante, caberá recurso à Câmara de Sindicância do Conselho Federal de Medicina, no prazo de 15 (quinze) dias corridos. Havendo recurso, o denunciado terá também prazo de 15 dias corridos para apresentação de contrarrazões (resposta ao recurso do denunciante).

Caso seja mantida a decisão de arquivamento, encerra-se o caso administrativamente (no âmbito dos Conselhos de Medicina). Caso o CFM, diferentemente do que havia sido decidido pelo Conselho Regional de Medicina, entenda pela existência de indícios de infração ética, haverá a determinação de abertura do PEP para apurar as eventuais infrações éticas mencionadas pelo CFM.

Se a Câmara de Sindicância do Conselho Regional de Medicina ou a Câmara de Sindicância do Conselho Federal de Medicina (em sede recursal) entenderem pela existência de infração ética, é determinada a abertura do PEP contra o médico para apuração das infrações éticas em tese vislumbradas.

Da decisão que determina a abertura do PEP, seja no CRM, seja em grau de recurso no CFM, não cabe nenhum recurso administrativo.

1.2   Processo Ético-Profissional (PEP)

Caso a Câmara de Sindicância do Conselho Regional de Medicina (ou a Câmara de Sindicância do Conselho Federal de Medicina, em sede de julgamento de recurso) entenda pela existência de indícios de infração ética, o Relatório Conclusivo da Sindicância deverá narrar os fatos imputados ao denunciado, bem como apontar qual(is) artigo(s) teria(m) sido afrontado(s) pelo médico denunciado.

A peça acusatória do Processo Ético-Profissional é, frise-se, o Relatório Conclusivo da Sindicância (e não a denúncia originalmente oferecida por quem quer que seja). O médico denunciado se defende dos fundamentos apresentados no Relatório Conclusivo da Sindicância.

Embora não se exija no procedimento administrativo o rigor da denúncia do processo penal, certo é que deve haver fundamentação suficiente para que a defesa possa se manifestar, bem como a narrativa acusatória deve ser suficientemente precisa, a fim de que, quando do julgamento, possa-se verificar se a decisão proferida no julgamento do PEP guarda relação com a acusação contida no Relatório Conclusivo da Sindicância. Não se deve confundir princípio da informalidade com arbitrariedade na condução da instrução e do julgamento.

Com a abertura do PEP, se houver denunciante, este será intimado para especificar as provas que pretende produzir, bem como para arrolar, se o caso, até 3 (três) testemunhas.

O denunciado será citado para apresentar defesa prévia, onde poderá arguir preliminares processuais, alegar tudo o que for de interesse da defesa, juntar documentos, especificar provas que pretende produzir ao longo da instrução processual, bem como arrolar até 3 (três) testemunhas.

O prazo para a manifestação do denunciante, bem como o prazo para apresentação da defesa prévia, nos termos acima mencionados, é de 30 (trinta) dias corridos, contados a partir da juntada aos autos do PEP do comprovante de efetivação da intimação/citação ou do comparecimento espontâneo do denunciante/denunciado (devidamente certificado nos autos).

Nem o denunciante e nem o denunciado estão obrigados a constituir advogados para defenderem os seus respectivos interesses no processo ético. De acordo com a Súmula Vinculante 5, do Supremo Tribunal Federal,[2] *a falta de defesa técnica por advogado no processo administrativo disciplinar não ofende a Constituição.*

Embora o processo ético não exija a obrigatoriedade de um advogado, a presença de um profissional especializado é essencial para garantir a melhor defesa dos interesses do médico denunciado. O procedimento ético contém normas específicas, prazos e a necessidade de uma argumentação técnica sólida, tanto na fase inicial (Sindicância) quanto na fase processual (PEP). Um advogado experiente, preferencialmente especialista em Direito Médico, tem o conhecimento necessário para interpretar e contestar provas, formular estratégias eficazes e evitar que o médico seja prejudicado por vícios processuais ou interpretações desfavoráveis.

Além disso, a atuação de um advogado qualificado assegura que o direito de defesa seja plenamente exercido, reduzindo riscos de condenações indevidas ou desproporcionais. O profissional pode identificar nulidades, apresentar recursos e, sobretudo, construir uma defesa embasada nos aspectos jurídicos e éticos do caso. Assim, embora não seja obrigatório, contar com um advogado especializado é uma decisão prudente que pode fazer toda a diferença no desfecho do processo.

Se o denunciado não constituir advogado no processo ético e nem se defender sozinho, ou seja, caso o denunciado, após citado, não se pronunciar nos autos do processo ético, será considerado revel. A revelia só ocorre se o denunciado não se manifestar, seja por advogado, seja por si próprio. Havendo manifestação do denunciado, ainda que seja uma "negativa geral", não será considerada a revelia.

---

2. Brasil. Supremo Tribunal Federal. Súmula Vinculante 5. Brasília. 2008. Disponível em: https://portal.stf.jus.br/jurisprudencia/sumariosumulas.asp?base=26&sumula=1199. Acesso em: 1º fev. 2025.

Não havendo nenhum tipo de defesa, restará configurada a revelia. Porém, embora seja caracterizada a revelia, não incidem todos os efeitos da revelia. Não serão presumidos verdadeiros os fatos alegados na peça acusatória (Relatório Conclusivo da Sindicância), por exemplo. Por outro lado, com a revelia, o denunciado não poderá exigir a repetição de atos processuais regularmente produzidos, podendo assumir a defesa dos seus interesses a partir do momento em que ingressar diretamente no processo ético.

Configurada a revelia, será nomeado defensor dativo. O defensor dativo é um advogado, que terá os honorários fixados em norma do Conselho de Medicina e receberá os honorários do Conselho.

O comparecimento espontâneo do denunciado, por si ou por intermédio de advogado constituído por ele, a qualquer momento e fase do processo, cessa a revelia e o defensor dativo será destituído. A partir de então, ou o denunciado segue por si, ou terá que constituir advogado particular (que pode, inclusive, ser o mesmo profissional que atuava como defensor dativo, mas que agora terá os honorários pagos pelo médico e não pelo Conselho de Medicina).

Na sequência do processo ético, será dado início à fase de instrução processual. Normalmente a fase de instrução contempla a produção da prova oral, com depoimento das partes e oitiva de testemunhas. A sequência a ser observada para a produção da prova oral é: depoimento do denunciante (se houver); oitiva das testemunhas do denunciante (se houver); oitiva das testemunhas do denunciado (se houver); e depoimento pessoal do denunciado.

Além dessas pessoas, o Conselheiro Instrutor poderá determinar a oitiva de testemunhas da instrução a qualquer tempo, durante a instrução processual. Entretanto, caso a testemunha da instrução seja ouvida após o depoimento pessoal do denunciado, deve ser designada nova audiência para que o denunciado preste depoimento.

Portanto, o depoimento pessoal do denunciado é o último ato da instrução processual, necessariamente.

Além da prova oral (testemunhas e depoimentos pessoais), podem ser produzidos todos os meios de prova lícitos e úteis ao esclarecimento dos fatos, ainda que não estejam previstos expressamente no CPEP, por força do que consta no art. 5º, inciso LV, da Constituição Federal,[3] sob pena de afronta ao contraditório e, à ampla defesa, o que caracterizaria cerceamento de defesa: *aos litigantes, em processo judicial ou administrativo, e aos acusados em geral são assegurados o contraditório e ampla defesa, com os meios e recursos a ela inerentes.*

Após a produção das provas, mas antes do encerramento da instrução processual, o Conselheiro Instrutor determinará a juntada aos autos do processo ético da certidão de antecedentes éticos do médico denunciado.

---

3. Brasil. Constituição da República Federativa do Brasil Brasília. 1988. Disponível em: http://www.planalto.gov.br/ccivil_03/constituicao/constituicao.htm. Acesso em: 1º fev. 2025.

SUSTENTAÇÃO ORAL NO CRM: DIREITO OU MERA FACULDADE? **297**

Concluída a instrução processual, será aberto prazo sucessivo de 15 (quinze) dias para apresentação de alegações finais pelas partes, sendo que o denunciante apresenta suas alegações finais primeiro e, após o decurso do prazo, com ou sem a apresentação de alegações finais pelo denunciante, o denunciado será intimado para apresentar as suas alegações finais.

Após o decurso do prazo das alegações finais, o Conselheiro Corregedor nomeará um Conselheiro Relator, que ficará responsável pela elaboração do relatório que será lido na sessão de julgamento. O Conselheiro Sindicante não pode ser nomeado Conselheiro Relator, mas pode participar da sessão de julgamento, com direito a voto.

Será, então, designada data para a realização do julgamento do PEP. As partes devem ser intimadas com, pelo menos, 5 (cinco) dias corridos de antecedência.

A sessão de julgamento também possui dinâmica (sequência) prevista e regulamentada no Código de Processo Ético Profissional. Inicialmente, as pessoas presentes se identificam, sobretudo porque, como visto, os processos éticos são sigilosos.

É importante observar o respeito ao quórum de conselheiros necessários para a realização da sessão de julgamento. O número de conselheiros necessários poderá variar de Conselho para Conselho, bem como é diferente para os casos de julgamento pela Câmara (nos Conselhos em que haja Câmara) e pelo Pleno.

O presidente da sessão de julgamento, então, dá a palavra ao Conselheiro Relator, para que ele faça a leitura do relatório. Encerrada a leitura do relatório, caso haja alegação de nulidade absoluta, será concedido prazo de 5 (cinco) minutos para que a parte faça a defesa das suas alegações exclusivamente quanto à nulidade absoluta.

A nulidade absoluta, então, será julgada. Caso seja acolhida, encerra-se o julgamento. Caso não seja acolhida, ou caso não haja nulidade absoluta, dá-se prosseguimento à sessão de julgamento com a concessão de até 10 (dez) minutos para que cada parte faça a sua sustentação oral. Primeiro se manifesta o denunciante e depois o denunciado. Ainda que haja mais de um denunciado, o prazo é individual: 10 (dez) minutos para cada um dos denunciados.

Nesta sustentação oral podem ser alegadas nulidades relativas e o mérito. O tempo pode ser utilizado da forma como a parte entender melhor. Por exemplo, pode ser que só a parte (denunciante ou denunciada) fale durante este período; pode ser que só o advogado fale neste período; ou o tempo pode ser dividido entre a parte e seu advogado. Não é obrigatório utilizar todo o período (10 minutos).

Encerradas as sustentações orais, os conselheiros presentes poderão solicitar esclarecimentos ao relator (ou diretamente aos presentes). Na sequência, os conselheiros poderão fazer considerações quanto ao mérito, sem, contudo, antecipar expressamente o respectivo voto.

Finalizada esta etapa, será concedido prazo de até 5 (cinco) minutos para que as partes façam as manifestações orais finais. Assim como na sustentação oral, esse tempo pode ser utilizado da forma mais conveniente para a parte.

Com a conclusão das manifestações orais finais, o presidente da sessão de julgamento indagará aos demais conselheiros se alguém deseja determinar a realização de diligências.

Superada a fase de diligências (com ou sem a realização de diligências), será dada a palavra ao Conselheiro Relator para que ele faça a leitura do seu voto. O voto deve ser dado de forma integral, contemplando mérito ("absolvição" ou "condenação"; se "condenação", artigos afrontados e pena a ser aplicada). No caso de condenação, as penas aplicáveis ao médico condenado são aquelas previstas no art. 22 da Lei 3.268/1957,[4] a saber: advertência confidencial em aviso reservado, censura confidencial em aviso reservado, censura pública em publicação oficial, suspensão do exercício profissional até 30 (trinta) dias e cassação do exercício profissional, *ad referendum* do Conselho Federal. Não existe a previsão legal de aplicação de pena pecuniária ao médico condenado no processo ético-profissional.

Após o voto do Conselheiro Relator, o presidente da sessão de julgamento deve perguntar aos demais conselheiros se alguém deseja pedir vista dos autos do PEP antes de votar.

Na continuidade do julgamento (com ou sem vistas), o presidente indagará se há voto divergente. Havendo voto divergente, será feita votação, observado o que preconiza o art. 93 do CPEP.

Proferidos os votos, o presidente da sessão anunciará o resultado do julgamento, sendo que as partes (e seus procuradores) serão posteriormente intimados da decisão, com o recebimento do acórdão e do(s) voto(s).

As partes e seus advogados podem acompanhar todos os atos da sessão de julgamento, tendo conhecimento, durante a própria sessão, do resultado da apuração ética.

A mesma dinâmica deve ser observada nos julgamentos realizados pela Câmara do CRM (onde houver), pelo Pleno do CRM, pela Câmara do CFM e pelo Pleno do CFM.

Por fim, importante mencionar que o CFM é apenas instância recursal, não possuindo competência originária para julgar nenhum médico, nem mesmo Conselheiros Regionais ou Federais, como instância inicial. Isto é, toda apuração de suposta infração ética necessariamente tem início em um Conselho Regional de Medicina. Após o julgamento pelo CRM, o CFM apreciará recurso apresentado pelo denunciante (se houver, com o objetivo de agravar a penalidade imposta) e/ou pelo denunciado (com o objetivo de modificar a decisão, seja para abrandar a penalidade imposta, seja para reformar a decisão de condenação) contra a decisão do CRM.

2. A IMPORTÂNCIA DA SUSTENTAÇÃO ORAL NO JULGAMENTO DO PROCESSO ÉTICO

Após esse breve resumo, em aperta síntese, da tramitação de uma apuração ética, passa-se à demonstração da importância da sustentação oral no julgamento, seja no CRM, seja no CFM, de um processo ético.

---

4. Brasil. Lei 3.268, de 30 de setembro de 1957. Rio de Janeiro. 1957. Disponível em: https://www.planalto.gov.br/ccivil_03/LEIS/L3268.htm. Acesso em: 1º fev. 2025.

O julgamento de um processo ético-profissional representa o momento mais crítico, notadamente para o médico que responde a uma denúncia perante o Conselho de Medicina. Isso porque, é nesse momento que o colegiado de Conselheiros analisa as provas e os argumentos apresentados ao longo da instrução processual (desde a fase de Sindicância) para decidir se houve infração ética e, em caso positivo, qual penalidade será aplicada. Dentro desse contexto, a sustentação oral assume um papel fundamental, sendo muitas vezes determinante para o desfecho do caso.

A doutrina[5] afirma que "a sustentação oral constitui-se na oportunidade das partes salientarem à Plenária os pontos constantes do processo que entendam importantes para o julgamento"

Diferentemente das peças escritas, a sustentação oral permite que a parte e seu advogado dialoguem diretamente com os Conselheiros que irão julgar o processo. Essa interação proporciona a oportunidade de esclarecer dúvidas, rebater eventuais equívocos na interpretação das provas e reforçar os principais argumentos jurídicos e técnicos que favorecem a parte. Além disso, a oralidade confere maior persuasão, pois permite enfatizar aspectos essenciais de maneira clara e objetiva, destacando nuances que podem passar despercebidas na documentação escrita.

Sob a perspectiva da defesa do denunciado, outro aspecto relevante é a possibilidade de contextualizar os fatos sob a ótica da prática médica. É certo que os Conselheiros julgadores são médicos, mas nem sempre atuam na mesma especialidade ou compreendem integralmente as particularidades do caso concreto. A sustentação oral possibilita explicar com precisão os protocolos adotados, as limitações do atendimento e as circunstâncias que influenciaram a conduta do profissional, garantindo, pelo menos em tese, uma avaliação mais justa.

Some-se a isso o fato de que no momento do julgamento somente o Conselheiro Relator teve a oportunidade de ler e de se debruçar sobre tudo o que consta nos autos do processo ético. Ou seja, o julgamento é feito por um colegiado de Conselheiros, mas, via de regra, somente o Conselheiro Relator efetivamente leu e "estudou" os autos do processo ético, conhecendo pormenorizadamente o que está sendo discutido. Os demais Conselheiros que participarão da sessão de julgamento e que votarão ao final do ato processual terão conhecimento do caso a partir da leitura do relatório pelo Conselheiro Relator (conhecimento indireto) e das alegações que as partes apresentação ao longo das sustentações orais.

A sustentação oral é, dessa forma, a primeira vez que a quase totalidade dos Conselheiros tem contato direto com a tese da parte (seja de acusação, seja de defesa) e, ao mesmo tempo, a última oportunidade para influenciar a decisão do Conselho antes da votação.

Dessa forma, preparar uma sustentação oral sólida, estratégica e bem fundamentada não é apenas um direito da parte, mas um instrumento essencial para garantir que

---

5. KRIGER FILHO, Domingos Afonso. RAMOS FILHO, Irineu. *Código de processo ético-profissional médico comentado e anotado.* 2. ed. Porto Alegre: Síntese. 1999. p. 83.

sua alegação seja plenamente compreendida e considerada no momento do julgamento pelos Conselheiros julgadores.

3. SUSTENTAÇÃO ORAL NO CRM: DIREITO OU MERA FACULDADE?

Não resta dúvida quanto à importância da sustentação oral durante a sessão de julgamento. Porém, uma dúvida que sempre se coloca é se a possibilidade de ser realizada a sustentação oral perante o colegiado de Conselheiros julgadores é um direito da parte ou uma mera faculdade. Isto é, na impossibilidade de comparecimento da parte e de seu advogado a sessão de julgamento deve ou não deve ser adiada?

Segundo Edmilson de Almeida Barros Júnior,[6] "é recomendável que sempre que o defensor de alguém estiver ausente deve o julgamento ser adiado, afinal a parte está sem defesa técnica".

Genival Veloso de França, Genival Veloso de França Filho e Roberto Laura Lana[7] trazem uma síntese de diversos posicionamentos doutrinários acerca da questão:

> Há quem admita, na falta do denunciado ou do seu advogado, que o Presidente do Conselho suspenda a sessão, seja nomeado um defensor e marque o julgamento para a próxima sessão desimpedida. Nesta próxima sessão, caso o defensor nomeado esteja presente, é facultado ao denunciado o direito de se defender ou de se fazer representar pelo seu advogado, desde que presente, é claro.
>
> Para outros, a ausência do denunciado ou de seu advogado não constitui razão de adiamento da sessão nem muito menos motivo de irregularidade processual, pois, tendo sido eles notificados em tempo hábil, deve-se tratar de uma estratégia da defesa. (...)
>
> Por fim, há uma corrente intermediária que admite, na falta do denunciado ou do seu defensor na sessão de julgamento, não adiar o ato programado, mas que o Presidente nomeie um defensor, ainda que provisório ou para um só ato, o qual, depois de ouvir os relatórios dos Conselheiros Relator e Revisor e os argumentos da discussão dos Conselheiros, estaria em razoáveis condições de fazer a defesa.

O Conselho Federal de Medicina e os Conselhos Regionais de Medicina entendem que a sustentação oral não é ato processual obrigatório (art. 89, § 7º do CPEP).

Sustentando essa posição, a obra Primeiros Comentários ao Código de Processo Ético-Profissional dos Conselhos de Medicina[8] afirma:

> Neste dispositivo, o CPEP encampa sólida corrente jurisprudencial do STJ e do STF no sentido de que a sustentação oral não constitui ato processual obrigatório da sessão de julgamento. Assim, a participação das partes e/ou de seus defensores deve ser facultada pelo órgão julgador, mediante a regular intimação. Na hipótese de ausência, não haverá nulidade, já que durante a instrução foi dada

---

6. BARROS JÚNIOR, Edmilson de Almeida. *Código de processo ético-profissional da medicina*: comentado e interpretado: resolução CFM 1.8972009. São Paulo: Atlas, 2012. p. 127.
7. FRANÇA, Genival Veloso de. FRANÇA FILHO, Genival Veloso de. LANA, Roberto Lauro. *Comentários ao Código de Processo Ético-Profissional dos Conselhos de Medicina no Brasil*. 3. ed. Rio de Janeiro: Forense. 2010. p. 75-76.
8. OLIVEIRA, Antônio Carlos Nunes de. *Primeiros comentários ao Código de Processo Ético-Profissional dos Conselhos de Medicina*: aprovado pela Resolução CFM 2.145/2016. Brasília: Conselho Federal de Medicina. 2019. p. 140-141.

SUSTENTAÇÃO ORAL NO CRM: DIREITO OU MERA FACULDADE? **301**

às partes a oportunidade de defesa prévia e apresentação de alegações finais. Por fim, as teses das partes interessadas já estão delimitadas na peça recursal, e serão objeto de apreciação pelo órgão julgador. Nestas peças processuais, as partes assumem o ônus de apresentar suas teses e argumentos jurídicos, assim como toda discussão a respeito da prova produzida nos autos.

Em que pese as argumentações acima, garantindo-se o respeito aos posicionamentos, as particularidades do processo ético-profissional permitem a adoção de um posicionamento discordante: a sustentação oral na sessão de julgamento é ato de defesa e, nesse sentido, um direito da defesa.

Em primeiro lugar, não se trata de nomeação ou não de defensor dativo. Isso porque, o defensor dativo, nos termos do CPEP, somente seria nomeado se o denunciado não se defendesse (por si ou por advogado constituído). Se já havia defensor dativo nomeado desde o início do PEP, não haveria razão para nomeação de outro defensor dativo; se não havia defensor dativo nomeado, a nomeação de defensor dativo no momento do julgamento não traria nenhuma segurança de defesa técnica ao denunciado. E, ainda, o defensor dativo deveria realizar a sustentação oral após a leitura do relatório e antes dos debates entre os Conselheiros, o que tornaria muito pouco (ou nada) producente a existência de um defensor dativo. Haveria apenas e tão somente um defensor "pró-forma", mas sem que fosse garantia uma efetiva e eficaz defesa técnica do denunciado.

Em segundo lugar, os posicionamentos do STJ e do STF partem de premissas diferentes daquelas existentes nos processos ético-profissionais, seja quanto às questões jurídico-processuais, seja quanto (e sobretudo) o que a prática evidencia. Nos processos judiciais, o acusado jamais seria também, ao mesmo tempo, o julgador. Na seara dos processos éticos, o CRM pode ser o acusador (denúncia de ofício) e o julgador. Com possibilidade de agravante: o Conselheiro que foi o responsável pelo voto que determinou a abertura do processo ético contra o profissional poderia também votar na sessão de julgamento do processo ético (ainda que não possa ser nomeado Conselheiro relator).

Também se deve considerar que muitas vezes os Conselhos Regionais de Medicina, quando confrontados com a tese de que o Relatório Conclusivo da Sindicância não descreve pormenorizadamente a suposta infração ética cometida pelo denunciado e/ou não individualizam as condutas (quando há mais de um médico denunciado), afirmam que não há obrigação de descrição detalhada da acusação, uma vez que "não é cabível exigir que a peça inicial do processo ético-profissional tenha o mesmo rigor que a denúncia do processo penal, por exemplo". Ora, se não é cabível exigir o mesmo rigor na acusação, não se pode adotar a posição de que a acusação trouxe a sua tese acusatória de forma exaustiva e completa no Relatório Conclusivo da Sindicância. Aliás, admitir expressamente que o Relatório Conclusivo da Sindicância não precisa ter o rigor técnico de uma denúncia do processo penal é reconhecer, explícita e inequivocamente, que o Relatório Conclusivo da Sindicância poderá ser objeto de interpretação diversa daquela que o Conselheiro Sindicante apresentou. Logo, se não há o rigor documental da acusação no processo ético, a defesa não pode ser duplamente punida por isso: não ter a acusação descrita rigorosamente e não ter a oportunidade de se defender de eventuais interpretações no momento do julgamento. Não exigir o rigor na acusação e não considerar a sustentação oral como parte da defesa seria um duplo prejuízo à defesa do acusado no processo ético-profissional.

Não bastasse isso, como já dito, diferentemente dos processos judiciais, em que se presume que todos os julgadores já tiveram acesso aos autos e fizeram suas análises individuais, no caso do processo ético-profissional somente o Conselheiro Relator analisou os autos antes da sessão de julgamento. O colegiado julgador somente conhecerá o caso que está em julgamento com a leitura do relatório (pelo Conselheiro Relator) e com as sustentações orais das partes. Trata-se, portanto, de conhecimento indireto do caso a ser julgado. Sem a sustentação oral, a parte, de plano, já fica em posição de fragilidade processual, caracterizando prejuízo ao direito do contraditório e da ampla defesa técnica.

Ainda, o que se verifica cotidianamente nos julgamentos dos Conselhos é justamente a manifestação de interpretações diversas pelos Conselheiros julgadores no momento do julgamento do processo ético (ou do recurso). Não são raros os casos em que Conselheiros julgadores introduzem questões novas durante a sessão de julgamento. Com a presença da defesa isso já seria uma manifesta ilegalidade, posto que aquela informação não foi objeto de discussão ao longo da fase de instrução do processo. Sem a presença da defesa, não há como garantir que a parte possa que o julgamento se deu dentro do que fora apresentado pela acusação e pela defesa, com lastro no que fora possível discutir ao longo da instrução processual.

Ademais, note-se que a construção das etapas da sessão de julgamento indica que a defesa deve ter direito à última manifestação, posto que após os esclarecimentos e debates de mérito dos Conselheiros, a defesa ainda teria possibilidade de se manifestar por até 5 (cinco) minutos (art. 89, § 6º, CPEP). Não fosse a sustentação oral um ato importante para a defesa, deixaria de existir razão para a previsão de manifestação oral da defesa como último ato processual antes do início da votação pelos Conselheiros.

A ausência da sustentação oral no julgamento de um processo ético-profissional pode gerar diversos prejuízos para a defesa do médico, comprometendo a forma como os Conselheiros percebem e analisam o caso. Dentre os principais prejuízos, podem ser destacados: falta de oportunidade para esclarecer dúvidas dos Conselheiros julgadores, perda da chance de influir no julgamento dos Conselheiros julgadores, risco de uma decisão baseada em interpretações errôneas (a denúncia não precisa ter rigor técnico) e impossibilidade de contrapor argumentos e afirmações apresentadas pela primeira vez durante a sessão de julgamento.

Mesmo que a sustentação oral não seja obrigatória (isto é, o médico pode optar por não exercê-la), ela continua sendo um direito da parte, e sua supressão por parte do Conselho pode gerar questionamentos sobre a validade do julgamento, especialmente se ficar demonstrado que a ausência dessa etapa comprometeu a defesa do médico.

Por fim, deve-se considerar que somente haveria a nulidade acima menciona se o julgamento fosse realizado após indeferimento expresso e justificado de pedido da defesa para adiamento da sessão de julgamento. Se a parte, por livre e espontânea vontade, não comparecer ou se o pedido de adiamento não estiver ancorado em justificativa legítima, não há como sustentar prejuízo à defesa, posto que, nesta hipótese, foi a própria defesa quem deu causa ao prejuízo processual, não podendo se beneficiar de tal atitude.

Logo, buscar ludibriar os Conselheiros, seja antes, seja durante a sessão de julgamento não é uma prática ética, legal ou profissionalmente aceitável. Tanto o médico denunciado quanto o advogado devem agir com integridade, honestidade e transparência durante o processo, inclusive na sustentação oral. A conduta na sessão de julgamento deve ser sempre pautada pela verdade e pela boa-fé, respeitando os princípios éticos que regem tanto a profissão de advogado quanto a de médico. A honestidade e a transparência são essenciais para uma boa defesa. Um advogado competente pode utilizar argumentos legais e éticos sólidos para apresentar o melhor caso possível sem recorrer a enganos ou manipulação. A estratégia deve ser sempre fundamentada na verdade e no respeito às normas que regem o processo. De igual forma, o que se espera dos Conselheiros e das demais pessoas vinculadas ao Conselho (como os procuradores) é o mesmo padrão de comportamento, de forma que a boa-fé, a urbanidade e a cordialidade imperem ao longo de todo o processo ético, e, sobretudo, durante a realização da sessão de julgamento.

Portanto, entende-se que a sustentação oral no julgamento do processo ético-profissional nos Conselhos de Medicina é um direito da defesa, e não uma mera faculdade. Isso porque está diretamente ligada aos princípios do contraditório e da ampla defesa, garantidos pela Constituição Federal (art. 5º, LV), que assegura a todo acusado o direito de se defender de maneira plena em processos administrativos e judiciais. Pelos argumentos acima exposto, tem-se que a realização de sustentação oral não é apenas uma faculdade, mas um elemento essencial da defesa técnica.

CONCLUSÃO

A sustentação oral durante a sessão de julgamento é um direito fundamental da defesa no processo ético-profissional, garantindo que o médico denunciado tenha a oportunidade de expor sua versão dos fatos diretamente aos Conselheiros julgadores antes da votação. A supressão indevida pelo Conselho pode configurar uma violação ao devido processo legal e à ampla defesa, podendo ser questionada por meio de recursos administrativos ou mesmo ações judiciais.

REFERÊNCIAS

BARROS JÚNIOR, Edmilson de Almeida. *Código de processo ético-profissional da medicina*: comentado e interpretado: resolução CFM 1.8972009. São Paulo: Atlas. 2012.

BRASIL. Conselho Federal de Medicina. Resolução 2306, de 25 de março de 2022. Aprova o Código de Processo Ético-Profissional (CPEP) no âmbito do Conselho Federal de Medicina (CFM) e Conselhos Regionais de Medicina (CRMs). Brasília. 2022. Disponível em: https://sistemas.cfm.org.br/normas/visualizar/resolucoes/BR/2022/2306. Acesso em: 1º fev. 2025.

BRASIL. Constituição da República Federativa do Brasil. Brasília. 1988. Disponível em: http://www.planalto.gov.br/ccivil_03/constituicao/constituicao.htm. Acesso em: 1º fev. 2025.

BRASIL. Lei 3.268, de 30 de setembro de 1957. Rio de Janeiro. 1957. Disponível em: https://www.planalto.gov.br/ccivil_03/LEIS/L3268.htm. Acesso em: 1º fev. 2025.

BRASIL. Supremo Tribunal Federal. Súmula Vinculante 5. Brasília. 2008. Disponível em: https://portal.stf.jus.br/jurisprudencia/sumariosumulas.asp?base=26&sumula=1199. Acesso em: 1º fev. 2025

FRANÇA, Genival Veloso de. FRANÇA FILHO, Genival Veloso de. LANA, Roberto Lauro. *Comentários ao Código de Processo Ético-Profissional dos Conselhos de Medicina no Brasil*. 3. ed. Rio de Janeiro: Forense. 2010.

KRIGER FILHO, Domingos Afonso. RAMOS FILHO, Irineu. *Código de processo ético-profissional médico comentado e anotado*. 2. ed. Porto Alegre: Síntese. 1999.

OLIVEIRA, Antônio Carlos Nunes de. *Primeiros comentários ao Código de Processo Ético-Profissional dos Conselhos de Medicina*: aprovado pela Resolução CFM 2.145/2016. Brasília: Conselho Federal de Medicina. 2019.

ASPECTOS PÓS-PROCESSUAIS

A PROVA (PRÉ-CONSTITUÍDA, NOVA E FALSA) NA REVISÃO DE SANÇÃO ÉTICO-DISCIPLINAR MÉDICA

Carolina Martins Uscocovich

Mestranda em direito civil pela Universidade Federal do Paraná (UFPR), especialista em Direito Médico Pontifícia Universidade Católica do Paraná (PUCPR) e pela Fundação do Ministério Público (FMP). Advogada.

Sumário: Introdução – 1. Prova pré-constituída; 1.1 Prova documental; 1.2 Prova documentada; 1.3 Justificação prévia e ações probatórias – 2. Prova nova; 2.1 Ação rescisória; 2.2 Revisão criminal – 3. Prova falsa – Conclusão – Referências.

INTRODUÇÃO

O processo de revisão de sanção ético-disciplinar médica se trata de um procedimento administrativo pelo qual o médico ao qual foi aplicada sanção ético-disciplinar tem a oportunidade de afastar a condenação já transitada em julgado, ao fundamento de que prova nova, pré-constituída, é capaz de comprovar sua inocência ou demonstrar que a condenação foi fundada em prova falsa.

Esse processo tem caráter de processo administrativo disciplinar sancionador, não ostentando natureza jurisdicional, ou seja, embora necessariamente seja permeado pelo contraditório, não é decidido com caráter de definitividade por autoridade que seja estranha à controvérsia. Vale dizer, aqueles que decidirão sobre o pedido atuarão como órgãos da entidade que aplicou a sanção que se quer revisar – qual seja, o presidente do CFM e a Câmara julgadora (Código de Processo Ético Profissional, art. 121).

Portanto, é possível ao interessado valer-se, ainda, da via jurisdicional, respeitadas as limitações atinentes ao mérito do ato administrativo. Isso não diminui, no entanto, a importância do processo de revisão de sanção ético-disciplinar médica na seara administrativa, notadamente porque incumbe ao Poder Judiciário atuar com cautela e excepcionalidade na revisão de temas que demandam conhecimento técnico aprofundado.

Daí a importância de se compreender quais provas autorizam a revisão e como as apresentar e discutir no processo de revisão de sanção ético-disciplinar médica.

1. PROVA PRÉ-CONSTITUÍDA

O art. 121, § 2º, da Resolução CFM 2.306/2022 é claro ao dispor que "o pedido de revisão deve ser instruído com todos os elementos de prova necessários ao deslinde do feito".

Desse dispositivo extrai-se, portanto, a norma segundo a qual não se admite instrução probatória no processo de revisão de sanção ético-disciplinar médica. Isso porque, por expressa previsão regulamentar, o procedimento deve ser iniciado já com toda a prova necessária para seu julgamento. Ou seja, prescinde-se da realização de prova pericial ou oitiva testemunhal posterior.[1]

Trata-se da técnica de cognição exauriente *secundum eventum probationem*,[2] pela qual há autorização para aprofundamento vertical da cognição, restringindo-se, no entanto, a prova que pode ser utilizada tão somente à prova que pode ser produzida já no momento de apresentação do pedido de revisão, ou seja, a prova pré-constituída.

1.1 Prova documental

Técnica processual semelhante é prevista na Lei do Mandado de Segurança, ao estabelecer como requisito para sua propositura o "direito líquido e certo", categoria processual que se refere à pré-constituição da prova.[3] No que toca ao mandado de segu-

---

1. Ementa processo ético-profissional. Recurso ao pleno. Preliminares. Presunção de inocência. Insuficiência de provas. Gradação da pena. Rejeição. Infração aos artigos 23, 38 e 40 do cem (Resolução CFM 1.931/09): é vedado ao médico: 23 – tratar o ser humano sem civilidade ou consideração, desrespeitar sua dignidade ou discriminá-lo de qualquer forma ou sob qualquer pretexto. 38 – desrespeitar o pudor de qualquer pessoa sob seus cuidados profissionais. 40 – aproveitar-se de situações decorrentes da relação médico-paciente para obter vantagem física, emocional, financeira ou de qualquer outra natureza. Manutenção da sanção de "cassação do exercício profissional". I – A existência ou não de provas para a condenação do recorrente é parte integrante do mérito do recurso. II – A sindicância é meio sumário de elucidação de irregularidades, possuindo como fim a colheita de indícios, para subsequente instauração de processo ético, sendo prescindível a realização de oitiva das partes e de prova pericial. III- Comete infração ética o médico que constrange pacientes com abordagem de cunho sexual durante a anamnese da consulta clínica não pertinente. IV- Recurso ao Pleno conhecido e negado provimento. (CRM-SP 010596, 2020, RECURSO AO PEP Pleno – CFM, Relatora Dilza Teresinha Ambros Ribeiro – AC).
2. "Note-se que não há previsão de fase instrutória no mandado de segurança. Isso ocorre exatamente pelo fato de trabalhar essa ação com a técnica da cognição exauriente *secundum eventum probationem*. Ou seja, o mandado de segurança, embora autorize cognição exauriente, opera com restrição à espécie de prova admissível. Somente se admite, neste procedimento, a prova documental – que, como já visto, é a essência da noção de 'direito líquido e certo', que constitui um dos pressupostos para o cabimento da medida. Porque a prova documental deve ser trazida ao processo com a petição inicial ou com as informações da autoridade coatora, vê-se que seria de todo ilógica a previsão de fase instrutória nesse procedimento." (MARINONI, Luiz Guilherme; ARENHART, Sérgio Cruz; MITIDIERO, Daniel. *Novo curso de processo civil*: tutela dos direitos mediante procedimentos diferenciados. São Paulo: RT, 2015, v. 3, p. 355).
3. "A noção de direito líquido e certo não tem, ao contrário do que a expressão possa sugerir, qualquer relação com espécie particular de direito. A rigor, todo direito que exista é líquido e certo, sendo evidente que a complexidade do raciocínio jurídico – que pode ser mais acessível para alguém e menos para outrem – não tem nenhuma relação com mencionada categoria. A liquidez e certeza do direito têm sim vinculação com a maior ou menor facilidade na *demonstração dos fatos* sobre os quais incide o direito. Desse modo, a questão do direito líquido e certo se põe no campo da *prova* das afirmações de fato feitas pelo impetrante. Vale dizer que o mandado de segurança exige que o impetrante possa demonstrar sua alegação por *prova indiscutível* em seu conteúdo, ou seja, valendo-se de *prova direta*, em específico, da prova documental.
   A expressão direito líquido e certo, portanto, liga-se à forma de cognição desenvolvida no mandado de segurança, que exige prova pré-constituída das alegações postas pela parte impetrante. Não há, então, qualquer relação com espécie particular de direito subjetivo. Em conta disso, vem se exigindo que as afirmações de fato trazidas pelo autor na petição inicial sejam demonstradas de pronto, por meio de prova documental" (MARINONI, Luiz

rança, tem prevalecido o entendimento de que somente é admissível a prova documental para instruir a petição inicial.

O documento "pode ser definido como qualquer coisa que seja capaz de fixar um pensamento ou registar a ocorrência de um fato".[4] A doutrina ainda define documento como "um objeto corpóreo ou não, em que são apostos signos, por humanos ou máquinas".[5-6]

Dessa definição, extraem-se duas consequências importantes. A primeira é que não apenas palavras podem ser registradas em documentos, mas também imagens, sons, símbolos, mapas, números, dentre outros. Ainda, o suporte que carrega o registro não é necessariamente o papel, mas pode assumir outras formas.[7]

Não obstante, documento e prova documental não se confundem. Enquanto o documento é uma fonte de prova, ou seja, de onde vem a informação, a prova documental é uma categoria processual, o meio pelo qual a informação é levada ao processo.[8-9]

A prova documental é aquela que permite a representação imediata do fato, na medida em que o documento é capaz para representar, por si, o fato.[10] Pela prova documental, há um contato entre juiz e fato probando diretamente por meio do documento,

---

Guilherme; ARENHART, Sérgio Cruz; MITIDIERO, Daniel. *Novo curso de processo civil*: tutela dos direitos mediante procedimentos diferenciados. São Paulo: RT, 2015, v. 3, p. 334-335).

4. AMARAL, Paulo Osternak. *Manual das provas cíveis*. Londrina: Thoth, 2023, p. 105.

5. RAMOS, Vitor de Paula. *Prova documental* – do documento aos documentos. Do suporte à informação. Salvador: JusPodivm, 2021, p. 141.

6. Por sua vez, Chiovenda assim definiu documento: "Documento en sentido amplio es toda representación material destinada, e idónea, para reproducir una cierta manifestación del pensamiento: como una voz grabada eternamente (*vox mortua*). Y tiene suma importancia como medio de prueba variable además, según que: a) la *manifestación* del pensamiento reproducida esté más o menos ligada a los hechos del pleito, aparezca más o menos sincera; b) la *reproducción* sea más o menos fiel y atendible". CHIOVENDA, Giuseppe. *Principios de derecho procesal civil*. Tradución española de la tercera edición italiana. Madrid: Editorial Reus, 1925, t. II, p. 334.

7. MARINONI, Luiz Guilherme; ARENHART, Sérgio Cruz. *Prova e convicção*: de acordo com o CPC de 2015. 3. ed. rev. atual e ampl. São Paulo: RT, p. 607; AMARAL, Paulo Osternak. *Manual das provas cíveis*. Londrina: Thoth, 2023, p. 105.

8. AMARAL, Paulo Osternak. *Manual das provas cíveis*. Londrina: Thoth, 2023, p. 105.

9. Nesse ponto, é importante lembrar que prova é um conceito polissêmico. Confira-se: "Prova, como muitas outras palavras empregadas no direito, é vocábulo com mais de um significado. É expressão multissignificativa, polissêmica.

Em uma primeira acepção, prova é a *atividade* que se realiza com o objetivo de se verificar a veracidade de algo. Em outros termos, é a atividade destinada a influenciar, subsidiar o convencimento de alguém acerca da veracidade de uma afirmação. Nesse sentido, no processo, fala-se em *atividade probatória*.

Ainda, em um segundo sentido, prova é o *meio*, o instrumento pelo qual essa atividade se realiza. Nesse sentido, a expressão é utilizada no art. 369 do CPC/2015.

Por fim, 'prova' designa o *resultado* atingido com aquela atividade; o *convencimento* que o destinatário daquela atividade veio a adquirir quanto à veracidade daquilo que ela pretendia verificar (no caso do processo, o convencimento do juiz). Por exemplo, quando o juiz afirma na sentença que 'houve prova do pagamento', ele quer com isso significar que ficou provado, i.e., que ele *concluiu* isso a partir dos meios probatórios apresentados." (WAMBIER, Luiz Rodrigues; TALAMINI, Eduardo. *Curso avançado de processo civil*: cognição jurisdicional (processo comum de conhecimento e tutela provisória. 16.red. reform. e ampl. São Paulo: RT, 2016, v. 2, p. 227).

10. RAMOS, Vitor de Paula. *Prova documental* – do documento aos documentos. Do suporte à informação. Salvador: JusPodivm, 2021, p. 30; MARINONI, Luiz Guilherme; ARENHART, Sérgio Cruz; MITIDIERO, Daniel. *Novo curso de processo civil*: tutela dos direitos mediante procedimento comum. São Paulo: RT, 2015, v. 2, p. 358;

sem intermediação de terceira pessoa. Essa é a lição clássica de Carnelutti, que, diferenciando a prova documental e a prova testemunhal, afirmou que enquanto na primeira o homem age na presença do fato para representá-lo por um aparato exterior, que tem a capacidade de produzir o efeito representativo, na segunda o homem age na ausência do fato, igualmente representando-o.[11]

É por essa razão que se pode dizer que na prova documental há uma relação entre juiz, prova e fato, enquanto nas demais provas há uma relação entre juiz, ser humano fonte de prova e fato. A relação entre o julgador e a prova é mediada por outro ser humano nos demais meios de prova, enquanto na prova documental essa relação é imediata.

1.2   Prova documentada

Ocorre que a Resolução do CFM não admite exclusivamente a prova documental. A literalidade da norma regulamentar exige que o pleito de revisão deve vir acompanhado de "todos os elementos de prova necessários ao deslinde do feito".

Assim, embora se possa partir, inicialmente, daquilo que a doutrina e a jurisprudência extraíram da Lei do Mandado de Segurança, o requisito regulamentar para a propositura do pedido de revisão não se confunde com "direito líquido e certo". Não há razão para restringir os elementos de prova necessários ao deslinde do feito à prova documental.

Isso porque não existe nenhuma restrição ao meio de prova utilizado, conquanto ele possa instruir, desde logo, o pedido inicial. Inclusive, não se restringe a utilização de prova constituída em fase de sindicância, ainda que procedimento inquisitório, para posterior análise do contraditório.[12]

DIDIER JR, Fredie; BRAGA, Paulo Sarno; OLIVEIRA, Rafael Alexandria. *Curso de direito processual civil*. 11. ed. Salvador: JusPodivm, 2016, v. 2, p. 187-188.

11. "Cuando dijimos que el testimonio es un acto y el documento un objeto y, por tanto que el primero es un medio subjetivo y el segundo un medio objetivo de representación, se captó tan sólo el aspecto exterior de la diferencia entre los dos tipos. Para comprender de lleno las razones de la respectiva regulación jurídica, creo necesario conocer más a fondo esta diversidad de estructura. Ello se obtiene indagando el proceso de formación de los dos tipos de hecho representativo.

La representación es, en todo caso, obra del hombre o, en otros términos, un proceso artificial; ello se comprende en seguida respecto del testimonio, que es un *acto*, pero es igualmente cierto para el *docucmento*, que no existe más que creado por el hombre; no existen documentos *naturales*. Pero la obra del hombre es distinta en los tipos: por una parte, el hombre obra *en presencia* del hecho a representar para componer un aparato exterior capaz de producir el efecto representativo; por otra parte, el hombre *en ausencia* del hecho a representar produciendo directamente el efecto mismo. Creo que ningún ejemplo como el del documento fotográfico y el del fonográfico sirva mejor para iluminar esta antítesis: acontece que el hombre logra fijar sobre una superficie impresionable las líneas de un objeto presente o los sonidos mientras de reproducir tales líneas o dichos sonidos por sí, sin que el hombre mismo intervenga en manera alguna en la reproducción; en el testimonio, por el contrario, sucede que el hombre reproduce, por sí, con la voz o con el gesto, las líneas o los sonidos después de haberlos percibido, sin que ningún aparato exterior intervenga en la reproducción. Aquí la obra del hombre es posterior al hecho a representar, y coincide con la representación; allí, en cambio, la obra del hombre es contemporánea del hecho a representar y precede a la representación" (CARNELUTTI, Francesco. *La prueba civil*. 2.ed. Buenos Aires: Ediciones Depalma, 1982, p. 118-119)

12. Processo ético-profissional. Recurso de apelação. Preliminares arguidas: prova documental produzida na fase de sindicância; ausência de correlação entre a condenação e a acusação. Infração aos artigos 9º e 17 do CEM (Resolução CFM 1.931/09): é vedado ao médico: deixar de comparecer a plantão em horário preestabelecido

Portanto, ganha relevância o conceito de prova documentada.

Como é cediço, nem todo documento constitui prova documental. Sabe-se que no processo todos os atos são documentados, inclusive aqueles de produção probatória. Logo, as declarações de testemunhas são reduzidas a termo ou gravadas e, assim, documentadas (art. 460 do CPC); a prova pericial, por sua vez, é documentada em laudo pericial (art. 477 do CPC).[13]

Nem por isso esses meios de prova poderiam ser considerados provas documentais da alegação de fato. Eles são prova documental de que houve o testemunho ou a perícia. São prova documentada da alegação de fato do processo,[14] pois "a prova documentada, assim, faria prova somente de um fato que representaria outro fato".[15]

Como a previsão regulamentar não exige prova documental, mas sim que a prova necessária ao deslinde do feito seja desde logo apresentada, é plenamente possível a utilização de prova documentada em sede de revisão de sanção ético-disciplinar médica.

Resta analisar qual seria o meio de produção dessa prova documentada para que ela possa ingressar no processo de revisão.

1.3 Justificação prévia e ações probatórias

Uma primeira via pela qual se poderia cogitar o ingresso de provas documentadas ainda não produzidas no processo de revisão de sanção ético-disciplinar médica seria a justificação prévia.

A justificação prévia é um procedimento que busca reunir um conjunto probatório que permita justificar uma posição jurídica a ser sustentada em outro processo.[16] Na via jurisdicional, ela é usualmente utilizada para reunir elementos mais robustos para

---

ou abandoná-lo sem a presença de substituto, salvo por justo impedimento. Parágrafo único. Na ausência de médico plantonista substituto, a direção técnica do estabelecimento de saúde deve providenciar a substituição. É vedado ao médico: deixar de cumprir, salvo por motivo justo, as normas emanadas dos conselhos federal e regionais de medicina e de atender às suas requisições administrativas, intimações ou notificações no prazo determinado. Manutenção da pena de "censura pública em publicação oficial". I – A sindicância colheu várias provas documentais em desfavor do médico sindicado. Esta preliminar se confunde com o mérito, restando avaliar e resolver se as provas juntadas aos autos são suficientes a suportar eventual decisão condenatória dos julgadores. II – As provas documentais colhidas na fase de sindicância podem e devem ser transportadas para a fase de processo onde será observado o contraditório. III – A avaliação se a alegação de que o recorrente foi condenado por motivo diverso dos fatos delineados na peça inicial merece prosperar ou não é questão de mérito. IV– Comete infração ética o médico que falta a plantões sem justo impedimento e que desrespeita seu Conselho regional de Medicina ao não atender suas requisições administrativas e intimações. V – Preliminares rejeitadas. VI – Recurso de apelação conhecido e negado provimento. (CRM-SP, 012945, 2017, Recurso AO PEP, Câmara – CFM, Relator Lúcio Flávio Gonzaga Silva – CE).

13. MARINONI, Luiz Guilherme; ARENHART, Sérgio Cruz. *Prova e convicção*: de acordo com o CPC de 2015. 3. ed. rev. atual e ampl. São Paulo: RT, p. 609.

14. MARINONI, Luiz Guilherme; ARENHART, Sérgio Cruz. *Prova e convicção*: de acordo com o CPC de 2015, 3 ed. rev., atual e ampl. São Paulo: RT, p. 610.

15. RAMOS, Vitor de Paula. *Prova documental* – do documento aos documentos. Do suporte à informação. Salvador: JusPodivm, 2021, p. 31.

16. WAMBIER, Luiz Rodrigues; TALAMINI, Eduardo. *Curso avançado de processo civil*: cognição jurisdicional (processo comum de conhecimento e tutela provisória. 16. ed. reform. e ampl. São Paulo: RT, 2016, v. 2, p. 370.

pedidos liminares, como a reintegração de posse ou antecipação de tutela, e é regulada pelo art. 381, § 5º, do CPC.

Assim, previamente ao pedido de revisão, seria sustentável a viabilidade de formulação de um pedido de produção de prova perante o próprio órgão do CRM.

Ocorre que não há regulamentação desse procedimento na Resolução CFM 2.306/2022 e, possivelmente, o órgão responsável por decidir a respeito veria o ato como uma tentativa de burla à disposição do art. 121, § 2º, da aludida Resolução.

Contudo, o direito processual civil pode subsidiar um meio menos tortuoso para que essa prova seja produzida, documentada e venha a instruir o pedido de revisão.

O Código de Processo Civil de 2015 passou a prever a ação de produção antecipada de prova, cujas finalidades estão previstas em seu art. 381.[17] A produção antecipada de provas tem natureza de ação, com procedimento sumário, que não admite defesa.[18]

O Código de Processo Civil em vigor afastou a concepção de que a produção antecipada de provas seria medida cautelar,[19-20] de modo que atualmente se admite a produção antecipada de provas em situações despidas de urgência, "(a) como elemento facilitador de solução extrajudicial de um litígio (art. 381, II) e (b) como subsídio para a definição da viabilidade de uma possível ação (art. 381, III)".[21]

---

17. Art. 381. A produção antecipada da prova será admitida nos casos em que:

    I – haja fundado receio de que venha a tornar-se impossível ou muito difícil a verificação de certos fatos na pendência da ação;

    II – a prova a ser produzida seja suscetível de viabilizar a autocomposição ou outro meio adequado de solução de conflito;

    III – o prévio conhecimento dos fatos possa justificar ou evitar o ajuizamento de ação.

18. "A produção antecipada de provas é ação (veicula um pedido de tutela jurisdicional) geradora de processo próprio. Não se trata de simples 'jurisdição voluntária'. Insere-se no contexto de um conflito, ainda que não tenha por escopo diretamente o resolver. É medida com procedimento sumário (a ponto de excluir contestação e recursos) e cognição sumária horizontal (o juiz não se pronuncia sobre o mérito da pretensão ou da defesa para a qual a prova poderá futuramente servir)" (WAMBIER, Luiz Rodrigues; TALAMINI, Eduardo. *Curso avançado de processo* civil: cognição jurisdicional (processo comum de conhecimento e tutela provisória. 16.red. reform. e ampl. São Paulo: RT, 2016, v. 2, p. 369).

19. A inclusão da produção antecipada de prova como uma medida cautelar decorre da formulação clássica de Calamandrei. Conferir: CALAMANDREI, Piero. *Introducción al estúdio sistemático de las providencias cautelares*. Buenos Aires: Libreria El Foro, 1996, p. 51-68.

20. "A produção antecipada da prova consiste em uma ação autônoma por meio da qual a parte ingressará em juízo para obter a pré-constituição de uma prova, sob a direção do juiz e o crivo do contraditório. Nela não se requer a condenação do réu ou a declaração de alguma situação sobre a qual paire incerteza. O único objetivo desta ação será produzir uma prova, que seja do interesse da parte, para evitar que a verificação venha a se tornar impossível (caso de urgência), para que a parte então se valha dessa prova para propor uma futura demanda melhor instruída (ou se convença de que não é o caso de propor demanda alguma) ou para facilitar a celebração de um acordo.

    Trata-se do reconhecimento pela lei de um direito autônomo à prova, que autoriza a um sujeito propor uma ação judicial exclusivamente para produzir uma prova". AMARAL, Paulo Osternak. *Manual das provas cíveis*. Londrina: Thoth, 2023, p. 55.

21. WAMBIER, Luiz Rodrigues; TALAMINI, Eduardo. *Curso avançado de processo civil*: cognição jurisdicional (processo comum de conhecimento e tutela provisória). 16.red. reform. e ampl. São Paulo: RT, 2016, v. 2, p. 370.

Nessa perspectiva, restou superara, ainda, a ideia de que o destinatário da prova seria o juiz, pois ela se presta a outras finalidades além do julgamento, como a análise da viabilidade de autocomposição ou até mesmo a pertinência da propositura da ação.[22] No contexto ora analisado, pode-se dizer, também, que uma das finalidades destinadas às partes, e não ao juiz, é a produção dessa prova para ser emprestada e utilizada em procedimento administrativo.

Aqui é importante relembrar: o processo de revisão perante o CRM possui natureza administrativa e, portanto, a sanção pode ser impugnada pela via judicial posteriormente, como decorrência da inafastabilidade da Jurisdição, garantia insculpida no art. 5º, XXXV, da Constituição. Há limitação das matérias que podem ser discutidas, tendo em vista a impossibilidade de se invadir o mérito do ato administrativo, mas em tese e em linha de princípio, é cabível o ajuizamento de ação judicial.

Justamente por isso, é plenamente cabível o ajuizamento de ação probatória autônoma perante o Poder Judiciário com fundamento no art. 381, inciso III, do Código de Processo Civil, alegando-se que o esclarecimento dos fatos poderá justificar ou evitar o ajuizamento de ação.

Por essa via procedimental, é viável a produção de qualquer meio de prova que possa interessar no processo de revisão, como a testemunhal ou pericial, que originalmente não poderia ser produzidas perante o CRM.

Como sugestão prática, recomenda-se que a petição inicial da produção antecipada de provas refira-se, diretamente, à possibilidade de ajuizamento da ação para rever ou anular a decisão administrativa. Com isso, evita-se qualquer discussão a respeito da viabilidade da utilização da produção antecipada de prova na via jurisdicional para instruir procedimento administrativo.

Não se trata de uma estratégia artificiosa ou de má-fé, pois de fato a impugnação do ato administrativo de aplicação da sanção mediante ação é uma possibilidade oferecida pelo ordenamento jurídico. Dessa forma, restringe-se a possibilidade de decisão defensiva (e reprovável) que negaria à parte o direito de produção da prova.

Após produzida a prova, basta-se utilizar, por analogia, a previsão do art. 372 do CPC, que admite a prova emprestada. É importante considerar que não há motivo para se inadmitir a utilização em processo administrativo dessa de prova produzida sobre contraditório judicial, da qual o CRM deverá ser citado para participar.[23]

---

22. TALAMINI, Eduardo. Produção antecipada de prova no Código de Processo Civil de 2015. *Revista de processo*, n. 260. São Paulo, out. 2016, n. 1; PASCHOAL, Thais Amoroso. *Coletivização da prova*: técnicas de produção coletiva da prova e seus reflexos na esfera individual. São Paulo: Thomson Reuters Brasil, 2020, p. 145-146; AMARAL, Paulo Osternak. *Manual das provas cíveis*. Londrina: Thoth, 2023, p. 55.

23. "Como dito, nem sempre a prova antecipada será depois utilizada em algum processo. Porém, quando utilizada em processo subsequente, a prova antecipada lá ingressa como prova emprestada (art. 372). Nesse segundo processo, a prova emprestada tem a forma documentar, mas é apta a preservar o seu valor originário (de prova pericial, testemunhal etc.) Lembre-se que, para que se admita seu empréstimo, a prova precisa ter sido produzida perante autoridade jurisdicional e a parte contra a qual se pretende utilizá-la tem de haver podido participar, em regime de contraditório, de sua produção.

2. PROVA NOVA

O art. 121, § 1º, da Resolução CFM 2.306/2022, a prova nova deve ser capaz de inocentar o médico condenado. A esse respeito, podem ser colhidas no ordenamento jurídico duas ações emblemáticas cujo fundamento é a existência de prova nova, quais seja, a ação rescisória e a revisão criminal.

2.1 Ação rescisória

A ação rescisória fundada em prova cuja existência se ignorava tem previsão legal no art. 966, inciso VII, do Código de Processo Civil.[24] No âmbito do direito processual civil há uma acendrada discussão a respeito do conceito de prova nova.

Nesse aspecto, tendo em conta que a redação não mais se restringe a "documento novo", admitem-se provas como a testemunhal ou pericial.[25]

Assim, tem-se defendido que não é admissível novo objeto de prova, mas apenas nova prova sobre alegação de fato já discutida na ação originária.[26] Na vigência do Código de Processo Civil de 1973, defendia-se que o "documento novo" deveria existir ao tempo em que os fatos eram discutidos no processo em que originou a sentença objeto de rescisão.[27-28]

Esses aspectos devem ser considerados na aferição do interesse de agir e da legitimidade passiva na medida de produção antecipada de prova. Ou seja, se já se tem em vista utilizar a prova em um futuro processo contra determinada pessoa, essa precisa figurar como ré da produção antecipada para que possa participar do procedimento probatório – o que viabilizará o futuro empréstimo da prova" (WAMBIER, Luiz Rodrigues; TALÁMINI, Eduardo. *Curso avançado de processo civil*: cognição jurisdicional (processo comum de conhecimento e tutela provisória. 16.red. reform. e ampl. São Paulo: RT, 2016, v. 2, p. 371).

24. Art. 966. A decisão de mérito, transitada em julgado, pode ser rescindida quando:
    (...)
    VII – obtiver o autor, posteriormente ao trânsito em julgado, prova nova cuja existência ignorava ou de que não pôde fazer uso, capaz, por si só, de lhe assegurar pronunciamento favorável;

25. "Ao contrário do inciso correspondente do art. 485 do Código de 1973, o inciso VII do art. 966, CPC, alude à 'prova nova'. Assim, deixa de limitar a 'prova nova' ao 'documento novo'. Agora a ação rescisória também é cabível quando prova testemunhal ou prova pericial puderem assegurar pronunciamento favorável" MARINONI, Luiz Guilherme; MITIDIERO, Daniel. *Ação rescisória*: do juízo rescindente ao juízo rescisório. São Paulo: RT, 2017, p. 251.

26. "A ação rescisória, como é óbvio, não pode ser admitida com base em um novo objeto de prova. O objeto da prova tem de ser o mesmo, sob pena de se estar diante de uma nova ação (quando a ação rescisória não seria sequer necessária) ou em face de um fato que já deveria ter sido alegado e que, assim, está coberto pelo princípio do deduzido e do dedutível. O que funda a rescisória é a existência de um novo meio de prova, capaz, por si só, de assegurar resultado favorável. Ora, a parte só pode deixar de fazer uso de um meio de prova. É evidente que o autor da rescisória não pode alegar que não pôde fazer uso do objeto da prova ou do DNA, mas apenas que não pôde fazer uso do exame de DNA, fruto da evolução da ciência." MARINONI, Luiz Guilherme; MITIDIERO, Daniel. *Ação rescisória*: do juízo rescindente ao juízo rescisório. São Paulo: RT, 2017, p. 251.

27. MARINONI, Luiz Guilherme; MITIDIERO, Daniel. *Ação rescisória*: do juízo rescindente ao juízo rescisório. São Paulo: RT, 2017, p. 251.

28. "Por 'documento novo' não se deve entender aqui o *constituído* posteriormente. O adjetivo 'novo' expressa o fato de só agora ele ser utilizado, não a ocasião em que veio a formar-se. Ao contrário: em princípio, para admitir-se a rescisória, é preciso que o documento *já existisse* ao tempo do processo em que se proferiu a sentença. Documento 'cuja *existência*' a parte ignorava é, obviamente, documento que *existia*; documento de que ela 'não pôde fazer uso' é, também, documento que, noutras circunstâncias, poderia ter sido utilizado, e portanto,

A PROVA (PRÉ-CONSTITUÍDA, NOVA E FALSA) NA REVISÃO DE SANÇÃO ÉTICO-DISCIPLINAR MÉDICA **315**

Resta saber se essa limitação, ou seja, a existência da prova ao tempo em que proferida a decisão que impôs sanção ético-disciplinar médica é um requisito para a revisão no âmbito do CRM.

Diante da nova redação, a doutrina é categórica ao afirmar que "quando, porém, a rescindibilidade passa a depender de 'prova nova', isto é, não apenas de documento, mas também de prova testemunhal e prova pericial, é certo que não se pode pensar em prova que existia".[29]

Inclusive, em relação à prova pericial em âmbito judicial (eis que inadmissível produção de prova em revisão perante o CFM), essas somente seria admissível quando o meio técnico ou tecnologia que possibilitam a produção da prova não existia quando da tramitação do processo originário.[30]

Ademais, somente é admissível a revisão quando a prova não pode ser produzida por motivos alheios à vontade da parte.[31] Assim como a ação rescisória, a revisão não se presta a superar a preclusão gerada pela inércia da parte negligente. São exemplos de possibilidade quando a parte, por exemplo, ignorava a existência do documento ou dele não pode fazer uso na oportunidade, como já decidiu o TRF-3.[32]

---

existia" BARBOSA MOREIRA, José Carlos. *Comentários ao Código de Processo Civil*. 7.ed. rev. e atual. Rio de Janeiro: Forense, 1998, v. V, p. 135-136.

29. MARINONI, Luiz Guilherme; MITIDIERO, Daniel. *Ação rescisória*: do juízo rescindente ao juízo rescisório. São Paulo: RT, 2017, p. 254.

30. MARINONI, Luiz Guilherme; MITIDIERO, Daniel. *Ação rescisória*: do juízo rescindente ao juízo rescisório. São Paulo: RT, 2017, p. 254

31. MARINONI, Luiz Guilherme; MITIDIERO, Daniel. *Ação rescisória*: do juízo rescindente ao juízo rescisório. São Paulo: RT, 2017, p. 254.

32. Processual civil. Apelação cível. Nulidade de ato administrativo. Processo ético-profissional. Suspensão do exercício profissional. Decisão do conselho federal de medicina. Ausência de ilegalidade. Honorários advocatícios. Correção de erro material (art. 494, I, do CPC). Causa de valor inestimável (art. 85, § 8º, do CPC). Recurso desprovido. I. Recurso de apelação interposto pela autora contra sentença que julgou improcedente a presente Ação Declaratória de rito ordinário, na qual se busca a nulidade da decisão do Conselho Federal de Medicina – CFM, exarada em Processo Ético-Profissional, que impôs a penalidade de suspensão do exercício profissional por 15 dias (art. 22, d, da Lei 3.268/1957), reformando a decisão absolutória do Conselho Regional de Medicina do Estado de São Paulo – CREMESP, e, sucessivamente, a nulidade da decisão que similarmente venha a substituí-la por conta do Pedido de Revisão da autora no processo ético, absolvendo-a da penalidade disciplinar. II. O processo ético foi instaurado por denúncia de paciente da autora, médica especializada em ginecologia e obstetrícia, em razão de procedimento cirúrgico que resultou em histerectomia. III. O Poder Judiciário, no âmbito do controle jurisdicional de controle do processo administrativo disciplinar, está adstrito ao exame da legalidade e legitimidade do ato administrativo impugnado, não podendo emitir juízo de valor quanto ao mérito. IV. O CFM e CRM detém a prerrogativa para fiscalizar o exercício profissional e impor as sanções cabíveis aos médicos que incidirem em condutas contrárias à ética profissional, nos termos da Lei 3.268/1957, regulamentada pelo Decreto 44.045/1958. V. O Processo Ético-Profissional tramitou sob a égide do devido processo legal, com a observância dos princípios da ampla defesa e do contraditório, tendo sido precedido da Sindicância. A decisão administrativa proferida pelo CFM não está eivada de qualquer ilegalidade ou nulidade a ser sanada, uma vez que proferida após a análise do conjunto probatório. Encontra-se devidamente fundamentada, com a imposição de pena disciplinar prevista na legislação pertinente (art. 22, d, da Lei 3.268/1957), por infração ao Código de Ética Médica. VI. Não prospera a alegação de que a decisão administrativa atacada estaria maculada de ilegalidade em razão de o CFM ter desconsiderado "inexplicavelmente" a juntada de "novas provas" pela autora na Sessão de Julgamento, as quais se consubstanciariam na sentença de improcedência e no laudo do perito oficial pertinentes à ação indenizatória movida pela paciente contra ela por erro médico, porque sequer vinculam o Processo Ético-Processual, diante da independência entre as esferas administrativa e judiciária. Além disso, não se encontra qualquer registro acerca da tentativa da juntadas das

Conforme redação do art. 121, § 1º, da Resolução CFM 2.306/2022, a prova nova deve ser capaz de inocentar o médico condenado. Daí se extrai a aptidão da prova nova, em tese, alterar por si só o resultado do julgamento.[33]

2.2 Revisão criminal

No âmbito do processo criminal, é possível que a parte ré maneje revisão criminal no intuito de desconstituir a sentença condenatória, sob o fundamento que se desco-

---

"novas provas" durante a Sessão de Julgamento, nada constante a esse respeito na respectiva Ata de Julgamento, nem logrou a autora, de outra forma, comprovar o alegado. Ainda que se entenda dispensada tal demonstração, é certo que, em momento anterior à Sessão de Julgamento do CFM, foi oportunizado à autora manifestar sobre o aguardo da apresentação do laudo do perito judicial, quando, então, afirmou desnecessário. Ademais, as "novas provas" já eram existentes e disponíveis muito antes da Sessão de Julgamento do CFM (19.06.2013); o laudo do perito oficial é datado de setembro de 2.011, enquanto a sentença de improcedência da ação indenizatória foi proferida em 31.10.2012. Assim, não é crível que a autora ficou impossibilitada de juntar os indigitados documentos em momento oportuno, anterior à Sessão de Julgamento. Cumpre pontuar, ainda, que a sentença de improcedência (ação indenizatória) foi anulada, em grau de recurso, por decisão do TJSP, cujo v. acórdão transitou em julgado no dia 21.03.2014. VII. Não se verifica a alegada distorção do depoimento da autora no Relatório do CFM, vez que ela própria afirmou ter sido aposta na ficha médica apenas a assinatura do marido da paciente, não tendo como se concluir pela presença da paciente quando das informações acerca dos riscos da cirurgia e do prognóstico. Além do mais, a expressão "prognóstico naturalmente variável da averiguação a céu aberto por pertinência médica" não retrata a possibilidade de extirpação dos órgãos de reprodução. VIII. O ingresso na análise do imputado erro médico à autora (aspectos técnicos e éticos) importa em revolver o mérito do processo administrativo, o que é vedado ao Poder Judiciário. O CFM decidiu com base nas provas coligidas no processo administrativo, dando a valoração que considerou pertinente, em total obediência aos princípios inerentes à legalidade e legitimidade. Não se discutiu no processo administrativo a eventual intenção deliberada da autora em provocar a histerectomia na paciente (o que desafiaria processo criminal). IX. Não há qualquer alusão pelas partes quanto à apreciação do Pedido de Revisão apresentado pela apelante no âmbito do processo administrativo, o que impossibilita a análise do pedido sucessivo. X. Corrigido, de ofício, o erro material existente na sentença, com fulcro no art. 494, inc. I, do CPC, para considerar o arbitramento da verba honorária nos termos do art. 85, § 8º e incs. I a IV do § 2º, do CPC (e não art. 84 do CPC). XI. Correto e adequado o valor de honorários advocatícios sucumbências em R$ 1.000,00, para cada réu, atualizado até o pagamento, diante da complexidade da causa, grau de zelo profissional, tempo exigido e o trabalho realizado pelos advogados (art. 85, § 2º, incs. I a IV, do CPC). A causa é de valor inestimável e foi atribuído pela autora valor de R$ 1.064,00 e, dessa forma, caso fixada a verba honorária sucumbencial em seu grau máximo (20% sobre o valor da causa – art. 85, § 3), redundaria em R$ 212,80, a ser divido entre os dois réus remanescente, mostrando-se irrisório. XII. Corrigido, de ofício, erro material. Negado provimento ao recurso de apelação da autora (TRF-3 – ApCiv: 00209932420134036100 SP, Relator: Desembargador Federal Marcelo Mesquita Saraiva, Data de Julgamento: 30/06/2020, 4ª Turma, Data de Publicação: e – DJF3 Judicial 1 Data: 16.09.2020).

33. "A prova nova, além de recair sobre fato alegado, deve ser capaz de *sozinha* propiciar resultado mais favorável ao autor. Por isso, o autor deve demonstrar na petição inicial que, caso o juiz houvesse valorado a prova a ser produzida na ação rescisória, o resultado poderia ter sido inverso. É óbvio que não se requer a demonstração de que o resultado seria outro, mas apenas de que o resultado poderia ser outro caso considerada a prova nova. Frise-se, no entanto, que a rescisória não é cabível com base em prova que, para propiciar julgamento favorável, deve ser valorada conjuntamente com as provas produzidas no processo em que foi firmada a decisão rescindenda. A prova nova não pode ser apenas mais uma prova, não suficiente para assegurar o resultado favorável." MARINONI, Luiz Guilherme; MITIDIERO, Daniel. *Ação rescisória*: do juízo rescindente ao juízo rescisório. São Paulo: RT, 2017, p. 257-258; "O documento deve ser tal que a respectiva produção, *por si só*, fosse capaz de assegurar à parte pronunciamento favorável. Em outras palavras: há de tratar-se de prova documental suficiente, a admitir a hipótese de que tivesse sido produzida a tempo, para levar o órgão julgador a convicção diversa daquela a que chegou. Vale dizer que tem de existir nexo de causalidade entre o fato de não se haver produzido o documento e o de se ter julgado como se julgou". BARBOSA MOREIRA, José Carlos. *Comentários ao Código de Processo Civil*. 7. ed. rev. e atual. Rio de Janeiro: Forense, 1998, v. 5, p. 138.

briram novas provas sobre a inocência do acusando, conforme art. 621, inciso III, do Código de Processo Penal.[34]

O processo criminal se revela uma valiosa fonte interpretativa a respeito da revisão de sanção ético-disciplinar médica, uma vez que ambos apresentam caráter eminentemente sancionatório e há uma tendência de aproximação entre o direito administrativo sancionador e os princípios do direito criminal.[35]

Assim como se compreende majoritariamente no direito processual civil com a redação trazida pelo CPC/2015, no processo penal se entende que a prova não precisa ser posterior ao processo.[36]

Igualmente, a prova nova pode dizer respeito a descoberta científica que fulmine, por completo, os fundamentos que ensejaram a condenação.[37]

3. PROVA FALSA

O já mencionado art. 121, § 1º, da Resolução CFM 2.306/2022 autoriza a revisão da condenação quando se descobrir que ela é fundada em prova falsa.

Nesse ponto, a discussão mais interessante é: qual a natureza da falsidade de prova que enseja a desconstituição da sanção ético-disciplinar aplicada? Vale dizer, é a falsidade material ou ideológica da prova que enseja a revisão?

No âmbito do direito processual civil, admite-se a ação rescisória fundada em ambas as modalidades de alegação de falsidade de prova.[38-39] Contudo, tem prevalecido o

---

34. Art. 621. A revisão dos processos findos será admitida: (...) III – quando, após a sentença, se descobrirem novas provas de inocência do condenado ou de circunstância que determine ou autorize diminuição especial da pena.
35. Conforme se extrai das alterações na Lei de Improbidade Administrativa.
36. "A prova 'nova' não *precisa ser posterior ao processo*. É possível a revisão criminal com base em elemento probatório que já existia anteriormente, mas era desconhecido da parte (p. ex.: uma carta em que terceira pessoa confessava o crime pelo qual outrem foi condenado), o que por motivo estranho à sua vontade não pôde ser utilizado (p. ex.: era um documento acobertado por segredo)." BADARÓ, Gustavo Henrique. *Manual dos recursos penais*. 2. ed. rev. atual. e ampl. São Paulo: RT, 2017, p. 487.
37. BADARÓ, Gustavo Henrique. *Manual dos recursos penais*. 2. ed. rev. atual. e ampl. São Paulo: RT, 2017, p. 488.
38. "A prova falsa pode ser de qualquer natureza. Não distingue a lei entre falsidade material e falsidade ideológica. Tampouco exige que não se tenha suscitado, no processo em que surgiu a sentença rescindenda, a questão da falsidade, nem que ao interessado não haja sido possível suscitá-la naquele processo, v.g. porque só depois veio a ter conhecimento da falsidade." BARBOSA MOREIRA, José Carlos. *Comentários ao Código de Processo Civil*. 7.ed. rev. e atual. Rio de Janeiro: Forense, 1998, v. 5, p. 112.; "Debe tratar-se de *documentos* falsos, esto es, de la falsedad (material o intelectual), inherente a la prueba documental producida en juicio" CHIOVENDA, Giuseppe. *Principios de derecho procesal civil*. Tradución española de la tercera edición italiana. Madrid: Editorial Reus, 1925, t. II, p. 514.
39. Processual civil. Ação rescisória. Art. 485, II, V e VI, do CPC. Ação de desapropriação indireta. Área de preservação permanente. Competência. Art. 95 do CPC. Indenizabilidade. Juros compensatórios. Percentual. Mc na ADIN 2.332/2001. Eficácia da MP 1.577/97 até a decisão que suspendeu os efeitos da expressão constante do art. 15-A, do Decreto-lei 3.365/41. Falsidade ideológica da perícia. Laudo pericial apartado da realidade fática encartada nos autos(ART. 485, VI, do CPC). (...) 17. A prova falsa apta a fundamentar a rescisão do julgado deve ser aquela na qual se embasou o decisum atacado. Assim, consoante tivemos oportunidade de asseverar, "isto significa dizer que a prova falsa há de ser a causa imediata daquele resultado obtido; por isso, se a despeito dela o juiz chegaria à conclusão a que chegou, a falsidade probatória de per si não é suficiente ao acolhimento do pedido rescisório" (*Curso de Direito Processual Civil*. Rio de Janeiro: Forense, 2001, p. 735). 18. Entrementes, a jurisprudência desta

CAROLINA MARTINS USCOCOVICH

entendimento que só é possível invocar a falsidade para rescindir a decisão quanto ela se fundou "em documento materialmente falso, em conteúdo falso de documento, em alegação testemunhal falsa e em conclusão pericial baseada em afirmação ou premissa falsa".[40] Assim, deve haver um nexo de correlação entre essa prova e a decisão.[41]-[42]

Corte no exame de hipótese análoga, em sede de Ação Rescisória ajuizada com supedâneo no art. 485, VI, do CPC, entendeu que "o laudo técnico incorreto, incompleto ou inadequado que tenha servido de base para a decisão rescindenda, embora não se inclua perfeitamente no conceito de "prova falsa" a que se refere o art. 485, inciso VI, do CPC, pode ser impugnado ou refutado na ação rescisória, por falsidade ideológica.", assentando, ainda, que "a falsidade da prova pode ser atribuída tanto à perícia grafotécnica (falsidade ideológica) como às duas notas promissórias (falsidade documental), sendo possível perquirir a ocorrência da prova falsa, sem adentrar na intenção de quem a produziu, quer inserindo declaração não verdadeira em documento público ou particular (falsidade ideológica), quer forjando, no todo ou em parte, documento particular (falsidade material)." RESP 331550/RS, Relatora Ministra Nancy Andrighi, DJ 25.03.2002. 19. Deveras, *in casu*, razão assiste ao Estado de São Paulo no que pertine à falsidade ideológica da perícia. Isto porque, o cotejo entre o laudo efetuado na ação originária e o laudo pericial (fls. 433/568), coadjuvado pelos esclarecimentos (fls. 831/840), ambos realizados pelo perito judicial nomeado na presente rescisória, revela evidente descompasso entre o laudo pericial, embasador do decisum rescindendo, e a realidade fática encartada nos autos, máxime porque realizado à revelia de fatos essenciais ao deslinde da controvérsia (fl. 476), *in casu*, a localização da área objeto de desapropriação, fato ensejador de apuração de quantum indenizatório divorciado da realidade e, por isso, conducente ao reconhecimento de sua falsidade, com supedâneo no art. 405, VI, do CPC. (...) (AR 1.291/SP, relator Ministro Luiz Fux, Primeira Seção, julgado em 23.04.2008, DJe de 02.06.2008).

40. MARINONI, Luiz Guilherme; MITIDIERO, Daniel. *Ação rescisória*: do juízo rescindente ao juízo rescisório. São Paulo: RT, 2017, p. 245-246.

41. Ação rescisória. Processual civil. Ação de indenização. Alteração do termo final dos lucros cessantes. Condenação supostamente fundada em prova falsa e violação literal a dispositivos de lei. Arts. 485, V e VI, do CPC/1973. Ação rescisória improcedente.

1. Pedido desconstitutivo de decisão desta Corte que, reformando parcialmente acórdão do Tribunal de Justiça do Estado do Pará, fixou como termo final do pagamento dos lucros cessantes o encerramento das atividades comerciais da autora. 2. "A rescisão de julgado com base em falsidade de prova deve considerar o nexo entre essa prova e a decisão, bem como se remanesce fundamento diverso independente a subsidiar o v. acórdão rescindendo" (AR 3.553/SP, Rel. Ministro Felix Fischer, Terceira Seção, DJe 06.04.2010). (...) 6. Demanda rescisória improcedente. (AR 5.655/PA, relator Ministro Paulo de Tarso Sanseverino, Segunda Seção, julgado em 09.08.2017, DJe de 22.08.2017).

42. Processo ético-profissional. Recurso ao pleno do cfm. Preliminares arguidas: prova falsa; coisa julgada ou bis in idem; atipicidade; boa fé do denunciado; ausência de potencialidade lesiva da conduta; erro de avaliação na compreensão das circunstâncias fáticas e dos institutos jurídicos apontados; ocorrência de decisão ultra petita; juntada de documentos anexos ao recurso. Infração aos artigos 30, 80 e 81 do CEM (resolução CFM 1.931/09): é vedado ao médico: usar da profissão para corromper costumes, cometer ou favorecer crime. É vedado ao médico: expedir documento médico sem ter praticado ato profissional que o justifique, que seja tendencioso ou que não corresponda à verdade. É vedado ao médico: atestar como forma de obter vantagens. Reforma da pena de "cassação do exercício profissional" para "suspensão do exercício profissional por 30 (trinta) dias". I – O médico recorrente foi apenado no CRM com uma letra "c" e não apresentou recurso para impugnar a autenticidade do laudo, dando nítida demonstração de ter se conformado com a decisão, permitindo que se cristalizasse a preclusão de seu direito. II – Ao contrário do que argumenta a peça recursal, a causa de pedir dos 07 (sete) processos éticos são distintos, haja vista que os documentos objeto de apuração (laudos) dizem respeito a vítimas distintas. III – No processo administrativo sancionador ético mostra-se imperativa a descrição da conduta vedada, mas não precisa ter o rigor absoluto próprio do direito penal, podendo até mesmo conter conceitos jurídicos indeterminados ou abertos. Cabe aos conselheiros julgadores no ato de julgar fazer o enquadramento das condutas vedadas com uma das penas previstas na referida lei. IV – O argumento recursal de que em razão de seu trabalho comprometido, devotado, competente e incansável de quatro décadas no exercício da medicina, sequer foram levados em consideração no julgamento está diretamente relacionado com a análise do mérito. V – As instâncias são independentes, de modo que o foco de análise do Poder Judiciário é diferente do contexto ético. Por isso, é irrelevante a manifestação judicial em torno da qualidade e/ou eficácia do laudo complementar. VI – O termo "reincidência" quando utilizado pelos conselheiros-médicos não tem o mesmo

Essa falsidade pode ter sido apurada em processo criminal, embora não seja imprescindível para a propositura da revisão.[43] Pode-se pensar, por exemplo, nas situações em que o autor do documento falso faleceu ou em que houve a prescrição da pretensão punitiva como causas de extinção da punibilidade que impediriam a tramitação do processo. Nesses contextos, o médico que foi condenado no âmbito administrativo não pode ser prejudicado, cabendo-lhe discutir a falsidade em sede de ação de produção antecipada de provas na esfera cível, uma vez que o processo de revisão depende de prova pré-constituída.

Ainda, caso tenha sido reconhecida judicialmente a prova como falsa no âmbito criminal, esse fato não poderá ser rediscutido no âmbito do processo de revisão. Por outro lado, se houver reconhecimento da falsidade da prova em ação declaratória na esfera cível, a eficácia positiva da coisa julgada ficará limitada pelos limites subjetivos da coisa julgada.[44] Isso não implica, contudo, a procedência automática da revisão, pois no procedimento pode-se concluir que a decisão impugnada não se fundou na prova falsa ou que há outros fundamentos suficientes para sua manutenção.[45]

Ao lado disso, não é possível invocar a falsidade de alegação que foi expressamente discutida, como verdadeira ou falsa, no processo de aplicação da sanção disciplinar. Admitir-se tal rediscussão permitiria a revisão não de decisão fundada em prova falsa, decisão que admitiu como verdadeira uma alegação controvertida.[46]

---

significado técnico-jurídico do art. 63 do Código Penal Brasileiro. O vocabulário utilizado pelos conselheiros-médicos não segue o mesmo vocabulário técnico-jurídico utilizado no Poder Judiciário ou pelos operadores do Direito. VII – Havendo recurso administrativo da parte denunciante objetivando o agravamento da sanção aplicada no CRM de origem, o Tribunal revisor, ao concluir pela manutenção do juízo de culpabilidade, não está limitado ao pedido para que seja aplicada esta ou aquela sanção administrativa. Vale dizer, o Tribunal revisor, ao confirmar o juízo de culpabilidade do médico denunciado, tem competência para aplicar a sanção no grau que melhor entender esteja o interesse público, sob a ótica da ética médica, sendo atendido. VIII – Não há previsão normativa que autorize à parte recorrente juntar documentos com a sua peça recursal. A boa prática processual desaconselha esse proceder, reservando a fase instrutória para esse mister, salvo se se tratar de documento novo. De qualquer sorte, no processo administrativo deve prevalecer o princípio do informalismo ou da formalidade mitigada, somado à inexistência de prejuízo para a recorrida, uma vez que teve oportunidade de se manifestar a respeito do conteúdo probatório dos documentos juntados com o recurso. IX – Comete falta ética grave o médico que sem exame direto do paciente (periciado) emite laudo e obtém favorecimento financeiro decorrente de ato médico, atendendo a interesses de terceiros que mantêm condutas fraudulentas. X – Preliminares rejeitadas. XI – Recurso de apelação conhecido e dado provimento parcial. (CRM-MT 0041272017, Recurso ao PEP Pleno – CFM, Relatora Rosylane Nascimento das Merces Rocha – DF).

43. "A apuração da falsidade pode ter sido previamente feita em processo criminal; não necessariamente em processo instaurado contra o autor da falsidade, mas em processo de revisão, ou de *habeas corpus*, ou qualquer outro cuja decisão definitiva declare falsa a prova. É irrelevante que a sentença penal seja anterior ou posterior à rescindenda; e bem assim que, sendo anterior, a conhecesse ou não o interessado. Só, porém, decisão criminal *transita em julgado* pode fundamentar a rescisória.

Por outro lado, não se precisa aguardar que seja proferida sentença penal, nem sequer que seja instaurado processo-crime, para pedir a rescisão" BARBOSA MOREIRA, José Carlos. *Comentários ao Código de Processo Civil*. 7. ed. rev. e atual. Rio de Janeiro: Forense, 1998, v. 5, p. 133.

44. TALAMINI, Eduardo. *Coisa julgada e sua revisão*. São Paulo: RT, 2005, p. 96-130; TOSCAN, Anissara. *Coisa julgada revisitada*. São Paulo: Thomson Reuters Brasil, 2022, p. 140-165.

45. MARINONI, Luiz Guilherme; MITIDIERO, Daniel. *Ação rescisória*: do juízo rescindente ao juízo rescisório. São Paulo: RT, 2017, p. 250; BADARÓ, Gustavo Henrique. *Manual dos recursos penais*. 2. ed. rev. atual. e ampl. São Paulo: RT, 2017, p. 486.

46. "Não cabe invocar a falsidade de alegação – testemunhal ou tomada em conta em laudo pericial – cuja correspondência com a verdade foi discutida e foi objeto de valoração judicial no processo em que foi proferida

CONCLUSÃO

O procedimento de Revisão de sanção ético disciplinar perante o CFM, desta feita, é a oportunidade de rediscussão da lide, desde que se cumpra o requisito de prova nova ou questione-se falsidade de prova apresentada no procedimento.

Por meio de analogia com a doutrina processual civil e penal, buscou-se apresentar como se pode questionar a legitimidade da prova, bem como quais as posições clássicas acerca do tema.

Tomando cuidado para diferenciar o processo administrativo sancionador, como é o processo ético disciplinar, dos processos civil e penal, o que restou claro é que a defesa médica se beneficia ao dominar as estratégias tipicamente adotadas no direito processual clássico e replicar, no que couber, ao direito médico.

Essa abordagem estratégica amplia as possibilidades de uma defesa eficaz, contribuindo para o sucesso do processo de Revisão, refletindo não apenas a expertise jurídica, mas também a responsabilidade e o compromisso em assegurar a justiça e a integridade do profissional médico envolvido no procedimento ético-disciplinar.

REFERÊNCIAS

AMARAL, Paulo Osternak. *Manual das provas cíveis.* Londrina: Thoth, 2023.

BADARÓ, Gustavo Henrique. *Manual dos recursos penais.* 2. ed. rev. atual. e ampl. São Paulo: RT, 2017.

BARBOSA MOREIRA, José Carlos. *Comentários ao Código de Processo Civil.* 7.ed. rev. e atual. Rio de Janeiro: Forense, 1998. v. 5.

CALAMANDREI, Piero. *Introducción al estúdio sistemático de las providencias cautelares.* Buenos Aires: Libreria El Foro, 1996.

CARNELUTTI, Francesco. *La prueba civil.* 2. ed. Buenos Aires: Ediciones Depalma, 1982.

CHIOVENDA, Giuseppe. *Principios de derecho procesal civil.* Tradución española de la tercera edición italiana. Madrid: Editorial Reus, 1925. t. II.

DIDIER JR, Fredie; BRAGA, Paulo Sarno; OLIVEIRA, Rafael Alexandria. *Curso de direito processual civil.* 11. ed. Salvador: JusPodivm, 2016. v. 2.

MARINONI, Luiz Guilherme; ARENHART, Sérgio Cruz; MITIDIERO, Daniel. *Novo curso de processo civil*: tutela dos direitos mediante procedimentos diferenciados. São Paulo: RT, 2015. v. 3.

MARINONI, Luiz Guilherme; ARENHART, Sérgio Cruz; MITIDIERO, Daniel. *Novo curso de processo civil*: tutela dos direitos mediante procedimento comum. São Paulo: RT, 2015. v. 2.

MARINONI, Luiz Guilherme; ARENHART, Sérgio Cruz. *Prova e* convicção: de acordo com o CPC de 2015. 3. ed. rev., atual e ampl. São Paulo: RT, 2015.

MARINONI, Luiz Guilherme; MITIDIERO, Daniel. *Ação rescisória*: do juízo rescindente ao juízo rescisório. São Paulo: RT, 2017.

---

a decisão que se pretende rescindir. (...) É que dessa forma não se estaria rescindindo decisão fundada em prova falsa, mas rescindindo decisão que se fundou em prova que contém alegação que foi valorada como correspondente à verdade pelo juiz". MARINONI, Luiz Guilherme; MITIDIERO, Daniel. *Ação rescisória*: do juízo rescindente ao juízo rescisório. São Paulo: RT, 2017, p. 246-247.

PASCHOAL, Thais Amoroso. *Coletivização da prova*: técnicas de produção coletiva da prova e seus reflexos na esfera individual. São Paulo: Thomson Reuters Brasil, 2020.

RAMOS, Vitor de Paula. *Prova documental* – do documento aos documentos. Do suporte à informação. Salvador: JusPodivm, 2021.

TALAMINI, Eduardo. *Coisa julgada e sua revisão*. São Paulo: RT, 2005.

TALAMINI, Eduardo. Produção antecipada de prova no Código de Processo Civil de 2015. *Revista de processo*, n. 260. São Paulo, out. 2016.

TOSCAN, Anissara. *Coisa julgada revisitada*. São Paulo: Thomson Reuters Brasil, 2022.

WAMBIER, Luiz Rodrigues; TALAMINI, Eduardo. *Curso avançado de processo civil*: cognição jurisdicional (processo comum de conhecimento e tutela provisória). 16.red. reform. e ampl. São Paulo: RT, 2016. v. 2.

DESAGRAVO PÚBLICO COMO DIREITO POTESTATIVO DO MÉDICO E INSTRUMENTO DE DEFESA COLETIVA

Igor de Lucena Mascarenhas

Doutor em Direito pela Universidade Federal do Paraná. Doutorando em Direito pela Universidade Federal da Bahia. Mestre em Ciências Jurídicas pela Universidade Federal da Paraíba. Especialista em Direito da Medicina pelo Centro de Direito Biomédico vinculado à Faculdade de Direito da Universidade de Coimbra. Advogado e professor universitário no curso de Medicina do UNIFIP. Consultor da Comissão Especial de Direito Médico do Conselho Federal da OAB. Sócio do Dadalto & Mascarenhas Sociedade de Advogados. Membro do IBERC e IMKN. Email: igor@igormascarenhas.com.br.

Eduardo Neubarth Trindade

Doutor em Medicina pela Universidade Federal do Rio Grande do Sul. Graduação em Medicina pela Universidade Federal do Rio Grande do Sul (UFRGS). Residência Médica em Cirurgia Geral pela Universidade Federal de Ciências da Saúde de Porto Alegre (UFCSPA)/Santa Casa de Porto Alegre (ISCMPA). Residência Médica em Cirurgia do Aparelho Digestivo pelo Hospital de Clínicas de Porto Alegre (HCPA). Professor da Disciplina de Clínica Cirúrgica e Técnica Operatória da Universidade do Vale do Rio dos Sinos (Unisinos). Médico contratado do Serviço de Cirurgia do Aparelho Digestivo do Hospital de Clínicas de Porto Alegre e do Corpo Clínico do Hospital Moinhos de Vento. Conselheiro e Presidente do Conselho Regional de Medicina do Rio Grande do Sul – Mandato 2023-2027.

Sumário: Introdução – 1. Desagravo público – 2. Das diferentes tipos de desagravo público – Conclusões – Referências.

INTRODUÇÃO

As crescentes e rotineiras agressões públicas aos médicos no exercício de suas funções tem exigido, cada vez mais, reações institucionais como mecanismo de defesa do direito ao trabalho seguro e digno. Ser médico tornou-se não apenas o exercício de um múnus público, mas assumir a injusta condição de alvo de violência.

Neste cenário de sucessivas agressões, os Conselhos Regionais de Medicina adquirem o protagonismo de defesa transindividual através de desagravos públicos. Defendendo a autonomia, dignidade, liberdade e integridade dos profissionais, os CRMs passam a atuar de forma repressiva às injustas agressões.

Em razão da ausência de uma regra uniforme sobre a forma de desagravar e a extensão do desagravo, o presente artigo se propõe, por intermédio do método dedutivo e de estudo de casos, apresentar uma proposta de melhoria do instituto para seu aprimoramento.

Para tanto, a discussão será dividida em duas seções: o desagravo público e as formas de desagravo adotadas pelo CRM.

1. DESAGRAVO PÚBLICO

Infelizmente as agressões aos médicos tem se tornado rotineiras. Pesquisa do CREMESP aponta que 64% dos médicos já sofreram algum tipo de agressão (verbal, psicológica ou física).[1] Em idêntico caminho, pesquisa conduzida pelo CRM-PR destaca que quase 90% dos participantes da pesquisa já foram agredidos no exercício profissional.[2] Considerando a desumanização do profissional da Medicina por parte dos seus agressores e a importância de proteção dos profissionais da saúde, tramitam no Congresso Nacional projetos com o objetivo de recrudescer as penas criminais em caso de violência aos profissionais de saúde.[3]

Ademais, com o advento dos "alpinistas em saúde pública",[4] notadamente em razão da midiatização da atuação pública, os médicos passaram a ser reiteradamente expostos por "fiscais da saúde", que, na verdade, buscam auferir ganhos políticos sacrificando interesses e direitos de terceiros. Figuras como "Boca Aberta"[5] e "Gabriel Monteiro", apenas para ficar em duas das mais conhecidas, passaram a fiscalizar e gravar as fiscalizações parlamentares em flagrante desvio de finalidade. O objetivo nunca foi realizar efetivamente a fiscalização, mas, sob o pretexto de exercer uma prerrogativa parlamentar, gerar uma repercussão digital.

Dentro desse contexto de indevida exposição pública, o CFM/CRM tem o dever de proteger os médicos indevidamente expostos e isso se dá, comumente, com o desagravo público, que possui fundamento no Código de Ética Médica no capítulo destinado aos direitos dos médicos:

É direito do médico:

VII – Requerer desagravo público ao Conselho Regional de Medicina quando atingido no exercício de sua profissão.

---

1. CREMESP. *64% dos médicos já vivenciaram ou conhecem colega que sofreu violência.* Disponível em: https://www.cremesp.org.br/?siteAcao=Jornal&id=2120. Acesso em: 21 fev. 2020.
2. CRMPR. *CRM-PR divulga resultado de pesquisa sobre violência no exercício da profissão médica.* Disponível em: https://www.crmpr.org.br/CRMPR-divulga-resultado-de-pesquisa-sobre-violencia-no-exercicio-da-profissao-medica-11-59230.shtml. Acesso em: 08 jul. 2024.
3. COSTA, Ana Paula Correia Albuquerque; MASCARENHAS, Igor Lucena; MATOS, Ana Carla Harmatiuk. Responsabilidade civil do contratante em razão da agressão sofrida por médicos durante a pandemia causada pela COVID-19: a falta de segurança como ato atentatório à dignidade médica. *Revista IBERC*, v. 3, n. 2, p. 190-206, 2020.
4. SCHULZE, Clenio. Covid-19: judicialização da crise e o direito à saúde. In: FARIAS, Rodrigo Nóbrega; MASCARENHAS, Igor de Lucena (Org.). *Saúde, Pandemia e Judicialização.* Curitiba: Juruá, 2020. p. 99-111. p. 103.
5. CRMPR. *CRM-PR realiza Desagravo Público em favor do médico Dr. Roberto Massaki Tanaka Filho.* Disponível em: https://www.crmpr.org.br/CRMPR-realiza-Desagravo-Publico-em-favor-do-medico-Dr-Roberto-Massaki-Tanaka-Filho-11-51647.shtml. Acesso em: 25 fev. 2024.

Para fins de regulamentação do direito do médico previsto no CEM, o CFM editou a resolução 1899/2009 que dispõe sobre o rito a ser implementado nos casos de pedido de desagravo:

> Art. 1º O médico inscrito no Conselho Regional de Medicina – CRM, quando ofendido comprovadamente em razão do exercício profissional, inclusive em cargo ou função privativa de médico, terá direito ao desagravo público promovido pelo Conselho Regional competente de ofício ou a seu pedido.

O desagravo se traduz como uma forma de demonstrar resistência e contrariedade a uma injusta ofensa e representa um mecanismo público de desfazimento da opressão promovida.[6] O desagravo se traduz como um "procedimento formal de publicizar a solidariedade da classe aos colegas que tenham sido ofendidos, em ato de repúdio coletivo ao ofensor",[7] praticado pelo CRM. Rodrigo de Puy destaca que "o desagravo tem como finalidade coibir as violações às ofensas, arbitrariedades perpetradas em face de o médico ter sido atingido no exercício de sua profissão ou relacionada com as prerrogativas gerais do médico".[8]

Apresentando visão distinta do instituto, Eduardo Dantas e Marcos Coltri apontam que o desagravo se traduz como a "emissão de uma certidão, onde constará a improcedência das acusações investigadas, ou mesmo a inexistência de qualquer registro que desabone a conduta do profissional".[9] Ocorre que tal posicionamento se revela extremamente reducionista, na medida em que a emissão de certidão de antecedentes éticos é direito de todo e qualquer médico, inclusive dos condenados, e restrito aos aspectos do processo administrativo sancionador ético, ao passo que o desagravo público possui escopo mais amplo de defesa sempre que um direito ou prerrogativa profissional for violada. Não se trata de uma certidão de nada consta, mas sim de um registro público e ostensivo que determinado médico foi arbitrariamente agredido no seu exercício profissional.

Nota-se que a despeito do CEM estabelecer que é um direito dos médicos o desagravo, o CFM coloca não apenas como um direito individual, mas como mecanismo de defesa coletiva, na medida em que quando um médico é agredido, toda a coletividade, sobretudo médica, também é agredida. O desagravo se traduz então como instrumento de garantia da dignidade individual, mas também como "meio de defesa da reputação da própria classe em sua totalidade". Não se trata de pura defesa individual, pois representa também uma defesa da autonomia, direitos e prerrogativas médicas. Por se tratar de um sistema individual-coletivo, o desagravo pode tramitar mediante provocação do médico ofendido, mas também pode tramitar de ofício:

---

6. BACH, Marion. Dos Direitos dos advogados. In: PIOVEZAN, Giovani Cássio (Org.). *Comentários ao Estatuto da Advocacia e da OAB*: prerrogativas, seleção e disciplina. Curitiba: Ordem dos Advogados, 2019. p. 76
7. FONSECA, Maíra S. Marques da. Art. 27. *Comentários às normas da advocacia*: Código de Ética e Disciplina da OAB, textos especiais: v. 3. WINTER, Marilena Indira; PEREIRA, Luiz Fernando Casagrande; BACH, Marion (Coord.); NAVARRO, Ricardo Miner (Org.). Londrina, PR: Thoth, 2023. p. 190-193.
8. SOUZA, Rodrigo Tadeu de Puy e. *Tratado de Direito Médico Ético*. São Paulo: LUJUR Editora, 2022. p. 338.
9. DANTAS, Eduardo; COLTRI, Marcos. *Comentários ao Código de Ética Médica*. 4. ed. Salvador: JusPodivm, 2022. p. 118.

Art. 3º...

§ 3º O desagravo público apurado de ofício como defesa dos direitos e prerrogativas da medicina, não depende de concordância do ofendido nem pode por ele ser dispensado, devendo ser efetuado a exclusivo critério do Conselho.

Talvez, a principal crítica a ser feita em desfavor da referida resolução é justamente a possibilidade de processamento do desagravo público sem o consentimento do ofendido pois ao assumir a titularidade da defesa individual e coletiva, o CRM pode violar direitos da personalidade dele, que é principal interessado. Sabe-se que em muitas situações, assim como ocorre nas ações penais públicas condicionadas ou ações privadas, o Estado presume que o principal interessado é quem tem legitimidade para decidir se buscará a tutela dos seus interesses ou não. Por vezes, retirar o arbítrio do interessado essa faculdade resultará em uma revitimização, afinal, um médico agredido, verbal ou fisicamente, pode querer esquecer a agressão, de modo que, por oportunidade da publicação do desagravo, o trauma pode ser revivido e, com isso, um novo dano pode ser causado.

Solução mais adequada aparenta ser a proposta por Genival Veloso que defende posicionamento diverso ao estabelecido na resolução ao pontuar que o "pedido de desagravo público é direito privativo do médico e cabe a ele, por isso, providenciar o requerimento ao Conselho Regional de Medicina da jurisdição em que sofreu a ofensa".[10]

Diante desta situação, o CRM deve viabilizar meios para defender a categoria, mas sem expor a figura do profissional violado.[11]

O desagravo público se presta, então, a servir como manifestação pública do CRM de apoio e solidariedade ao colega indevidamente acusado / agredido no exercício profissional. Nesse ponto, talvez um dos aspectos mais relevantes é que é imprescindível que a agressão se dê em razão do exercício profissional, razão pela qual, em caso de agressão ao médico enquanto pessoa natural e não ao profissional haverá a irrelevância para fins de desagravo. A jurisprudência pacífica do CFM/CRM registra que o sistema não se presta para defender ou acusar médicos em relação a atos extraprofissionais, o que reforça o direito ao desagravo público como um desdobramento e manifestação do direito fundamental social ao trabalho.[12]

2. DAS DIFERENTES TIPOS DE DESAGRAVO PÚBLICO

A resolução do Conselho Federal de Medicina não regulamenta, especificamente, o que deve constar no desagravo público. Desta forma, temos a possibilidade de diversos conteúdos que variarão conforme o entendimento jurídico de cada CRM. Nesse

---

10. FRANÇA, Genival Veloso de. *Comentários ao Código de Ética Médica*. Rio de Janeiro: GEN, 2010. p. 52.
11. Como sugestão, verifica-se o art. 138, § 4º Regimento Interno da Seccional da OAB Paraná que dispõe que "o agravado poderá dispensar o desagravo sob forma de sessão, substituindo-o pela expedição de ofício ao agravante, acompanhado da respectiva nota de desagravo", o que representa uma forma de garantir o desagravo, mas, simultaneamente, controlar a sua extensão na defesa do interesse do profissional ofendido.
12. JORGE, Rafael Marchiori Silva Demetrio; DOMINGUES, Isabella Cunha Moukarzel; ENOQUE, Alessandro Gomes. O direito fundamental ao trabalho e o desagravo público como instrumento de tutela do advogado no exercício de sua profissão. *Revista da AGU*, v. 20, n. 02, 2021. p. 180-181.

sentido, podemos citar dois exemplos diametralmente opostos (CRMPI[13] e CRMRJ,[14] respectivamente), e, igualmente, corretos:

Desagravo público em favor do médico XXXX

O Conselho Regional de Medicina do Estado do Piauí – CRM-PI vem a público para desagravar o médico XXXX, CRM-PI XXXX, que, por volta das 10h00 do dia 06.10.2020, durante plantão na Unidade Hospitalar Municipal Dona Lourdes Mota, localizada na cidade de Pio IX, foi ofendido no exercício da profissão por paciente que foi conduzido para receber assistência.

O referido paciente foi levado à unidade hospitalar pela polícia, apresentando quadro de agressividade. Inicialmente, o(a) acompanhante do paciente solicitou ao médico a administração de medicação para controle da agitação/agressividade daquele. Em seguida, o próprio paciente relatou ao médico que desejava registrar um Boletim de Ocorrência contra os policiais, solicitando ainda que o médico avaliasse seu estado físico.

Ocorre que, durante a anamnese na sala de atendimento, momento em que a custódia policial estava ausente, o paciente proferiu agressão verbal contra o médico, agrediu este fisicamente (puxão pelo braço, empurrões de dedo no rosto) e, por fim, ameaçou-o de morte, utilizando termos pejorativos.

Diante da situação, o médico adotou os procedimentos administrativos e éticos junto à direção da unidade hospitalar e registrou Boletim de Ocorrência sobre o caso.

A autonomia do médico para exercer sua profissão é resguardada pelas normas éticas, não podendo o profissional médico, em nenhuma circunstância ou sob qualquer pretexto, renunciar à sua liberdade profissional, nem permitir que quaisquer restrições ou imposições possam prejudicar a eficiência e a correção do seu trabalho.

Ademais, o médico tem o direito de não mais atender paciente que adote postura de desacato, difamação, calúnia, ofensa ou agressão, desde que ressalvadas as situações de urgência e emergência e após comunicar sua decisão ao assistido ou ao seu representante legal. O médico deve eximir-se de revidar as ofensas ou agressões recebidas de paciente, valendo-se deste CRM-PI para requerer seu direito de Desagravo Público, quando entender necessário. Além disso, a busca pela justiça criminal ou por reparação civil constitui direito do médico enquanto cidadão e pode ser por ele requerida.

Assim, o CRM-PI, ante a ocorrência de grave ofensa ao exercício profissional do Dr. XXXX, CRM-PI XXXX, vem desagravar o profissional, na forma do que estabelece o incido VII, Capítulo II – Direitos dos Médicos, do Código de Ética Médica (Resolução CFM 2217/2018), repudiando firmemente a conduta do paciente referido, além do que adotará sempre as medidas legais cabíveis para coibir o desrespeito aos direitos dos profissionais médicos quanto ao livre exercício da profissão.

Teresina-PI, 09 de outubro de 2020.

Mírian Perpétua Palha Dias Parente
Presidente

**CONSELHO REGIONAL DE MEDICINA
DO ESTADO DO RIO DE JANEIRO**
CNPJ 31.027.527- 0001/33

NOTA DE DESAGRAVO PÚBLICO

O Conselho Regional de Medicina do Estado do Rio de Janeiro, representado por seu Presidente, Conselheiro Walter Palis Ventura, em cumprimento aos Direitos e Garantias Individuais previstos no artigo 5º, inciso V da Constituição Federal, onde "é assegurado o direito de resposta proporcional ao agravo" e, conforme o disposto na Resolução CFM nº 1.899/09, vem publicizar o **ATO DE DESAGRAVO PÚBLICO em favor da médica** ▮, inscrita no CRM/RJ sob o nº ▮, que foi ofendida no exercício de sua profissão.

Rio de Janeiro, 30 de novembro de 2021.
CONSELHEIRO WALTER PALIS VENTURA
Presidente do Cremerj

Id: 2353890

---

13. CRMPI. *Desagravo Público em favor do médico Marcus Vinícius Rodrigues Nelson.* Disponível em: https://crmpi.org.br/noticias/desagravo-publico-em-favor-do-medico-marcus-vinicius-rodrigues-nelson. Acesso em: 07 fev. 2023.
14. CREMERJ. *CRM promove desagravo público à médica ofendida em consultório.* Disponível em: https://www.cremerj.org.br/informes/exibe/5603. Acesso em: 07 fev. 2023.

Enquanto o modelo adotado pelo CRMPI, e também por outros Regionais como CRMDF e CRMAP, é pautado na exposição detalhada do caso e da razão do desagravo, o adotado pelo CREMERJ, e também por outros regionais como CREMEPE, CRMPR, apenas registra o desagravo de forma sucinta, de modo que a completa ciência dos fatos fica restrita aos envolvidos no fato. Não há erro em nenhuma destas formas; elas representam apenas visões distintas sobre o mesmo instituto.

Por outro lado, os regionais adotam um modelo de desagravo que possui uma visão direcionada para a "vítima", ou seja, a exposição é em defesa do profissional ofendido sem maiores considerações sobre o agressor, notadamente pela falta de competência do CRM em punir outros profissionais que não os médicos.[15]

Nota-se que este modelo adotado pelos CRMs contrasta, por exemplo, com o modelo adotado pela OAB[16] que, no ato de desagravo, promove um registro enfático da irregularidade da conduta praticada por esse terceiro, de modo que não se trata apenas de um desagravo do ofendido, mas também uma opção técnica de destacar a conduta ilícita do ofensor:

Nota de desagravo

A Ordem dos Advogados do Brasil, Seccional do Distrito Federal, vem a público desagravar o Advogado XXXX, advogado, inscrito na OAB/DF XXXX, nesta Seccional, pelo fato de ter sofrido violação de suas prerrogativas quando se encontrava no regular exercício de sua atividade profissional.

Os atos danosos foram perpetrados pelo Promotor de Justiça do MPDFT da 1ª Promotoria de Justiça do Tribunal do Júri de Taguatinga XXXX. A violação ocorreu em sessão realizada no Tribunal do Júri do TJDFT, no dia 09 de fevereiro de 2023, oportunidade na qual o desagravado estava defendendo seu cliente no âmbito da ação XXXX.

(...)

A conduta do promotor deve ser rechaçada em defesa da advocacia e das prerrogativas do desagravado, na medida em que fere toda a categoria profissional e coloca em risco a democracia, o princípio do devido processo legal e o princípio da liberdade humana, cláusula pétrea em nosso ordenamento constitucional. Atitudes dessa natureza serão sempre, e de forma vigorosa, repudiadas pela OAB/DF que adotará todas as providências legais cabíveis para coibir desrespeito e violações às prerrogativas dos Advogados no regular exercício da profissão.

Face ao exposto, o Conselho Seccional da OAB/DF, à unanimidade, no uso de suas atribuições, acolhe a presente representação, torna público o desagravo do ilustre Advogado XXXX, e repudia, de forma veemente, o comportamento arbitrário e ilegal do promotor do MPDFT XXXX.

A verdade é que o desagravo não pode representar um mero registro formal de repúdio em decorrência das agressões sofridas por médicos, mas, sobretudo, como um instrumento efetivo de ordem pedagógica, preventiva e punitiva. Nesse sentido, o modelo

---

15. Digno de registro é a conduta do CREMEPE e CRMMS que publicizam desagravos em defesa do profissional e registram o nome do ofensor das prerrogativas médicas. Cf. CREMEPE. *Desagravo público.* Disponível em https://www.cremepe.org.br/2023/08/23/desagravo-publico/. Acesso em 25 ago. 2023. e CRMMS. *Nota de desagravo.* Disponível em https://crmms.org.br/noticias/nota-de-desagravo. Acesso em: 21 dez. 2023.

16. OABDF. *Prerrogativas*: Conselho Pleno aprova nota de desagravo público. Disponível em: https://oabdf.org.br/noticias/prerrogativas-conselho-pleno-aprova-nota-de-desagravo-publico/. Acesso em: 10 jul. 2024.

de desagravo "ideal" deveria ser o mais público possível quanto ao ato ilícito praticado, de modo a inibir a sua prática e ainda reprimir novas práticas.

Paralelamente os CRMs, em decorrência das agressões sofridas por médicos, não devem se limitar à emissão de notas de desagravo, pois as notas de repúdio, per si, são insuficientes para mudar a infeliz realidade a que os médicos estão submetidos. Reforçando o entendimento de Paulo Lôbo, a ofensa recebida por exercício legal, profissional e eticamente regular, além da repressão penal, civil e administrativo-disciplinar, deve ser rebatida com o desagravo público.[17]

CONCLUSÕES

Como visto, o desagravo público se traduz como um direito instrumento de defesa dos direitos de profissionais médicos indevidamente agredidos no exercício profissional. Em razão de sua natureza transindividual, os CRMs podem iniciar o procedimento do desagravo com ou sem o consentimento do ofendido, pois, no momento da agressão, não se está ofendendo apenas a pessoa do profissional, mas a categoria toda. Visando a proteção coletiva, os CRMs têm o dever de repudiar condutas graves contra profissionais.

Ocorre que a resolução do CFM 1899/2009 apresenta regramento tímido e pouco detalhado. É possível afirmar que a resolução só trata os seguintes itens:

• Fundamento para o pedido de desagravo: ofensa comprovada em razão do exercício profissional;

• Iniciativa: mediante provocação do interessado ou de ofício;

• Rito: procedimento que deverá ser distribuído para relator que, após prestação de informação da autoridade tida como ofensora, emitirá juízo de valor a ser apreciado em Plenária do CRM.

Dentre as críticas à forma como o desagravo público é feito atualmente, pode-se citar a possibilidade de desagravo à revelia do interessado e a falta de um padrão efetivo de defesa. É importante que se adote uma postura em relação ao desagravo público para que não haja uma revitimização do ofendido, razão pela qual a repressão às ilicitudes praticadas deve preservar o ofendido.

Paralelamente, os CRMs devem sair de uma postura de defesa tímida para reafirmar sua postura pedagógica, repressiva e preventiva. Os CRMs, nesse ponto específico, devem agir de forma mais enfática na defesa da categoria, adotando proposta mais concreta de repreensão da conduta ilícita do agressor, tal qual adotado pela OAB de não apenas defender o médico, mas sobretudo questionar e condenar a conduta do ofensor.

---

17. LÔBO, Paulo. *Comentários ao novo Estatuto da Advocacia e da OAB*. Brasília, DF: Livraria e Editora Brasília Jurídica, 1994. p. 57.

REFERÊNCIAS

BACH, Marion. Dos Direitos dos advogados. In: PIOVEZAN, Giovani Cássio (Org.). *Comentários ao Estatuto da Advocacia e da OAB*: prerrogativas, seleção e disciplina. Curitiba: Ordem dos Advogados, 2019.

COSTA, Ana Paula Correia Albuquerque; MASCARENHAS, Igor Lucena; MATOS, Ana Carla Harmatiuk. Responsabilidade civil do contratante em razão da agressão sofrida por médicos durante a pandemia causada pela COVID-19: a falta de segurança como ato atentatório à dignidade médica. *Revista IBERC*, v. 3, n. 2, p. 190-206, 2020.

CREMEPE. *Desagravo público*. Disponível em: https://www.cremepe.org.br/2023/08/23/desagravo-publico/. Acesso em: 25 ago. 2023.

CREMESP. 64% dos médicos já vivenciaram ou conhecem colega que sofreu violência. Disponível em: https://www.cremesp.org.br/?siteAcao=Jornal&id=2120. Acesso em: 21 fev. 2020.

CRMMS. *Nota de desagravo*. Disponível em: https://crmms.org.br/noticias/nota-de-desagravo. Acesso em: 21 dez. 2023.

CRMPI. *Desagravo Público em favor do médico Marcus Vinícius Rodrigues Nelson*. Disponível em: https://crmpi.org.br/noticias/desagravo-publico-em-favor-do-medico-marcus-vinicius-rodrigues-nelson. Acesso em 07 de fev. 2023.

CREMERJ. *CRM promove desagravo público à médica ofendida em consultório*. Disponível em: https://www.cremerj.org.br/informes/exibe/5603. Acesso em: 07. fev. 2023. OABDF. *Prerrogativas:* Conselho Pleno aprova nota de desagravo público. Disponível em https://oabdf.org.br/noticias/prerrogativas-conselho-pleno-aprova-nota-de-desagravo-publico/. Acesso em: 10 jul. 2024.

CRMPR. *CRM-PR divulga resultado de pesquisa sobre violência no exercício da profissão médica*. Disponível em: https://www.crmpr.org.br/CRMPR-divulga-resultado-de-pesquisa-sobre-violencia-no-exercicio-da-profissao-medica-11-59230.shtml. Acesso em: 08 jul. 2024.

CRMPR. *CRM-PR realiza Desagravo Público em favor do médico Dr. Roberto Massaki Tanaka Filho*. Disponível em: https://www.crmpr.org.br/CRMPR-realiza-Desagravo-Publico-em-favor-do-medico-Dr-Roberto-Massaki-Tanaka-Filho-11-51647.shtml. Acesso em: 25 fev. 2024.

DANTAS, Eduardo; COLTRI, Marcos. *Comentários ao Código de Ética Médica*. 4. ed. Salvador: JusPodivm, 2022.

FONSECA, Maíra S. Marques da. Art. 27. *Comentários às normas da advocacia:* Código de Ética e Disciplina da OAB, textos especiais: v. 3. WINTER, Marilena Indira; PEREIRA, Luiz Fernando Casagrande; BACH, Marion (Coord.); NAVARRO, Ricardo Miner (Org.). Londrina, PR: Thoth, 2023.

FRANÇA, Genival Veloso de. *Comentários ao Código de Ética Médica*. Rio de Janeiro: GEN, 2010.

JORGE, Rafael Marchiori Silva Demetrio; DOMINGUES, Isabella Cunha Moukarzel; ENOQUE, Alessandro Gomes. O direito fundamental ao trabalho e o desagravo público como instrumento de tutela do advogado no exercício de sua profissão. *Revista da AGU*, v. 20, n. 02, 2021.

LÔBO, Paulo. *Comentários ao novo Estatuto da Advocacia e da OAB*. Brasília, DF: Livraria e Editora Brasília Jurídica, 1994

SCHULZE, Clenio. Covid-19: judicialização da crise e o direito à saúde. In: FARIAS, Rodrigo Nóbrega; MASCARENHAS, Igor de Lucena (Org.). *Saúde, Pandemia e Judicialização*. Curitiba: Juruá, 2020.

SOUZA, Rodrigo Tadeu de Puy e. *Tratado de Direito Médico Ético*. São Paulo: LUJUR Editora, 2022.

A RESPONSABILIDADE CIVIL DOS CONSELHOS DE CLASSE POR PRESCRIÇÃO PROCESSUAL

Adriano Marteleto Godinho

Pós-doutor em Direito Civil pela Universidade de Coimbra. Doutor em Ciências Jurídicas pela Universidade de Lisboa. Mestre em Direito Civil pela Universidade Federal de Minas Gerais. Membro fundador do Instituto Brasileiro de Estudos de Responsabilidade Civil (IBERC). Professor do curso de graduação e do Programa de Pós-Graduação (Mestrado e Doutorado) da UFPB. E-mail: adrgodinho@hotmail.com.

Chrystian Jeff Ferreira

Mestrando em Filosofia pela UNISINOS, na linha de pesquisa de Filosofia Política sendo bolsista CAPES, e Bacharel em Direito pela UFPB.

Sumário: Notas introdutórias – 1. Prescrição: conceito e fundamentos – 2. A responsabilidade civil e seus pressupostos e fundamentos – 3. Os conselhos de classe e suas atribuições – 4. A responsabilidade civil decorrente da prescrição processual – Considerações finais – Referências.

NOTAS INTRODUTÓRIAS

Os debates em torno da prescrição revelam-se costumeiramente problemáticos, em razão da complexidade e da relevância do tema. Trata-se de instituto baseado no interesse público, pois tem por fim garantir a paz social, evitando que litígios se perpetuem e sejam motivo de insegurança jurídica. Há, pois, um interesse de ordem pública no afastamento das incertezas em torno da existência e eficácia dos direitos, e esse interesse justifica a instituição da prescrição.

É certo que, ao repudiar a perpetuidade de situações conflituosas na sociedade, o ordenamento jurídico ampara o inadimplente em detrimento do titular de um direito, e assim o faz para evitar o inconveniente ao sossego público, que prepondera sobre o interesse de particulares. Vislumbra-se no instituto uma função pacificadora, na medida em que a ordem jurídica não pode conviver com situações de conflitos perenes.

O objeto destas linhas consiste em abordar um problema em concreto: identificar se a eventual prescrição ocasionada por um conselho de classe – no caso, o CRM (Conselho Regional de Medicina) – que deixa de apurar a contento o cometimento de infração por um profissional da medicina pode gerar, em proveito da vítima de erro médico, o direito à reparação de um dano. Noutros termos, cuida-se de potencialmente imputar responsabilidade civil à entidade em questão, em virtude da atuação desidiosa em processo administrativo, que terminou por culminar com a prescrição processual, resultado que favoreceu o profissional denunciado.

A trilha a percorrer para que sejam alçadas válidas conclusões a respeito perpassa, primeiramente, pela análise do fenômeno da prescrição e de seus fundamentos. Na sequência, são verificadas as atribuições dos conselhos de classe e as bases da responsabilidade civil, para que finalmente cumpra verificar se esta se aplica nos casos em que a atuação negligente daquelas entidades possa provocar a prescrição processual.

O tema será analisado em particular a partir de um julgado emanado do Tribunal Regional Federal da 1ª Região (TRF-1), em que se definiu que a prescrição ocasionada pelo CRM pode dar ensejo à responsabilização noutras esferas jurídicas – inclusive a criminal –, mas não no âmbito civil.

Cumprirá, ao final, proceder a uma análise crítica do aludido julgado, para que se possa apresentar as conclusões finais acerca da problemática suscitada.

1. PRESCRIÇÃO: CONCEITO E FUNDAMENTOS

Na antiguidade grega há uma lenda de extrema profundidade quando são evocadas discussões acerca da passagem do tempo: a lenda do titã Cronos. Para os gregos, esse titã não era o deus do tempo propriamente dito, mas sim uma personificação dessa grandeza física.

Cronos emergiu como um personagem central, destinado a desempenhar um papel fundamental na dinâmica entre o passado e o presente. Após roubar o poder de seu pai e se casar com sua irmã passou a governar, mas possuía em si o temor de ser deposto por seus próprios descendentes tal qual havia feito com o seu progenitor, então perpetrou um ato drástico e insensato, devorando cada um de seus filhos recém-nascidos até, por fim, ser realmente deposto por seus três últimos filhos: Zeus, Hades e Poseidon. A simbiose entre mito e realidade neste conto arquetípico reflete a atemporalidade do dilema humano: a busca pelo controle sobre o inexorável fluir do tempo.

Fato é que o tempo interliga-se com a própria noção de vida. As ciências naturais entendem que a vida se constitui a partir de uma história cronológica e termodinâmica, isso é, uma história contínua, mas dividida em várias etapas, sendo cada uma dessas etapas a vida de um indivíduo humano que é, *per si,* perecível, pois na escala termodinâmica aquela energia que pertencia antes a um corpo está hoje em outro e, respectivamente, assim que ele morrer não estará mais nele, mas continuará a existir em outro e devido a essa perenidade perceptível no ordinário cotidiano o humano institui prazos em seus atos. Tal qual o titã da lenda grega, há na humanidade uma inegável busca pelo controle temporal.

Assim, nas relações jurídicas, se criou o denominado "prazo prescricional", pois a própria vida possui um prazo de finitude. Então, os constituintes nos mais diversos Estados entenderam que o titular de um direito deve possuir um prazo determinado para exercê-lo. Então, a partir do momento que um fato gera a possibilidade de se requerer um direito, inicia-se o aludido prazo prescricional.

O instituto da prescrição é totalmente benéfico ao ordenamento jurídico, pois reafirma o princípio da segurança jurídica, uma vez que reprime a passividade do titular do direito. Dessa feita, o incentiva a exercer razoavelmente seu direito e, com isso, faz com que a própria norma positivada seja de fato observada; ao mesmo tempo, retira desse indivíduo a possibilidade de deter o eterno poder de ser capaz de demandar terceiros a qualquer tempo, o que poderia resultar em uma constante incerteza e de uma infinita posição de subordinação por parte do devedor.

Então, de modo geral, o Código Civil brasileiro assegura, em seu art. 205, que a prescrição ocorre em dez anos quando inexistirem prazos específicos, prazos estes delineados no art. 206 do mesmo diploma e também em outras legislações.

Nesse sentido, o art. 90 do Código de Processo Ético-Profissional do Conselho Federal de Medicina disserta que:

> Art. 60. A punibilidade por falta ética sujeita a Processo Ético-Profissional prescreve em 5 (cinco) anos, contados a partir da data do conhecimento do fato pelo Conselho Regional de Medicina.[1]

Assim sendo, tal conselho de classe, visando a assegurar o princípio da segurança jurídica tanto aos seus profissionais assistidos quanto àqueles que são afetados pelos atos praticados por tais profissionais, especificou não apenas o prazo prescricional para os casos de danos que estão sob sua competência averiguar, mas também como se daria o início da contagem de tal prazo.

Para os propósitos deste texto, cumpre verificar se da eventual prescrição da punibilidade do profissional médico que vier a cometer atos infracionais pode decorrer a responsabilização civil dos conselhos de classe, particularmente o CRM, ou mesmo dos profissionais que os compõem. Para dar cumprimento a tal desiderato, cabe primacialmente estabelecer algumas diretrizes fundamentais sobre a responsabilidade civil e acerca dos elementos que conformam este instituto.

2. A RESPONSABILIDADE CIVIL E SEUS PRESSUPOSTOS E FUNDAMENTOS

A responsabilidade civil consiste em um dos fenômenos-chave do Direito. Instituto de antiquíssimo trato, supõe que todo aquele que venha a lesar terceiros deva reparar todo e qualquer dano decorrente da conduta lesiva.

Assim, a partir do momento em que um indivíduo, com seu comportamento, venha a causar dano a outrem, ficará sujeito à correspondente reparação. Esta é, portanto, a função primordial da responsabilidade civil: a de reparar danos, seja por meio da restituição *"in natura"* do desfalque provocado (o que ocorrerá, por exemplo, com a reposição do mesmo bem sobre o qual recaiu a ofensa), seja por meio do pagamento de uma indenização, quando se tornar inviável a medida anterior. Há, com efeito, certos danos que não admitem plena reconstituição: é o caso de certas situações em que uma pessoa sofre danos extrapatrimoniais, tais como as de ordem moral ou estética, pois

---

1. Para se conferir na íntegra tal legislação: Código de Processo Ético-Profissional (2009). Disponível em: https://portal.cfm.org.br/etica-medica/codigo-de-processo-etico-profissional-2009/capitulo-viii-prescricao/. Acesso em: 19 jan. 2024.

lesões corporais irreversíveis ou afrontas graves à dignidade humana não permitirão que a vítima retorne ao estado em que se achava antes de sofrê-las.

A função reparatória, contudo, não consiste no propósito solitário da responsabilidade civil. Sobretudo no âmbito dos danos morais, que atingem bens jurídicos de caráter extrapatrimonial, é possível falar também na existência de uma função punitiva, pedagógica e preventiva da responsabilidade civil: ao mesmo tempo em que constranger o ofensor a responder pelos danos que causou constitui uma sanção, faz com que ele se sinta desestimulado a voltar a agir da mesma maneira – isto é, o dever de indenizar, no caso, pode contribuir para educar o agente e prevenir a ocorrência de outros danos.[2]

Para que cumpra atribuir a alguém o dever de reparação, impende a verificação de determinados elementos da responsabilidade civil. De forma sintética, eis a sua enumeração:

a) Ação ou omissão ilícita: o primeiro e mais elementar elemento da responsabilidade civil consiste na conduta de um agente, que tanto pode se caracterizar por um comportamento ativo (um fazer) ou negativo (uma abstenção). Os comportamentos omissivos ensejam a responsabilidade do agente sempre que ele tiver o poder e o dever de agir e, ao deixar de fazê-lo, contribuir para a ocorrência de danos. É o caso de profissionais como bombeiros e policiais, que devem atuar para evitar a consumação de incêndios ou crimes, e dos pais, que podem ser responsabilizados caso deixem de agir para alimentar e criar seus filhos. Talvez seja esta a hipótese a ser estudada mediante a análise do caso concreto debatido no item final destas notas, em que se cogita de omissão do CRM quanto à análise e julgamento em tempo adequado de um processo administrativo em que estava em xeque a denúncia de um profissional vinculado ao aludido Conselho.

b) Dano: é o prejuízo experimentado pela vítima. Trata-se de elemento primordial da responsabilidade civil, pois, na ausência de dano, não caberá falar na correspondente reparação.

De acordo com a posição assente pela doutrina e jurisprudência, os danos podem se caracterizar autonomamente como materiais (ou patrimoniais) e imateriais (ou extrapatrimoniais). Aqueles são os danos que atingem bens apreciáveis economicamente e, segundo a dicção do art. 402 do Código Civil, comportam tanto os danos emergentes (aquilo que se perdeu, ou seja, o prejuízo efetivo) quanto os lucros cessantes (que correspondem a tudo que a vítima razoavelmente deixou de lucrar). De outro lado, danos imateriais ou extrapatrimoniais são aqueles que afetam o indivíduo em sua essência, em seus valores existenciais, em seus bens da personalidade, que não podem ser apreciados economicamente, afrontando, em última análise, a própria dignidade humana. Estes danos podem abarcar diversas espécies, tais como o dano moral, o dano estético e o dano existencial, entre outros.

---

2. Para mais referências sobre as funções que o instituto da responsabilidade civil pode e deve desempenhar, cujo trato pormenorizado não pode ser comportado por este trabalho, sugere-se a seguinte leitura: ROSENVALD, Nelson. *As funções da responsabilidade civil*: a reparação e a pena civil. 3. ed. São Paulo: Saraiva, 2017.

A RESPONSABILIDADE CIVIL DOS CONSELHOS DE CLASSE POR PRESCRIÇÃO PROCESSUAL | 335

Para o bom cumprimento do propósito deste texto, apurar-se-á afinal se o fato de o CRM ter permitido a verificação da prescrição processual deve ser considerado como fato gerador de um autêntico dano – extrapatrimonial, à partida –, cuja vítima terá sido, se for o caso, o indivíduo que sofreu as consequências de erro médico.

c) Nexo causal: é o elo ou liame que une a conduta ao dano, fazendo com que este seja decorrência daquele. Não havendo interesse em apreciar as diversas teorias cunhadas para justificar em quais circunstâncias caberá falar em causalidade, o que escaparia ao propósito deste escorço, basta estabelecer a ideia de que a responsabilidade civil exige uma concatenação entre o ato praticado por um agente e o dano sofrido por outro, de modo a fazer com surja uma relação de causa e efeito entre aquela conduta e este dano.

A problemática em apreço neste trabalho implicará, oportunamente, verificar não apenas se há dano decorrente da conduta pretensamente omissiva do CRM ao dar prazo à caracterização da prescrição processual, mas também se há causalidade entre esta conduta e o eventual dano que dela possa ter sobrevindo.

d) Culpa ou dolo: o dolo corresponde ao ato voluntário, deliberadamente voltado à produção do dano. Culpa, por sua vez, corresponde ao comportamento descuidado, desleixado, que destoa do padrão médio de conduta que se espera dos indivíduos em sociedade. A culpa, consoante a concepção clássica e amplamente difundida, pode advir da imprudência (assunção de riscos desnecessários), da negligência (falta de prevenção) ou imperícia (inobservância de regras técnicas ou, em outros termos, negligência profissional).

A comprovação de comportamento culposo ou doloso do agente causador do dano não será exigida em qualquer circunstância, eis que haverá de ser dispensada nos casos de responsabilidade civil objetiva, isto é, nas circunstâncias em que o legislador definir que determinados agentes devam responder independentemente de culpa própria ou nas hipóteses de desenvolvimento de atividades de risco, consoante os ditames do art. 927, parágrafo único do Código Civil.[3]

Para os fins deste trabalho, repita-se, importa verificar se os conselhos de classe, nomeadamente o CRM, podem ser responsabilizados civilmente pelos eventuais danos decorrentes do fato de ter sobrevindo prescrição em razão da atuação negligente de tais entidades em processos administrativos que visem à apuração de erro dos profissionais a elas subordinados. Para tanto, cumpre antes tracejar algumas noções fundamentais sobre estes conselhos e suas atribuições.

3. OS CONSELHOS DE CLASSE E SUAS ATRIBUIÇÕES

No que tange à temática dos conselhos de classe, é essencial compreender, a priori, sua natureza e papel intrínseco no contexto profissional. Os conselhos de classe são

---

3. A regra em apreço, a propósito, foi responsável por afastar em definitivo a ideia da prevalência da culpa no sistema da responsabilidade civil brasileira, ao estabelecer uma cláusula geral de responsabilidade objetiva por atividades de risco (SCHREIBER, Anderson. *Novos paradigmas da responsabilidade civil*: da erosão dos filtros da reparação à diluição dos danos. 5. ed. São Paulo: Atlas, 2013, p. 21-23).

autarquias conforme fora decidido em julgamento pelo STF na ADI 641 – DF;[4] sendo assim, tais entidades estão incumbidas da normatização, fiscalização e regulamentação do exercício de sua respectiva profissão e o profissional que não atuar de acordo o que determina seu conselho estará cometendo ato ilícito, conforme o disposto no art. 47 do Código Penal.

Dessa feita, em seu âmago, encontra-se o propósito primordial de assegurar padrões éticos, técnicos e legais que orientam o desempenho das atividades profissionais, contribuindo para a qualidade e integridade das práticas em diversas áreas.

Vale também ressaltar que há uma distinção fundamental entre os conselhos de classe e os sindicatos. Enquanto os conselhos focam na regulamentação técnica e ética, garantindo a qualidade e integridade das profissões, os Sindicatos, por sua vez, têm como missão principal a representação e defesa dos interesses trabalhistas e sociais dos membros de uma categoria profissional. Então a diferenciação entre essas duas categorias reside nas esferas de atuação e nos propósitos que orientam cada uma dessas.

É notório que nem todas as profissões exigem que se haja filiação ao seu respectivo conselho para atuação profissional, entretanto, nas ocupações profissionais que tal requisito é necessário, entende-se que caso a atividade laboral não seja observada por outros profissionais competentes pode-se ocasionar em danos elevados. A título de exemplo temos o fato de que não é necessário ser pertencente à Ordem dos Músicos do Brasil para se tocar um instrumento, mas é necessário pertencer ao CRM para se exercer a medicina. Ambas as profissões são relevantes, mas, sem atribuir qualquer título de importância superior a qualquer uma delas, entende-se que um erro cometido por um médico em exercício causará, em regra, danos extremamente superiores aos causados por um músico que não exerça sua profissão com excelência. Assim sendo, deve-se ter uma fiscalização maior na medida que as responsabilidades e a possibilidade de danos se amplifiquem. Dessa feita, entende-se que o conselho de classe não atua apenas na proteção dos profissionais, mas também em prol daqueles que são afetados pelos atos desses.

Dentre os diversos conselhos de classe que desempenham papel crucial na regulamentação profissional, destaca-se o citado Conselho Regional de Medicina (CRM). Criado em 1951,[5] o CRM desempenha um papel central na supervisão, regulamentação e fiscalização da prática médica, garantindo padrões éticos, técnicos e legais elevados, bem como promovendo a segurança e confiança da sociedade nos serviços de saúde.

O principal propósito do CRM é assegurar que os profissionais da medicina atuem de acordo com princípios éticos, normas técnicas e legislação vigente. Isso inclui a criação e atualização de códigos de ética médica, normativas sobre procedimentos, além da fiscalização constante para verificar o cumprimento dessas diretrizes. O CRM atua também como um filtro de qualidade, buscando garantir que os pacientes rece-

---

4. Dados do julgamento podem ser visualizados em: https://redir.stf.jus.br/paginadorpub/paginador.jsp?docTP=AC&docID=346502. Acesso em: 19 jan. 2024.
5. Como expresso na própria página institucional do CFM que pode ser acessada em: https://portal.cfm.org.br/institucional/. Acesso em: 19 jan. 2024.

bam cuidados adequados e que os profissionais estejam alinhados com os mais altos padrões de competência e integridade e que, caso necessário, haja um julgamento a fim de responsabilizar determinado médico pelos seus erros e, de igual modo, a vítima de tais erros seja reparada pelos danos sofridos (conforme debatido no tópico anterior).

Quanto à composição e escolha de seus membros, as seccionais do CRM seguem um modelo democrático. Os integrantes são eleitos pelos próprios médicos registrados na jurisdição do conselho, o que estabelece uma representatividade da classe médica na gestão do órgão. Essa escolha democrática contribui para a legitimidade das ações do CRM, e assegura que as decisões e normativas reflitam os anseios e desafios enfrentados pela comunidade médica.

Desse modo, entende que por definição, enquanto conselho de classe, o CRM deve ser um meio para que aqueles que foram afetados por feitos dos profissionais que devem ser assistidos por esse conselho possam ser efetivamente reparados, mas, com se debaterá a seguir, no caso ora debatido o conselho foi um empecilho, não realizando o fim para o qual foi fundado.

4. A RESPONSABILIDADE CIVIL DECORRENTE DA PRESCRIÇÃO PROCESSUAL

Uma vez assentadas algumas bases fundamentais acerca da prescrição, da responsabilidade civil e das atribuições próprias dos conselhos de classe, resta apreciar, particularmente à luz de um paradigmático caso concreto, sobre a potencial responsabilização civil do CRM em virtude de demora no processamento de um recurso, que culminou com a prescrição processual.

O acórdão paradigmático, da lavra do Tribunal Regional Federal da 1ª Região, foi assim ementado:

> Erro médico. Representação da vítima ao CRM. Absolvição no processo ético-disciplinar. Recurso ao CFM. Demora no julgamento. Prescrição. Interesse público primário. Desvinculação em relação a interesses particulares. Responsabilidade civil. Inexistência.
>
> (...) 5. Os conselhos profissionais exercem, portanto, atividade eminentemente pública, típica de Estado, "que abrange até poder de polícia, de tributar e de punir". Em outros termos, cuidam de interesse público primário, desvinculado de interesses privados. As infrações cometidas por médicos podem ser levadas, pelo particular, ao conhecimento do Conselho de Medicina como representação, não requerimento, para que seja instaurado processo ético-disciplinar, porque não há direito subjetivo nem interesse qualificado do particular, ainda que vítima de erro médico, à punição disciplinar. A punição disciplinar se dá – reitere-se –, no interesse público, daí que eventual falha do conselho profissional em apurar e punir infração disciplinar pode ensejar responsabilização também disciplinar e até criminal (mediante ação penal pública) dos membros desse conselho, mas não responsabilidade civil para efeito de indenização ao particular, autor da representação administrativa.
>
> 6. Quem causou dano aos autores foi a administração pública estadual, que prestou atendimento médico considerado negligente em hospital da rede pública, como decidiu a Justiça do Estado do Amazonas no processo 0316398-17.2007.8.04.0001-01, consoante noticiaram os apelantes às fls. 382/417.

7. Negado provimento à apelação (TRF-1 – AC: 00146786720144013200, Relator: Desembargador Federal João Batista Moreira, Data de Julgamento: 27.05.2019, Sexta Turma, Data de Publicação: 07.06.2019).

Do teor da ementa do julgado em questão, extrai-se ter havido denúncia ao CRM de um caso de erro médico, do qual sobreveio o óbito de uma pessoa, tendo sido inaugurado o correspondente processo ético-disciplinar. O delator do alegado erro levou o fato ao conhecimento do Conselho, mediante denúncia do médico responsável pelo malfadado procedimento.

A análise do processo revela que a instrução do caso durou mais de cinco anos, tendo havido também notável demora no julgamento do recurso proposto pelo interessado, donde sobreveio a prescrição processual, a prejudicar a prudente verificação do mérito da denúncia e a eventual aplicação das penalidades cabíveis.

A ementa da decisão em apreço sugere que a atuação negligente do CRM, que deixou de apurar adequadamente o cometimento de infração disciplinar, devido à perda dos prazos procedimentais, pode ocasionar a responsabilidade na esfera administrativa e até mesmo criminal dos membros do conselho de classe, mas tal fato não poderia a responsabilidade civil do CRM ou de seus membros em relação à vítima do erro médico ou a terceiros que a representem, pois os efeitos danosos do erro médico devem ser imputados exclusivamente aos profissionais que realizaram o ato médico ou mesmo à administração pública, no caso de atendimento prestado pela rede pública de saúde. Tal conclusão advém da atenta análise do item 6 do julgado transcrito, em que se lê que "quem causou dano aos autores foi a administração pública estadual, que prestou atendimento médico considerado negligente em hospital da rede pública, como decidiu a Justiça do Estado do Amazonas".

Não obstante o dano decorrente do procedimento médico malsucedido deva de fato ser reparado exclusivamente pelos profissionais responsáveis pelo cometimento do ato e, como no caso em tela, sobretudo pela administração pública, a decisão judicial sob análise padece de grave desvio de perspectiva, ao confundir duas ordens distintas de danos, imputáveis cada qual a seus respectivos autores.

Ora, é de fato inquestionável que os efeitos lesivos do ato médico malsucedido somente devam ser imputados àqueles profissionais que o praticaram e também ao ente responsável pela gestão dos serviços sanitários prestados, no caso, a pessoa jurídica de direito público à qual tais profissionais se encontram vinculados. A verificação dos elementos da responsabilidade civil supradescritos (tópico 2) efetivamente não deixa margem a outra conclusão: a intervenção sanitária foi praticada pela equipe médica, havendo estrita causalidade entre esta conduta e os danos sobrevindos à paciente. Em havendo a demonstração de culpa dos profissionais envolvidos – eis que a responsabilização civil destes se dá pela via subjetiva, em que a comprovação da culpabilidade se faz necessária, nos termos do art. 951 do Código Civil[6] e do art. 14, § 4º do Código de

---

6. Eis o teor do dispositivo: "O disposto nos arts. 948, 949 e 950 aplica-se ainda no caso de indenização devida por aquele que, no exercício de atividade profissional, por negligência, imprudência ou imperícia, causar a morte

Defesa do Consumidor[7] –, o dever de reparar todos os danos advindos do ato médico deve ser suportado mesmo pelos referidos profissionais e pelo ente público gestor do serviço, mas nunca ao conselho de classe ao qual tais médicos estejam vinculados, eis que inexiste qualquer conduta praticada pelo respectivo CRM ensejadora de danos à paciente ou a terceiros a ela vinculados.

Ocorre, todavia, que o debate em torno dos danos eventualmente desencadeados pela conduta desidiosa do CRM não diz respeito aos efeitos indesejáveis derivados do ato médico praticado, estando estes sujeitos à devida reparação por parte dos profissionais e mesmo do Estado, consoante atestado. O dano em causa não corresponde ao óbito da paciente, mas à violação aos direitos dos pacientes (ou de quem os represente) que se valem da via administrativa com o objetivo de verem apuradas com acurácia as denúncias formuladas acerca de procedimentos profissionais irregularmente levados a efeito.

Assim, o que está em causa é o debate em torno do possível dano provocado pela conduta inerte do CRM em procedimento administrativo de sua alçada. Não se cuida, pois, de imputar à entidade ou a seus membros o dever de reparação dos danos decorrentes de um malsinado ato médico, eis que inexistiria, neste caso, qualquer relação de causalidade entre uma conduta praticada pelo conselho e os efeitos nefastos da intervenção médica; o que está verdadeiramente em debate é a apreciação da verificação de outro dano distinto e autônomo, qual seja, um dano sofrido pelos familiares de uma paciente que faleceu supostamente em razão de erro médico, dano este equivalente à frustração do resultado prático do procedimento administrativo instaurado, em razão de incúria na prática dos atos procedimentais que permitiriam a apuração do mérito da denúncia e a eventual aplicação das penalidades correspondentes.

Assim, com o devido respeito à autoridade prolatora da decisão, parece ter havido certa confusão conceitual entre o dano derivado do ato médico – absolutamente estranho ao CRM e, portanto, inimputável a esta entidade ou a seus membros – e um possível dano distinto deste, advindo da conduta passiva e leniente do órgão quanto à atempada apuração de denúncia em processo ético-disciplinar. Tal dano – caso se conclua de fato que a conduta omissiva do Conselho em tela é suficiente para ocasionar uma verdadeira ofensa jurídica digna de tutela – é que está em causa e, se dele emergir um dever de reparação, tal dever há de ser atribuído ao órgão e/ou a seus componentes, nomeadamente aqueles que deram ensejo à consumação do prazo prescricional.

Somos da opinião de que a desídia do CRM quanto à tempestiva análise e julgamento de procedimento disciplinar é capaz de ocasionar, em relação ao denunciante, um autêntico e apartado dano, de natureza imaterial, eis que a incúria do órgão julgador, ao permitir a consumação da prescrição, impede a eventual penalização dos profissionais

---

do paciente, agravar-lhe o mal, causar-lhe lesão, ou inabilitá-lo para o trabalho". Disponível em: http://www.planalto.gov.br/ccivil_03/Leis/2002/l10406.htm. Acesso em: 12 jan. 2024.

7. Eis o teor do dispositivo: "§ 4º A responsabilidade pessoal dos profissionais liberais será apurada mediante a verificação de culpa". Disponível em: https://www.gov.br/mj/pt-br/assuntos/seus-direitos/consumidor/Anexos/cdc-portugues-2013.pdf. Acesso em: 12 jan. 2024.

denunciados. Em circunstâncias tais, restam plenamente verificados os elementos da responsabilidade civil, outrora aludidos (tópico 3, supra): a condução negligente no processamento do feito administrativo é caracterizadora de conduta omissiva e negligente e por isso mesmo culposa, quando menos; o dano verificado aos denunciantes e aos familiares da vítima fatal do erro médico corresponde à violação do direito subjetivo à correta condução processual e à possível aplicação das penas cabíveis aos responsáveis pelo referido erro; a causalidade, por fim, se manifesta mediante a necessária correlação entre o comportamento omissivo gerador da prescrição e a referida lesão ao direito dos denunciantes de verem ser devidamente processada a denúncia apresentada.

Particularmente quanto à caracterização de verdadeiro dano em casos desta natureza, cabe entender que a frustração ao direito de obter adequada prestação jurisdicional, sobretudo quando decorrente de flagrante desídia – a revelar inclusive potencial comportamento corporativista por parte dos conselhos de classe para com seus filiados –, ultrapassa a esfera do mero aborrecimento ou do simples descontentamento tolerável, eis que no caso em apreço estava em causa o *jus puniendi* concernente à conduta profissional ao menos supostamente causadora do óbito de uma paciente. O mínimo que se esperaria do CRM seria a prudente e célere análise do caso, muito embora se tenha constatado o exato oposto: tamanha foi a negligência com o caso que dela sobrevieram os efeitos da prescrição, que impediram a análise de mérito da denúncia.

Conclui-se, portanto, que a injustificada demora na tramitação de procedimentos desta natureza e magnitude pode ensejar a necessária reparação de danos aos denunciantes, aplicando-se os efeitos próprios da responsabilidade civil aos membros do conselho de classe que de algum modo tenham contribuído com o atraso no processamento do feito. Discorda-se, por isso, do teor do julgado paradigma ora exposto, mediante a defesa de que, nada obstante os efeitos próprios do erro médico não possam ser imputados ao CRM, as consequências lesivas da leniência processual lhes são perfeitamente atribuíveis.

CONSIDERAÇÕES FINAIS

Devidamente estabelecidas algumas diretrizes fundamentais sobre a prescrição, a responsabilidade civil e as atribuições cabíveis aos conselhos de classe, particularmente o CRM, pode-se concluir que é perfeitamente possível atribuir a esta entidade, e mesmo a seus membros, a responsabilidade civil em virtude da atuação desidiosa em procedimentos de natureza ético-disciplinar, mormente quando desta conduta omissiva sobrevier a prescrição da pretensão punitiva em relação ao profissional denunciado por má conduta.

Cumpre entender, no caso, que descabe confundir os danos decorrentes de um ato médico malsucedido com os danos derivados da tramitação negligente de um procedimento administrativo de ordem disciplinar. Enquanto aqueles são atribuíveis aos profissionais que praticaram o ato e, em última análise, à instituição pública ou privada a que estiverem subordinados, estes são de responsabilidade do conselho de classe competente para o processamento do feito e mesmo de seus membros, mormente aqueles cuja desídia deu azo à consumação do prazo prescricional.

Assim, discorda-se respeitosamente do teor do julgado paradigmático analisado neste trabalho, em que se adotou a tese de que não pode haver responsabilidade civil em razão da verificação da prescrição processual. Entendem os ora autores que a atuação morosa do CRM em denúncias graves formuladas contra os profissionais filiados a esta entidade é capaz de gerar autênticos danos, passíveis, portanto, da respectiva reparação.

REFERÊNCIAS

BRASIL. Código Civil. Disponível em: http://www.planalto.gov.br/ccivil_03/Leis/2002/l10406.htm. Acesso em: 12 jan. 2024.

BRASIL. Código de Proteção e Defesa do Consumidor. Disponível em: https://www.gov.br/mj/pt-br/assuntos/seus-direitos/consumidor/Anexos/cdc-portugues-2013.pdf. Acesso em: 12 jan. 2024.

BRASIL. Conselho Federal de Medicina. Código de Processo Ético-Profissional. Disponível em: https://portal.cfm.org.br/etica-medica/codigo-de-processo-etico-profissional-2009/. Acesso em: 19 jan. 2024.

BRASIL. Superior Tribunal Federal. ADI 641 MC/DF. Disponível em: https://redir.stf.jus.br/paginadorpub/paginador.jsp?docTP=AC&docID=346502. Acesso em: 14 jan. 2024.

ROSENVALD, Nelson. *As funções da responsabilidade civil*: a reparação e a pena civil. 3. ed. São Paulo: Saraiva, 2017.

SCHREIBER, Anderson. *Novos paradigmas da responsabilidade civil*: da erosão dos filtros da reparação à diluição dos danos. 5. ed. São Paulo: Atlas, 2013.

CONTROLE JUDICIAL DO PROCESSO ÉTICO-PROFISSIONAL

Clenio Jair Schulze

Doutor e Mestre em Ciência Jurídica. Autor do livro "Judicialização da Saúde no Século XXI" (2018) e coautor do livro "Direito à Saúde" (2019, 2. ed.). Integrante do FONAJUS – Fórum Nacional do Judiciário para a Saúde do Conselho Nacional de Justiça – CNJ. Juiz federal em SC.

Sumário: Introdução – 1. Conselhos de fiscalização profissional e o regime jurídico – 2. O controle judicial – 3. Controle do mérito do ato administrativo – 4. Medicina baseada em evidências – 5. Fundamentação fática – 6. Critério da dupla visita ou dupla orientação – Considerações finais – Referências.

INTRODUÇÃO

O Judiciário conquistou espaço privilegiado na Constituição e isso permitiu a expansão jurisdicional.

Contudo, a jurisdição constitucional é coisa séria. Principalmente quando se trata de revisão dos atos administrativos.

Assim, o presente texto destaca aspectos importantes do controle judicial das decisões proferidas por Conselhos de Fiscalização Profissional em processo ético-profissional.

Inicia-se com a abordagem do regime jurídico dos Conselhos de Fiscalização Profissional e posteriormente é analisado o controle judicial das decisões administrativas.

Menciona-se a possibilidade de investigação judicial do mérito do ato administrativo e também se destaca a importância da Medicina Baseada em Evidências e a indispensabilidade da fundamentação fática das decisões.

Ao final, apresenta-se sugestão de adoção no processo ético-profissional do critério da dupla visita ou dupla orientação.

1. CONSELHOS DE FISCALIZAÇÃO PROFISSIONAL E O REGIME JURÍDICO

Os Conselhos de Fiscalização Profissional – Medicina, Odontologia, entre outros – estão vinculados ao regime jurídico de direito público, pois são considerados autarquias pela legislação.[1]

Desta forma, a atuação dos Conselhos se assenta no princípio da constitucionalidade e no princípio da legalidade. Ou seja, todos os atos praticados pelos servidores e

---

1. Brasil. Lei 3.268, de 30 de setembro de 1957. Disponível em: https://www.planalto.gov.br/ccivil_03/leis/l3268.htm#:~:text=Art%20.,com%20autonomia%20administrativa%20e%20financeira. Acesso em: 18 jan. 2024.

agentes vinculados aos Conselhos de Medicina submetem-se ao rigoroso controle de constitucionalidade e ao controle de juridicidade.

Além disso, todos os atos praticados no âmbito dos Conselhos de Medicina são considerados atos, procedimentos ou processos administrativos, razão pela qual estão sujeitos ao controle jurisdicional.

É que o princípio da presunção de legitimidade ou veracidade dos atos estatais não guarda a interpretação restritiva de outrora. Atualmente, é conferido ao Judiciário o controle total dos atos administrativos, inclusive do mérito quando há violação à Constituição ou à legislação vigente (demérito do ato administrativo).

Portanto, qualquer ato praticado em processo ético-profissional está vinculado à Constituição e à legislação. Significa dizer: aplicam-se os princípios do devido processo legal, do contraditório, da ampla defesa, da colaboração, da boa-fé, entre outros.

2. O CONTROLE JUDICIAL

O controle judicial dos atos dos Conselhos de Fiscalização Profissional está assentado no artigo 5º, inciso XXXV, da Constituição da República Federativa do Brasil.

Neste sentido, é comum haver a impugnação judicial das sanções aplicadas no processo ético-profissional.

Em regra, o Judiciário analisa aspectos formais do processo administrativo, principalmente a observância aos princípios da constitucionalidade, da legalidade, do devido processo legal, do contraditório e da ampla defesa.

As sanções aplicadas pelos Conselhos podem ser anuladas em razão da violação da Constituição e da legislação vigente.

Há casos de vícios processuais, como a falta de intimação para o acusado se defender do aditamento de acusação.[2] Há situações de violação ao contraditório e à ampla defesa.[3]

---

2. Administrativo. Conselho regional de medicina. Processo disciplinar. Aplicação de penalidade de censura pública. Anulação. Julgamento *per relationem*. Possibilidade. Apelação provida. 1. Aplicação de penalidade disciplinar a médico sem observância aos princípios da proporcionalidade e razoabilidade. 2. Falta de intimação para que o acusado se defendesse de aditamento de acusação. Ofensa aos Princípios da Ampla Defesa e do contraditório. 3. Observado a inexistência de fato novo ou novas provas que pudessem modificar o entendimento exposto anteriormente sobre a causa, é o caso de reformar a sentença para reconhecer a nulidade do procedimento administrativo, aplicando-se ao caso em tela a técnica de julgamento "per relationem". 4. Registre-se, por oportuno, que a adoção, pelo presente julgado, dos fundamentos externados na sentença recorrida – técnica de julgamento "per relationem" –, encontra amparo em remansosa jurisprudência das Cortes Superiores, mesmo porque não configura ofensa ao artigo 93, IX, da CF/88, que preceitua que "todos os julgamentos dos órgãos do Poder Judiciário serão públicos, e fundamentadas todas as decisões, sob pena de nulidade (...)". Precedentes do E. STF e do C. STJ. 5. Apelação provida (Tribunal Regional Federal da 3ª Região, 4ª Turma, Apelação Cível 5003155-07.2018.4.03.6100, Relator Des. Fed. Marli Ferreira).

3. Apelação cível. Administrativo. Constitucional. Conselho profissional. Processo ético-disciplinar. Cremesp. Cassação do registro profissional. Violação ao contraditório. Caracterização. Anulação da decisão mantida. Recurso desprovido. 1. Cuida-se de ação ajuizada com o propósito de anular a penalidade de cassação do registro profissional imposta ao autor, à razão de suposta violação ao contraditório e ampla defesa nos autos do respectivo processo ético-disciplinar. 2. No caso em apreço, durante a fase de sindicância, a denúncia em

Também há casos de violação à gradação da pena.[4] Descumprimento ao princípio da

face do autor apresentada pela paciente perante o CREMESP foi instruída com laudo técnico, emitido por um médico de sua indicação, acerca dos resultados da cirurgia de mamoplastia com implante de prótese que o autor, ora apelado, performou. Instaurado o processo ético-disciplinar, por ocasião da defesa prévia, o autor requereu a repetição da prova pericial, sendo que a apreciação do aludido pedido se deu quando já havia sido agendada data para o julgamento, restando o pedido indeferido, sob o fundamento de suficiência das provas acostadas. 3. Destaca-se que o julgado motivou-se em prova acostada aos autos na fase de sindicância, de natureza inquisitorial, não submetida, portanto, ao crivo do contraditório. 4. A suficiência da prova deve ser desconsiderada, eis que, uma vez que a opinião técnica trazida aos autos em fase de sindicância pela denunciante não fora submetida ao contraditório, não pode ser tomada como única prova apta a subsidiar a penalidade aplicada. 5. Do quanto exposto, em que pese o poder instrutório do julgador, o fundamento para o indeferimento do pedido de produção da prova pericial não se evidenciou. Impende reconhecer, pois, que o contraditório e a ampla defesa e também o princípio da motivação restaram violados. 6. Os princípios do contraditório e ampla defesa e da motivação integram a ordem constitucional, consubstanciando garantias extensíveis a todo e qualquer procedimento acusatório, seja judicial ou administrativo. Ao informarem o devido processo legal, conferem legitimidade ético-jurídica ao exercício do poder disciplinar. 7. Sentença mantida, recurso de apelação desprovido (Tribunal Regional Federal da 3ª Região, Apelação Cível/SP 0019913-25.2013.4.03.6100, Relator Desembargador Federal Nery da Costa Junior, 3ª Turma, Julgamento 18.03.2022, Publicação/Fonte DJEN 28.03.2022).

4. Apelação cível. Administrativo. Processo administrativo disciplinar. Conselho profissional. Cremesp. Art. 22, § 1º, da Lei 3.268/1957 violado. Inobservância da gradação das penas. Art. 50 da lei 9.784/1990 violado. Ausente motivação suficiente. Sustados os efeitos da cassação da licença médica. Apelação provida. 1. Foi imposta ao apelante a pena de cassação de sua licença médica, prevista no art. 22, "e", da Lei 3.268/1957, em razão da apuração em processo ético-profissional da prática das condutas atinentes à violação de segredo médico, especificada nos arts. 102, 104, e de publicidade indevida, conforme previsão dos arts. 131, 132 e 133, todos dispositivos do Código de Ética Médica (Resolução CFM 1.246/88). [...] 4. O cancelamento do registro profissional decorre do poder de polícia atribuído às autarquias de fiscalização do exercício profissional, criadas por lei no intuito de regulamentar dado exercício e proteger a sociedade em relação à profissão e profissionais por ela regulamentados. Representa, pois, uma limitação autorizada pelo ordenamento ao exercício de determinadas profissões cujo desempenho importe risco à coletividade. "As limitações ao livre exercício das profissões serão legítimas apenas quando o inadequado exercício de determinada atividade possa vir a causar danos a terceiros e desde que obedeçam a critérios de adequação e razoabilidade"(ADPF 183/DF). 5. Na ponderação de princípios, o interesse público ínsito na limitação de uma atividade profissional que represente risco à sociedade, com vistas a salvaguardar os valores fundamentais atinentes à integridade física e à dignidade da pessoa humana, prepondera sobre a liberdade de exercício de atividade econômica e de publicidade e propaganda. Infundada a ilação de que a cassação do registro profissional, decorrente de condenação em processo ético-profissional, seria eivada de vício por violar a liberdade de exercício de atividade econômica, bem assim a liberdade de realização de publicidade a ela correlata. Não reconhecida a violação à vedação à aplicação de penas perpétuas (art. 5º, XLII, "b" e "e", CF). Precedente do Supremo Tribunal Federal reconheceu o caráter absoluto da vedação à perpetuidade das penas no que concerne às sanções de natureza penal (STF, HC 84.766, Segunda Turma, Rel. Min. Celso de Mello, j. 11.09.2007, DJE de 25.04.2008 (tel:25-4- 2008)). Trata-se de garantia que irradia o valor da dignidade da pessoa humana, cuja aplicação em matéria penal, dada a constrição mais gravosa a direitos representada pelas penas privativas de liberdade, é incontroversa no nosso ordenamento. Situação que é diversa do contexto das sanções administrativas disciplinares impostas pelos conselhos profissionais. Estas sanções atingem direitos cuja autorização para seu exercício anteriormente concedida não mais se justifica em face da manifesta gravidade da lesão a normas de conduta profissional, destinadas, precipuamente, a salvaguardar o interesse público. 6. Reconhecida a violação à exigência de gradação das penas prevista no art. 22, § 1º, da Lei 3.268/1957. Em face da regra da gradação das penas estatuída no dispositivo em comento, a inexistência da comprovação da situação que a excepciona torna a decisão que impôs a pena de cassação despida de motivação, infringindo, além do aludido art. 22, § 1º da Lei 3.268/1957, o disposto no art. 50 da Lei 9.784/1990, que versa sobre o dever de motivação dos atos administrativos que importem em restrição de direitos e imposição de sanções. 7. Deveras, consta mera menção genérica de que o autor reitera nas infrações então sob apuração, por, em tese, responder a outros processos disciplinares, sem maiores notícias do estado em que se encontram ou de eventual condenação disciplinar anterior já definitiva. Inexiste, por exemplo, informação segura de já ter sido apenado anteriormente com a sanção de suspensão do exercício profissional, que é a penalidade anterior à

impessoalidade no julgamento administrativo também enseja a nulidade do processo ético-profissional.[5]

3. CONTROLE DO MÉRITO DO ATO ADMINISTRATIVO

Questão importante a saber: pode o Judiciário controlar o mérito da decisão do Conselho de Fiscalização Profissional?

A resposta é sim, desde que haja violação à Constituição e/ou à legislação.

Ou seja, o Conselho de Medicina não possui uma atribuição intocável, não sindicável ou não controlável. Imagine uma decisão que aplica uma sanção a um médico por questões meramente ideológicas ou políticas, sem a demonstração de desvio ético. Sem dúvida seria possível o controle judicial da decisão administrativa. E esta análise trata do mérito, não se refere apenas a questões formais.

Outros exemplos podem ser mencionados, em que o mérito do ato administrativo é investigado na decisão judicial: a) erro de prescrição médica; b) excesso de dose no medicamento que enseja o óbito do paciente; c) ato médico que desconsidera as melhores práticas de evidências científicas. Nestes casos, certamente o Judiciário analisará o mérito do ato administrativo para saber se houve excesso na sanção aplicada pelo Conselho de Fiscalização Profissional.

Portanto, além das questões formais, também cabe ao Judiciário a proteção do ato administrativo no plano substancial, no mérito.

4. MEDICINA BASEADA EM EVIDÊNCIAS

Segundo a Organização Mundial da Saúde (OMS): "As estimativas apontam para que, a nível global, mais de metade de todos os medicamentos sejam prescritos, dispensados ou vendidos inapropriadamente e metade de todos os doentes não tomem a sua medicação como prescrito".[6]

Assim, os erros de medicação fazem parte do quotidiano e influenciam, inclusive, o controle judicial do ato médico.

---

cassação. 8. Evidenciada assim a violação ao princípio da legalidade, impõe-se que o Judiciário intervenha na decisão administrativa exarada no Processo Ético Profissional, sustando os efeitos da cassação da licença médica do apelante, até o julgamento final do processo originário. (Tribunal Regional Federal da 3ª Região, 3ª Turma, Apelação Cível 0001974-61.2015.4.03.6100, Relator Des. Fed. Nery Júnior, julho de 2021).

5. Administrativo. Mandado de segurança. Cremers. Processo ético disciplinar. Violação ao art. 37 da CF/88. Princípio da impessoalidade. Observância. . Dos princípios que regem a Administração Pública previstos no artigo 37, caput, da Constituição Federal, notadamente o princípio da impessoalidade deve ser observado nos processos administrativos em geral, sendo de onde o impetrante busca amparo. Hipótese do art. 41 do Código de Processo Ético-Profissional do Conselho Federal de Medicina (TRF4, AC 5073621-11.2015.4.04.7100, Quarta Turma, Relator Luís Alberto D'Azevedo Aurvalle, juntado aos autos em 23.06.2016).

6. ORGANIZAÇÃO MUNDIAL DA SAÚDE. *Relatório Mundial de Saúde*, p. 69. Disponível em: http://www.who.int/whr/2010/whr10_pt.pdf. Acesso em: 19 jan. 2024.

CONTROLE JUDICIAL DO PROCESSO ÉTICO-PROFISSIONAL **347**

O uso de medicamentos passa por um processo cronológico que reúne, sucessivamente: prescrição, dispensação, administração e monitoramento.[7] Em cada uma destas fases é possível, em tese, a prática de algum erro.

Ainda não existe uma taxonomia internacional para erros de medicação,[8] contudo, isso não impede a sua análise e, principalmente, a adoção de medidas para evitar a sua prática e controle.

São tipos de erros de medicação:[9]

1 – medicamento errado;

2 – omissão de dose ou do medicamento;

3 – dose errada;

4 – frequência de administração errada;

5 – forma farmacêutica errada;

6 – erro de preparo, manipulação e/ou acondicionamento;

7 – técnica de administração errada;

8 – via de administração errada;

9 – velocidade de administração errada;

10 – horários errado de administração;

11 – paciente errado;

12 – duração do tratamento errado;

13 – monitorização insuficiente do tratamento;

14 – medicamento deteriorado;

15 – falta de adesão do paciente.

Como se observa, vários são os profissionais responsáveis por evitar os erros de medicação, tais como: médico, cirurgião dentista, farmacêutico e enfermeiro. Mas não se pode esquecer dos integrantes dos Conselhos de Fiscalização Profissional, que devem evitar e controlar a prática dos erros.

Portanto, cabe ao magistrado, no processo judicial, avaliar toda a situação clínica, bem como observar se há erro de medicação e, principalmente, se a decisão no processo ético-profissional protegeu os princípios da constitucionalidade e da juridicidade.

E um importante ingrediente no controle judicial do ato administrativo é a Medicina Baseada em Evidências.

---

7. ANACLETO, Tânia Azevedo et. alli. Erros de medicação. *Farmácia hospitalar*: coletânea de práticas e conceitos. Conselho Federal de Farmácia: 2017, p. 60.
8. ANACLETO, Tânia Azevedo et. alli. Erros de medicação. *Farmácia hospitalar*: coletânea de práticas e conceitos. Conselho Federal de Farmácia: 2017, p. 62.
9. ANACLETO, Tânia Azevedo et. alli. Erros de medicação. *Farmácia hospitalar*: coletânea de práticas e conceitos. Conselho Federal de Farmácia: 2017, p. 64.

Medicina Baseada em Evidências consiste em uma técnica específica para atestar com o maior grau de certeza a eficiência, efetividades e segurança de produtos, tratamentos, medicamentos e exames que foram objeto de diversos estudos científicos, de modo que os verdadeiros progressos das pesquisas médicas sejam transpostos para a prática.[10]

Várias são as fontes normativas que exigem a observância da Medicina Baseada em Evidências, tais como o Código de Ética Médica, a Lei 8080/90 e a Lei 9.656/98. Desta forma, tanto o Conselho de Fiscalização Profissional quanto o Judiciário estão condicionados à sua aplicação.

Assim, não é sempre possível resolver uma questão sobre processo ético processual com a abordagem isolada da teoria dos direitos fundamentais. É indispensável, por conseguinte, a construção de uma dogmática jurídica assentada na perspectiva do Direito Baseado em Evidências – DBE.

O próprio Supremo Tribunal Federal já fixou várias teses sobre a prática de erro grosseiro na área da saúde, tais como:

> 1. Configura erro grosseiro o ato administrativo que ensejar violação ao direito à vida, à saúde, ao meio ambiente equilibrado ou impactos adversos à economia, por inobservância: (i) de normas e critérios científicos e técnicos; ou (ii) dos princípios constitucionais da precaução e da prevenção. 2. A autoridade a quem compete decidir deve exigir que as opiniões técnicas em que baseará sua decisão tratem expressamente: (i) das normas e critérios científicos e técnicos aplicáveis à matéria, tal como estabelecidos por organizações e entidades internacional e nacionalmente reconhecidas; e (ii) da observância dos princípios constitucionais da precaução e da prevenção, sob pena de se tornarem corresponsáveis por eventuais violações a direitos.[11]

Importante mencionar que a decisão do STF possui efeito vinculante, pois se trata de controle concentrado de constitucionalidade, razão pela qual todos os órgãos e entidades da Administração Pública e do Judiciário estão obrigados à sua aplicação.

O médico que adotou prática lastreada na ciência picareta[12] recebeu uma condenação do Conselho Regional de Medicina. Eventual controle judicial da aludida decisão administrativa poderá enfrentar, além dos aspectos formais, também o mérito. Vale dizer, o Judiciário deverá avaliar se efetivamente houve a adoção das melhores práticas científicas ou se o desvio ético decorreu da não observância da Medicina Baseada em Evidências.

Um médico que prescreveu 100 horas semanais de atividades para uma criança com Transtorno do Espectro Autista – TEA. Em caso de sanção disciplinar decorrente de danos provocados na criança por excesso de terapias deverá o Judiciário entrar no mérito para avaliar se havia ou não evidência científica da indicação clínica.

---

10. GEBRAN NETO, João Pedro e SCHULZE, Clenio Jair. *Direito à Saúde*. 2. ed. Porto Alegre: Verbo Jurídico, 2019, p. 45.
11. Brasil. Supremo Tribunal Federal. Medida Cautelar na Ação Direta de Inconstitucionalidade 6.421, Distrito Federal, Relator Min. Roberto Barroso, 21 de Maio de 2020. Disponível em: https://redir.stf.jus.br/paginadorpub/paginador.jsp?docTP=TP&docID=754359227. Acesso em: 20 jan. 2024.
12. GOLDACRE, Ben. *Ciência picareta*. Trad. Renato Rezende. Rio de Janeiro: Civilização brasileira, 2013.

O aspecto temporal pode ser um fator importante para o julgamento. Por exemplo, no início da pandemia da Covid-19 vários médicos prescreveram ivermectina para combater o vírus. Neste momento não havia certeza científica sobre a eficácia da terapia. Assim, seria difícil eventual punição por falta ética. Contudo, posteriormente o próprio laboratório produtor da ivermectina (Merck) declarou publicamente que não havia eficácia e segurança no uso da tecnologia para combater o vírus da Covid-19. Neste caso, após o comunicado público da indústria, seria possível eventual sanção ética ao profissional que insistiu na prescrição que causou dano ao respectivo paciente.

Importante adotar cautela no processo ético-profissional quando há discussão de novas tecnologias, tais como terapias gênicas ou avançadas.[13] Aqui, os princípios da prevenção e da precaução sempre se aplicam para balizar a melhor interpretação. Na dúvida sobre o sucesso da terapia, a cautela pode ser a melhor opção.

Prevenção e precaução também são grandes fundamentos que fixam restrição a tratamentos experimentais, diante da não demonstração do sucesso e de sua utilidade ao usuário. Evita-se, assim, prejuízo ao próprio paciente interessado.

A observação de Bobbio também é significante:

> Às vezes, saber desistir é um dom que os médicos devem assimilar, para humanizar, em certas circunstâncias. Porém, saber renunciar não significa abandonar o doente e sua família, mas sim orientá-los e acompanhá-los em um percurso mais natural, tranquilizando-os que os sofrimentos serão reduzidos e evitando ressentimentos posteriores. Em certos contextos, é necessário saber recuperar uma *slow medicine*, que ajude os pacientes 'a otimizar o final de suas vidas e os familiares a criar condições para garantir confiança e segurança a seus entes queridos.'[14]

O juramento Hipocrático indica alguns predicados a serem adotados pelo profissional da Medicina. O primeiro decorre do *primum non nocere*, segundo o qual não se pode piorar o estado de saúde da pessoa. Além disso, há o dever de progresso, ou seja, a atuação do médico deve ajudar a melhorar o quadro clínico, sempre que possível.

Os aludidos parâmetros são necessários nas decisões administrativas e também no controle judicial, sob pena de nulidade.

A própria Súmula 665 do Superior Tribunal de Justiça[15] autoriza o controle do mérito no processo administrativo disciplinar, pois confere discricionariedade ao Juízo

---

13. SCHULZE, Clenio Jair. Incorporação de terapias avançadas em saúde. Empório do direito. 21 ago. 2023. Disponível em: https://emporiododireito.com.br/leitura/incorporacao-de-terapias-avancadas-em-saude. Acesso em: 20 jan. 2024.

14. BOBBIO, Marco. *O doente imaginado*: os riscos de uma medicina sem limites. Trad. Mônica Gonçalves. São Paulo: Bamboo Editorial, 2016, p. 217-218. Título original: *Il Malato Immaginato*.

15. "O controle jurisdicional do processo administrativo disciplinar restringe-se ao exame da regularidade do procedimento e da legalidade do ato, à luz dos princípios do contraditório, da ampla defesa e do devido processo legal, não sendo possível incursão no mérito administrativo, ressalvadas as hipóteses de flagrante ilegalidade, teratologia ou manifesta desproporcionalidade da sanção aplicada" (Brasil, Superior Tribunal de Justiça, Súmula 665. Disponível em: https://www.stj.jus.br/internet_docs/biblioteca/clippinglegislacao/sum_665_1secao.pdf. Acesso em: 30 Dez. 2024).

para avaliar hipóteses de flagrante ilegalidade, teratologia ou manifesta desproporcionalidade da sanção aplicada.

5. FUNDAMENTAÇÃO FÁTICA

O controle judicial das decisões e dos atos administrativos exige análise cuidadosa. É que o atual controle dialógico – outrora autocrático – permite a plena sindicabilidade dos atos administrativos, razão pela qual é possível a análise e a investigação dos procedimentos adotados pela Administração, especialmente no que toca à condução do processo ético-profissional.

Em defesas veiculadas em processo administrativo sancionador, decorrentes, *v.g.*, de atuação do poder de polícia ou de processo disciplinar, o autuado ou sindicado geralmente apresenta matéria fática na discussão processual (descreve como foi realizado o procedimento médico, a consulta etc.).

Dessa forma, é indispensável que a autoridade responsável pelo julgamento (Conselho Profissional) manifeste-se sobre as questões fáticas arguidas na defesa.

Tal consideração é extremamente importante para conferir validade ao processo administrativo, especialmente porque não é incomum deparar-se com decisão que aborda o caso de forma genérica, sem a análise individual e sem a abordagem das circunstâncias fáticas que ensejaram a autuação e a apresentação de defesa.

Há nulidade insanável no processo administrativo, pois o profissional autuado possui o direito fundamental à boa administração pública, à administração eficaz (artigo 37 da Constituição da República), transparente, imparcial, proba, preventiva e precavida.

Neste contexto, é dever do agente público, na prolatação de decisão, em sede de processo administrativo e de processo ético-profissional, a análise dos aspectos fáticos trazidos na defesa, sob pena de violação ao *due process of law* e aos princípios do contraditório e da ampla defesa (art. 5º, inciso LV, da Constituição da República Federativa do Brasil).

Na perspectiva de Canotilho, tais cláusulas também conferem a garantia ao procedimento administrativo justo, que contempla o "direito de participação popular do particular nos procedimentos em que está interessado"[16] (princípio da colaboração).

Não basta oportunizar a apresentação de defesa, exigindo-se da autoridade administrativa a análise, ainda que sumária e não exauriente, da questão fática trazida pelo profissional. É o que doutrinariamente se denomina processo cooperativo (não monológico), diante da necessidade de permanente diálogo intersubjetivo entre as partes.

Di Pietro menciona:

> O princípio da motivação exige que a Administração Pública indique os fundamentos de fato e de direito de suas decisões. Ele está consagrado pela doutrina e pela jurisprudência, não havendo mais

---

16. CANOTILHO, José Joaquim Gomes. *Direito Constitucional e Teoria da Constituição*. 7. ed. Coimbra: Almedina, 2000, p. 275.

CONTROLE JUDICIAL DO PROCESSO ÉTICO-PROFISSIONAL   **351**

espaço para as velhas doutrinas que discutiam se a sua obrigatoriedade alcançava só os atos vinculados ou só os atos discricionários, ou se estava presente em ambas categorias. A sua obrigatoriedade se justifica em qualquer tipo de ato, porque trata de formalidade necessária para permitir o controle de legalidade dos atos administrativos.[17]

No âmbito dos direitos fundamentais fala-se em dever estatal de proporcionalidade, com a proibição do excesso e vedação da proteção insuficiente. Tais princípios/deveres também são projetáveis ao plano processual judicial e administrativo e a proibição por defeito ou insuficiência de proteção exige do agente julgador, neste aspecto, a fundamentação fática e jurídica com a análise dos fatos e fundamentos jurídicos deduzidos pelas partes.[18]

6.   CRITÉRIO DA DUPLA VISITA OU DUPLA ORIENTAÇÃO

A Lei Complementar 123/2006 fixa uma importante regra que pode servir de referência para os processos ético-profissionais. O texto menciona o seguinte:

> Art. 55. A fiscalização, no que se refere aos aspectos trabalhista, metrológico, sanitário, ambiental, de segurança, de relações de consumo e de uso e ocupação do solo das microempresas e das empresas de pequeno porte, deverá ser prioritariamente orientadora quando a atividade ou situação, por sua natureza, comportar grau de risco compatível com esse procedimento.
>
> § 1º Será observado o critério de *dupla visita* para lavratura de autos de infração, salvo quando for constatada infração por falta de registro de empregado ou anotação da Carteira de Trabalho e Previdência Social – CTPS, ou, ainda, na ocorrência de reincidência, fraude, resistência ou embaraço à fiscalização.
>
> [...]
>
> § 6º *A inobservância do critério de dupla visita implica nulidade do auto de infração lavrado sem cumprimento ao disposto neste artigo, independentemente da natureza principal ou acessória da obrigação.*
>
> § 7º Os órgãos e entidades da administração pública federal, estadual, distrital e municipal deverão observar o princípio do tratamento diferenciado, simplificado e favorecido por ocasião da fixação de valores decorrentes de multas e demais sanções administrativas.
>
> § 8º A inobservância do disposto no *caput* deste artigo implica atentado aos direitos e garantias legais assegurados ao exercício profissional da atividade empresarial.[19] [grifado]

A norma exige obediência ao critério da dupla visita. Ou seja, em caso de eventual irregularidade ou infração, a autarquia fiscalizadora deve primeiramente instruir o profissional para cumprir a legislação e evitar a repetição da prática, para apenas em uma segunda ocasião, caso não sanado o problema, lavrar eventual auto de infração ou deflagrar processo administrativo sancionador.

A não observância da dupla visita enseja a nulidade do processo administrativo.

---

17.   DI PIETRO, Maria Sylvia Zanella. *Direito Administrativo*. 19. ed. São Paulo: Atlas, 2005, p. 97.

18.   SARLET, Ingo Wolfgang. Os direitos fundamentais, sua dimensão organizatória e procedimental e o direito à saúde: algumas aproximações. *Revista de Processo*. n. 175. 2009, p. 19-20 e CANOTILHO, José Joaquim Gomes. *Direito Constitucional e Teoria da Constituição*. 7 ed. Coimbra: Almedina, p. 273.

19.   BRASIL. Lei Complementar 123 de 14 de dezembro de 2006. Disponível em: https://www.planalto.gov.br/ccivil_03/leis/lcp/lcp123.htm. Acesso em: 18 jan. 2024.

Trata-se de possibilidade a ser adotada no âmbito dos processos ético-profissionais instaurados por Conselho Profissional, pois: a) tem finalidade pedagógica (inibe reiteração); b) evita a exposição do profissional; c) torna a atuação fiscalizadora menos traumática; d) disciplina a atuação da autarquia.

A aplicação do critério da dupla visita ou dupla orientação é corolário da ideia de razoabilidade e de proporcionalidade, a mitigar o rigor das sanções previstas no ordenamento.[20]

CONSIDERAÇÕES FINAIS

O papel do Estado é prestar o melhor serviço e produzir os melhores resultados.

No julgamento de processos administrativos é indispensável a observância de requisitos formais e substanciais, sob pena de nulidade.

O controle judicial dos atos administrativos deve ser cuidadoso, principalmente para verificar se houve omissões ou excessos, corrigindo-os sempre que possível.

Assim, ficam claramente indicados os pressupostos para a análise e o julgamento do processo ético-profissional.

O presente texto trouxe balizas para a atuação dos Conselhos de Fiscalização Profissional na análise da atuação dos respectivos profissionais, bem como dos limites e possibilidades do controle judicial das decisões administrativas.

Cabe aos agentes públicos, portanto, a adoção das melhores práticas, a fim de produzir decisões adequadas e compatíveis com a Constituição e com a legislação vigente.

REFERÊNCIAS

ANACLETO, Tânia Azevedo et. alli. Erros de medicação. *Farmácia hospitalar*: coletânea de práticas e conceitos. Conselho Federal de Farmácia: 2017.

BOBBIO, Marco. *O doente imaginado*: os riscos de uma medicina sem limites. Trad. Mônica Gonçalves. São Paulo: Bamboo Editorial, 2016. Título original: *Il Malato Immaginato*.

BRASIL. Lei 3.268, de 30 de setembro de 1957. Disponível em: https://www.planalto.gov.br/ccivil_03/leis/l3268.htm#:~:text=Art%20.,com%20autonomia%20administrativa%20e%20financeira. Acesso em: 18 jan. 2024.

BRASIL. Supremo Tribunal Federal. Medida Cautelar na Ação Direta de Inconstitucionalidade 6.421, Distrito Federal, Relator Min. Roberto Barroso, 21 de Maio de 2020. Disponível em: https://redir.stf.jus.br/paginadorpub/paginador.jsp?docTP=TP&docID=754359227. Acesso em: 20 jan. 2024.

---

20. O critério da dupla visita é aceito tranquilamente na jurisprudência: Administrativo. ANP. Autuação. Multa. Empresa de pequeno porte. Irregularidade sanada. Inobservância da dupla visitação. LC 123/06. Desconstituição da infração. Segundo dita o § 1º do art. 55 da Lei Complementar 123/2006, será observado o critério da dupla visita para lavratura de autos de infração referente a fiscalizações de ordem trabalhista, metrológica, sanitária, ambiental e de segurança. No caso de pequenas empresas, hipótese em questão, a medida possui natureza prioritariamente orientadora. Pela desconstituição do auto de infração. Precedentes desta Corte (TRF4, APELREEX 5016755-08.2014.404.7200, Quarta Turma, Relator p/ Acórdão Luís Alberto D'Azevedo Aurvalle, juntado aos autos em 30.09.2015).

BRASIL, Superior Tribunal de Justiça, Súmula 665. Disponível em: https://www.stj.jus.br/internet_docs/biblioteca/clippinglegislacao/sum_665_1secao.pdf. Acesso em: 30 dez. 2024.

CANOTILHO, José Joaquim Gomes. *Direito Constitucional e Teoria da Constituição*. 7. ed. Coimbra: Almedina, 2000.

GEBRAN NETO, João Pedro e SCHULZE, Clenio Jair. *Direito à Saúde*. 2. ed. Porto Alegre: Verbo Jurídico, 2019.

GOLDACRE, Ben. *Ciência picareta*. Trad. Renato Rezende. Civilização brasileira: Rio de Janeiro, 2013.

ORGANIZAÇÃO MUNDIAL DA SAÚDE. Relatório Mundial de Saúde, p. 69. Disponível em http://www.who.int/whr/2010/whr10_pt.pdf. Acesso em: 19 jan. 2024.

SCHULZE, Clenio Jair. Incorporação de terapias avançadas em saúde. Empório do direito. 21 ago. 2023. Disponível em: https://emporiododireito.com.br/leitura/incorporacao-de-terapias-avancadas-em-saude. Acesso em: 20 jan. 2024.

TRIBUNAL REGIONAL FEDERAL da 3ª Região, 4ª Turma, Apelação Cível 5003155-07.2018.4.03.6100, Relator Des. Fed. Marli Ferreira.

TRIBUNAL REGIONAL FEDERAL da 3ª Região, Apelação Cível/SP 0019913-25.2013.4.03.6100, Relator Desembargador Federal Nery da Costa Junior, 3ª Turma, Julgamento 18.03.2022, Publicação/Fonte DJEN 28.03.2022.

TRIBUNAL REGIONAL FEDERAL da 3ª Região, 3ª Turma, Apelação Cível 0001974-61.2015.4.03.6100, Relator Des. Fed. Nery Júnior, julho de 2021.

TRIBUNAL REGIONAL FEDERAL da 4ª Região, AC 5073621-11.2015.4.04.7100, Quarta Turma, Relator Luís Alberto D'Azevedo Aurvalle, juntado aos autos em 23.06.2016.

TRIBUNAL REGIONAL FEDERAL da 4ª Região, APELREEX 5016755-08.2014.404.7200, Quarta Turma, Relator p/ Acórdão Luís Alberto D'Azevedo Aurvalle, juntado aos autos em 30.09.2015.

O PROCESSO ÉTICO COMO INSTÂNCIA DE REVISÃO DE PROCESSOS JUDICIAIS

Rodrigo Tadeu de Puy e Souza

Médico especialista em Patologia e Medicina do Trabalho. Mestre em Patologia. MBA em Auditoria em Saúde. Advogado especialista em Direito Médico e Direito do Trabalho. Palestrante. Autor das obras: "Novo Código de Ética Médica: aspectos práticos e polêmicos", editora CRV; "Documentos médicos comentados", "Tratado de Direito Médico ético" e "Curso de Perícia Médica administrativa e judicial", editora Lujur.

Sumário: Introdução – Desenvolvimento – Considerações finais – Referências.

INTRODUÇÃO

A Medicina do Trabalho e Perícias Médicas é uma das especialidades que mais se envolve em denúncias junto aos Conselhos Regionais de Medicina (CRM's).

As estatísticas dos casos de sindicâncias que evoluem para o Processo Ético-Profissional (PEP) demonstram que a Medicina do Trabalho é a 10ª especialidade mais processada (Tabela 1).

Especialidade	Médicos processados (n.)	Médicos processados (%)	Médicos condenados	% de médicos condenados (para 100 processos na especialidade)
Ginecologia e Obstetrícia	711	14,8	182	25,6
Clínica Médica	332	6,9	80	24,1
Ortopedia e Traumatologia	274	5,7	57	20,8
Medicina do Trabalho	128	2,7	19	14,8

Tabela 1 – Total de médicos processados e condenados por especialidade e percentuais, entre 1995 e 2003 (fonte: Distribuição dos processos disciplinares pelo CREMESP – Conselho Regional de Medicina do Estado de São Paulo e seus resultados nas diversas especialidades médicas, Centro Universitário São Camilo – 2007;1(2):56-62).

DESENVOLVIMENTO

Com relação especificamente às perícias médicas judiciais, verificamos que recorrentemente a parte sucumbente aciona a instância administrativa dos Conselhos Regionais de Medicina (CRM's) em desfavor do expert. Soren Kierkegard, pai da Filosofia existencial cunhou um brilhante pensamento que possui uma precisa interface da perícia médica com as lides que as envolvem:

A vida só pode ser compreendida olhando-se para trás, mas só pode ser vivida olhando-se para a frente.

Também é sempre importante relembrar o postulado hipocrático com relação à Medicina pericial:

A vida é breve, a arte é longa, a oportunidade passageira, a experiência enganosa, e o julgamento difícil (Vita brevis, ars longa).

Ao avaliarmos 236 (duzentas e trinta e seis) jurisprudências do Conselho Federal de Medicina (CFM) no período de 2012-2019, verificamos 06 (seis) razões pelas quais o médico perito é absolvido e os 06 (seis) motivos pelos quais o profissional é condenado pela autarquia.

Na obra "Curso de perícia médica administrativa e judicial", editora Lujur, Rodrigo de Puy (2024) apresenta que "não é incomum se verificar atuações periciais médicas desastrosas, em todos os sentidos. Como em toda profissão, há os bons e os maus profissionais. Neste sentido, temos o perito que não cumpre o prazo judicial estabelecido para realização da perícia e entrega do laudo pericial, retardando a regular instrução processual; por outro lado, temos laudos periciais de péssima qualidade, sem especificação de metodologia empregada, sem fundamentação técnica, pautada por convicções e experiências pessoais (argumentos de autoridade), respostas aos quesitos que exorbitam a competência técnica; ausência de respostas conclusivas aos quesitos; conflito de interesses; subministração de meios próprios para atender as despesas do litígio (exemplo: perito quita exame complementar que o periciado deve apresentar no ato pericial)".

As 06 (seis) razões pelas quais o perito médico é condenado no CFM

Suspeição do perito: Perito é médico assistente do periciado
Assinar laudo sem praticar ato profissional que o justifique
Não cumprir o *"munus público"* legal previsto no encargo pericial
Criar artificialmente direitos
Atestar óbito que não verificou
Ausência de metodologia que ampare o laudo pericial

Com relação ao balizador das penas, é importante considerar 03 (três) situações agravantes da pena:

Reiteração da conduta
Interesse público envolvido
Conduta que se associa ao crime ou o favorecimento do mesmo

1º: Suspeição do perito – perito é médico assistente do periciado

Uma vez sendo nomeado para realizar a perícia médica, o expert deve avaliar o caso para verificar se está impedido ou suspeito para realizar o mister, conforme o CPC:

Art. 467. O perito pode escusar-se ou ser recusado por impedimento ou suspeição.

Parágrafo único. O juiz, ao aceitar a escusa ou ao julgar procedente a impugnação, nomeará novo perito.

Ao ser impedido ou suspeito, o médico perito não deve aceitar o encargo e não realizar a perícia.

CRM de Origem	N. processo CFM	Ano	Tipo de recurso	Tribunal	Relator
CRM-SP	000019	2018	Recurso ao PEP	Câmara – CFM	Maria das Gracas Creao Salgado – AP

Ementa: processo ético-profissional. Recurso de apelação. Infração ao artigo 93 do CEM (resolução CFM 1.931/09): É vedado ao médico: ser perito ou auditor do próprio paciente, de pessoa de sua família ou de qualquer outra com a qual tenha relações capazes de influir em seu trabalho ou de empresa em que atue ou tenha atuado. Manutenção da pena de *"advertência confidencial em aviso reservado". I – ao médico perito, cabe impedimento de realizar perícia médica para subsidiar inquérito policial de paciente e concomitantemente ser assistente técnico de empresa que está sofrendo ação trabalhista movida pelo mesmo paciente.* II – Recurso de apelação conhecido e negado provimento.

CRM de Origem	N. processo CFM	Ano	Tipo de recurso	Tribunal	Relator
CRM-SP	001843	2017	Recurso ao PEP	Câmara – CFM	Claudio Balduino Souto Franzen – RS

Ementa: processo ético-profissional. Recurso de apelação. Infração aos artigos 118 e 120 do cem (resolução CFM 1.246/88): é vedado ao médico: deixar de atuar com absoluta isenção quando designado para servir como perito ou como auditor, bem como ultrapassar os limites de suas atribuições e competência. É vedado ao médico: ser perito de paciente seu, de pessoa de sua família ou de qualquer pessoa com a qual tenha relações capazes de influir em seu trabalho. Manutenção da pena de *"censura confidencial em aviso reservado". I – Comete delito ético o médico que faz perícia em paciente do qual é assistente.* II – Recurso de apelação conhecido e negado provimento.

Importante ressaltar 02 (duas) situações agravantes que podem ser consideradas na majoração da pena nas circunstâncias de impedimento/suspeição: a reiteração da conduta e o interesse social envolvido no caso em tela.

I – A reiteração da conduta

CRM de Origem	N. processo CFM	Ano	Tipo de recurso	Tribunal	Relator
CRM-MG	011869	2015	Recurso ao PEP	Câmara – CFM	Abdon José Murad Neto – MA

Ementa: processo ético-profissional. Recurso de apelação. Infração ao artigo 93 do CEM (Resolução CFM 1.931/09): é vedado ao médico: ser perito ou auditor do próprio paciente, de pessoa de sua família ou de qualquer outra com a qual tenha relações capazes de influir em seu trabalho ou de empresa em que atue ou tenha atuado. Manutenção da pena de *"censura confidencial em aviso reservado". I – Comete infração ética o médico que atende e prescreve pacientes e, mesmo chamado atenção, realiza perícia nos seus pacientes.* II – Recurso de apelação conhecido e negado provimento.

II – Quando há o interesse social envolvido

CRM de Origem	N. processo CFM	Ano	Tipo de recurso	Tribunal	Relator
CRM-MT	000544	2017	Recurso ao PEP	Câmara – CFM	Henrique Batista e Silva – SE

Ementa: Processo ético-profissional. Recurso de apelação. Infração aos artigos 33, 55, 119 e 120 do cem (resolução CFM 1.246/88): é vedado ao médico: assumir responsabilidade por ato médico que não praticou ou do qual não participou efetivamente. É vedado ao médico: usar da profissão para corromper os costumes, cometer ou favorecer crime. É vedado ao médico: assinar laudos periciais ou de verificação médico-legal, quando não o tenha realizado, ou participado pessoalmente do exame. É vedado ao médico: ser perito de paciente seu, de pessoa de sua família ou de qualquer pessoa com a qual tenha relações capazes de influir em seu trabalho. Reforma da pena de "censura confidencial em aviso reservado" para *"censura pública em publicação oficial". I – Comete infração ética, médico que causa prejuízo à sociedade através de laudos periciais de que não tenha realizado pessoalmente, agindo como perito de seus pacientes capazes de influenciar seus trabalhos, contribuindo para corromper os costumes sociais.* II – Recurso de apelação conhecido e dado provimento parcial.

2º: Assinar laudo sem praticar ato profissional que o justifique

Confeccionar e assinar laudo pericial implica na realização de ato médico exclusivo anterior, vale dizer, o ato pericial médico. Neste sentido, ao se constatar a desconexão entre a não realização do ato pericial, combinada com a expedição de documento médico com fé pública sem ato médico que o justifique, a conduta é passível de sanção disciplinar.

CRM de Origem	N. processo CFM	Ano	Tipo de recurso	Tribunal	Relator
CRM-MT	004125	2017	Recurso ao PEP	Câmara – CFM	Henrique Batista e Silva – SE

Ementa: processo ético-profissional. Recursos de apelação. Preliminares arguidas: falta de fundamentação; decisão genérica; dosimetria da pena. Infração aos artigos 33, 55, 116 e 119 do cem (Resolução CFM 1.246/88): é vedado ao médico: assumir responsabilidade por ato médico que não praticou ou do qual não participou efetivamente. É vedado ao médico: usar da profissão para corromper os costumes, cometer ou favorecer crime. É vedado ao médico: expedir boletim médico falso ou tendencioso. É vedado ao médico: assinar laudos periciais ou de verificação médico-legal, quando não o tenha realizado, ou participado pessoalmente do exame. Manutenção da pena de *"censura pública em publicação oficial"*. I – O argumento de que a decisão é genérica não se sustenta, na medida em que os respectivos votos encontram-se fundamentados ainda que tais fundamentos sejam contrários aos interesses do recorrente. II – As condutas éticas não guardam a mesma similitude das condutas penais, que exigem uma perfeita tipificação. No âmbito da averiguação ética, as normas deontológicas são mais abertas. III – Os conselheiros julgadores devem observar com atenção o comando do § 1º da Lei 3.268/57, na medida

PROCESSO ÉTICO COMO REVISÃO DE PROCESSOS JUDICIAIS **359**

em que estabelece uma gradação natural das penas passíveis de serem aplicadas ao médico infrator do Código de Ética Médica. IV – *Comete infração ao Código de Ética Médica o médico que preenche laudo pericial sem ter efetivamente participado do ato profissional ou que o justifique, corrompendo, desta maneira, os bons costumes da prática médica. V* – Preliminares rejeitadas. VI – Recursos de apelação conhecidos e negado provimento.

CRM de Origem	N. processo CFM	Ano	Tipo de recurso	Tribunal	Relator
CRM-MT	002382	2016	Recurso ao PEP	Câmara – CFM	Sidnei Ferreira – RJ

Ementa: Processo ético-profissional. Recurso de apelação. Preliminar arguida: Nulidade pela ausência de fundamentação. 1º Apelante/Denunciado: Infração aos artigos 110, 116 e 119 do CEM (Resolução CFM 1.246/88): É vedado ao médico: fornecer atestado sem ter praticado o ato profissional que o justifique, ou que não corresponda à verdade. é vedado ao médico: expedir boletim médico falso ou tendencioso. é vedado ao médico: assinar laudos periciais ou de verificação médico-legal, quando não o tenha realizado, ou participado pessoalmente do exame. manutenção da pena de "censura confidencial em aviso reservado". 2º Apelante/denunciado: infração aos artigos 45, 110, 116 e 119 do cem (Resolução CFM 1.246/88): é vedado ao médico: deixar de cumprir, sem justificativa, as normas emanadas dos conselhos federal e regionais de medicina e de atender às suas requisições administrativas, intimações ou notificações, no prazo determinado. é vedado ao médico: fornecer atestado sem ter praticado o ato profissional que o justifique, ou que não corresponda à verdade. é vedado ao médico: expedir boletim médico falso ou tendencioso. é vedado ao médico: assinar laudos periciais ou de verificação médico-legal, quando não o tenha realizado, ou participado pessoalmente do exame. manutenção da pena de *"censura confidencial em aviso reservado.* I – Se os fundamentos do acórdão recorrido não se mostram suficientes ou corretos na opinião dos recorrentes, não quer dizer que eles não existam. II – *Comete transgressão ética o médico que expede documento médico sem ter praticado ato profissional que o justifique, que seja tendencioso ou que não corresponda à verdade; assina laudos periciais quando não tenha realizado o feito; e que deixa de cumprir as normas emanadas do CFM e CRMs.* III – Preliminar rejeitada. IV – Recursos de apelação conhecidos e negado provimento.

CRM DE Origem	N. processo CFM	Ano	Tipo de recurso	Tribunal	Relator
CRM-MT	004133	2017	Recurso ao PEP	Câmara – CFM	Ademar Carlos Augusto – AM

Ementa: processo ético-profissional. Recurso de apelação. Preliminar arguida: decisão genérica. Infração aos artigos 110 e 119 do cem (resolução CFM 1.246/88): é vedado ao médico: fornecer atestado sem ter praticado o ato profissional que o justifique, ou que não corresponda à verdade. É vedado ao médico: assinar laudos periciais ou de verificação médico-legal, quando não o tenha realizado, ou participado pessoalmente do exame. Manutenção da pena de *"censura pública em publicação oficial".* I – O argumento de que a decisão é genérica não se sustenta, na medida em que os respectivos votos encontram-se fundamentados, ainda que tais fundamentos sejam contrários aos interesses do recorrente. II – *Comete ilícito ético o médico que emite documento médico sem ter praticado o ato profissional que o justifique, além de assinar laudos periciais sem que tenha realizado pessoalmente o exame*. III – Preliminar rejeitada. IV – Recursos de apelação conhecidos e negado provimento.

CRM de Origem	N. processo CFM	Ano	Tipo de recurso	Tribunal	Relator
CRM-MT	008612	2017	Recurso AO PEP	Câmara – CFM	Celso Murad – ES

Ementa: Processo ético-profissional. Recurso de apelação. Preliminares arguidas: dosimetria da pena; ausência de razões recursais; fundamentação genérica da decisão. Infração aos artigos 110, 116 e 119 do cem (resolução CFM 1.246/88): é vedado ao médico: fornecer atestado sem ter praticado o ato profissional que o justifique, ou que não corresponda à verdade. É vedado ao médico: expedir boletim médico falso ou tendencioso. É vedado ao médico: assinar laudos periciais ou de verificação médico-legal, quando não o tenha realizado, ou participado pessoalmente do exame. Reforma da pena de "suspensão do exercício profissional por 30 (trinta) dias" para "*censura pública em publicação oficial*". I – A aplicação de qualquer penalidade prevista em lei é atribuição exclusiva da autoridade julgadora, fundamentada na discricionariedade peculiar da administração Pública. II – O ordenamento jurídico adotou o princípio do informalismo no âmbito dos processos administrativos, não necessitando da observância de procedimentos rígidos e específicos para a prática de atos processuais. III – Se os fundamentos do acórdão recorrido não se mostram suficientes ou corretos na opinião do recorrente, não quer dizer que eles não existam. Não se pode confundir ausência de motivação com fundamentação contrária aos interesses da parte. IV – *Comete delito ético o médico que no exercício de perícia médico-legal não elabora informação de dados suficientes para garantir sua licitude, nem apresenta provas que afirmem sua real assistência médica na formatação de laudo pericial*. V – Preliminares rejeitadas. VI – Recursos de apelação conhecidos; negado provimento ao da apelante/denunciante e dado provimento parcial ao do apelante/denunciado.

CRM de Origem	N. processo CFM	Ano	Tipo de recurso	Tribunal	Relator
CRM-MT	004129	2017	Recurso ao PEP	Câmara – CFM	Jorge Carlos Machado Curi – SP

Ementa: Processo ético-profissional. Recurso de apelação. Preliminares arguidas: decisão genérica; dosimetria. Infração aos artigos 110, 116 e 119 do cem (Resolução CFM 1.246/88): é vedado ao médico: fornecer atestado sem ter praticado o ato profissional que o justifique, ou que não corresponda à verdade. É vedado ao médico: expedir boletim médico falso ou tendencioso. É vedado ao médico: assinar laudos periciais ou de verificação médico-legal, quando não o tenha realizado, ou participado pessoalmente do exame. Manutenção da pena de "*censura pública em publicação oficial*". I – O argumento de que a decisão é genérica não se sustenta, na medida em que os respectivos

PROCESSO ÉTICO COMO REVISÃO DE PROCESSOS JUDICIAIS

votos encontram-se fundamentados, ainda que tais fundamentos sejam contrários aos interesses do recorrente. II – O § 1º do artigo 22 da Lei 3.268/57 estabelece uma gradação natural das penas passíveis de serem aplicadas ao médico infrator do Código de Ética Médica. III – *Comete ilícito ético o médico que na função de perito emite laudo que não corresponda à verdade.* IV – Preliminares rejeitadas. V – Recursos de apelação conhecidos e negado provimento.

CRM DE Origem	N. processo CFM	Ano	Tipo de recurso	Tribunal	Relator
CRM-MT	000546	2017	Recurso ao PEP	Câmara – CFM	Donizetti Dimer Giamberardino Filho – PR

Ementa: processo ético-profissional. Recurso de apelação. Infração ao artigo 119 do CEM (resolução CFM 1.246/88): é vedado ao médico: assinar laudos periciais ou de verificação médico-legal, quando não o tenha realizado, ou participado pessoalmente do exame. Reforma da pena de "advertência confidencial em aviso reservado" para "*censura pública em publicação oficial*". *I – Comete ilícito ético o médico que assina laudos periciais ou de verificação médico-legal sem o exame presencial, sem a solicitação de autoridade judicial.* II – Recurso de apelação conhecido e dado provimento parcial.

CRM de Origem	N. processo CFM	Ano	Tipo de recurso	Tribunal	Relator
CRM-MT	004125	2017	Recurso ao PEP	Câmara – CFM	Henrique Batista e Silva – SE

Ementa: Processo ético-profissional. Recursos de apelação. Preliminares arguidas: falta de fundamentação; decisão genérica; dosimetria da pena. Infração aos artigos 33, 55, 116 e 119 do CEM (RESOLUÇÃO CFM 1.246/88): é vedado ao médico: assumir responsabilidade por ato médico que não praticou ou do qual não participou efetiva-mente. É vedado ao médico: usar da profissão para corromper os costumes, cometer ou favorecer crime. É vedado ao médico: expedir boletim médico falso ou tendencioso. É vedado ao médico: assinar laudos periciais ou de verificação médico-legal, quando não o tenha realizado, ou participado pessoalmente do exame. Manutenção da pena de "*censura pública em publicação oficial*". I – O argumento de que a decisão é genérica não se sustenta, na medida em que os respectivos votos encontram-se fundamentados ainda que tais fundamentos sejam contrários aos interesses do recorrente. II – As condutas éticas não guardam a mesma similitude das condutas penais, que exigem uma perfeita tipificação. No âmbito da averiguação ética, as normas deontológicas são mais abertas. III – Os conselheiros julgadores devem observar com atenção o comando do § 1º da Lei 3.268/57, na medida em que estabelece uma gradação natural das penas passíveis de serem aplicadas ao médico infrator do Código de Ética Médica. IV – *Comete infração ao Código de Ética Médica o médico que preenche laudo pericial sem ter efetivamente participado do ato profissional ou que o justifique, corrompendo, desta maneira, os bons costumes da prática médica.* V – Preliminares rejeitadas. VI – Recursos de apelação conhecidos e negado provimento.

CRM de Origem	N. processo CFM	Ano	Tipo de recurso	Tribunal	Relator
CRM-SP	001842	2017	Recurso ao PEP	Câmara – CFM	Nemesio Tomasella de Oliveira – TO

Ementa: processo ético-profissional. Recurso de apelação. Infração aos artigos 80 e 83 do CEM (Resolução CFM 1.931/09): é vedado ao médico: expedir documento médico sem ter praticado ato profissional que o justifique, que seja tendencioso ou que não corresponda à verdade. É vedado ao médico: atestar óbito quando não o tenha verificado pessoalmente, ou quando não tenha prestado assistência ao paciente, salvo, no último caso, se o fizer como plantonista, médico substituto ou em caso de necropsia e verificação médico-legal. Reforma da pena de "censura confidencial em aviso reservado" para *"censura pública em publicação oficial"*. *I – Comete ilícito ético o médico que expedir atestado de óbito sem ter praticado o ato e sem verificação prévia do mesmo*. II – Recurso de apelação conhecido e dado provimento.

Compete salientar que nestas circunstâncias são 02 (duas) as situações agravantes para a condenação do profissional, vale dizer, a reiteração da conduta e a contribuição para a prática de crime ou o favorecimento do mesmo.

I – Reiteração da conduta

CRM DE Origem	N. processo CFM	Ano	Tipo de recurso	Tribunal	Relator
CRM-MT	002383	2016	Recurso ao PEP	Câmara – CFM	Aldemir Humberto Soares – SP

Ementa: Processo ético-profissional. Recurso de apelação. Infração aos artigos 5º, 80 e 92 do CEM (Resolução CFM 1.931/09): É vedado ao médico: assumir responsabilidade por ato médico que não praticou ou do qual não participou. É vedado ao médico: expedir documento médico sem ter praticado ato profissional que o justifique, que seja tendencioso ou que não corresponda à verdade. É vedado ao médico: assinar laudos periciais, auditoriais ou de verificação médico-legal quando não tenha realizado pessoalmente o exame. Reforma da pena de "censura confidencial em aviso reservado" para *"suspensão do exercício profissional por 30 (trinta) dias"*. *I – Comete infração ética o médico que emite laudo sem examinar o paciente, que emite documento sem ter praticado ato profissional e que assume responsabilidade por prática médica da qual não tenha participado. Justifica-se o agravamento da pena em face da gravidade dos fatos e a reiteração do ato praticado.* II – Recurso de apelação conhecido e dado provimento.

II – Atuação profissional do médico no favorecimento ou na prática de crime

CRM de Origem	N. processo CFM	Ano	Tipo de recurso	Tribunal	Relator
CRM-MT	004128	2017	Recurso ao PEP	Câmara – CFM	Sidnei Ferreira – RJ

Ementa: Processo ético-profissional. Recurso de apelação. Preliminar arguida: ausência de razões recursais. Infração aos artigos 55, 110 e 119 do CEM (resolução CFM 1.246/88):

PROCESSO ÉTICO COMO REVISÃO DE PROCESSOS JUDICIAIS

é vedado ao médico: usar da profissão para corromper os costumes, cometer ou favorecer crime. É vedado ao médico: fornecer atestado sem ter praticado o ato profissional que o justifique, ou que não corresponda à verdade. É vedado ao médico: assinar laudos periciais ou de verificação médico-legal, quando não o tenha realizado, ou participado pessoalmente do exame. Reforma da pena de "censura pública em publicação oficial" para "*suspensão do exercício profissional por 30 (trinta) dias*". I – O tema relativo à fundamentação, sua adequação e suficiência é afeto ao próprio mérito da questão. II – Somente devem ser juntados aos autos e considerados na aplicação da sanção os antecedentes éticos do médico que já estiverem transitado em julgado na esfera administrativa. III – *Comete transgressão ética o médico que usa da profissão para favorecer o crime ou cometê-lo, expede documentos médicos sem ter praticado o ato profissional e que assina laudos periciais, auditorias ou de verificação médico-legal quando não tenha realizado pessoalmente o exame.* IV – Preliminar rejeitada. V – Recurso de apelação conhecido e dado provimento.

CRM de Origem	N. processo CFM	Ano	Tipo de recurso	Tribunal	Relator
CRM-MT	004127	2017	Recurso ao PEP	Câmara – CFM	Celso Murad – RJ

Ementa: processo ético-profissional. Recurso de apelação. Infração aos artigos 30, 80 e 81 do CEM (Resolução CFM 1.931/09): é vedado ao médico: delegar a outros profissionais atos ou atribuições exclusivos da profissão médica. É vedado ao médico: praticar concorrência desleal com outro médico. É vedado ao médico: alterar prescrição ou tratamento de paciente, determinado por outro médico, mesmo quando investido em função de chefia ou de auditoria, salvo em situação de indiscutível conveniência para o paciente, devendo comunicar imediatamente o fato ao médico responsável. Reforma da pena de "censura pública em publicação oficial" para "*cassação do exercício profissional*". I – *Comete delito profissional o médico que no exercício de sua função favorece a prática de crime, elabora laudos técnicos sem o exame direto do paciente, procurando angariar ganhos pecuniários através de prática não condizente com os preceitos éticos da Medicina.* II – Recurso de apelação conhecido e dado provimento.

3º: Não cumprir o "munus público" legal previsto no encargo pericial

Ao aceitar o encargo pericial, o médico deve ter dimensão do ônus que envolve a atividade do *expert*, desde o cumprimento de prazos (realizar a perícia em tempo razoável, apresentar o laudo pericial no prazo estabelecido), ao atendimento das regras atinentes à metodologia do laudo pericial, conforme o CPC:

Art. 473. O laudo pericial deverá conter:

a exposição do objeto da perícia;

a análise técnica ou científica realizada pelo perito;

a indicação do método utilizado, esclarecendo-o e demonstrando ser predominantemente aceito pelos especialistas da área do conhecimento da qual se originou;

resposta conclusiva a todos os quesitos apresentados pelo juiz, pelas partes e pelo órgão do Ministério Público.

§1º No laudo, o perito deve apresentar sua fundamentação em linguagem simples e com coerência lógica, indicando como alcançou suas conclusões.

§2º É vedado ao perito ultrapassar os limites de sua designação, bem como emitir opiniões pessoais que excedam o exame técnico ou científico do objeto da perícia.

§3º Para o desempenho de sua função, o perito e os assistentes técnicos podem valer-se de todos os meios necessários, ouvindo testemunhas, obtendo informações, solicitando documentos que estejam em poder da parte, de terceiros ou em repartições públicas, bem como instruir o laudo com planilhas, mapas, plantas, desenhos, fotografias ou outros elementos necessários ao esclarecimento do objeto da perícia.

CRM de Origem	N. processo CFM	Ano	Tipo de recurso	Tribunal	Relator
CRM-BA	004570	2017	Recurso ao PEP	Câmara – CFM	Hermann Alexandre Vivacqua von Tiesenhausen – MG

Ementa: processo ético-profissional. Recurso de apelação. Infração ao artigo 142 do CEM (Resolução CFM 1.246/88): o médico está obrigado a acatar e respeitar os acórdãos e resoluções dos conselhos federal e regionais de medicina. Manutenção da pena de *"advertência confidencial em aviso reservado". I – Comete ilícito ético a médica que, ao ser designada perita em processo trabalhista, não cumpre o seu mister infringindo resolução específica.* II – Recurso de apelação conhecido e negado provimento.

CRM de Origem	N. processo CFM	Ano	Tipo de recurso	Tribunal	Relator
CRM-SP	002481	2017	Recurso ao PEP	Câmara – CFM	Rosylane Nascimento das Merces Rocha – DF

Ementa: Processo ético-profissional. Recurso de apelação. Infração ao artigo 18 do CEM (Resolução CFM 1.931/09): É vedado ao médico: desobedecer aos acórdãos e às resoluções dos conselhos federal e regionais de medicina ou desrespeitá-los. Manutenção da pena de *"advertência confidencial em aviso reservado". I – Comete infração ética o médico que descumpre as determinações do juízo, quando investido na função de jurisperito.* II – Recurso de apelação conhecido e negado provimento.

CRM de Origem	N. processo CFM	Ano	Tipo de recurso	Tribunal	Relator
CRM-BA	007020	2017	Recurso ao PEP	Câmara – CFM	Hermann Alexandre Vivacqua von Tiesenhausen – MG

Ementa: Processo ético-profissional. Recurso de apelação. Infração aos artigos 45 e 142 do CEM (Resolução CFM 1.246/88): é vedado ao médico: deixar de cumprir, sem justificativa, as normas emanadas dos conselhos federal e regionais de medicina e de atender às suas requisições administrativas, intimações ou notificações, no prazo determinado. O médico está obrigado a acatar e respeitar os acórdãos e resoluções dos conselhos federal e regionais de medicina. Manutenção da pena de *"censura pública em publicação oficial". I – Comete ilícito ético o médico que, nomeado perito em juízo, não cumpre seu numus público, sem justificativa legal, desobedecendo, com isso, resolução específica do CFM.* II – Recurso de apelação conhecido e negado provimento.

Quando a denúncia envolve especificamente o prazo para realização da perícia e entrega do laudo pericial, a apenação do médico envolve alínea "b" (censura confidencial em aviso reservado):

CRM de Origem	N. processo CFM	Ano	Tipo de recurso	Tribunal	Relator
CRM-SC	009913	2016	Recurso ao PEP	Câmara – CFM	Rosylane Nascimento das Merces Rocha – DF

Ementa: Processo ético-profissional. Recurso de apelação. Infração ao artigo 18 do CEM (Resolução CFM 1.931/09): é vedado ao médico: desobedecer aos acórdãos e às resoluções dos conselhos federal e regionais de medicina ou desrespeitá-los. Descaracterizada infração ao artigo 17 do CEM (Resolução CFM 1.931/09). Manutenção da pena de *"censura confidencial em aviso reservado. I – Comete infração ética o médico que nomeado perito não executa e não cumpre o encargo, no prazo que lhe é determinado.* II – Recurso de apelação conhecido e dado provimento parcial.

4º: Criar artificialmente direitos

Neste tópico, entende-se que o "perito não cria ou crê", devendo se ater à risca da legislação envolvida. Por exemplo, se determinada legislação previdenciária estabelece o benefício de isenção de imposto de renda para segurados que apresentem "neoplasia maligna, excetuando-se os casos de displasia e neoplasia *in situ* ou não invasiva", o perito não está autorizado a conceder o pleito para uma mulher que apresente displasia acentuada do colo uterino ou carcinoma mamário *in situ*, em virtude de expressa condição legal. Ao negligenciar a regra e mudar o entendimento legal, o expert cria um direito ao qual o segurado não faz jus.

CRM de origem	N. processo CFM	Ano	Tipo de recurso	Tribunal	Relator
CRM-MT	004126	2017	Recurso ao PEP	Câmara – CFM	Emmanuel Fortes Silveira Cavalcanti – AL

Ementa: Processo ético-profissional. Recursos de apelação. Infração ao artigo 116 do CEM (Resolução CFM 1.246/88): é vedado ao médico: expedir boletim médico falso ou tendencioso. Manutenção da pena de *"censura pública em publicação oficial". I – Comete infração ao Código de Ética Médica o médico que elabora documentos médicos falsos com o objetivo de criar direitos, ludibriando terceiros.* II – Recursos de apelação conhecidos e negado provimento.

5º: Atestar óbito que não verificou

É infração ética a atestação de óbito na qual o *expert* não fez verificação prévia da realidade do óbito, expedindo um documento que possui fé pública.

CRM de Origem	N. processo CFM	Ano	Tipo de recurso	Tribunal	Relator
CRM-SP	001842	2017	Recurso ao PEP	Câmara – CFM	Nemesio Tomasella de Oliveira – TO

Ementa: Processo ético-profissional. Recurso de apelação. Infração aos artigos 80 e 83 do CEM (Resolução CFM 1.931/09): é vedado ao médico: expedir documento médico sem ter praticado ato profissional que o justifique, que seja tendencioso ou que não corresponda à verdade. É vedado ao médico: atestar óbito quando não o tenha verificado pessoalmente, ou quando não tenha prestado assistência ao paciente, salvo, no último caso, se o fizer como plantonista, médico substituto ou em caso de necropsia e verificação médico-legal. Reforma da pena de "censura confidencial em aviso reservado" para *"censura pública em publicação oficial"*. I – *Comete ilícito ético o médico que expedir atestado de óbito sem ter praticado o ato e sem verificação prévia do mesmo.* II – Recurso de apelação conhecido e dado provimento.

6º: Ausência de metodologia no laudo pericial

Conforme verificamos alhures, o laudo pericial deve se ater ao rigor metodológico previsto no art. 483 do CPC, bem como deve seguir a Resolução do CFM 2056/2013.

CRM de Origem	N. processo CFM	Ano	Tipo de recurso	Tribunal	Relator
CRM-PR	000249	2016	Recurso ao PEP	Câmara – CFM	Sidnei Ferreira – RJ

Ementa: processo ético-profissional. Recurso de apelação. Infração ao artigo 119 do CEM (Resolução CFM 1.246/88): É vedado ao médico: assinar laudos periciais ou de verificação médico-legal, quando não o tenha realizado, ou participado pessoalmente do exame. Manutenção da pena de *"advertência confidencial em aviso reservado"*. I – *Comete ilícito ético o médico que negligencia a elaboração de seu parecer sem informar que a conclusão do mesmo foi indireta, ou seja, análise documental sem a presença do paciente.* II – Recurso de apelação conhecido e negado provimento.

As 06 (seis) razões pelas quais o perito médico é absolvido no CFM

Por outro lado, temos 06 (seis) razões pelas quais o médico perito é absolvido no CFM.

1 –Laudo médico não faz parte integrante de prontuário médico (confusão com o mundo médico assistencial e requerimento de prontuário médico pelo periciado);
2 – Laudo pericial e conduta profissional isenta, técnica e diligente;
3 – Requerimento do Denunciante ao CRM de novas perícias;
4 – Ausência de demonstração de má-fé ou dolo na atuação profissional do perito médico;
5 – *"Venire factum proprium"* (vedação quanto aos atos contraditórios): Denunciante satisfeito com o ato pericial na esfera judicial e aciona o CRM para demonstrar sua insatisfação;
6 – Independência das esferas de julgamento e desejo de rediscussão da matéria técnica pericial no CRM pela parte sucumbente.

PROCESSO ÉTICO COMO REVISÃO DE PROCESSOS JUDICIAIS

Vamos compreender cada uma destas situações:

1º Laudo médico não faz parte de prontuário médico: Art. 87 CEM

O mundo pericial em nada se confunde com o mundo assistencial médico. Na obra "Curso de Perícia Médica administrativa e judicial", Rodrigo de Puy lista 20 (vinte) diferenças de atributos entre a perícia e a assistência, razão pela qual apresentamos algumas delas no quadro abaixo:

Aspecto envolvido	Medicina assistencial	Medicina pericial
Postura do doente no atendimento:	Paciente.	Periciado.
Relação do doente com o médico:	Médico-paciente.	Periciado-Perito E Periciado-Assistentes Técnicos (AT's) das partes.
Atributo da relação:	Confiança/fidúcia.	Pragmatismo, há desconfiança entre as partes.
Indicação do profissional:	Na maioria das vezes, o paciente busca o profissional de forma referenciada (excetua-se a medicina de urgência e interna).	Perito: indicação exclusiva do juiz. Assistente Técnico: indicação das partes.
Confiança:	Qualidade depositada pelo paciente em relação ao médico assistente.	Qualidade depositada pelo juiz em relação ao médico perito. Assistente Técnico: qualidade depositada pelas partes em relação ao AT.
Expedição de documentos médicos:	O médico assistente elabora: atestados e relatórios médicos (assim como receitas, prontuário, ficha de anestesia, TCLE, partograma, contratos).	Perito: expede Laudo Pericial. Assistente técnico: expede Parecer Técnico.
Fé pública dos documentos expedidos pelo médico:	Sim, relatórios e atestados médicos com validade *"iuris tantum"* (veracidade relativa), podendo ser ra/retificados pelo Médico do Trabalho ou pelo Médico Perito, que assumem a responsabilidade pelos seus atos praticados.	Sim, laudo pericial tem validade *"iuris tantum"*, cabendo ao AT/parte que por ventura impugnar, comprovar a inveracidade dos pressupostos fáticos considerados pelo perito e os vícios técnicos na formulação da conclusão. Não havendo nos autos provas hábeis para desconstituir o laudo pericial, prevalece a conclusão deste. Salientando que o juiz não está adstrito unicamente ao laudo pericial para prolatar a sentença fundamentada.

Portanto, o médico perito elabora documento que tem fé pública, o laudo pericial, e que é anexado aos autos, razão pela qual não se verifica o rol de diversos documentos constantes no prontuário médico da medicina assistencial. Neste norte, temos a jurisprudência:

CRM de Origem	N. processo CFM	Ano	Tipo de recurso	Tribunal	Relator
CRM-MS	000332	2018	Recurso ao PEP	Câmara – CFM	Celso Murad – ES

Ementa: processo ético-profissional. Recurso de apelação. Preliminar arguida: *interpretação extensiva*. Descaracterizada infração ao artigo 87 do cem (resolução CFM 1.931/09). Reformada a pena de "advertência confidencial em aviso reservado" para *absolvição do apelante*. I – *A infração cometida pelo médico subsumiu ao teor literal da norma, qual seja o art. 87 do CEM, na ótica do CRM/MS. A análise se os fatos evidenciados nos autos se enquadram como infração ao art. 87, por envolver reexame do contexto fático probatório constante dos autos, é matéria de mérito. II – O laudo pericial elaborado por profissional "a quo" designado por instância judicial é um documento a ser anexado e tornado parte do prontuário do paciente. Deve conter as informações constantes nos quesitos das partes, passando a integrar o conjunto das informações. III – Preliminar rejeitada. IV – Recurso de apelação conhecido e dado provimento.*

2º: Laudo pericial e conduta do médico perito considerada como isenta, técnica e diligente

Além do que leciona o art. 463 do CPC (já apresentado anteriormente), temos também a Resolução CFM 2.056/2013, art. 58, que define o roteiro básico do relatório pericial.

Portanto, havendo a constatação do rigor técnico previsto no CPC e da supracitada Resolução do CFM como balizadores da atuação profissional do médico perito, impõe-se a retidão ética de sua conduta. Vejamos as jurisprudências:

CRM de Origem	N. processo CFM	Ano	Tipo de recurso	Tribunal	Relator
CRM-MG	000143	2018	Recurso ao PEP	Câmara – CFM	Nemesio Tomasella de Oliveira – TO

Ementa: processo ético-profissional. Recurso de apelação. Descaracterizada infração ao artigo 98 do CEM (Resolução CFM 1.931/09). Reforma da decisão de "censura pública em publicação oficial" para *absolvição do apelante. I – Não comete ilícito ético o médico que na função pericial atua de maneira isenta, sensata, técnica e diligente na confecção do seu laudo pericial.* II – Recurso de apelação conhecido e dado provimento.

CRM de Origem	N. processo CFM	Ano	Tipo de recurso	Tribunal	Relator
CRM-SP	010666	2013	Recurso ao PEP	Câmara – CFM	Julio Rufino Torres – AM

Ementa: Processo ético-profissional. Recurso de apelação. Infração ao artigo 142 do CEM: o médico está obrigado a acatar e respeitar os acórdãos e resoluções dos conselhos federal e regionais de medicina. Manutenção da pena de "advertência confidencial em aviso reservado". I – *Médico no desempenho de seu mister deve manter o respeito aos profissionais e às Resoluções do CRM e CFM.* II – Recurso de Apelação conhecido e negado provimento.

3º: Requerimento pelo denunciante por novas perícias junto ao CRM

Não cabe ao Denunciante requerer novas perícias pessoal junto ao órgão de classe CRM por mera insatisfação, na tentativa de utilizar a autarquia como instrumento de rediscussão pericial cuja mesma prova já foi obtida e exaurida em outra esfera (criminal, cível ou mesmo administrativa).

CRM de Origem	N. processo CFM	Ano	Tipo de recurso	Tribunal	Relator
CRM-DF	009626	2017	Recurso ao PEP	Câmara – CFM	Jose Fernando Maia Vinagre – MT

PROCESSO ÉTICO COMO REVISÃO DE PROCESSOS JUDICIAIS **369**

Ementa: Processo ético-profissional. Recurso de apelação. Requerimento de realização de novas perícias. Inexistência de infração ética. Manutenção da decisão de absolvição dos apelados/denunciados. I – *O CRM/DF não detém competência para determinar que seja o recorrente "submetido a novos exames, psicológicos e psiquiátricos". II – Não cometem ilícito ético, médicos que assinam laudo de junta pericial baseado em laudo médico emitido por médico da especialidade correspondente ao laudo emitido.* III – Requerimento rejeitado. IV – Recurso de apelação conhecido e negado provimento.

4º: Ausência de demonstração de dolo ou má-fé na execução da perícia médica

Uma vez sendo nomeado para realizar a perícia médica, o *expert* deve avaliar o caso para verificar se está impedido ou suspeito para realizar o mister, conforme o CPC:

Art. 467. O perito pode escusar-se ou ser recusado por impedimento ou suspeição.

Parágrafo único. O juiz, ao aceitar a escusa ou ao julgar procedente a impugnação, nomeará novo perito.

Uma vez aceitando o encargo, deverá realizar a perícia de forma imparcial, conforme prevê a legislação.

Art. 466. O perito cumprirá escrupulosamente o encargo que lhe foi cometido, independentemente de termo de compromisso.

Neste sentido, não havendo provas de que o perito médico agiu de má-fé ou dolo, se impõe a absolvição do médico:

CRM de Origem	N. processo CFM	Ano	Tipo de recurso	Tribunal	Relator
CRM-MG	005876	2016	Recurso ao PEP	Câmara – CFM	Celso Murad – RJ

Ementa: Processo ético-profissional. Recurso de apelação. Inexistência de infração ética. Manutenção da decisão de *absolvição do apelado. I – Não caracteriza infração ética quando não restou provado de forma inequívoca nos autos que o médico designado para elaborar perícia agiu de má-fé ou com dolo.* II – Recurso de apelação conhecido e negado provimento.

5º: "Venire factum proprium": princípio da vedação contra atos contraditórios

O Denunciante não pode apresentar atos contraditórios entre as esferas de julgamento. Por exemplo, se na esfera cível o periciado e seu procurador se dão por satisfeitos da condução do ato pericial judicial; concordam com o laudo pericial apresentado; e não fazem quesitos suplementares/complementares questionando ou atacando as fragilidades do ato e do laudo pericial, externalizam que a prova pericial produzida atendeu plenamente o feito, conforme os termos do CPC:

Quesitos de esclarecimento:

Art. 435. A parte que desejar esclarecimento do perito e do assistente técnico, requererá ao Juiz que mande intimá-lo a comparecer à audiência, formulando desde logo as perguntas, sob forma de quesito.

Quesitos suplementares:

Art. 469. As partes poderão apresentar quesitos suplementares durante a diligência, que poderão ser respondidos pelo perito previamente ou na audiência de instrução e julgamento.

Parágrafo único. O escrivão dará à parte contrária ciência da juntada dos quesitos aos autos.

Apresentação de Parecer Técnico da parte:

Art. 472. O juiz poderá dispensar prova pericial quando as partes, na inicial e na contestação, apresentarem, sobre as questões de fato, pareceres técnicos ou documentos elucidativos que considerar suficientes.

Portanto, é contrassenso condenar o médico perito por uma atitude que de fato teve plena aceitação pelo periciado em outra instância.

CRM de Origem	N. processo CFM	Ano	Tipo de recurso	Tribunal	Relator
CRM-MG	000672	2016	Recurso ao PEP	Câmara – CFM	Aldemir Humberto Soares – SP

Ementa: Processo ético-profissional. Recurso de apelação. Preliminar arguida: ausência de conciliação. Descaracterizada infração ao artigo 18 do CEM (Resolução CFM 1.931/09). Reforma da decisão de "advertência confidencial em aviso reservado" para *absolvição*. I – Há de se esclarecer que mesmo na vigência do anterior CPEP a conciliação era uma faculdade do Conselho Regional. Assim, não há, pois, qualquer mácula processual a ensejar a nulidade do PEP na hipótese de sua não realização. II – *Não pode ser penalizado o médico que é acusado de retardar perícia, quando o periciando confirma a realização e não tem queixa da mesma.* III – Preliminar rejeitada. IV – Recurso de apelação conhecido e dado provimento.

6º: Rediscussão do laudo em si em outra esfera de julgamento

Neste tópico, o Denunciante insatisfeito com o laudo pericial obtido em instância judicial requer ao CRM que se reanalise o documento expedido (laudo pericial), na expectativa da mudança de resultado, assim como imponha ao *expert* uma sanção ético-disciplinar. Seria como "pedir VAR" para anular gol regular em jogo de futebol, um total contrassenso, considerando o ato jurídico perfeito anterior (agente capaz, objeto lícito, forma prescrita e não defesa em lei).

CRM de Origem	N. processo CFM	Ano	Tipo de recurso	Tribunal	Relator
CRM-SP	002375	2014	Recurso ao PEP	Câmara – CFM	Paulo Ernesto Coelho De Oliveira – RR

Ementa: Processo ético-profissional. Recurso de apelação. Preliminar arguida: independência das instâncias. Inexistência de infração ética. Manutenção da decisão de *absolvição do apelado. I – O julgado criminal, trabalhista ou civil não tem efeitos na esfera administrativa disciplinar por serem instâncias distintas, salvo nos casos de sentença penal transitada em julgado de negativa de autoria ou inexistência do fato. II – Médico designado para servir como perito deve ter a liberdade e atribuições de competência para avaliar o periciado e deverá agir com isenção para emitir o laudo de acordo com as suas*

convicções e, divergências entre o perito e o assistente técnico, não evidencia falta ética.
III – Preliminar rejeitada. IV – Recurso de Apelação conhecido e negado provimento.

CRM de origem	N. processo CFM	Ano	Tipo de recurso	Tribunal	Relator
CRM-PA	009674	2015	Recurso ao PEP	Câmara – CFM	Wirlande Santos da Luz – RR

Ementa: Processo ético-profissional. Recurso de apelação. Preliminar arguida: independência de instâncias. Inexistência de infração ética. Manutenção da decisão de *absolvição* do apelado. I – *O julgado administrativo (INSS), civil ou criminal, em regra, não tem efeitos na esfera administrativa ético-disciplinar por se tratar de instâncias distintas.* II – Não constam nos autos elementos fáticos que comprovem o fato objeto da denúncia. III – Preliminar rejeitada. IV – Recurso de apelação conhecido e negado provimento.

CRM de Origem	N. processo CFM	Ano	Tipo de recurso	Tribunal	Relator
CRM-SP	003811	2015	Recurso em sindicância	Câmara – CFM	Otávio Marambaia dos Santos – BA

Ementa: Recurso em sindicância. Recurso de arquivamento. Preliminar arguida: Independência das instâncias. Inexistência de indícios de infração ética. Manutenção do arquivamento. I – *O julgado civil ou criminal, em regra, não tem efeitos na esfera administrativa disciplinar por se tratar de instâncias distintas.* II – *Em não havendo indícios de infração ao Código de Ética Médica, impõe-se o arquivamento da denúncia.* III – Preliminar rejeitada. IV – Recurso de apelação conhecido e negado provimento.

CONSIDERAÇÕES FINAIS

É recomendado fortemente que o médico perito denunciado no CRM esteja acompanhado do advogado especialista de sua confiança. Procedimentos ético-disciplinares são *"sui generis"* e a melhor fase de se responder assertivamente uma denúncia é na fase de sindicância médica, devidamente municiada de provas que embasem as alegações, bem como do suporte jurisprudencial que acompanha a controvérsia do caso.

REFERÊNCIAS

CFM. Jurisprudências. Disponível em: https://sistemas.cfm.org.br/jurisprudencia/. Acesso em: 22 jul. 2024.

COLUNA DO PUY. Sou médico do trabalho e fui notificado de sindicância junto ao CRM: o que fazer? Disponível em: https://www.saudeocupacional.org/2016/12/sou-medico-do-trabalho-e-fui-notificado-de-sindicancia-junto-ao-crm-o-que-fazer.html. Acesso em: 22 jul. 2024.

CREMESP. *O Médico e a Justiça. Publicação do Cremesp avalia ações judiciais contra médicos.* Disponível em: https://www.cremesp.org.br/?siteAcao=Jornal&id=765. Acesso em: 22 jul. 2024.

DISTRIBUIÇÃO DOS PROCESSOS DISCIPLINARES PELO CREMESP – Conselho Regional de Medicina do Estado de São Paulo e seus resultados nas diversas especialidades médicas, Centro Universitário São Camilo – 2007;1(2):56-62.

SOUZA, Rodrigo Tadeu De Puy e. *Curso de Perícia Médica administrativa e judicial.* São Paulo: Editora Lujur, 2024.

A INFLUÊNCIA DA DECISÃO DO PROCESSO ÉTICO-ADMINISTRATIVO NO PROCESSO CRIMINAL

Thais Pires de Camargo Rego Monteiro

Pós-graduada em Neurociência e Comportamento pela PUC-RS (2021). Pós-graduada em Direito Penal Econômico e Europeu pela Universidade de Coimbra e IBCCrim (2011) e em Ciências Criminais pelo Instituto de Ensino Luiz Flávio Gomes/UNAMA (2007). Formada pela Faculdade de Direito de Sorocaba (2002). Sócia do Escritório Criminal Feller e Pacífico Advogados. Membro da Comissão de Prerrogativas da OAB, Seção São Paulo e Vice-Presidente da Comissão de Advocacia Criminal da OAB, Seção São Paulo (gestão 2022/2024). Advogada Criminalista.

Sumário: 1. Tipos de infrações e a influência das decisões administravas – 2. Teoria da independência das esferas – 3. Valoração da prova emprestada – 4. Crimes sexuais e infração ética – Conclusão – Referência.

Além de poderem cometer infrações ético-disciplinares, médicos podem, no exercício da profissão, cometer crimes. E, tanto na esfera criminal como na administrativa "a responsabilidade médica é sempre pessoal e não pode ser presumida".[1] Vale dizer, a responsabilidade precisa ser provada.

As infrações éticas, dispostas do Código de Ética Médica, são julgadas em procedimentos disciplinares instaurados perante o Conselho Regional de Medicina (CRM), observadas as regras do Código de Processo Ético-Profissional.

Se o ato cometido pelo médico também tipificar uma infração criminal, a competência para processar e julgar o crime é da justiça criminal. Assim, a instauração do procedimento administrativo ético não exclui eventual instauração de processo criminal e nem o contrário. Ambos podem tramitar de forma independente, cada qual respeitando suas normas específicas e regras procedimentais.

Não obstante, é de se ter em mente que, apesar de serem dois procedimentos isolados, eles analisam um mesmo fato e, por essa razão, podem se conectar em algum momento, direcionando a tomada de decisões que poderiam ser discrepantes para uma mesma direção.

Nesse contexto, especialmente quando a compreensão do fato exige conhecimento técnico aprofundado na área médica, incomum ao dia a dia das decisões judiciais, as decisões proferidas na esfera administrativa podem ter o condão de influenciar no processo criminal.

Além disso, casos de alta complexidade, em que a análise probatória criminal da responsabilidade médica exige conhecimento técnico especializado para a compreensão

---

1. Parágrafo único do artigo 1º do Código de Ética Médica (Resolução CFM 2.217/2018).

dos fatos, requerem, para uma boa aplicação do direito, auxílio de profissional especialista apto a traduzir a linguagem da medicina para o mundo jurídico.

É certo, contudo, que a influência entre os procedimentos não é automática. Cabe então a reflexão sobre os limites da chamada independência entre as esferas ou instâncias – disciplinar-ética e judicial-criminal –, que se trata de uma teoria conhecida e aplicada para dar autonomia ao julgador de procedimentos distintos que tratam sobre os mesmos fatos, mas em diferentes searas.

1. TIPOS DE INFRAÇÕES E A INFLUÊNCIA DAS DECISÕES ADMINISTRAVAS

Um único fato pode ser considerado somente uma infração ética ou, ainda, caracterizar ilícito criminal. Pode, ainda, gerar responsabilidade na esfera civil. Todo crime, necessariamente também caracteriza uma infração ético-disciplinar e uma infração civil. Contudo, o contrário não é verdadeiro. Nem toda infração ético-disciplinar ou civil necessariamente caracteriza um crime.

As infrações disciplinares propriamente ditas são as infrações administrativas previstas no Código de Ética Médica.[2] Já as infrações criminais estão tipificadas no Código Penal e, muitas vezes, em leis penais especiais. Os crimes podem ser culposos, quando o ato criminoso é praticado sem intenção, por imprudência, negligência ou imperícia. Ou dolosos quando o ato criminoso é praticado de modo intencional.

O Código Penal disciplina uma série de delitos que, não raro, podem ter ligação com a profissão médica. Como exemplos é possível citar o próprio homicídio, mais comumente na sua forma culposa (artigo 121), ou, ainda, o crime de provocar aborto com ou sem o consentimento da gestante (artigos 125 e 126), o de lesão corporal (artigo 129), a omissão de socorro (artigo 135), o condicionamento de atendimento médico--hospitalar emergencial (artigo 135-A), a violação de segredo profissional (artigo 154), ou, ainda, exercer a profissão de médico excedendo-lhe os limites (artigo 282), entre outros possíveis.

Aqui, contudo, proponho uma análise delimitada sobre a influência das decisões éticas, tomadas no âmbito administrativo, nos processos criminais. Presumamos, portanto, que a conduta específica apurada transgrediu não só normas disciplinares éticas, como alcançou a tipificação de um possível crime.

Na prática, verificada a hipótese da existência de indícios de crime, é instaurado um inquérito policial, que é um procedimento administrativo conduzido pela polícia, a quem compete buscar elementos de prova da existência do crime (materialidade) e de seu cometimento (autoria).

Ainda nessa fase, de forma concomitante, já pode ter sido instaurado o procedimento administrativo-ético. E, assim sendo, existe a possibilidade de a autoridade policial que presidente as investigações criminais buscar acesso e cópias do processo

---

2. Aprovado pela Resolução CFM 2.217/2018.

ético-disciplinar como elemento de prova apto a embasar as suas conclusões criminais. Esse compartilhamento de informações pode ser justificado pela necessidade de otimização, racionalidade, eficiência da prestação estatal ou simplesmente em busca de maiores informações dos fatos ocorridos.

O processo administrativo é acobertado pelo sigilo e, por essa razão, para acesso aos autos, é imprescindível autorização legal a fim de que cópias sejam obtidas e encaminhadas de modo legítimo ao processo criminal. Isso pode acontecer por intervenção das partes ou mesmo de ofício, por requisição expressa do juiz da causa.

Na sequência, finalizadas as investigações no âmbito criminal, o Ministério Público passa à análise de tudo o que foi colhido nas investigações policiais e verifica a existência de elementos seguros aptos a ensejar o oferecimento de denúncia que, a bem da verdade, expressa o início de uma ação penal.

No decorrer do processo criminal, as partes, tanto a acusação, representada pelo Ministério Público, como a defesa do acusado, representada por advogado, também podem pretender fazer uso de toda a prova colhida na esfera administrativa para tentar influenciar a decisão criminal. É a chamada *prova emprestada*,[3] que nada mais é do que "aquela obtida a partir de outra, originariamente produzida em processo diverso".[4]

Assim, torna-se evidente que o juiz criminal, conhecendo o conteúdo do procedimento administrativo sobre os mesmos fatos *sub judice*, tenda a não ignorar a análise técnica feita pelos Conselhos de Medicina para pautar sua decisão.

Apesar de a decisão a seguir reproduzida ter sido proferida em um processo civil, ela bem ilustra a capacidade de influência das decisões de outras esferas, principalmente da esfera administrativa. O trecho da decisão proferida pelo Juiz de Direito Heber Gualberto Mendonça, da Comarca de Penápolis, SP, embora decidindo demanda civil, destacou a absolvição do acusado na seara criminal, a qual, por sua vez, se fundou no que decidiu o procedimento ético-administrativo. O trecho a seguir reproduz a sentença proferida na esfera criminal:

> Além da colheita da prova oral, é importante observar parecer realizado pelo CREMESP (fls. 461/469), em que se apurou os procedimentos adotados pelo réu, concluindo que foram efetuados de maneira adequada. Ademais, a decisão do réu foi amparada por mais 04 médicos no dia dos fatos, dois deles ouvidos em juízo, onde afirmaram que a conduta perpetrada pelo denunciado foi a correta diante das circunstâncias técnicas. Temos no artigo 18 do Código Penal os requisitos do crime culposo: Art. 18 – Diz-se o crime: (...) II – culposo, quando o agente deu causa ao resultado por imprudência, negligência ou imperícia. O acusado não preenche os requisitos para ser responsabilizado por culpa no evento danoso, não deu causa ao resultado uma vez que não foi negligente, imprudente ou imperito, agiu de forma ética e límpida em relação à vítima. Quanto à negligência e imperícia, foi de extrema sensi-

---

3. Ao emprestar, para o processo criminal, uma prova realizada por outra esfera, importa observar a aplicação dos princípios constitucionais do contraditório e da ampla defesa para que essa prova emprestada tenha valor seguro e idôneo. Do contrário, caberia pedir, na esfera criminal, nova realização daquela mesma prova ou sua complementação, a fim de que seja feita sob o crivo do contraditório, como no caso de um depoimento, por exemplo.

4. LOPES JR., Aury. *Direito Processual Penal*. 18. ed. São Paulo: Saraiva, 2021, p. 432.

bilidade o parecer do douto representante do Ministério Público (fl. 606): "Assim, forçoso reconhecer que não restou cabalmente comprovada a negligência, uma vez que a ausência de tratamento com soro antiescorpiônico foi justificada pelo fato de o estado do paciente ser grave e o acusado não ter encontrado o orifício de inoculação, mesmo contando com a ajuda de outros médicos, que também concluíram da mesma forma. Do mesmo modo, também não restou evidenciada a imperícia, uma vez que a sindicância feita pelo CREMESP foi arquivada às fls. 461/469, sob fundamento de que a hipótese de diagnóstico inicialmente aventada pelo acusado era válida, bem como o tratamento para a manutenção da vida do paciente e a remoção deste à UTI fora adequada no momento". Por derradeiro, não subsiste na ação penal comprovação de comportamento culposo pelo réu que tenha contribuído para a morte da vítima. Ausentes os requisitos do crime culposo, de rigor a absolvição, pois claramente o réu não concorreu para a infração penal.[5]

Ou seja, como alicerce à decisão tomada na esfera cível, o Juiz de Direito fez uso expresso daquilo que decidiu o Juiz criminal que, por sua vez, fundamentou sua decisão no parecer técnico utilizado pelo Conselho de Medicina revelando que apesar de consagrado o princípio da independência entre as esferas, o risco de influência, como se vê, é real, e ocorre com conhecida frequência.

Por outro viés, existem casos, mais raros no entanto, em que o trâmite do processo criminal foi mais veloz que o ético-profissional, sobrevindo ao final decisões contraditórias em que o acusado foi absolvido no processo penal e condenado no processo administrativo disciplinar: "A sentença penal desconsiderou o laudo do Instituto Médico Legal de Manaus que constatou em relação à criança ter havido 'Anus infundibuliforme; esfíncter competente; apagamento de pregas anais ao nível das seis horas; o exame é compatível com cópula anal'. 3. A absolvição criminal por não existir provas de ter o réu concorrido para a infração penal (CPP art. 386, IV), não tem o condão de inocentá-lo no âmbito do respectivo processo disciplinar".[6]

Neste caso a decisão criminal não teve a força necessária para influir na decisão administrativa, aplicando-se diretamente o princípio da independência entre as instâncias.

2. TEORIA DA INDEPENDÊNCIA DAS ESFERAS

A teoria da independência das esferas ou das instâncias parte do pressuposto de que um mesmo ato pode repercutir e provocar a instauração de procedimentos em diferentes instâncias e que, sob tal perspectiva, decisões condenatórias ou absolutórias de uma esfera não têm o condão de impactar negativa ou positivamente a outra.

Essa teoria assegura a autonomia dos julgadores na análise do mesmo fato, embora em searas distintas.

Sobre isso, a legislação disciplina a independência entre as esferas e, obviamente, também destaca exceções.

---

5. Decisão obtida com o acesso ao Procedimento 1026021-58.2016.8.26.0576, que tramitou perante a 4ª Vara da Comarca de Penápolis, SP.
6. Informação disponível nos autos da Medida Cautelar 13.087-DF, em trâmite perante o Superior Tribunal de Justiça, de relatoria do Ministro Francisco Falcão.

O Código Civil,[7] sobre a obrigação de indenizar a vítima, por exemplo, disciplina que a responsabilidade civil é independente da criminal. Contudo, prevê que não se pode questionar mais sobre a existência do fato ou sobre quem seja o seu autor quando essas questões já se acharem decididas no juízo criminal.

Vale dizer, se um médico já foi condenado em um processo criminal por ter causado a morte de um paciente durante um procedimento cirúrgico, não se poderá, na esfera civil na qual se busca, por exemplo, uma indenização, questionar acerca do erro cometido durante o referido procedimento, nem sobre quem foi o médico responsável por tal ato. A discussão então, na esfera cível, ficará circunscrita ao montante do valor da indenização.

Já o Código de Processo Penal destaca que "faz coisa julgada no cível a sentença penal que reconhecer ter sido o ato praticado em estado de necessidade, em legítima defesa, e em estrito cumprimento do dever legal ou no exercício regular de direito"[8] e, também, que "não obstante a sentença absolutória no juízo criminal, a ação civil poderá ser proposta quando não tiver sido, categoricamente, reconhecida a inexistência material do fato".[9] Sobre o último ponto, explica-se: o acusado na esfera criminal pode ter sido absolvido por insuficiência de provas, ou seja, não ficou provado, por exemplo, ter ocorrido uma morte por imprudência médica. Isso é diferente de ter sido absolvido porque ficou provado ter o médico agido com prudência. Nesse caso, apesar da absolvição no processo criminal, é possível ingressar com a ação cível e nela se discutir novamente sobre a ocorrência do erro médico.

Por sua vez, sobre o processo e julgamento das infrações ético-disciplinares, o artigo 7º do Código de Processo Ético-Profissional estabelece de forma expressa a independência de suas decisões, não estando, em regra, vinculado ao processo e julgamento da questão criminal ou cível sobre os mesmos fatos:

> O processo e julgamento das infrações às disposições previstas no Código de Ética Médica (CEM) são independentes, não estando em regra, vinculado ao processo e julgamento da questão criminal ou cível sobre os mesmos fatos.
>
> § 1º A responsabilidade ético-profissional é independente das esferas cível e criminal.

Não obstante, o parágrafo 2º do artigo 7º do CPEP relativiza a independência dos procedimentos administrativos perante o Conselho de Medicina ao prever que a sentença penal absolutória influirá na apuração da infração ética quando tiver por fundamento a *prova da inexistência do fato* ou *que o réu não concorreu para a infração penal*. Traduzindo, por exemplo, se na esfera criminal o médico foi absolvido porque ficou provado que ele não participou da cirurgia que causou a morte, ele não pode ser processado na esfera ética-administrativa.

Portanto, a regra acerca da independência das esferas não é absoluta.

---

7. Artigo 935 do CPC.
8. Artigo 65 do CPP.
9. Artigo 66 do CPP.

Nesse sentido, a jurisprudência do Superior Tribunal de Justiça sustenta que "diante da relativa independência entre as instâncias cível e penal, firmou-se no sentido de que apenas a absolvição criminal por inexistência do fato ou por exclusão da autoria vinculam a esfera cível"[10] e, ainda que "é firme a jurisprudência desta Corte quanto à independência e autonomia das instâncias penal, civil e administrativa, razão pela qual o reconhecimento de transgressão disciplinar e a aplicação da punição respectiva não dependem do julgamento no âmbito criminal, nem obriga a Administração a aguardar o desfecho dos demais processos. Somente haverá repercussão, no processo administrativo, quando a instância penal manifestar-se pela inexistência material do fato ou pela negativa de sua autoria".[11]

Também para a Suprema Corte do país "as instâncias de responsabilidade criminal e administrativa são relativamente independentes entre si, de sorte que, somente em certos casos, uma produz efeitos na esfera de outra. Nesse ponto, cumpre ressaltar que a regra é a independência das instâncias civil, penal e administrativa, ao passo que a interferência de uma sobre a outra constitui exceção que deve, portanto, ser interpretada restritivamente, na forma do art. 935,[12] do Código Civil".[13]

Excepcionadas as hipóteses legais acima expostas, fica, portanto, a critério do julgador aplicar ou relativizar o Princípio da independência entre as instâncias, a depender da complexidade do caso sob análise e da necessidade de conexão entre as apurações.

3. VALORAÇÃO DA PROVA EMPRESTADA

O Código de Processo Civil diz que "o juiz poderá admitir a utilização de prova produzida em outro processo, atribuindo-lhe o valor que considerar adequado, observado o contraditório".[14]

A prova contida num procedimento tem principal importância na discussão da causa porque molda a decisão a ser proferida naquele caso concreto. Contudo, não basta a mera existência de prova inserida num processo, mas a valoração que se pode atribuir a ela.

Assim, o uso, no processo penal, da prova feita nos procedimentos administrativos, pede rigor na sua valoração porque deve ser ela idônea e legítima.

A forma com que a prova é colhida é fator fundamental para a sua idoneidade. Então, é preciso conhecer a origem, de onde veio e como foi obtida.

---

10. Agravo Interno, julgado pelo STJ, no Agravo em Recurso Especial 1623159/SP, de Relatoria do Ministro Ricardo Villas Bôas Cueva, em 24 de agosto de 2020.
11. Recurso em Mandado de Segurança 45182/MS, julgado em 22.09.2015 pelo STJ, de Relatoria do Ministro Og Fernandes.
12. Art. 935. A responsabilidade civil é independente da criminal, não se podendo questionar mais sobre a existência do fato, ou sobre quem seja o seu autor, quando estas questões se acharem decididas no juízo criminal.
13. Trecho da decisão proferida no Agravo em Recurso Extraordinário 1374495/RJ, pelo Ministro André Mendonça, do Supremo Tribunal Federal.
14. Artigo 372.

DECISÃO DO PROCESSO ÉTICO-ADMINISTRATIVO NO PROCESSO CRIMINAL **379**

O modo como é extraída e armazenada também merece atenção especial e para isso deve-se conhecer não só a forma de extração, como o caminho percorrido até sua inserção nos autos. É preciso que a prova seja legítima e sem risco de contaminação.

Tudo pode servir como prova: um bilhete, um depoimento, um vídeo, um exame médico, uma mancha de sangue... No entanto, a validade dessa prova só poderá ser aferida quando se souber a forma como ela foi obtida. Assim, a primeira constatação que, indiscutivelmente, deve ser feita nos autos é o modo de coleta daquele elemento de prova.

Caso um depoimento tenha sido colhido mediante tortura, trata-se de prova ilícita e não pode ser valorada. Caso um vídeo, tido como prova que contém a imagem do ocorrido, apresente cenas cortadas, sua integridade pode ser questionada e sua valoração é diminuta ou nula. Caso uma mancha de sangue seja apresentada como da suposta vítima, sem o devido exame de DNA, aquela afirmação pode ser desconsiderada porque sem lastro legítimo.

A forma de obtenção e manutenção da prova para o processo penal é até mais importante do que a própria prova, pois exige garantia de lisura e imparcialidade na sua extração.

Todas essas constatações devem ser igualmente aplicadas para a prova emprestada ser legítima e válida.

Sobre a valoração da prova emprestada, os Tribunais do país mantêm o rigor necessário. Para o Tribunal de Justiça do Rio de Janeiro "*a utilização da prova emprestada em nosso sistema processual pátrio é aceita tanto pela doutrina como pela jurisprudência, desde que observado o devido processo legal, mormente o princípio do contraditório, bem como as demais garantias constitucionais. A prova emprestada, conforme se extrai do seu próprio conceito, é introduzida no outro processo pela forma documental. Contudo, no que se refere à sua valoração, poderá preservar a mesma natureza a que pertence no processo originário, desde que, bom repisar, à parte em detrimento de quem a prova foi produzida tenha sido garantido o contraditório no processo originário. A admissibilidade da utilização da prova emprestada em nosso sistema processual decorre dos postulados da celeridade, da economia processual e da unidade de jurisdição, bem como do direito fundamental a duração razoável do processo (art. 5º, inciso LXXVIII), recentemente inserido no texto constitucional pela Emenda 45/2004, e tem como escopo, além da abstenção da desnecessária repetição de atos processuais já praticados ou cuja reprodução seja impossível ou extremamente difícil de se realizar, a maior aproximação possível da verdade dos fatos. (...) Outrossim, parece óbvio que a prova emprestada somente será admitida se tiver sido obtida de forma lícita, em respeito ao devido processo legal, considerando-se que a busca da verdade real encontra limite nas garantias fundamentais, sendo inadmissível qualquer violação às normas ou princípios constitucionais e legais*".[15]

---

15. Trecho da decisão proferida no Mandado de Segurança 0041822-86.2008.8.19.0000, pelo Desembargador José Muiños Pineiro Filho, em 13.8.2010, do Tribunal de Justiça do Rio de Janeiro.

Em síntese, admite-se o empréstimo da prova produzida em um procedimento para outro, desde que no procedimento no qual a prova foi produzida, tenha sido garantido ao acusado ou investigado exercer o efetivo contraditório em relação à tal prova. Por exemplo, no caso de depoimentos de testemunhas, o acusado ou investigado tem que ter tido o direito de formular perguntas. Isso é importante, por exemplo, em relação aos depoimentos prestados por testemunhas no inquérito policial, que tem caráter inquisitivo, isto é, a prova é produzida pelo delegado de polícia sem a participação quer do investigado, quer do Ministério Público.

4. CRIMES SEXUAIS E INFRAÇÃO ÉTICA

Cada vez mais comum são as acusações, por pacientes, de supostas ocorrências de crimes sexuais contra médicos perante o Conselho de Medicina. E, na maioria das vezes a acusação se alicerça nos artigos 30,[16] 38[17] e 40[18] do Código de Ética Médica.

Esse tipo de acusação também promove o início de um procedimento perante a justiça criminal.

Sem entrar no mérito da causa (se os fatos foram fruto de má interpretação, pela paciente, sobre a conduta do médico ou se porque realmente o médico, aproveitando da sua condição profissional, agiu de modo criminoso), o parâmetro que pretendo estabelecer para análise da influência das decisões administrativas é quando a prova dos fatos alegados é uma só: a palavra da vítima.

Então, aqui, se pressupõe que os fatos não foram filmados e nem presenciados por terceiras pessoas. O que vale, como relato apto a se transformar em prova, é exclusivamente a palavra da vítima.

Diz o Professor Aury Lopes Jr. que "parte-se, não raras vezes inconscientemente, da premissa (reducionista e possivelmente falsa) de que a vítima está falando a verdade e não teria porque mentir. Por consequência dessa predisposição, tomamos como verdadeiro tudo o que é dito. E esse tem sido um foco de inúmeras e graves injustiças. Condenações baseadas em depoimentos mentirosos, ou fruto de falsa memória, falso reconhecimento e até erros de boa-fé".[19]

É um terreno áspero. A palavra da vítima como única prova utilizada para a condenação em crimes sexuais demanda muita discussão e análise. O Poder Judiciário, nesse aspecto, comete uma quantidade enorme de erros crassos quando o assunto é a valoração dessa prova.

Para a jurisprudência, em sendo observados os direitos constitucionais na coleta da prova na seara administrativa, o cerceamento não se configura. Isso porque, o Código de

---

16. Usar da profissão para corromper costumes, cometer ou favorecer crime.
17. Desrespeitar o pudor de qualquer pessoa sob seus cuidados profissionais.
18. Aproveitar-se de situações decorrentes da relação médico-paciente para obter vantagem física, emocional, financeira ou de qualquer outra natureza.
19. LOPES JR., Aury. *Direito Processual Penal*. 18. ed. São Paulo: Saraiva, 2021, p. 515.

Processo Ético Profissional garante de forma expressa a oitiva de testemunhas sob o crivo do contraditório e a formulação de perguntas diretamente pelas partes (artigos 64 e 65).

Mas, de toda forma, o empréstimo do depoimento da vítima tomado na esfera administrativa, para o processo penal, pode gerar prejuízo irreparável para a defesa e para a própria lisura do procedimento judicial. Mesmo que a defesa técnica do médico tenha participado da colheita do depoimento da vítima no procedimento administrativo-ético.

Isso porque, ainda que respeitados o contraditório e a ampla defesa no procedimento administrativo, a prova lá é direcionada e vinculada aos fatos apurados naquele procedimento, sob o aquele ângulo, de forma que as perguntas e respostas podem não abranger aspectos específicos da seara criminal. Sobre isso, ensina o Professor Aury Lopes Jr.: "É elementar que uma mesma prova sirva para reconstruir (ainda que em parte, é claro) diferentes faces de um mesmo acontecimento".[20] Contudo, completa o mesmo autor: "ao ser trasladada automaticamente, estar-se-á esquecendo a especificidade do contexto fático que a prova pretende reconstruir". Ou seja, as perguntas feitas pela defesa administrativa não necessariamente abarcam a tese defensiva do processo criminal, pois o fato pode ser único, mas as acusações diferentes, tais como as consequências.

Nessa esteira, as perguntas a serem feitas pela defesa do acusado no processo criminal podem, por exemplo, objetivar demonstrar que os fatos ocorridos não constituíram crime ou mesmo que não ocorreram como narrados pela vítima.

É imprescindível, portanto, que a prova – e nesse caso, a oitiva da vítima – seja colhida ou repetida nos autos do procedimento criminal, perante o juiz natural, o ministério público e a defesa técnica, estando presentes, portanto, todas as garantias tanto para a vítima, como para o acusado.

CONCLUSÃO

Fatos que caracterizam infrações éticas podem também caracterizar um ilícito criminal. A partir disso, dois procedimentos podem ser instaurados contra um mesmo investigado, de forma concomitante, para apurar os mesmos fatos, sob diferentes óticas. Esses procedimentos tramitam de forma independente, regidos, geralmente, pelo Princípio da independência entre as esferas ou instâncias, que autoriza o julgador a decidir de modo desvinculado.

Mas há exceção. Não raras as ocasiões em que o Princípio da independência entre as esferas é afastado.

É comum os Juízes de Direito valerem-se das decisões tomadas no âmbito ético-administrativo como alicerce para suas decisões judiciais. Isso, como já dito, em casos de maior complexidade médica, como, por exemplo, para se chegar, juridicamente, à causa da morte de uma vítima-paciente em situações que demandam conhecimento científico da medicina.

---

20. LOPES JR., AURY. *Direito Processual Penal*. 18. ed. São Paulo: Saraiva, 2021, p. 434.

Como faz o juiz, então, para analisar e decidir um suposto crime de homicídio quando o contexto dos fatos discute se a causa da morte foi o erro na dosagem da medicação correta ou, ainda, se o procedimento cirúrgico realizado de emergência era o mais recomendado para os sintomas apresentados pela paciente? São avaliações médicas que fogem ao conhecimento jurídico, razão pela qual a ajuda técnica especializada pode auxiliar na compreensão dos fatos para a melhor aplicação do direito.

Exatamente em casos assim, a influência das decisões ético-administrativas ganha força e são referendadas pelo processo criminal.

Na prática isso é feito com o empréstimo da prova de um procedimento para o outro, ou seja, o compartilhamento de documentos. Para legitimar essa cooperação entre os procedimentos é necessário, além de autorização judicial, verificar-se se a prova foi obtida de forma idônea, observadas as regras constitucionais da ampla defesa e contraditório.

Em acusações de crimes sexuais o problema no compartilhamento e obtenção da prova abarca situação ainda mais peculiar, que é a "prova única" consubstanciada exclusivamente na palavra da vítima como elemento isolado a ser valorado para a decisão final. E, para a efetiva aplicação de todas as garantias inerentes à defesa, recomenda-se que a colheita dessa prova seja feita perante o juízo criminal, ainda que já colhida a oitiva no procedimento ético-disciplinar. Esse cuidado extremo se justifica pela necessidade de se fazer prova específica direcionada àquela seara, em que a acusação e as consequências são distintas do campo administrativo, muito embora sejam os mesmos fatos.

Dito tudo isso, pode-se afirmar que a influência da decisão administrativo-ética no procedimento criminal é relativa. Um dos fatores determinantes para que a seara criminal tenha como alicerce a administrativa é a complexidade da causa demonstrada na exigência de conhecimento médico aprofundado para a compreensão dos fatos e para a possível responsabilização (ou não) do acusado.

REFERÊNCIA

LOPES JR., Aury. *Direito Processual Penal*. 18. ed. São Paulo: Saraiva, 2021.

PROCESSO ÉTICO-PROFISSIONAL SIMULADO ENQUANTO INSTRUMENTO PEDAGÓGICO E FORMATIVO PARA ESTUDANTES E PROFISSIONAIS

José Abelardo Garcia de Meneses

Professor da Pós-graduação em Direito Médico, Bioética e Biodireito da Universidade Católica do Salvador (UCSal); da Pós-graduação em Direito Médico, da Saúde e Bioética da Faculdade Baiana de Direito; e da Pós-graduação em Direito Médico do Complexo de Ensino Renato Saraiva (CERS). Coautor do livro "Noções de Responsabilidade Médica na Anestesiologia – Guia Prático da SAESP". Médico Anestesiologista. Conselheiro do Conselho Regional de Medicina do Estado da Bahia – CREMEB (1998 até o presente). Membro Honorário da Sociedade Brasileira de Anestesiologia – SBA, SAEPE e SAEB. Foi Presidente da Sociedade de Anestesiologia do Estado da Bahia – SAEB (1992-1993), Conselheiro do Conselho Federal de Medicina – CFM (1994-1999). Presidente do CREMEB (2011-2016) e Corregedor do CREMEB (2001-2006 e 2016-2021).

Érica Baptista Vieira de Meneses

Mestra em Direito pela Universidade Federal da Bahia. Especialista em Ciências Criminais pela Universidade Federal da Bahia. Especialista em Direito Médico, Bioética e Biodireito pela Universidade Católica do Salvador. Bacharela em Direito. Professora da Escola Bahiana de Medicina e Saúde Pública. Parecerista *Ad hoc* da Revista Bioética do Conselho Federal de Medicina. Coautora do livro "Noções de Responsabilidade Médica na Anestesiologia – Guia Prático da SAESP", autora de artigos científicos e capítulos de livros acerca da responsabilidade médica. Foi Presidente (2019-2020) e Vice-Presidente (2016-2018) da Comissão Especial de Direito Médico e da Saúde da Ordem dos Advogados do Brasil, Seção Bahia.

Sumário: 1. O julgamento simulado como ferramenta pedagógica na formação médica – 2. Histórico dos julgamentos simulados no CREMEB. – 3. Experiência dos julgamentos simulados no CREMEB – 4. Os desafios e limitações das sessões de julgamento simulado – Considerações finais – Referências.

1. O JULGAMENTO SIMULADO COMO FERRAMENTA PEDAGÓGICA NA FORMAÇÃO MÉDICA

De acordo com as Diretrizes Curriculares Nacionais para a graduação em Medicina no Brasil (Brasil, 2014), é esperado que o médico esteja capacitado para intervir no espectro saúde-doença em diversos níveis de atenção, abrangendo medidas de promoção, prevenção, tratamento e reabilitação da saúde, com um enfoque na prestação integral de cuidados e uma consciência sólida de responsabilidade social.

Dentre os diversos aspectos da formação médica, a estrutura do Curso de Graduação em Medicina deve incluir dimensões ética e humanística, desenvolvendo, no aluno, atitudes e valores orientados para a cidadania ativa multicultural e para os direitos humanos, notadamente através de metodologias que privilegiem a participação ativa do aluno na construção do conhecimento e na integração entre os conteúdos, assegurando a indissociabilidade do ensino, pesquisa e extensão (Brasil, 2014).

Para isso, o processo de ensino do profissional da medicina deve inserir o indivíduo nos contextos social, político e ético-ideológico e utilizar metodologias participativas e dialógicas, visando uma formação mais adequada às necessidades de saúde individuais e coletivas, na perspectiva da equidade e da integralidade (Lima et al, 2020), bem como consentânea com os atuais fundamentos da bioética e biodireito.

Conforme apontado no relatório da Comissão Interinstitucional de Avaliação do Ensino Médico (Cinaem), as instituições de ensino médico no Brasil, de maneira geral, não estão capacitando adequadamente os profissionais para atender às necessidades da população. Os recém-formados frequentemente deixam as faculdades com deficiências éticas e humanísticas em sua formação, uma visão funcionalista do processo saúde-doença, especialização prematura e dificuldades em se manterem atualizados (Bitencourt et al, 2007).

Diante dessa realidade social, estudos têm demonstrado o aumento do número de denúncias por erros médicos nos últimos anos no Brasil, sendo necessário "investir na prevenção dos erros, sendo necessário estimular, desde a graduação em Medicina, discussões que visem formar profissionais mais comprometidos com a prática médica e menos sujeitos a esse tipo de problema" (Bitencourt et al, 2007).

Nesse contexto de déficit na formação ético-humanística, o mero exercício de memorização de conteúdo exposto pelo docente, típico da metodologia tradicional, se revela insuficiente para dar conta do profissional de que a realidade necessita, sendo indispensável propor ações que desafiem ou possibilitem o desenvolvimento das operações mentais, através de metodologias dialéticas (Anastasiou, 2009).

Considerando que o objetivo do trabalho docente "não se trata apenas de um conteúdo, mas de *um processo* que envolve um conjunto de pessoas na construção de saberes" (Anastasiou, 2009), o uso de metodologias diversas tem a finalidade de organizar "processos de apreensão de tal maneira que as operações de pensamento sejam despertadas, exercitadas, construídas e flexibilizadas pelas necessárias rupturas, por meio de mobilização, da construção das sínteses, devendo estas ser vistas e revistas, possibilitando ao estudante sensações ou estados de espírito carregados de vivência pessoal e renovação" (Anastasiou, 2009).

Em que pese "as ferramentas de ensino e de construção do conhecimento sejam primordiais para o aprendizado dos estudantes, já que uma abordagem didática, que desperte o interesse e mobilize os discentes, permite a fixação e aprofundamento de conceitos importantes para a formação dos discentes, a maioria das atividades educativas aplicadas no ensino superior é conservadora, direcionada apenas para a transmissão do conhecimento, o que pode significar uma falha importante no processo ensino aprendizagem" (Lima et al, 2020).

PROCESSO ÉTICO-PROFISSIONAL SIMULADO **385**

Diante desse cenário, a realização de julgamentos simulados, "entre outras finalidades, aplica-se ao desenvolvimento de habilidades dos futuros profissionais na deliberação de conflitos morais no âmbito da ética médica" (Bonamigo et al, 2013).

Em relação à realização de julgamentos simulados, os estudantes têm referido sua importância para a aquisição de conhecimentos em ética médica, bem como consideram relevante esta atividade para a formação profissional de forma geral (Bonamigo et al, 2013).

Apesar de sua reconhecida importância metodológica, o julgamento simulado com uso do procedimento disposto no Código de Processo Ético-Profissional médico (CPEP) ainda nas graduações de medicina encontra limitações, haja vista a restrita carga horária dos componentes de ética médica e pouco conhecimento ético-jurídico para o desenvolvimento das ações.

Sendo assim, a estratégia de ensino dos cursos de pós-graduação em Direito Médico, Bioética e Biodireito em cursos ministrados na Bahia tem privilegiado o uso de julgamento simulado, com utilização do procedimento disposto no Código de Processo Ético-Profissional (CPEP, hoje regido pela Resolução CFM 2.306/2022, publicada no Diário Oficial da União em 25 de março de 2022), como ferramenta de solidificação de conceitos inerentes à ética médica e compreensão dos princípios e regras inerentes aos Processos Ético-Profissionais médicos, atividade conduzida por Conselheiro do Conselho Regional de Medicina da Bahia.

2. HISTÓRICO DOS JULGAMENTOS SIMULADOS NO CREMEB.

A realização de julgamentos ético-profissionais simulados no âmbito do Conselho Regional de Medicina do Estado da Bahia (CREMEB) teve como precursor a busca pela aproximação entre a ciência médica e a ciência jurídica, através das discussões acerca da responsabilidade profissional médica, com condução do então Presidente da autarquia, Cons. Jecé Freitas Brandão.

A realização de atividades que congregassem o estudo da ética médica, bioética, biodireito e do incipiente direito médico emergiu da necessidade de se promover eventos nos quais médicos e operadores do direito viessem a discutir a importância do conhecimento comum compartilhado entre estas duas ciências de vital importância para a convivência harmoniosa no contexto da sociedade brasileira, tendo como principais beneficiados, de um lado aquele que necessita de assistência médica qualificada e do outro lado, o profissional com segurança jurídica para a realização do seu mister.

Isto porque, desde a segunda metade do século XX a visão da sociedade quanto a seus direitos no atendimento a suas necessidades básicas vem experimentando revoluções extraordinárias, a partir da proclamação da Declaração Universal dos Direitos Humanos pela Organização das Nações Unidas em 10 de dezembro de 1948. O Brasil inspirou-se neste documento para inserir os direitos humanos como fundamento da Carta Constitucional de 1988, em vigor até o momento.

No mesmo sentido de renovação democrática, em 08 de janeiro de 1988 o Conselho Federal de Medicina aprovou a Resolução 1.246/88, que instituiu a 7ª versão do Código de Ética Médica, após ampla discussão com a sociedade brasileira. Desta feita o código foi construído com características marcantes humanitarista e solidária, constituindo-se um marco histórico para o país.

Entre os direitos sociais fundamentais estabelecidos constitucionalmente, passou a constar no ordenamento jurídico pátrio o direito ao atendimento à saúde, garantida a universalidade, a integralidade e a equidade, sem ônus para o usuário de um novo sistema público, denominado Sistema Único de Saúde, compartilhado com segmentos do sistema privado (de forma suplementar).

Ante a nova era de direitos e garantias do cidadão, ampliou-se a imprescindibilidade de que os prestadores do serviço de atendimento à saúde – públicos ou privados – conheçam os direitos e deveres dos cidadãos, o que passou a ser feito também pela estrutural conselhal médica em nível federal e estadual em diversos níveis no Brasil.

> Vários fatores estão envolvidos no aumento do número de processos por erro médico, como maior conscientização da população acerca de seus direitos, precarização das condições de trabalho, principalmente no setor público, e influência da mídia. Dentre os fatores mais importantes na geração deste quadro estão a deterioração na qualidade da relação médico-paciente e a formação deficiente dos médicos durante a graduação e pós-graduação. O reconhecimento do papel da educação médica na prevenção do erro médico deve ser discutido com urgência, principalmente devido ao número crescente de escolas médicas no País (Bitencourt et al, 2007).

Nesse cenário, inicialmente, a qualificação e aprofundamento dos debates acerca dos direitos e garantias dos usuários dos serviços de saúde – consentânea com os princípios da bioética – se deu através da inclusão dos profissionais da área jurídica nas ações de capacitação, orientação e aprimoramento médico, de forma dialética, através de seminários, simpósios e congressos com debates acerca da responsabilidade médica.

Dessa interação entre a Medicina e o Direito surgiram diversos cursos de pós-graduação em Direito Médico, formados por turmas mistas, compostas por profissionais da saúde e profissionais com formação jurídica, que buscam qualificação acerca da responsabilidade médica, normativos de regência, direitos e garantias, bioética, biodireito, normas regulatórias e consequências jurídicas e judiciais da prestação do serviço de saúde.

Desde as primeiras turmas de pós-graduação especializada em Direito Médico na Bahia, realizada de forma precursora pela Universidade Católica do Salvador (UCSAL), o CREMEB foi chamado a participar da construção pedagógica, ministrando o componente curricular Processo Ético-Profissional, através do Conselheiro Abelardo Meneses, que então exercia a função de Presidente do CREMEB, com a realização de julgamentos simulados como processo construtivo-avaliativo da disciplina.

Atualmente, além da Universidade Católica do Salvador (UCSAL), o Conselheiro Abelardo Meneses representa o CREMEB nos cursos de pós-graduação em Direito

Médico da Faculdade Baiana de Direito e Complexo de Ensino Renato Saraiva (CERS) de forma regular.

A preparação para um júri simulado envolve considerar uma variedade de operações mentais, tais como defesa e formulação de argumentos, julgamento, tomada de decisão, entre outras. É uma mobilização intensa, pois além de buscar o conteúdo em si, os elementos externos, como roupas e mobiliário, proporcionam um envolvimento que vai além da sala de aula, estimulando a participação de todos os envolvidos (Anastasiou, 2009).

Nesse sentido, após as exitosas experiências em cursos de pós-graduação, o julgamento simulado foi inserido como ferramenta pedagógica para o ensino da ética médica em seminários e congressos de especialidade, com grande adesão do público presente, fortalecendo a construção de conhecimento, estímulo de habilidades de solução de problemas e interesse dos médicos acerca da importância de constante atualização sobre a ética médica.

A participação do CREMEB no contexto educacional está intimamente ligada ao escopo de atuação definida na Lei Federal 3.268, de 30 de setembro de 1957, por meio das discussões do Código de Ética Médica e do Código de Processo Ético-Profissional (CPEP), como ferramentas de educação médica continuada e aprimoramento da ética médica.

3. EXPERIÊNCIA DOS JULGAMENTOS SIMULADOS NO CREMEB.

A Sessão de Julgamento Simulado no CREMEB estabeleceu-se como atividade final dos cursos de pós-graduação em Direito Médico, objetivando o desenvolvimento de competências profissionais, cujos objetivos foram, desenvolver habilidades na tomada de decisão ética e promover uma conduta profissional responsável; simular situações éticas complexas como forma de antecipar e evitar erros éticos; fornecer oportunidade segura para a prática de tomada de decisões éticas e legais respeitando o CPEP e os princípios gerais do Direito; estimular a discussão e a análise crítica de dilemas éticos no contexto de um julgamento, trazendo no bojo a compreensão dos princípios éticos e suas aplicações práticas; e, preparar os pós-graduandos para o mercado de trabalho com um potencial diferencial competitivo.

Considerando as particularidades próprias dos PEPs, especialmente o disposto nos artigos 1º e 98 do CPEP atual (Resolução CFM 2.306/2022), que preceituam o sigilo do procedimento, o acompanhamento de casos reais não é possível, ratificando-se a relevância de realização de simulações como forma de contato dos estudantes pós-graduandos com a ritualística estabelecida pelo CPEP.

Sendo assim, na disciplina Processo Ético-Profissional, realizada ao final do curso de pós-graduação, é proposta a realização de sessão de julgamento ético-profissional simulada, tendo como situação problema um caso real que tramitou no conselho, com a devida anonimização das partes envolvidas, de modo suficiente a inviabilizar a identificação do caso.

Os alunos são separados de acordo com os atores processuais constantes no CPEP, a saber: Denunciante , Advogado do Denunciante, Denunciado , Advogado do Denunciado, Relator, Revisor/ Voto Divergente e Conselheiros. O Conselheiro Abelardo Meneses, professor da disciplina, exerce o papel de Presidente da Sessão, secretariada por um Conselheiro do CREMEB. Todos aqueles que exercem papel de Conselheiro – inclusive os alunos não médicos – são devidamente uniformizados com os jalecos brancos, padrão de vestimenta utilizado no CREMEB. Participam como ouvintes silentes o Coordenador do respectivo Curso e outros Conselheiros do CREMEB que tenham interesse em contribuir com a atividade. Os servidores do Conselho também participam, simulando a atuação em sessões regulares.

Durante a sessão, permanecem as vedações ao uso de celular, ao registro e transmissão do julgamento, bem como é realizado controle de acesso à sala de sessão.

Apenas os alunos que assumam os papéis de Relator, Revisor/ Voto Divergente, Denunciante, Denunciado e Advogados têm acesso aos fatos previamente, de sorte que os demais alunos que exercem a função de Conselheiros apenas conhecerão do processo durante a sessão de julgamento.

Calha ressaltar que nas primeiras edições do julgamento simulado ainda existia a figura do Conselheiro Revisor no CPEP e, com a sua extinção, para melhor didática, este foi substituído por um Conselheiro que profere voto divergente.

Isto porque, como medida pedagógica, o Professor estabeleceu que o Relator deverá absolver o profissional, enquanto o Relator ou Conselheiro com voto divergente deverá manifestar-se pela condenação, ampliando-se assim as possibilidades de discussões acerca dos elementos fáticos e jurídicos envolvidos no caso em análise.

Os alunos que exercem o papel de Conselheiros que compõem a câmara devem estar atentos a discussão e realizar quesitos, cuja finalidade é esclarecimento a ser feito sobre os fatos e provas constantes dos autos, nos termos do artigo 89, §5º do CPEP.

Após a conclusão das manifestações e colheita nominal dos votos, o professor da disciplina, na condição de Presidente da Sessão de Julgamento Simulado, profere o resultado do julgamento simulado, encerrando a sessão de julgamento.

Conclui-se a atividade com um momento de "catarse" na qual o professor e os demais Conselheiros presentes interagem com os pós-graduandos abordando aspectos jurídicos relevantes sobre a simulação, com objetivo de aprimorar ainda mais o aprendizado, e estabelecendo-se verdadeiramente como uma abordagem inovadora na educação profissional. Este é momento ímpar neste processo em que os participantes têm a oportunidade de refletir sobre sua participação no simulado, seu aprendizado e a compreensão das características próprias da aplicação do CPEP.

A dinâmica não é avaliada com nota ou conceito, sendo considerado relevante a coerência com a literatura científica e o desenvolvimento dos conceitos apresentados ao longo do curso.

PROCESSO ÉTICO-PROFISSIONAL SIMULADO **389**

A respeito da experiência, a Professora Rita Simões Bonelli, doutora em Família na Sociedade Contemporânea pela Universidade Católica do Salvador (UCSAL) e mestra em Direito Econômico pela Universidade Federal da Bahia (UFBA), com dupla titulação em Direito pela UCSAL e em Comunicação com Habilitação em Jornalismo pela UFBA, que coordenou a Pós-Graduação em Direito Médico da UCSAL (2009-2020), instituição pioneira na realização desta atividade com o CREMEB, asseverou que:

A prática médica, não raro, implica em incertezas, sutilezas e subjetividades em derredor de certos dilemas e conflitos éticos que exigem deliberações cotidianas acerca da escolha dos métodos terapêuticos mais adequados ao caso concreto. Esse espaço de maturação e de reflexão crítica nem sempre é preenchido na dogmática tradicional da sala de aula, o que exige a busca por estratégias inovadoras e complementares de aprendizado. Nesse sentido, o Julgamento Simulado revela-se em importante metodologia ativa de aprendizado da ética médica, proporcionando aos estudantes um espaço de vivência sobre a atividade judicante dos conselhos profissionais, o que a torna imprescindível para a formação e atuação profissional na Medicina e no Direito Médico, Bioético e da Saúde.

Tal atividade consiste em reproduzir com fidedignidade o itinerário de um Processo Ético-Profissional, segundo a cronologia, as fases, ritos e regramentos administrativos especiais previstos nas normas deontológicas do Conselho Federal de Medicina (CFM) e, de forma subsidiária, nas prescrições do Código de Processo Civil (CPC) e do Código de Processo Penal (CPP) brasileiros. Antes do julgamento, o professor, que atua como uma espécie de tutor ou facilitador, apresenta aos estudantes o caso fictício a ser julgado a fim de que discutam em grupo as estratégias argumentativas cabíveis e atuem como relatores, revisores, denunciantes, denunciados e advogados e desenvolvam habilidade para que se tornem protagonistas do processo de aprendizagem.

Ressalte-se que o Julgamento Simulado é um momento singular não só para o aprendizado da deontologia médica, eis que os processos ético-disciplinares são sigilosos, mas também para o aprimoramento da prática profissional, com ênfase na compreensão da necessidade de prevenção de conflitos, harmonização e humanização da relação médico-paciente e, consequentemente, da mitigação da judicialização da medicina e da saúde.

A Profa. Ana Thereza Meirelles, pós-doutora em medicina pelo programa de pós--graduação de medicina e saúde da Faculdade de Medicina da Universidade Federal da Bahia (UFBA). Doutora em relações sociais e novos direitos pela Faculdade de Direito da Universidade Federal da Bahia (UFBA). Mestra em direito privado e econômico pela Universidade Federal da Bahia (UFBA). Pós-graduada em direito do estado pela Fundação Faculdade de Direito da Universidade Federal da Bahia (UFBA) e cocoordenadora da Pós-graduação em Direito Médico, da Saúde e Bioética da Faculdade Baiana de Direito, comentou acerca da atividade, realizada desde 2021:

A possibilidade de vivenciar a relação entre a teoria e a prática, por meio do processo ético simulado, é um fator diferencial para a formação de profissionais especializados em Direito Médico.

Um dos maiores desafios do ensino profissional contemporâneo é, justamente, escolher mecanismos capazes de promover a interação entre os conteúdos teóricos, tão essenciais ao aprofundamento técnico, e a pragmática, ou seja, a experiência de viver e concretizar esse conteúdo.

A vivência dos ritos do processo ético profissional, por meio do julgamento simulado, corrobora a noção de especificidade que todo jurista dedicado à atuação nos Conselhos precisa agregar.

O destaque está no cuidado técnico e na seriedade com que os profissionais do Conselho Regional de Medicina do Estado da Bahia abraçaram a realização da simulação. É um diferencial científico e prático que contribui para a construção de uma visão real sobre o alcance de uma formação adequada, seja para o aluno jurista ou, ainda, para o aluno médico.

No mesmo sentido, o Prof. Alessandro Timbó Nilo, que possui dupla graduação em medicina (Universidade Federal da Bahia – UFBA) e em Direito (Universidade Católica do Salvador – UCSAL), Especialista em Direito Médico pela Universidade Católica do Salvador (UCSAL), Mestre em Direito (Bioética) pela Universidade Federal da Bahia (UFBA), e cocoordenador da Pós-graduação em Direito Médico e da Saúde do Complexo de Ensino Renato Saraiva, que estabeleceu parceria com o CREMEB em 2023:

> A oportunidade que os alunos de Pós-graduação têm ao vivenciar um Julgamento Simulado é única, pois permite que profissionais que nunca vivenciaram tal rito processual junto aos CFM/CRMs possam compreender na prática como funciona uma Sessão de Julgamento. Na medida em que os processos ético-profissionais correm em sigilo por determinação normativa, a experiência do Julgamento Simulado possibilitada em um curso de Pós-Graduação, em parceria com os Conselhos Regionais, no meu caso em específico com o Conselho Regional de Medicina da Bahia, é de suma importância na formação prática dos pós-graduandos pois ajuda de forma singular na compreensão e fixação da dinâmica do ato processual. Uma coisa é ler as etapas e regras do funcionamento do Julgamento no Código de Processo, outra completamente diferente – a única capaz de fixar o conteúdo na mente dos alunos, é a experiência prática do Julgamento Simulado. Um Ato vivenciado não se esquece, já as letras de uma norma se esvaem rapidamente com o breve passar do tempo. Destaque-se que o Julgamento Simulado segue fielmente todos os passos de uma Sessão real de Julgamento, com casos reais, com julgadores e servidores reais, de maneira que algum ouvinte desavisado, que eventualmente tenha acesso à Sessão Simulada, dificilmente conseguiria distinguir a Sessão Simulada de uma Sessão Real de Julgamento. Em complemento, o debate feito com os Conselheiros e Professores logo após a conclusão da dinâmica ajuda muito na fixação dos conceitos e etapas do Julgamento.

As sessões de julgamento simulado ético-profissional tem se constituído em uma abordagem inovadora na educação profissional no segmento de pós-graduação, proporcionando aos interessados conhecerem profundamente como ocorrem os Processos Ético-Profissionais no âmbito dos Conselhos Federal e Regionais de Medicina, mantendo as características próprias e indissociáveis do sigilo processual, e com capacidade de promover análise dos prontuários dos pacientes com extremo cuidado de preservar a intimidade e vida privada dos envolvidos, em respeito a princípios éticos e constitucionais.

O rito processual utilizado equipara-se ao disciplinado no Código de Processo Ético-Profissional (atualmente a Resolução CFM 2.306/2022), especificamente na Seção IV "Do Julgamento do PEP no CRM", sendo esta a orientação essencial e única para o desenrolar da sessão, conforme já amplamente explanado pelo Conselheiro professor durante as aulas relativas ao Código de Processo Ético-Profissional.

4. OS DESAFIOS E LIMITAÇÕES DAS SESSÕES DE JULGAMENTO SIMULADO

As principais limitações à realização das sessões de julgamento simuladas estão atreladas à instrumentalização da estrutura do Conselho Regional de Medicina, autarquia federal, pessoa jurídica de direito público, com recursos e estrutura física limitada, uma vez que a destinação do espaço exige ajustes na agenda de atividades regulares, visando não colidir com atividades próprias da autarquia.

O desdobramento da atividade acadêmica também depende diretamente da participação ativa dos servidores da casa, imbuídos do propósito de contribuir com a transmissão do conhecimento de maneira fidedigna e consentânea com os princípios processuais próprios. Os servidores do CREMEB têm participação essencial para que o cenário seja o mais próximo da realidade, funcionando como facilitadores de todo o processo, sendo assim, as atividades devem, preferencialmente, ocorrer durante o expediente regular.

Além destas questões, tem-se o cuidado com a seleção e preparo do caso a ser discutido, resguardando-se o anonimato de todos os envolvidos, inclusive a instituição onde o caso ocorreu, sempre tendo como objetivo buscar uma situação inovadora e com complexidade suficiente para motivar a discussão e o debate durante a sessão.

Ao contrário do que se pode imaginar, o período da pandemia da COVID-19 não foi impedimento para a realização de sessão de julgamento simulado, posto que foram utilizadas as ferramentas tecnológicas implementadas para as atividades habituais do Conselho. Ressalte-se que antes mesmo deste período excepcional, desde 2018, o CREMEB já iniciava a tomada de depoimentos por via eletrônica, portanto já havia tecnologia e expertise institucional para as atividades mediadas por tecnologia.

CONSIDERAÇÕES FINAIS

O ensino da ética aos estudantes de medicina e na formação continuada dos profissionais é instrumento indispensável para o campo do saber e práticas de saúde que atendam às modernas exigências da população, em diferentes dimensões das necessidades sociais de saúde.

A realização de julgamento simulado como ferramenta dialética para o ensino da ética médica é reconhecida pelos alunos como estratégia importante tanto para a aquisição de conhecimentos em ética médica quanto para a própria formação profissional.

Para a prevenção dos erros médicos, é necessário estimular discussões que visem formar profissionais mais comprometidos com a prática médica e, por sua vez, a realização de simulações de julgamentos éticos durante a graduação desperta o interesse dos estudantes, promove o desenvolvimento de habilidades na relação médico-paciente e proporciona uma oportunidade para a reflexão sobre questões morais.

Nesse sentido, a utilização do julgamento simulado como ferramenta pedagógica e formativa para os estudantes e profissionais está alinhada com a premência da valorização dos saberes ético-humanísticos, em conformidade com as Diretrizes Curriculares Nacionais para a graduação em Medicina no Brasil, notadamente em um contexto de hiperjudicialização da medicina.

Diante das dificuldades para sua implantação de forma sistemática e perene nos cursos de graduação, a iniciativa de implementação nos cursos de pós-graduação em

Direito Médico tem se mostrado adequados e férteis para o desenvolvimento desta atividade, consentânea com uma formação dialética e que posiciona o estudante no centro do processo de ensino-aprendizagem.

Entre as vantagens de realização da atividade para o processo de ensino-aprendizagem destacam-se a experiência prática, semelhante às encontradas no cotidiano; o fortalecimento da cultura ética em diversos níveis de hierarquia; a possibilidade do pós-graduando de desenvolver habilidades essenciais para lidar com situações críticas na tomada de decisões e resoluções de problemas. Um ponto ainda não solucionado é a ausência de emoções reais de quem está demandando e quem está sendo demandado, posto ser uma representação artificial da realidade.

Apesar de algumas limitações estruturais à realização da atividade, os potenciais benefícios para a formação médica e para a capacitação de profissionais do Direito indicam a necessidade de compatibilizar as atividades judicantes do CREMEB com as atividades acadêmicas.

Destaca-se que o perfil dos alunos das pós-graduações referidas é heterogêneo, composto por médicos e não médicos, notadamente profissionais com formação jurídica, o que enriquece o exercício dos papéis de advogado e o respeito à ritualística procedimental.

Para os médicos ou estudantes de medicina, o julgamento simulado realizado na sala de sessões do Conselho, com todos os seus signos, tem o condão de aproximar o médico das atividades conselhais, estimulando a participação ativa nas ações desenvolvidas pelo conselho e um espírito de colaboração com o agir ético.

Quanto aos profissionais do Direito, considerando-se que todos os processos em tramitação no CREMEB são sigilosos, constitui-se em uma oportunidade de conhecer intimamente e praticar o exercício de atividade jurídica.

Por fim, a realização de sessões simuladas, com a presença de Conselheiros, professores dos cursos de pós-graduação e estudiosos da responsabilidade médica podem contribuir com o aprimoramento de fluxos, desenvolvimento de trabalhos de conclusão de curso acerca de aspectos relevantes do CPEP e, de alguma forma, estimular melhorias nos fluxos e procedimentos próprios.

Podemos concluir afirmando que a experiência do Conselho Regional de Medicina do Estado da Bahia é um case de sucesso no ensino profissional com a aplicação das sessões de julgamento simulado, merecendo ser replicada em outros estados.

REFERÊNCIAS

ANASTASIOU, Léa das Graças Camargos. ALVES, Leonir Pessate. Estratégias de ensinagem. *Processos de ensinagem na universidade*: pressupostos para as estratégias de trabalho em aula. 5. ed. Joinville-SC: Univille, 2009.

BITENCOURT AGV, NEVES NMBC, NEVES FBCS, BRASIL ISPS, SANTOS LSC. Análise do erro médico em processos ético-profissionais: implicações na educação médica. *Revista Brasileira de Educação*

Médica. 31 (3): 223 – 228; 2007. Disponível em: https://doi.org/10.1590/S0100-55022007000300004. Acesso em: 10 dez. 2023.

BONAMIGO, Élcio Luiz. SAVARIS, Priscila Katiúscia. REBERTE, Aliny. BORTOLUZZI, Marcelo Carlos. SCHLEMPER JÚNIOR, Bruno. Julgamento simulado como estratégia de ensino da ética médica. *Revista Bioética* (Impr.) 2013; 21 (1): 150-7. Disponível em: https://revistabioetica.cfm.org.br/revista_bioetica/article/view/793. Acesso em: 12 jan. 2024.

BRASIL. Resolução 3, de 20 de junho de 2014. Diretrizes Curriculares Nacionais do Curso de Graduação em Medicina. Disponível em: http://portal.mec.gov.br/index.php?option=com_docman&view=download&alias=15874-rces003-14&category_slug=junho-2014-pdf&Itemid=30192. Acesso em: 10 jan. 2024.

LIMA, B. M. de; VERRI, I. A.; SOARES, J. Y. S.; OLIVEIRA, S. V. de. Júri simulado como estratégia ativa de ensino de Vigilância em Saúde. *Arq. Cienc. Saúde UNIPAR*, Umuarama, v. 24, n. 2, p. 125-129, maio/ago. 2020. Disponível em: https://www.researchgate.net/profile/Stefan-Oliveira/publication/343079897_JURI_SIMULADO_COMO_ESTRATEGIA_ATIVA_DE_ENSINO_DE_VIGILANCIA_EM_SAUDE/links/5f15a89f92851c1eff219b1e/JURI-SIMULADO-COMO-ESTRATEGIA-ATIVA-DE-ENSINO-DE-VIGILANCIA-EM-SAUDE.pdf. Acesso em: 10 dez. 2023.

REGULAÇÃO E ATIVIDADE NORMATIVA *LATO SENSU*

Manoel Gustavo Neubarth Trindade

Pós-Doutorado pela Faculdade de Direito da Universidade de Lisboa. Doutor em Direito e Mestre em Direito pela UFRGS. Especialista em Processo Civil pela UFRGS. Professor Permanente do Mestrado Profissional em Direito da Empresa e dos Negócios da UNISINOS. Coordenador e Professor do LLM em Direito dos Negócios da UNISINOS. Coordenador e Professor da Especialização em Direito dos Contratos e da Responsabilidade Civil da UNISINOS. Professor da Graduação em Direito da UNISINOS em Porto Alegre e São Leopoldo. Foi Presidente da Associação Brasileira de Direito e Economia – ABDE e do Instituto de Direito e Economia do Rio Grande do Sul – IDERS. Árbitro, Parecerista e Administrador Judicial.

Pedro Antonacci Maia

Mestrando em Direito no Mestrado Profissional em Direito da Empresa e dos Novos Negócios pela Universidade do Vale do Rio dos Sinos – UNISINOS, Porto Alegre, RS. Especialista em Direito Empresarial pela Universidade Cândido Mendes, Rio de Janeiro, RJ. Advogado concursado na Companhia Riograndense de Saneamento – CORSAN, atualmente exercendo as funções de Gerente de Gestão de Controles vinculado à Diretoria Administrativa da Companhia.

Cesar Santolim

Pós-Doutorado pela Faculdade de Direito da Universidade de Lisboa. Doutor e Mestre em Direito (UFRGS). Professor Titular da Faculdade de Direito da UFRGS. Advogado e Economista.

Sumário: Introdução – 1. As normas no sistema jurídico brasileiro e o poder abstrato de legislar conferido aos entes federados – 2. A competência constitucional consistente no poder de regulamentar as leis – 3. A natureza jurídica das normas regulatórias no direito brasileiro e a relevância da regulação de serviços públicos e atividades econômicas determinadas – Conclusões – Referências.

INTRODUÇÃO

Deveras comum é ler e ouvir se referirem aos termos normatizar, regulamentar e regular como se perfeitos sinônimos fossem. E, em alguma medida, não parece haver problemas em tal agir, uma vez que, efetivamente, compreende-se existir razoável parcela de sobreposição conceitual entre os indigitados termos. Todavia, antes de se buscar instaurar uma discussão meramente teórica ou atribuir desnecessária complexidade puramente terminológica, o presente artigo objetiva investigar os conceitos eminentemente técnicos de normatização, regulamentação e regulação, identificando-se as eventuais e principais diferenças teóricas e pragmáticas entres os institutos, notadamente a respeito da respectiva esfera de atuação e eficácia, tal como conferida pelo ordenamento jurídico sobretudo brasileiro.

Em suma, pretende-se estabelecer a definição do que se entende por normas em sentido genérico e também em sentido estrito, passando pelo poder de legislar, ou seja, de criar leis, na concepção clássica de princípios e regras; bem como ao que se compreende por competência regulamentar, consistente, modo genérico, na atribuição do poder executivo de complementar, explicitar, detalhar e pormenorizar a lei em sentido estrito e, por fim, o conceito de regulação, atinente à atividade regulatória de setores específicos da atividade econômica, inclusive serviços públicos.

A ideia do trabalho, portanto, cinge-se a esclarecer e fixar pontos claros de distinção técnico-jurídica, relacionando às características essenciais e aos objetivos de cada instituto, sem tornar o debate demasiadamente acadêmico, mas sim buscando estabelecer a essência dessa competência normativa, em sentido amplo, conferida pelo sistema jurídico brasileiro em cada uma das hipóteses postas em discussão.

1. AS NORMAS NO SISTEMA JURÍDICO BRASILEIRO E O PODER ABSTRATO DE LEGISLAR CONFERIDO AOS ENTES FEDERADOS

O conceito de legislação e processo legislativo, trazido pela Constituição Federal de 1988, como se pode extrair, abrange a elaboração de normas específicas, taxativamente elencadas no texto constitucional, quais sejam: emendas à constituição, leis complementares, leis ordinárias, leis delegadas, medidas provisórias, decretos legislativos e resoluções.

Assim, quando se fala em normas constitucionais ou lei em sentido estrito, outra coisa não se está a tratar senão dessas hipóteses trazidas pela Constituição Federal, cada qual com seu procedimento legislativo específico.

De todo modo, a proposta aqui não seria aprofundar esses conceitos, que estão mais relacionados à dogmática constitucional. Busca-se, sim, examinar as definições mais amplas, a exemplo da normatização, ou seja, daquele poder a que são dotados os entes estatais de produzir normas, as quais, como gênero, abrangeriam as espécies legislativas citadas.

De relevo distinguir esse conceito – poder normativo de criação de normas – daquelas atividades executivas, ou seja, relacionadas à administração pública, especificamente.

Nesse passo, começamos com a lição de Pinto Ferreira,[1] para quem "legislar significa a competência para estabelecer normas jurídicas, editar regras e fixar princípios dominantes, disciplinando as atividades políticas e administrativas. A nossa Constituição vigente refere-se à competência da União para legislar, de acordo com o art. 22. Tal competência compreende a própria função normativa de edição de regras, não só no sentido

---

1. PINTO FERREIRA, Luiz. *Comentários à Constituição Brasileira*. São Paulo: Saraiva, 1990, v. 2. p. 01.

REGULAÇÃO E ATIVIDADE NORMATIVA *LATO SENSU* **397**

do direito substantivo, mas também no do direito formal; a nossa Constituição também prevê a competência comum e a suplementar, ou supletiva, para os Estados Membros".

Segue o citado Professor, aduzindo que se poderia "bem compreender o verdadeiro conceito da legislação, em o contraponto à administração, na dicotomia de funções estatais evidenciada pelos tratadistas. Entre nós, o Prof. Meirelles Teixeira bem o acentuou: 'fácil distinguir, perfeitamente, entre aquela competência normativa, legislativa, isto é, de estabelecer a norma jurídica, de criar o direito, e a execução e aplicação dessas normas, de realização do direito mediante atos administrativos, atos jurídicos de alcance individual'. Esta é a tese geralmente adotada pelos constitucionalistas, procedente à rigorosa distinção entre legislação e administração, ou seja, entre a atividade normativa e a atividade executiva do Estado. De acordo com Duguit, em seu Tratado de Direito Constitucional (v. 2, p. 156), 'o Estado exerce a função legislativa, seja qual for o órgão que intervenha, todas as vezes que formula um ato regra, todas as vezes que edita uma disposição normativa ou construtiva, modificando em qualquer ponto, e de qualquer modo, o direito objetivo, tal como existe no momento da intervenção'; e desempenha as chamadas funções administrativas quando 'realiza um ato-condição ou um ato subjetivo, ou quando seus agentes procedem para assegurar o funcionamento de um serviço público, de atos puramente materiais. O Prof. Hans Kelsen também delineia em sua Teoria Geral do Estado uma justa interpretação desta dicotomia das funções estatais, que aqui são postas em relevo para bem distinguir-se, sabendo-se que o Estado tem também uma função jurisdicional não negada por qualquer publicista de relevo. Elucida o dito pensador e jurisconsulto: 'Na função legislativa, o Estado estabelece regras gerais e abstratas; na jurisdição e na administração, desempenha uma atividade individualizada, resolve diretamente tarefas concretas; tais são as respectivas noções mais gerais. Deste modo, o conceito de legislação se identifica com os de 'produção' ou 'criação' de Direito. Portanto, a atividade individualizada do Estado, suposto que considere como um ato jurídico, não pode ser mais que 'aplicação' ou 'proteção' do Direito, com o qual se situa em princípio um plano oposto ao de função criadora".

Dito isto, poder-se-ia afirmar que a atividade de normatizar, em sentido amplo (*lato sensu*), abrange atividade legislativa e regulamentar, assim como a jurisdicional, no sentido de criar a norma jurídica ao caso concreto, de dizer o Direito.

Quanto à atividade de regulamentação, essa se limita ou se restringe ao alcance da lei, como se verá, no sentido de esclarecer, explicitar, detalhar, complementar a lei, não de criá-la, nem de produzi-la ou contrariá-la.

Conclui-se, de qualquer modo, como elementar esta divisão das funções, como Pinto Ferreira, já mencionado, reafirma: "tripartismo que, inerente à atividade estatal e existente entre as atividades da legislação, e as da administração, a estas se contrapõe, para melhor esclarecer a competência legislativa da União. O legislador constituinte foi cuidadoso nesta demarcação de competências, pois dela depende a própria existência do federalismo".

Cabe referir que se está a tratar de funções constituídas, deixando-se para outra oportunidade o aprofundamento quanto à própria instituição de uma constituição, ato político e fundamental para a existência de um Estado, pressuposto para a existência do Estado de Direito, assim como das emendas constitucionais.

Percebe-se, no entanto, que a função de criação da lei passa fortemente pela atuação do Poder Judiciário, na sabida função de dizer o Direito no caso concreto, por meio de mecanismos de interpretação.

A atividade normativa, como se sabe, passa por extrair do texto normativo (dispositivos) a respectiva norma, na acepção de sentido de comando legal ou normativo aos destinatários respectivos.

Nesta lógica, oportuno mencionar Humberto Ávila: "Normas não são textos nem o conjunto deles, mas os sentidos construídos a partir da interpretação sistemática de textos normativos. Daí se afirmar que os dispositivos se constituem no objeto da interpretação; e as normas, no seu resultado. O importante é que não existe correspondência entre norma e dispositivo, no sentido de que sempre que houver um dispositivo haverá uma norma, ou sempre que houver uma norma deverá haver um dispositivo que lhe sirva de suporte. Em alguns casos há norma mas não há dispositivo. Quais são os dispositivos que preveem os princípios da segurança jurídica e da certeza do direito? Nenhum. Então há normas, mesmo sem dispositivos específicos que lhe deem suporte físico. Em outros casos há dispositivo mas não há norma. Qual norma pode ser construída a partir do enunciado constitucional que prevê a proteção de Deus? Nenhuma. Então, há dispositivos a partir dos quais não é construída norma alguma. Em outras hipóteses há apenas um dispositivo, a partir do qual se constrói mais de uma norma. Bom exemplo é o exame do enunciado prescritivo que exige lei para a instituição ou aumento de tributos, a partir d qual pode-se se chegar ao princípio da legalidade, ao princípio da tipicidade, à proibição de regulamentos independentes e à proibição de delegação normativa. Outro exemplo ilustrativo é a declaração de inconstitucionalidade parcial sem redução de texto: o Supremo Tribunal Federal, ao proceder ao exame de constitucionalidade das normas, investiga os vários sentidos que compõem o significado de determinado dispositivo, declarando, sem mexer no texto, a inconstitucionalidade daqueles que são incompatíveis com a Constituição Federal. O dispositivo fica mantido, mas as normas construídas a partir dele, e que são incompatíveis com a Constituição Federal, são declaradas nulas. Então há dispositivos a partir dos quais se pode construir mais de uma norma. Noutros casos há mais de um dispositivo, mas a partir deles só é construída uma norma. Pelo exame dos dispositivos que garantem a legalidade, a irretroatividade e anterioridade chega-se ao princípio da segurança jurídica. Dessa forma, pode haver mais de um dispositivo e a partir dele ser construída uma só norma. E o que isso quer dizer? Significa que não há correspondência biunívoca entre dispositivo e norma – isto é, onde houver um não terá obrigatoriamente de haver outro".[2]

---

2. ÁVILA, Humberto. *Teoria dos Princípios, da definição à aplicação dos princípios jurídicos*. 4. ed. São Paulo: Malheiros Editores, 2004, p. 22-23.

REGULAÇÃO E ATIVIDADE NORMATIVA *LATO SENSU* **399**

Percebe-se, consoante o entendimento de Humberto Ávila, que normatização se afigura como um conceito bem mais amplo do que o sentido criativo de um texto normativo. Ou seja, compreende-se a construção ou reconstrução (reconstruir significa definir a compreensão de significados iguais ou de modo diverso como postos previamente na sociedade) de dispositivos legais (texto), após o exercício de interpretação, atribuição constitucional a que é dotado o Poder Judiciário.

Importante notar que esse exercício de criação/reconstrução da norma a partir do texto normativo (dispositivo) abrange a lei, regulamentos, resoluções e, inclusive, dispositivos originários do poder regulatório ou regulador das agências reguladoras.

Ou seja, de acordo com essa compreensão,[3] a atividade de normatização compreende dar o sentido de norma a dispositivos legais que abrangem todos os princípios e regras que compõem o ordenamento jurídico. Isso no conceito clássico de inovar no ordenamento jurídico, criando direitos e obrigações de caráter geral e abstrato.

Para se visualizar de modo mais simplificado a ideia da separação entre texto e norma, basta fazer um exercício acerca de um comando ou regra no seguinte sentido: em uma certa praia um cidadão se depara com uma regra escrita em uma placa "proibido usar biquínis ou sungas"; em um dado momento histórico ou região, essa disposição por exercício de interpretação poderia resultar em um comando normativo no sentido de que as pessoas devem permanecer com roupas que cubram os corpos de maneira substancial; já em um outro momento histórico ou região, poderia significar a norma ou comando aos seus destinatários de que se trata de uma praia de nudismo e as pessoas devem entrar somente sem roupa alguma.

Nota-se, pois, a dinâmica contínua da norma jurídica, em constante modificação e evolução, que pode variar de um mesmo texto de acordo com a cultura local ou com a evolução histórica. Daí a função jurisdicional de dizer o Direito.

Desse contexto, de qualquer modo, possível compreender bem a distinção entre as competências legislativas, no sentido de elaborar (criação) as leis, distribuída pela Constituição Federal entre os Estados-Membros, da atribuição constitucional, mais ampla, de normatização, ou seja, da atividade normativa de criação e reconstrução da norma jurídica, após o exercício interpretativo.

Importante observar bem a relação entre os poderes – Executivo, Legislativo e Judiciário –, não se retirando do Judiciário e do Executivo a atribuição de elaborar regulamentos e de propor (iniciativa) a aprovação de leis, bem como atuação respectiva em atividade executiva regulamentar (explicar, explicitar e complementar as leis).

De todo modo, conclui-se claramente que a atividade normativa passa pela criação do dispositivo normativo (texto) e da extração da norma jurídica, com a atuação dos Poderes Legislativos e Judiciário. Em suma, separa-se bem a atividade de criar o texto do dispositivo da reconstrução e extração, após a atividade interpretativa, da norma jurídica.

---

3. Não necessária ou integralmente comungada pelos autores do presente artigo.

Após essa digressão, pertinente também mencionar novamente Humberto Ávila, ao estudar profundamente a classificação de normas jurídicas, distinguindo regras de princípios: "Enfim, é justamente porque as normas são construídas pelo intérprete a partir dos dispositivos que não se pode chegar à conclusão de que este ou aquele dispositivo contém uma regra ou princípio. Essa qualificação normativa depende de conexões axiológicas que não estão incorporadas ao texto nem a ele pertencem, mas são, antes, construídas pelo próprio intérprete. Isso não quer dizer, como já afirmado, que o intérprete é livre para fazer as conexões entre as normas e os fins a cuja realização elas servem. O ordenamento jurídico estabelece a realização de fins, a preservação de valores e a manutenção ou a busca de determinados bens jurídicos essenciais à realização daqueles fins e à preservação desses valores. O intérprete não pode desprezar esses pontos de partida. Exatamente por isso a atividade de interpretação traduz melhor uma atividade de reconstrução: o intérprete deve interpretar os dispositivos constitucionais de modo a explicitar suas versões de significado de acordo com os fins e valores entremostrados na linguagem constitucional".[4]

Isso, pois, o que se tem a dizer nesse singelo estudo sobre normatização, considerada como a função de fixar as normas jurídicas cogentes, inovando e criando direitos e obrigações no sistema jurídico vigente.

2. A COMPETÊNCIA CONSTITUCIONAL CONSISTENTE NO PODER DE REGULAMENTAR AS LEIS

Neste tópico, importa prontamente estabelecer não haver no direito comparado, modo universal, uma definição acadêmica tranquila a respeito do conceito de regulamentação (notadamente regulamentação de leis), razão pela qual o tema será abordado segundo posto na Constituição Brasileira.

Relevante, assim, que seja abordada a própria natureza do poder regulamentar, como pressuposto da definição de regulamentação – aquela atividade de dar execução às leis, ou seja, explicar, esclarecer, complementar, dar aplicação à lei, sem, é claro, contrariá-la.

Como leciona José dos Santos Carvalho Filho, "em primeiro lugar, o poder regulamentar representa uma prerrogativa de direito público, pois que conferido aos órgãos que têm incumbência de gestão de interesses públicos. Sob o enfoque de que os atos podem ser originários ou derivados, o poder regulamentar é de natureza derivada (ou secundária): somente é exercido à luz de lei preexistente. Já as leis constituem atos de natureza originária (ou primária), emanando diretamente da Constituição. Nesse aspecto, é importante observar que só se considera poder regulamentar típico a atuação administrativa de complementação de leis, ou atos análogos a ela".[5]

---

4. ÁVILA, Humberto. *Teoria dos Princípios, da definição à aplicação dos princípios jurídicos*. 4. ed. São Paulo: Malheiros Editores, 2004, p. 26.
5. CARVALHO FILHO, José dos Santos. *Manual de Direito Administrativo*. Rio de Janeiro: Atlas, 2012, p. 55

REGULAÇÃO E ATIVIDADE NORMATIVA *LATO SENSU* **401**

Celso Antônio Bandeira de Mello, por sua vez, define regulamento como sendo "o ato geral e (de regra) abstrato, de competência privativa do Chefe do Poder Executivo, expedido com a estrita finalidade de produzir as disposições operacionais uniformizadoras necessárias à execução de lei cuja aplicação demande atuação da Administração Pública".[6]

A formalização desse poder regulamentar, estreme de dúvidas, ocorre por meio de decretos e regulamentos, em consonância com o artigo 84, IV, da Constituição Federal Brasileira, de 1988; além disso, cabe referir que regulamentos podem ser expedidos por outros poderes e órgãos da administração pública direta e indireta, não só pelo Chefe do Poder Executivo, embora privativa deste, na medida do que dispõe a lei.

A roupagem da regulamentação, portanto, é o decreto ou o regulamento, tal qual estabelece nosso sistema jurídico, sem adentrar no conceito de regulamento autônomo do Direito Europeu – o já mencionado artigo 84, VI, da Constituição Federal brasileira se afigura nessa modalidade e como uma exceção à regra no Direito Nacional. Seja como for, fato é que a regulamentação é subjacente à lei, ou seja, pressupõe a existência dessa, como de forma sintética definiu Carvalho Santos.

Tem-se, assim, como premissa básica, que o regulamento não pode contrariar a lei, sob pena de ser invalidado justamente por vício de ilegalidade, atuando, desse modo, exclusivamente em conformidade com o seu conteúdo e os seus limites.

Isso significa dizer que por decreto ou por regulamento não se pode criar direitos e obrigações. Este é o ponto substancial da distinção entre os instrumentos normativos. Basicamente porque essa vedação vem amparada em um dos postulados fundamentais que norteiam nosso sistema jurídico, qual seja: *ninguém será obrigado a fazer ou deixar de fazer alguma coisa senão em virtude de lei* – artigo 5º, II, da Constituição Federal, isto é, o Princípio da Legalidade. É dizer, somente por lei serão criadas obrigações e direitos com força cogente e abrangência geral e abstrata.

Nessa lógica, pode-se perceber que decorre desse preceito constitucional a anotação histórica de Hely Lopes Meirelles, que diz: "enquanto na administração particular é lícito fazer tudo que a lei não proíbe, na Administração Pública só é permitido fazer o que a lei autoriza".[7]

Não obstante, segundo o Prof. Cirne Lima, é possível afirmar que "supõe a atividade administrativa a preexistência de uma regra jurídica, reconhecendo-lhe uma finalidade própria. Jaz, consequentemente, a Administração Pública debaixo da legislação que deve enunciar e determinar a regra do direito".[8]

No mesmo sentido, há, na já citada obra do Prof. Celso Antônio Bandeira de Mello, ainda mais uma diferença importante: "somente a lei inova originariamente na ordem

---

6. BANDEIRA DE MELLO, Celso Antônio. *Curso de Direito Administrativo*. São Paulo: Malheiros Editores, 2007, p. 337.
7. MEIRELLES, Hely Lopes. *Direito Administrativo Brasileiro*. 32. ed. São Paulo: Malheiros Editores, 2006, p. 88.
8. CIRNE LIMA, Rui. *Princípios do Direito Administrativo*. 5. ed. São Paulo: RT, 1982, p. 22.

jurídica". Premissa que também decorre do mesmo preceito constitucional, de modo que se estender aqui seria dizer o mesmo de modo reiterado.

Colocando uma pá de cal sobre a distinção, pertinente, por todos, transcrever ensinamento do já mencionado Hely Lopes Meirelles, que arremata: "Regulamento é ato administrativo geral e normativo, expedido privativamente pelo Chefe do Executivo (federal, estadual ou municipal), através de decreto, com o fim de explicar o modo e forma de execução da lei (regulamento de execução) ou prover situações não disciplinadas em lei (regulamento autônomo ou independente). O regulamento não é lei, embora a ele se assemelhe no conteúdo e poder normativo. Nem toda lei depende de regulamento para ser executada, mas toda e qualquer lei pode ser regulamentada se o Executivo julgar conveniente fazê-lo. Sendo o regulamento, na hierarquia das normas, ato inferior à lei, não a pode contrariar, nem restringir ou ampliar as suas disposições. Só que cabe explicitar, a lei, dentro dos limites por ela traçados. Na omissão da lei, o regulamento supre a lacuna, até que o legislador complete os claros da legislação. Enquanto não o fizer, vige o regulamento, desde que não invada matéria reservada à lei".[9]

Em síntese, denota-se forte correlação existente entre o que se tem por originário (inovador) e secundário (derivado) no sistema normativo, fixando-se neste fundamento a diferenciação substancial do que se tratou até aqui nesse trabalho, comparando-se entre normatização e regulamentação. Ou, em linhas mais claras, a diferença entre lei e regulamento.

Pode-se afirmar, assim, que a lei em sentido estrito seria o preceito normativo primário, ou seja, aquele que inova no sistema, derivado diretamente da Constituição e resulta do processo legislativo vigente no ordenamento jurídico.

Já o regulamento se afigura como preceito secundário, ou infralegal, decorrente do poder regulamentar, que, como visto, é atribuição própria do Poder Executivo, de regulamentação da lei e nos estritos limites dela.[10]

3. A NATUREZA JURÍDICA DAS NORMAS REGULATÓRIAS NO DIREITO BRASILEIRO E A RELEVÂNCIA DA REGULAÇÃO DE SERVIÇOS PÚBLICOS E ATIVIDADES ECONÔMICAS DETERMINADAS

Há certa vacilação doutrinária e jurisprudencial ainda sobre o que se entende sobre regulação ou poder regulatório no Direito Pátrio, seu espaço no sistema jurídico, amplitude e abrangência material ou técnica, ou mesmo até conceitualmente ainda não se encontra segurança para se estabelecer uma definição pacífica, o que resta evidente pela própria dificuldade de pesquisa sobre a matéria.

---

9. MEIRELLES, Hely Lopes. *Direito Administrativo Brasileiro*. Atual. Eurico de Andrade Azevedo, Délcio Balestero Aleixo e José Emmnauel Burle. 28. ed. São Paulo: Malheiros, 2003, p. 124-125.

10. Sobre a temática, oportuna a leitura de FERREIRA FILHO, Manuel Gonçalves. A autonomia do poder regulamentar na Constituição Francesa de 1958. *Revista De Direito Administrativo*, 84, 24-39, 1966. Disponível em: https://doi.org/10.12660/rda.v84.1966.28193. Acesso em: 30 mar. 2024.

De qualquer modo, não obstante haja essa indefinição, pode-se iniciar o estudo com a provocação de se indicar a regulação como uma evolução do poder de regulamentação, tal como é classicamente definido no sistema jurídico.

Alguns autores trazem a expressão poder regulador ou regulatório, para diferenciá-lo e trazendo um novo conceito teórico. Seja como for, entende-se como de altíssima relevância se debruçar sobre o tema, considerando que se está a tratar de regulação de serviços públicos, a exemplo do saneamento básico e da energia elétrica, bem como de outras atividades econômicas eleitas, como o mercado de capitais, a atividade portuária, bancária, entre diversas outras.

Fernando Barros Filho,[11] em artigo sobre regulação ambiental, destaca que "pode-se falar em regulação desde quando o Estado obteve o monopólio da força em plena Idade Média. Porém, é com o surgimento da economia de mercado, assim como do Estado de Direito, que podemos afirmar o surgimento da regulação econômica".

A presença de um sistema regulatório, portanto, pressupõe a existência de um estado constitucionalmente organizado, ou seja, regido por um corpo de normas e princípios legítimos e predeterminados, formalizados em uma Constituição, como consequência, sob a égide do Princípio da Legalidade.

Historicamente, pode-se traçar uma linha que passa pelo Estado Liberal – sabidamente de menos restrição aos agentes econômicos e sociais –, e pelo Estado de Bem-Estar Social – caracterizado por maior dirigismo e intervenção estatal na economia –, momento em que surgiram inúmeras pessoas jurídicas descentralizadas que desenvolviam desde atividades econômicas (bancárias e fabris) até serviços públicos (telefonia, energia elétrica e saneamento).

Depois, com o final do "Estado Providência" e uma série de problemas de ineficiência em atividades econômicas prestadas pelo Poder Público, assim como a necessidade de reformas estruturais no sistema previdenciário e bancário, foram adotadas medidas de redução do aparato estatal, ainda hoje debatidas fortemente pela sociedade.

Nesse ponto, inarredável mencionar a existência das Falhas de Mercado,[12] em diferentes níveis de intensidade e formas de insurgência, nos mais diferentes segmentos de mercado, de modo a exigir, dependentemente, a intervenção estatal,[13] mas não de forma direta na economia, em substituição aos agentes econômicos, mas sim indireta, notadamente pelo que se entende por regulação setorial.

Percebe-se não se falar aqui em retorno ao liberalismo econômico antes referido, já que, uma vez vencido esse estágio histórico, as escolhas político-econômicas se direcionaram a medidas voltadas à satisfação de direitos fundamentais, ou seja, prevalente

---

11. BARROS FILHO, Fernando do Rego. O *Impacto da Regulação Ambiental na Atividade Agropecuária Brasileira*. Direito Concorrencial e Regulação Econômica. Belo Horizonte: Fórum, 2010, p. 418-419.
12. FREITAS, Juarez; TRINDADE, Manoel Gustavo Neubarth; VOLKWEISS, A. C. M. *Direito da Regulação*: Falhas de Mercado. Interesse Público (Impresso), v. 18, 2016, p. 133-153.
13. Sem desconhecer, é claro, da possibilidade de ocorrência de Falhas de Governo, quando há intervenção.

uma atividade econômica condicionada aos interesses garantidos pela Constituição, como refere Fernando Barros Filho.

De todo modo, fato é que a lógica do sistema restou modificada, passando o Estado a estabelecer parâmetros para desempenho das atividades econômicas e de serviços públicos, não mais as executando diretamente.

Premissa essa que permitiu a instauração e desenvolvimento de um cenário de supervisão, calcado em um ordenamento regulador, para as mais diversas atividades. Trata-se da diferenciação do Estado Regulador, que planeja, regulamenta e fiscaliza, utilizando de instrumentos de regulação econômica para dirimir as diferenças entre os agentes do mercado e promover a concorrência onde desejável, do Estado Intervencionista, em que ele próprio personaliza a figura de agente do mercado.

Ou seja, o sentido da regulação se caracteriza pela eliminação ou mitigação das Falhas de Mercado, como, por exemplo, na busca pela promoção da concorrência[14] entre os agentes do mercado, de modo que o "esforço regulatório do Estado está agora voltado para propiciar as condições de um mercado o mais competitivo possível, sempre que (e somente se) isso for viável. Ou seja, vigora a crença de que a concorrência (devidamente monitorada pelo Estado) é o melhor caminho para atingir os ideais de justiça social, sacramentados desde a consagração dos direitos e garantias fundamentais do ser humano".[15]

Este o cenário que permitiu, nos anos 90, a criação das Agências Reguladoras no ordenamento jurídico brasileiro, especificamente pelas Emendas Constitucionais 08 e 09, de 1995, em alteração dos artigos 21, XI, e 177, § 2º, III, da Constituição Federal de 1988, atribuindo-lhes natureza jurídica de autarquias em regime especial. Por consequência, como citado em muitas obras, houve o surgimento do "Estado Regulador".

Não obstante, sem entrar na especificidade de cada um dos órgãos de regulação existentes no País, tema que não se relaciona ao trabalho aqui proposto, percebe-se claramente que a regulação se configura como atividade própria do Estado.

Como leciona Carvalho Filho,[16] às autarquias reguladoras a constituição conferiu a função principal de controlar, em toda sua extensão, a prestação dos serviços públicos, além de atividades específicas e eleitas de mercado, bem como a própria atuação das pessoas privadas que vierem a executá-las.

Assim, como aparato estatal, resta óbvio que o órgão regulador não possui poderes ilimitados de enquadramento da atividade econômica, sendo todas as competências e medidas reguladoras previamente definidas em lei e em conformidade com a Constituição.

---

14. Mas não só a promoção da concorrência, que diz respeito à falha de mercado denominada Poder de Mercado, mas também às demais falhas, como Assimetria Informacional, Custos de Transação e Externalidades.
15. WAGNER NESTER, Alexandre. *Direito Concorrencial e Regulação Econômica*. Belo Horizonte: Editora Fórum, 2010, p. 472.
16. CARVALHO FILHO, José dos Santos. *Manual de Direito Administrativo*. Rio de Janeiro: Atlas, p. 57.

Além disso, a atividade de regulação deve restar fundamentada em premissas de necessidade, isto é, na existência de motivos (sobretudo as já mencionadas Falhas de Mercado) que justificam a imperativa intervenção regulatória estatal, assim como na razoabilidade dos custos da regulação; é dizer, até que ponto os cidadãos estarão dispostos a pagar pelo incremento de custos produzidos pelas regras regulatórias, quais externalidades justificam a intervenção, ou seja, impositiva a análise do custo social representado pelo desempenho de uma atividade econômica e da atuação estatal na regulação.

Isso posto, Fernando Barros Filho chega a um conceito interessante, mas não necessariamente pacífico, de regulação, qual seja: (a) uma atividade estatal; (b) indireta; (c) normatizada; (d) cujo objetivo é a satisfação dos direitos fundamentais e o desenvolvimento do sistema econômico.

Nessa linha, como já dito, há ainda um cenário nebuloso sobre o enquadramento e definição das normas regulatórias (comandos/diretrizes), tendo surgido várias teorias, algumas caracterizando como delegação legislativa ou como regulamento autônomo, como apontado por Sérgio Guerra.[17]

Conforme já mencionado no presente artigo, tais teses não trazem respostas seguras, justamente em razão da norma de regulação não se enquadrar na modalidade tradicional de regulamentação.

Nessa linha, tal qual definido no trabalho do Prof. Sérgio Guerra,[18] parece fazer mais sentido compreender que regular se afigura como uma nova categoria jurídica. Nos exatos termos do referido Autor: "normas editadas por entidades reguladoras devem, em tese obedecer aos preceitos legais – standards –, pois a administração pública não tem um poder normativo incondicional e geral, como ocorre com o Poder Legislativo. Entretanto, não se pode enquadrar essas normas como sendo função regulamentar da lei, de competência do Presidente da República, pois, em termos de regulação de atividades econômicas, a lei não consegue tudo prever havendo espaço normativo de "reserva do regulador". Assim a polêmica acerca da função normativa das entidades reguladoras se insere em uma discussão mais profunda, que envolve sua adaptação ao sistema tripartite oitocentista, subsumido no princípio da separação dos poderes e do equilíbrio entre os poderes estatais, que impõe também uma revisão da hierarquia normativa. Nessa ordem de convicções, é jurídico sustentar a constitucionalidade do exercício da função normativa "secundária" pelas entidades reguladoras por não se detectar qualquer usurpação legiferante, de competência do Poder Legislativo, nem tampouco, do poder regulamentar de atribuição precípua do Chefe do Poder Executivo".

---

17. GUERRA, Sérgio. Regulamentação e Regulação: Distinções Necessárias – Caso Anvisa: Regulação Setorial do Tabaco: ADI 4874, STF. *Revista de Direito Público da Economia* [Recurso Eletrônico]. Belo Horizonte, v. 18, n. 71, jul./set. 2020. Disponível em: https://dspace.almg.gov.br/handle/11037/38881. Acesso em: 30 mar. 2024, p. 62-63.

18. GUERRA, Sérgio. *Discricionariedade, Regulação e Reflexividade*: uma nova teoria sobre as escolhas administrativas. 5. Belo Horizonte: Fórum, 2018, p. 225.

Celso Antônio Bandeira de Mello refere que às agências reguladoras, a Constituição Federal conferiu o poder de expedir normas que se encontrariam na chamada "supremacia especial". Segundo o Autor, "de acordo com tal formulação doutrinária, que a doutrina brasileira praticamente ignora, a Administração, com base em sua supremacia geral, como regra não possui poderes de agir senão extraídos diretamente da lei. Diversamente, assistir-lhe-iam poderes outros, não sacáveis diretamente da lei, quando estivesse assentada em relação específica que os conferisse. Seria esta relação, portanto, que, em tais casos, forneceria o fundamento jurídico atributivo do poder de agir, conforme expõe, na Itália, Renato Alessi, entre tantos outros".[19]

Como já tratado aqui ressaltado, Bandeira de Mello sintetiza muito bem que "dado que o princípio constitucional da legalidade, e consequente vedação a que atos inferiores inovem inicialmente na ordem jurídica, resulta claro que as determinações normativas advindas de tais entidades (agências reguladoras) hão de cifrar a aspectos estritamente técnicos, que estes, sim, podem, na forma da lei, provir de providências subalternas, ao tratar dos regulamentos. Afora isso, nos casos em que suas disposições se voltem para concessionárias ou permissionárias de serviço público, é claro que podem, igualmente, expedir as normas e determinações da alçada do poder concedente ou para quem esteja no âmbito doméstico da Administração. Em suma, caber-lhes expedir normas que se encontram abrangidas pelo campo da chamada 'supremacia especial'".[20]

Nessa linha, as agências reguladoras, no exercício de sua capacidade preponderantemente técnica, ocupam esse espaço que a lei e o regulamento, mesmo o autônomo, não alcançam. Em suma, justamente por incapacidade ou insuficiência técnica, as leis e os regulamentos tradicionais não conseguem ocupar esse espaço normativo, que exige uma sincronia contínua com a dinâmica e a agilidade inerente à Economia de Mercado, sabidamente movida pelo avanço tecnológico. E é melhor mesmo que não ocupem, sob pena de se correr o risco de inviabilização de atividades econômicas e ineficiência de serviços públicos, assim como mesmo de dificultar o avanço tecnológico. A função de desenvolver e fomentar essas atividades parece alcançar maior chance de sucesso sendo exercida por órgãos preponderantemente técnicos.

E aqui outro diferencial, a regulação tem como objetivo o fomento da atividade regulada, que somente pode ser atingida se conduzida por um corpo técnico especializado, construída, na medida do possível, fora do debate político.

Justamente no sentido das premissas supraelencadas, percebe-se, aliás, uma clara tendência, notadamente por meio da insurgência do novo paradigma da Economia de Plataforma, que indica crescimento da utilização, pertinência e mesmo eficiência da

---

19. "(...) É corrente na doutrina alemã (de onde se originou, por obra sobretudo de Otto Mayer) e nas doutrinas italiana e espanhola, a distinção entre a supremacia geral da Administração sobre os administrados e a supremacia especial (assim chamada na Itália e, às vezes, na Espanha) ou relação especial de sujeição (como referida na Alemanha e, às vezes, na Espanha)", em BANDEIRA DE MELLO, Celso Antônio. *Curso de Direito Administrativo*. São Paulo: Malheiros Editores, 2007, p. 811.

20. BANDEIRA DE MELLO, Celso Antônio. *Curso de Direito Administrativo*. São Paulo: Malheiros Editores, 2007, p. 172.

regulação setorial, notadamente nos segmentos de mercado onde a inovação tecnológica vem florescendo exponencialmente e, assim, o processo legislativo ordinário não vem conseguindo acompanhar devidamente.[21]

De qualquer modo, pode-se afirmar que a regulação compreende uma competência estatal divergente dos poderes normativos tradicionais. Segundo Marçal Justen Filho, regulação seria "um conjunto ordenado de políticas públicas que busca a realização de valores econômicos e não econômicos, reputados como essenciais para determinados grupos ou para a coletividade em seu conjunto; essas políticas envolvem a adoção de medidas de cunho legislativo e de natureza administrativa. Destinadas a incentivar práticas privadas desejáveis e a reprimir tendências individuais e coletivas incompatíveis com a realização dos valores prezados".[22]

Mais, Justen Filho cita ainda entendimento mais restrito do que se poderia definir como regulação, ao designá-la como "a atuação do Estado onde não existe mercado e, portanto, onde se deve produzir mecanismos orientados a assegurar efeitos idênticos ou similares aos do mercado".[23]

Calixto Salomão Filho, por sua vez, afirma que regulação englobaria "toda forma de organização da atividade econômica através do Estado, seja a intervenção através da concessão de serviço público ou o exercício do poder de polícia"; para o Autor, pois, o Estado ordena e regula a atividade econômica "tanto quando concede ao particular a prestação de serviços públicos, e regula a sua utilização – impondo preços, quantidade produzida etc. – como quando edita regras no exercício do poder de polícia administrativa".[24]

Mais recentemente, sob os influxos da Economia Comportamental, a regulação passou a ser percebida também a partir de outros elementos. Mesmo incentivos materiais (incluindo preço e efeitos previstos para a saúde, por exemplo) sendo muito importantes, os resultados são influenciados de forma independente pela arquitetura de escolha, incluindo (a) o ambiente social e (b) as normas sociais prevalecentes. Quando algumas pessoas, cidades e nações vão bem e outras nem tanto, muitas vezes é porque as primeiras são capazes de se beneficiar de aspectos do meio ambiente e das normas vigentes, que lhes permitem tomar como certo, e talvez nem mesmo pensar muito sobre um conjunto de práticas que os servem bem.[25]

---

21. Para aprofundamento sobre o tema, ler: TRINDADE, Manoel Gustavo Neubarth. Economia de Plataforma (ou tendência à bursatilização dos mercados): Ponderações Conceituais Distintivas em Relação à Economia Compartilhada e à Economia Colaborativa e uma Abordagem de Análise Econômica do Direito dos Ganhos de Eficiência Econômica por meio da Redução Severa dos Custos de Transação. *Revista Jurídica Luso-Brasileira*, v. 4, 2020.

22. JUSTEN FILHO, Marçal. *O Direito das Agências Reguladoras Independentes*. São Paulo: Dialética, 2002, p. 27-28.

23. JUSTEN FILHO, Marçal. *O Direito das Agências Reguladoras Independentes*. São Paulo: Dialética, 2002, p. 40. Ver também: WAGNER NESTER, Alexandre. *Direito Concorrencial e Regulação Econômica*. Belo Horizonte: Editora Fórum, 2010, p. 471-473.

24. SALOMÃO FILHO, Calixto. *Regulação da atividade econômica*: princípios e fundamentos jurídicos. São Paulo: Editora Malheiros, 2011, p. 15.

25. SUNSTEIN, Cass. Nudges. Gov – Behaviorally Informed Regulation. In: ZAMIR, Eyal; TEICHMAN, Doron (Ed.). *The Oxford Hanbook of Behavioral Law and Economics*, cap. 28, p. 741. Oxford: Oxford Press, 2014.

A matéria também foi objeto de discussão no Supremo Tribunal Federal, por meio da ADI 4.923, continente às ADIs 4.679, 4.747 e 4.456, todas de relatoria do Ministro Luiz Fux. No julgado que, entre outros temas, tratava de uniformização regulatória do setor de Televisão por assinatura, a Corte Suprema acabou por enfrentar questão de fundo relacionada à normatividade legal frente à regulatória, e ao próprio núcleo duro do Princípio da Legalidade e de suas derivações, como muito bem capturado em artigo de Egon Bockmann Moreira.[26] Assim, por óbvio, relevante a citação de algumas passagens dos fundamentos desse paradigmático julgamento do Supremo Tribunal Federal, publicado no ano de 2015. O relator das Ações Declaratórias de Inconstitucionalidade referidas, Ministro Luiz Fux, iniciou seu voto salientando "que a questão de fundo jurídica suscitada na presente arguição de inconstitucionalidade toca o cerne da dogmática juspublicista e, não por outro motivo, vem sendo objeto de acalorados debates doutrinários aqui e alhures. Cuida-se de definir os limites dos poderes normativos conferidos às agências reguladoras, pauta temática que, no Brasil, passou a ganhar relevo na vida política e jurídica com a reforma gerencial por que passou a Administração Pública a partir da década de 90 do século passado. Sua importância é autoevidente: o reconhecimento de autoridade administrativa a agências reguladoras independentes põe em xeque concepções mais tradicionais quanto à centralidade da lei formal na disciplina das relações sociais. O que está em jogo, portanto, é a própria noção conceitual de legalidade, pedra de toque do estado do direito. (...) O princípio da legalidade, neste novo cenário histórico e político, não pode mais se prender ao paradigma liberal clássico, que enxergava na lei formal o único padrão de regência da vida pública e privada, capaz de esgotar, em seu relato abstrato, todos os comandos necessários à disciplina social. (...). A bem de ver, a técnica legislativa empregada no diploma em exame é exatamente aquela típica do Estado Regulador contemporâneo, em que a lei define as metas principais e os contornos da atividade do órgão regulador, cometendo-lhe (nestes limites e sob o controle do Judiciário e do próprio Legislativo) margem relativamente ampla de atuação".

Segue, ainda, o Ministro Relator sintetizando a necessidade de especialização técnica na regulação, sendo essencial conceder margem ampla de atuação normativa para as agências reguladoras, "na medida em que (i) a matéria, de um lado, se reveste de significativo dinamismo, como denotam tendências de convergência tecnológica que tornaram obsoleta a legislação nacional anterior, e (ii) a disciplina do setor audiovisual, em diferentes aspectos suscita questões de elevada complexidade técnica, a exigir conhecimento especializado, como aquele titularizado pela ANCINE. Nesse cenário, exigir que a lei formal esgote o conteúdo normativo aplicável à espécie é tanto impraticável quanto desaconselhável, reconduzindo-nos a um paradigma de legalidade criado para um perfil de Estado que já não existe mais".

---

26. MOREIRA, Egon Bockmann. Normatividade Legal vs. Regulatória – Caso TV a Cabo, STF: ADI 4.923, STF. In: MARQUES NETO, Floriano de Azevedo; MOREIRA, Egon Bockmann; GUERRA, Sérgio. *Dinâmica da Regulação*: Estudo de Casos da Jurisprudência Brasileira – A Convivência dos Tribunais e órgãos de Controle com Agências Reguladoras, Autoridade da Concorrência e Livre Iniciativa. 2. ed. Belo Horizonte, Fórum, 2021 (Capítulo 3 da Seção 1), p. 43 a 56.

Em síntese, as leis instituidoras das agências reguladoras ressalvam as nuances técnicas dessa atividade regulatória infralegal e fixam os *standards* para seu exercício, como nas palavras de Egon Bockmann, já citado.

O Ministro Edson Fachin, por sua vez, referiu em seu voto que a "jurisprudência desta Corte reconhece a autoridade normativa das agências reguladoras para regulamentar administrativamente em dinâmica própria setor econômico de sua alçada. Penso ser o mesmo raciocínio aplicável ao caso, uma vez que a Ancine possui relativa liberdade de conformação e discricionariedade técnica no que diz respeito à área artística audiovisual".

Importante ainda destacar parte do voto da Ministra Rosa Weber, ao mencionar o trabalho acadêmico do também Ministro Luiz Roberto Barroso, ressaltando: "O advento das agências reguladoras setoriais – autarquias especiais que desempenham funções administrativas, normativas e decisórias, dentro de um espaço de competências que lhes é atribuído por lei – representa inegável aperfeiçoamento da arquitetura institucional do Estado de Direito contemporâneo no sentido do oferecimento de uma resposta da Administração Pública para fazer frente à complexidade das relações sociais verificadas na modernidade. A exigência de agilidade e flexibilidade cada vez maiores do estado diante das ininterruptas demandas econômicas e sociais que lhe são direcionadas levou à emergência de estruturas administrativas relativamente autônomas e independentes – as chamadas agências – dotadas de mecanismos aptos e eficazes para a regulação de setores específicos, o que inclui a competência para editar atos qualificados como normativos".

Segue ainda a Ministra, citando Leila Cuéllar[27] e trazendo esclarecedora conclusão: "Nesse quadro, não se pode deixar de considerar que 'a ação disciplinadora dos entes reguladores tornar-se-ia inócua e restariam frustradas as razões de sua instituição, se tais órgãos se restringissem à prática de atos repressivos, por exemplo, sem poder elaborar normas de caráter geral', uma vez que 'as agências reguladoras precisam dispor de meios de atuação, de poderes compatíveis com as funções que lhes foram outorgadas'. (...). A norma regulatória preserva a sua legitimidade quando cumpre o conteúdo material da legislação setorial. Nesse exercício, pode, sim, conter regras novas, desde que preservada a ordem vigente de direitos e obrigações, que se impõem como limite ao agir administrativamente: regras novas, e não direito novo".

Por conseguinte, conclui-se como evidenciada a competência normativa secundária (infralegal) conferida constitucionalmente às agências reguladoras brasileiras, em termos abstratos e gerais, desde que a lei criadora especifique os parâmetros técnicos, diretrizes e limites (*standards*) que permitem o exercício dessas competências. Isto é, pode-se afirmar que a atividade regulatória, assim como o regulamento, decorre da lei e dos seus limites.

Mas, e aqui o diferencial, a Constituição conferiu à regulação o poder de inovar na ordem jurídica, consistente e exclusivamente para a criação de novas regras setoriais, de caráter eminentemente técnico. Surge, assim, um cenário normativo técnico e novo no sistema jurídico.

---

27. Na origem, CUÉLLAR, Leila. *As agências reguladoras e seu poder normativo*. São Paulo: Dialética, 2001.

Entende-se que diferentemente do regulamento tradicional, o poder regulatório ganhou a atribuição constitucional de inovar, modo geral e abstrato, no ordenamento jurídico, desde que dentro da seara técnica setorial e baseado nos *standards* trazidos pela lei.

Como dito inicialmente, a questão não é tranquila, como citado por Bandeira de Mello, na seguinte passagem de sua obra, em nota de rodapé: "Paulo Roberto Ferreira Motta, no capítulo IV de seu precitado livro sobre Agências Reguladoras, faz excelente exposição sobre a tendência de enfraquecimento do Legislativo e correlato fortalecimento do Executivo, que servem de apoio à "modernosa" teses – a nosso ver, francamente insustentável ante o Direito Constitucional brasileiro – de reconhecer às sobreditas agências um poder normativo amplo. O autor em questão encara com perceptível hostilidade a perspectiva de um poder normativo amplo de tais sujeitos. Inclinação que nos parece inversa é a manifestada por Leila Cuéllar em sua monografia precisamente sobre este tema: As Agências Reguladoras e seu Poder Normativo".[28] De todo modo, a tese prevalente na Corte Suprema parece ter se inclinado pelo entendimento defendido por Leila Cuéllar em sua monografia, inclusive citado pela Ministra Rosa Weber em seu voto, como já referido.

Justamente ressaltando a diferença conceitual entre regulação e regulamentação, Souto ressalta: "a regulação não se confunde com a regulamentação privativa do Chefe do Poder Executivo; primeiro, porque a regulação não se limita à produção de normas (...); depois, porque é técnica e não política e deve ser destinada a uma coletividade e não à sociedade em geral. Mais importante, é fruto de uma decisão colegiada que pondera entre os vários interesses em jogo (e não apenas à luz de uma orientação política majoritária)".[29]

Na mesma senda, Silva[30] destaca que "É importante ressaltar a distinção considerada neste estudo para os termos 'regulação' e 'regulamentação'. Enquanto 'regulação' refere-se ao ato de se restringir uma ação de determinado agente, a 'regulamentação' compreende uma das maneiras de se efetuar esta restrição. Portanto, para que a regulação tenha o efeito almejado, é essencial que o agente regulador não se constitua nem parte diretamente envolvida nem esteja estabelecido na atividade do regulado, tendo em vista que as ações do agente regulador teriam como objetivo proteger o agente a ser contido, ou procurariam prejudicá-lo para eliminar um concorrente, ou seja, exercida por instituições isentas de outro interesse que não o bem-estar social geral".

---

28. BANDEIRA DE MELLO, Celso Antônio. *Curso de Direito Administrativo*. São Paulo: Malheiros Editores, 2007, p. 173.
29. SOUTO, M. J. V. Extensão do poder normativo das agências reguladoras. In: ARAGÃO, A. S. de (Coord.). *O poder normativo das agências reguladoras* (p. 95-107, 2. ed.). Rio de Janeiro: Forense, 2011, p. 97.
30. SILVA, M. A. *Análise da regulação contábil*: um ensaio à luz da teoria tridimensional do direito, da teoria normativa da contabilidade e do gerenciamento da informação contábil, numa perspectiva interdisciplinar. Dissertação de Mestrado, Escola Brasileira de Administração Pública e de Empresas. Rio de Janeiro, RJ, Brasil: Fundação Getúlio Vargas, 2007, p. 50.

Pertinente mencionar o trabalho intitulado Regulação e Regulamentação na Perspectiva da Contabilidade, de Sérgio Henrique de Oliveira Lima, Francisco Durval Oliveira e Antonio Carlos Dias Coelho, apresentado no XIV Congresso de Contabilidade e Controladoria da Universidade de São Paulo (USP), ocorrido em 21 a 23 de julho de 2014, em São Paulo, no qual justamente se busca evidenciar a existência de diferença entre regulamentação e regulação, ressaltando-se a importância da distinção também em âmbito multidisciplinar.[31]

Ademais, para melhor compreensão da temática e igualmente na linha do debate acerca da amplitude normativa do poder regulador, vislumbra-se relevante abordar a diferenciação entre regulação discricionária e contratual. Nesse sentido, segundo o artigo de Joisa Dutra e Gustavo Kaercher:[32] a "regulação contratual seria a disciplina normativa que, versando sobre um tópico específico do serviço, encontra-se positivada no instrumento formalizado da concessão do serviço público (contrato) e que, além disso, cobre todos os elementos mais relevantes do tópico em questão, por meio de textos que coíbem a formulação de interpretações muito discrepantes entre si. (...). Essa disciplina é ainda blindada por uma solene promessa do poder público (prevista em norma jurídica à qual o regulador está vinculado) de que não serão editadas, no futuro, normas que se sobreponham àquelas originais. Pode soar complicado, mas não é, como veremos. Já a regulação discricionária haverá quando estivermos diante de um sujeito especificamente dotado de competências para disciplinar o serviço, competências essas estabelecidas em normas superiores (leis) as quais estabelecem parâmetros materiais e procedimentais para o exercício das atividades de regulação e fiscalização do serviço público que foi concedido por meio de um instrumento contratual".

Nota-se que a regulação contratual vem normatizada em obrigações contratuais estabelecidas no próprio instrumento da concessão do serviço público, ou seja, no instrumento contratual, denotando-se todo o sistema jurídico de regras criado – obviamente nos limites da lei – entre o poder concedente e o concessionário.

No contexto do serviço de saneamento básico, portanto, em se tratando de monopólio natural, há quem compreenda que todo o sistema normativo de regulação pode vir contido no instrumento contratual, conjugando-se o caráter negocial de cláusulas de equilíbrio econômico-financeiro.

Por fim, cabe ainda sinalizar para a diferenciação entre as regras de regulação e concorrenciais. Segundo Alexandre Faraco: "o direito concorrencial pretende disciplinar a ação do agente econômico no âmbito em que este tem liberdade de fazer suas escolhas.

---

31. LIMA, Sérgio Henrique de Oliveira; OLIVEIRA, Francisco Durval; COELHO, Antonio Carlos Dias. Regulação e Regulamentação na Perspectiva da Contabilidade. *XIV Congresso de Contabilidade e Controladoria da Universidade de São Paulo (USP)*. São Paulo, USP, julho de 2014. Disponível em: https://congressousp.fipecafi. org/anais/artigos142014/156.pdf. Acesso em: 30 mar. 2014.

32. DUTRA, Joisa; KAERCHER, Gustavo. Regulação contratual ou discricionária no saneamento? A dicotomia entre um tipo e outro oculta a não-regulação, o que felizmente não está no horizonte. *JOTA*, 2011. Disponível em: https:// www.jota.info/opiniao-e-analise/artigos/regulacao-contratual-ou-discricionaria-no-saneamento-05042021. Acesso em: 30 mar. 2024.

Controla o exercício do poder econômico onde esse pode ser exercido e limita escolhas que tendam a resultar em concentração desse poder. Trata-se de conjunto normativo voltado a todos os setores da economia, aplicado de forma casuística e que não pretende conduzir as escolhas privadas a resultados predeterminados. A regulação, por sua vez, restringe o âmbito de liberdade do agente econômico. Substitui a escolha privada em relação a certas variáveis econômicas – como preço, quantidade, diferenciação e investimento – por uma decisão estatal. Abrange normas específicas a determinados setores da economia, que impõem escolhas e fazer restrições, além de instrumentalizarem a realização de certos resultados predeterminados".[33]

Importante esclarecer essa diferenciação em relação às normas concorrenciais, exclusivamente detidas à atividade econômica, com foco em atos de dominação de mercado e concentração de poderes no sistema econômico-financeiro. Assim, de modo geral, este o contexto técnico-jurídico que diferencia as regras de regulação dos demais institutos normativos tradicionais, permitindo conferir a agilidade e o dinamismo necessários à normatização de setores econômicos tão relevantes para a sociedade.

Ainda no tocante à atividade regulatória, inarredável mencionar que, sobretudo nos últimos anos, muito tem se falado e discutido acerca da necessidade da realização de Análise de Impacto Regulatório (AIR), tornando-se tema de destaque na agenda da administração pública.

Não obstante, no ano de 2019, tanto o art. 6º da Lei 13.848, de 25 de junho – a denominada Lei das Agências –, como o art. 5º da Lei 13.874, de 20 de setembro – a chamada Lei da Liberdade Econômica –, tornaram obrigatória a realização da Análise de Impacto Regulatório quando da edição e alteração de atos normativos de interesse geral dos agentes econômicos, consumidores ou usuários dos serviços prestados.

E, mais, com o objetivo de regulamentar a Análise de Impacto Regulatório (AIR), foi publicado o Decreto 10.411, de 30 de junho de 2020, o qual aborda o conteúdo da AIR, seus quesitos mínimos e suas hipóteses de obrigatoriedade ou mesmo dispensa.

Ainda no âmbito da temática da regulação, por derradeiro, mesmo que de modo bastante sucinto, pertinente considerar que a chamada autorregulação, em que pese inegavelmente possua serventia a utilização do termo do modo como já consagrado (autorregulação), em sentido estritamente técnico-jurídico, parece-nos que não seja propriamente adequado, pois difere substancialmente do fenômeno da regulação estabelecido em nosso ordenamento jurídico, quiçá sendo mais correto se referir, na hipótese, a autonormatização ou, melhor, autodisciplina, haja vista que os comandos normativos, nesses casos, são estabelecidos pelos próprios agentes econômicos que integram os respectivos mercados.

Ainda nesse tópico, por fim, pertinente é o reconhecimento da função regulatória dos conselhos profissionais, sobretudo não só no que tange aos aspectos técnicos, como também éticos.

---

33. FARACO, Alexandre Ditzel. Direito concorrencial e regulação. *Revista de Direito Público da Economia* – RDPE, Belo Horizonte, v. 44, p. 9-41, 2013.

REGULAÇÃO E ATIVIDADE NORMATIVA *LATO SENSU* **413**

De todo modo, evidencia-se não só a importância da regulação, como também que tal instituto inequivocamente ganhou ares de cidadania e independência, não podendo ser mais negligenciado o seu conteúdo e significado técnico e específico, notadamente quando considerado em sentido estrito.

CONCLUSÕES

Ao passar por toda a investigação aqui proposta, que envolve os fenômenos da normatização, da regulamentação e da regulação, pode-se afirmar a importância do estudo, da delimitação e da diferenciação dos respectivos institutos normativos, passando-se pela análise constitucional do tema, do que se extrai a prerrogativa exclusiva do processo legislativo formal (estando-se ciente e sem adentrar, por ora, em eventual análise de entendimento divergente ou da compreensão atual de que há atividade normativa na função jurisdicional) em criar direitos e obrigações no sistema jurídico brasileiro (preceito primário), até o poder regulamentar clássico (preceito secundário) e, propriamente, ao poder regulatório, que, como evolução desses instrumentos prescritivos, acabou por receber a atribuição constitucional de inovar, de modo geral e abstrato, no ordenamento jurídico, desde que dentro da respectiva seara técnica setorial e baseado nos *standards* indicados pela lei em questão.

Seja como for, evidencia-se a relevância do direito regulatório e de sua (almejada) eficiência para a sociedade, o que se depreende dos próprios setores regulados, a exemplo do sistema financeiro e mercado de capitais, energia elétrica e saneamento básico, entre tantos outros. Assim também se revela a dificuldade de se navegar em águas pacificadas quando se enfrentam alguns tópicos relacionados à normatização por parte das agências reguladoras e, igualmente, dos conselhos profissionais, a quem também se reconhece a função regulatória. E daí o interesse em se debruçar sobre o tema, notadamente no sentido de se fixar o espaço adequado de cada um desses instrumentos normativos, regulamentadores e regulatórios na ordem jurídica, permitindo a perfeita compreensão do caráter cogente, geral e de fomento dos institutos.

Inegável, portanto, compreender a existência e a importância da atividade normativa setorial promovida pela disciplina da regulação e a sua condição de, ainda, maior jovialidade (sobretudo se comparada aos demais fenômenos aqui analisados – normatização e regulamentação), e, por isso, aliás, foi dada maior atenção no presente estudo – regulação –, na tentativa de que se possa extrair a melhor compreensão possível da temática que é tão relevante.

Assim sendo e de qualquer forma, a título de conclusão contribuitiva, propõem-se (alguns) acordos semânticos, ainda que provisórios e passíveis de revisão, a depender do passar do tempo e da maturação das temáticas e de suas respectivas compreensões.

Nessa linha, *lato sensu*, compreende-se que os termos normatização e regulação podem ser entendidos como sinônimos, desde que ressalvado se tratar de suas utilizações em sentido amplo. Nesse caso, tanto normatização, como regulação, servem e possuem o sentido de disciplinar comportamentos, por meio de comandos jurídicos prescritivos.

Todavia, *stricto sensu*, normatização e regulação diferem de significado, porquanto o primeiro termo serve para descrever, como já salientado nesse estudo, a prerrogativa exclusiva do processo legislativo formal (e também jurisdicional, conforme entendimento hoje existente, em que pese possa não ser pacífico) em criar direitos e obrigações no sistema jurídico brasileiro (preceito primário); sendo que a regulação, por sua vez, consiste no poder regulatório, atribuído constitucionalmente, de inovar, modo geral e abstrato, no ordenamento jurídico, desde que dentro da seara técnica setorial e baseado nos *standards* trazidos pela lei.

Já regulamentação, por sua vez, não se trata de sinônimo dos termos anteriores – normatização e regulação, seja em sentido lato e tampouco estrito, uma vez que possui significado, quiçá uníssono, em âmbito jurídico, de detalhar disposições (norma regulamentadora) para a correta execução ou aplicação da norma regulamentada, compreendido, assim, como poder regulamentar clássico (preceito secundário).

Dessa forma, considerando a sugestão proposta, que, como se disse, obviamente é passível de revisão e aprimoramento a partir da maturação das temáticas aqui tratadas, acredita-se que o acordo semântico proposto poderá ensejar maior precisão técnica e afastar compreensões equivocadas a respeito dos limites de incidência dos institutos aqui investigados e analisados.

REFERÊNCIAS

ÁVILA, Humberto. *Teoria dos Princípios, da definição à aplicação dos princípios jurídicos*. 4. ed. São Paulo: Malheiros Editores, 2004.

BANDEIRA DE MELLO, Celso Antônio. *Curso de Direito Administrativo*. São Paulo: Malheiros Editores, 2007.

BARROS FILHO, Fernando do Rego. *O Impacto da Regulação Ambiental na Atividade Agropecuária Brasileira*. Direito Concorrencial e Regulação Econômica. Belo Horizonte: Editora Fórum, 2010.

BELCHIOR, Wilson Sales. Novo Marco Legal do Saneamento. *JOTA*, 2020. Disponível em: https://www.migalhas.com.br/depeso/332105/novo-marco-legal-do-saneamento-basico---impactos-e-novidades-para-o-setor. Acesso em: 30 mar. 2024.

BOCKMANN MOREIRA, Egon. Monopólios naturais e licitações de serviços públicos. *Revista de Direito Administrativo*, Rio de Janeiro, v. 256, p. 255-271, 2011.

BOCKMANN MOREIRA, Egon; JAMUR GOMES, Gabriel. *Regulação Pró-competição*. Concorrência no Mercado – Caso SEMASA vs. SABESP, CADE. Dinâmica da Regulação. In: BOCKMANN MOREIRA, Egon; GUERRA, Sérgio; MARQUES NETO, Fernando de Azevedo (Coord.). 3. ed. Belo Horizonte: Editora Fórum, 2023.

CARVALHO FILHO, José dos Santos. *Manual de Direito Administrativo*. Rio de Janeiro: Atlas, 2012.

CIRNE LIMA, Rui. *Princípios do Direito Administrativo*. 5. ed. São Paulo: RT, 1982.

CUÉLLAR, Leila. *As agências reguladoras e seu poder normativo*. São Paulo: Dialética, 2001.

DUTRA, Joisa; KAERCHER, Gustavo. Regulação contratual ou discricionária no saneamento? A dicotomia entre um tipo e outro oculta a não-regulação, o que felizmente não está no horizonte. *JOTA*,

2011. Disponível em: https://www.jota.info/opiniao-e-analise/artigos/regulacao-contratual-ou-discricionaria-no-saneamento-05042021. Acesso em: 30 mar. 2024.

FARACO, Alexandre Ditzel. Direito concorrencial e regulação. *Revista de Direito Público da Economia –* RDPE, Belo Horizonte, v. 44, p. 9-41, 2013.

FERREIRA FILHO, Manuel Gonçalves. A autonomia do poder regulamentar na Constituição Francesa de 1958. *Revista De Direito Administrativo*, 84, 24-39, 1966. Disponível em: https://doi.org/10.12660/rda.v84.1966.28193. Acesso em: 30 mar. 2024.

FREITAS, Juarez; TRINDADE, Manoel Gustavo Neubarth; VOLKWEISS, A. C. M. *Direito da Regulação*: Falhas de Mercado. Interesse Público (Impresso), v. 18, p. 133-153, 2016.

GUERRA, Sérgio. *Discricionariedade, Regulação e Reflexividade*: uma nova teoria sobre as escolhas administrativas. 5. Belo Horizonte: Fórum, 2018.

GUERRA, Sérgio. Regulamentação e Regulação: Distinções Necessárias – Caso Anvisa: Regulação Setorial do Tabaco: ADI 4874, STF. *Revista de Direito Público da Economia* [Recurso Eletrônico]. Belo Horizonte, v. 18, n. 71, jul./set. 2020. Disponível em: https://dspace.almg.gov.br/handle/11037/38881. Acesso em: 30 mar. 2024.

JOSKOW, P. L. *Regulation of Natural Monopoly*. In: POLINSKY, A. Mitchell; SHAVELL, Steven. *Handbook of Law and Economics*. v. 2, cap. 16, p. 1340. Amsterdam: Elsevier, 2007.

JUSTEN FILHO, Marçal. *O Direito das Agências Reguladoras Independentes*. São Paulo: Dialética, 2002.

LÍBANO, Paulo Augusto Cunha e outros. Dimensão da qualidade da água: avaliação da relação entre indicadores sociais, de disponibilidade hídrica, de saneamento e de saúde pública. *Revista Engenharia Sanitária e Ambiental*, Rio de Janeiro, v. 10, n. 3, p. 219-228, jul./set. 2005.

LIMA, Sérgio Henrique de Oliveira; OLIVEIRA, Francisco Durval; COELHO, Antonio Carlos Dias. *Regulação e Regulamentação na Perspectiva da Contabilidade*. XIV Congresso de Contabilidade e Controladoria da Universidade de São Paulo (USP). São Paulo, USP, julho de 2014. Disponível em: https://congressousp.fipecafi.org/anais/artigos142014/156.pdf. Acesso em: 30 mar. 2014.

MEIRELLES, Hely Lopes. *Direito Administrativo Brasileiro*. 32. ed. São Paulo: Malheiros Editores, 2006.

MEIRELLES, Hely Lopes. *Direito Administrativo Brasileiro*. Atual. Eurico de Andrade Azevedo, Délcio Balestero Aleixo e José Emmnauel Burle. 28. ed. São Paulo: Malheiros, 2003.

MOREIRA, Egon Bockmann. Normatividade Legal vs. Regulatória – Caso TV a Cabo, STF: ADI 4.923, STF. In: MARQUES NETO, Floriano de Azevedo; MOREIRA, Egon Bockmann; GUERRA, Sérgio. *Dinâmica da Regulação*: Estudo de Casos da Jurisprudência Brasileira – A Convivência dos Tribunais e órgãos de Controle com Agências Reguladoras, Autoridade da Concorrência e Livre Iniciativa. 2. ed. Belo Horizonte, Fórum, 2021.

PINTO FERREIRA, Luiz. *Comentários à Constituição Brasileira*. São Paulo: Saraiva, 1990. v. 2.

SILVA, M. A. *Análise da regulação contábil*: um ensaio à luz da teoria tridimensional do direito, da teoria normativa da contabilidade e do gerenciamento da informação contábil, numa perspectiva interdisciplinar. Dissertação de Mestrado, Escola Brasileira de Administração Pública e de Empresas, Fundação Getúlio Vargas, Rio de Janeiro, RJ, Brasil, 2007.

SOUTO, M. J. V. Extensão do poder normativo das agências reguladoras. In: ARAGÃO, A. S. de (Coord.). *O poder normativo das agências reguladoras* (p. 95-107, 2. ed.). Rio de Janeiro: Forense, 2011.

SUNSTEIN, Cass. Nudges. Gov – Behaviorally Informed Regulation. In: ZAMIR, Eyal; TEICHMAN, Doron (Ed.). *The Oxford Hanbook of Behavioral Law and Economics*. Cap. 28, p. 741. Oxford: Oxford Press, 2014.

WAGNER NESTER, Alexandre. *Direito Concorrencial e Regulação Econômica*. Belo Horizonte: Editora Fórum, 2010.

ANOTAÇÕES